21世纪普通高等学校（本科）法学精品教材

律师事务与仲裁法学

Lawyer's Affairs and Arbitration Law

主　编　李广辉

暨南大學出版社
JINAN UNIVERSITY PRESS
中国·广州

图书在版编目（CIP）数据

律师事务与仲裁法学/李广辉主编. —广州：暨南大学出版社，2009.4
（21 世纪普通高等学校（本科）法学精品教材）
ISBN 978-7-81135-179-8

Ⅰ. 律… Ⅱ. 李… Ⅲ. ①律师事务所—管理—高等学校—教材②仲裁法—法的理论—高等学校—教材 Ⅳ. D916.5 D926.5

中国版本图书馆 CIP 数据核字（2009）第 003740 号

出版发行：暨南大学出版社

地　址：中国广州暨南大学
电　话：总编室（8620）85221601
营销部（8620）85225284　85228291　85220693（邮购）
传　真：（8620）85221583（办公室）　85223774（营销部）
邮　编：510630
网　址：http://www.jnupress.com　http://press.jnu.edu.cn

排　版：广州市星辰文化发展部照排中心
印　刷：湛江日报社印刷厂

开　本：787mm×1092mm　1/16
印　张：23.5
字　数：543 千
版　次：2009 年 4 月第 1 版
印　次：2009 年 4 月第 1 次
印　数：1—3000 册

定　价：46.00 元

《律师事务与仲裁法学》编委会

总 序

胡锦涛总书记在中国共产党第十七次全国代表大会上的报告中指出："最广泛地动员和组织人民依法管理国家事务和社会事务，管理经济和文化事业；坚持依法治国基本方略，树立社会主义法治理念，实现国家各项工作法治化，保障公民合法权益；坚持社会主义政治制度的特点和优势，推进社会主义民主政治制度化、规范化、程序化，为党和国家长治久安提供政治和法律制度保障。"依法治国是社会主义民主政治的基本要求，要全面落实依法治国的基本方略，建设社会主义法治国家，必备的法律知识应当成为人们尤其是普通高等学校学生知识结构的重要组成部分；熟悉和掌握法律法规，对于弘扬法治精神，形成自觉学法、守法、用法的社会氛围具有重大意义。

当前，党和国家致力于完善中国特色社会主义法律体系，建设公正、高效、权威的社会主义司法制度。在这样的背景下，对培养法律高级专门人才的高等学校法学教育提出了更新、更高的期望和要求。我国法学专业的教材建设处在一个高速发展的过程中，这为普通高等学校法学教育的具体实施提供了一定程度的保障。但从严格意义上来说，制约普通高等学校法学教育发展的教材问题依然存在，主要表现为法学教材理论与实际结合的程度不够，尤其表现在高职高专法学教材中。

为了适应法学教育发展的新形势，积极探索和总结高等法学教育教学改革的方法和经验，针对当前绝大多数法学教材理论脱离实际的倾向，暨南大学出版社组织了全国几十所大学共同编写了"21世纪普通高等学校法学精品教材"。这套教材分为本科和高职高专两个系列，内容涵盖了法学的全部学科，系统性强；囊括了最新立法成果、相关领域的理论研究成果和前沿热点问题，贴近时代发展，做到了理论性与实用性的较好结合。这两套系列教材堪称系统工程，其规模之大、覆盖面之广，在法学教材建设中首屈一指；在知识系统的完整性、理论观点的稳妥性、引用资料和法规的准确性以及文字表达的规范性和可读性等方面都达到了较高的水平。

教材是教学之本，好的教材对提高教学质量、提升科研水平有着重要的作用。组织编写和出版一套高质量的教材，殊非易事，由全国相关院校的专家学者认真编写的这套系列教材必将对全国法学高等教育起到积极的推动作用。衷心希望更多的高校学者和教师为建设适应新世纪法学教学和实践需要的教材继续贡献力量。是为序。

邹瑜

中华人民共和国司法部原部长

2008年3月3日

前　言

《律师事务与仲裁法学》系“21世纪普通高等学校法学精品教材”的一种。该套系列精品教材被暨南大学出版社列入2008—2009年重点出版计划。

《律师事务与仲裁法学》一书由汕头大学法学院法律系李广辉教授担任主编，并由其负责组织撰写人员，与各位作者共同完成了该书的撰写工作。在全书书稿完成之后，李广辉教授又对全书进行了统稿、审稿、定稿工作。在撰写过程中，我们适当参考并吸收了国内外学者有关律师法及仲裁法方面的学术观点与研究成果，尽量反映出我国律师事务以及仲裁实践中的一些学术热点问题，比较系统和全面地介绍了律师法学与仲裁法学的知识体系。本书不仅可以作为高等学校政法专业教学以及律师和仲裁员培训的教科书，而且还可以作为律师与商事仲裁机构等法律实务部门的参考用书。

本书作者及撰写分工如下：

李广辉：法学博士，汕头大学法学院法律系教授，硕士生导师，撰写第8章。

李　红：法学博士，北京市大成律师事务所高级合伙人，高级律师，撰写第2、6章。

卓　翔：法学博士后，湘潭大学法学院副教授，撰写第1、2、6章。

邹龙妹：法学博士，中央民族大学法学院讲师，撰写第10、11章。

孙永军：南京师范大学法学院民事诉讼法学博士研究生，南京农业大学法学院讲师，撰写第4章。

田志荣：法学硕士，汕头大学法学院讲师，撰写第3章。

何　静：南京师范大学法学院诉讼法学博士研究生，撰写第5章。

温耀原：中国政法大学国际法学院国际经济法专业博士研究生，撰写第12、13章。

施　华：法学硕士，中国证监会干部，撰写第14章。

谢丰凯：法学硕士，广东丰粤律师事务所主任律师，撰写第7章。

赵一瑾：法学硕士，广东省汕头市人民检察院检察员，撰写第9章。

李　皓：湘潭大学法学院硕士研究生，撰写1、2章。

最后需要说明的是，汕头大学法学院硕士研究生张晓明、杨如龙、王成立、达金华也协助参与了本教材初稿的文字校对工作；暨南大学出版社对本教材的出版给予了大力支持，在此一并表示谢忱！但是，由于时间仓促，加之作者学识有限，其中错误或疏漏之处在所难免，真诚期待各位读者提出批评与建议。

李广辉

2009年1月于汕头大学

目 录

上编　律师事务

第一章　律师制度概述

我国的律师制度起步较晚，而且很不成熟。我国最早出现的律师制度是清朝末年从西方移植过来的，就连“律师”这一概念也是“舶来品”。新中国的律师制度是在批判和摒弃旧中国律师制度的基础上，经历建立、取消、恢复与发展几个时期，顺应社会主义法制建设需要而逐步曲折发展起来的。所以，我们希冀通过回顾西方国家律师制度的起源与发展，即我们借以到达今天的历史，从而发现某些指向未来的脉络。Telihard de Chardin 写道：“过去已经向我显示如何建设未来。”①

通过对本章的学习，应当对律师制度在西方和中国的历史演变过程有一个基本的了解，能够把握世界各主要国家律师制度的现状和发展趋势。同时，应当重点把握我国律师执业的基本原则。

第一节　西方国家律师制度的产生和发展

一、西方国家律师制度的产生

根据史料记载，西方国家的律师制度可以追溯到古希腊和古罗马时期。

早在公元前 6 世纪，古希腊雅典就已出现“辩护士”。当时的法律规定，起诉权只有男性公民才享有（妇女和奴隶除外），异邦人只有通过他的“保护人”才能起诉。“保护人”在异邦人的诉讼活动中类似于现在的诉讼代理人。当时的诉讼分为侦查和庭审两个阶段。在庭审中，首先由法官宣读原告的起诉书和被告的反驳书，然后原、被告双方发言并进行辩论。法庭上允许当事人委托他人撰写发言稿，并让受托人在法庭上为其辩论，这种人也被称为“雄辩家”。但由于他们的活动并没有形成一种职业、一个阶层，国家也没有相应的法律制度对其进行调整，所以这一阶段只能算是律师制度的萌芽。

① [美] 哈罗德. J. 伯尔曼. 法律与革命·序言. 北京：中国大百科全书出版社，1993

公元前5世纪，古罗马出现了一种“职业法律家”，专门从事法律职业。公元前3世纪，古罗马出现“保护人”制度，保护人陪同被保护人同时出席法庭，在法庭审理时提供意见与帮助，代表被保护人进行诉讼，这可称得上是真正意义上的律师制度的起源。直到“阿多克梯斯（Adocatus）”产生，才“标志着罗马时代已有了专业化分工”。[①]

律师制度起源和确立于古罗马，有其深刻的历史原因：首先，在经济上，随着私有制的发展，手工业和商业相对发达，市场贸易和产品交换中的契约行为日益增多，诉讼行为也随之频繁，律师的活动有利于促进古罗马奴隶制经济的发展；其次，在法律上，既有的法律规范已无法调整社会中层出不穷的各种法律关系；再次，在政治上，律师活动有利于统治阶级的统治，奴隶主阶级本身作为统治者和经济活动的参与者，不可能通晓所有的法律，而职业律师的出现恰好迎合了这种需要；最后，在实务上，古罗马采用辩论式诉讼结构模式，使职业律师的出现成为必然。

古罗马律师制度的主要特点有：

1. 实行“二元制”的律师制度

罗马律师分为从业律师和候补律师。统治阶级出于多种考虑，将全罗马分为若干司法管辖区，每一司法区都有一定数量的从业律师，不得超过此限。当从业律师的名额空缺时，候补律师才能予以替补。这样一种“二元制”的律师替补制度保证了从业律师具有较高的社会地位。

2. 取得律师资格的条件严格

古罗马时期，公民要成为律师必须具备一定的条件，主要包括：①必须具有完全的行为能力。根据罗马法律规定，完全的行为能力以权利能力为前提，公民要享有权利能力必须具有“人格”，人格又由自由权、市民权和家属权三种身份权构成。其中自由权是自由公民不可缺少的权利；市民权是罗马公民拥有的在选择、担任官职、荣誉、婚姻、财产和遗嘱能力等方面的特权；家属权是指家长享有操纵家庭的全权。同时具有这三种身份权的人，才可在政治、经济和家庭等方面享有完全能力，三种身份中有一个消失或发生变化，即发生所谓“人格减等”，就不能享有完全的权利能力。此规定，排除了未成年人、精神病人、奴隶以及异邦人。②必须是男性公民。③必须具备一定的法律知识。古罗马的法学教育比较发达，在历史上首创了五年制大学法律教育。与此同时，是否受过专门的高等法学教育，成为国家任免司法官吏、遴选律师的先决条件。因此，古罗马时期的律师基本上都是法学家或长期从事法律教育和研究的人。

3. 律师业务范围较为广泛

古罗马时期的律师业务范围很广，包括参与诉讼代理和辩护，代写合同、诉讼和其他法律文书，解答司法、行政官员和公民提出的各种法律问题，指导辩护人进行法庭辩论，研究法律、著书立说、从事法律教育工作。

4. 律师具有较高的社会地位

罗马律师备受社会的尊敬和推崇，政界的权威人士多出身于律师。

① 谭世贵. 律师法学. 北京：法律出版社，2005. 15

二、西方国家律师制度的发展

1. 欧洲封建制时期律师制度的发展

欧洲封建制时期，又称“中世纪”，该时期起始于公元476年西罗马帝国灭亡，延续至公元1640年英国资产阶级革命。这一时期的封建等级制度森严，罪行擅断主义盛行，以刑讯逼供为主要特征的纠问式诉讼代替了辩论式诉讼。在刑事诉讼中，不准当事人抗辩，当事人成为被审讯、被拷问的对象，没有任何诉讼权利；在民事诉讼中，当事人的诉讼权利受到很大限制，不能聘请诉讼代理人提供法律帮助或参加诉讼。法官主动询问当事人和证人，审判一般不公开进行，而是实行书面审理或间接审理。国会与教会的权力斗争导致世俗法院与宗教法院长期并存，宗教势力膨胀，诉讼活动带有浓厚的宗教神秘色彩。因此，尽管古罗马时期兴起的律师制度在欧洲某些国家沿袭了下来，但律师制度在中世纪却极其萧条，发展十分受限。以英法两国为例，虽然英国和法国早在公元12至13世纪之间就建立了律师制度，但律师的活动受到很大的限制，律师制度在中世纪漫长的黑暗隧道中蹒跚前进。

在英国，初期审理民事案件时，委托人必须申请取得专门的“国王许可状”。委托人持状亲自到法庭说明其所委托的代理人及权限，代理人即获得合法的代理权。公元1066年，诺曼底公爵威廉征服了英格兰，建立起诺曼底王朝，同时设立教会法院，并规定诉讼代理只能由僧侣律师担任。实际上，在其所采用的教会法逐渐渗透入世俗法院后，诉讼代理权便转到了僧侣手中。直至13世纪，僧侣才被完全禁止参加世俗法院的诉讼活动。13世纪末，英国产生了辩护律师职业团体，职业化的辩护律师又称为高级律师，在国王法院拥有垄断辩护业务的特权。在15世纪中期，伦敦先后成立了林肯、格雷、中殿、内殿等“四大律师学院”，他们传授法律知识，培养法律人才，几乎垄断了律师业务。律师学院由学生、专门律师和学院监督组成。英国司法体系实行由学生到专门律师（已通过考试取得律师资格）再到学院监督（律师学院的经营管理者），并由学院监督到高级律师再到法官的一元化体制。可以说，到中世纪末，律师学院已经成为英国司法制度的中枢和法官的摇篮。16世纪，英国律师开始划分为“出庭律师”和“事务律师”，形成了延续至今的英国律师等级制度。

在法国，一度繁荣的商品经济衰落，国家转而实行自给自足的农奴庄园经济，民事法律关系丧失了先前的重要意义。相应地，在民事诉讼中，当事人的诉讼权利受到种种限制，失去了包括聘请诉讼代理人在内的许多保护正当权益的手段；在刑事诉讼中则采用专横、野蛮的审讯方法，对被告人甚至证人使用刑讯逼供，只要是法官宣布的“严重罪行的案件”就不允许被告人聘请辩护人。其他案件虽然允许被告人聘请辩护人，但接受聘请、出庭辩护的只能是僧侣，故“僧侣律师”在中世纪的法国存在了很长一段时间。直至12世纪，随着国王势力的上升和宗教势力的下降，僧侣参加诉讼活动才逐步受到限制。13世纪，法国实行全国性司法改革，受过系统法律教育，经过宣誓、注册登记的世俗律师在法国开始出现，并逐渐取代了僧侣律师。此时，由于律师在国王和教会及封建领主的分立活动的斗争中站在国王一边，他们尽力帮助国王维护国家集权和统一，因此受到王权的保护，这使律师阶层得到了进一步的发展。15 世纪后，律师和代诉师分离，这种区别经过法国革命而在律师制度上被确认下来并延续至今。

2. 欧洲资本主义时期的律师制度的发展

资本主义律师制度是 17、18 世纪资产阶级反对封建主义，要求民主、自由的资产阶级革命胜利的产物。资产阶级启蒙思想家和启蒙学者，如英国的李尔本、洛克，法国的伏尔泰、孟德斯鸠、卢梭、狄德罗等，无情地抨击封建社会的政治制度，提出“自由”、“平等”、“博爱”、“天赋人权”、“主权在民”等口号，主张建立资本主义政治制度，同时，针对封建司法专横制度，提出了“法律面前，人人平等”、“罪刑法定”、“无罪推定”的人权保护原则，主张建立公平、公正、公开的诉讼制度，实行公开审判和辩论原则，废除野蛮的纠问式诉讼模式，被告人有权为自己辩护，也有权聘请律师或其他人为自己辩护。洋溢着资本主义精神的法律理论被广泛传播，洛克的《政府论》、孟德斯鸠《论法的精神》、贝卡利亚的《论犯罪与刑罚》成为人们争相传阅的作品。他们的这些主张适应了资本主义经济发展的要求，因而得到了资产阶级统治者的认可和推崇，相应地，也推进了律师制度的发展。17 世纪中期，英国发生资产阶级革命，随着欧美资产阶级相继掌握国家的统治权，资产阶级开始建立起律师制度。

1679 年，英王查理二世签署公布了《人身保护法》，该法明文规定在诉讼中实行辩论原则，承认被告人有权获得辩护，这是资产阶级的第一个带有律师法色彩的法律文件。1695 年，英王威廉四世颁布法令规定，不论任何案件，被告人都享有受法庭律师辩护协助的权利。

1791 年颁布的《美利坚合众国宪法》修正案（即《权利法案》）第 6 条规定，刑事案件被告人从犯罪时起，就允许辩护人参加诉讼。

1793 年，法国《雅各宾宪法》规定，国家要有“公设辩护人”。1808 年，拿破仑颁布《刑事诉讼法典》，系统地规定了律师制度。

日本明治维新之后，于 1876 年颁布实行《代言人规则》，在其历史上第一次规定了律师制度的基本内容。

德国在 16 世纪末 17 世纪初引进了罗马的律师制度，1878 年颁布《国家律师法》，从而奠定了近现代德国律师制度的基础。

资本主义国家的律师制度一经确定，便以空前的速度向前发展。现在，它已成为资本主义法律制度的重要组成部分。律师在社会中的地位越来越高，活动范围越来越广泛，从主要在法院参加刑事、民事诉讼，发展到在社会生活的各个领域，包括从对外战争到家庭纠纷，为政府、企业、社会团体和个人提供各种各样的法律服务。律师人数急剧增长，队伍不断扩大。有关律师的法规也越来越多，并日趋复杂完善，由原来单纯调整律师在诉讼、管理中的权利义务关系的法律，发展为大量的有关职业道德和职业纪律、行为标准、法律援助、责任赔偿等方面的法律、法规。“现在，资本主义国家的律师制度又出现了新的发展趋势，例如，律师事务所开始向公司化、大型化发展；律师业务中非诉讼业务比重大幅度上升；专业化色彩日益上升；专业化色彩日益突出；律师的跨国服务也逐渐增多等。"[①] 英国、美国、法国、德国和日本等资本主义国家律师制度的主要特点有：

(1) 律师行业的自律性

在资本主义社会，律师组织是有法人资格的自治团体。一般来说，律师行业有三种形式：一是个人开业，开办个人律师事务所；二是联合开业，开办联合律师事务所，即两名以上律师共同办公，从事律师业务，每个律师单独向其委托人负责；三是合伙开业，成立合伙经营的律师事务所，即由 4 至 5 名律师组成，并雇用助手和工作人员，规模较大，多的可达百人以上，在国内外常设办事机构。律师的组织、管理和惩戒等，由律师协会或律师联合会负责，实行自治制度。律师自治的目的，是强化对律师的科学管理，保证律师不受其他机关、团体和个人的非法干涉。

(2) 律师资格的严格性

资本主义国家对律师资格的取得都规定了十分严格的条件，要求律师必须具有相应的文化素质、专业水平和职业道德等。在文化素质方面，普遍要求律师必须是大学法律专业的毕业生，对律师知识有系统的学习和研修，这是保证律师成为名副其实的法律专家的重要条件。在专业水平方面，一般都要求法律专业的毕业生必须通过一定时期的实际训练方可取得律师资格，而且，各国都设有规范严格的律师资格考试制度，只有考试合格者才可从事律师行业。在资本主义国家，职业道德也是公民取得律师资格的条件之一，未经过训练、品性不良、行为不正者，不许参加律师资格考试，即使通过律师身份考试，也将被剔除出律师队伍。资本主义的律师法对律师资格的严格要求有利于其建立精明强干的律师队伍。

(3) 律师业务的广泛性

资本主义国家的律师业务十分广泛，社会生活的多个方面都需要律师提供法律服务。律师与国家的经济活动，如金融贸易、商品流通等有着不可割裂的关系。律师在发达资本主义国家发挥着越来越重要的作用。

(4) 律师分工的专业性

在资本主义国家，为了提高法律服务的质量，不少国家的律师在业务分工上存在程度不同的专业化。英国律师分为事务律师和出庭律师；澳大利亚律师分为普通律师、辩护律师和皇家律师；美国律师专业分工更细，分为海商法、税法、专利法、商标法、劳工赔偿法、破产法、债权法、公司法、诉讼法等专业律师，以及医疗、交通、离婚、继承等方面的专业律师，为当事人提供多方位的法律服务；在日本，律师在处理国际性案件以及劳资纠纷、专利诉讼等方面，都有某种程度的专业化分工。[②]

几个世纪以来，世界各国的律师主要以单独执业和合伙执业为主要形式。早期的美国律师的执业形式都是单独开业，19 世纪后期，非诉讼法律业务的发展促进了律师的组合，一些大城市开始出现由多名甚至数十名律师共同开办的合伙事务所。[③] 直到 20 世纪 70 年代，普通合伙一直都是美国律师事务所的主要组织形式。由于经济全球化，导致法

---

① 陈卫东. 中国律师学. 北京：中国人民大学出版社，2000. 17

② 关今华. 律师与公证. 厦门：厦门大学出版社，2007. 48~52

③ 岳鸿. 论律师执业机构组织形式的变迁与发展. 中国司法，2005 (7)

律的商业化需求增强，同时，传统的普通合伙制使得合伙人责任重大，从而限制了律师事务所的规模拓展。20 世纪 70 年代以后，美国先后出现了有限责任公司（LLC）律师事务所，有限责任合伙（LLP）律师事务所以及有限责任有限合伙（LLLP）律师事务所，逐步形成了现今 7 种律师事务所的组织形式，即个人开业、普通合伙、普通公司、专业公司、有限合伙、有限责任公司和有限责任合伙。[①] 组织形式的多样化，使得美国的律师业迅猛发展。1980 年，美国最大的 250 家律师事务所每所平均有律师 95 人，到 2001 年，每所平均律师人数增长到 417 人，并且，此种增长在大型律师事务所中更为显著，全美 20 家最大律师事务所平均拥有律师 1 220 人。[②]

第二节　中国律师制度的产生和发展

一、旧中国律师制度的产生与发展

1. 古代中国代理诉讼现象

在古代的中国，曾先后出现过“辩护士”、“讼师”、“刀笔先生”、“代理人”等类似律师的从业者。但他们并非现代意义上的律师，只是有较好的文字功夫或雄辩能力，比较熟悉古代法律和证据运用的知识；他们在诉讼活动中没有合法地位，大多只能在法庭以外帮助当事人出谋划策、代写诉状；其活动并没有法律依据和约束，与现代意义上的律师存在本质上的区别。在元、明、清三个朝代，也曾在法律上明文规定了诉讼代理制度，但其适用范围狭窄，且代理人的范围也只局限于亲属，这与现代意义上的代理大相径庭，当然更算不上真正的律师代理。因此，中国封建社会中的讼师和诉讼代理人基本上不能称为近代意义上的律师，但可以说是中国律师制度的萌芽。

据《周礼·秋官》记载：“凡命夫命妇，不躬坐狱讼。”《周礼疏》又解释说：“古者取囚要辞皆对坐，治狱之吏皆有威严；恐狱吏亵，故不使命夫命妇亲坐。若取辞之时，不得不坐，当使其属或子弟代坐也。”这也就是说，为了使奴隶主不至在狱吏面前受辱，大夫以上的贵族涉及诉讼，必要时可以派下属或子弟代替出庭。

根据《左传纪事本末》记载，公元前 632 年冬，卫国大夫元咺指控卫侯杀死叔武，大夫士荣作为被告卫侯的辩护士出庭。他精通法律，在法庭上与原告元咺进行了十分激烈的辩论，竭力维护被告卫侯的利益。后晋文公断元咺在理，遂命左右：凡是辅从卫侯的，都处以死刑。这样，卫侯的辩护士士荣被判处死刑，不幸以身殉职。[③] 著名法律史学者杨鸿烈在《中国法律发达史》中写道：“士荣系充律师也”。

春秋末期，郑国人邓析曾当过大夫。他好刑名之学，因而广招弟子，聚众讲学，传

① 李仁真. 中国法律服务业的现状及未来发展. 中国律师，2004（9）

② 李仁真. 中国法律服务业的现状及未来发展. 中国律师，2004（9）

③ 茅彭年，李必达. 中国律师制度研究. 北京：法律出版社，1992. 29~31

授法律知识和诉讼方法，当时跟他“学讼者，不可胜数”。此外，邓析还帮助别人诉讼，他的“以非为是，以是为非，是非无度，可与不可日变，所欲胜因胜，所欲罪因罪”，“操两可之说，设无穷之词”，“持之有故，言之成理”等论述，在当时和后来都颇有影响。因此，求助于邓析进行诉讼者，人数甚多。《吕氏春秋·离谓》记载：“与民之有讼者约，大狱一衣，小狱襦袴。”我国著名法学家张国华、饶鑫贤教授评曰：“颇有古代律师味道，这也是中国法制史的创举。”①

在我国封建社会，一直存在帮助他人书写诉状的人，老百姓称之为“刀笔先生”或“讼师”。这是因为，封建各朝代的法律一般都规定，打官司非要诉状不可，而一般老百姓不会写诉状，所以需要“讼师”的帮助。但讼师的作用仅限于为参加诉讼者代写诉状和出谋划策，不能为其出庭辩护或代理诉讼。为了防止“讼师”挑词架讼，封建统治者对“讼师”的活动作了严格的限制。据《唐律疏议·斗讼》记载：“诸为人作辞牒，加增其状，不如所告者，笞五十。若加增罪重，减诬告一等。”《大明律·刑律·诉讼》规定：“凡教唆词讼及为人作词状增减情罪，诬告人者与人同罪。若受人雇诬告人者与自告同，受财者计赃以枉法从重论。”清代，据《福惠全书·刑名部·词诉·立状式》记载：“凡原告状准发房，被告必由房抄状……被告抄状人手，乃请刀笔讼师，又照原词破调，骋应敌之虚情，压先攻之劲势。”其意思是允许被告人聘请讼师，根据起诉状副本，写出答辩状。

元、明、清三个朝代的法律都规定了诉讼代理制度，但是适用范围仅限于官吏和老废笃疾两部分人。如《大元通制条格》规定：“诸致仕代官不得已与齐民讼，许其亲属家人代诉，所司毋侵挠之。”“诸老废笃疾，事须争论，止令同居亲属深知本末者代之。”《大明律·刑律·诉讼》规定：“凡官吏有争论婚姻、钱债、田土等事，听令家人告官理对。”关于官吏的诉讼代理，清律规定与明律相同；关于老废笃疾的诉讼代理，明律、清律沿袭《大元通制条格》的规定。由此可见，元、明、清三个朝代虽然规定了诉讼代理制度，但其适用范围狭小，且代理人均为亲属、家人，因此还不是现代意义上的律师制度。

我国律师制度的发展起步很晚，虽然早在古代社会就产生了像邓析、士荣那样的精于辩论并能够“操两可之说，设无穷之辞”的“讼师”和“刀笔先生”，但却没有真正意义上的律师，这些讼师与西方国家的辩护士相比，是有严格区别的。这些讼师只能够在法庭以外替当事人代写诉状或背后出谋划策，他们没有权力像西方国家的辩护士那样直接接受当事人的委托，并代表当事人出庭参与辩论等诉讼活动。所以，在我国奴隶社会和封建社会时期，是没有律师更没有律师法的。古老的中国始终未能孕育出律师和律师制度，有其深刻的经济、政治原因。相较于古希腊与罗马，原因如下：

①经济原因。中国古代商品经济不发达，基本上是农业社会，自给自足的自然经济占统治地位，社会结构相对简单，资源流动性小，发生纠纷、诉讼的可能性相对商品经济条件下小，没有产生律师的经济基础，这是根本原因。

②政治原因。高度中央集权的专制统治和民主传统的缺乏，是古代中国没有产生律

① 张国华，饶鑫贤. 中国法律思想史纲（上）. 兰州：甘肃人民出版社，1984. 75

师制度的另一个重要原因。中国自进入文明社会以来，一直是王权统治，中国古代从未出现过类似于古希腊罗马的“共和政体”。在专制统治下，等级制度森严，没有民主可言，诉讼主体本身常常就是法定不平等的；诉讼结构实行的是纠问式诉讼形式，而律师制度的出现，是以民主的辩论式诉讼形式为前提的。民主的不发达以及诉讼制度的专横，是中国古代未能产生律师制度的政治原因。

2. 近代中国律师制度的萌芽与发展

中国近代律师制度萌芽于清末变法。1840 年鸦片战争后，中国沦为半封建半殖民地国家。外国侵略者凭借不平等条约攫取了领事裁判权，设立了公审公廨，外国律师开始在中国出现。外国律师先是在租界的法庭中执行职务，后来也在中国的庭堂之上出现。他们不仅担任外国当事人的代理人，而且当一些中国人在与外国人发生诉讼时，中国人也往往寄希望于洋律师的帮助，请他们作代理人。

为维护风雨飘摇的王朝政权，清政府于 1902 年设立修订法律馆，决定变法改制。修律大臣沈家本针对洋律师横行中国的现象，上书光绪帝：华人讼案借助外国律师，“已觉杆格不通”，如果遇到外国人打官司的“交涉事件”，请外国律师为自己“申诉”，外国律师绝没有帮助华人打官司而限制其本国人的，如此下去，“后患何堪设想”。因此，提出了设立中国律师制度的设想。1906 年，《大清刑事民事诉讼法》修订完成，其中律师一节（第 199~207 条）对取得律师资格的条件、律师注册等级的程序、律师的职责、律师的惩戒措施以及外国律师在通商口岸办案的获准程序等首次作了具体的规定。但由于这个法典遭到封建守旧势力的强烈反对，因此未能颁布实施。1910 年，清政府再次拟定《刑事诉讼法草案》和《民事诉讼法草案》，规定并修订了律师制度，但未及颁行，清王朝就被推翻。上述法典虽未实施，但仍可说是中国律师制度的萌芽。

辛亥革命后，孙中山领导的南京临时政府仿效德国、日本，起草了我国第一部有关律师制度的成文法草案——《律师法草案》，但因袁世凯窃国和临时政府解散，这个律师法草案也未能公布实行。这一时期，苏杭地区率先建立了辩护士会，接着上海地区也组织起中华民国律师总工会。苏沪地区的律师组织、律师纷纷到都督府领凭注册，出庭办案。1921 年，北洋政府公布《律师暂行章程》，我国才有了第一部关于律师制度方面的成文立法，该章程的公布实施也标志着中国律师制度的产生和起步。此时，律师队伍有了较大的发展，全国律师人数达到 2 000 余人，出现了施洋、沈钧儒等当时著名的大律师。

1927 年，国民党政府在南京成立后，即于同年 7 月制定了《律师章程》。这个章程仿照英、法等国的律师制度，把律师分为“大律师”（出庭律师）和“小律师”（撰状律师）。其中规定，大律师可以承办全部律师业务，到法庭出庭辩护或代理诉讼；小律师只承办代写诉状等法律业务。1930 年，国民党政府成立了律师协会，律师业有所发展，但多数律师集中于城市，而广大农村仍为“土刀笔”和“讼棍”所充斥。1941 年至 1945 年，国民党政府先后颁布《律师法》、《律师法实行细则》、《律师登录规则》、《律师惩戒规则》及《律师检核办法》等。这些法律法规逐步代替了北洋政府颁布的律师法规，并规定了许多新的内容，如律师实行私人开业；允许女性担任律师；增加律师消极资格条款；律师登录限于两级地方法院和高等法院；增加律师惩戒特别程序和惩戒复审委员会；增加外国律师执行职务的条款等，从而使律师制度逐步走上规范化轨道，促进了律师业和律师队伍的发展。尤其是在一些大城市，律师队伍迅速壮大。据统计，仅上海市1930年就有律师659人，1931年达828人，1934年达1 120人，4年共增加约500人；南京市在1934年律师达到1 200余人。

二、新中国律师制度的产生与发展

新中国建立前，在各个时期的革命根据地，工农政府均颁布法规、法令，允许被告人委托辩护人为自己辩护。然而由于当时的环境和条件，尚没有设置律师和建立律师制度。但不可否认的是，该时期的革命根据地辩护制度为新中国律师制度的建立提供了一些经验，奠定了基础性的工作。

新中国的律师制度经历了建立、取消、恢复与发展几个时期，是根据党和国家政权建设及法制建设的需要而逐步曲折地发展起来的。

1. 1950年开始的新中国律师制度的建立时期

1949年10月新中国成立后，废除了国民党的“六法全书”，取消了国民党的律师制度，并着手建立人民律师制度。1950年12月，中央人民政府司法部发出了《关于取缔黑律师及讼棍事件的通报》，取缔了黑律师的活动，解散了旧的律师组织。1950年1月，中央司法部曾经起草过律师法，准备建立新的律师制度。随后在1952年，全国开展了司法改革运动。至此，旧的律师制度不仅在法律上被否定了，而且在社会上也被彻底清除了。

新中国的律师制度萌发于辩护制度。1950年7月，政务院公布施行的《人民法庭组织通则》规定：“县（市）人民法庭及其分庭审判案件时，应当保障被告人有辩护权及请人辩护的权利。”其后，中央人民政府法制委员会在关于1951年9月颁布的《法院暂行组织条例》的说明中，第一次提出了“合法辩护人”的概念。为保障上述辩护权规定的实施，上海市人民法院首先建立了“公设辩护人”制度，以重点帮助刑事被告人进行辩护。

从1953年起，中国进入了发展国民经济的第一个五年计划时期，这就相应地要求进一步发展社会主义民主和法制，建立起健全的“人民律师制度”。于是，在1953年，“公设辩护人”改名为“律师”。1954年7月，中央人民政府司法部发出了《关于试验法院组织制度中几个问题的通知》，指定北京、上海、天津、重庆、武汉、沈阳等大城市试办法律顾问处，开展律师工作。1954年9月通过的《中华人民共和国宪法》第76条规定：“被告人有权获得辩护。”同时通过的《人民法院组织法》第7条规定：“被告人除自己行使辩护权外，可以委托律师为他辩护，可以由人民团体推荐的或经人民法院许可的公民为他辩护，也可以由被告人的近亲属、监护人为他辩护。人民法院认为必要的时候，也可以指定辩护人为他辩护。”这就从法律上明确肯定了我国的辩护制度，并为律师进行辩护活动提供了法律依据。1955年，北京、上海、南京、武汉、沈阳、哈尔滨等26个城市开始试行律师制度，共有律师81人。1956年5月，国务院批准司法部《关于建立律师工作的请求报告》，对律师的性质、任务、工作机构、任职条件等作了原则规定；同年7月又颁布了《律师收费暂行办法》，从而使我国律师制度正式建立起来，律师队伍迅速扩大。

从1954年至1957年，中国律师制度取得了较大发展。到1957年6月，全国有19个省、市、自治区成立了律师协会，共建立法律顾问处820个，有专职律师2 572人，兼职律师350人。各地律师除了担任刑事被告人的辩护人以外，还担任企业、事业单位和群众团体的法律顾问，担任民事诉讼代理人，承担咨询、代书工作，解答各种法律问题，进行社会主义法制宣传。这对于加强社会主义法制，保护公民合法权益起到了重要作用，深受人民群众的欢迎。

2. 1957年开始的新中国律师制度的取消时期

正当新建立起来的律师制度处于蓬勃发展之际，却遭到了20世纪50年代政治运动的冲击。在1957年开始的"反右"整风运动中，由于受"左"倾主义思想的影响，出现了反"右"斗争扩大化。于是，在普遍存在的"法律虚无主义"和极"左"思潮的带动下，很多人对律师职业产生了错误的认识，《律师暂行条例（草案）》被打入冷宫，许多正常执行职务的律师由于为被告人进行辩护而被诬为"丧失立场"，"站在犯罪分子的立场"、"敌我不分"、"为犯罪分子鸣冤叫屈、开脱罪责"。新中国的律师制度被扼杀在摇篮中。十年动乱期间，公检法机关被砸烂，"群众专政"盛行，公民的辩护权被取消，社会主义法制遭到践踏，许多律师成为专政的对象，律师制度荡然无存。

事实上，否定和取消律师制度就意味着否定了被告人的辩护权，反过来就必然强化纠问式的审判方法，而这无疑是审判制度上的一个历史性的重大倒退。从此，中国出现了整整22年（1957年—1978年）没有律师和律师制度的空白时期，被称为"完全缺位的寒冰时期"。[①] 尤其是1966年至1976年的"文化大革命"，冤假错案层出不穷。这不能不说是中国社会主义法制建设上的一个重大失误，它给国家和人民带来了深重的灾难。

3. 1978年开始的新中国律师制度的恢复时期

1978年，党的十一届三中全会召开，回家进行了全面的拨乱反正，恢复和发展中国社会主义律师制度也被提到议事日程上来。1978年3月5日，五届人大会议通过的《宪法》恢复了关于"被告人有权获得辩护"的规定，即恢复了刑事辩护制度。

1979年7月1日，五届人大二次会议通过并颁布了《人民法院组织法》、《刑事诉讼法》等7个重要的法律文件，其中，再次重申了关于被告人"有权委托律师为他辩护"的规定，中国的法制建设由此进入了一个崭新的阶段。1979年12月9日，司法部发出了《关于律师工作的通知》，明确宣布恢复律师制度。1980年8月26日，五届人大常委会第十五次会议通过并颁布了《律师暂行条例》。这是新中国第一部关于律师制度的立法，是一个划时代的文献，它解决了新中国律师法从无到有的问题，奠定了新中国律师事业发展的法律基础。此后，各地在司法局的管辖下纷纷成立"法律顾问处"，由司法机关考核确认一批"律师"，至1979年，全国有"正式律师所"十几家，1980年共有律师近300人。

① 刘晓林，王吉. 风雨兼程写辉煌——中国律师制度恢复二十余载回眸. 人权，2005（1）

4. 1984 年开始的新中国律师制度的发展时期

1984 年 8 月，全国司法行政工作会议召开后，一些律师工作机构纷纷将名称由“法律顾问处”改为政府批准成立的“公办律师事务所”（简称“国办所”或“国资所”），并随之改革了经费由国家实行统收统支的管理方式。自 1986 年起逐步推行“单独核算、自负盈亏、自收自支、结余留用”的经费管理办法，极大地提高了律师事务所的自我发展能力。1986 年，中国开始推行全国律师资格统一考试（司法部门内部），1988 年正式“放开”（对外公开），进行全国性律师资格统一考试。以通过考试取得律师资格的方式取代了司法行政机关的考核授予制，确保了律师的文化及业务素质，提高了律师的社会地位。

1986 年 7 月，中华全国律师协会在全国第一次代表大会上成立；同年 8 月，司法部举行了第一次全国律师资格考试。1987 年，中华全国律师协会正式加入亚太律师协会。1988 年初，深圳某青年律师创办了新中国第一家个体制律师事务所；同年 3 月，保定市成立了全国第一家合作制律师事务所；随后，上海、天津、北京等地均创办了合作制律师事务所。1988 年 5 月，司法部下发了《合作制律师事务所试点方案》，对合作制律师事务所的设立、组织形式、经营管理分别作了规定，律师体制改革不断深入，配套法规相继制定。至 2000 年，全国“国办律师事务所”除偏远山区和其他特殊情况外，几乎全部与所属单位彻底脱钩，改为“民办”，完全进入了市场。

从发展市场经济和加强民主法制建设的大局出发，为了深化律师体制改革，司法部于 1993 年 6 月的全国司法厅（局）长座谈会议上，提出了司法行政工作改革的总体思路，并将律师工作改革作为整个司法行政工作改革的重中之重，随后又制定了深化律师工作改革的方案。从 1994 年开始，中国允许港、澳、台居民参加全国律师资格统一考试，并将全国律师资格统一考试由两年一次改为一年一次，以加快律师队伍的发展。1996 年 3 月 17 日，八届人大四次会议通过并公布的修改后的《刑事诉讼法》，将律师参与诉讼的时间提前到审查起诉阶段，并改革了庭审方式，强化了控辩职能，使刑事诉讼中的律师辩护制度得到了进一步的完善。

随着我国对外开放的不断扩大，以及对外经济往来的不断发展，我国律师业开始走向国际化，我国律师同外国律师之间在业务上的联系和协作也日益增多，1991 年 5 月，司法部在给江西省司法厅的批复中就律师事务所与外国律师事务所建立业务协作关系一事作出了原则规定。为进一步推动涉外律师业务的开展，1992 年 2 月，司法部发出了《关于律师事务所与外国律师事务所建立业务协作关系有关问题的通知》，就律师事务所与外国律师事务所建立业务协作关系的有关问题作出了具体规定。1992 年，司法部开始进行允许外国律师事务所在中国境内设立办事处的试点工作，确立北京、上海、广州、深圳和海南省为首批试点城市（地区）。司法部于 1992 年 10 月 20 日首次批准了 12 家外国及香港地区的律师事务所分别在北京、上海、广州设立办事处。截至 1997 年底，在我国设立办事处的外国律师事务所有 50 家，香港地区的律师事务所有 23 家。

面对律师队伍的迅速发展以及律师机构的大量增多，在总结《律师暂行条例》实施 15 年来的实践经验基础上，1996 年 5 月 15 日，八届人大常委会第十九次会议通过并颁布了《律师法》。这是新中国第一部律师法典，具有鲜明的时代特色，它标志着有中国特色的律师制度基本框架的确立、巩固与完善。

《律师法》实施之后，由于历史的原因和执法的惯性，在中国这支年轻的律师队伍中，仍然不可避免地出现了一些不遵守职业道德和执业纪律的现象。为了纠正这些存在的问题，提高律师队伍的整体素质，1996年9月26日，司法部制定并发布了《关于严格执行〈律师法〉进一步加强律师队伍建设的决定》，提出了中国律师队伍建设的总指导思想、基本任务、工作重点、基本要求和具体措施。此外，中华全国律师协会也先后颁布了多个律师执业规范，如1997年11月6日试行、1999年4月25日修订的《律师办理刑事案件规范》，2000年3月26日通过的《律师办理民事诉讼案件规范》、《律师法律顾问工作规则》和《律师参与仲裁工作规则》，2001年11月26日修订的《律师职业道德和执业纪律规范》。

鉴于中国在立法上对律师职业的定位过低，加上律师队伍中仍存在个别害群之马，为求避免出现私利与执法、司法者内外串通，包揽诉讼，损害律师整体形象的行为，2004年3月20日，中华全国律师协会通过并发布了《律师执业行为规范（试行)》。中央政治局高度重视律师整顿工作，胡锦涛总书记和其他政治局常委作了批示，由此，在中国律师界出现了一次前所未有的行业整顿和反省工作。

2007年10月28日，十届全国人大常委会第三十次会议审议修订通过了《中华人民共和国律师法》，并且于2008年6月1日起正式实施。

修订后的《律师法》在全面总结我国律师制度恢复以来，特别是《律师法》实施以来律师工作所取得的成绩和经验的基础上，从我国的基本国情出发，适应新时期、新阶段我国律师工作改革和发展的需要，对原《律师法》的规定作了较大的修改和完善。它的颁布实施，对于进一步完善中国特色社会主义律师制度，保障律师依法执业，规范律师执业行为，发挥律师在社会主义法制建设中的作用，推动律师事业又好又快地发展具有重要意义。

修订后的《律师法》的颁布实施，是推进依法治国，坚持和完善中国特色社会主义律师制度的重要举措。我国律师制度是社会主义法律制度的重要组成部分，坚持和完善中国特色社会主义律师制度，促进律师制度的改革和发展，是深化司法体制和工作机制改革，建设公正、高效、权威的社会主义司法制度的重要环节，是律师事业坚持正确发展方向的根本保证。修订后的律师法以立法的形式肯定了我国律师制度改革发展取得的成果，进一步完善了我国律师制度的基本框架。它的颁布实施，是完善中国特色社会主义法律制度的重要组成部分，是全面落实依法治国基本方略，加快建设社会主义法治国家的实际步骤，是保障我国律师工作适应经济社会发展要求的重要举措。

修订后的《律师法》的颁布实施，为更好地发挥律师职能作用，服务全面建设小康社会提供了法律保障。我国律师是促进依法治国和服务社会主义市场经济建设的重要力量，在推进社会主义经济建设、政治建设、文化建设和社会建设中担负着重大责任。修订后的律师法进一步明确了律师职业使命，完善了对律师执业权利的保障措施，丰富了律师执业的内容，为律师更好地履行职责，维护当事人的合法权益，维护法律的正确实施，防止司法腐败，维护社会公平和正义，更加自觉地积极投身于服务全面建设小康社会的伟大实践提供了法律保障。

修订后的《律师法》的颁布实施，是规范律师法律服务，实现律师工作法制化的重要依据。修订后的律师法充实了律师执业许可和执业行为规范的内容，强化了对律师和律师事务所执业的监督管理措施，调整了司法行政机关对律师和律师事务所监管职能的层级配置，完善了律师协会的管理职责，加强了对律师执业活动的监督管理力度。它的实施有利于进一步推进律师工作建设，加强律师队伍建设，完善律师管理体制，提高律师工作水平。

总之，修订后的《律师法》进一步健全了中国特色社会主义律师制度，为广大律师依法从事法律服务活动，为各级司法行政机关和各地律师协会依法履行管理职责，为律师制度的改革和发展提供了有力的法律支持和法律保障，标志着我国律师制度进一步走向成熟和完善。

第三节　律师执业的基本原则

律师执业的基本原则，是指法律所规定的，贯穿于律师执业活动整个过程的，指导律师全面实现律师任务的基本原则。律师执业的基本原则，具有高度的覆盖性，体现在律师执业活动的方方面面，对律师的整个执业活动具有普遍的指导作用。律师执业的基本原则，是由律师的职业特点和律师制度的本质决定的，目的在于实现国家法律所规定的律师的历史任务和社会使命。律师执业的基本原则，是由国家的法律所规定的，体现在以律师法规范为主体的现行国家法律规定之中。

一、遵守宪法和法律

1. 遵守宪法和法律原则的法律依据

我国《宪法》第 5 条第 5 款规定：“任何组织或者个人都不得有超越宪法和法律的权利。”第 33 条第 3 款规定：“任何公民享有宪法和法律规定的权利，同时必须履行宪法和法律规定的义务。”我国《律师法》第 3 条第 1 款规定：“律师执业必须遵守宪法和法律。”

宪法和法律是掌握国家政权的阶级通过国家制定或认可的，是统治阶级意志和利益的集中体现，是统治阶级治理国家的工具。其中，宪法是国家的根本大法，它规定了国家生活中最根本、最重要的问题，包括一国的国家制度和社会制度的基本原则，如国家性质、政权组织形式、国家结构形式、国家经济制度、公民的基本权利和义务、国家机构的组织原则，以及国旗、国徽、国歌，等等。宪法又是制定一般法律的依据，一切法律都必须符合宪法的规定，不能违背宪法的原则，凡与宪法相抵触的法律或其他规范性文件，都属无效。在我国，宪法和法律是我国各族人民意志和利益的体现，是保护人民，打击敌人，惩罚罪犯，保障我国改革开放和发展中国特色社会主义的有效工具。因此，严格遵守宪法和法律是每个公民的义务，更是律师的义务。律师以保证国家法律正确实施，维护当事人的合法权益为其任务和使命。在执业过程中遵守宪法和法律是对律师最基本的要求。

2. 遵守宪法和法律原则的内容

律师在执业活动中具有“公民”和“律师”的双重身份。作为公民，律师必须遵守宪法和法律，依法行使宪法和法律规定的权利以及履行宪法和法律规定的义务。如按照宪法规定，我国公民在行使自由和权利的时候，不得损害国家的、社会的、集体的利益和其他公民的合法的自由和权利；我国公民有维护国家统一和全国各民族团结的义务；有保守国家秘密、爱护公共财产、遵守劳动纪律、遵守公共秩序、尊守社会公德的义务；有维护祖国的安全、荣誉和利益的义务，不得有危害祖国的安全、荣誉和利益的行为；有保卫祖国、抵抗侵略的神圣职责；有依照法律纳税的义务。按照其他法律的规定，律师作为公民还负有不得贩毒吸毒、卖淫嫖娼、传播淫秽物品、走私贩私、盗窃诈骗、行贿赌博等义务。《律师法》第5条规定，我国公民申请领取律师执业证书，首先必须具备“拥护中华人民共和国宪法”的条件。实际上，拥护宪法与遵守宪法是密不可分的，即遵守宪法是拥护宪法的具体表现，拥护宪法则是遵守宪法的本质要求。律师在领取执业证书之前要拥护宪法，在领取执业证书之后的执业活动中，更要认真遵守宪法和法律。只有这样，才能真正反映律师的职业特点，实现法律所赋予的维护当事人的合法权益和维护法律的正确实施的使命。

二、恪守律师职业道德和执业纪律

1. 恪守律师职业道德和执业纪律原则的法律依据

律师行业与其他任何行业一样，在长期的发展过程中，形成了本行业独有的职业道德，并制定了自己的执业纪律，而这是律师在执业中必须严格遵守的。因此，我国《律师法》第3条第2款规定：律师执业必须“恪守律师职业道德和执业纪律”。

律师是一个特殊的职业，其执业的特殊性，一方面表现为律师在业务活动中要与当事人、司法机关、同行等发生各种关系，其依法执业的行为有不受任何单位和个人干预的相对独立性、自主性；另一方面，律师在维护当事人的合法权益、维护法律的正确实施、维护社会主义和促进国家法制的完善等方面又起着无可替代的重要作用，因此，律师必须恪守律师职业道德和执业纪律，采取与自己地位、职责相称的自律行为。

律师是以其掌握的知识和技能独立地向当事人提供法律服务的专业人士，而非国家公务员。律师的行为亦非国家职权行为，因而其依法履行职务时不应受国家职权的直接干预。正如日本学者所指出的那样，律师的使命是保护人权和实现社会正义。当律师履行这一使命而从事职业活动时，可能要站在与检察厅或国家行政部门相对立的当事人的立场上，并且还常常可能处于对法院行为进行批评的地位上。为了让律师更好地履行使命，同时为了防止只遵循官僚意志的人才能具有律师资格的弊害，就必须承认律师的自治。律师自治不是律师的特权，而是为履行保护人权和实现社会正义的使命，律师也负有规范自己行为的社会责任，这就要求律师必须以其应有的品格道德操守诚实地为社会提供法律服务，采取与其地位相称的方式履行职责。律师的执业活动既不受国家职权的直接干预，同时又要保护其自身应有的品格，维护律师的整体形象和声誉，这就需要律师在执业活动中采取自律行为。律师职业道德和执业纪律为律师的执业活动提供了总的指导思想和具体的行为指南，也使社会对律师的道德评价有了客观标准。

2. 恪守律师职业道德和执业纪律原则的含义和内容

律师职业道德，是指律师在执行职务、履行职责时应当遵守的道德规范的总称。律师职业道德是与律师对社会所负的特殊责任联系在一起的。它通常被归纳为简明的宣言或戒律文字，具有原则性、抽象性和概括性，如忠于法律、不畏权势、维护正义、从业清廉、热心服务、注重信誉等，它由律师自觉地加以遵守，如有违反，首先要受到自己良心的谴责和社会舆论的谴责。它既是律师政治素质、理想信念、思想品质、纪律作风、情操气质和风度的综合体现，也是纯洁律师队伍、维护律师职业声誉、推动律师为社会提供优质法律服务的重要保证。

律师执业纪律，则是指律师在执业过程中所应该遵守的行为规则。这种行为规则以律师职业道德为依据，是律师职业道德得以具体体现的载体，它通常明定于《律师事务所章程》、《律师协会章程》和国家有关法律、法规和行政规章，由具体明确的义务性或禁止性条款加以规定。律师违反执业纪律的，要受到相应的纪律处分或法律制裁。

2001 年 11 月 26 日，中华全国律师协会修订了《律师职业道德和执业纪律规范》，对律师职业道德和执业纪律作了全面、具体的规定。律师在执业活动中，只有恪守职业道德和执业纪律，才能严格遵守宪法和法律，从而为当事人提供可靠、优质的法律服务，遵循正当的途径维护当事人的合法权益，维护法律的正确实施，进而树立起律师的良好形象，赢得人民群众的信任。

三、以事实为根据，以法律为准绳

1. 以事实为根据，以法律为准绳原则的法律依据

以事实为根据，以法律为准绳，这是我国执法司法机关和所有法律工作者处理一切法律问题都必须遵守的根本原则。我国《刑事诉讼法》、《民事诉讼法》和《行政诉讼法》都把它作为基本原则加以规定。我国《律师法》第 3 条第 2 款明确规定："律师执业必须以事实为根据，以法律为准绳。"

以事实为根据，以法律为准绳，表达了国家对律师业务活动的质量要求和对律师综合素质的要求。一方面，它要求律师在任何时候都要不畏权势，刚直不阿，尊重事实，依法服务，为司法机关的正确裁判提供参考意见和材料。只有坚持以事实为根据，以法律为准绳的原则，才能使律师工作树立和保持权威性，才可能得到国家和社会的肯定评价。另一方面，律师的工作要做到以事实为根据，以法律为准绳，就必须努力学习，刻苦钻研业务，必须具备高度的法律观念和深厚的法学素养，在业务实践中不断地充实、提高自己的执业水平。

对于律师职业来说，这一原则充分表明了我国律师从事的一切业务活动都不是为委托人谋私利，而是从维护委托人合法权益的角度出发，在客观事实的基础上，保证国家法律的正确实施，维护社会正义。

2. 以事实为根据，以法律为准绳原则的含义和要求

以事实为根据，是指律师要忠于事实真相。以客观事实为根据，使自己的全部业务活动都建立在充分可靠的客观事实和证据的基础之上。一方面，律师要坚持实事求是的工作作风，深入调查研究，不能以主观想象代替客观事实；另一方面，律师要坚持工作原则，不能迎合委托人，或屈服于外部干涉而歪曲事实真相。事实是判断是非曲直、合法与非法、罪与非罪、此罪与彼罪以及违法犯罪的程度和性质的客观依据，离开了事实和证据，即失去了认识事物真相的基础，就会给人民的利益和社会主义法制带来危害。

因此，律师在执业活动中，必须深入调查研究，认真查阅案卷，掌握确实、充分的证据，查明事物的本来面目，弄清事实和情节，并以此作为根据来处理各种法律问题、诉讼问题或提出解决有关问题的意见。对于律师来说，只能在尊重案件事实的基础上，为当事人提供法律帮助，维护当事人的合法权益，而绝不允许违背事实、不顾事实甚至歪曲事实真相去为当事人谋取非法利益。当然，由律师职业的特点所决定，对于有的律师业务如法律咨询和代书等，律师只根据当事人提供的事实和证据即可办理，并不要求律师通过调查研究，完全查明事实真相后才能解答和代书。另外，律师在现场遭到妨碍、证据被灭失等特定情况下，还可以"没有一定事实"为事实，以该事实为根据，指出有关证据不充分、不确实之处，进而论证某事实或某案件尚无法认定。这是以事实为根据的特例，也是律师进行反驳的一种有效手段。

以法律为准绳，是指律师在各项业务活动中，都要严格依法办事，忠实于国家的法律和制度，正确地运用法律来处理问题或者提出解决问题的意见。对于律师来讲，既要遵守实体法，又要遵守程序法，既要严格适用法律条文，又要尊重立法原意，把"维护法律的正确实施"作为自己的根本任务和崇高目标，绝不允许随心所欲，以及规避、曲解、甚至公然违反法律，破坏法制的统一和尊严。

这就要求：一方面，律师应与时俱进，不断地学习法律，掌握和熟悉法律条文，准确地理解有关法律的精神实质，并积极钻研法学理论，了解法学发展趋势，造就深厚的法学理论功底；另一方面，律师在从事的各项业务活动中，应严格依法办事，维护法律的尊严，对违反法律的事坚决抵制，不屈从外部压力，更不能为达到个人目的而断章取义地歪曲法律。

律师在执业活动中，只有严格遵循"以事实为根据，以法律为准绳"的原则，才能保证业务活动的质量，从而切实维护当事人的合法权益，有效地维护法律的正确实施，并在全社会树立起律师的良好形象，在社会主义法制建设中发挥积极作用。

四、接受国家、社会和当事人的监督

1. 接受国家、社会和当事人的监督原则的法律依据

我国《律师法》第3条第3款规定："律师执业应当接受国家、社会和当事人的监督。"律师是依法取得律师执业资格证书的提供法律服务的执业人员，其基本使命就是保护人权，维护社会正义。律师能否依法执业，能否恪守职业道德和执业纪律，直接关系到当事人的合法权益的维护、社会秩序的稳定和律师职业的神圣性，进而影响整个

律师行业的发展。因此，必须加强对律师执业的监督。律师为了树立自身的良好形象，实现平等竞争，也应当接受国家、社会和当事人的监督。

2. 接受国家、社会和当事人的监督原则的内容和要求

(1) 国家的监督

国家对律师的监督，主要是通过有关的国家机关来实现的。我国律师管理体制的特点就是司法行政管理和律师协会行业管理相结合，它包括：

①司法行政机关的监督。按照我国律师法的规定，司法行政部门依照律师法对律师、律师事务所和律师协会进行监督、指导。律师有违反律师法规定的行为的，由省、自治区、直辖市及设区的市人民政府行政部门依照律师法的规定给予警告、停止执业、没收违法所得或吊销律师执业证书等行政处罚；律师事务所有违反律师法规定行为的，由省、自治区、直辖市人民政府司法行政部门给予责令改正、没收违法所得、罚款、责令停业整顿或吊销执业证书的处罚。

②税务机关的监督。按照律师法的规定，律师和律师事务所应当依法纳税。对于律师和律师事务所偷税、抗税、欠税、漏税的，由税务机关按照有关规定进行处理。

③检察机关的监督。对于律师在执业活动中有泄露国家重要机密、行贿、介绍贿赂或伪证行为，情节严重、构成犯罪的，由检察机关立案侦查，并决定是否向人民法院提起公诉。

④人民法院的监督。律师作为辩护人或代理人在刑事诉讼、民事诉讼或行政诉讼中有违法行为的，人民法院可以根据情节轻重予以罚款、拘留，情节严重、构成犯罪的，依法追究其刑事责任。

(2) 社会的监督

律师是社会的一员，其执业活动是社会活动的有机组成部分，因此必须与社会规范相协调。社会监督包括民主党派、社会团体、群众组织、舆论的监督和广大人民群众的监督。律师应严格遵守职业道德和社会生活准则，使其行为符合社会规范，否则，任何单位和个人对律师违反职业道德和执业纪律的行为都可以提出批评，予以监督。另外，律师的每一项执业行为，绝不仅仅是个人行为或个体行为，它直接关系到整个律师行业、律师群体在社会能否建立起一种律师监督机制。对于年轻的中国律师行业来说，这种监督机制是非常有利和必要的。

(3) 当事人的监督

律师接受当事人的聘请或委托，为其提供法律服务。律师与当事人的关系是十分紧密的，因此，当事人对于律师在执业过程中有无违法违纪行为，对其服务是否满意，感受最深，最有发言权。律师应当接受当事人的监督，这是我国法律历来所强调的。当事人对律师的监督可以体现在许多方面，如当事人对律师的服务不满意可以解除委托，拒绝该律师的辩护或代理；律师如有严重违法违纪行为的，当事人有权向律师所在地的律师事务所、律师协会或司法行政机关提出控告，要求依法处理；对于律师违法执业或者因过错给自己造成的损失，当事人有权向人民法院提起诉讼，要求赔偿自己的经济损失。

五、律师依法独立执业受法律保护

1. 律师依法独立执业受法律保护原则的法律依据

依法独立执业，是各国律师法的普遍规定，是体现律师职业特点的重要原则。如日本《律师法》第 1 条规定：“律师是独立的法律工作者。”日本《律师联合会会章》第 16 条规定：“律师的本质是自由的，不受权力和物质所左右。”法国、德国、美国等国的律师法和律师职业道德规范也有类似的规定。

我国《律师法》第 3 条第 4 款规定：“律师依法执业受法律保护，任何组织和个人不得侵害律师的合法权益。”这是律师依法执行职务的法律保障，也是一项具有中国特色的律师执业原则。

2. 律师依法独立执业受法律保护原则的含义和意义

（1）律师依法独立执业受法律保护原则的含义

①律师有权依据事实和法律，独立开展业务活动，不受其他单位、个人的非法干涉。任何机关、社会团体和个人都无权干涉律师依法独立执业，不论是谁，不论其级别多高、职权多大都必须服从法律，不能凌驾于法律之上。律师对于执业过程中遇到的各种非法干涉，应该进行坚决的斗争，并在必要时有权进行控告。律师执业只能依照事实和法律独立进行业务活动，若律师违反法律规定从事业务活动不仅不受法律保护，情节严重的，还会受到律师纪律的严惩，甚至是法律的制裁。

②律师应当严格依照法律执行职务，只有依法执业才能受到保护。例如，被处罚停止执业但仍执业，或者在执业过程中出现提供虚假证明的行为等，法律不仅不予保护，还应追究其责任。

③对于律师依法执业的行为，有关国家机关、其他单位和个人应给予保护、支持和配合。

（2）律师依法独立执业受法律保护原则的意义

我国有着长期的封建专政传统，在旧制度、旧法律的长期摧残和压迫下，人民对旧的法律制度、“讼棍”极其鄙视。新中国成立后，尽管我们的社会制度和法律制度发生了根本性的变革，但由于社会意识的相对独立性，长期积淀在人们思想中的旧观念没有彻底根除，人们依然对律师工作存在着诸多误解和疑虑，再加上个别律师的不法行为，更深化了人们对律师工作的偏见。这些成为阻碍我国律师事业健康、顺利发展的思想障碍。在司法实践中，律师的法律地位得不到应有的尊重，非法干涉层出不穷，律师的人格受到侮辱，权利受到侵犯，形象受到损害的事件时有发生。

律师依法独立执业受法律保护的程度，反映了一个国家民主化、法制化的水平。坚持律师依法独立执业原则，有利于鼓励国家的优秀法律人才献身律师事业，充分调动广大律师的积极性和主动性，使律师能大胆、毫无顾虑地履行其法定的职责，最大限度地发挥律师在提供法律服务和促进社会主义法制建设中的作用。

最后，中国律师的定位一直是律师法学界关注的热点之一。20 世纪 80 年代的《律师暂行条例》给律师职业的定位是，维护法律的正确实施，维护国家、集体的利益，维护公民的合法权益。1996 年《律师法》颁布实施前，律师属于“国家的法律工作者”，法律顾问处属于国家“事业单位”。《律师法》颁布实施后，律师不再属于“国家法律工作者”，而被定位为“律师是依法取得律师执业证，提供法律服务职业人员”，这既体现了律师职业的属性，也体现出对律师职业的重新认识。2007 年的《律师法》首次将律师定位为“为当事人提供法律服务，维护当事人合法权益，维护法律正确实施，维护社会公平和正义的执业人员”。这一重新定位不仅与国际接轨，更是律师作为法律工作者的本质属性的回归。

第二章　律师、律师执业和执业机构

对于律师的权利如何得到有效保障，如何解决律师执业的“三难”问题（即“会见难、阅卷难、调查取证难”），2007 年《律师法》作出了新的规定。该法对律师的权利保障原则进行了细化，律师权利保障得到进一步的加强。新《律师法》充实了律师执业权利保障内容，增加了对律师依法行使会见权、阅卷权和调查取证权保障的规定，增加了律师参与法庭诉讼活动责任豁免的权利和对律师采取强制措施方面的保障措施。律师事务所的内部管理问题，主要集中在律师事务所的专业化分工、管理模式、人力资源、文化建设等方面；律师事务所的外部拓展问题，主要是律师营销、规模、海外业务拓展等；律师事务所的组织形式问题，在 2007 年新修订的《律师法》上都有体现。新《律师法》调整和完善了律师执业的组织形式，明确了普通合伙和特殊的普通合伙两种律师事务所合伙组织形式，增加了设立个人律师事务所的规定。

本章着重阐述我国律师执业问题的相关内容。学习本章内容应重点掌握律师的概念、特征和种类，律师事务所的概念、特征和类型，熟知律师事务所的设立、变更、终止，了解外国律师事务所驻华代表机构及其分支机构等内容。

第一节　我国律师的概念和种类

一、律师的概念

1. 律师概念的渊源及其不同表述

提起律师，人们脑海中往往会浮现出精通法律、能言善辩的专业人士形象。然而，律师从何而来呢？现代意义上的“律师”一词，追根溯源，正如律师制度一般，也是“舶来品”。它是从英语“lawyer”一词翻译过来的。“Law”翻译成汉语是法律的意思，“er”是表示某专业领域人士的一个后缀，汉语上可以理解为工作者、家或师，二者综合，称之为“律师”。

在外国，对律师的称呼各有不同。在英国，没有一般的律师称呼，只有“大律师”

(barrister) 和“事务律师”（attorney）之称。“大律师”又称“巴律师”、“出庭律师”、“辩护律师”；“事务律师”又称为“沙律师”、“初级律师”、“撰状律师”。在日本，一般称律师为“辩护士”，候补律师则被称为“辩护士试补”。在法国，则有律师和代讼师之分。在美国，则通称为“律师”。在其他国家，还有的将律师称为“法学家”、“法律专家”等。但从当今世界各国总体情况来看，大多数称其为“律师”。

在中国长达两千多年的封建社会里，出现过许多帮助当事人写诉状、打官司的人，他们被称为“讼师”或“刀笔先生”。这二者可以说是中国律师的前身或雏形，但并非现代意义上的律师。从文字上考察，虽然在中国古代传统文化中存在“律师”一词，“能否佛法所作，善能解说，是名律师”。[①]但其为佛家用词，指的是熟知戒律并能向人解说的能言善辩者，并非现代意义上的概念。

在中国，直到清朝末年，才首次在《大清刑事民事诉讼法》中规定了律师制度。该法虽未能施行，但出现了现代意义上的“律师”称呼。北洋政府时期，颁布了中国历史上第一部律师法，采用“律师”的称呼。民国时期，律师被划分为“大律师”和“小律师”。“大律师”又称为“出庭律师”；“小律师”又称为“撰状律师”。中华人民共和国成立后，司法部于1950年发布了《关于取缔黑律师及讼棍事件的通报》，并取消了“大律师”和“小律师”的称呼。中央人民政府于1951年颁布了《人民法院暂行组织条例》（以下简称《条例》），在关于该《条例》的说明中第一次提出了“合法辩护人”的称呼。随后，上海首先建立了“公设辩护人”的制度。再后，司法部于1954年正式决定在京、津、沪、重庆、沈阳等大城市试办律师制度，并于1956年向国务院呈送了《关于建立律师工作的请示报告》且获批准。此后，在中国大陆一直沿用“律师”的称呼。

在中国的港、澳、台地区，其中香港的律师制度于1844年开始建立。1856年，香港总检察官安士迪按照英国律师制度，订立《大律师办案规则》，使得香港的律师制度基本上按照英国律师制度的框架确立下来，施行颇具特色的“二元制”律师制度。没有一般的律师的称呼，而分别为“大律师”和“事务律师”之称。其中，“大律师”经法官提名可被授予“皇家大律师”的称号。香港在1997年回归后，除“皇家大律师”改称为“资深大律师”外，其他仍沿用其过去的称呼。执业10年以上的大律师，可申请晋升为“资深大律师”。香港律师经中华人民共和国司法部委托，可成为委托公证人(又称为公证事务律师)。澳门在1991年由澳门总督韦高信核准颁布《律师通则》后，才建立了律师执业资格确认和执业管理规范。澳门在1999年回归后，和香港一样，原有规范律师职业的法律法规基本不变，原有律师资格依然被承认有效。台湾的律师制度，其法律渊源是1941年国民党政权颁布的《律师法》。该法颁布以后，先后经历了九次修改，目前仍然在台湾实施。和香港不一样，澳门和台湾都采用一般的律师称呼。

在现实社会中，律师一词具有广泛的使用性。首先，律师是一种职业，这种职业是社会分工的产物。其次，律师是一种身份，是社会对从事律师工作的人的泛称。再次，律师还是一种称谓，是人们对具有律师身份的某个人的特称，如李律师、王律师。

① 张耕. 中国律师制度研究. 北京：法律出版社，1998.1

2. 律师的法理概念和特征

律师，从字面上理解，“律”是指法律，“师”是指专业人士，即具有专门知识或技能的人，如经济师、工程师、医师、教师等。顾名思义，“律师”就是指具有法律知识的专业人员。

美国《国际大百科全书》对“律师”一词的解释是：“律师或称法律辩护人，是受过法律专业训练的人，他在法律上有权为当事人于法院内外提出意见或代表当事人的利益行事。”

前苏联的《苏联百科全书》对“律师”一词的解释是：“律师是选择以提供法律帮助为自己职业的人。在苏联，凡是有高等教育程度并从事专业工作满两年以上的苏联公民，可以成为律师。”

我国《现代汉语规范词典》对“律师”一词的解释是：“依照法定条件、程序取得特定资格的法律专业人员，依法可以接受当事人委托或法院的指定，向当事人提供法律帮助，从事有关法律事务活动。”

我国学者对律师概念的表述大同小异。有的说，“律师是指受过法律专业训练，依法经过国家考试、考核，取得律师资格，并持有律师工作执照，为社会提供法律服务的专业人员。”[①]有的说：“律师是指经过国家考核授予资格并准予执业的，接受当事人的委托或者经人民法院指定，进行诉讼、非诉讼及其他事务，以维护公民、法人或其他组织的合法权益，为其提供法律服务的专业人员。”[②]我国《律师法》第2条规定：“律师，是指依法取得律师执业证书，接受委托或者指定，为当事人提供法律服务的执业人员。”2007年新修订的《律师法》第2条规定：“本法所称律师，是指依法取得律师执业证书，接受委托或者指定，为当事人提供法律服务的执业人员。律师应当维护当事人合法权益，维护法律正确实施，维护社会公平和正义。”

律师法的订改不仅对律师进行了重新定义，改变了原律师法“依法取得律师执业证书，为社会提供法律服务的执业人员”的简单界定，而且明确了律师的社会价值，即律师三维护（维护当事人的合法权益，维护法律正确实施，维护社会公平和正义），使律师职业的崇高性重新得到认识，也为以后律师执业环境的创造打下了良好的基础。

由上可知，在法理上中外各国一般理解为，律师是指受过法律专业训练，依照法定条件、程序取得律师资格，并持有律师工作执照，根据委托、指定或法律法规授权提供法律服务及其他相关服务的专业人员。

律师具有以下特征：

（1）专业性与业务性

考察各国律师制度可以发现，要想成为律师，必须具备一定的专业条件，通常，律师都是受过法律专业训练，具有法律专业知识。在中国，则必须“依法取得律师执业证书”。而要取得律师执业证书，最主要的是，必须具有高等院校法律专业本科以上学历，或者高等院校其他专业本科以上学历、具有法律专业知识，经国家司法考试合格。根据

① 徐家力. 律师实务. 北京：法律出版社，2005.1

② 陈光中. 公证与律师制度. 北京：北京大学出版社，2000.171

《国家司法考试实施办法（试行)》第 13 条规定，符合《法官法》、《检察官法》和《律师法》规定的学历、专业条件的可以报名参加国家司法考试。中国司法部发布的《中华人民共和国司法部公告（第 67 号)》在第 1 条第 4 项中明确规定了报名者所需具备的专业条件，即具有高等院校法律专业本科以上学历，或者高等院校其他专业本科以上学历、具有法律专业知识。

由上述规定可知，如果不具有相当的法律专业知识，是不可能取得律师资格并获得执业证书的。再者，实践需要如果不具备专业条件，也无法开展律师业务。因此，律师业务性与其专业性是紧密相连的，其执业的业务范围和种类由当事人根据需要依法或约定而确定。世界各国也都要求律师必须具备一定的专业条件的业务知识，要求的高低有别。其中，美国要求最高（大学毕业的学士，再在法学院经过 3 年全日制修完法学课程并获得法学学士、硕士或博士学位)。

律师的执业活动具有业务性，即其所从事的是一种业务活动而非官方的职务活动。律师执行业务主要基于当事人的委托，当事人与律师之间是委托与被委托的关系，而且律师执行业务的种类与范围亦由当事人根据需要指定。职务活动表现为一定权力的行使，是代表国家对社会的管理活动，如法官行使审判权、检察官行使检察权，其职务活动无不包含权力之内容；而律师从事的业务活动，具有事务性的特征，是凭借本人的法律知识和能力从事法律业务活动，不具有行使权力的内容。

关于产权界定法律业务问题，根据〔1997〕司律字 77 号《关于律师从事集体科技企业产权界定法律业务的通知》的规定，产权界定法律业务，是指律师事务所接受集体科技企业产权界定联合工作委员会或集体科技企业的委托，在对集体科技企业进行充分调查的基础上，依法出具产权界定意见书；或在集体科技企业发生产权纠纷时，接受一方当事人的委托，作为其代理人，参与联合工作委员会所进行的产权纠纷调处工作。历史遗留问题较多、资产关系较复杂、争议较大的产权界定和产权纠纷工作，应当聘请律师参加。凡欲从事产权界定法律业务的律师和律师事务所，由该律师和律师事务所向所在省、自治区、直辖市司法厅（局）提出申请，经省级司法厅、科委和国有资产管理局共同初审同意后，由司法厅（局）上报司法部；司法部、国家科委、国家国有资产管理局共同审核批准，授予律师和律师事务所从事产权界定法律业务资格。从事专职律师工作两年以上、熟悉企业法律业务、有良好的职业道德并在以往两年内没有受过行政处罚的律师，经过司法部、国家科委、国家国有资产管理局或其委托的培训机构举办的有关产权界定法律业务培训并考核合格，可以申请从事产权界定法律业务。有三名以上律师取得从事产权界定法律业务资格的律师事务所，可以申请从事产权界定法律业务。律师出具的意见书可以作为产权界定主管机构确认产权的重要依据。律师出具的意见书须由两名以上律师及其所在律师事务所签字、盖章。该规定说明，从事产权界定法律业务的律师和律师事务所，应获得资格确认。

(2) 服务性与有偿性

在世界范围内，国家和法律的产生已有 6 000 余年，但作为法律专业人员的律师的出现仅有 2 000 多年的历史。律师起源于古罗马以后，不断发展，已成为法治社会不可缺少的一部分。它在维护当事人合法权益，保障民主与法制，促进公民法律素质的提高和法律意识的增强等方面都发挥了重要作用。律师职业产生的根源在于社会组织与公民个人对法律帮助的需求。律师业务的开展就是为了向社会提供法律服务。律师及其委托人之间是契约关系，双方法律地位平等。这一契约的一项重要内容是律师为委托人提供需要的法律服务，而另一项重要内容则是委托人向律师支付报酬，也即律师提供法律服务的活动是有偿的。而法官、检察官的职务活动基于法定职责及特定法律事实的发生而展开，并非基于当事人的委托，它们的活动是行使权力，同时也是履行职责，它们和当事人并不平等，他们的活动并非服务性的，更不具有有偿性。

当然也有特例，律师的服务并非都是有偿的，如律师按规定负有无偿提供法律援助的义务，在现实中也经常存在律师自愿或非自愿提供无偿法律咨询的情况。因此，这里的律师的“有偿性”，指一般情况，不包括特定的律师和特定情况。

(3) 受托性与独立性

律师和法官、检察官均为法律方面的专业人员，但是，律师是“师”，法官、检察官是“官”，存在是否拥有公共权力的区别。除公职律师外，绝大多数的律师是社会执业律师，并非国家公职人员，其业务来自当事人的授权委托，而不是基于公共权力的授权。如果没有当事人的委托，社会执业律师的法律服务和执业权力便无从谈起。《律师法》第25条规定：“律师承办业务，由律师事务所统一接受委托，与委托人签订书面委托合同，按照国家规定统一收取费用并如实入账。”据此可知，律师具有受托性的特征。再从《律师法》第28条关于律师业务范围的规定来看，“接受……委托”、“接受……指定”等字眼也能清楚表明律师具有受托性的特征。

律师工作大多依受托而定，但并非完全是“受人之托，忠人之事”，而是依法而“忠”，并非毫无原则地“忠”，因此，律师具有相当的独立性，不但独立于当事人，而且独立于国家公权力，独立于法官、检察官。律师拥有独立的人格和价值取向，还包括为公共事业作贡献（如开展公益诉讼）。

(4) 自主性与自律性

律师执业实属个人劳动，不受当事人意志的约束，也不受律师协会等组织的指导，而是由律师本人自主决定办理委托事项的方式、方法。此外，我国律师的执业活动也不受地域和行业的限制。而法官与检察官的独立性相对较弱，他们的活动是在代表国家行使一定的权力，不属于个人劳动。

律师职业的管理不同于行政管理，主要是通过律师协会进行自治。各国关于律师管理的体制不尽相同。有些国家实行完全的律师自治，如法国、日本等。在法国，律师团体称律师会，执业律师必须参加一个律师会。律师会由理事会经营管理。理事会由律师会会长主持。由各律师组成的律师会总会选举律师会的会长及理事会。律师会作为独立的自治团体对会员行使惩戒权。日本律师亦实行行业自治。日本律师联合会是其全国性律师组织，以执行有关律师及律师会的指导、联系与监督事务为目的。它一方面的工作是审查律师资格、监督律师行为、惩治违法律师、指导律师会的工作。律师会是日本律师的地方性组织，其使命与日本律师联合会相同。还有些国家如美国，律师管理以律师协会为主，法院参与管理。①

中国的律师管理体制经历了一个曲折的发展过程。20 世纪 50 年代中国律师制度初建时，律师及律师工作受司法行政机关的统一领导和管理。十一届三中全会后我国恢复了由司法行政机关单一管理的律师管理体制。1993 年 12 月 26 日，国务院以批复形式批准了司法部《关于深化律师工作改革的方案》，该方案要求建立司法行政机关的行政管理与律师协会的行业管理相结合的管理体制。《律师法》第 4 条明确规定："司法行政部门依照本法对律师、律师事务所和律师协会进行监督、指导。"该法第 43 条规定，律师协会"是律师的自律性组织"。从而以立法的形式确立了司法行政机关宏观管理，律师协会具体微观管理的体制。

随着律师行业管理的加强，律师职业的独立性也将进一步加强，同时也对律师职业提出了更高的自律要求。今后中国律师管理体制将顺应世界趋势，朝着行业管理为主、司法行政机关参与管理的模式发展。加强律师自治、实现律师自律，是律师业发展的方向，为此应不断完善协会制度。

(5) 法律性与公正性

《律师法》第 2 条第 2 款规定："律师应当维护当事人合法权益，维护法律正确实施，维护社会公平和正义。"由此可见，法律性和公正性应是律师的特征。

"维护法律正确实施"是法律性的表现，其法律性内涵应包括两个方面：第一，法律是律师存在的前提和基础；第二，法律是律师从事工作的工具。律师是以法律为职业的人员，既然从事法律工作，就必须具有渊博的法律知识（既包括实体知识也包括程序知识，既包括法律条文也包括法学理论知识），因为律师从事的工作必须运用法律，法律是律师工作的工具。我们知道，律师的工作就是最大限度地维护当事人的利益。为了实现此目的，一方面，律师要从错综复杂的案情中分析出案件真相，然后根据案情从浩如烟海的法律条文中找出与案件相关的条文，两相对照，找出解决问题的途径；另一方面，在没有相关法条的情况下，律师还需运用自己所掌握的法理知识，从能够维护当事人利益的角度出发，进行学理解释，最终提出切实可行的案件处理意见。

"维护社会的公平和正义"，即是公正性的体现。律师根据当事人的委托，以自己的法律技能，为当事人提供法律服务。由于律师是法律方面的专家，因此，人们自然而然地认为律师的意见是公正的，此其一；其二，公正作为一种法律价值，应该也是法律职业人员所追求的价值；其三，律师作为维护当事人的合法权益的独立群体，其社会角色是为公正的诉求而设置的。律师的活动应当具有社会正义性。律师必须"坚持信念，维护正义，恪守诚信"，充当法律、道德和公正的代言人。

① 关今华. 律师与公证. 厦门：厦门大学出版社，2007. 60~68

二、律师的种类

1. 专职律师和兼职律师

专职律师是指取得律师资格和领取律师执业证书，并在律师事务所专门从事律师工作的人员。兼职律师是指取得律师资格和领取律师执业证书，不脱离本职工作从事律师职业的人员。这是我国《律师法》有关执业律师的分类。

专职律师是我国执业律师的主体，是律师业务的主要承担者。专职律师是我国今后发展律师队伍的主要目标。在西方国家，律师一般都是专职的，不存在兼职律师的情况。律师工作是一项专业性很强的工作。中国经济市场化、政治民主化目标的实现，以及面对全球化挑战都需要律师提供全方位、多层次、专业化和国际化的法律服务，需要高层次、高素质的有较强的专业技能的律师队伍，需要通过律师的专职化和专业化才能完成。专职律师，有利于集中精力，全力以赴开展法律服务，提高法律服务的质量，提高自身素质，完成律师职业的历史使命。

我国《律师法》第 12 条规定："高等院校、科研机构中从事法学教育、研究工作的人员，符合本法第 5 条规定条件的，经所在单位同意，依照本法第 6 条规定的程序，可以申请兼职律师执业。"从立法上确立专职律师和兼职律师并存的制度，是与我国目前的国情相适应的。担任兼职律师的主要是从事法学教育和研究工作的专家、学者，他们富于理论深度和专业修养，具有丰富的法律知识和较强的法律服务技能。由于他们不能脱离本职工作，因此只有允许其担任兼职律师，才能缓解律师数量和法律服务需求之间的矛盾。兼职律师是在完成本职工作的基础上从事律师业务的，因此，不可避免地存在本职工作和律师工作之间的冲突，兼职律师应量力而行，正确处理好两方面的关系，不断提高律师工作的质量。

兼职律师是特定历史条件下的产物。随着社会法制水平的提高，专职律师队伍的壮大，兼职律师在组织上将得到控制，逐步实现律师专职化体制。2007 年《律师法》第 12 条实则是对兼职律师任职条件的进一步提高，是律师职业化的一种进步。这也从侧面说明兼职律师的发展受到限制，我国正在逐步实现律师专业化体制。在一定程度上，这也预示了专职律师和兼职律师并存的局面将只是特定历史条件下的一种暂缓措施而已，律师专职化乃大势所趋。

2. 社会执业律师、公职律师和公司律师

社会执业律师是指在律师事务所执业，受聘于机关、企事业单位和公民个人，为其提供有偿法律服务的律师。公职律师是指在国家行政机关（各级政府及公共职能部门）中具有律师资格并持有律师执业证书，且在本机关内部专门从事法律工作，为本机关提供综合性法律服务的人员。公司律师是指具有律师资格或法律执业资格，在企业内部专职从事法律事务工作，为企业内部提供法律服务并依法取得公司律师执业证书的执业人员。

在中国，社会执业律师是传统形式，数量最大。除了公职律师和公司律师外的律师基本上都属于社会执业律师。建立公职律师制度，是律师制度改革的重要方面，也是法律顾问制度的进一步发展。其重要性体现在适应政治体制改革，为保证政府依法办事提供制度性支持，促进政府依法行政。公职律师是国家公务员，但其律师资格的取得和权利、义务及行为准则，均与《律师法》规定的社会执业律师相同。公职律师与社会律师不同之处是其服务对象只限于本机关，而不面向社会，且不收费。相反，社会执业律师的业务面向社会，其服务的对象是不确定的社会大众，且以收取费用为其延续的基础。公职律师的主要任务是促进政府决策的科学化、法治化，保障法律的正确实施，维护本机关的合法权益。《律师法》第 57 条单独规定了军队律师，其具体管理办法由国务院和中央军事委员会制定。这就明确表明军队律师的性质是为军队提供法律服务，明显有别于社会执业律师。军队律师的性质，其主管机关——解放军总政治部司法局明确指出，军队律师列入部队政治机关编制，在组织领导和管理体系上，军队律师属于部队政治机关序列，受所在单位首长和政治机关领导。军队律师的职责范围据现有的规定来看，是严格限定在军队内部以及军队和地方互涉的法律服务中。因此，中国的军队律师属于典型的公职律师。

建立公司律师制度，是国际上通行的做法，也是中国律师制度改革的重要方面。其重要性体现在适应企业经营环境的变化，增强中国企业的竞争力，减少企业的运营成本上。应注意，公司律师的身份和业务范围是特定的，公司律师的存在并不表明律师可以从事经营性活动。1996 年发布的《国家出资设立的律师事务所管理办法》第 5 条、《合作律师事务所管理办法》第 4 条和 2004 年公布的《合伙律师事务所管理办法》第 4 条均规定，律师和律师事务所不能从事其他任何经营性活动。司复〔2001〕2 号《司法部关于律师从事经营性活动的批复》规定："律师在执业期间不应担任企业职务，参与企业的管理，从事经营性活动。"有两个与公职律师和公司律师制度相关的重要制度：一是保证公职律师和公司律师的职业独立性的制度。公职律师和公司律师与社会执业律师相比，在执业环境上已经发生了重大变化。在这种以行政性的上下级关系为主导的环境中，律师执业活动的独立性很容易受到冲击，这使得设立公职律师和公司律师制度的初衷难以实现。因此，为了保证律师的独立性，必须在律师的职责、薪金保障、雇用权利等方面做出有利于保证律师独立性的规定。二是要设立公职律师、公司律师与社会执业律师相互流动所应当遵守的利益冲突规则。

第二节　律师执业的条件和范围

一、律师执业的条件

1. 律师执业的含义

律师执业是指依法以律师的名义从事各项律师业务。律师执业是取得律师资格的结果，取得律师资格是律师执业的前提。我国实行律师资格与律师执业分离的制度。所谓律师资格和律师执业分离，是指从事非律师职业的人在取得律师资格后，可以不执行律师职务；或现职律师因正当原因中止执行律师职务后，可继续保留律师资格的制度。

律师资格与律师执业分离，是世界各国比较通行的做法。其目的在于壮大律师队伍的后备力量，扩大律师在社会上的影响，尽快发展我国的律师队伍，以适应法律服务的需要。律师工作是一种服务工作，社会对律师服务的需要量，在不同时期、不同地区存在差异。当社会的需求量增大，执行律师职务的律师不能满足社会需要时，其他取得律师资格的律师就可以申请执行律师职务，以满足社会对律师的需要；相反，当律师服务供过于求，律师行业竞争过于激烈时，就会有一部分律师停止执业，转而投向其他行业。这样，律师业就能适应市场经济和民主政治的要求进行自我调节，自我完善。

2. 律师执业的条件

成为执业律师，即能够以律师名义执业，必须依法取得律师执业证书。律师执业证书是律师执业的法定证件。《律师法》第 13 条规定："没有取得律师执业证书的人员，不得以律师名义从事法律服务业务；除法律另有规定外，不得从事诉讼代理或者辩护业务。"该法第 55 条规定："没有取得律师执业证书的人员以律师名义从事法律服务业务的，由所在地的县级以上地方人民政府司法行政部门责令停止非法执业，没收违法所得，处违法所得一倍以上五倍以下的罚款。"

我国《律师法》规定了申请律师执业的条件。根据该法第 5 条规定：申请律师执业，应当具备下列条件：①拥护中华人民共和国宪法；②通过国家统一司法考试；③在律师事务所实习满一年；④品行良好。实行国家统一司法考试前取得的律师资格凭证，在申请律师执业时，与国家统一司法考试合格证书具有同等效力。

根据《律师法》第 6 条的规定，申请律师执业，应当向设区的市级或者直辖市的区人民政府司法行政部门提出申请，并提交下列材料：①国家统一司法考试合格证书；②律师协会出具的申请人实习考核合格的材料；③申请人的身份证明；④律师事务所出具的同意接收申请人的证明。申请兼职律师执业的，还应当提交所在单位同意申请人兼职从事律师职业的证明。

同时，根据《律师法》第 7 条的规定，有下列情形之一的，即使有律师资格，也不予颁发律师执业证书：①无民事行为能力或者限制民事行为能力的；②受过刑事处罚的，但过失犯罪的除外；③被开除公职或者被吊销律师执业证书的。

律师执业证与律师资格证不同，律师执业证的取得意味着申请人不但具有取得律师资格所应有的知识水平，而且拥有实际执行律师业务的能力。如果取得律师资格的人，在实习期间表现出来的能力低下，不宜从事律师职务，司法行政机关是不会发给其律师执业证的。因此，可以说，律师执业证是对申请人的律师资格和业务能力的双重认可的结果和凭证。

二、律师执业的范围

1. 律师执业的范围

中国实行律师业务的法定化原则，即律师的执业范围由《律师法》明文规定。根据该法第 28 条规定，律师可以从事下列业务：①接受自然人、法人或者其他组织的委托，担任法律顾问；②接受民事案件、行政案件当事人的委托，担任代理人，参加诉讼；③接受刑事案件犯罪嫌疑人的委托，为其提供法律咨询，代理申诉、控告，为被逮捕的犯罪嫌疑人申请取保候审，接受犯罪嫌疑人、被告人的委托或者由人民法院的指定担任辩护人，接受自诉案件自诉人、公诉案件被害人或者其近亲属的委托，担任代理人，参加诉讼；④接受委托，代理各类诉讼案件的申诉；⑤接受委托，参加调解、仲裁活动；⑥接受委托，提供非诉讼法律服务；⑦解答有关法律的询问、代写诉讼文书和有关法律事务的其他文书。

以上律师业务，根据实践中的做法，具体可以归纳为 11 个项目，即担任法律顾问、民事诉讼代理、行政诉讼代理（含行政附带民事诉讼代理）、刑事法律帮助（又称提前介入）、刑事辩护、刑事诉讼代理（含刑事附带民事诉讼代理和刑事自诉案件代理）、申诉代理、仲裁代理、非诉讼法律事务、法律咨询、代书。

根据律师是否参与诉讼活动，可以将律师业务分为诉讼业务和非诉讼业务，这是国际上通行的律师业务分类的基本方法。所谓诉讼业务，是指律师在诉讼程序中所进行的业务活动，即律师以辩护人或诉讼代理人的身份参加诉讼活动，具体又分为刑事法律帮助、刑事辩护和诉讼代理三个方面，其中诉讼代理具体又包括民事诉讼代理、行政诉讼代理、刑事诉讼代理三种。所谓非诉讼业务，是指律师在诉讼程序以外的业务活动，具体包括担任法律顾问、申诉代理、仲裁代理、非诉讼法律事务、法律咨询与代书等律师业务。此外，还有几种常见的分类法，如根据律师业务是否具有涉外因素，可以将其分为律师的一般业务和律师的涉外业务；根据律师业务发生的根据不同，可以将其分为当事人委托的业务和有关机关指定的律师业务；根据律师开展业务活动是否必须取得其他资格的不同，可以将其分为有资格限定的律师业务和无资格限定的律师业务；根据律师业务是否涉及财产关系，可以将其分为财产权益方面的业务和非财产权益方面的业务；等等。

2. 律师业务的特点

律师业务，简言之，就是指律师所能从事的活动范围。根据我国相关法律的规定，我们可以看到，律师业务主要有以下八个显著特点：

①从事律师业务主体是依法取得律师资格并领取律师执业证书的律师。《律师法》第 13 条规定："没有取得律师执业证书的人员，不得以律师名义从事法律服务业务。"因此，在法律咨询机构、乡镇法律服务站（所）等非律师执业机构工作的人员，即使已取得律师资格，只要没有领取律师执业证书的，都不得以律师名义从事律师业务。

②律师承办业务，必须由律师事务所统一接受委托，与委托人签订书面委托合同，按照国家规定向当事人统一收取费用并如实入账。这是《律师法》第 25 条明确规定的，也是监督律师承办业务，制止律师乱收案和乱收费，保证律师依法执业的重要措施。因此，律师承办的所有业务，不论是诉讼业务还是非诉讼业务，都必须由律师事务所统一接受委托。律师个人私下收案、私下受聘担任法律顾问等，都是违反法律规定的行为。律师事务所是受委托从事律师事务的主体，律师则是受律师事务所的指派承办业务。

③律师承办业务的依据是委托人与律师事务所所签订的书面委托合同。该委托合同

是律师事务所与当事人之间委托与被委托关系成立的依据，也是该律师承办业务的基础性文件。委托合同必须在双方自愿协商的基础上订立，并对双方之间的权利义务作出具体约定。

④律师所能从事的业务活动必须符合法定的业务范围。我国《律师法》第28条对律师的业务范围作了列举式的规定。律师必须在法定范围内提供法律服务，而不能任意从事，甚至进行非法的活动。

⑤律师业务的范围广泛，几乎涵盖了目前所有的法律领域。既包括参加刑事诉讼、民事诉讼、行政诉讼活动，也包括从事法律顾问、法律咨询、代书等非诉讼活动，其业务涉及政治、经济、文化、教育、科技、环境保护、卫生等各个方面。

⑥律师业务的服务对象广泛。律师既可以为公民提供法律服务，也可以为法人或其他组织提供法律服务；既可以为企业事业单位提供法律服务，也可以为国家机关提供法律服务；既可以为中国公民、法人提供法律服务，也可以为外国公民、法人提供法律服务。

⑦律师从事业务活动，既要遵守宪法和法律，也要恪守律师职业道德和执业纪律。律师违法执业的，应承担法律责任；律师违反执业纪律的，应受纪律处分。

⑧律师所进行的业务活动受法律保护。《律师法》第3条第4款规定："律师依法执业受法律保护，任何组织和个人不得侵害律师的合法权益。"该法第37条第1款规定："律师在执业活动中的人身权利不受侵犯。"同时，律师违法执业的，应承担相应的法律责任。

三、中国的律师及律师业的发展

传统的律师业务主要集中在诉讼业务，但随着经济的发展，非诉讼业务在整个律师业务所占的比例越来越大，特别是在一些发达国家，律师的非诉讼业务量一般占到全部律师业务量的80%以上。在我国，律师及律师业的发展不平衡，发达地区和欠发达地区、东西部地区差异较大。即使是发达地区，与国外发达国家律师和律师事务所相比，也有比较大的差距。

1. 我国律师队伍在数量和整体素质上还不能适应我国全面建设小康社会所产生的法律服务需求

目前，全国有206个县尚无一名律师，上海市律师占本市常住人口的比例约为0.036%，而美国为0.33%，英国为0.15%，新加坡为0.087%，香港为0.102%。而在我国的其他地区，这种差距更大。如甘肃律师占全省人口的比例约为0.006%。这种差距在一定程度上反映了全国对法律服务有效需求的不足。

2. 涉外法律人才和高端法律服务人才非常匮乏

在北京，执业律师已达10 000人，约占全市常住人口的0.07%，占全国执业律师总数的9%，平均每万人拥有7名律师。2004年，北京地区律师行业收入超50亿元，北京市律师事务所和外省律师事务所驻北京分支机构业务收入占全国的三分之一以上。其中，北京市律师事务所和外省律师事务所驻北京分支机构业务收入近42亿元，缴纳税款4.54亿元。外国和香港律师事务所北京代表处业务收入81亿元。截至2004年4月底，外国、香港律师事务所北京代表处共计71家，分别来自12个国家和我国香港特别行政区。代表处与北京律师事务所的机构数量比约为1:11，人数比约为1:82，人均产值比约为13:1。13:1这个数字是中国首都的律师和国外律师人均产值的比，在不发达地区这个比例差距之大可想而知，这不能不让我们深思。

除此之外，律师及律师业发展的不平衡还体现在：其一，诉讼业务和非诉讼业务发展不平衡，出现重非诉业务、轻诉讼业务的情况；其二，刑事业务和非刑事业务的发展不平衡，目前大多数律师将业务的重点转向经济、民事业务中，刑事案件的律师参与辩护率越来越低；其三，律师职业和其他法律职业的发展不平衡，律师、法官、检察官、警察不能共同构成法律共同体，各种法律职业缺乏互相之间的沟通，不能形成良性互动；其四，律师职业发展的地域不平衡。东部和西部、沿海和内地、城市和农村存在严重的不平衡，优秀的律师、规模大的律师事务所主要集中在像北京、上海、深圳等沿海或政治经济文化中心、发达地区，而在西部地区，尤其在广大的农村地区，当事人难以得到良好的法律服务；其五，律师水平的不平衡，体现在大律师和小律师之间提供法律服务质量上的不平衡，以及在年收入和服务水平上的不平衡；其六，律师职业所承担的社会职责和执业环境的不平衡，尤其是在刑事辩护当中，律师的权利与义务不对等的问题更为突出；其七，律师的经济收入与社会评价之间的不平衡，律师职业虽然属于高薪阶层，但其社会评价却不尽如人意，其社会政治抱负难以实现，律师的法律使命和政治使命不能统一。

据统计，湖南全省律师累计担任常年法律顾问8万多家，承办刑事辩护案件14万多件，民事代理38万多件，行政诉讼2万多件，非诉讼法律事务29万多件，非诉讼法律事务呈上升趋势。1996—2004年的律师业务总量是1980—1996年全省律师业务总量的312倍。律师业务总量一直处于发展上升的状态。甘肃省2000—2004年的律师诉讼业务从数量上看总体变化不大，但非诉讼业务从2 336件增长到3 348件，占律师业务的比例从15 %上升到20 %。2004年上海市律师业务总收入为2 214亿元，比2003年增长2 713 %。律师的业务领域和范围进一步拓宽。除了在刑事、民事诉讼和企业法律顾问等传统服务领域外，律师还在金融证券、企业并购、海商海事、航空运输、知识产权、房地产以及高科技产业领域开拓新业务，为社会提供全方位的法律服务。①

第三节 律师从业限制和执业回避

一、律师从业限制

律师从业限制，也即律师执业限制，是指国家有关法律法规明确规定，即使拥有律

① 郭春涛. 我国律师及律师业发展调查报告. 中国司法，2007（1）

师资格也不得执业的情形。我国《律师法》对律师的执业活动作了限制性规定，其目的在于保证律师执业及实现对律师的有效管理。这些限制主要有：

1. 律师只能在一个律师事务所执业

《律师法》第 10 条规定："律师只能在一个律师事务所执业。律师变更执业机构的，应当申请换发律师执业证书。"在我国，律师事务所是律师的执业机构，律师必须在律师事务所就业，不允许以个人名义独立执业。而且，律师承办业务，须由律师事务所统一接受委托，与委托人签订书面委托合同，按照国家规定向当事人统一收取费用并如实入账。在这种体制下，禁止律师在两个以上律师事务所执业，有利于对律师及律师事务所进行有效的管理，也有利于维护律师事务所和委托人的权益。

2. 现职公职人员不得兼任执业律师

《律师法》第 11 条规定："公务员不得兼任执业律师。律师担任各级人民代表大会常务委员会组成人员的，任职期间不得从事诉讼代理或者辩护业务。"公务员、各级人大常委会委员均为公职人员，他们如果从事律师执业，既会影响其本职工作，又可能因其特殊身份而对有关机关施加不利的影响，使其执业获得非正当的"照顾"，从而导致不公正。为此，作出上述限制是十分必要的。

此外，在某些特殊的业务领域，律师必须取得主管部门授予的从业资格之后才能从事该项业务，这也是律师执业限制的一种形式。某些业务领域专业性较强，因此，对从事这些领域的律师进行专业资格认证是必要的。我国律师的专业化分工尚不具体，如对于有关证券律师和专利律师的资格问题，社会上存在诸多误解，部分律师也有意予以误导。根据 1993 年《中华人民共和国司法部、中国证券监督管理委员会关于印发〈司法部、中国证券监督管理委员会关于从事证券法律业务律师及律师事务所资格确认的暂行规定〉的通知》和 2002 年《中国证监会、司法部关于取消律师及律师事务所从事证券法律业务资格审批的通告》规定，1993—2002 年期间从事证券法律业务的律师和律师事务所应获资格确认，但是自 2002 年 11 月起，律师及律师事务所从事证券法律业务不再受资格的限制。对于所谓的专利律师，至今仍未存在关于专利律师资格确认的规定，仅是最高法院于 2006 年向全国人大常委会建议："适时建立专利诉讼的律师强制代理制度，规定专利律师必须取得专利代理人资格的执业准入条件，以利于诉讼中技术问题的解决。"在一些发达国家，如美国，存在着大量的专业律师，如税务律师、专职律师。可以预见，随着我国经济的不断发展，各行各业对律师的需求会越来越大，满足某一业务领域对法律服务需要的专业律师亦会不断出现。

值得注意的是，我国《律师法》第 10 条第 2 款规定："律师执业不受地域限制。"我国实行律师资格由司法部统一授予制度，取得律师资格及律师执业证书，即可以在全国地域内执行律师业务，这是由我国法律体系的统一性决定的。而在美国，存在联邦与州双重法律体系，律师资格由各州授予，在一个州取得律师资格后，并不等于可以在其他州从事律师职业，如果要在其他州从事律师工作，还需取得该州的律师资格。

二、律师执业回避

律师执业回避，是指律师在执业过程中与审判人员有不利于司法公正的特殊利害关系而不得参与案件办理的情形。律师执业回避的情形，主要是从保证司法审判人员审判独立性，维护案件当事人合法权益的角度作出的相应限制。

现行法律关于律师执业回避的规定主要有以下三点：

1. 在同一案件中为双方当事人担任代理人的律师执业回避

《律师法》第 39 条和 1996 年中华全国律师协会制订的《律师职业道德和执业纪律规范》第 29 条规定，“律师不得在同一案件中，为双方当事人担任代理人”。司法部 91052 号函规定律师不得为同一案件的两个以上被告担任代理人。《律师职业道德和执业纪律规范》第 31 条、第 33 条规定，“律师不得在与委托人依法解除委托关系后，在同一案件中担任有利害冲突的他方当事人的代理人”、“律师在未征得委托人同意的情况下，不得接受对方当事人办理其他法律事务的委托，但办结委托事项之后除外”。上述规定，是民法禁止双方代理的具体体现，既是为了维护委托人的权益，更是为了保护律师制度赖以存在的基础，即委托人对律师、律师事务所的充分信任。

2. 曾担任法官、检察官的律师执业回避

《律师法》第 41 条规定：“曾经担任法官、检察官的律师，从人民法院、人民检察院离任后二年内，不得担任诉讼代理人或者辩护人。”在我国，法官、检察官及律师职业均未形成有效的自我约束机制，这也是当前存在司法腐败现象的重要原因。在现行司法体制下，曾担任法官、检察官而后改任律师的，由于其以前的工作岗位与有关法院、检察院存在特定的联系从而会产生人情、关系等可能干扰司法活动的因素。因此，对于这种律师的执业活动予以适当限制是必要的。《律师法》关于这种限制的表现为：在时间上，从人民法院、人民检察院离任后二年内；在业务范围上，不得执行诉讼代理和刑事辩护业务，至于其他业务则不在此限。

但这一规定也存在不足：其一是地域限制过严；其二是关于“二年”的时间限制过短，有的人热衷于拉关系，短短两年不足以使此类律师与原任职法院、检察院的关系冷淡，离任两年或者更长一段时间后，仍与原工作单位的同事吃吃喝喝、拉拉扯扯，关系还是非同一般。不过，也有人认为，如果纯粹地仅以离职时间的长短来作为回避理由的话，那么这也是一种治标不治本的办法。

3. 与审判人员、法院其他工作人员有近亲属关系的律师执业回避

《最高人民法院关于审判人员严格执行回避制度的若干规定》第 5 条、《法官法》第 17 条均规定，“法官的配偶、子女不得担任该法官所任职法院办理案件的诉讼代理人或者辩护人”。上述规定，对公正裁决能起到一定的积极作用。

其不足之处在于：回避的范围过于狭窄，除配偶、子女、父母外，兄弟姐妹、堂兄弟姐妹、表兄弟姐妹、叔侄等近亲属间的关系也是十分密切的，也应在回避之列。

第四节　律师事务所

一、律师事务所概述

1. 律师事务所的概念

律师事务所是指依法设立，组织律师开展业务活动，具有独立财产并能承担民事责任的市场中介组织性质的执业机构。律师事务所是律师的执业机构，是律师从事法律服务的基本单位。任何律师，必须是律师事务所的成员，才能接受当事人的委托并开展律师业务活动。

《律师法》第 14 条第 1 款规定："律师事务所是律师的执业机构。"中国共产党十四届三中全会通过的《中共中央关于建立社会主义市场经济体制若干问题的决定》、国务院办公厅 1999 年下发的《关于清理整顿经济鉴证类社会中介机构的通知》和司法部 2000 年下发的《律师事务所社会法律咨询服务机构脱钩改制实施方案》等文件，都把律师事务所界定为市场中介组织。

2. 律师事务所的权利义务

（1）律师事务所的权利

律师事务所作为律师的执业机构，享有一系列权利和义务。权利和义务是相对称的，律师事务所在享有法律赋予的权利同时，也必须履行法律要求的相应义务。世界上没有无义务的权利，也没有无权利的义务。律师事务所只有在法律确认和规定的幅度内行使权利和义务，才能切实地维护当事人的利益，稳固健全的法律秩序。

①统一接受当事人委托的权利。《律师法》第 25 条第 1 款规定："律师承办业务，由律师事务所统一接受委托，与委托人签订书面委托合同。"此条赋予了律师事务所接受当事人委托的权利。在律师与当事人的委托法律关系中，律师事务所是一方主体，它与当事人签订委托代理合同，继而委派其所内的律师按代理合同提供法律服务。律师并不是委托关系的主体，而只是接受律师事务所的委派，承办具体的案件。承办律师无论以何种名义从事法律服务，均是一种作为律师事务所的派出人员执行职务的行为，其所有行为均代表律师事务所，受律师事务所章程的管理和约束。一般来说，律师事务所为接受当事人的委托，都建立了一套收案制度，即由专人负责接待当事人，问明委托事项和有关证据后，对符合收案条件的，向主任汇报，经主任审查批准后，由律师事务所统一收案。律师事务所与委托人签订书面委托合同，并在收案本上登记，然后分配给律师承办，律师个人不能单独收案。

②按国家规定统一向当事人收取费用的权利。《律师法》第 25 条第 1 款同时也明确了律师事务所的按照国家规定统一收取费用并如实入账的权利。律师收费制度是国家律师制度中一项不可缺少的组成部分，也是律师事务所的一项重要权利。根据有关规定，律师事务所的收费包括三部分，即酬金、费用和开支。酬金是指律师的劳务报酬；

费用是指律师在业务活动中依法向有关部门缴纳的各种税费；开支是指律师承办案件时的各项差旅费用。律师事务所与委托人签订委托合同后，财务人员应及时按规定的收费标准向委托人收取全部律师费并出具收费票据。应委托人要求，律师事务所应当提供收费说明，写明委托事项、收费金额、计算办法、交付时间以及其他有关事项。根据国家有关规定，律师事务所可以采用计件收费、按标的比例收费、计时收费三种方式收取法律服务费。律师事务所业务收费，由律师事务所统一向委托人收费并出具收据，律师不得私自收费。

另外，律师若受聘担任法律顾问，律师事务所依照受聘合同在规定的标准内收取费用，可以按年度固定收取费用，也可以在收取签约费后按实际工作量收费。我国目前的律师收费标准相比国际标准仍较低。国外的律师收费办法比较灵活，以计时收费为主，个别也采取协议收费或胜诉提成方式。国外计时收费的标准没有统一的规定，而是按照长期形成的习惯以及当时法律服务市场的行情，由每个律师事务所根据每位律师的资历、能力和执业声誉及社会知名度等自行规定。我国可以根据具体情况借鉴、吸收国外的收费办法，这样既可以防止降低收费的不正当竞争，又利于激发律师的工作热情，更好地维护当事人的合法权益。

③依照国家法律、律师事务所的章程录用、奖励、辞退律师的权利。律师事务所从本质上讲是一种“人合”的组织，律师事务所组织的基本元素是律师，律师事务所的核心也是律师，因为律师事务所的业务活动是由律师承担的。这种“人合”组织的最大特点是，律师的业务活动开展和律师事务所的运作依靠的是律师本身所具备的法律知识和业务技能，律师事务所被赋予自主用人的广泛权利，依照国家有关规定，可以依法自主地录用、奖惩、辞退工作人员。

律师事务所之间的竞争从某种意义上讲是人才的竞争，律师事务所可以根据本所的实际情况，制定一整套人才使用、培训、奖惩等制度，以提高律师的办案能力和律师事务所的竞争力。律师事务所可以根据各自所的特点，扬长避短，从而保证律师事务所的优势和活力。

(2) 律师事务所的义务

律师事务所依法自主地开展业务活动，在享有广泛权利的同时，还应该遵守法律、法规的规定，自觉地接受司法行政机关和律师协会的管理和监督。律师事务所主要承担以下义务：

①按时缴纳管理费、会费等各种费用和接受年检的义务。律师事务所每年应按时统一向主管司法行政机关上缴管理费、向律师协会缴纳会费。按照国家的法律法规和事务所的发展需要，律师事务所必须按一定比例设立事业发展基金、执业风险基金、社会保险基金、培训基金和法律援助基金等，由律师事务所在每年年终从事务所当年的纯收入中按一定比例提取，由财务人员按专项基金分项统一存入银行，各项基金之间不能互相拆借，也不能挪用。律师事务所必须严格遵守“统一收费、统一支出、统一管理”的规定，以保障律师各项权利的实现。

根据《律师事务所等级管理办法》的规定，律师事务所每年要接受司法行政机关的年检。年检的时间为每年的 3 月 1 日至 5 月 31 日，未通过年检的律师事务所不得继续执业。年检时，律师事务所应向住所地司法行政机关提交规定的材料，必须按时参加年检，如实反映情况，不得有任何隐瞒和弄虚作假。

②依法纳税的义务。我国《律师法》第 25 条第 2 款规定："律师事务所和律师应当依法纳税。"纳税是我国税法规定的每个公民和营利性组织的一项法定义务。律师事务所作为律师提供有偿的法律服务的执业机构，是与当事人有委托关系中的一方主体，享有向委托人统一收费的权利，具有营利性性质，因此必须承担纳税的义务。律师事务所必须按照税法的有关规定，及时主动地向税务机关缴纳税款。

③不得进行不正当竞争的义务。我国《律师法》第 26 条规定："律师事务所和律师不得以诋毁其他律师事务所、律师或者支付介绍费等不正当手段承揽业务。"律师业的不正当竞争，不仅违反了律师执业的基本原则，损害竞争对手的合法权益，而且会扰乱法律服务业正常的市场秩序，最终将危害整个律师行业的发展，当然也会损害当事人的合法权益，因此，各国律师业都反对不正当竞争行为。

律师和律师事务所在执业过程中必须遵循公平、平等、诚实、信用的原则，遵守律师职业道德和执业纪律，遵守律师行业公认的执业准则。律师和律师事务所应当相互监督，发现有不正当竞争行为的，应当向司法行政机关、律师协会反映，律师协会和律师惩戒机构应当对律师和律师事务所的不正当竞争行为予以处罚和惩戒。

④不得从事法律服务以外的经营活动。律师事务所是律师提供法律服务的专业性的执业机构。它的专业性要求其业务只能是法律业务。律师的职能（即维护当事人的合法权益，维护法律的正确实施，实现社会正义，彰显尊重和保障人权），要求律师事务所不得从事法律服务以外的经营活动。

另外，2004 年 3 月 20 日第五届中华全国律师协会第九次常务理事会通过的《律师执业行为规范（试行）》中第 32 条规定："律师事务所不得投资兴办公司、直接参与商业性经营活动。"

3. 律师事务所的年检

根据司法部《律师事务所登记管理办法》的规定，登记机关每年对所登记的律师事务所进行年检，未通过年检的律师事务所不得继续执业。律师事务所年检的时间为每年的 3 月 1 日到 5 月 31 日。律师事务所应当向住所地的司法行政机关提交以下年检材料：①律师事务所年度执业情况报告；②律师事务所执业证书（副本）；③经审计机构审计的律师事务所年度财务报表；④律师事务所以及律师的纳税凭证以及其他需要提交的材料。

律师事务所住所地的司法行政机关收到年检材料后应对其进行审查，并将年检材料和签署意见报送省级司法行政机关。司法行政机关有权对律师事务所提交的材料，要求律师事务所说明情况，必要时也可以到律师事务所进行年检。

律师事务所有下列情形之一的，可以根据情况分别给予警告、责令停业整顿和吊销执业证书的处罚：①年检中隐瞒真实情况，弄虚作假；②伪造、涂改、出借、抵押和转让律师事务所执业证书；③登记事项有重大变更，未按规定申请办理变更登记；④有不正当竞争行为；⑤违反财务管理制度和会计制度；⑥违反收费管理制度。

登记机关在年检截止之日起三十日内，将通过年检的律师事务所在报刊上公告。律师事务所逾期不参加年检的，省级司法行政机关可以注销该律师事务所。

4. 律师事务所的工作制度

(1) 收案制度

收案，是指律师事务所接受当事人的委托，同意办理某项法律事务的行为。它是律师事务所开展业务的第一步。收案的基本原则有：

①统一接受。任何案件，都必须经律师事务所统一接受，不允许律师以个人名义收案。这是《律师法》的明确规定，也是律师行业发展的必要。凡经律师事务所接受的案件，即以主任的名义指派律师承办。

②专人负责。对民事、刑事案件和民事、经济非诉讼事项的收案，应由专人负责，即由专人负责接待当事人，问明案件的基本情况和有关证据，将符合收案条件的案件，向律师事务所主任汇报，并由主任审查批准。

③尽量满足指名要求。如果当事人认为某个律师比较适合于自己的法律事务，要求其委托的，律师事务所应尽量予以满足。当事人所指名的律师因特殊情况确实不能接受委托的，应当向当事人说明原因，并指派合适的律师。

(2) 案件讨论制度

案件讨论制度，是指律师事务所制定的对律师个人提交的重大、复杂疑难案件进行共同研究，集思广益，形成倾向性处理意见供承办律师参考的一项制度。通过讨论，可以防止发生偏差，保证律师为社会提供优质的法律服务。

律师承办案件，往往是由律师个人进行的。由于律师业务复杂，对于一些难度较大的案件，个别律师的知识水平难以保证办案质量。律师在承办业务中，还会遇到一些来自机关或个人的干扰或阻碍，使业务难以进行。对于这些问题，最好的解决途径是依靠集体力量，寻找办理案件的方法，即将案件提交律师事务所集体讨论，研究解决方案。

律师事务所可以定期或不定期地召开骨干律师会议或进行业务学习，对律师提交的案件予以讨论。讨论时，首先由承办律师客观、全面地介绍案情，提出需要研究解决的问题。然后由参加会议的律师充分发表意见，甚至可以展开辩论，进行深入分析。讨论结束后，按照少数服从多数的原则确定办理案件的方案。为了保证案件讨论制度的实施效果，律师事务所还可以聘请法学界的专家、学者参加，听取他们对案件的看法，以利于形成正确的意见。

(3) 归档制度

律师业务档案，是律师进行业务活动的真实记录，反映律师维护国家法律的正确实施，维护委托人合法权益的情况，体现律师的基本职能和社会作用。因此，必须严格按照有关规定，认真做好立卷归档工作。

①基本要求。律师业务档案分为诉讼、非诉讼和涉外三类。诉讼包括刑事辩护（含刑事代理）、民事诉讼代理、行政诉讼代理三种；非诉讼类包括法律顾问、仲裁代理、咨询、代书、其他非诉讼业务五种；涉外类是指与外国有关的法律业务。

律师业务档案按年度和一案一卷、一卷一号的原则立卷。除不同律师事务所合办的法律事务外，两个以上律师共同承办同一案件或同一法律事务一般应合并立卷。律师承办跨年度的业务，应在办结的那一年立卷。律师担任常年法律顾问，应做到一单位一卷。律师承办业务中使用的各种证明材料、往来公文、谈话笔录、调查记录等，都必须用钢笔书写、签发，做到字体整齐、清晰。建立业务档案，应做到全面、及时、认真。

②归档手续。根据司法部的有关规定和实践中的做法，归档一般按下列程序进行：首先，律师业务文书材料应在结案或事务办结后3个月整理立卷。装订成册后，由承办人根据司法部、国家档案局制定的《律师业务档案管理办法》的有关规定提出保管期限，经律师事务所主任审阅盖章后，移交档案管理人员，并办理移交手续。其次，档案管理人员接受档案时应严格审查，凡不符合立卷规定要求的，一律退回立卷人重新整理；待合格后，办理移交手续。再次，涉及国家机密和个人隐私的律师业务案卷均列为密卷，在归档时应在档案封面上加盖密卷章。最后，随卷归档的录音带、录像带等声像档案，应在每盘磁带上注明当事人的姓名、内容、档案编号、录制人、录制时间等，逐盘登记造册归档。

③档案管理。律师档案是律师从事业务活动的真实记录，是国家重要的专业档案，具有重要的参考利用价值，保管好律师业务档案，是律师事务所的重要任务。

律师事务所应当配备专职或兼职档案管理人员，有条件的应逐步设立档案机构，负责律师业务档案的集中统一管理。

律师事务所档案管理机构或人员的职责是：第一，收集、整理、保管和统计本所的档案和有关资料，确保档案的完整和安全。第二，积极开展档案的利用工作，为律师开展业务提供服务。第三，指导、督促、检查律师对律师业务文书材料的立卷归档。第四，进行档案鉴定，并按国家有关规定向同级档案馆移交档案。第五，接受司法行政机关和地方档案管理部门的业务指导、监督和检查，定期汇报档案工作情况；完成领导交办的有关档案工作的其他任务。

5. 律师事务所的发展情况

在最近二十多年中，英美两国律师事务所逐渐在全球法律服务业当中取得领先地位。英美两国律师事务所凭借英美法系在国际法律事务中的特殊地位和语言优势，再加上运用公司化经营模式和律师事务所有限合伙制度，摆脱了律师事务所组织形式在传统观念上的束缚，在全球范围内开设分所和办事处，以及大量并购当地事务所，大肆扩张，这使得英美两国律师事务所在法律服务业的国际竞争中处于明显的优势地位。据统计，英美两国一直是全球最大的法律服务输出国，在全球法律服务贸易领域占据垄断地位。2000年，全球最大的20家律师事务所都来自英美两国。截至2001年，全球排名前50强的律师事务所绝大部分来自英美两国，前50强律师事务所的平均人数超过了800人，前10名律师事务所的平均人数超过1 300人。美国最大的律师事务所——贝克·麦肯思国际律师事务所，在全球有40多个分所，2 700名律师。全球最大的律师事务所——高伟绅律师事务所，其总人数达到3 600名。就律师数量而言，美国现有律师近百万名，英国现有律师9万多名，占总人口的比例分别高居世界第一和第二。

英美两国律师事务所的规模正呈现出两极化的趋势，即大者更大，小者更精。无论是英国还是美国，小所并非被挤压得难以生存。虽然他们的业务范围往往只限定在某个狭小的专业领域内，但由于他们比大所更专业且更讲求深度，因而也有着自己独特的生存空间，被称为“精品化事务所”。此外，在经营管理理论和实务方面，公司化经营模式、企业文化、专业分工和团队精神等等融入了现代市场经济创新观念的诸多因素，在英美律师事务所行之有效，已经成为律师事务所经营管理的主流模式。而且随着高科技的不断发展，法律服务品种的创新和领域专业化的趋势仍将保持强劲发展势头，非诉讼业务占整个市场份额的80%以上。

在中国，截至2004年上半年，全国共有执业律师10.2万人，律师事务所1.1万家，平均每家律师事务所不足10名律师，超过100名律师的律师事务所不到10家，唯一超过200名律师的事务所是北京的金杜律师事务所。就律师事务所的收入而言，全国律师事务所总收入不到200亿元人民币，平均每家律师事务所不足180万人民币，年收入超过1亿元人民币的只有北京的一家律师事务所。就业务种类而言，中国法律服务市场目前还是以诉讼业务为主，非诉讼业务所占份额低，品种少。根据非正式调查结果，诉讼业务占目前整个市场份额的80%左右。全国律师事务所大多是小而全的规模，律师还习惯于停留于个人作坊式的简单工作方式和管理模式，大多数律师事务所习惯停留在个人营销阶段——依靠个人关系网或给付介绍费获得案源，以个体办案为主，缺乏团队精神和资源共享的理念，缺乏专业化分工和协作。律师队伍的整体学历相对偏低，知识结构较为单薄，外语能力不强，从事新兴经济法律事务经验不足，大多属“万金油”，在国际法律事务市场上竞争力也不足。在律师专业性、律师事务所管理的规范性和有效性方面也是差强人意。

总体而言，英美两国律师事务所，尤其是那些具有全球性服务网络的大型律师事务所，在规模、综合实力、整体经营、执业经验或服务质量等方面，相比中国律师事务所均优势明显。随着中国加入WTO和法律服务业的开放，中国的律师业承受了一定程度的冲击，但更大程度上是迎来了发展的重大机遇。应该注意到，中国律师业的恢复发展才二十多年，而美国的律师业发展了两百多年，英国的律师业则已持续发展了数百年。近年来，中国律师人数和收入快速增长，律师市场业务空间迅速扩大，许多律师事务所规模加速扩张（目前律师人数超过100名的律师事务所大量出现，律师人数超过200名的律师事务所不再是凤毛麟角）。随着国际化进程开始，法律服务现代化和信息化的进程加快。也应该注意到，中国律师拥有本土化资源。中国律师熟知中国社会和历史，熟悉本国法律环境和司法制度，与政府部门和企业管理层有着丰富的人际关系，与客户有着共同的知识文化背景，这一切都是外国律师难以替代的优势。最不容忽视的是中国律师业和其他行业一样，具有在压力下学习借鉴他人以改造和提升自己的强大能力。我们相信，中国律师业与世界发达国家律师业的差距将加快缩小，核心竞争力将逐步提高。

二、律师事务所的种类

为适应市场竞争发展的要求，现行《律师法》一改原《律师法》对律师事务所“老三制”（即国资、合作、合伙）三种组织形式的规定，删除了合作所的形式，保留了原有的国资所和合伙所，同时增加了合伙律师事务所的新类型，承认了个人律师事务所。特别是个人律师事务所的增加，更加符合我国目前的律师事务所的发展趋势。国资所继续保留，意在确保国家司法的救助，但国资所将不是发展方向，而只是目前不可或缺的形式。

根据《律师法》的规定和历史试点存在，律师事务所分为国资律师事务所、合伙律师事务所、个人律师事务所、合作律师事务所四种类型。

1. 国资律师事务所（简称国资所）

国资律师事务所，是指由国家依法拨给设立经费，下达编制，组织律师开展业务活动，并具有独立财产，能承担民事责任的市场中介性质的执业机构。《律师法》第 20 条规定："国家出资设立的律师事务所，依法自主开展律师业务，以该律师事务所的全部资产对其债务承担责任。"

自 1979 年我国重建、恢复律师制度以来，设立的律师工作机构均为国家出资设立的法律顾问处（后改称律师事务所）。为加强对国资所的管理，1996 年 5 月 15 日第八届人大常委会第十九次会议审议通过了《律师法》，司法部于 1996 年 11 月制定了《国家出资设立的律师事务所管理办法》，规定国家出资设立的律师事务所包括一次性投入开办资产、不核定编制、核定编制并拨付经费等形式。到 1997 年底，在全国 8 384 家律师事务所中，国家出资设立的律师事务所占 65.8%，在当时的法律服务市场占据主导地位。

国资所由司法行政机关设置，其性质是国家事业单位，人员编制属于司法事业编制，经费列入国家事业预算，实行全额管理、差额补助的办法，依靠国家财政拨款。律师承办业务，由律师事务所按国家规定的收费标准统一收费，统一入账。这种体制既加重了国家财政负担，又使律师事务所缺乏财务自主权；律师队伍发展因编制限制受到制约；在分配制度上实行工资制，导致律师的工作积极性不高；律师事务所由司法行政机关组建又隶属于各级司法行政机关，使其成立变相的行政机关，妨碍了律师独立行使职务。同时，律师事务所由于按行政区划设置，多聚集于城区，而农村和边缘地区较少，给群众请律师带来不便，造成司法资源分配不均衡。这些弊端都严重制约了律师行业的发展。

针对国资所存在的问题，国家一直在逐步改革国资所。根据国务院办公厅 1999 年下发的《关于清理整顿经济鉴证类社会中介机构的通知》和司法部 2000 年下发的《律师事务所社会法律咨询服务机构脱钩改制实施方案》规定，已实现自收自支的国资所和挂靠事业单位、企业或社会团体的律师事务所，在人员、财务、业务、名称四个方面，与挂靠的政府部门、事业单位、企业或社会团体彻底脱钩。律师事务所脱钩，改制为合伙律师事务所或合作律师事务所。律师事务所可以整所转为合伙或合作律师事务所，也可以在自愿组合的基础上组建数个合伙或合作律师事务所。脱钩改制工作在 2000 年 10 月 31 日前完成。在规定的截止日期前未完成脱钩改制工作的脱钩单位，一律停止执业或予以注销。2002 年以后，曾在我国法律服务市场上占据重要地位的国资所逐渐淡出历史舞台。

2. 合伙律师事务所（简称合伙所）

合伙律师事务所，是指由律师自愿组合，按合伙人协议约定，共同出资、共同管理、共同收益、共担风险的依法设立的律师执业机构。我国《律师法》第 15 条规定："设立合伙律师事务所，除应当符合本法第 14 条规定的条件外，还应当有三名以上合伙人，设立人应当是具有三年以上执业经历的律师。合伙律师事务所可以采用普通合伙或者特殊的普通合伙形式设立。合伙律师事务所的合伙人按照合伙形式对该律师事务所的债务依法承担责任。"

司法部于 2004 年对《合伙律师事务所管理办法》进行了修改：一是提高担任合伙人的条件，二是增加合伙人会议管理律师的职责，三是完善合伙所的内部管理制度，四是规范合伙律师事务所的解散清算程序。这是司法行政机关为适应新形势，解决合伙律师事务所出现的新问题所作出的调整。

合伙律师事务所在律师体制改革过渡阶段确实发挥了重要作用，但其弊端明显，尤其是合伙人连带无限责任这种责任承担形式的规定（原《律师法》第 18 条），对律师的责任要求过于严格，使律师丧失了执业的安全保障。即便在没有任何过错的情况下，律师也可能会因其他合伙人的执业过错而面临风险，甚至会使其因此遭受重创而丧失事业的发展和生活的保障，极不利于合伙律师事务所的业务开展。新《律师法》第 15 条规定了普通合伙，并且规定"合伙人按照合伙形式对该律师事务所的债务依法承担责任"，这为那些想承担有限责任的律师加入合伙律师事务所提供了保障，使具有不同要求的律师都能找到适合自己发展的模式。

合伙律师事务所是世界各国广泛采用的一种律师组织形式，也是一种符合中国现阶段国情的律师组织形式。截至 2004 年 4 月，中国有 11 000 多家律师事务所，其中，合伙律师事务所达 8 000 多家。近年来，合伙律师事务所的数量还在迅速增加。

3. 个人律师事务所（简称个人所）

个人律师事务所，是指由律师个人出资，财产归个人所有，由律师个人对律师事务所的债务承担无限责任，依法成立的律师执业机构。我国《律师法》第 16 条规定："设立个人律师事务所，除应当符合本法第 14 条规定的条件外，设立人还应当是具有五年以上执业经历的律师。设立人对律师事务所的债务承担无限责任。"

有关个人律师事务所的规定是现行《律师法》一个最大的亮点。作为律师个人出资且以个人全部资产对律师事务所的债务承担无限责任的律师执业机构，既符合律师行业的实际状况和业务活动特点，也因其责任明确、运行成本低而有利于促进律师走入基层，深入群众，为群众提供更好的法律服务。目前，北京、上海、江苏、广东等地根据有关政策都已经开放了个人律师事务所市场，现行《律师法》第 16 条对个人律师事务所进行了明确的规定。这些为个人律师事务所的进一步发展提供了广阔的法律空间。

律师主要是通过本人的知识和能力为社会提供法律服务。个人律师事务所可以说是合伙律师事务所的进一步发展，在国外（如美国、德国、日本、法国、英国），一般都允许设立个人律师事务所。随着对外开放和律师行业的进一步发展，个人律师事务所在立法上得到了确认，我国的个人律师事务所将会逐步增多并释放出耀眼的光芒。

4. 合作律师事务所（简称合作所）

合作律师事务所，是指律师自愿组合，共同参与，其财产由各合作人共有，依法设立的律师执业机构。我国原《律师法》第 17 条对这种形式的律师事务所作了明确的规定，然而现行《律师法》取消了这种形式的律师事务所。

原《合作律师事务所管理办法》规定：合作律师事务所应有三名以上的发起人。所有专职律师均为合作人。律师自愿组合、共同参与，其财产由合作人共有。建立合作人会议制度，实行民主管理。律师事务所主任由律师选举产生，实行律师事务所主任负责制。实行独立核算、自负盈亏，独立承担民事责任。因为合作律师事务所体制上存在着不够灵活等一些缺陷，2007年新修订的《律师法》删除了合作律师事务所这种组织形式。

三、律师事务所的设立、变更和终止

1. 律师事务所的设立

我国地域辽阔，各地经济发展不平衡，对律师的需求量也不同。有的边远贫困地区，对律师的需求量很少，而在经济较发达的地区，社会对律师的需要却供不应求。因此，我国成立律师事务所不宜一刀切，而应当贯彻因地制宜、按需设置的原则。具体来讲，国家一方面通过法律明文规定律师事务所的设立条件，具备设立条件的可以申请成立律师事务所；另一方面规定了成立律师事务所的登记程序，使司法行政部门通过严格把关，避免律师事务所管理混乱。

(1) 律师事务所的设立条件

律师事务所的设立，是指律师根据法定的条件和程序提出申请并由司法行政机关依法审批成立律师执业机构的活动。根据《律师法》第14条规定："设立律师事务所应当具备下列条件：(一) 有自己的名称、住所和章程；(二) 有符合本法规定的律师；(三) 设立人应当是具有一定的执业经历，且三年内未受过停止执业处罚的律师；(四) 有符合国务院司法行政部门规定数额的资产。"

上述四个条件，实际上是律师事务所的资格条件，律师事务所只有具备了这些资格条件后，才具有行使执业权利、履行执业义务的前提和基础。有名称、住所和章程，才能理顺内部关系和外部关系。"名称"是律师事务所在法律范围内享有专用权，并用来区别他所的字号；"住所"是指律师事务所的执业场所，申请设立律师事务所，必须有固定的办公场所，具备办公条件，这是律师事务所开业的物质保障；"章程"是律师事务所的"宪法"，它涉及合伙人的权利与义务、组织机构、管理机制、财务制度等内容。章程是一个所的行动纲领，是一切制度和规范的依据，是事务所和律师的行为准则。律师是事务所的主体，是开展一切业务活动的先决条件。根据司法部《律师事务所登记管理办法》的规定，设立律师事务所，必须有三名以上具有律师资格的专业从业人员，律师事务所的主任必须具有两年以上专职律师经历，并在申请之日前三年的执业活动中未受到过停止执业的行政处罚。至于第四个条件"有符合国务院司法行政部门规定数额的资产"，《律师事务所登记管理办法》第5条规定，设立律师事务所必须有10万元人民币以上的资产。

(2) 律师事务所设立的程序

申请设立律师事务所应当经过申请、审批两个阶段：

首先，申请人申请设立律师事务所，申请材料应当向律师事务所住所地的司法行政机关提交申请材料。根据《律师法》第 17 条的规定，应该包括：①申请书；②律师事务所的名称、章程；③律师的名单、简历、身份证明、律师执业证书；④住所证明；⑤资产证明。设立合伙律师事务所的，还应当提交合伙协议。

其次，根据《律师法》第 18 条规定："设立律师事务所，应当向设区的市级或者直辖市的区人民政府司法行政部门提出申请，受理申请的部门应当自受理之日起二十日内予以审查，并将审查意见和全部申请材料报送省、自治区、直辖市人民政府司法行政部门。省、自治区、直辖市人民政府司法行政部门应当自收到报送材料之日起十日内予以审核，作出是否准予设立的决定。准予设立的，向申请人颁发律师事务所执业证书；不准予设立的，向申请人书面说明理由。"批准机关作出的批准文件，应当报上一级司法行政机关备案。

根据《司法部关于律师事务所不应进行工商登记的通知》、《司法部关于律师事务所不参加编制部门登记注册的批复》和《司法部关于律师事务所不进行民政登记的批复》等文件的规定，律师事务所"不应进行工商登记"、"不应在编制部门注册登记"，并且不应再进行民政登记。

(3) 律师事务所分所的设立

《律师法》第 19 条规定："成立三年以上并具有 20 名以上执业律师的合伙律师事务所，可以设立分所。设立分所，须经拟设立分所所在地的省、自治区、直辖市人民政府司法行政部门审核。申请设立分所的，依照本法第 18 条规定的程序办理。"结合司法部发布的《律师事务所设立分所管理办法》分析律师事务所设立分所的条件和程序：

第一，律师事务所设立分所，必须同时具备下列条件：

①律师事务所成立时间满三年；②律师事务所有专职律师 10 人以上；③律师事务所的年业务收入在 50 万元以上；④律师事务所在提出设立分所申请之日的前一年内未受过纪律处分；⑤律师事务所派驻分所的专职律师须在两名以上；⑥派驻分所的负责人必须具有两年以上专职律师执业经历。

第二，设立律师事务所分所的程序：

律师事务所设立分所，应得到分所所在地的地区（州、市）司法局批准。律师事务所分所，由分所所在地的司法行政部门和律师协会根据各自的职责分工进行管理和监督。律师事务所分所的名称为：本所名称加分所所在地的地名后加"分所"。一处分所只准使用一个名称。

律师事务所申请设立分所，应当向批准机关提交下列文件：①申请书；②分所的名称、组织机构、业务范围和管理章程；③派驻分所的执业律师的名单、简历、居民身份证及其《中华人民共和国律师资格证书》和《律师工作执照》的复印件；④分所负责人授权委托书；⑤分所的开办资金和执业场所证明；⑥经律师事务所原批准机关出具的司法部《律师事务所设立分所管理办法》第 3 条规定的材料；⑦律师事务所情况简介；⑧批准机关要求提交的其他文件。

批准机关自收到申请文件之日起 30 日内应当作出批准或不批准设立分所的批复决定，并通知申请的律师事务所。被批准设立分所的，由批准机关向律师事务所颁发《律师事务所分所执业许可证》，并将批准文件报本省、自治区、直辖市司法厅（局）备案。律师事务所对不批准设立分所的决定不服的，可以在收到不批准文件之日起 10 日内，向批准机关的上一级司法行政部门申请复议。

(4) 律师事务所在国外设立分支机构

1995 年 2 月 20 日，司法部颁发的《律师事务所在外国设立分支机构管理办法》对律师事务所在国外设立分支机构作了具体规定。根据该管理办法，申请在外国设立分支机构的律师事务所，应具备以下条件：①设立时间满两年；②有执业律师 10 人以上，其中能熟练运用外国语工作的不少于三人；③在提出申请之日前两年内未受过惩戒处分；④具有相应的经济实力、办公通讯设备和其他开展涉外法律服务业务的条件。律师事务所委派驻外分支机构的律师应具备以下条件：①具有良好的政治素质和职业道德，在执业期间未受过惩戒处分；②在国内连续执业两年以上；③具有承办涉外法律事务的业务能力，了解拟驻在国的法律；④能熟练运用拟驻在国语言工作。

为加强对律师事务所申请在国外设立分支机构的管理，促进中国律师发展国际法律服务业务和推动中外律师的交流与合作，1995 年司法部发布的《律师事务所在外国设立分支机构管理办法》规定：律师事务所在外国设立分支机构，须经省、自治区、直辖市司法厅（局）审核，报司法部批准。律师事务所在外国设立的分支机构，其名称为该律师事务所的名称加分支机构的名称。律师事务所驻外分支机构及派驻律师，应当遵守驻在国法律、遵守驻在国对外国律师管理的有关规定，遵守律师职业道德和执业纪律。律师事务所驻外分支机构及派驻律师在境外不得从事违反中国法律、损害中国国家安全和社会公共利益的活动。

1996 年发布的《司法部关于加强律师事务所驻国外分支机构管理的通知》规定：各省、自治区、直辖市司法厅（局）要认真对申请到国外设立分支机构的律师事务所以及拟定负责人、拟派律师的情况进行审查，特别要认真审查负责人的政治素质、职业道德和业务能力等方面的条件。要对拟派律师进行必要的外事纪律教育。要认真开展对驻外分支机构年度检验工作。对于违反中国法律、损害中国国家安全和社会公共利益，违反职业道德和执业纪律的驻外分支机构，应视情况责令律师事务所对其进行整顿或予以撤销。

律师事务所申请在香港、澳门地区设立分支机构，参照上述规定办理。因两岸的特定关系及政策原因，律师事务所不得在台湾地区设立分支机构。1996 年发布的《司法部关于内地律师未经批准不得擅自在港澳地区执业的通知》规定：凡取得中国律师资格、持有律师执业证的内地律师经批准在港澳地区执业的，只允许到经司法部批准在港澳地区设立的内地律师事务所的分支机构或其他法律服务机构内执业，不得受香港、澳门本地律师机构招聘或内地其他部门在港澳设立的机构的招聘，以中国律师名义执业，包括提供中国法律咨询、出具法律文书、受理各种诉讼和非诉讼法律事务。经批准到港澳地区非内地设立的律师机构实习的内地律师，实习期间，亦不得以中国律师名义承办法律事务。仅取得中国律师资格，并未获准持有律师执业证者，不得以中国律师名义在任何律师或非律师机构从事律师工作。为便于掌握情况，严明纪律，中国法律服务（香港）有限公司和中国法律服务（澳门）公司对违反规定的内地律师，一经发现，要及时向司法部和有关地方律师主管部门报告。

2. 律师事务所的变更、终止

(1) 律师事务所的变更

律师事务所在执业过程中，由于情况的变化，或者出现新状况，需要将有关项目变更，如名称、住所、章程、律师事务所负责人、合伙人变更等情况，律师事务所应当写出申请书，说明变更的事项、变更的理由以及变更后的情况，并报请原审核部门批准，经批准后到原登记机关办理变更登记。

《律师法》第21条规定："律师事务所变更名称、负责人、章程、合伙协议的，应当报原审核部门批准。律师事务所变更住所、合伙人的，应当自变更之日起15日内报原审核部门备案。"

(2) 律师事务所的终止

《律师法》第22条规定："律师事务所有下列情形之一的，应当终止：(一) 不能保持法定设立条件，经限期整改仍不符合条件的；(二) 律师事务所执业证书被依法吊销的；(三) 自行决定解散的；(四) 法律、行政法规规定应当终止的其他情形。律师事务所终止的，由颁发执业证书的部门注销该律师事务所的执业证书。"

四、外国律师事务所驻华代表机构

《外国律师事务所驻华代表机构管理条例》是2001年12月19日国务院第51次常务会议通过，并且自2002年1月1日起施行。这是我国规范外国律师事务所驻华代表机构的设立及其法律服务活动的法律依据。外国律师事务所驻华代表机构其代表从事法律服务活动，应当遵守中国的法律、法规和规章，恪守中国律师职业道德和执业纪律，不得损害中国国家安全和社会公共利益。

1. 外国律师事务所驻华代表机构的设立、变更和注销

(1) 外国律师事务所驻华代表机构的设立

外国律师事务所在华设立代表机构、派驻代表，应当经国务院司法行政部门许可。

外国律师事务所申请在华设立代表机构、派驻代表，应当具备下列条件：①该外国律师事务所已在其本国合法执业，并且没有因违反律师职业道德、执业纪律受到处罚。②代表机构的代表应当是执业律师和执业资格取得国律师协会会员，并且已在中国境外执业不少于2年，没有受过刑事处罚或者没有因违反律师职业道德、执业纪律受过处罚；其中，首席代表已在中国境外执业不少于3年，并且是该外国律师事务所的合伙人或者是相同职位的人员，③有在华设立代表机构开展法律服务业务的实际需要。外国律师事务所、外国其他组织或者个人不得以咨询公司或者其他名义在中国境内从事法律服务活动。

外国律师事务所申请在华设立代表机构，应当向拟设立的代表机构住所地的省、自治区、直辖市人民政府司法行政部门提交下列文件材料：

①该外国律师事务所主要负责人签署的设立代表机构、派驻代表的申请书。拟设立的代表机构的名称应当为"××律师事务所（该律师事务所的中文译名）驻××（中国城市

名）代表处”；

②该外国律师事务所在其本国已经合法设立的证明文件；

③该外国律师事务所的合伙协议或者成立章程以及负责人、合伙人名单；

④该外国律师事务所给代表机构各拟任代表的授权书，以及拟任首席代表系该律师事务所合伙人或者相同职位人员的确认书；

⑤代表机构各拟任代表的律师执业资格以及拟任首席代表已在中国境外执业不少于3年，其他拟任代表已在中国境外执业不少于2年的证明文件；

⑥该外国律师事务所所在国的律师协会出具的该代表机构各拟任代表为本国律师协会会员的证明文件；

⑦该外国律师事务所所在国的律师管理机构出具的该律师事务所以及各拟任代表没有受过刑事处罚和没有因违反律师职业道德、执业纪律受过处罚的证明文件。

上述文件材料，应当经申请人本国公证机构或者公证人的公证、其本国外交主管机关或者外交主管机关授权的机关认证，并经中国驻该国使（领）馆认证。外国律师事务所提交的文件材料应当一式三份，外文材料应当附有中文译文。

省、自治区、直辖市人民政府司法行政部门应当自收到申请文件材料之日起3个月内审查完毕，并将审查意见连同文件材料报送国务院司法行政部门审核。国务院司法行政部门应当在6个月内作出决定，对许可设立的代表机构发给执业执照，并对其代表发给执业证书；对不予许可的，应当书面告知其理由。

代表机构及其代表，应当持执业执照、执业证书在代表机构住所地的省、自治区、直辖市司法行政部门办理注册手续后，方可开展《外国律师事务所驻华代表机构管理条例》规定的法律服务活动。代表机构及其代表每年应当注册一次。省、自治区、直辖市人民政府司法行政部门应当自接到注册申请之日起2日内办理注册手续。

(2) 外国律师事务所驻华代表机构的变更

外国律师事务所需要变更代表机构名称、减少代表的，应当事先向代表机构住所地的省、自治区、直辖市人民政府司法行政部门提交其主要负责人签署的申请书和有关的文件材料，经国务院司法行政部门核准，并收回不再担任代表的人员的执业证书。

代表机构合并、分立或者增加新任代表的，应当依照《外国律师事务所驻华代表机构管理条例》有关代表机构设立程序的规定办理许可手续。

(3) 外国律师事务所驻华代表机构的注销

根据《外国律师事务所驻华代表机构管理条例》第14条的规定：“代表机构有下列情形之一的，由国务院司法行政部门撤销其执业许可并收回其执业执照，由省、自治区、直辖市人民政府司法行政部门相应注销其执业注册：①所属的外国律师事务所已经解散或者被注销的；②所属的外国律师事务所申请将其注销的；③已经丧失本条例第七条规定条件的；④执业执照被依法吊销的。依照前款规定注销的代表机构，应当依法进行清算；债务清偿完毕前，其财产不得转移至中国境外。”

2. 外国律师事务所驻华代表机构的业务范围和规则

(1) 外国律师事务所驻华代表机构的业务范围

外国律师事务所驻华代表机构及其代表，只能从事不包括中国法律事务的下列活动：

①向当事人提供该外国律师事务所律师已获准从事律师执业业务的国家法律的咨询，以及有关国际条约、国际惯例的咨询；

②接受当事人或者中国律师事务所的委托，办理在该外国律师事务所律师已获准从事律师执业业务的国家的法律事务；

③代表外国当事人，委托中国律师事务所办理中国法律事务；

④通过订立合同与中国律师事务所保持长期的委托关系办理法律事务；

⑤提供有关中国法律环境影响的信息。

代表机构按照与中国律师事务所达成的协议约定，可以直接向受委托的中国律师事务所的律师提出要求。代表机构及其代表不得从事上述第 1 条、第 2 条以外的其他法律服务活动或者其他营利活动。

(2) 外国律师事务所驻华代表机构的规则

外国律师事务所驻华代表机构不得聘用中国执业律师，其聘用的辅助人员不得为当事人提供法律服务。外国律师事务所驻华代表机构及其代表在执业活动中，不得有下列行为：①提供虚假证据、隐瞒事实或者威胁、利诱他人提供虚假证据、隐瞒事实以及妨碍对方当事人合法取得证据；②利用法律服务的便利，收受当事人的财物或者其他好处；③泄露当事人的商业秘密或者个人隐私。

代表机构的代表不得同时在两个以上代表机构担任或者兼任代表。代表机构的代表每年在中国境内居留的时间不得少于 6 个月；少于 6 个月的，下一年度不予注册。

(3) 外国律师事务所驻华代表机构的监督管理

国务院司法行政部门和省、自治区、直辖市人民政府司法行政部门依据职责，负责对外国律师事务所驻华代表机构及其代表的监督管理。外国律师事务所驻华代表机构应当于每年 3 月 31 日前向住所地的省、自治区、直辖市人民政府司法行政部门提交执业执照和代表执业证书的副本以及下列上一年度检验材料，接受年度检验：

①开展法律服务活动的情况，包括委托中国律师事务所办理法律事务的情况；

②经会计师事务所审计的代表机构年度财务报表，以及在中国境内结算和依法纳税凭证；

③代表机构的代表变动情况和雇用中国辅助人员情况；

④代表机构的代表在中国境内的居留情况；

⑤代表机构及其代表的注册情况；

⑥履行《外国律师事务所驻华代表机构管理条例》规定义务的其他情况。

省、自治区、直辖市人民政府司法行政部门对设在本行政区域内的代表机构进行年度检验后，应当将检验意见报送国务院司法行政部门备案。

省、自治区、直辖市人民政府司法行政部门依法办理代表机构及其代表注册、收取费用，以及对代表机构进行年度检验、收取费用，必须严格执行国务院物价行政部门核定的同对中国律师事务所、执业律师相同的收费标准，所收取的费用必须全部上缴国库。

省、自治区、直辖市人民政府司法行政部门依法实施罚款的行政处罚，应当按照有关法律、行政法规的规定，实行罚款决定与罚款收缴分离；收缴的罚款以及依法没收的违法所得，必须全部上缴国库。

五、律师事务所的文化建设

经过二十多年的快速发展，律师行业进入了一个相对稳定的发展阶段。与过去相比，大刀阔斧的改革少了，浮躁的气息淡了，律师事务所不再刻意追求跳跃式发展，转而注重细节改进，注重知识和经验的积累，扎扎实实地做好基础性建设。在这一阶段中，许多律师事务所看到了文化对律师事务所建设发展的无形影响，意识到律师事务所的一切问题都归根于人，人的思想、态度和精神决定了律师事务所的发展和竞争力，因而自觉地开展起律师事务所的文化建设。这或许是巧合，或许是必然，但无论如何，文化对于加强律师事务所建设、提升律师事务所的竞争力的作用却是不争的事实。用文化推进律师事务所的建设，不失为我们跨越这一发展阶段的一个好的方法。

1. 律师事务所文化建设的内涵

律师事务所文化是以人为中心，在律师事务所的建设和律师队伍成长过程中逐步形成的，可以增强律师事务所的凝聚力、创造力和持久力的各种精神因素、道德因素、信念因素、环境因素、职能因素的总和。

(1) 律师事务所文化建设的内核为人本文化建设

由于合伙制律师事务所是目前我国律师的主要组织形式，故主要以合伙所为例进行论述。其一，合伙所人本文化的基础是合伙人之间的关系，只有建立了合伙人之间稳定的合作关系，志同道合，才能使律师事务所走向成功。没有哪一个律师事务所在成立之际，合伙人不是怀着共同的理想走到一起的，但是，合伙人之间因合作不好而影响事务所发展的例子也比比皆是。因此，合伙人之间的人本文化就是要充分考虑合伙人的整体效应，相处融洽、平衡利益摩擦，增强凝聚力，为其他律师建立表率。其二，合伙所人本文化的“资本”是合伙人律师与聘用律师之间的关系，不能简单地认为把两者看作是“老板和伙计”的关系。合伙人律师应该把聘用律师视为事业伙伴，并在聘用律师获得收益的满足、人格的尊重、发展的基础上与聘用律师建立平等、和谐的人际关系，这对于以人的智慧为资本的律师事务所而言，具有特别重要的意义。其三，合伙所人本文化的重要内容是合伙律师、律师与律师助理之间的关系。律师助理在整个律师事务所的运行过程中承担了重复性较强、创造性较弱的那部分工作，律师助理虽然不能独立对外以律师的身份活动，但是由于律师助理大多法律知识结构新、理论基础扎实、进取心强，他们也能在很大程度上代表了律师事务所的良好形象。如果律师事务所的人本文化建设能处理好律师助理的法律文化的提升问题，对他们及时进行知识向能力转化的系统培训，这些人才就会在两三年内成为律师事务所的生力军，成为律师事务所人本文化的宣传者，而不会很快就流失了。

(2) 律师事务所文化建设的载体是品牌文化

律师事务所的文化建设必须将内部的人本文化体现到律师事务所的社会形象和法律服务中，这就是律师事务所文化建设的最终承载者——律师事务所的品牌文化。其一，法律服务的质量是律师事务所的立业之本，高质量的法律服务是客户能够及时、经济、高效地达到合法目的所不可或缺的，因此，事务所的每一个办事处和每一名律师必须在每一个专业领域提供始终如一的优质服务，以优质的服务创造出律师事务所的独特品牌。同时，律师事务所的品牌要体现律师事务所的与众不同的人本文化氛围，还必须在提供优质的法律服务过程中，一方面为客户的不同商业需要进行“量体裁衣”，进行富有创造力的增值；另一方面，保持高标准的职业操守和对客户负责的专业责任心，不为一时的商业利益而丧失一贯的职业要求。其二，律师事务所向社会提供法律服务的同时也在塑造着法律服务的社会形象，因此，法律服务形象也是品牌文化建设的重要内容。律师事务所的法律服务形象具体包括律师的个人执业形象和律师事务所的整体工作环境形象等。一方面，执业律师要树立自己良好的执业形象，注重仪表，穿着应当整洁、有品味，注重礼仪，讲普通话，禁止在办公时酗酒、抽烟、赌博等；另一方面，律师事务所的整体的工作环境应当营造一种崇尚个性、以人为本、各种诉讼文件格式设计以及具有本所标志的各类纸张、信封和向客户赠送象征性礼品。①

2. 律师事务所文化建设的主要内容

文化建设是一个系统工程，它需要从律师事务所的文化层、制度层和精神层三个层次入手，通过确立共同的价值、理念和愿景，提高全所人员对律师事务所的认同感和归属感，规范行为，提高效率，改善形象，增强律师事务所的竞争力。律师事务所的文化建设要重点处理好以下三个环节。

（1）塑造核心价值观，提升律师事务所的精神境界

律师事务所的精神是律师事务所在发展过程中受社会环境、社会文化与本所人员思想、意识的相互作用和影响，凝结沉淀而成的一种精神文化和理念系统，它包括办所方针、发展目标、理想信念、道德规范、价值取向和行为准则。其中，核心价值最为根本，它是律师事务所的理想信念，是律师事务所进行价值评判、选择的内在依据，是律师事务所生存发展的原动力。核心价值对外决定律师事务所的社会形象，影响社会、客户对律师事务所的认可度和荣誉度；对内则是律师事务所的管理灵魂，具有导向、凝聚、激励、规范、辐射等功能。律师事务所要在挖掘、提升核心价值上做大文章，特别要把提升价值与夯实合伙基础结合起来，通过凝结共同价值，强化合伙的思想基础。

从一些律师事务所的情况看，有几个问题亟待解决：①在办所指导方针上，要解决“为何办所”的问题：是经济利益优先还是社会责任优先，这是律师事务所首先要面对的问题。赚钱是律师事务所生存的必要条件，但若把赚钱作为唯一目的或者主要目的，肯定是亡所之道。律师事务所要有超越自我和世俗物欲的精神追求。精神境界的提升必能扩大眼界和心胸，责任作为动力才能持久和结实。②对待合伙关系的态度，要解决“为何合伙”的问题：是将律师事务所视为个人价值的实现工具，还是合伙人共同发展的事业平台？不同的价值定位会在实践中产生巨大的差异。从过去的情况看，合伙关系往往是建立在合伙人的职业理想、发展理念、认知水平、执业经历、业务创收能力等大致相同的基础上的，但随着时间的推移，受个人和环境因素的影响，合伙人之间拉开距离，从而造成合伙基础的坍塌，导致律师事务所的分立或解散。这种现象在律师事务所进入成熟发展期后也时常出现。其中的原因恐怕与合伙人对待合伙关系的态度密切相

① 程守太，刘俊. “希波克拉底誓言”——对律师事务所文化建设的启示. 中国律师，2007（5）

关。正确看待合伙关系，是保证合伙关系长期续存的前提。不正确的态度犹如一颗炸弹，一旦条件发生变化，就会摧毁合伙关系，摧毁律师事务所。③在律师事务所的管理上，要解决“谁来管理”的问题。“权力斗争”消耗了许多律师事务所的精力和资源。很多所想出了一些办法，比如，为解决专制式的管理，采取轮流坐庄、管理委员会或聘请专职管理人员等管理形式；将决策和管理分开，建立相互制约机制。其实，各种管理模式和管理方法并无高下之分，都有各自的长处和不足，关键是是否适合自己的所。“权力斗争”源于每个合伙人对待管理权的态度，如果每个合伙人都想独揽管理权，无论哪种管理模式都不会产生好的效果，如果大家都从事业发展的角度看待管理权，客观公正地对待他人，许多问题就会迎刃而解。

(2) 坚持以人文本，培养团队精神

律师事务所在确立核心价值和办所理念后，就应进行制度建设，把新的价值和理念融入管理制度中，贯穿于整个管理过程，落实到本所人员的行动上，并最终体现在服务上。制度建设要坚持以人为本，既要抓规章制度的完善和严格执行，又要抓思想教育，增强律师对制度的认同，激发律师对制度建设的热情。

在此过程中，重点要处理好管理层（合伙人）与律师的关系。有两个问题需要认真解决：①如何对待律师。这是律师事务所的管理者们必须回答的问题。对这个问题的答案将决定管理制度的价值取向，决定管理者与律师互动沟通的行为模式和态度，以及情感的基调，同时也将决定律师与律师事务所的关系。如果将律师看作是律师事务所的最大财富，律师将会为律师事务所创造大量财富；如果将律师视为赚钱的工具，律师也将会把律师事务所变为自己赚钱的手段。②是否兼顾律师的个人发展。律师事务所不能忽略或轻视律师的利益，更不能为律师事务所的发展而损害律师的利益，必须把律师事务所的发展与律师个人的职业发展有机协调起来，积极为律师的成长创造条件，提供帮助，只有这样，才能获得律师的认可，凝结律师的人心，留住优秀的律师。为此，一方面要建立开放式的文化，向律师敞开合伙人及管理岗位的大门；另一方面要教育和帮助律师正确认识自我，准确定位，制定符合实际的职业发展目标和计划，

(3) 打造品牌，树立良好社会形象

诺贝尔经济学奖获得者赫特说过：“在信息时代，有价值的不是信息而是注意力。”在竞争日趋激烈的环境中，吸引大众的注意力靠品牌。品牌是连接客户、市场与律师事务所的媒介，是律师事务所形象在客户心中的浓缩，是文化的外在表现。打造品牌要建立在文化建设的基础上：①恪守诚信和服务质量至上，要在服务方式和服务质量上下工夫。同时，还要在与客户交往过程中给客户留下的心理感受上下工夫，通过向客户提供优良的服务，使客户产生心理和情感上的归属感和依赖感，从而提高律师事务所的知名度和客户的忠诚度。②全员营销。律师事务所要发动全所人员参与到打造品牌、树立形象的活动中，全方位多渠道宣传律师事务所。要利用每一次客户到所的机会、每一名律师接待当事人、参加社会活动的机会，展示律师事务所的专业精神和业务能力、人文关怀。③关注客户的意见。律师事务所要关注客户的意见，对客户的误解要耐心解释，对存在的问题要及时解决。

案例分析

【案情】2006年年初，成功投资公司与某金融公司发生诉讼纠纷，成功投资公司遂聘请某律师事务所为其代理诉讼。同年4月14日，成功投资公司向该律师事务所支付了1万元的代理费，事务所收款后开具了收款发票，并指派一名律师担任其诉讼代理人。此后，律师事务所为成功投资公司代理了诉讼，成功投资公司一审胜诉30万元。但由于该金融公司不服且提起了上诉，2007年1月，成功投资公司继续委托该律师事务所参加二审。这次，双方签订了聘请律师合同。合同约定：律师事务所接受成功投资公司委托，指派某律师为成功投资公司经济纠纷一案的二审代理人；成功投资公司应向律师事务所缴纳办案手续费1万元，标的费为胜诉提10%（其中“胜诉提10%”为手写）。当日，成功投资公司支付了代理费，事务所也开具了相应的发票。2007年2月6日，二审法院作出终审判决：驳回上诉，维持原判。官司结束，成功投资公司和律师事务所代理关系也就此结束，似乎双方不再会有瓜葛。可事情远没有这么简单。几个月后，律师事务所却将当初自己代理的当事人告上法院，索讨律师费3万元。

【问题】本案中，律师事务所应该吸取什么教训？

【解析】我国《律师法》第25条的规定：律师承办业务，由律师事务所统一接受委托，与委托人签订书面委托合同，按照国家规定统一收取费用并如实入账。因此，当事人在聘请律师作为诉讼代理人的过程中，一定要与律师事务所而非律师个人签订书面委托代理合同，这是从最大维护当事人的合法权益的角度而作的要求。律师代理合同是律师与当事人之间关系的根本，是贯彻其后代理合同解释、履行、中止、终止以及纠纷处理全过程中的权利义务“遗传基因”，作为一方当事人的律师事务所，订立书面代理合同也不可不慎。律师事务所作为一个向社会提供法律服务的专业机构，尊重法律、尊重事实是其基本的执业操守。

在本案中，律师事务所为了向当事人收取胜诉提成费，随意变更事实与解释证据，显然违背了律师事务所的执业准则和职业道德。作为专业法律从业者应严格依法办事，因此，律师事务所从这起事件中应该吸取教训，加强执业的规范性，避免产生类似的纠纷。

第三章　律师的职业道德、执业纪律与法律责任

本章主要从律师惩戒的角度论述了律师的职业道德、执业纪律与法律责任。律师的职业道德在我国还不太被重视，国内对律师职业道德的内容规定比较分散，认识也不一致。律师的职业道德与一般的社会道德、律师纪律、律师义务是不同的范畴。在我国现阶段应加强对律师职业道德的建设。律师执业纪律与律师的义务内容不同，违背律师执业纪律与律师义务招致的后果也不同。违背律师执业纪律应受到纪律处分，其有权处分机关应为律师行业组织；违背律师义务应承担律师民事法律责任、行政法律责任及刑事法律责任。“律师执业纪律”这一名称应由“律师执业行为规范”代之更为恰当。律师的法律责任是律师在执业过程中违背法定或约定的义务而应承担的责任；违背律师职业道德与执业纪律的行为，不应承担法律责任。律师的职业责任与律师的法律责任在逻辑上是上、下位概念的关系。

第一节　律师职业道德

一、律师职业道德的概念

职业，是指人们在社会生活中从事的专门业务和对社会承担的一定职责。职业具有悠久的历史，它是社会分工的产物。道德是依靠社会舆论和人的内心信念来维持、调整人们相互关系的行为规范的总和。它以善与恶、正义与非正义、诚实与虚伪等道德概念来评价和调节人们的行为。职业道德，是指各行各业在自己的业务活动中形成的道德观念、行为规范的总和。不同的职业有各自不同的职业道德，正如恩格斯所说：“实际上，每一个阶级，甚至每一个行业，都各有各的道德。”

律师职业道德是指从事律师职业的人在执行职务、履行职责时所应恪守的道德准则。[①] 它是律师政治素质、理想信念、思想品质、纪律作风、情操气质和风度的综合反映，也是纯洁律师队伍、维护律师职业声誉、推动律师为社会提供优质法律服务的重要保证。

① 陈光中，李春霖. 公证与律师制度. 北京：北京大学出版社，2006.248

律师的职业道德与一般的社会道德既有共性又有差异。二者的共性无须赘言，人们通常认为律师职业道德与社会道德是一般与特殊的关系，律师职业道德不过是社会道德在律师职业领域的具体化，是以社会道德为基础的。这样的理解不完全正确，它掩盖了二者关系的复杂性，实际上二者有时是相互矛盾，甚至是冲突的。

首先，律师职业道德与法律保持高度一致，而一般的社会道德与法律规定往往存在一定的矛盾与冲突。

律师的执业活动坚持“以法律为准绳”的原则，并不“以社会道德为准绳”。道德与法律保持一定的距离，一方面有利于人们以道德的标准来评价法律，批评法律，作为法律发展的动力，促使法律进步；另一方面，人们也可以以法律为标准来衡量道德，促进传统道德观念的转变。然而，律师的职业道德却必须与法律的规定，至少是与法律的原则无条件地保持高度的一致。如果把拥有良好的社会道德说成是具有社会正义感的话，那么无疑律师职业道德的要求在一定程度上抑制了律师的这种正义感。他们在工作中往往坚持“法条主义”，而不是从社会道德、人情世故的角度看问题，实际上律师最重要的义务之一就是抵制常识和普通人的正义观念的影响。

其次，律师职业道德强调理性的价值，一般的社会道德更多是追求感性的诉求。

如亚里士多德所说：“法律……可以被定义为不受任何感情因素影响的理性。”① 法律的本质是理性的，这就决定了包括律师在内的一切法律工作者都必然具有理性的品格。这种理性的职业道德要求律师不应有“疾恶如仇”、“爱憎分明”的表现。律师并不忌讳“为坏人说话”，因为好人、坏人之分是道德上的分类，而非法律上的分类。任何感性的诉求，如果与法律相违背，就不应该出自律师之口。

再次，律师职业道德并非理想的道德，而一般的社会道德更追求理想。

律师职业道德有时高于一般的社会道德的要求，有时却低于一般的社会道德要求。这是缘于一般的社会道德与法律的规定有时是一致的，有时却相互矛盾或冲突。比如无罪推定原则的规定，就要求律师可以为犯罪嫌疑人辩护，这种犯罪嫌疑人有时在一般社会道德要求看来是十恶不赦的。一般的社会道德要求人们除暴安良，匡扶正义；但律师的职业道德却要求，一旦律师接受当事人的委托，无论当事人被一般的社会道德贴上何种标签，如无特殊理由，律师就得在法律框架内尽力维护当事人的合法权益。

我们不能想当然地认为，律师应是“社会正义的化身”，对律师赋予了超越其职业角色的过重的道德责任。这实际上混淆了法律与道德，以及律师职业道德与一般社会道德的概念。我们应让律师这一社会职业从“社会正义化身”的神坛上走下来，还其历史本来面目。

最后，律师职业道德与一般的社会道德相比，更具有明确性、强制性和约束性。

我们知道，法律与道德一个很重要的区别就是二者的明确性、强制力和约束力不同，前者具有外在的形式和国家强制力，而后者一般没有明确规定和外在的强制力。一般的社会道德散存于人们的内心观念和道德说教中，但律师职业道德有其特殊性。为了更好地约束律师恪守职业道德，有关部门和组织对律师职业道德制定出详细的规定，并

---

① [美] 博登海默. 法理学——法律哲学与法律方法. 邓正来译. 北京：中国政法大学出版社，1999.11

对违背律师职业道德的行为规定了相应的明确的惩戒措施。2001 年 11 月 26 日中华全国律师协会修订的《律师职业道德和执业纪律规范》、2004 年 3 月 20 日第五届中华全国律师协会第九次常务理事会审议通过的《律师协会会员违规行为处分规则（试行)》、《律师执业行为规范（试行)》等文件不仅详细而又明确地规定了律师职业道德的内容，也规定了违背律师职业道德的处分措施。

二、恪守律师职业道德的意义

1. 有利于律师职业的健康发展

职业道德是从职人员在职业活动中应当遵循的道德，它既是某一职业融入社会为社会所认同所应遵守的规范，又是其生存发展的内在要求。正如一个人的道德水准会决定社会公众对其认同程度，一个职业群体道德水准的高低，也会决定社会公众对这一职业的认同程度。

只有在社会上塑造了律师的良好形象，使律师这一行业在社会上由公众的不认同到认同，才能为律师职业在社会上赢得崇高的地位。反之，如果律师不恪守职业道德，拜金主义、商业化倾向泛滥，过分看重经济利益，在执业中存在高收费、以收费多少论英雄，在执业中不认真履行职责，对案件敷衍塞责，收钱不办事，甚至欺骗当事人，为求案源或胜诉不择手段，不依法办案，知法犯法，甚至走上犯罪道路……所有这一切，就会严重影响律师在社会公众中的形象，阻碍律师事业的发展，影响律师业的生存，破坏法律的尊严。

2. 有利于司法和谐

自从我国律师制度恢复以来，广大律师兢兢业业、勤勉尽责、忠于法律、刚直不阿、仗义执言，以维护法律的正确实施为己任，为我国的民主法制建设、社会主义经济建设和我国的司法和谐作出了积极贡献。专门从事法律职业的主体如公安司法人员、律师等对我国的司法和谐均有各自特殊的意义，法律职业的健康肌体必须由所有法律职业的人员均恪守各自的职业道德才能维护。任何一个职业的群体不恪守职业道德，均会对从事其他法律职业的人员带来有形或无形的影响，都会影响司法和谐。

三、律师职业道德的内容

律师职业道德的内容随着社会发展而有所不同。律师职业道德的内容在《律师法》、《律师职业道德和执业纪律规范》及《律师执业行为规范（试行)》等均有所规定和体现。《律师法》对于律师职业道德的规定仅限于提示性和纲领性的规定，且由法律规定职业道德的具体内容显然不甚适当，律师职业道德的内容应由律师的行业组织，即中华全国律师协会规定为妥。故笔者认为，律师职业道德的内容应以《律师职业道德和执业纪律规范》及《律师执业行为规范（试行)》为依据，因为二者均为中华全国律师协会制定，但后者规定时间较前者晚，本书参照“后法优于前法”的一般法理，以《律师执业行为规范（试行)》为依据，论述律师职业道德的内容。

依《律师执业行为规范（试行）》，律师职业道德的内容包括两部分，一是基本准则，二是执业职责。

1. 基本准则

①律师必须忠实于宪法、法律。

②律师必须诚实守信，勤勉尽责，依照事实和法律，维护委托人利益，维护法律尊严，维护社会公平、正义。

③律师应当注重职业修养，珍视和维护律师职业声誉，以法律法规以及社会公认的道德规范约束自己的业内外言行，以影响、加强公众对于法律权威的信服与遵守。

④律师必须保守国家机密、委托人的商业秘密及个人隐私。

⑤律师应当努力钻研业务，不断提高执业水平。

⑥律师必须尊重同行，公平竞争，同业互助。

⑦律师应当关注、积极参加社会公益事业。

⑧律师必须遵守律师协会章程，履行会员义务。

2. 执业职责

①律师不得在两个或两个以上律师事务所执业。同时在一个律师事务所和一个其他法律服务机构执业的，视同在两个律师事务所执业。

因涉及专业领域问题而邀请另一律师事务所参与办理，且该律师所在的律师事务所与被邀请的律师事务所之间以书面形式约定法律后果由前者承担并告知委托人的，不违背上述的规定。

②律师提供法律服务时，应当进行独立的职业思考与判断，认真、负责。

③律师不得向委托人就某一案件的判决结果作出承诺。律师在依据事实和法律对某一案件做出某种判断时，应向委托人表明做出的判断仅是个人意见。

④律师提供法律服务时，不仅应当考虑法律，还可以以适当方式考虑道德、经济、社会、政治以及其他与委托人的状况相关的因素。

⑤律师提供法律服务时，应当庄重、耐心、有礼貌地对待委托人、证人、司法人员和相关人员。

⑥律师在执业活动中不得从事，或者协助、诱使他人从事以下行为：具有恶劣社会影响的行为；欺骗、欺诈的行为；妨碍国家司法、行政机关依法行使权力的行为；明示或暗示具有某种能力，可能不恰当地影响国家司法、行政机关改变既定意见的行为；协助或怂恿司法、行政人员或仲裁人员进行违反法律的行为。

⑦律师不得私自接受委托承办法律事务，不得私自向委托人收取费用、额外报酬、财物或可能产生的其他利益。

⑧曾任法官、检察官的律师，离任后未满两年，不得担任诉讼代理人或者辩护人。

⑨律师事务所不得指派非律师人员以律师身份或以其他变相方式提供法律服务。律师事务所不得为本所非律师人员以律师身份或以其他变相方式提供法律服务提供任何便利。

律师职业道德的内容，具体表现为律师的执业纪律的诸多规定。

四、律师职业道德的建设

律师职业道德的建设随社会发展逐步发展与完善。改革开放前，律师业发展缓慢，甚至倒退，更谈不上重视律师职业道德。改革开放后，律师业迅速发展，律师职业道德的建设日益受到关注和重视。国家立法机关、司法行政部门及律师协会相继出台了关于律师职业道德的一系列相关规定。受当前社会存在的不良风气的影响，我国律师队伍中也存在着诸多影响律师形象的问题，要扭转这种局面，必须切实保证律师职业道德规范的贯彻实施，加强律师职业道德建设的力度。

1. 加强司法行政部门对律师职业道德的监管

司法行政部门作为对律师业的主要监管部门，对律师职业道德的建设负有重要监管职责。司法行政部门可以有效地运用公权力，促进律师职业道德的实施与贯彻。

2. 律师协会应充分发挥行业组织的作用

律师协会是律师自己的行业组织，对其会员履行职业道德的情况了解比较充分，可以有针对性地实施教育，对于违反职业道德的律师能快速准确有效地惩处。律师协会如果能充分发挥其行业组织的作用，一定会对律师职业道德的建设有极大的促进。

3. 律师应加强对职业道德的学习，提高职业道德的素养

如果说外界的督促与惩处是外因的话，那么律师自身的因素便是内因。律师应意识到律师职业道德建设的重要性，意识到律师职业道德建设的好坏直接关系到自身生存与发展。律师除加强法律专业知识学习外，还应加强对职业道德的学习，提高职业道德的素养。

第二节　律师执业纪律

一、律师执业纪律概念

1. 律师执业纪律概念

纪律是在一定社会条件下形成的、集体成员必须遵守的规章、条例的总和，是要求人们在集体生活中遵守秩序、执行命令和履行职责的一种行为规则。律师执业纪律是指律师在执行职务过程中所应遵守的具体行为规则。

2. 律师职业道德与律师执业纪律

律师职业道德与律师执业纪律既有联系又有区别。律师职业道德与律师执业纪律同为律师从事业务活动的行为规范，二者相辅相成，缺一不可，都对律师执业活动具有约束力和指导性。律师职业道德是律师执业纪律确立的依据，而律师执业纪律则是实现律师职业道德的具体手段。律师职业道德规范通常被归纳为简明的宣言式、纲领式文字，具有抽象性与概括性，而律师执业纪律表现为具体明确的义务性、禁止性规定，富有

操作性。

3. 律师执业纪律与律师义务

律师义务是指法律法规所规定的律师在执业过程中应该遵守的规范总称，即律师的法定义务，不包括律师的道德义务。而律师执业纪律不仅包括法律法规明确规定的律师在执业过程中应该遵守的各种规范，还包括其他规范性文件所规定的律师在执业过程中所应遵守的各种规定，如律师行业组织制定的虽然不具有法律性质但对律师执业活动具有约束力的各种规定。笔者认为，律师执业纪律的内容涵盖了律师义务。

4. 律师执业纪律名称的探讨

"律师执业纪律"一词首先出自 1993 年 11 月 30 日司法部部务会议通过的《律师职业道德和执业纪律规范》这一法律文件中。在其后的 1996 年中华全国律师协会制定的《律师职业道德和执业纪律规范》及 2001 年修订的《律师职业道德和执业纪律规范》中也一直沿用。

但笔者认为，使用"律师执业纪律"一词并不贴切，应以"律师执业行为规范"取而代之。

纪律原本是指某一行业从业人员所应遵守的内部规定，"纪律"一词并非法律专业用语，其约束力只是来自行业内部。但从中华全国律师协会制定的律师执业纪律内容来看，已超出行业内容规定，所以以"律师执业行为规范"取代"律师执业纪律"一词更为妥当，更能涵盖律师在执业活动中所应遵守的各种规定的内容。中华全国律师协会及一些学者意识到了这个问题。中华全国律师协会在 2004 年 3 月 20 日第五届中华全国律师协会第九次常务理事会通过的《律师执业行为规范（试行）》中，便不再使用"律师执业纪律"一词，而是使用了"律师执业行为规范"一词，但其内容完全涵盖了 2001 年中华全国律师协会修订的《律师职业道德和执业纪律规范》。在多数学者的著作中，也以"律师职业道德与律师执业行为规范"作为专门一章来论述，而不再以"律师职业道德与律师执业纪律"为标题来论述。① 尤其是中华全国律师协会编的全国律师执业基础培训指定教材，也是以《律师职业道德与执业基本规范》作为书名，而没有再沿用"律师执业纪律"一词。②

本书虽仍沿用"律师执业纪律"一词，但在论述律师执业纪律内容时，是依律师执业行为规范的内容来展开的。

二、律师执业纪律内容

1. 律师执业纪律的渊源

从规范行式上看，律师执业纪律的渊源主要表现为以下六个方面。③

① 王国良，黄瑞. 中外律师制度比较研究. 南昌：江西人民出版社，2003.192；李峰，梁静，丁娟. 律师制度改革热点问题研究. 北京：人民法院出版社，2004.157

② 中华全国律协. 律师职业道德与执业基本规范. 北京：北京大学出版社，2007

③ 中华全国律协. 律师职业道德与执业基本规范. 北京：北京大学出版社，2007.9

(1) 法律

律师执业纪律的重要内容往往会被法律吸收，并以法律形式明确规定下来。《中华人民共和国律师法》、《中华人民共和国刑事诉讼法》、《中华人民共和国民事诉讼法》及《中华人民共和国行政诉讼法》等文件从不同角度对律师执业纪律作了不同的规定。

(2) 司法解释

在最高人民法院与最高人民检察院的许多司法解释中，有不少内容涉及律师的行为规范，这些内容把基本法律中规定的比较抽象和原则性的内容具体化，以利于实际操作。

(3) 行政法规

这一类规范主要体现在国务院的行政法规中，比如《法律援助条例》就规定了律师和律师事务所进行法律援助所应遵守的规定。

(4) 部门规章

这一类规范主要集中在国务院司法行政部门发布的部门行政规章中，如《律师和律师事务所违法行为处罚办法》、《律师执业管理办法》及《律师服务收费管理办法》等。

(5) 行业规范

行业规范主要集中在中华全国律师协会和地方律师协会发布的有关律师行为管理的规范性文件里，比较有代表性的有《律师职业道德和执业纪律规范》、《律师协会会员违规行为处分规则（试行)》及《律师执业行为规范（试行)》。其中，《律师执业行为规范（试行)》是律师执业行为规范的核心内容。

(6) 国际公约

关于律师执业行为规范方面的内容主要集中在联合国国际人权公约，特别是有关刑事司法方面的法律文件中，如《关于律师作用的基本原则》等。

2. 律师执业纪律内容

从上述关于律师执业纪律的渊源中可见，律师执业纪律的内容分散在众多的不同层次的规范性文件中。本文以律师执业纪律的核心渊源，即 2004 年 3 月 20 日第五届中华全国律师协会第九次常务理事会通过的《律师执业行为规范（试行)》为依据，论述律师执业纪律的具体内容。

(1) 与执业组织有关的执业纪律

具体有以下内容：

①律师的执业活动必须接受律师事务所的管理、监督。

②不得向法官、检察官、仲裁员行贿。不得为承揽案件事前和事后给予有关人员任何物质的或非物质的利益。

③不得拒绝或疏怠履行有关国家机关、律师协会指派承担的法律援助和其他公益法律服务的义务。

④律师变更执业机构的，应当按规定办理转所手续。转所后的律师，不得损害原所属律师事务所的利益，应当信守对其作出的保守商业秘密的承诺；不得为原所属律师事务所正在提供法律服务的委托人提供法律服务。

⑤律师在承办受托事务时，对出现的不可克服的困难和风险应当及时向律师事务所

报告。律师与委托人发生纠纷的，律师应当接受律师事务所的解决方案。律师对受其指派办理事务的辅助人员出现的错误，应当采取制止或者补救措施，并承担责任。

(2) 律师在诉讼与仲裁中应遵守的执业纪律

①调查取证规范。律师不得伪造证据，不能为了诉讼意图或目的，非法改变证据的内容、形式或属性。律师在收集证据过程中，应当以客观求实的态度对待证据材料，不得以自己对案件相关人员的好恶选择证据，不得以自己的主观想象去改变证据原有的形态及内容。律师不得威胁、利诱他人提供虚假证据；不得利用他人的隐私及违法行为，胁迫他人提供与实际情况不符的证据材料；不得利用物质或各种非物质利益引诱他人提供虚假证据。律师不得向司法机关和仲裁机构提交已明知是由他人提供的虚假证据。律师在已了解事实真相的情况下，不得为获得支持委托人诉讼主张或否定对方诉讼主张的司法裁判和仲裁而暗示委托人或有关人员出具无事实依据的证据。律师作为必要证人出庭作证的，不得再接受委托担任该案的辩护人或代理人出庭。

②庭审仪表规范。律师担任辩护人、代理人参加法庭审理，必须按照规定穿着律师出庭服装，注重律师职业形象。律师出庭服装应当保持洁净、平整、不破损。在出庭时，男律师不留披肩长发，女律师不施浓妆，面容清洁，头发齐整，不佩戴过分醒目的饰物。

③体态语态规范。律师的庭审发言用词应当文明、得体，表达意见应当选用规范语言，尽可能使用普通话。不得使用黑话、脏话等不规范语言。律师庭审发言时应当举止庄重大方，可以辅以必要的手势，避免过于强烈的形体动作。

④司法评论规范。律师不得在公共场合或向传媒散布、提供与司法人员及仲裁人员的任职资格和品行有关的轻率言论。在诉讼或仲裁案件终审前，承办律师不得通过传媒或在公开场合发布任何可能被合理地认为损害司法公正的言论。

⑤接触司法人员与尊重法庭规范。律师应当遵守法庭、仲裁庭纪律，遵守出庭时间、举证时限、提交法律文书期限及其他程序性规定。在开庭审理过程中，律师应当尊重法庭、仲裁庭，服从审判长、首席仲裁员主持，不能当庭评论（包括批评和颂扬）审判人员、仲裁人员言论。对于庭审中存在的问题，可以在休庭后向法官、仲裁员个人或其主管部门口头或书面提出。律师在执业过程中，因对事实真假、证据真伪及法律适用是否正确而与诉讼相对方意见不一的，或为了向案件承办人提交新证据的，可以与案件承办人在司法机关内指定场所接触和交换意见。律师不得以不正当动机与司法、仲裁人员接触。律师不得向司法机关和仲裁机构人员馈赠财物，更不得以许诺回报或提供其他便利（包括物质利益和非物质形态的利益）等方式，与承办案件的司法或仲裁人员进行交易。

(3) 律师在与委托人、对方当事人关系方面应遵守的执业纪律

律师应当与委托人就委托事项的代理范围、代理内容、代理权限、代理费用、代理期限等进行讨论，经协商达成一致后，由律师事务所与委托人签署委托代理协议或者取得委托人的确认。律师应当谨慎、诚实、客观地告知委托人拟委托事项可能出现的法律风险。律师应当充分运用自己的专业知识，根据法律的规定完成委托事项，维护委托人的利益。律师应当严格按照法律规定的期间、时效以及与委托人约定的时间，办理委托

事项。律师应当建立律师业务档案，保存完整的业务工作记录。律师应当谨慎保管委托人提供的证据和其他法律文件，保证其不遭灭失。律师对委托人了解委托事项情况的要求，应当及时给予答复。律师应当在授权范围内从事代理。如需特别授权，应事先取得委托人的书面确认。律师事务所、律师及其辅助人员不得泄露委托人的商业秘密、隐私，以及通过办理委托人的法律事务所了解的委托人的其他信息，但是律师认为保密可能会导致无法及时阻止发生人身伤亡等严重犯罪及可能导致国家利益受到严重损害的除外。律师可以公开委托人授权同意披露的信息。律师在代理过程中可能无辜地被牵涉到委托人的犯罪行为时，律师可以为保护自己的合法权益而公开委托人的相关信息。律师代理工作结束后，仍有保密义务。

接受委托后，律师只能在委托权限内开展执业活动，不得擅自超越委托权限。律师在进行受托的法律事务时，如发现委托人所授权限不能适应需要时，应及时告知委托人，在未经委托人同意或办理有关的授权委托手续之前，律师只能在授权范围内办理法律事务。律师接受委托时必须与委托人明确规定包括程序法和实体法两方面的委托权限。委托权限不明确的，律师应主动提示。律师在委托权限内完成了受托的法律事务，应及时告知委托人。律师与委托人明确解除委托关系后，律师不得再以被委托人的名义进行活动。在未征得委托人同意的情况下，律师不得同时接受有利益冲突的他方当事人委托，为其办理法律事务。律师接受委托后，无正当理由不得拒绝履行协议约定的职责，不得无故拒绝辩护或代理。

律师不得为建立委托代理关系而对委托人进行误导。律师不得为谋取代理或辩护业务而向委托人作虚假承诺，接受委托后也不得违背事实和法律规定做出承诺。律师在接受刑事辩护委托后，应当依据事实和法律提出无罪、罪轻或减轻、免除其刑事责任的辩护意见；刑事辩护证据不足以否认有罪指控，不得承诺经过辩护必然获得无罪的结果。律师根据委托人提供的事实和证据，依据法律规定对案件进行分析后，应向委托人提出具有预见性、分析性的结论意见，但应当注意避免虚假承诺。委托人拟委托事项或者要求属于法律或者律师执业规范所禁止时，律师应当告知委托人，并提出修改建议或者予以拒绝。

律师和律师事务所不得利用提供法律服务的便利，非法牟取委托人的利益。除依照相关规定收取法律服务费用之外，律师不得与委托人争议的权益产生经济上的联系，不得与委托人约定胜诉后将争议标的物出售给自己，不得委托他人为自己或为自己的亲属收购、租赁委托人与他人发生争议的诉讼标的物。律师不得向委托人索取财物，不得获得其他不利于委托人的经济利益。非经委托人同意，律师不得运用来自于向委托人提供法律服务时所得到的信息牟取对委托人有损害的利益。

在接受委托之前，律师及其所属律师事务所应当进行利益冲突查证。只有在委托人之间没有利益冲突的情况下才可以建立委托代理关系。利益冲突是指同一律师事务所代理的委托事项与该所其他委托事项的委托人之间有利益上的冲突，继续代理会直接影响到相关委托人的利益的情形。拟接受委托人委托的律师已经明知诉讼相对方或利益冲突方已委聘的律师是自己的近亲属或其他利害关系人的，应当予以回避，但双方委托人签发豁免函的除外。

律师在接受委托后知道诉讼相对方或利益冲突方委聘的律师是自己的近亲属或其他利害关系人，应及时将这种关系明确告诉委托人。委托人提出异议的，律师应当予以回避。律师在接受委托后知道诉讼相对方或利益冲突方已委聘同一律师事务所其他律师的，应由双方律师协商解除一方的委托关系，协商不成的，应与后签订委托合同的一方或尚没有支付律师费的一方解除委托关系。曾经在前一法律事务中代理一方法律事务的律师，即使在解除或终止代理关系后，亦不能再接受与前任委托人具有利益冲突的相对方委托，办理相同的法律事务，除非前任委托人作出书面同意。曾经在前一法律事务中代理一方法律事务的律师，不得在以后相同或相似法律事务中运用来自该前一法律事务中不利于前任委托人的相关信息，除非经该前任委托人许可，或有足够证据证明这些信息已为人所共知。委托人拟聘请律师处理的法律事务，是该律师从事律师职业之前曾以政府官员或司法人员、仲裁人员身份经办过的事务，律师和其律师事务所应当回避。

律师应当妥善保管与委托事项有关的财物，不得挪用或者侵占。律师事务所受委托保管委托人财物时，应将委托人财产与律师事务所的财产严格分离。委托人的资金应保存在律师事务所所在地信用良好的金融机构的独立账号内，或保存在委托人指定的独立开设的银行账号内。委托人其他财物的保管方法应当经其书面认可。委托人要求交还律师事务所受委托保管的委托人财物，律师事务所应向委托人索取书面的接收财物的证明，并将委托保管协议及委托人提交的接收财物证明一同存档。律师事务所受委托保管委托人或第三人不断交付的资金或者其他财物时，律师应当及时书面告知委托人，即使委托人出具书面声明免除律师的及时告知义务，律师仍然应当定期向委托人发出保管财物清单。

未经委托人同意，律师不得将委托人委托的法律事务转委托他人办理。律师在接受委托后出现突患疾病、工作调动等情况，需要更换律师的，应当及时告知委托人。委托人同意更换律师的，律师之间要及时移交材料，并通过律师事务所办理相关手续。非经委托人的同意，律师不能因为转委托而增加委托人的经济负担。

律师在办理委托事项过程中出现下列情况时，律师事务所应终止其代理工作：与委托人协商终止；被取消或者中止执业资格；发现不可克服的利益冲突；律师的健康状况不适合继续代理；继续代理将违反法律或者律师执业规范。实行终止代理时，律师事务所应当尽量不使委托人的合法利益受到影响；律师则应当尽可能提前向委托人发出通知。律师事务所在征得委托人同意后，可另行指定律师继续承办委托事项，否则应终止委托代理协议。出现下列情况时，律师可以拒绝辩护、代理：委托人利用律师提供的法律服务从事犯罪活动的；委托人坚持追求律师认为无法实现的或不合理的目标的；委托人在相当程度上没有履行委托合同义务，并且已经合理催告的；在事先无法预见的前提下，律师向委托人提供法律服务将会给律师带来不合理的费用负担，或给律师造成难以承受的、不合理的困难的；委托人提供的证据材料不具有客观真实性、关联性与合法性，或经司法机关审查认为存在伪证嫌疑的；其他合法的缘由。律师在接受委托后发生可以拒绝辩护或代理的情况，应当向委托人说明理由，促使委托人接受律师的劝告，纠正导致律师拒绝辩护或代理的事由。在解除委托关系前，律师必须采取合理可行的措施保护委托人利益，如及时通知委托人，使其有充分时间再委聘其他律师、收回文件的原件以及返还提前支付的费用等。因拒绝辩护、代理而解除委托关系的，律师可以保留与委托人有关的法律事务文件的复印件。

(4) 律师在收费方面的执业纪律

律师费用的收取应当合理。律师事务所和律师应当根据国家行政管理部门、律师协会制定的相关规定合理收费。律师收费应当考虑以下合理因素：从事法律服务所需工作时间、难度、包含的新意和需要的技巧等；接受这一聘请会明显妨碍律师开展其他工作的风险；同一区域相似法律服务通常的收费数额；委托事项涉及的金额和预期的合理结果；由委托人提出的或由客观环境所施加的法律服务时间限制；律师的经验、声誉、专业水平和能力；费用标准及支付方式是否固定，是否附有条件；合理的成本。律师的收费方式依照国家规定或由律师事务所与委托人协商确定，可以采用计时收费、固定收费、按标的比例收费。在一个委托事项中可以同时使用前列几种方式，也可使用法律不禁止的其他方式。采用计时收费的，律师应当根据委托人的要求提供工作记录清单。

律师事务所应当在委托代理合同中约定收费方式、标准、支付方法等收费事项。以诉讼结果或其他法律服务结果作为律师收费依据的，该项收费的支付数额及支付方式应当以协议形式确定，应当明确计付收费的法律服务内容、计付费用的标准、方式，包括和解、调解或审判不同结果对计付费用的影响，以及诉讼中的必要开支是否已经包含于风险代理酬金中等。律师和律师事务所不能以任何理由和方式向赡养费、扶养费、抚养费以及刑事案件中的委托人提出采用根据诉讼结果协议收取费用，但当事人提出的除外。律师不得私自收案、收费。委托人所支付的费用应当直接交付律师所在的律师事务所，律师不得直接向委托人收取费用。委托人委托律师代交费用的，律师应将代收的费用及时交付律师事务所。律师不得索要或获取除依照规定收取的法律服务费用之外的额外报酬或利益。律师事务所收取的法律服务费用，应当在计入会计账簿后才可以按规定项目和开支范围使用。律师事务所不得向委托人开具非正式的律师收费凭证。律师对需要由委托人承担的律师费以外的费用，应本着节俭的原则合理使用。

(5) 律师执业推广方面的执业纪律

律师和律师事务所推广律师业务，应当遵守平等、诚信原则，遵守律师职业道德和执业纪律，遵守法律服务市场及律师行业公认的行业准则，公平竞争，禁止行业不正当竞争行为。

律师和律师事务所应当通过努力提高自身综合素质、提高法律服务质量、加强自身业务竞争能力的途径，推广、开展律师业务。律师和律师事务所不能向中介人或者推荐人以许诺兑现任何物质利益或者非物质利益的方式，获得有偿提供法律服务的机会。律师可以通过简介等方式介绍自己的业务领域和专业特长。律师可以发表学术论文、案例分析、专题解答、授课等，以普及法律并宣传自己的专业领域。律师可以举办或者参加各种形式的专题、专业研讨会，以推荐自己的专业特长。律师可以以自己或者律师事务所的名义参加各种社会公益活动，参加各类依法成立的社团组织。律师在执业推广中，不得提供虚假信息或者夸大自己的专业能力，不得明示或者暗示与司法、行政等关联机关的特殊关系，不得贬低同行的专业能力和水平，不得以提供或者承诺提供回扣等方式承揽业务，不得以明显低于同行业的收费水平竞争某项法律业务。

律师广告应当遵守国家法律法规和本规范。坚持真实、严谨、适度原则。律师广告是指律师和律师事务所为推广业务与获得委托，让公众知悉、了解律师个人和律师事务所法律服务业务而发布的信息及其行为过程。律师广告应当具有可识别性，应当能够使社会公众辨明是律师广告。律师广告可以以律师个人名义发布，也可以律师事务所名义发布。以律师个人名义发布的律师广告应当注明律师个人所在的执业机构名称。下列情况下，律师和律师事务所不得发布律师广告：没有通过年度年检注册的；正在接受暂停执业处分的；受到通报批评处分未满一年的。律师个人广告的内容应当限于律师的姓名、肖像、年龄、性别、出生地、学历、学位、律师执业登记日期、所属律师事务所名称、在所属律师事务所的工作时间、收费标准、联系方法，以及依法能够向社会提供的法律服务业务范围。律师事务所广告的内容应当限于律师事务所名称、办公地址、电话号码、传真号码、邮政编码、电子信箱、网址、所属律师协会、所辖执业律师及依法能够向社会提供的法律服务业务范围简介。不得利用广告对律师个人、律师事务所作出容易引人误解或者虚假的宣传。律师和律师事务所发布的律师广告不得贬低其他律师或律师事务所及其服务。律师和律师事务所不能以有悖于律师使命、有损律师形象的方式制作广告，不能采用一般商业广告的艺术夸张手段制作广告。律师在执业广告中不得出现违反所属律师协会有关律师执业广告管理规定的行为。

律师和律师事务所不得自己进行或授意、允许他人以宣传的形式发布律师广告。律师宣传是指通过公众传媒以消息、特写、专访等形式对律师和律师事务所进行报道、介绍的信息发布行为。律师和律师事务所不能进行歪曲事实或法律实质，或可能会使公众产生对律师不合理期望的宣传。律师和律师事务所可以宣传所从事的某一专业法律服务领域，但不能自我声明或暗示其被公认或证明为某一专业领域的专家。律师和律师事务所不能进行律师之间或律师事务所之间的比较宣传。通过公众传媒以回复信函、自问自答等形式进行法律咨询的行为，亦应当符合有关律师宣传的规定。

(6) 律师在与同行关系方面应遵守的执业纪律

律师和律师事务所不得阻挠或者拒绝委托人再委托其他律师和律师事务所参与同一事由的法律服务。就同一事由提供法律服务的律师之间应明确分工，相互协作，意见不一致时应当及时通报委托人决定。律师和律师事务所不得在公众场合及传媒上发表贬低、诋毁、损害同行声誉的言论。在庭审或谈判过程中各方律师应互相尊重，不得使用挖苦、讽刺或者侮辱性的语言。律师和律师事务所在与委托人及其他人员接触中，不得采用下列不正当手段与同行进行业务竞争：故意诋毁、诽谤其他律师或律师事务所信誉、声誉；无正当理由，以在同行业收费水平以下收费为条件吸引客户，或采用承诺给予客户、中介人、推荐人回扣，馈赠金钱、财物方式争揽业务；故意在委托人与其代理律师之间制造纠纷；向委托人明示或暗示律师或律师事务所与司法机关、政府机关、社会团体及其工作人员具有特殊关系，排斥其他律师或律师事务所；就法律服务结果或司法诉讼的结果做出任何没有事实及法律根据的承诺；明示或暗示可以帮助委托人达到不正当目的，或以不正当的方式、手段达到委托人的目的。

律师执业不正当竞争行为是指律师和律师事务所为了推广律师业务，违反自愿、平等、诚信原则和律师执业行为规范，违反法律服务市场及律师行业公认的行业准则，采用不正当手段与同行进行业务竞争，损害其他律师及律师事务所合法权益的行为。律师或律师事务所在与行政机关或行业管理部门接触中，不得采用下列不正当手段与同行进行业务竞争：借助行政机关或行业管理部门的权力，或通过与某机关、某部门、某行业对某一类的法律服务事务进行垄断的方式争揽业务；没有法律依据地要求行政机关超越行政职权，限定委托人接受其指定的律师或律师事务所提供的法律服务，限制其他律师正当的业务竞争。律师和律师事务所在与司法机关及司法人员接触中，不得采用下列不正当手段与同行进行业务竞争：利用律师兼有的其他身份影响所承办业务正常处理和审理；在司法机关内及附近200米范围内设立律师广告牌和其他宣传媒介；向司法机关和司法人员散发附带律师广告内容的物品。依照有关规定取得从事特定范围法律服务的执业律师和律师事务所不得采取下列不正当竞争的行为：限制委托人接受经过法定机构认可的其他律师或律师事务所提供法律服务；强制委托人接受其提供的或者由其指定的其他律师提供的法律服务；对抵制上述行为的委托人拒绝、中断、拖延、削减必要的法律服务或者滥收费用。律师和律师事务所相互之间不得采用下列手段排挤竞争对手的公平竞争，损害委托人的利益或者社会公共利益：串通抬高或者压低收费；为低价收费，不正当获取其他律师和律师事务所收费报价或者其他提供法律服务的条件；非法泄露收费报价或者其他提供法律服务的条件等暂未公开的信息，损害所属律师事务所合法权益。律师和律师事务所不得擅自或非法使用社会特有名称或知名度较高的名称以及代表其名称的标志、图形文字、代号以混淆、误导委托人。所称的社会特有名称或知名度较高的名称是指：有关政党、国家行政机关、行业协会名称；具有较高社会知名度的高等法学院校名称；为社会公众共知、具有较高知名度的非律师公众人物名称；知名律师以及律师事务所名称。律师和律师事务所不得伪造或者冒用法律服务质量名优标志、荣誉称号。使用已获得的律师以及律师事务所法律服务质量名优标志、荣誉称号的应当注明获得时间和期限。

(7) 律师在与律师行业管理或行政管理机构关系中的执业纪律

律师和律师事务所应当遵守司法行政管理机构制定的有关律师管理的规定、律师协会制定的律师行业规范和规则。律师和律师事务所享有律师协会章程规定的权利，承担律师协会章程规定的义务。律师和律师事务所应当办理入会登记手续和年度登记手续。律师和律师事务所应当参加、完成律师协会组织的律师业务学习及考核。律师和律师事务所参加国际性律师组织或者其他组织并成为会员的，应当提前报律师协会批准。律师以中国律师身份参加境外国际性组织的，应当报律师协会备案，在上述会议作交流发言的，其发言内容亦应当报律师协会备案。律师和律师事务所因执业成为民事被告或被确定为犯罪嫌疑人或受到行政机关调查、处罚，应当向律师协会做出书面报告。律师和律师事务所应当参加律师协会组织的律师业务研究活动，完成律师协会布置的业务研究任务，参加律师协会布置的公益活动。律师和律师事务所应当妥善处理律师执业中发生的各类纠纷，自觉接受律师协会及其相关机构的调解处理。律师和律师事务所应当认真履行律师协会就律师执业纠纷做出的裁决。律师和律师事务所应当按时缴纳会费。

三、律师惩戒制度

“徒法不足以自行”。对于律师违背职业道德与执业纪律的行为，应有相应的惩戒措施，这样，律师职业道德与执业纪律才能更好地得以保障实施。而对于律师惩戒的性质，有以下不同的观点：

第一，行政惩戒说。该种观点认为，对律师的处罚仅能由司法行政部门实施，是一种行政处罚。①

第二，行政、纪律惩戒双重说。该种观点认为，律师惩戒权的主要行使机构为司法行政机关，司法行政机关实施的律师惩戒属于行政处罚，适用的程序为行政处罚程序。同时，律师协会作为律师自律组织，对违规律师有处分权，适用程序为纪律处分程序。②

第三，行政、纪律、司法惩戒三重说。该种观点认为，律师惩戒分为行政惩戒、纪律惩戒和刑事、民事司法惩戒三种，分别适用行政处罚程序、纪律惩戒程序和司法程序之分。③

笔者认为，根据现行规范性文件，对违规律师的处罚有纪律处分和法律责任之分，前者是指纪律惩戒，后者包括行政责任、民事责任及刑事责任。故笔者同意第三种观点。

鉴于律师的法律责任将在本章第三部分论述，此处仅就违规律师的纪律处分略作分析。

纪律处分是某行业对该行业内部成员违反有关的纪律规定所作的处理决定。律师纪律处分是指律师协会对其成员即律师及律师事务所违反有关的纪律规定所作出的处理决定。这种纪律处分有以下五个特点：

第一，处罚成员的内部性。处分仅对内部成员适用。

第二，处罚的非法律性。处理结果虽然对其内部成员有一定的强制性，但这种强制性并非以国家强制力为后盾来保障实施的。

第三，处罚主体的行业性。作出纪律处分的主体只能是行业组织，不能由国家行政机关或司法机关作出。

第四，处罚的非诉性。基于第三个特点，违规的成员受到纪律处分后，只能向有关部门提出复议，而不能对作出处理的机关提起行政诉讼。

第五，处罚的轻缓性与衔接性。纪律处分不能重于法律责任，但又应与法律责任很好地衔接。例如，对律师执业资格的剥夺，就只能由法律责任规定，而不能规定在纪律处分中。

由以上五个特点，笔者认为，对违背律师职业道德与执业纪律的律师进行纪律处分的依据是 2004 年 3 月 20 日经第五届全国律协第九次常务理事会审议通过的《律师协会

---

① 转引：张善燚. 中国律师制度专题研究. 长沙：湖南人民出版社，2007.337

② 王远明. 律师制度与律师实务. 北京：中国财政经济出版社，1998.183

③ 王丽. 律师刑事责任比较研究. 北京：法律出版社，2002.327

会员违规行为处分规则（试行）》及《律师执业行为规范（试行）》。

1. 纪律处分的种类

据《律师协会会员违规行为处分规则（试行）》及《律师执业行为规范（试行）》有关规定，对违背律师职业道德与执业纪律的纪律处分有训诫、通报批评、公开谴责、取消会员资格四种。律师协会认为会员违规行为需由司法行政机关给予行政处罚的，应及时提请司法行政机关调查处理。

2. 纪律处分实施机构

中华全国律师协会设立纪律委员会，负责律师行业处分相关规则的制定及对各级律师协会处分工作的指导与监督。各省、自治区、直辖市律师协会及设区的市律师协会设立惩戒委员会，负责对违规会员进行处分。惩戒委员会的主任、副主任由同级律师协会常务理事会提名，经理事会决定产生，任期与理事会任期相同。惩戒委员会的委员由同级律师协会常务理事会采取选举、推选、决定等方式产生，任期与理事会任期相同。惩戒委员会日常工作机构设在律师协会秘书处，其职责是：接待投诉或接受有关部门移送的投诉，办理受理手续；制作惩戒委员会评审记录，制作、送达惩戒委员会决定书及有关文书；与行业处分工作有关的其他事项。

3. 纪律处分的程序

纪律处分的程序大致为：惩戒委员会接受投诉后，对不符合受理规定的不予受理；反之，应予受理和立案调查。惩戒委员会在作出决定前，应通知被投诉会员本人到会陈述、申辩。被投诉会员不到会的视为放弃；放弃陈述或申辩权利的，不影响作出决定。如果被投诉会员要求听证，应举行听证。调查终结时，惩戒委员会应当根据不同情况，分别作出如下决定，确认会员有违规违纪行为，依据本规则给予相应处分；或撤销案件或不予处分；或建议司法行政机关给予行政处罚。接受处分决定的会员如果对处分决定不服，可以在收到决定书30日内要求复查。各省、自治区、直辖市律师协会应设立会员处分复查机构，负责受理复查申请和作出复查决定。复查机构应由业内和业外人士组成。业内人士包括执业律师及司法行政人员；业外人士包括法学界专家、教授及司法机关有关人员。惩戒委员会原参加调查决定人员不能再作为复查机构的组成人员。复查机构在对被申请复查的原决定所依据的事实、证据、行业规范等进行审查的基础上，于15个工作日内作出复查决定。①维持原决定。复查机构认为原决定对事实认定清楚，适用依据正确，责任区分适当，程序合法的，应当做出维持原决定的复查决定。②补正原决定。复查机构认为原决定在程序上存在不足，应当作出补正原决定的复查决定，要求作出原决定的惩戒委员会进行补正。③原惩戒委员会重新作出决定。复查机构认为原决定具有明显不当的，应当作出由原惩戒委员会重新作出决定的复查决定。复查机构对作出的复查决定应制作复查决定书。复查机构作出的维持原决定的复查决定为最终决定。

第三节 律师的法律责任

一、律师法律责任概述

1. 律师法律责任的概念

一般认为，律师法律责任是指律师或律师事务所在执行职务过程中因违反法定义务、职业道德、执业纪律所应承担的法律责任的总称。[①] 笔者认为，无论理论界还是实践界，长期以来将律师法律责任界定为律师或律师事务所在执行职务过程中因违反法定义务、职业道德、执业纪律所应承担的法律责任的总称，混淆了律师法律责任与律师职业责任这两个概念。律师职业责任与律师法律责任在逻辑关系上应是上、下位概念的关系，而不是同一关系。律师职业责任不仅包括律师法律责任，还包括律师违反职业道德与执业纪律所产生的纪律责任。由于职业道德与执业纪律在我国现阶段主要是由律师行业组织，即中华全国律师协会制定，在性质上并非属于法律范畴，故律师违反职业道德与执业纪律的行为，主要产生纪律责任，并非法律责任。而只有那些比较重要的执业纪律，被上升为法律法规后，违反这些重要的执业纪律，才产生法律责任。笔者认为，律师的法律责任，是指律师在执行职务过程中因违反法定或约定的义务应承担的法律责任的总称。

2. 律师法律责任种类

律师职业责任包括纪律责任与法律责任。纪律责任在前面已经论述，故本处仅论述律师的法律责任，即律师的行政法律责任、民事法律责任、刑事法律责任。在论述律师法律责任的同时，也一并论述律师事务所的法律责任。

二、律师的行政法律责任

1. 律师行政法律责任的概念

律师行政法律责任是指律师在执业过程中违反法律、法规及规章时所受到的行政处罚的责任。律师行政法律责任有以下特征：

（1）违法的特殊性

律师只有违背关于律师管理方面的法律、法规及规章所受到的行政处罚才是律师行政法律责任。如果律师违背其他行政法律、法规及规章所产生的责任，如违反《治安管理处罚法》有关规定所产生的责任，不是律师行政法律责任。

（2）处罚机关的特定性

我国律师法授权的各级司法行政机关为律师业的管理和监督部门，因此，只有司法

① 陈光中，李春霖. 公证与律师制度. 北京：北京大学出版社，2006.258

行政机关才有权依据有关法律法规对律师的违法行为做出行政处罚。

2. 律师行政法律责任的法律依据

现阶段，律师行政法律责任的法律依据主要有《律师法》及《律师和律师事务所违法行为处罚办法》。由于《律师和律师事务所违法行为处罚办法》是以部门规章的形式对 2001 年《律师法》关于律师和律师事务所行政法律责任的细化，而 2008 年《律师法》并没有吸收《律师和律师事务所违法行为处罚办法》的有关内容，而且已经对 2001 年《律师法》中关于律师和律师事务所行政法律责任进行了细化规定，故笔者认为，根据上位法优于下位法及新法优于旧法之法理，《律师和律师事务所违法行为处罚办法》中与 2008 年《律师法》抵触的内容不再适用。本书将依据 2008 年《律师法》的有关规定对律师行政法律责任展开论述。

3. 律师承担行政法律责任的方式

依据 2008 年修订的《律师法》的规定，律师承担行政法律责任的方式有：

①警告。警告适用于情节轻微的行政违法行为。这种处罚方式通过对违法律师予以警示和告诫，使律师认识到其行为的违法性。

②罚款。罚款是 2008 年《律师法》新增的一种处罚方式，是一种附加行政处罚。在对违法律师进行警告或停止执业处罚时，视情况可以并处罚款，罚款的数额最高可达五万元。

③没收违法所得。没收违法所得是一种经济性的行政处罚，仅当违法律师在有违法所得的情况下才能适用。

④停止执业。停止执业是禁止律师在特定时间内从事执业活动的行政处罚。这种行政处罚是暂时性的，有特定的时间限制。根据律师法规定，停止执业的时间最高可为 1 年。这种处罚适用于律师情节严重的违法行为。律师受停止执业处罚的，司法行政机关应收回其律师执业证，于处罚期满后发还。

⑤吊销执业证书。吊销律师执业证书是对律师违法最严厉的一种行政处罚。吊销律师执业证书意味着被处罚者不能再取得律师执业证书，也就是永远不能再从事律师执业工作。律师被吊销律师执业证书的，司法行政机关应收缴其律师执业证书并予以注销。

律师事务所承担行政法律责任的方式有：

①警告。主要适用于律师事务所情节轻微的行政违法行为。

②罚款。罚款是一种附加处罚，是对律师事务所实施警告及停业整顿处罚时可以附加适用的一种处罚，最高罚款额可达十万元。

③没收违法所得。没收违法所得是对律师事务所的一种经济性的行政处罚，仅当违法律师事务所有违法所得的情况下才能适用。

④停业整顿。停业整顿是责令律师事务所停止执业活动予以内部整顿的处罚方式，适用于律师事务所情节严重的违法行为。

⑤吊销执业证书。吊销律师事务所执业证书是对律师事务所违法最严厉的一种行政处罚。吊销律师事务所执业证书意味着被处罚的律师事务所被强制解散，司法行政机关应收缴其执业证书并予以注销。

4. 适用行政处罚的情形

根据《律师法》第六章的规定：

律师有下列行为之一的，由设区的市级或者直辖市的区人民政府司法行政部门给予警告，可以处五千元以下的罚款；有违法所得的，没收违法所得；情节严重的，给予停止执业三个月以下的处罚：

①同时在两个以上律师事务所执业的；

②以不正当手段承揽业务的；

③在同一案件中为双方当事人担任代理人，或者代理与本人及其近亲属有利益冲突的法律事务的；

④从人民法院、人民检察院离任后二年内担任诉讼代理人或者辩护人的；

⑤拒绝履行法律援助义务的。

律师有下列行为之一的，由设区的市级或者直辖市的区人民政府司法行政部门给予警告，可以处一万元以下的罚款；有违法所得的，没收违法所得；情节严重的，给予停止执业三个月以上六个月以下的处罚：

①私自接受委托、收取费用，接受委托人财物或者其他利益的；

②接受委托后，无正当理由，拒绝辩护或者代理，不按时出庭参加诉讼或者仲裁的；

③利用提供法律服务的便利牟取当事人争议的权益的；

④泄露商业秘密或者个人隐私的。

律师有下列行为之一的，由设区的市级或者直辖市的区人民政府司法行政部门给予停止执业六个月以上一年以下的处罚，可以处五万元以下的罚款；有违法所得的，没收违法所得；情节严重的，由省、自治区、直辖市人民政府司法行政部门吊销其律师执业证书；构成犯罪的，依法追究刑事责任：

①违反规定会见法官、检察官、仲裁员以及其他有关工作人员，或者以其他不正当方式影响依法办理案件的；

②向法官、检察官、仲裁员以及其他有关工作人员行贿，介绍贿赂或者指使、诱导当事人行贿的；

③向司法行政部门提供虚假材料或者有其他弄虚作假行为的；

④故意提供虚假证据或者威胁、利诱他人提供虚假证据，妨碍对方当事人合法取得证据的；

⑤接受对方当事人财物或者其他利益，与对方当事人或者第三人恶意串通，侵害委托人权益的；

⑥扰乱法庭、仲裁庭秩序，干扰诉讼、仲裁活动的正常进行的；

⑦煽动、教唆当事人采取扰乱公共秩序、危害公共安全等非法手段解决争议的；

⑧发表危害国家安全、恶意诽谤他人、严重扰乱法庭秩序的言论的；

⑨泄露国家秘密的。

律师因故意犯罪受到刑事处罚的，由省、自治区、直辖市人民政府司法行政部门吊销其律师执业证书。

律师因违反律师法规定，在受到警告处罚后一年内又发生应当给予警告处罚情形的，由设区的市级或者直辖市的区人民政府司法行政部门给予停止执业三个月以上一年以下的处罚；在受到停止执业处罚期满后两年内又发生应当给予停止执业处罚情形的，由省、自治区、直辖市人民政府司法行政部门吊销其律师执业证书。

律师事务所有下列行为之一的，由设区的市级或者直辖市的区人民政府司法行政部门视其情节给予警告、停业整顿一个月以上六个月以下的处罚，可以处十万元以下的罚款；有违法所得的，没收违法所得；情节特别严重的，由省、自治区、直辖市人民政府司法行政部门吊销律师事务所执业证书：

①违反规定接受委托、收取费用的；

②违反法定程序办理变更名称、负责人、章程、合伙协议、住所、合伙人等重大事项的；

③从事法律服务以外的经营活动的；

④以诋毁其他律师事务所、律师或者支付介绍费等不正当手段承揽业务的；

⑤违反规定接受有利益冲突的案件的；

⑥拒绝履行法律援助义务的；

⑦向司法行政部门提供虚假材料或者有其他弄虚作假行为的；

⑧对本所律师疏于管理，造成严重后果的。

律师事务所因违反律师法规定，在受到停业整顿处罚期满后两年内又发生应当给予停业整顿处罚情形的，由省、自治区、直辖市人民政府司法行政部门吊销律师事务所执业证书。

5. 适用行政处罚的程序

律师、律师事务所有《律师法》所规定的违法行为的，司法行政机关一经发现或者收到有关投诉，应当立案调查，全面、客观、公正地查明事实，收集证据。被调查的律师、律师事务所应当向调查机关如实陈述事实，提供有关材料。司法行政机关可以委托律师协会对律师、律师事务所的违法行为进行调查。接受委托的律师协会应全面、客观、公正地查明事实，收集证据，并对司法行政机关实施行政处罚提出建议。司法行政机关在对律师、律师事务所拟作出行政处罚决定之前，应当告知其查明的违法行为事实、处罚的理由及依据，并告知当事人依法享有的权利。口头告知的，应当制作笔录。律师、律师事务所有权进行陈述和申辩，有权依法申请听证。律师协会在查处律师、律师事务所违反职业道德和执业纪律行为过程中，发现有依照《律师法》应当给予行政处罚的情形，应当提交有管辖权的司法行政机关处理。司法行政机关、律师协会在查处律师、律师事务所违法行为过程中，认为其行为构成犯罪的，应当移送有关机关，依法追究其刑事责任。同时，律师法明确规定了对律师及律师事务所进行行政处罚的管辖机关。

6. 律师行政法律责任的救济

律师、律师事务所对行政处罚不服的，有权依《行政复议法》及《行政处罚法》等规定向有关司法行政部门申请行政复议或者向人民法院提起行政诉讼。

三、律师的民事法律责任

1. 律师民事责任的概念

律师的民事责任有广义和狭义之分。前者指律师在执业过程中因违法执业或过错给当事人或其他人造成损害所应承担的法律责任；后者指律师在执业过程中因违法执业或过错给当事人造成损害所应承担的法律责任。《律师法》第 54 条规定：“律师违法执业或者因过错给当事人造成损失的，由其所在的律师事务所承担赔偿责任。律师事务所赔偿后，可以向有故意或者重大过失行为的律师追偿。”这一规定是律师对当事人承担民事责任的法律依据。

确定律师民事赔偿责任，对于促进律师自觉遵守职业规范，正确处理与当事人或其他人之间的权利义务关系，增强律师责任心，提高律师服务质量，维护律师的社会声誉都有重要意义。此外，建立律师民事赔偿制度，有利于加强对律师的管理和监督，减少律师工作中的失误，巩固律师制度改革的成果，促使律师制度健康发展。

2. 律师民事责任的类型及法律性质

广义的律师民事责任有三种类型：一是律师对其委托人应承担的责任；二是律师对其委托人之外的第三人所应承担的责任；三是律师在承办法律援助案件中，对受援助者所承担的民事责任。

(1) 律师对其委托人的民事责任的法律性质

律师与其委托人之间的基础法律关系是委托合同关系。在委托合同生效后，律师对其委托人承担责任的依据主要是违反合同约定的义务而应承担的责任，这种责任性质即是违约责任，构成了律师民事责任最重要、最常见的基本责任类型。同时，律师对其委托人的民事责任也可能是侵权责任，最主要的原因是律师对所承担义务的复合性。律师对当事人的义务不仅包括约定的义务，也包括某些法定的义务。律师的同一行为可能既违反合同约定的义务，又违反法律强行性或禁止性规定，包括注意、忠实、说明、通知等义务，从而同时构成违约责任与侵权责任。

律师对其委托的违约责任和侵权责任存在竞合的情形时，当事人可以选择有利于自己的一种请求权作为诉因，要求律师事务所承担民事责任。我国《合同法》第 122 条规定：“因当事人一方的违约行为，侵害对方人身、财产权益的，受损害方有权选择依照本法要求其承担违约责任或者依照其他法律要求其承担侵权责任。”这一规定为当事人在责任竞合时的请求权提供了法律依据。

(2) 律师对其委托人之外的第三人的民事责任的法律性质

一般情形下，律师与无委托关系的第三人之间不存在任何利害关系，双方也不直接发生法律关系，律师无须为其委托之外的第三人承担民事责任。但在某些特殊情形下，律师在执业过程中向委托人提供的法律服务，也可能会对社会中特定群体的第三人产生相应作用，如律师为股票发行人所出具的有关法律意见书，对于信赖该法律意见书而投资该股票的人来说就具一定的影响。因此，律师的过错执业行为不仅会给其委托当事人造成损失，有时也会导致第三人的合法权益受到损害。律师对其委托人之外的第三人承担民事责任应该以法律明文规定为限，否则就会加大律师业的执业风险。我国《证券法》第173条规定："证券服务机构为证券的发行、上市、交易等证券业务活动制作、出具审计报告、资产评估报告、财务顾问报告、资信评级报告或者法律意见书等文件，应当勤勉尽责，对所依据的文件资料内容的真实性、准确性、完整性进行核查和验证。其制作、出具的文件有虚假记载、误导性陈述或者重大遗漏，给他人造成损失的，应当与发行人、上市公司承担连带赔偿责任，但是能够证明自己没有过错的除外。"最高人民法院《关于审理证券市场因虚假陈述引发的民事赔偿案件的若干规定》第24条规定："专业中介服务机构及其直接责任人违反《证券法》第161条和第202条的规定虚假陈述，给投资人造成损失的，就其负有责任的部分承担赔偿责任。但有证据证明无过错的，应予免责。"上述规定即为律师对其委托人之外的第三人承担民事责任的法律依据。

律师对其委托人之外的第三人承担的民事责任一般是基于法律的直接规定而产生的，所以应该属于一种侵权的民事责任。

(3) 律师在承办法律援助案件中，对受援助者所承担的民事责任的法律性质

我国法律援助制度始于1994年。1996年的《刑事诉讼法》和同年5月颁布的《律师法》，规定了法律援助的有关内容，标志着我国法律援助制度的正式确立。此后，最高人民法院、司法部及各级地方政府相继颁布了一系列关于刑事和民事法律援助的法律文件及地方法规、规章。国务院颁布《法律援助条例》，规定了法律援助的宗旨、责任主体等内容，为在全国范围内建立和完善法律援助制度提供了法律上的保证。我国法律援助制度规定，律师承担法律援助是律师应尽的法定义务；律师基于法律的规定，接受法院的指定及法律援助机构的指派或安排而履行法律援助义务。律师能够代理受援人或者帮助受援人处理法律事务，是基于法律的规定，而不是当事人的委托，因此，律师与当事人间并不存在合同关系，律师侵害当事人的合法权益时不承担违约责任。如果律师的行为符合侵权行为的构成要件则应当向当事人承担侵权责任，以补偿当事人的损失。

3. 律师民事责任的构成要件和归责原则

无论律师对当事人还是对第三人，其所承担的民事责任的法律性质不外乎两种：一是违约责任，二是侵权责任。

(1) 律师违约责任的构成要件及归责原则

律师违约责任的构成要件只有一个，那就是律师存在违约行为。不管律师的违约行为是否给当事人带来损害，当事人都可根据合同约定要求律师事务所承担相应的违约责任，比如支付违约金等。

违约行为包括未履行合同义务、未全面履行合同义务和不适当履行合同义务三种情形。在实践中，由于各律师事务所与当事人之间的委托代理合同内容不尽相同，约定的权利义务也会不一致，所以违约行为和种类也不一样。

律师的行为在构成违约责任的情形下，归责形式既可以是过错责任，也可以是无过错责任，也就是说无论律师有无过错，只要其行为违约且不具备抗辩免责的情形，就应该承担民事责任。

(2) 律师侵权责任的构成要件及归责原则

律师的侵权责任是一种一般民事侵权责任，它必须具备下列四个要件：

①侵权行为。关于侵权行为的表现形式有哪些，人们对此存在不同的看法。一种观点认为，律师的侵权行为是指律师在执业过程中，违反律师法及有关法律法规、违反律师职业道德和职业纪律规范、执业行为规范的具体要求，因故意或过失导致委托人或第三人合法权益受到损失的行为。[①]或者认为，律师的违法执业行为，主要是指律师有违反律师职业道德和执业纪律的行为。[②]有学者更认为，合同约定之外的损害当事人权益的行为均为侵权行为，范围十分宽，无须一一列举。[③]上述三种观点都认为律师的侵权行为包括了律师违反非法定义务的行为。笔者认为，这是不适当地扩大了律师侵权行为的范围，从而扩大了律师侵权责任的范围。律师的侵权行为只是一种违反法律的行为，不包括违反其他规范性非法律文件的行为，也就是说，律师侵权行为是指律师在执业过程中，违反律师法及有关的法律法规，因故意或过失导致委托人或第三人合法权益受到损失的行为。简单说来，律师侵权行为是指律师违反法律强制性与禁止性规定的行为。具体说来，律师侵权行为主要是指违反《律师法》与《律师和律师事务所违法行为处罚办法》的行为。

②损害事实。损害事实是指委托人或第三人在财产上所受到的不利的状态，其既可表现为现有财产的减损，也可表现为将要取得的财产或利益的丧失，还可表现为精神损害。律师的侵权行为要给当事人或第三人造成一定的损害事实，才能让律师承担民事责任。如果律师仅实施了侵权行为，但没有给当事人或第三人造成损害事实，因不符合侵权责任的构成要件，不能让律师承担相应的民事责任。

③因果关系。因果关系是指律师的侵权行为与委托人所受到的损失之间存在一定的联系。是否具有因果关系将会影响到律师承担赔偿责任的范围及数额，因此具有相当重要的意义。如果没有因果关系，那么律师的服务尽管具有过错或者委托人受到了损失，也无须承担民事责任。

④过错。所谓过错，“是一个主观和客观要素相结合的概念，它是指支配行为人从事在法律上和道德上应受非难的行为的故意或过失状态，即指行为人通过违背法律和道德的行为表现出来的主观状态。”[④]很显然，这是一个主客观因素相结合的概念。过错是律师承担侵权民事责任的要件之一，包括故意和过失两种形态。律师在执业过程中只有故意或过失地实施了侵权行为，才能让其承担民事责任。

那么，我们如何来确定律师的执业行为具有过错呢？笔者认为可以从以下几方面进行判断：律师的执业行为违反了法律法规的相关规定；律师的执业行为违反了律师职业道德和执业纪律的相关规定；律师的执业行为违反了他和当事人之间的具体约定；律师的执业行为违反了同类职业人员处理同类法律事务时一般具有的行为要求。如果律师具

① 中华全国律协. 律师职业道德与执业基本规范. 北京：北京大学出版社，2007.204

② 陈光中，李春霖. 公证与律师制度. 北京：北京大学出版社，2006.264

③ 李峰，梁静，丁娟. 律师制度改革热点问题研究. 北京：人民法院出版社，2004.291

④ 王利明. 违约责任论. 北京：中国政法大学出版社，1996.104

有以上行为其中之一的，可以认定具有过错。否则，尽管律师的执业未能达到某些要求，也不宜认为律师在执业中具有过错。

律师侵权责任由于以过错为其构成要件之一，故归责原则为过错责任原则。

4. 律师民事责任主体

律师民事责任主体包括律师民事责任的行为主体与律师民事责任的承担主体。律师民事责任的行为主体是指律师在执业过程中，由于过错而致他人合法权益受损的行为实施者。律师民事责任的承担主体是指在执业过程中，由于过错而致他人合法权益受损的，对这种损害结果应当承担民事责任的责任承担者。

律师民事责任的行为主体只能是执业律师，不包括仅取得律师资格证书而没有取得律师执业证书的人。实习律师单独不能构成律师民事责任的行为主体，因为律师法规定，实习律师不能单独执业。如果实习律师因过错给当事人造成损害的，指派实习律师实施该行为的执业律师应同实习律师一起，构成律师民事责任的共同行为主体。

我国《律师法》第 54 条规定："律师违法执业或者因过错给当事人造成损失的，由其所在的律师事务所承担赔偿责任。律师事务所赔偿后，可以向有故意或者重大过失行为的律师追偿。"该规定明确了律师所在的律师事务所为律师民事责任的承担主体。

值得讨论的问题是：在承办法律援助案件中，律师民事责任的承担主体是律师事务所还是国家？笔者认为，由国家来承担法律援助义务的律师民事赔偿责任比较合适，理由如下：

第一，由律师承担法律援助义务情形下给受援人造成的损失而由律师独立承担责任不符合法律援助是政府责任这一属性。《法律援助条例》第 3 条规定："法律援助是政府的责任，县级以上人民政府应当采取积极措施推动法律援助工作，为法律援助提供财政支持，保障法律援助事业与经济、社会协调发展。"由该规定可知，法律援助已经摆脱了"法律帮助"、"法律救济"的范畴，而成为政府责任、国家义务，是政府（或称国家）对弱势民众的带有福利性质的司法救济责任。无论是出于保障人权的考虑，还是基于维持统治秩序的需要，现代国家都负有为经济上处于弱者地位的公民提供免费司法救济的义务。政府将国家义务转而规定主要由律师这个社会阶层来承担。在实施法律援助时，从本质上讲律师是在代表政府完成其为公众谋福利的职能，类似于公务员等为政府处理公务的人员。按照谁得益谁担责的原则，或者说"权责利相一致"的原则，应由政府承担上述情形下受援人的损失。这种情况类似于行政机关、司法机关基于职权侵害当事人合法权益而由政府财政承担国家赔偿责任的情形。采取国家赔偿的形式对律师基于法律援助义务而给当事人权益的损害进行赔偿，有利于实现社会公平，最大限度地保护受援人的利益及律师的利益。

第二，由律师承担法律援助义务情形下独立承担给受援人造成的损失不符合公平原则。律师能够代理受援人或者帮助受援人处理法律事务，是基于法律的规定，而不是当事人的委托，因此，律师与当事人间并不存在合同关系。所以，律师侵害当事人的合法权益时不承担违约责任。若律师的行为符合侵权行为的构成要件，则应当向当事人承担侵权责任，以补偿当事人的损失。由于律师承担法律援助义务只是单方面对当事人或社会有利的行为，律师所获得的由法律援助中心的费用只不过是冲抵律师必要的办案支出，律师本人并不能从其代理行为中获得实质利益。当其行为对受援人造成损害时，律师必须依法承担损害赔偿责任，这不符合公平正义的理念与“责权利相一致”的原则。

因此，在承办法律援助案件时，律师侵害当事人利益应当由负有法律援助义务的政府承担侵权赔偿责任。这并不表示完全免除律师的民事责任，政府可在一定条件下（在责任律师故意或有重大过失）仍可要求责任律师承担相应民事赔偿责任。

5. 律师民事法律责任的风险分担

律师在执业过程中，由于自己的过错给当事人造成不必要的经济损失，律师应当依法承担相应的民事赔偿责任。

四、律师的刑事法律责任

1. 律师刑事法律责任的概念

律师刑事法律责任是指律师因与执业有关的行为触犯刑事法律而应当承担的刑事责任。我国《律师法》第 49 条明确规定了律师的刑事法律责任。律师刑事法律责任是律师职务责任中最严厉的责任。犯罪的律师除接受刑罚处罚外，还会被附随一些不利的后果。

我国《律师法》第 51 条规定：“律师因故意犯罪受到刑事处罚的，由省、自治区、直辖市人民政府司法行政部门吊销其律师执业证书。”上述规定表明，故意犯罪的律师除接受刑罚处罚外，还会被司法行政部门吊销律师执业证书。

律师刑事法律责任有以下特征：

①责任主体只能是律师个人，不能是律师事务所。

②犯罪行为是与律师执业行为有关的行为。如果律师因实施了与其执业无关的行为而构成了犯罪，应承担一般的刑事责任，而非专门的律师刑事法律责任。

2. 律师执业中常见的罪名

我国《律师法》第 49 条规定，律师有下列行为之一，构成犯罪的，依法追究刑事责任：

①违反规定会见法官、检察官、仲裁员以及其他有关工作人员，或者以其他不正当方式影响依法办理案件的；

②向法官、检察官、仲裁员以及其他有关工作人员行贿，介绍贿赂或者指使、诱导当事人行贿的；

③向司法行政部门提供虚假材料或者有其他弄虚作假行为的；

④故意提供虚假证据或者威胁、利诱他人提供虚假证据，妨碍对方当事人合法取得证据的；

⑤接受对方当事人财物或者其他利益，与对方当事人或者第三人恶意串通，侵害委托人权益的；

⑥扰乱法庭、仲裁庭秩序，干扰诉讼、仲裁活动的正常进行的；

⑦煽动、教唆当事人采取扰乱公共秩序、危害公共安全等非法手段解决争议的；

⑧发表危害国家安全、恶意诽谤他人、严重扰乱法庭秩序的言论的；

⑨泄露国家秘密的。

依据上述规定及我国《刑法》的有关规定，对于律师因职业活动可能涉及的刑事犯罪，应包括妨害司法活动、侵害当事人利益、妨害经济秩序、泄露秘密等四种类型。这些犯罪或者以律师为特殊主体，如妨害证据；或者利用律师职业方便，如侵占、敲诈；或者属于律师负有特定义务，如背信、泄露秘密；或与律师职业活动密切相关，如扰乱法庭秩序等。

妨害司法活动的行为可能构成的犯罪包括伪证、扰乱法庭秩序、行贿及介绍贿赂等罪名；侵害当事人利益的行为可能构成侵占、欺诈、背信损害上市公司利益、敲诈勒索等具体罪名；妨害经济秩序的行为可能构成违规披露、不披露重要信息罪、内幕交易罪、泄露内幕信息罪、提供虚假证明文件罪、出具重大失实证明文件罪、洗钱罪等具体罪名；泄露秘密包括泄露国家秘密、商业秘密、司法秘密、当事人个人隐私等不同情况，其行为可能构成泄露国家秘密罪、侵犯商业秘密罪、侮辱罪等具体罪名。

3. 对《刑法》第306条第1款辩护人、诉讼代理人毁灭证据、伪造证据、妨害作证罪的辩思

对于《刑法》第306条第1款辩护人、诉讼代理人毁灭证据、伪造证据、妨害作证罪，在现行刑法典的修订过程中，就对草案中有关条款产生较大争论，以司法部、中华全国律师协会以及一些学者为代表，提出比较强烈的反对意见，但也有一些实践部门的同志认为有必要对律师伪证行为给予更为严格的规制。现行刑法典基本上采纳了第二种意见，但由于第一种意见的合理性，在法条罪状表述中相对于意见稿要“温和”得多，主要表现在将“律师”替换为“辩护人、诉讼代理人”。即便如此，在现行刑法典颁布后，对《刑法》第306条第1款规定仍引起了很大的争论，尤其是在律师界，对该条规定的反对呼声是相当强烈的。他们认为该条规定是对律师的一种歧视性待遇，把律师作为伪证罪的特殊主体，有强调意味，会起误导性的作用，似乎更容易犯伪证罪，为律师刑事辩护工作蒙上阴影。

笔者认为，应废除《刑法》第306条第1款辩护人、诉讼代理人毁灭证据、伪造证据、妨害作证罪。理由如下：

首先，该罪完全没有单独规定的必要，其客观要件的内容完全可被其他罪名包容。《刑法》第306条第1款与伪证罪（《刑法》第305条）、妨害作证罪（《刑法》第307条第1款）、帮助毁灭、伪造证据罪（《刑法》第307条第2款）存在法条竞合问题。如果从法条竞合的角度出发，可以认为《刑法》第306条第1款规定所评价的犯罪行为的范围与《刑法》第305条、第307条的规定的范围是重合的。《刑法》第306条第1款的设置，笔者认为主要动因是出于对于律师妨害证据行为的特别规制。律师实施毁灭证据、伪造证据、妨害作证等行为，其行为性质与一般主体实施这种犯罪没有质的不同，而就社会危害性来看，也没有量的不同。将辩护人、诉讼代理人作为特殊主体规定一个独立的犯罪，实际上是针对律师而设，因为在刑事诉讼中担任辩护人、诉讼代理人角色的，绝大多数是律师。

其次，从实践中反馈的信息看，《刑法》第306条第1款的社会效果也是不好的。据全国律协的统计，1995年全国律协接到各地律师协会或律师上报的维权案件仅有十余

起，而到 1997 年、1998 年达到 70 余起，其中 80%是伪造证据、妨害作证案，并在一定程度上导致全国各地刑事辩护数量锐减，个别地方甚至出现律师拒绝刑事辩护的不良局面。《刑法》第 306 条第 1 款造成的客观效果不仅表现为对我国律师执业活动本身的不利局面，而且对我国整个民主法制建设也有一定程度的负面影响，很大程度上加剧了刑事诉讼中控、辩双方的诉讼地位失衡，助长了职业报复，从而导致控辩双方的正常关系趋于恶化。另外，其对律师事业的发展也会产生消极作用。

可以说，在总体上第 306 条第 1 款的立法价值是负面的，其现实效果也是不好的，因此有必要在适当的时候，由最高立法机关予以修改或者删除。

4. 律师职业豁免权

2008 年修订的《律师法》第 37 条规定："律师在执业活动中的人身权利不受侵犯。律师在法庭上发表的代理、辩护意见不受法律追究。但是，发表危害国家安全、恶意诽谤他人、严重扰乱法庭秩序的言论除外。"

对某些特殊行业及其从业人员进行特殊保护，在西方国家的立法中早已有之，如神职人员、医生、律师享有"职业秘密"的权利。赋予律师职业豁免权是国际上许多国家和地区通行的做法。1981 年《英格兰和威尔士出庭律师行为准则》规定："律师在法庭上的发言必须真实和准确。在通常情况下，律师对他在法庭辩论中的言论享有豁免权。"法国 1881 年 7 月 29 日实施的《刑法典》第 41 条规定："不得对律师在法庭上发言或向法院提交的诉讼文书提起诽谤、侮辱或蔑视法庭的诉讼。"我国香港特别行政区《香港事务律师执业行为操守指引》、《香港大律师执业行为守则》和《香港事务律师执业指令（1990）》等有关章节均明确规定：执业大律师和事务律师在出庭代理诉讼时，对第三者不负诽谤罪法律责任，而大律师在处理诉讼案件时，有不负疏忽责任的权利。

2008 年修订的《律师法》首次以立法的形式明确规定"律师职业豁免权"，这一规定对促进律师在履行职责时尽量消除顾忌，全面行使代理权或辩护权，为当事人提供更有效的法律服务，保障律师的执业权利和保护律师这个特殊的行业具有十分积极的意义。可以说，律师职业豁免权不仅事关辩护、代理制度的兴衰，也关系到国家民主法治的兴衰。

《律师法》第 37 条的规定也存在着不足之处，如仅将律师职业豁免权限定在庭审时，例外情形规定过于原则且不具有可操作性，缺乏其他配套法规的支撑等。为确保我国律师职业豁免权更好地实现，笔者建议：

（1）将律师职业豁免权扩大到侦查和审查起诉等履行职责期间

扩大律师职业豁免权的范围不仅有利于维护律师的人身权利、抗衡公检法等公权力机关，而且也符合联合国《关于律师作用基本原则》的规定。其第 20 条规定："律师对于其书面或口头辩护时所发表的有关言论或作为职责任务出现于某一法院，法庭或其他法律或行政当局之前所发表的有关言论，应享有民事和刑事豁免权。"根据这一条款，律师不仅对其在法庭上的辩护言论享有豁免权，而且在法庭外为履行职责，在司法机关或行政当局发表的相关言论也享有豁免权。我国也应参照此《关于律师作用基本原则》的精神扩大律师职业豁免权的范围。

(2) 废除《刑法》第306条

如果不废除《刑法》第306条的规定，那么律师职业豁免权的规定就会有名存实亡的危险。律师当然得为当事人的利益服务，在代理的过程中肯定会有所取舍，比如说对证据的选择，这是出于职业的需要，也是一种诉讼技巧。笔者建议明确规定除涉及国家安全或者重大公共利益以及正在实施或准备实施危害他人生命或者公共安全的犯罪事实外，律师对执业过程中知悉的不利于委托人的事实，无检举、作证的义务。

(3) 对律师职业豁免的例外情形应作严格解释

我国《律师法》第37条规定了律师职业豁免权的例外情形，即“发表危害国家安全、恶意诽谤他人、严重扰乱法庭秩序的言论除外”。然而，这些除外情形的标准非常难以确定，其判断标准仍掌握在法官手中。鉴于目前我国存在部分法官水平和素质有待提高的现实情况，不排除出现滥用该例外情形的可能性，这可能会成为除《刑法》第306条之外的又一把制裁律师的“尚方宝剑”。所以，我国应严格解释该例外情形，而且对律师职业过程中的惩戒应该主要由律师协会进行，不能轻易启动司法程序。

(4) 全面增强律协职能，保障律师独立执业

我国也应更加尊重律协地位，进一步加强律师协会在律师管理制度中的功用，以保障律师独立执业，增强律协职能，保护其成员免受迫害、不公正限制和权利侵犯。同时，增强律协职能，也可以通过律师行业的自律功能防止律师职业豁免权被滥用。

案例分析

【案情】2000年8月21日，河南省焦作市路通律师事务所律师于萍、助理律师卢某接受涉嫌贪污犯罪的马明刚之妻朱克荣的委托，担任涉嫌贪污犯罪的马明刚的一审辩护。2001年11月3日下午2时许，卢某及朱克荣、马峰（马明刚之子）一同到沁阳市法院立案庭，卢某将马明刚贪污案卷宗材料全部借出，到复印部复印，于萍交代卢某把复印的卷宗材料留下。当晚，朱克荣、马峰、马明魁详细翻阅了马明刚一案的有关材料、证据，并对照起诉书指控进行研究。2000年12月25日，于萍被沁阳市公安局刑事拘留，理由是涉嫌故意泄露国家秘密罪。2001年1月8日，检察机关批准对其逮捕。同年4月19日，沁阳市人民法院不公开开庭审理了此案，以被告人于萍犯故意泄露国家秘密罪，判处有期徒刑一年。后经二审法院认定，一审法院认定马明刚贪污一案的卷宗材料“国家秘密”缺乏法律和事实依据，改判于萍无罪。

【问题】本案中，有哪些是值得我们进一步反思的地方？

【解析】律师在执业过程中存在着一定的风险，并可能因此承担相应的刑事责任。本案的关键在于律师于萍让当事人家属所看的案卷复印材料是否属于“国家机密”。依照《保密法》有关规定：人民法院所保管和适用的诉讼材料是否应核定为保密范围，确定密级和保密期限、解密时间，由人民法院会同国家保密工作部门商定，其他机关的保密规则对人民法院无约束力。而马明刚贪污一案的卷宗材料移送至人民法院后，没有

管辖法院及主管保密的部门对其设定密级和保密期限，上述情形表明此案卷宗材料不属于需确定密级的国家秘密，不会涉及《保密法》意义上的国家安全和国家利益问题。如何解决既能与当事人及其委托人合法交流又不违反相关规定是个大问题，律师界期待相关的法律法规出台。

第四章 律师收费制度

律师服务收费制度之所以引起实务界和理论界的强烈兴趣，不仅因为其对律师和普通公民法律服务有直接的影响，还在于其在司法制度中的重要地位。律师收费制度不仅体现了律师和委托人的关系，还体现了律师同司法制度、司法利益的关系。就前者而言，不同的律师收费决定了委托人和律师之间利益的结合程度以及案件损失风险的分担模式；就后者而言，不同的律师收费决定了委托人诉诸司法解决纠纷的可能，并影响到整体的司法效率和社会的司法公平观念。[①] 律师收费制度内容的合理与否，对于律师业的公平竞争、业务范围的拓展、法律援助的推进，乃至整个律师业的健康发展都有着至关重要的影响和作用。因此，世界各国的律师制度中，无不对律师收费制度作出了详细的规定。就我国而言，从 1979 年律师制度恢复以来，为了规范律师的收费行为，促进律师业的健康发展，国家先后颁布了多部法律文件。然而近年来，律师收费问题一直是社会的热门话题，业内律师抱怨律师收费标准过低，业外人士则声言律师收费标准过高。个别律师利用当事人对律师收费制度了解不多，双方之间信息不对称的现实，多收费、乱收费等问题也比较突出。如何规范律师的收费行为，维护律师和当事人双方的合法权益，促进我国律师业健康、有序地发展，成为我们面临的一个重要课题。本章首先介绍了我国律师收费制度的发展，然后重点分析我国现行的律师收费制度，同时对国外的律师收费制度作了简要介绍。

第一节 律师收费制度概述

一、律师收费制度的概念

律师及其制度肇始于奴隶制时期的古罗马，以类似于律师这种形式从事代理案件当事人诉讼或在诉讼中充当被告人辩护人的活动则可以追溯到古希腊的雅典。[②] 罗马共和

① 陈宜，王敏重. 中国律师服务收费制度发展与研究. 中国司法，2007（3）

② 石毅. 中外律师制度综观. 北京：群众出版社，2000.2

国时期，社会经济繁荣，手工业和商业比较发达，以市场贸易和产品交换为中心的契约行为日益增多，民事和刑事案件也随之增长，当事人在法庭上迫切需要熟悉法律的人协助。这一社会的客观需要，促使罗马专门的法律学科和职业法律家应运而生。但是，这时的罗马法律家基本上是国家的雇员，不是职业律师，他们的行为只是一种执行公务的活动，由国家支付很高的报酬，不向当事人收取任何费用。随着立法的复杂和广泛，律师制度依法确立，逐渐出现一批为他人提供辩护、代理和法律解答等法律服务，并以此收取报酬的人。由于当时立法没有规定律师收费标准，致使收费混乱，不断引起纠纷。为了避免纷争，鼓励律师努力工作，以加强法治，古罗马帝国允许律师取得法定报酬。公元1世纪开始，古罗马从立法上制定了收费标准，严格规定律师收取报酬的具体数额，禁止任何律师巧立名目乱收费用，否则，将被取消律师资格。① 公元1世纪，罗马皇帝以诏令形式规定了诉讼代理和大僧侣可以为平民提供法律咨询服务，还规定“客民常聘他人代理诉讼行为，应付相当费用为报酬”。从此，律师提供法律服务一般均收取相应费用，减免收费只是例外情况，收费标准由国家制定。这就是历史上最早的律师收费制度，它对以后的律师制度和律师收费制度产生了深远的影响。

封建时期，多数国家废除了古典控诉式诉讼，改用纠问式诉讼。这种诉讼模式致使律师的权限、活动范围受到很大的限制，律师的辩护、代理已荡然无存，律师制度自然无法得到发展。所以，在这个时期，律师及律师制度基本上处于销声匿迹之中，伴随着律师制度而生的律师收费制度更无从谈起。近代资产阶级律师制度是资产阶级民主革命的产物。资产阶级夺取政权以后，商品经济和商品货币关系迅速发展，各种法律关系日益复杂，无论是政治上，还是法制上都需要一批精通法律的律师提供服务。因此，资产阶级国家通过立法形式，相继确认了被告人的辩护权和诉讼辩论原则，并规定了相应的律师制度。资本主义国家律师多系私人开业，单独或合伙设立律师事务所或律师公司，并收取高额酬金。西方国家对于律师的何种业务收取多少费用，由法律规定。随着资本主义经济的迅速发展，与经济息息相关的律师收费制度也日益完善，形成了以科学合理的收费方式、收费标准和收费争议解决机制为内容的现代律师收费制度。现代西方律师制度是随着世界经济一体化进程的加快而不断改革和完善的。经济的全球化不仅要求法律全球化，而且要求律师服务全球化。随着全球范围内的经济交往日渐频繁，商业组织的跨境活动，法律服务逐渐走出国门，相应地出现了大型的、跨国的律师事务所，并促使律师的收费状况不断改变。但由于律师法律服务本身与一个国家的政治、经济、法律和历史文化传统密切相关，不同的国情造成各国的法律服务现状不同，与法律服务相关的律师收费制度也存在一定的差异。从律师收费标准来看，有些国家明确规定了统一的收费标准，如日本、德国等国家虽然规定了一个统一标准，但允许协商收费；美国、法国等国家不规定统一的收费标准，由律师与当事人协商收费。除此之外，律师收费方式以及收费争议纠纷的解决机制等方面也各有差别，各有先进之处。可见，律师收费是伴随着法律服务的产生而出现的，没有法律服务，就没有律师收费。那么，何为律师收费制度呢？律师收费制度是国家法律、法规或国家有关机关及律师行业协会规定的有关律

① 张耕．中国律师制度研究．北京：法律出版社，1998.6

师业务收费的性质、原则、方式、标准等各项规章制度的总称。

二、律师服务收费的正当性

“对于从事律师、医生以及牧师等职业的人来说，最根本的价值是为公众服务的精神，其职业义务的内容尤其强调利他主义和伦理性”。[①] 维护基本人权，实现社会正义是律师的基本使命。但律师职业与其他职业一样需要经济收入，甚至需要比较高的收入以便从经济的压力中解放出来，更好地从事公共事业。具体而言，律师服务收费的正当性表现为以下六个方面：

1. 律师提供法律服务是一种劳动

律师为当事人提供法律服务绝非一些人所想象的，仅仅是耍耍嘴皮子或者在当事人之间游说、撮合，出出点子。事实上，作为一种专业工作，律师在处理各种案件时，要根据严格的程序和规范操作。查阅资料、调查取证、会见有关人员、撰写法律文书等活动，既是对法律专业知识进行运用的智力劳动，也表现为一定强度的体力劳动。在绝大多数情况下，律师不可能在三言两语之间完成对当事人的法律服务，解决其问题。律师为一个案件经年累月的研究、奔波，甚至在某个案件上耗费数年时间的情况也不少见。由于法律工作对法律精神和法律规范的理解、分析以及各种实务规程的运作具有很高的要求，稍有不慎，就会造成处置失当，对当事人权益的维护造成重大影响。律师在工作中面临巨大的精神压力，必须不断进行知识方面的积累和工作方法的改进。同时，律师的法律服务工作只能个别地进行，办完一个案件后，遇到新的案件只能从零重新开始，因此，律师为当事人提供法律服务，是一种复杂的、繁琐的、高强度的专业劳动。

2. 律师提供法律服务的创造性

法律服务也并不像有些人想象的那样，只是把法律找出来与案件相对照，然后得出结论这么简单。因为现实生活中的案件是十分复杂的，它很少像教科书上那样清楚，常常是多重法律关系交织在一起，法律的规定也常常不是十分明确和具体的，甚至有些案件涉及多部法律文件，这些法律文件之间有时还有冲突和矛盾，因此，最大限度地维护当事人的合法权益，需要律师进行创造性的劳动。作为法律家的律师恰恰能够胜任这一任务。首先，律师因为有法律知识和运用法律技能方面的优势，使得其对案件的判断更符合实际，提出的解决方案也更具合理性。与律师相比，一般民众因欠缺长期的法律训练，法律知识和诉讼技能均有所欠缺，对案件的判断和分析难免会较感性随意，缺乏合理性。其次，律师的法律服务具有法律性。长期的法律学习和法律实务，使律师具备了常人所缺乏的法律思维方式，这种思维方式要求律师严格按照法律规定去分析和解决问题，按照法律规定的程序去调查收集、提供证据，能够把法律问题和道德问题进行区分，能够适时、适当地提出诉讼请求和诉讼证据，最终能最大限度地维护当事人的合法权益。

---

① 季卫东. 法治秩序的建构. 北京：中国政法大学出版社，1999. 240

3. 律师提供法律服务能产生直接的经济和社会效益

律师在解决当事人财产法律事务中的问题时，其工作目标是维护当事人的财产权益。在成功解决这些问题后，当事人往往能避免财产的损失或者获得财产上的显著收益。在不涉及财产问题的法律事务中，律师的法律服务能够产生社会效益，如维护生命健康、安全、尊严等方面的权益。随着社会经济文化的发展，这些效益将会越来越受到人们的重视。当人们意识到需要通过法律手段维护个人尊严、人格等权益时，律师法律服务的社会效益就会得以全面体现。

4. 律师提供法律服务的契约性

律师接受当事人的委托处理法律事务，属于私法自治的范畴。在具体个案中是否实行有偿服务，或者律师收费的数额多少，均由当事人与律师事务所协商。作为一种私法上的民事行为，应当坚持意思自治、等价有偿、公平、诚实信用等基本原则。只要当事人与律师事务所之间的契约是双方真实意思的体现，符合民事活动的基本原则，没有违反法律规定、国家利益和社会公共利益，就应当承认律师服务收费契约的正当性。

5. 律师执业存在高成本的投入

律师是社会的精英，收入也比一般民众高，常为人所羡慕，但其执业之前付出的成本却很少为人所知。律师从事法律职业必须经过专门的法律教育，取得相应的学历，然后还要通过考试获得法律职业的资格。德国、日本等国对律师从事法律服务的要求非常高，申请者要经过两次国家统一的司法资格考试，还要在法院、检察机关、律师事务所、政府机关进行两年的实习且合格后才能从事法律职业。就日本而言，司法资格考试的通过率非常低（长期维持在 1. 5%的通过率，现在有所提高，但也不过 3%~4%）。我国司法考试的通过率在 6%~10%之间，远远低于高考和研究生的录取率。申请者成为律师后，要想在某个业务领域内积累经验，熟练掌握各种业务技能，至少还需要 4~8 年的时间。同时，律师为了适应国家法律的修订，还必须进行定期的培训。律师法律服务技能、资格的取得需要长期的、不断的投入，这种高投入就必然需要高的回报。

6. 律师执业存在较高的风险

律师在具体个案的处理上没有任何先例可循，为了最大化地维护当事人的合法权益，律师不仅要靠法学理论素养、法律条款的掌握、法律技能的运用，还要了解其他行业的知识，进行创造性工作。律师在提供法律服务时面临着较高的风险，操作失当的可能性较大。一旦出现失误或不能最大限度地维护当事人的合法权益，律师就有可能被投诉或被告上法庭，被要求承担相应的法律责任，甚至有可能丧失从事律师职业的资格。为了抵御较高的职业风险，律师就必须有相对较高的收入作为支撑。

三、确定律师收费标准的依据

目前社会公众对律师法律服务的有偿性总体来说是持认同观点的，但在对律师收费标准的高低上认识有较大的差异。律师们普遍认为目前的法律服务收费过低，而大部分社会公众却认为律师的收费过高，甚至存在暴利。解决这一矛盾还得从源头入手，调整律师收费办法，建立起一套切合实际、科学合理的律师收费办法及标准，以期完善合理有序的正当竞争机制，调动律师的积极性，通过提高法律服务质量，扩大法律服务市场。各国在确定律师服务收费的标准时通常要考虑以下五个方面的因素：

1. 律师个人因素

律师的资历、能力、经验、信誉及知名度决定着律师个人的计时收费标准。律师的资历越深、能力越强、经验越多、信誉度越好、知名度越高，其收费标准也就越高。律师在办理法律事务中以自己的劳动获得补偿和回报，其平衡点即为律师个人展现自身才智时获得社会认可的收费标准。

2. 办理法律事务的复杂程度

办理疑难复杂的法律事务，律师要付出更多的劳动，收费也应相应提高。如以计时标准衡量，律师计时收费标准数额已定，因复杂法律事务花费时间较多，收费总额也必然较大。长期以来，我国律师在办理经济案件或涉及财产争议的案件时，常以涉案标的比例收费。对标的数额大而又复杂的法律事务，律师事务所应与当事人协商，达成收费协议后，确定最终的收费标准。由于争议标的数额大小对委托人的利益影响较大，因此，协商收费最后确定的数额也应随之变化。

3. 委托人的经济承受能力

各地收费标准制定机构在保持律师生存的前提下，还必须考虑当地居民的承受能力。在很多地区，人们的收入除去维持基本的生活需要之外，没有足够的经济能力来支付高额的律师费。所以，在制定新的律师收费标准时，应在律师和居民的利益之间权衡，寻求高度的统一。另外，确定标准时还需考虑收入偏低的人群，目前，我国法律援助的范围仅限于在最低生活保障线上的困难人群，把大量需要法律援助的贫穷百姓挡在了法律援助之门外，这不利于社会的和谐稳定。

4. 律师事务所可能承担的风险和责任

律师事务所和律师始终处于利益和风险共存的状态中，律师的一时疏忽就可能给当事人造成重大损失，也使律师无法得到收益。因此，律师必须为此付出更多的心智，以避免潜在的风险，才能获得收益。律师的办案成本已经体现在律师收费之中，即律师收费中已包含办案成本，但由于法律事务千差万别，一些跨地区甚至跨国的法律事务，需要增加律师的额外支出，这些办案成本应合理地体现在律师收费标准之中。

5. 法定税金与合理利润

随着合伙制律师事务所、个人律师事务所相继诞生并不断壮大，它们成为自负盈亏、独立承担责任的中介组织，律师服务收费作为其收入来源不仅应充分补偿其服务成本，而且应为律师事务所的发展积累一定的发展资金。同时，作为独立的经营者，律师和律师事务所应依据国家税法的相关规定向国家纳税，税收和合理利润也构成律师服务收费标准中的参考依据。

第二节　我国的律师收费制度

一、我国律师收费制度的发展

1956年5月25日，新中国颁布了第一个有关律师收费的法规——《律师收费暂行办法》，确立了律师收费实行按劳取酬的原则，并根据当时人民的生活水平，视案件简易复杂程度，规定了收费标准。如果办理的刑事、民事案件案情复杂的，可按收费标准酌量增收，但不得超过原规定的1倍。律师到外地办案，还应向当事人收取住宿费、交通费。具体收费数额由法律顾问处主任与当事人协议，律师费由法律顾问处统一收取，并发给当事人收据。该暂行办法还规定了免收律师费的情形。

1979年，我国开始重建律师制度。1979年12月19日，司法部有关律师工作的通知指出，律师的收费办法参照1956年颁布的《律师收费暂行办法》，并根据各地区的具体情况适当调整，待取得经验后，再加以修订。

1981年，司法部、财政部颁布了《律师收费试行办法》，该办法主要规定了以下内容：①由法律顾问处按本办法规定的收费标准向委托人收费，并应出具收据，律师不得私自收费；②根据律师承办业务的繁简程度、需时长短、诉讼标的等实际情况，在收费标准表所列幅度内确定具体收费数额；③法律顾问的业务，办理特别复杂的刑事、民事案件，非讼事件以及代书业务，办理涉外业务，律师到外地办理案件，律师到国外或者港、澳办理律师业务的收费标准和办法；④减免收费的范围。

《律师收费试行办法》从实际出发，贯彻了低费原则，群众还是比较满意的。这个时期，虽然法律顾问处是政府设立的，律师是国家的法律工作者，但是因律师提供的法律服务而直接受益的毕竟只是少数的当事人或委托人，为少数人办事而由全民负担所有费用，显然是不合理的。律师提供法律服务，遵循“按劳取酬”原则，向当事人或委托人收取适当费用是必要的。随着社会的发展，《律师收费试行办法》也越来越表现出其不足，这主要体现在以下四个方面：

第一，收费标准的起点过低。根据《试行办法》的《说明》，拟定标准是考虑到“工本费”的。既然如此，不论办案，还是代书、答问，前者收费起点定为十元，后两者仅为五角，显然不合理，因为收费根本不够“工本”的支出。

第二，办法不尽合理。担任法律顾问，按约定收费本来无可厚非，但却又规定办案时另行收费。这就提出了一个问题：约定收费都包括哪些内容？这种规定实际上大大越出了《试行办法》，不仅参与诉讼，甚至帮助聘方草拟合同或章程之类的法律文件，都“另行收费”。

第三，概念的内涵不明确，不利于执行。比如所谓诉讼标的之“实得数额”，当指委托人实际收到的数额，应无疑义。但是，委托人的实得应在终审判决生效以后，这就产生了一个难题：如果是经过两审的诉讼，一审判决委托人胜诉而有了“实得”，据此付了律师费，对方上诉后，一审胜诉方未再委托律师，又恰好在二审败诉，“实得”付出的律师费应如何处理呢？又如《试行办法》第6条中规定的根据“外国的律师收费水平”，易生歧义，在执行上会有困难。

第四，规定了统一的收费标准，却没有充分照顾到我国幅员辽阔，经济水平发展差异很大的特点，这必然影响到《试行办法》的实际执行。

1990年2月15日，司法部、财政部、国家物价局通过联合下发了《律师业务收费管理办法》以及《律师业务收费标准》，对《律师收费试行办法》进行了修订。其主要内容包括以下四个方面：

1. 律师收费的原则

律师收费应遵循：①律师服务的有偿性。律师为国家机关、企事业单位、社会团体和其他社会组织、公民及外国当事人提供法律服务，由律师事务所向委托人收费。②律师收费的统一性。律师承办业务由律师事务所统一接受委托，并且统一收费，律师不得私自收费。③收费标准的有限灵活性。律师事务所应当根据律师承办业务的繁简程度、需时长短、标的大小、律师的专业等级等，在收费标准的范围内确定具体的收费标准，计算收费数额，可以有所浮动。④收费和费用减免的共存性。除了一般情况下的收费外，《律师业务收费管理办法》还规定下列情况下提供法律服务应当酌情减免收费：因公受伤请求赔偿的；赡养、抚养、扶养家庭成员，生活确有困难的；请求劳动保险金、抚恤金、救济金的；其他特殊情况需要减免收费的。

2. 律师收费的种类

(1) 计件收费

按承办业务的数量收费，适用于解答法律咨询、制作法律文书、办理刑事案件、不涉及财产关系的民事案件，处理治安、专利劳动争议行政案件、代理不涉及财产关系的一般法律事务及资信调查，咨询建议书、律师见证、涉及经济关系的法律事务等。

(2) 计时收费

根据律师承办业务时间的长短，以小时或日为计算单位收取费用。适用于解答法律咨询和律师接受外国当事人、港澳台同胞委托办理的法律事务。

(3) 固定收费

即委托人和律师在确立委托代理关系时协商好费用的总额。主要适用于律师受聘担任法律顾问的情形。

(4) 按标的额比例收费

即律师的报酬以最终判决的结果按比例计费。主要适用于律师办理的涉及财产关系的民事案件、经济案件等。

(5) 协商收费

律师承办业务的收费数额由律师与委托人之间协商确定。主要适用于接受外国当事人、港澳台同胞委托办理的法律事务，但标准不得高于法定标准的4倍。

3. 律师收费的构成

律师收费由业务收费和律师服务开支及异地办案的食宿、交通费构成。业务费的数额根据承办案件的性质按规定的标准收取。服务开支的数额主要表现为在提供法律服务中产生的鉴定费、翻译费、资料费、复印费、通讯费及其他必须开支的费用。律师异地办案，应由委托方按照合理的标准负担律师的食宿、交通等费用。

4. 律师费用的收取

律师事务所应根据《律师业务收费管理办法》及《律师业务收费标准》，确定具体的收费数额，向委托人收费，并出具收据。应委托人的要求，律师事务所应当提供《收费说明》，写明委托事项、收费金额、计算方法、支付时间等有关事项。律师事务所可以预收费用，待结案后按规定收费标准予以结算；非因委托人的原因而办案中止，委托人要求退还收费的，律师事务所应当扣除实际支出后，退还余额。当事人对收费有异议，可由双方协商解决，协商不成的，可向当地司法行政机关和物价部门提出申诉。

1997 年 3 月国家计划委员会、司法部又发布了《律师服务收费管理暂行办法》，对我国律师收费制度进行了较大幅度的调整。该《办法》规定：律师代理民事案件；代理行政案件；代理刑事案件；为刑事案件犯罪嫌疑人提供法律咨询、代理申诉和控告、申请取保候审，担任被告人的辩护人或自诉人、被害人的代理人；代理各类诉讼案件的申诉。代理仲裁的收费标准，由国务院司法行政部门提出方案报国务院价格部门审批。省、自治区、直辖市人民政府价格部门可根据本地区的实际情况，在国务院价格部门规定的价格幅度内确定本地区实施的收费标准，并报国务院价格部门备案。对于律师担任法律顾问；提供非诉讼法律服务；解答有关法律的询问、代写诉讼文书和有关法律事务的其他文书的，由律师事务所与委托人协商确定。律师服务收费还可分为计件、按标的比例和计时收费三种。其中，涉及财产关系的按标的比例收费，也可根据需要计时收费。在收费方式上规定，律师事务所向委托人协商约定在提供法律服务期间分期收取。委托人事前交纳律师服务费确有困难的，律师事务所应与委托人协商约定，先由律师事务所垫付全部费用，事后向委托人收取。

律师事务所收费后，如果发生下列情况，则应全部或部分退还已收取的费用：①委托人因律师过错而提出终止委托关系的，律师事务所应退还预收的律师服务费；非因律师过错而终止委托关系的，律师事务所已经收取的律师服务费不予退还。②律师事务所因委托人的过错或委托人的要求超出合理范围而终止委托关系的，应当根据承办该项法律事务的实际支出进行相应的扣除，余额部分退还委托人。③律师事务所无故终止委托关系的，应当退还已收取的全部律师费，给委托人造成损失的，根据有关规定，律师事务所应负责赔偿。

律师事务所遇有下列情况之一的，应当按照法律援助的有关规定，减收或者免收律师服务费：①因公受伤请求赔偿的（责任事故除外）；②赡养、抚养、扶养家庭成员，生活确有困难的；③请求劳动保险金、抚恤金、救济金的；④其他特殊情况下无力承担律师费用的。

二、我国现行的律师收费制度

由于各地律师业和经济发展水平差异较大，1997 年《律师服务收费管理暂行办法》颁行后，中央一直未制定统一的收费标准。2000 年 4 月，原国家计委、司法部下发

《关于暂由各地制定律师服务收费临时标准的通知》（计价格〔2000〕392号），规定律师服务收费标准暂由各省级价格主管部门会同司法行政部门制定。多数省（区、市）按照这一要求，结合本省实际情况制定了律师服务收费的临时标准，这对规范本地区律师服务收费、促进律师业健康发展起到了重要的推动作用。但是，随着我国律师业的快速发展，《暂行办法》已经不能完全适应新形势的要求。为此，2005年3月以来，按照中央统一部署，在中央政法委的组织协调下，由国家发改委牵头，联合司法部、监察部和国务院法制办，在充分调研论证和广泛征求各方意见的基础上，几经修改后，2006年4月13日国家发展和改革委员会与司法部联合发布了《律师服务收费管理办法》（以下简称《办法》），该法自2006年12月1日起执行。该《办法》的出台，完善了我国律师收费制度，确立了现阶段我国律师收费制度的基本原则和基本内容。该《办法》明确规定了律师服务收费应当坚持便民利民，加强内部管理，降低服务成本，为委托人提供方便优质的法律服务；要求政府制定律师服务收费标准，必须考虑群众的承受能力，应当广泛听取社会各方面意见，必要时可以实行听证；律师事务所要严格履行法律援助义务，对经济确有困难但不符合法律援助范围的公民，可以减收或免收律师服务费。这些规定，对于增强律师的社会责任感，坚持服务为民，提升律师服务质量和行业信誉，都产生了积极而重要的影响。同时，《办法》严格规范律师服务收费环节和收费程序，引导风险代理收费，严格禁止刑事案件、行政案件、国家赔偿案件、群体性案件以及涉及老百姓切身利益的婚姻、继承等民事案件实行风险代理收费；风险代理最高收费比例不得高于合同约定标的额的30%。《办法》规范收费行为和收费程序，规定律师事务所只能收取律师服务费、代委托人支付的费用和异地办案差旅费，不得以任何名义收取其他费用，并对律师事务所接受委托、签订合同、收费、结算等各个环节都作了明确规定。

此外，该《办法》规定了律师收费争议处理的机制。因律师服务收费发生争议的，律师事务所应当与委托人协商解决。协商不成的，可以提请事务所所在地的律师协会、司法行政部门和价格主管部门调解处理，也可以申请仲裁或者向人民法院提起诉讼。完善律师收费制度，出台《办法》，是中央司法体制和工作机制改革的一项重要内容。《办法》的颁布与实施，对于进一步规范律师服务收费行为，缓解群众特别是困难群众请律师打官司难，保护人民群众合法权益，构建和谐社会具有重要意义。同时，完善律师收费制度，规范律师收费行为，直接关系到律师行业的社会形象，对于加强律师队伍建设，保障律师业的健康发展将发挥重要作用。该《办法》的具体内容主要包括以下七个方面：

1. 我国律师收费的基本原则

律师收费的基本原则，是指在律师提供法律服务的整个过程中起指导作用的准则。它体现了律师收费的精神实质，为律师和委托人在法律服务的活动中指明了方向，概括地提出了要求，因此对整个律师收费具有普遍的指导意义。《律师收费管理办法》第3条明确了我国律师服务收费的基本原则，即遵循公开、公平、自愿有偿、诚实信用的原则。

（1）公平、公开原则

公开原则要求律师事务所的对外收费应当明确公开收费的标准。让当事人对收费标准有个大概的了解，可以制约律师的高收费。律师在接受委托时，也要向委托人公开收费的项目和依据，让委托人做到明白付费、公平付费。有些律师在接受委托后，不再与委托人保持固定的联系，委托人因为不了解律师的工作情况，容易对律师收费产生异议。为了避免这种误会，律师应及时向委托人报告工作成果。

公平原则要求在双方签订收费协议的过程中，任何一方都不应当利用知识上的优势或者市场的某种垄断条件，迫使对方接受不合理的条件。公平原则还体现在风险收费方式中对风险的分配方面。风险收费把当事人和律师的利益高度结合起来，把风险责任转移给了律师，面对着高风险，律师应该有高收入来保证，所以胜诉酬金比例较高。但从当事人的利益出发，不对风险比例作出一定的限制，势必不能充分维护其利益，所以根据公平原则，风险应与收益相对称。同样，在发生律师收费争议的情况下，不论是律师高收费还是当事人拒付律师费，都存在一个律师费高低的问题，在权衡当事人之间的利益的基础上，有效地评定律师费的多少，才有利于纠纷的解决。

(2) 自愿有偿原则

自愿原则，是指民事活动当事人在进行民事活动时意志独立、自由和行为自主，即民事主体在从事民事活动时，以自己的真实意志来充分表达自己的意愿，通过自己的内心意愿来设立、变更和终止民事法律关系。在民事活动中，对取得他人财产利益或得到他人提供的劳务者应向他方给付相应的代价。在市场经济中，法律服务是律师的劳动成果，具有商品特征。律师服务的商品性，是指律师为社会主体或当事人提供的法律服务原则上是有偿的。律师与当事人之间达成双向合意的社会契约并付诸实施的行为，实质上是一种商业行为。律师通过自己的知识、技能为当事人提供法律服务，当事人则通过给付金钱的方式向律师支付酬金，这一交易行为遵循了等价有偿原则。一般来说，律师的法律服务不强加于任何社会主体，由社会主体根据自己的需要委托或聘请律师。但是，社会主体一旦选择了某个律师为其提供法律服务，就意味着承认了律师的商业性，并愿意给付对价，即向律师支付酬金，实现商品的交换价值。所以，律师收费应当建立在自愿、等价有偿的基础上。

(3) 诚实信用原则

诚实信用原则，是指民事主体在从事民事活动时遵循在经济生活中形成并为人们所普遍接受的道德规则，讲求信用，诚实不欺，在不损害他人利益和社会利益的前提下追求自己的利益。在律师法律服务收费中，律师与委托人相比，在法律专业知识上有明显的优势，又加上法律服务过程和结果的复杂多变，委托人很难对律师的法律服务情况进行判断，诚实信用特别是对律师在有关法律服务的成本支出和律师收费方面具有非常特殊的意义。律师要及时履行向委托人报告的义务，如实向委托人介绍法律服务中遇到的情况，正确评估法律事务风险的大小，尽可能地节约开支，减少委托人的支出，还要明确向委托人解释收费的依据和项目，让委托人做到明白付费。同时，委托人也要有认真履行合同约定义务的意识，及时按照约定向律师事务所支付相关费用，与律师事务所、律师建立充分的信任关系。

2. 律师收费的政府指导和市场调节

我国律师服务收费实行政府指导价和市场调节价相结合的模式。律师事务所对于下列的法律服务实行政府指导价：代理民事诉讼案件；代理行政诉讼案件；代理国家赔偿案件；为刑事案件犯罪嫌疑人提供法律咨询、代理申诉和控告、申请取保候审，担任被告人或自诉人、被害人的诉讼代理人；代理各类诉讼案件的申诉。政府指导价的基准价和浮动幅度由各省、自治区、直辖市人民政府价格主管部门会同同级司法行政部门制定。政府制定律师服务收费，应当广泛听取社会各方面的意见，必要时可以实行听证。政府制定的律师服务收费应当充分考虑到当地经济发展水平、社会承受能力和律师业的长远发展，收费标准按照补偿律师服务社会平均成本，加上合理利润与法定税金后确定。

律师事务所提供的其他法律服务的收费实行市场调节价。实行市场调节的律师服务收费，由律师事务所与委托人协商确定。律师事务所与委托人协商律师服务收费应当考虑以下主要因素：耗费的工作时间；法律事务的难易程度；委托人的承受能力；律师可能承担的风险和责任；律师的社会信誉和工作水平等。律师与当事人协商收费，这是促进收费合理化的一条最重要的途径。建立协商收费机制有着以下积极意义：

首先，充分反映了律师与当事人之间平等、自愿的关系，使当事人对律师有一个合理的选择，对律师收费有一个自己的评估和判断，在心理上比较平衡，在主观意愿上更易得到满足。

其次，有利于防止律师费过高或过低与工作量不相适应的状况。如全部按原“法定”标准收费，有些案件标的不大，但工作量却不少，有的案件标的不小，但工作量却并不多，因而常出现工作量大的，收费不一定多，工作量小的，收费不一定少的不对称现象。

再次，协商收费有利于全面考虑各种因素议定出合理的收费数额。另外，协商收费还有利于照顾到不同地区、不同经济发展水平、不同收入等种种特殊情况，符合实事求是、从实际出发而不是从标准出发的原则。同时，协商收费也能促进竞争意识的增强。

3. 律师收费的方式

律师服务收费方式，根据不同的服务内容，可采取计件收费、按标的额比例收费和计时收费等方式。按标的额比例收费适用于涉及财产关系的法律事务。

（1）计件收费

计件收费一般适用于不涉及财产关系的法律事务，按承办业务的数量收费。适用于解答法律咨询、制作法律文书、办理刑事案件、不涉及财产关系的民事案件、处理治安、专利劳动争议行政案件、代理不涉及财产关系的一般法律事务及资信调查、咨询建议书、律师见证、涉及经济关系的法律事务等。

（2）计时收费

根据律师承办业务时间的长短，以小时或日为计算单位收取费用。计时收费可适用于全部法律事务。

（3）按标的额比例收费

即律师的报酬以最终判决的结果按比例计费。主要适用于律师办理的涉及财产关系的民事案件、经济案件等。

（4）风险收费

我国《律师服务收费管理办法》规定，涉及财产案件的民事案件，委托人被告知政府指导价后仍要求实行风险代理的，律师事务所可以实行风险代理收费，但下列情况除外：婚姻、继承案件；请求给予社会保险待遇或最低生活保障待遇的；请求给付赡养费、抚养费、扶养费、抚恤金、救济金、工伤赔偿的；请求支付劳动报酬的。禁止刑事诉讼案件、行政诉讼案件、国家赔偿案件以及群体性诉讼案件实行风险代理。实行风险代理收费，律师事务所应当与委托人签订风险代理收费协议，约定双方应承担的风险责任、收费方式、收费数额或比例。实行风险代理收费，最高收费金额不得高于收费协议约定标的额的 30%。

计件收费、按标的额比例收费、计时收费等收费方式延续以往的规定，在内容上与以前没有太大的不同。值得一提的是，《律师服务收费管理办法》首次规定了风险收费的收费方式。风险代理收费是当前理论研究的热点。从近些年来的实践发展来看，不仅普通法律服务消费者对于该制度存在着种种误解，作为法律专业人士的律师和法官也往往对该制度有认识上的不足。这些情况往往导致律师与委托人之间达成的风险代理收费协议得不到有效执行和公正裁判。其进一步的后果就是：一方面，律师缺乏采用风险代理收费方式提供法律服务的积极性，另一方面，缺乏可动用资源的委托人不能利用该收费方式实现诉诸司法维护其合法权益的目的。

从利益结合角度看，风险收费无疑将委托人和律师的利益高度结合在了一起，荣辱与共，一损俱损，一荣俱荣。律师有动机促使委托人利益的最大化。与固定收费或者按小时收费中律师对风险的态度相比，他对风险的态度更接近于委托人的风险态度。因此，按照这种逻辑，收取风险代理费的律师应当能成为委托人利益的热忱维护者。从风险转移角度看，风险代理费为委托人提供了资助，并将绝大多数的损失风险转移给了附条件收费的律师。从这个角度看，律师也有动机实现委托人的利益，因此可以使律师与委托人的利益导向一致。对于缺少资源的当事人而言，可以利用其可能获得的经济利益来雇用律师，从而明显增加了委托人诉诸司法制度的机会。换言之，风险代理费是“穷人进入法院大门的钥匙”。在这种意义上说，风险代理费制度发挥着替代诉讼费用援助制度的作用。这些优点为风险代理费方式为公众所接受奠定了心理和经济基础。此外，风险代理费的这种风险转移特点，使得律师对于承办案件的价值要审慎地加以评估，这样，收取风险代理费的律师成了法院守门人，与按小时收费制度相比，前途无望的案件不可能藉律师之手进入法院。①

4. 律师收费的标准

我国地大物博，人口众多，各地的经济和社会发展十分不平衡。因此，我国《律师服务收费管理办法》取消了以往那种全国统一一个标准的做法，只设定了律师收费的基本方向和要求，把律师收费的政府指导价具体标准的制定委诸省、自治区、直辖市的价格主管部门司法行政机关，把市场调节价的确定交由委托人和律师事务所协商，这样就把原则性和灵活性很好地结合起来。因经济发展水平、委托人的承受能力不同，我国各地律师收费的具体标准自然有所差异。

例如，当前广东省律师收费的政府指导价就确定为：按计时收费方式收费的收费标

① 王进喜. 风险代理收费制度理论与在中国的实践. 中国司法，2005（11）

准为 200 ~ 3 000 元/小时。按计件收费方式收费的收费标准：刑事案件①侦查阶段：2 000 ~ 6 000 元/件；②审查起诉阶段：6 000 ~ 16 000 元/件；③审判阶段：6 000 ~ 33 000 元/件。刑事自诉、担任被害人代理人的按上列标准执行。刑事案件因时间或地域跨度极大、属于集团犯罪和其他案情重大的、复杂的，可以在不高于规定标准 1.5 倍之内协商确定收费标准。不涉及财产的民事、行政诉讼：3 000 ~ 20 000 元/件；涉及财产的民事、行政诉讼收费标准为，在收取基础费用 1 000 ~ 8 000 元的基础上再按其争议标的额分段按比例累加计算收取。5 万元（含 5 万元）以下免加收；5 万 ~ 10 万元（含 10 万元）为 8%；10 万 ~ 50 万元（含 50 万元）为 5%；50 万 ~ 100 万元（含 100 万元）的为 4%；100 万 ~ 500 万元（含 500 万元）的为 3%；500 万 ~ 1 000 万元（含 1 000 万元）的为 2%；1 000 万 ~ 5 000 万元（含 5 000 万元）的为 1%；5 000 万元以上的为 0.5%。

与广东省的律师收费指导标准相比，湖北省的标准就稍微低一些。如计时收费为 100 ~ 2 000 元/小时。一般刑事犯罪案件侦查阶段为 1 000 ~ 5 000 元/件；审查起诉阶段为 1 000 ~ 5 000 元/件；一审阶段为 1 000 ~ 10 000 元/件。

5. 律师费用收取程序

律师事务所接受委托，应当与委托人签订律师服务合同或在委托代理合同中载明收费条款和收费方式。收费合同或收费条款应当包括收费项目、收费标准、收费方式、收费数额、付款和结算方式、争议解决方式等内容。律师事务所与委托人签订合同后，不得单方面变更收费项目或提高收费数额。的确需要变更的，律师事务所必须与委托人协商，事先征得委托人的书面同意。律师事务所向委托人收取律师服务费，应当向委托人出具合法票据。

律师事务所在提供法律服务过程中代委托人支付的诉讼费、仲裁费、鉴定费、公证费和查档费，不属于律师收费，由委托人另行支付。律师事务所需要预收异地办案差旅费的，应当向委托人提供费用概算，经协商一致，由双方签字确认。确实需要变更费用概算的，律师事务所必须事先征得委托人的书面同意。律师服务费、代委托人支付的费用和异地办案差旅费由律师事务所统一收取。律师不得私自向委托人收取任何费用。

6. 律师收费的监督检查

律师事务所、律师有下列价格违法行为的由政府价格主管部门依照《价格法》和《价格违法行为行政处罚规定》实施行政处罚。具体包括：

①不按规定公示律师服务收费管理办法和收费标准的；

②提前或推迟执行政府指导价的；

③超出政府指导价范围和幅度收费的；

④采取分解收费项目、重复收费、扩大范围等方式提高收费标准的；

⑤以明显低于成本的收费进行不正当竞争的。

律师事务所、律师有下列违法行为之一的，由司法行政部门依照《律师法》以及《律师和律师事务所违法行为处罚办法》实施行政处罚，具体包括：

①违反律师事务所统一接受委托、签订书面委托合同或者收费合同规定的；

②违反律师事务所统一收取律师服务费、代委托人支付的费用和异地办案差旅费规定的；

不向委托人提供预收异地办案差旅费用概算，不开具律师服务收费合法票据，不向委托人提交代交费用、异地办案差旅费的有效凭证的；

③违反律师事务所统一保管、使用律师服务专用文书、财务票据、业务档案规定的；

④违反律师执业纪律和职业道德的其他行为。

7. 律师收费争议解决机制

《收费管理办法》规定，因律师服务收费发生争议的，律师事务所应当与委托人协商解决。协商不成的，可以提请律师事务所所在地的律师协会、司法行政部门和价格主管部门调解处理，也可以申请仲裁或者向人民法院提起诉讼。此外，公民、法人和其他组织认为律师事务所或律师存在价格违法行为，可以通过函件、电话、来访等形式，向价格主管部门、司法行政部门或者律师协会举报、投诉。虽然现行《收费管理办法》对律师服务收费纠纷的解决作出了原则性的规定，并明确规定了五种争议解决途径，但严格地讲，一套明确具体的收费纠纷解决机制尚未完全建立。

三、关于我国律师收费制度的学术热点

我国现行的律师收费制度总结了以往律师收费制度的经验，借鉴了国外律师收费制度的合理做法，在收费的基本原则、收费的方式、收费的标准、收费的收取程序、收费的争议处理等方面进行了规定，无论从规定的科学性，还是合理性等方面均有明显的进步。但学者们认为其仍有进一步完善的必要。学术界对我国律师收费制度的讨论主要集中在以下几个方面，我们权作简单的介绍。

1. 律师收费的政府干预与市场调节的关系

我国律师服务收费实行政府指导价和市场调节价相结合的模式。政府指导价的基准价和浮动幅度由各省、自治区、直辖市人民政府价格主管部门会同同级司法行政部门制定。政府制定律师服务收费，应当广泛听取社会各方面的意见，必要时可以实行听证。对于律师服务收费政府该不该管、管多少一直存在争议。反对者认为，律师服务收费问题应该由行业自律，而不是政府规制。应当充分发挥律师协会在价格规范方面的作用。如果对律师收费实行政府规制，弄不好很可能导致令人哭笑不得的结局：法院还没有来得及跳出地方财政约束的“金钟罩”，刚翻身不久的律师事务所却又听到了地方指导价以及行政处罚的“紧箍咒”。如此一来，不仅审判独立和律师自律等理念难以落实，要消除司法体制的地方主义流弊也将面临更大的阻力。[①] 赞成者则认为，经过三十多年的发展，我国律师业无论从数量上还是提供服务的质量上都发生了质的飞跃。但是，西部很多律师月收入达不到政府机关的基本工资，从业不久的律师连交房租都困难。因此，律师收费问题实际上是一个行业利益和公众利益的关系问题。不可否认的是，由于法制基础薄弱，我国的律师业还没有成熟到可以正确认识这种关系的地步，因此，需要政府公权力的介入。中国目前仍然需要对律师业实行司法行政机关和律师协会两级管理。一般律师和学者往往反对政府对律师收费进行干预，他们更多的是从律师法律服务的性

① “律师收费改革”专题报道之一：律师收费该谁管. 民主与法制，2007（1）

质，市场经济发展的必然状态出发来看待问题。司法行政机关则从社会管理、弱势群体接受法律服务的角度赞成对律师收费进行必要的干预。虽然保障弱势群体接受法律服务的任务完成要求政府提供充分的法律援助而非干预律师的法律服务收费，但目前政府对律师服务收费进行适当的干预是有必要的。我国律师收费制度应体现出市场调节的成分、行业自治的色彩，要从国家的硬性规制中解放出来，实现收费模式的转变，以建立一个以市场调节为主、国家干预为辅的收费模式。律师协会是律师行业的管理组织，地位很高，在律师业的监管中起着核心作用。尤其是在律师收费制度中，律师协会对律师收费标准的制定、收费行为的管理、收费纠纷的解决拥有绝对的主导权。而我国自律师制度恢复以来，律师管理体制随着政治体制改革和社会管理体制的改革不断向前推进，但仍始终强调司法行政机关对律师收费制度的控制，这与世界的发展趋势不相符合。因此，弱化司法行政机关的权利，加强律师协会的职能，实行行业自治，推行行业收费时不我待。积极推进律师行业的自主管理既是适用市场经济的发展，完善社会管理体制和机制的需要，也是律师行业自身发展规律的要求，更是司法行政机关作为政府职能部门推进律师行业发展所应尽到的责任。

2. 律师费转付制度

现在世界上绝大多数国家都确立了律师费转付制度。这种制度，通过确立律师费用由败诉方承担这一转嫁机制，将胜诉当事人的损失降到最低。同时，对违约行为予以惩戒，达到维护公平和正义的目的。我国法律并没有建立这种律师费用由败诉方承担的转嫁机制，律师费是由各方当事人自行负担。鉴于在司法实务中许多被侵权人花去时间与精力，却往往要支付律师费用而导致“赢了官司输了钱”，许多经济条件差的群体，因为诉讼成本过高，而不得不放弃使用法律手段维护自己的合法权益等情况。因此学者们认为有建立律师费转付制度的必要。但要确定这一制度，还有待于在律师费转付制度的法理依据、适用范围、适用条件、转付费数额的确定、法官在转付中的作用等问题作进一步的研究。

3. 律师收费争议处理机制的健全

现行《收费管理办法》对律师服务收费纠纷的解决作出了原则性的规定，并明确规定了五种争议解决途径，但仍没有建立起一套明确的收费纠纷解决机制。有学者认为，我国在处理律师收费争议时，不应过多强调司法行政机关的职责，忽略律师协会的作用，而应充分利用律师协会在律师业务上的监督、管理、协调、指导等作用处理律师收费争议，重视律师协会的作用，同时在法院内建立“讼费评定”制度。① 建议地方律师协会中应成立律师收费争议处理委员会，由执业律师、律师协会工作人员、专家、社会人士共同负责律师收费争议的调查、评估和处理。律师以外的人士的参与能使处理结果更具公信力。此外，还可借鉴国外的做法，设立律师惩戒委员会负责对律师违反职业道德和执业纪律的惩戒。律师与当事人之间如果因为律师费用产生了争议，可申请律师收费争议处理委员会处理。

律师收费争议处理委员会可以先进行调解，若调解不成应及时作出处理决定。一旦

① 廖永安等. 论我国律师收费制度的改革与完善. 中国司法，2006（7）

评定认为律师收费公正合理并无不当的，当事人应当履行；若发现律师收费过高或乱收费，可责成律师（律师事务所）予以改正，也可提请律师惩戒委员会对相关律师（律师事务所）予以惩戒。[①]同时，应当规定律师收费争议处理委员会的处理结果对双方均有约束力，不服处理决定的一方，可在法定期限内向有管辖权的法院提起诉讼，逾期不起诉又不履行者，权利人可以申请法院强制执行。我国也可借鉴英美法的规定建立“讼费评定”制度。例如，在英国，关于应令败诉人负担的报酬额不同于由委托人和专门律师之间所决定的报酬额，而必须由法院的诉讼费用审定官决定。建立这项制度有利于解决由于实行律师收费转付制度所产生的律师费用的纠纷。立足于国情，笔者建议将“讼费评定”设立为简易程序，“讼费评定”工作由专门的审判人员负责，审判人员可参照新制定的法定律师收费标准，并结合公平合理原则，对律师收费进行评定。

第三节　国外律师收费制度介绍

一、欧共体有关律师收费制度[②]

西欧一些国家确定律师收费之前，首先必须区别律师的身份，然后根据律师的不同身份以及律师是以一种身份还是几种身份为当事人提供服务，在确定酬金时适用不同的原则。

1. 与刑事诉讼有关的酬金和开支

除了确定法律援助费用适用的特殊规定（如苏格兰）以外，欧洲共同体的各个成员国一般都规定，律师可以完全自由地确定他们的酬金数额，但丹麦、希腊、意大利除外。在意大利，关于律师在刑事诉讼中的收费问题有一个专门的价目表，该价目表规定收费的最低限额和最高限额。但在特殊情况下也可以撇开这个价目表确定收费。在丹麦，一般是由专门的辩护律师为刑事案件中被告人担任辩护人，并由国家付给辩护费，具体数额主要是根据律师所花费的时间，由有关法院确定。具体做法是，先由上诉法院和最高法院在丹麦律师协会协商后确定一个价目，有关法院再根据这个价目确定辩护费的数额。在苏格兰，法律援助费用的数额由国务大臣确定，这对于民事案件和刑事案件都是一样的。除此之外，如果律师和当事人对收费数额发生争议，则无论是在刑事诉讼还是在民事诉讼中，都应当按照专门的规定进行调查和处理。

2. 与民事诉讼有关的酬金和开支

(1) 法庭辩护

在法国、英国、卢森堡、荷兰、比利时，收费数额一般由律师自行确定。在丹麦，由于律师的薪金与酬金之间的区别不是那么明确，律师自由决定收费数额的权力看来也

---

① 王国良等. 中外律师制度比较研究. 南昌：江西人民出版社，2003.160

② 西欧国家的律师制度. 陈庚生等译. 长春：吉林人民出版社，1991

就要比其他成员国的律师小一些。而在苏格兰，初级律师办理诉讼事项的收费数额通常是在诉讼结束时由法院确定。在意大利，对于民商事案件和各种非诉讼事项的收费数额，通常是在诉讼结束时由法院确定。

在英格兰和威尔士，出庭律师在收费时通过初级律师与当事人进行联系。初级律师把案卷材料送给出庭律师，请他办理有关的诉讼事项，并与出庭律师的助手商定应付的酬金数额，在诉讼结束后再负责向出庭律师支付酬金。酬金的数额以诉讼只占用出庭律师一天时间为根据确定的，如果诉讼时间超过 5 个小时，则对于所超过的诉讼时间必须以 5 小时为单位付给出庭律师额外酬金（即追加酬金）。

⑵ 诉讼代理

各成员国有关“诉讼代理”的收费规定是多种多样的，这种收费一般都按照规定的标准进行，当事人在向律师支付酬金后，如果在诉讼中胜诉，通常可以向败诉方当事人收回他所支付的全部酬金，即律师费。各成员国的有关情况大致如下：

在比利时，法院总是命令败诉方当事人付律师代理费（即诉讼代理费）。但败诉方当事人只将有关的费用付给胜诉方当事人，而并不直接付给其律师。由于各个案件的性质和大小都不同，所以诉讼代理费的数额也有所不同。具体数额要根据法律规定的标准确定。

丹麦的规定是比较严格的，但也很合理。律师代理民事诉讼的收费标准由其行业协会，即丹麦律师协会负责制定，但必须取得物价管理部门的批准。这个标准只能作为参考，只具有指导性的作用。律师在确定实际收费数额时可以高收取（丹麦律师可以同时办理诉讼代理和法庭辩护两种业务）。这就是说，有关法庭辩护的收费数额由律师自由确定。

在某些案件中，收费数额是按争议金额的百分比计算的，在追讨债务的诉讼中尤其如此。在这种情况下，确定酬金数额时也要考虑当事人从诉讼中所获得的经济利益。对于追讨债务的案件还有一个法庭外和解的收费标准，这个标准也可以适用于公证人从事的有关业务。

在法律援助案件中，律师的酬金由法院确定，并由它命令败诉方当事人支付一定的数额作为诉讼费。但在这种情况下，法院确定的酬金数额一般都偏低。

对于诉讼事项都是按照法律规定的标准进行收费。因此，对于签发传票、出庭辩护、调查案情、商谈和解诉讼等都有规定的收费标准。而关于律师承办非诉讼事项的收费标准就比较灵活，并在标准规定的最低收费和最高收费之间允许有一定程度的自由。律师在确定这种收费数额时要考虑有关事项的难度、花费的时间，以及其当事人的经济状况。

希腊《法律职业法典》规定了一个同时适用于民事事项和刑事事项的价目表，它规定律师在办理所有诉讼事务和非诉讼事务时的最低收费限额。在有些案件中，最低限额是按争议数额的百分比确定的（如按请求额的 2%，对于有关物权证书和出卖不动产的业务，最低限额则为所出卖的不动产价值的 1.5%）。除这个价目表以外，希腊律师有权按高于最低限额的数额与其当事人自由商定并收取酬金。《法律职业法典》明确规定律师不得以低于价目表规定的最低限额确定和收取酬金。如果律师和当事人不能对收费问题达成协议，酬金就由法院确定。法院使用的标准与其他成员国的标准基本相同：根据案件的大小和难度、完成的工作量、花费的时间以及其他特殊情况而定（1954年第3026号法令第98条）。

希腊法律并不禁止当事人按月向律师支付酬金（1954年第3026号法令第13条）。这种作法尤其适用于为政府机关、企业和单位、银行或大公司提供法律服务，特别是担任法律顾问的律师。律师还经常在这些当事人的营业或办公地点设有固定的办公室，但是他并没有义务专门为这些当事人服务。在这种情况下，律师与当事人之间的关系不能作为雇佣关系看待，而只是一般的代理关系，它与律师和其他当事人之间的关系在本质上是相同的。有关律师仍然是独立的，同样必须接受他所隶属的律师协会的管理。这种代理合同只能是不定期的，不能预先确定期限（1954年第3026号法令第13条）。因为只有这样，才能维护有关律师的独立和自由。而尽管如此，也不允许律师同时与两个或两个以上的公共机构订立这种按月收取酬金的合同。这个限制是由1983年第1096号法律第1条规定的，其目的是为了防止这种协议过分集中于某些律师。因为在此之前，有些律师同时与几个公共机构订立这种合同，这就难免影响年轻律师的业务。1983年第1092号法律还把这个限制扩大适用于私营部门。从根本上讲，这种合同的基础是律师与当事人之间相互信任的关系。

律师在向当事人按月收取酬金时必须与当事人订立明确的协议。这种酬金的最低限额由司法部长确定，并在政府公报上公布。根据这个限额确定的酬金数额既要反映当事人以及法院的重要性，同时也要反映律师的资历（1954年第3026号法令第92条）。《法律职业法典》（1954年第3026号法令第92条）以及规定律师可以担任政府法律顾问的1980年第1093号法律，对于如何确定这种酬金的最低限额作了基本的规定。许多行政法规和规章又对这些规定的适用问题作了规定。此外，法律还对由于当事人破产、法人团体解散或因当事人解约而终止合同的情况作了规定，规定律师遇到这种情况可就失去的酬金取得补偿（1954年第3026号法令第94条）。

在爱尔兰，出庭律师直接和委托其办理案件的初级律师议定其应当收取的酬金，而且有权自由确定酬金的数额。初级律师在请出庭律师办理诉讼事务之前，常常要先了解其准备收取多少酬金。如果诉讼结束后当事人不支付酬金，出庭律师无权就此对初级律师起诉。有关由法院评定的律师费大体与英格兰、威尔士相同。

在意大利，严格意义上的律师酬金与诉讼代理人在诉讼代理过程中收取的费用是有区别的。有关的行政命令（这些行政命令经常被修改）对诉讼代理人办理诉讼代理业务的收费规定了一个标准。这个标准同时也对律师的酬金作了规定，它主要是根据法院级别、案件的大小以及在法庭内和法庭外完成工作量的多少等因素来确定酬金数额的。标准规定了酬金的最低限额和最高限额，两种限额都考虑了案件的难度。

这个标准还可以用来计算败诉当事人应当支付的诉讼费用。在这些费用中可以包括律师酬金，但是在当事人和律师之间，标准中的数额是不确定的，因为具体数额要在双方规定的限额内确定。

卢森堡情况非常特殊，它既没有一个法定的价目表，也没有一个灵活的标准，而只是要求律师收费要公道。

在荷兰，1843年颁布的法律第29条对律师代理民事诉讼的收费规定了一个简单的标准，不过看来似乎没有多少人去注意它，而一般都是使用该法第30条规定的标准："对于所有本法第29条没有规定的事项，律师应当根据案件大小，有关事项的难度以及花费的时间来确定酬金。"在一般情况下，这就是荷兰律师使用的唯一的收费标准。而且如上所述，由于荷兰律师除了为当事人代理诉讼外，还为当事人出庭辩护，所以有关法庭辩护的酬金其实是任意确定的，全国律师协会理事会为此公布了一个确定律师酬金的标准，对于这个标准，律师一般还是遵守的。如果律师与当事人之间就酬金数额发生争议，就由当地律师协会理事会在未来确定酬金的数额；如果律师和当事人之间没有什么特别的协议，也没有什么特殊情况，当地律师协会理事会在为他们确定酬金时应当适用全国律师协会公布的准则。另外，约有80%的律师具有办理法律援助业务的资格，在这种情况下不存在确定酬金数额的问题。

在英格兰和威尔士，执业出庭律师的基本业务是提供咨询和出庭辩护。他在办理这些业务时可以自由确定他的酬金数额。至于许多初级律师所从事的业务，其实与法国在最近实行法律职业改革之前曾经由公证人和诉讼代理人所从事的业务是基本相同的。有些初级律师认为，他们的工作时间约有20%是用于从事诉讼代理业务的。对于某些方面的初级律师业务，是根据议会法例制定的规定作为计算酬金的根据的。一般是先由初级律师就他的酬金和办案开支列出一份账目，如果当事人不同意按账目上编列的数额支付，他也可以请求一个称为"讼费评定官"（法国称为诉讼费用评定法官）的法院官员对账目进行审查。在请讼费评定官审查之前，当事人还可以要求初级律师从初级律师协会取得一份确认账单上的数额是正确合理的书面证明。办案开支包括初级律师为当事人支付的一切费用，比如在诉讼过程中支付的法庭费用。

另一方面，关于英格兰和威尔士的初级律师所办理的非讼事务，它与比利时、法国、卢森堡、丹麦、荷兰、德意志联邦共和国或意大利的律师所办理的非讼事务是基本相同的，诸如设立一个公司所需的法律手续、起草一份认购一个公司的股本或者得到其承认的财产的协议、起草一份包括转让专利和许可证在内的专有技术协议、起草一份筹措资金的协议或者书立遗嘱等。初级律师在办理非讼事务时，有权自行确定合理的收费数额。在计算收费数额时，他将考虑有关事项的难度、完成的工作量、花费的时间、有关的经济利益以及事项对于当事人的重要意义等。

在苏格兰，高级律师有权自行确定他的收费数额。如果高级律师与当事人对酬金数额存在争议，酬金数额可以由审计法院评定。至于苏格兰的初级律师，他们在代理民事诉讼时只能根据最高民事法院制定的收费标准进行收费；而在办理法律援助案件时，只能按照政府的有关规定进行收费；对于刑事方面的法律援助案件，则规定了收费的最高限额和最低限额；非讼法律事务一般按照苏格兰初级律师协会提出的标准进行收费，但是关于财产转让事务的收费标准以及关于某些行政性的事务按比例收费的规定即将取消。上述收费数额也可以由法院审计官评定，并且如果评定是根据双方的请求进行的话，经过评定的数额一般就认为是最后确定的数额。

苏格兰初级律师协会与英格兰和威尔士的初级律师协会不同，它不具有后者那样广泛的职权，因为如上述，英格兰和威尔士的初级律师协会其实就是一个初级律师的行业主管机构。

“开支”在苏格兰被称为“支出”，除了有时必须纳税以外，并不存在什么特别的问题。

北爱尔兰的出庭律师和初级律师的业务和收费情况，分别与英格兰和威尔士的出庭律师和初级律师相同。

3. 关于律师收费和开支的基本规定

在一般情况下，当事人必须提前支付律师费。如果是请律师办理诉讼事务，与程序性的事务（在有些成员国称为“诉讼代理”，即指除法庭辩护以外的诉讼代理活动）有关的费用可能部分或者全部地向败诉的当事人收回，但是与法庭辩护有关的酬金和支出一般必须由当事人本人承担。

在英格兰和威尔士，法院可以完全自由地作出关于诉讼费用（包括律师费用在内）的裁定。在苏格兰，法院也有判定费用分担的绝对裁决权。法国最近颁布的民事诉讼法也极大地增加了法院在这个方面的权力。

尽管欧洲许多国家都规定，律师有权确定其进行法庭辩护的酬金数额，但又要求其在确定酬金时要力求公道。在确定酬金数额时，通常应当考虑下列因素：完成的工作量、事项的难度、牵涉的经济利益、对当事人提供的服务及他的经济状况。

所有欧共体成员国都严词禁止律师和当事人订立分配得到的损害赔偿费的协议，同样，也不允许律师与第三人分配向当事人收取的酬金。酬金是律师就其为当事人提供的服务所收取的报酬，所以，如果当事人不支付酬金，律师可以为此向法院起诉。在谈到酬金问题时，应当特别强调各个成员国的律师职业组织，限于律师协会所起的重要作用。许多成员国的律师协会都负责审查有关的账目，并调解律师与当事人之间发生的有关争议，有的还帮助律师追讨欠款。但在苏格兰，律师协会无权帮助初级律师追讨欠款，而一般都是由法院作出追索未付酬金的命令。

在比利时、卢森堡、法国，律师进行法庭辩护的酬金与办理程序性的事务的酬金是有严格区别的，但在其他成员国一般都没有这种区别。律师的行业组织，即律师协会理事会对这两种业务都可以发挥作用。最终结果是，律师的收费分为酬金（作为律师提供服务而收取的报酬），费用（如电话费、差旅费和邮费等）以及开支（数额较大的花费，如法庭费、注册登记费等）。

在比利时，律师在任何时候都可以诉请法院为他追索酬金，这种诉讼并没有什么特别的程序。律师和当事人也可以将他们之间的争议提交仲裁。

4. 律师服务费的争议与解决

在丹麦，当事人可以将他与律师之间因酬金问题发生的争议提交有关的“地区委员会”（即地区律师协会）解决。地区律师协会在收到当事人的请求后，可以邀请律师和原告向其说明他们的案件。律师和当事人都可以对地区律师协会的裁决向丹麦律师协会纪律惩戒委员会提出上诉，由其作出最后裁决。事情过后双方还可以告到法院，但是法院一般都维持丹麦律师协会纪律惩戒委员会的裁决。该纪律惩戒委员会现在有人数相同的律师和非律师成员，后者有一半是法官。地区律师协会和丹麦律师协会纪律惩戒委员会的裁决都定期在《律师》（丹麦律师界的正式公报）杂志上公布，但不公开有关律师的名字，每个律师都可以收到一份副本。《律师》杂志还登载指导执业律师计算酬金和办案费用的重要准则。

当事人在任何情况下都可以直接诉请法院解决他与律师之间因酬金问题发生的争议，而且争议双方都可以对纪律惩戒委员会的裁决向法院提出上诉。如果他们同时请法院和丹麦律师协会纪律惩戒委员会解决纠纷，法院必须在纪律惩戒委员会作出裁决之后才能作出判决。

在德意志联邦共和国，律师在诉讼结束时要写出一份费用清单，连同一份评定酬金和开支的申请出一起交给法院书记官，此外，还要送给对方诉讼当事人一份副本。评定工作由书记官办公室一位称为“讼费评定官”的高级官员进行，并由书记官将评定结果通知对方诉讼当事人，有关律师如果对评定不服，可以向作出评定的法院提出上诉；如果有关当事人对评定结果不服，则可以在两个星期内向上一级法院提出上诉。

为了保证让律师收到酬金，希腊《法律职业法典》规定了一种强制当事人支付酬金的最低限额的制度。在任何诉讼中，当事人必须事先向律师协会交付这个最低限额，律师才能接受他的委托为他出庭辩护或代理诉讼。律师协会收到当事人交付的款项后，将其中的10%扣留，并将余下的90%交给接受委托的律师。这样，律师就保证能在诉讼结束之前收到最低限额的酬金（1954年第3026号法令第96条）。

在法国，由于各个律师协会的内部规定的限制，一直不允许律师为追索酬金向法院起诉。后来才逐渐有了变化，巴黎律师协会理事会在1956年12月11日通过决议，允许律师就此向法院起诉。1957年12月31日，法国法律也正式承认了这种做法。随后，1971年12月31日颁布的法律第10条，以及现在规定这些问题的1972年6月9日的法律第97条以及其他有关法律的规定，也都沿袭了1957年法律规定的原则，但是具体规定已有很大的改变。

当事人和律师都可以将他们之间因酬金发生的争议提请有关律师隶属的律师协会的主席解决。律师协会主席必须在3个月作出裁决；如果他认为必要，也可以召集争议双方向他陈述有关的事实和理由。裁决作出后，即以邮寄方式通知争议双方。争议双方都可以在收到裁决后一个月以内向法庭的首席法官提出上诉。上诉通过邮寄方式提出。首席法官收到上诉后，即传唤双方到庭进行公开陈述和辩护，然后上诉法院院长也必须现时作出判决（1972年6月9日的法令第101条）。如果争议双方都没有就律师协会主席的裁决向民事法庭首席法官提出上诉，那么无论是律师还是当事人，都可以请求民事法庭的首席法官发布命令，以便立即强制执行律师协会主席的裁决（第102条）。

此外，法国新《民事诉讼法典》第700条规定，法院“如果让一个诉讼当事人负担他所支付的、但不包括在诉讼费用里的费用显失公平，可以决定由其他诉讼当事人为他承担这种费用”。按照这一规定，法院可以由败诉方当事人承担胜诉方当事人的律师酬金和开支。在刑事诉讼中也可以作出这种决定（参看《刑事诉讼法典》第475条第1款）。至于程序性的事务（诉讼代理），1975年12月5日的第1123号法律规定了一项新制度，这项制度已从1977年12月31日起实行（参看1976年12月28日的第1236号法令第26条）。如果有关诉讼当事人对法院让他承担有关费用的决定不服，或对有关费用的数额和开支存在疑问，直接支出有关费用的诉讼当事人可以向作出此项决定的法院的书记官提出请求，让他对有关费用的数额和开支情况进行核实和确认。此外，该诉讼当事人也可以请求法院的其他司法官员，或者请求所有在诉讼过程中执行公务并收取有关费用的人员进行这种核实和确认工作。

法院书记官首先对有关费用的数额和开支情况进行必要的核实，然后再正式作出确认，并给申请人，即要求进行核实的诉讼当事人一份核实证明书。申请人取得核实证明书后，即通知对方诉讼当事人有关费用的数额已经经过核实，并交给他一份经过核实的账目副本。对方诉讼当事人收到通知后，可在一个月内对核实结果提出异议。如果他在一个月以内没有表示异议，申请人有权请示法院书记官在证明书上记下这一事实。在这种情况下，核实证明书具有执行令状的法律效力，即据此可以要求对方当事人支付经过核实的数额，并可将它用作证明有关当事人负有支付义务的直接证据。

有关的诉讼当事人如果对核实结果表示异议，可以请求法院对有关的费用进行评定，而且这种请求一般都可以得到法院批准。这种批准决定由法院首席法官作出，但他在作出决定之前必须先对核实过的账目和其他有关材料进行审查。在某些情况下，法院首席法官也可以将有关诉讼当事人的请求提交法庭审理，并负责确定审理的日期。

任何有关当事人如果对法院首席法官批准评定有关费用的决定不服，都可以向上诉法院院长提出上诉。但是这种上诉必须在一个月以内提起。

在希腊，律师可以诉请法院为他追索酬金。《法律职业法典》(1954 年第 3026 号法令第 108—109 条）和《民事诉讼法典》(第 677 条起）为此专门规定了一个简易程序。

在爱尔兰，出庭律师无权强迫初级律师向他支付酬金，但是初级律师有责任替出庭律师收取酬金。目前还没有一个正式的程序来规定或解决出庭律师与初级律师之间对酬金数额发生的争议。如果初级律师不向出庭律师支付酬金，或不按时向他支付酬金，出庭律师可以向爱尔兰初级律师联合会提出控告。对于这种控告，出庭律师可按由爱尔兰初级律师联合会和皇家律师协会理事会共同规定的有关程序进行处理。

在意大利，如果律师和当事人不能对酬金数额达成协议，律师可以将他的开支账目、代理诉讼和出庭辩护的收费清单一起交给他所在的律师协会理事会，由理事会作出决定。律师和当事人也可以事先商定，在诉讼结束后由律师协会理事会来确定酬金，并相互保证遵守理事会就此作出的决定。在这种情况下，必须事先告诉理事会：它的决定对双方都具有约束力。

此外，当事人也可以单独请求律师协会理事会确定其律师的酬金。在这种情况下，理事会应请律师在一个月内提交他的收费账目。如果有关律师拒绝提交账目，理事会就发给当事人一份书面证明，证明律师拒绝提交账目的情况。要是那样的话，有关律师就必须承担因调查他的收费情况和确定酬金而支出的费用。

律师可以诉讼形式要求当事人向他支付酬金和开支。法院（下级法院或上级法院）在收到起诉后，即由首席法官传唤双方到庭，并试图对双方进行调解。如果调解成功，就将这一情况在调解程序的正式记录上作出记录，这种记录即可作为当事人同意向律师支付酬金和开支的证据。如果调解不成，法院就对纠纷作出判决，但在判决之前必须重复律师协会理事会的意见（《民事诉讼法典》第 636 条）。

在卢森堡，律师有权通过诉讼形式要求当事人向他支付酬金。但是按照惯例，律师在起诉之前应当事先取得律师协会主席的许可。有关的法院在对此作出判决时，也可以征求律师协会主席的意见。

在荷兰，律师如想强制收取民事案件的酬金和开支，必须由当地的律师协会理事会根据全国律师协会总理事会规定的准则进行评定。对于这种方式评定的酬金和开支，可以根据法院首席法官的命令予以强制执行。但当事人可以对强制执行的决定提出上诉。对于办理刑事案件的酬金，律师通过诉讼取得支付的权利不受限制。

在英格兰和威尔士，当事人如果不同意初级律师提出的收费数额，可以请一个称为“讼费评定官”的法院官员对有关的账目情况进行审查。英格兰和威尔士的讼费评定官相当于法国的诉讼费用评定法官。当事人在请讼费评定官进行审查之前，还可要求初级律师向初级律师协会取得一份证明他所提出的数额是公平合理的书面证明。

出庭律师不能通过诉讼追索酬金的，他的酬金由请他办理案件的初级律师来代为支付。对于有关的初级律师来说，代向出庭律师支付酬金是他的责任。无论他自己有没有收到酬金，他都有责任让出庭律师收到酬金。如果出庭律师和初级律师因为酬金问题发生争议，二者都可以将争议提交联合名誉法庭解决。联合名誉法庭一般由两名成员组成，其中一名是由出庭律师总理事会主席指定的理事，另一名是由初级律师协会会长指定的会员。

在苏格兰，高级律师不能通过诉讼形式追索酬金，但是除了某些例外，一般可以要求请他办理案件的初级律师积极采取措施向当事人收取酬金。如果初级律师明知当事人没有支付能力却仍然让其出庭律师办理案件，他有义务向出庭律师支付酬金。

在北爱尔兰，出庭律师也不能为追索酬金而向法院起诉，如果出庭律师与初级律师因为酬金问题发生争议，北爱尔兰与英格兰和威尔士不一样，当事人可以请讼费评定官对初级律师的账目进行审查；如果是请初级律师办理非诉讼事务，还可以要求他从初级律师协会取得一份书面证明，以证明他所提出的收费数额确实公平合理。

二、日本律师收费制度①

1975 年 4 月 1 日起施行的日本律师联合会章程第 20 号《报酬等标准规程》（以下简称《报酬规程》）对律师收费问题作了比较详尽的规定。其主要内容简介如下：

1. 报酬种类

律师的报酬种类分为手续费、酬金、法律商谈费、鉴定费、顾问费等。

手续费分为代写文书的手续费、设立公司等手续费和关于诉讼案件等最初支付的具有争讼性的手续费。

酬金，是在诉讼案件等具有争讼性的案件中，达到了委托目的时，委托人支付的报酬。这种报酬，称为成功报酬。

法律商谈费，是以口头方式对法律问题进行商谈的商谈费。

鉴定费，是指将关于法律问题的意见书写成书面材料的费用。

---

① ［日］河合弘之. 律师职业. 康树华译. 北京：法律出版社，1987

顾问费，是就日常的法律事务，继续不断地保持委托关系，即使没有对案件进行商谈，每月或每年也要支付一定数额的契约金。

日薪，指对需要到外地出差的案件按照出差的天数，每日支付的报酬。它与交通费、住宿费等实报实销的费用不同，它实质上就是报酬的一种形态。

2. 审判案件计算报酬的方法

手续费与成功报酬（酬金）是根据每一个案件的情况而规定的（《报酬规程》第3条）。如果地方裁判所、高等裁判所、最高裁判所每次变换律师，都必须按每次的变换分别支付律师的手续费与成功报酬，但是这种变换的情况很少，多数都是由同一律师继续担任的。在这种场合，可以按终审终结（如果在第二审判决为第二审终结，或如果在第三审判决为第三审终结）为标准支付成功报酬（《报酬规程》第3条第2款）。特别是委托人，在每一审级，如果因律师辛苦以中间金形式支付酬金，在双方同意的情况下，律师可以领取这种报酬。

如上述，关于成功报酬，在同一个律师继续接受委托时，可以在案件终结后一次支付。至于手续费，并不是终审后一次支付，而是在各审级都必须支付手续费。

对于同一律师继续接受委托的二审、三审的手续费，应该视为特殊情况，或者大幅度降低，或者免除（《报酬规程》第4条）。

以上是关于审判案件计算报酬的方法问题。因它不像审判案件那样有审级而易划分，所以在委托人与律师之间，需要明确地规定委托范围。

3. 经济利益价额是计算报酬的基础

关于民事案件，作为其主题的经济利益则成为计算报酬的基础。例如，一件请求返还50万日元贷款的案件，其手续费以15%计算，为75 000日元。

关于金钱债权的案件，如上述案件，无论原告也好，被告也好，如果以其债权总额作为经济利益，那是很好的，因为简单。但是，许多案件并不都是如此简单。例如，租种土地对土地所有者提起请求确认租种土地的诉讼，这种情况就比较复杂。

《报酬规程》第17条及第18条，关于典型的情况，列举了经济利益价额。其主要是：出租费增加、减少额外负担的请求，为增加、减少额之5年份额；所有权客体的时价，例如土地的场合，根据固定资产税上的评价额计算或根据继承税上的评价额计算，如果根据《地价公告法》没有任何公告价格时，则以该权利客体的时价进行计算；租赁权客体的时价，为对象物时价的1/2的价额；担保权的时价，要衡量被担保债权额与担保物价究竟哪一个小的问题；不能计算的场合，则将经济利益大体以300万日元计算（但不切合实际场合，应考虑案件难易、工作需要的时间和人力增加、减少等因素）。

4. 一般民事案件的报酬

民事诉讼案件（票据、支票诉讼除外）、非诉讼案件（租地权转让许可事件等）、家事审判案件（遗产纠纷等）、行政审判案件（税金纠纷等）、仲裁案件（不是裁判所，而是在仲裁机关—商业会议所等）的手续费，按案件对象的经济利益进行计算（有专门的计算表）；成功报酬（酬金），按所得经济利益进行计算（有专门的计算表）（《报酬规程》第18条第1款）。民事案件报酬，结合经济利益增加额的比率递减。

关于调停案件与审判外的和解交涉，其报酬按1/3至1计算（《报酬规程》第20

条第 1 款)，如果继续诉讼时，其手续费为 1/2（《报酬规程》第 20 条第 2款)。

假扣押、假处分时，即使进行诉讼，对假扣押、假处分与诉讼，也可以分别支付报酬（《报酬规程》第 23 条第 4 款)。但是，如果从委托人角度看，由于假扣押、假处分与诉讼都是为了达到同一目的而采取的关联手段，所以只要没有特别约定，应该考虑不承认另外的请求。

关于破产申诉等所谓处理集团债务事件，由于对象企业的资金、资产、负债、债权者数等情况存在着极大不同，所以规定最低额的手续费如下（《报酬规程》第 28 条第 1 款)：破产申诉事件最低 30 万日元；和议申诉事件最低 50 万日元；整顿申诉事件最低 50 万日元；清算事件最低 50 万日元；公司更生申诉事件最低 100 万日元。

上述最低额，是就手续费而言的，关于成功报酬，要根据分配资产、免除债权额、分期偿还债务的利益和根据企业更生利益等作出规定。显然这种规定并不是抽象的规定（《报酬规程》第 28 条第 3 款)。

另外，在处理破产事件时，对于大多数使用的任意整顿（也叫私人整顿，就是说，不借用裁判所力量）未作规定。因此，关于解体型私人整顿的手续费，关于重建型私人整顿的手续费，适用议事事件规程是适宜的。

5. 法律商谈费

关于 1 小时以内的法律商谈费，一次为 5 000 日元以上，超过 1 小时，每小时以 5 000 日元以上的比率计算（《报酬规程》第 10 条第 1 款)。

6. 鉴定费

鉴定费每件按 5 万日元以上计算（《报酬规程》第 10 条第 2 项)。

7. 代写文书手续费

代写契约等法律文书的手续费，按 2 万日元计算。

8. 设立公司等手续费

设立公司、增减资金等费用，按照资本额或增减资金额，以一定比率进行计算（《报酬规程》第 2 条)。

9. 登记与注册手续费

不动产登记等的手续费，一件为 2 万日元以上（《报酬规程》第 13 条)。

10. 顾问费

顾问费每月为 2 万日元以上（《报酬规程》第 14 条)。

11. 刑事案件的报酬

刑事案件不像民事案件那样以经济利益作为计算报酬的基础。刑事案件的收费分两部分：一部分是手续费，一部分是酬金。其收费根据不同的审判机关和不同的判决结果而不同。

起诉前承担的刑事案件标准，但是起诉后该律师继续承担时，允许领取手续费。因为起诉前的律师与起诉后的律师都是同一律师，只要没有特别约定，应该考虑不请求另外的手续费。

12. 控告等的手续费

刑事控告（被害人进行)、揭发（不是被害人进行）的手续费，一件为 5 万日元以上（《报酬规程》第 35 条）。

13. 时间制

不是根据以上的方法，在与委托人协商的基础上，可以采取时间制。在这种场合，以 1 小时 5000 日元以上的金额计，案件需要的时间则为报酬金额（《报酬规程》第 36 条）。

这种计时收费制的律师报酬，对于律师劳动来说，应该说是一种等价交换的做法，因为它是建立在与取得成果（特别是胜诉或败诉）无关系的思想基础之上的。从委托人的角度来说，如果能克服那种认为律师工作就是“一锤子买卖”，不会为有利于解决自己的问题而坚持努力等等不安思想，从而建立信赖关系，那么对于这种等价交换的做法，是会愿意接受的。另外，这种计时收费制度，在企业法与预防法学领域，更易于适用。因为在这些领域争议的问题，不少都是易于合理地进行处理的事务。

同时，由于时间制不是依据胜负等易变性因素来左右律师收入的多少，它对稳定法律事务合理的经营，起着很好作用。因此，在以国际案件、公司法务关系、预防法务为主要业务的法律事务所，都正在逐步采取这种计时收费制度。

14. 报酬额的增减

在 30%左右的范围内，可以根据案件的难易，增减律师报酬。《报酬规程》第 4 条第 1 款规定，遇有委托人贫困或有特别情况时，可以减免律师报酬。其减免的幅度，因为没有规定，所以存在极其广泛的自由裁量幅度。特别是对于“特别情况”的规定，是不容易认定的。另外，《报酬规程》第 4 条第 2 款规定，在案件特别重大、复杂超期时，可以在公正和适当的范围内增加律师报酬。

案例分析

【案情】李甲，江苏徐州人，其子李乙大学毕业后在江苏昆山某公司工作。2004 年 11 月 10 日，李乙乘坐朋友郝某的摩托车在 343 省道 11 公里处与石某（石某为当地一玩具企业老板）驾驶的厢式货车发生交通事故，造成李某死亡。然而昆山市交察大队认定，李某朋友郝某应负事故全部责任，李乙和厢式货车司机不承担任何责任。但李甲通过向郝某了解情况，认为石某驾驶的货车制动系统不合格，未采取制动措施，而且认为摩托车与货车交汇时货车开的是远光灯，导致李乙和郝某眼前茫然作出了错误的应急措施才导致交通事故发生。李甲还认为，交通事故发生后肇事司机石某没有及时报警，贻误了救治，才导致李乙死亡。李甲认为，货车司机石某应对其子李乙的死承担部分责任。但交通巡警大队作出石某不承担任何责任的认定，李甲认为石某财大气粗又是当地人，而自己是外地农民，交警大队明显偏袒石某。李甲决定向当地法院起诉，但为了便于与当地沟通，防止在诉讼中再出现偏袒石某的情况，他决定聘请一个当地律师。在当地某律师事务所，王律师接待了他，并表示他们能够代理这个案件，他与各个法院的法官关系都很熟，胜诉没有百分之百的也有百分之九十九的把握，李甲听后十分高兴。王律师说如果愿意让其代理该案，李某要向律师事务所支付 8 000 元的代理费，李甲想如果要求赔偿30万的请求能胜诉，8 000元也能接受，当即就同意了，但当时没有带那么多的钱，于是约定第二天带钱再来律师事务所。第二天上午9点王律师打来电话说，他今天在外面有点事不在律师事务所里，希望李甲10点到某茶社找他。李甲10点赶到茶社，王某已在等候。王某说，钱交给所里要8 000元，直接给他6 000元即可，而且还解释说因为所里要交税所以多些，还让李甲放心，给李甲写个收条。李甲想，律师事务所有王律师的材料，王律师是真律师没错，况且手里有收据，他也跑不了那里，又能少2 000元，何乐而不为呢，于是就同意了。

【问题】我国《律师服务收费管理办法》对律师收费有何规定？王律师的收费是否妥当?

【解析】我国《律师服务收费管理办法》规定了计件收费、计时收费、按标的额比例收费和风险收费等收费方式。本案是涉及财产的一般民事案件，本案采用上述任何一种收费方式均无不妥。从材料上看，本案采用的是按标的额比例收费的方式。但其收费过程违反了《律师服务收费管理办法》的相关规定。首先违反了律师服务收费公开和诚实信用的原则。

公开原则要求律师事务所的对外收费应当明确公开收费的标准。让当事人对收费标准有个大概的了解，同时也可以制约律师的高收费。诚实信用原则，本案中王律师并没有向李甲出示相关的收费标准和依据。在与李甲协商的过程中，王律师利用当事人对诉讼程序法律知识的欠缺，吹嘘和法官很熟，能力很强，向当事人打包票，蒙蔽了当事人，使其在不清楚真实信息的基础作出判断，是违反诚实信用的行为，当然也是违反律师职业道德的行为。而且王律师以种种借口避开律师事务所个人收取李甲服务费也是错误的。根据《律师服务收费管理办法》的相关规定，律师事务所接受委托，应当与委托人签订律师服务合同或在委托代理合同种载明收费条款和收费方式。收费合同或收费条款应当包括收费项目、收费标准、收费方式、收费数额、付款和结算方式、争议解决方式等内容。律师事务所与委托人签订合同后，不得单方变更收费项目或提高收费数额。的确需要变更的，律师事务所必须与委托人协商，事先征得委托人的书面同意。律师事务所向委托人收取律师服务费，应当向委托人出具合法票据。本案中王某的行为是典型的私下收案行为，这种行为违反了律师服务收费的相关法律法规，偷逃了国家税收，扰乱了正常的法律服务市场秩序，也为当事人与律师之间的收费争议埋下了隐患。

第五章　律师刑事辩护与代理业务

刑事辩护和代理业务是律师最重要的两项业务。由于刑事诉讼是强大的国家机关追究弱小的公民个人刑事责任的一种诉讼活动，致使诉讼双方存在天然的不平等。为了平衡控辩双方的力量，法律赋予被追诉人辩护权，通过律师的参与，协助被追诉人维护自己合法权益，对抗国家机关的追诉。同时，对于受到犯罪侵害的被害人，为维护他的合法权益，法律也赋予其委托律师代理诉讼的权利。从侦查到审判，律师都可以参与刑事诉讼活动，为犯罪嫌疑人和被告人以及被害人提供帮助。但律师参与刑事诉讼的实务过程中还存在一系列的问题，这些问题也成为学术界研究的热点。例如，侦查阶段律师是不是辩护人？辩护律师到底享有哪些权利？如何解决辩护律师的会见难、阅卷难、调查取证难等难题？如何进行程序性辩护？这些问题都还有待理论界进行深入的研究并予以解决。

第一节　概述

一、刑事辩护制度

1. 辩护、辩护制度、辩护权

辩护是指刑事案件的被追诉人及其辩护人反驳对被追诉人的指控，提出有利于被追诉人的事实和理由，论证被追诉人无罪、罪轻或者应当减轻、免除处罚，以及被追诉人的程序性权利受到了侵犯，以维护被追诉人合法权益的诉讼活动。刑事辩护是我国律师业务的重要组成部分。①

辩护制度是指法律规定的关于辩护权、辩护种类、方式、辩护人的范围与产生方式及其权利义务的一系列规则的总称。依据《宪法》第125条的规定，刑事被告人有权获得辩护，辩护制度是宪法确立的被告人辩护权在刑事诉讼活动中的体现和保障，是我国刑事司法制度的重要组成部分。

辩护权是法律赋予犯罪嫌疑人、被告人的一项专属的诉讼权利，即犯罪嫌疑人、被

① 陈光中. 刑事诉讼法. 北京：北京大学出版社，高等教育出版社，2005.129

告人依据事实和法律针对指控进行辩解和反驳的权利。在被追诉人所享有的各项诉讼权利中，辩护权被认为是最核心的权利。

纵观各国的法律规定，辩护权具有以下内涵：①辩护权贯穿于整个刑事诉讼过程之中，不限于庭审阶段的辩护，庭审辩护只是其集中行使的表现。②所有刑事案件的犯罪嫌疑人、被告人都有权获得辩护，不受犯罪行为性质的轻重、社会危害性大小的限制。③刑事司法机关有义务保障犯罪嫌疑人、被告人的辩护权。由于宪法将辩护权上升为被追诉人的一项宪法权利，实质上是为刑事司法机关设定了法定义务，即保障辩护权的有效行使，而不能设置任何不合理的障碍。

2. 刑事辩护制度的理论基础

(1) 保障人权的理念

现代意义上的辩护制度，是从人权理论中推导出来的。资产阶级启蒙思想家在资产阶级革命爆发前夕，就已提出“天赋人权”、“主权在民”等一系列口号，并在此基础上提出了在诉讼中用辩论式诉讼模式取代纠问式诉讼模式，赋予被告人辩护权，实现控辩平等等进步主张。特别是二战之后签署的一系列国际人权公约，将保障人权的要求提高到前所未有的高度，切实有效地保障人权成为国际社会的共识。

刑事诉讼活动是强大的国家机关针对弱小的公民发动的追诉活动，而且国家司法机构的工作人员掌握专业知识并且训练有素，所以在这个过程中，被追诉人的权益极易受到侵犯。依据无罪推定原则，必然要求被追诉人由诉讼客体向诉讼主体的转变，还原其作为一个人应该享有的起码的尊严、自由和人格。基于对被追诉人人格主体的承认，与其他主体的平等、对等以及与其他主体发生利益冲突时的维权和自卫，也就必然地成为该主体的属性构成，享有辩护权也就理所当然。在此背景下，由经过职业训练和拥有娴熟技能的律师介入诉讼，可以极大地加强被追诉人的防御能力，帮助其有效对抗国家机关的侦查、控诉和审判，以达到保障人权的目的。

(2) 控辩平衡原则

现代刑事诉讼结构是由控、辩、审三方的地位及其相互关系决定的，因此，控辩职能的发挥程度、所起作用和方式与刑事诉讼中控辩双方的力量对比密切相关。如果辩方的力量过于孱弱，就很难对控诉机关的权力形成有效的制约，结果可能会影响被追诉人人权的保障。现代刑事诉讼的一个重要特点就是强调控辩双方在平等对抗的基础之上才具有查清事实、正确适用法律的可能。平等对抗原则不仅是人权保障的要求，也是程序公正的要求。

平等对抗包括控辩双方诉讼地位平等以及诉讼机会和诉讼手段的对等，其中，前一种平等为后一种平等提供理论支持，前一种平等的实现需要以后一种平等为保障。所以，要真正实现控辩双方的平等对抗，“平等武装”是其前提。与国家权力相比，私人的力量总是薄弱的，如果被追诉人面临国家机关的追诉而没有任何防御手段，就会被置于任人践踏、侮辱甚至迫害的境地。赋予被追诉人辩护权，可以促进辩护人主体意识的提高、辩护制度的健全、辩护技巧的提升，真正实现控辩平衡以及控、辩、审诉讼职能的完善和刑事诉讼的民主化、现代化。[①]

(3) 程序公正理念

刑事审判所要实现的最低限度的程序公正的要求之一，是控辩双方对诉讼程序的参与性，其核心思想是那些权益可能受到刑事审判的结局直接影响的主体，应该有充分的机会并有效地参与整个诉讼过程，包括侦查、起诉和审判。在英美法中，程序参与原则的含义是那些利益或权利可能受到裁判或诉讼结局直接影响的人应当有充分的机会参与诉讼过程，并对裁判结果的形成发挥其有效的影响和作用。[②] 刑事辩护制度的核心内容就是赋予并且加强被指控人在诉讼中反击控诉，捍卫自身权益的辩护权，同时为被追诉人辩护权的实现辅以国家司法机关的协助或保障义务。因此，可以说，有效的辩护是被追诉人实质性地参与诉讼程序的最佳途径。

3. 辩护权的行使方式

(1) 自行辩护

自行辩护是指犯罪嫌疑人、被告人自己针对指控进行反驳、申辩和解释的行为。根据法律规定，犯罪嫌疑人、被告人在整个诉讼过程中都可以行使辩护权，为自己进行辩护。由于犯罪嫌疑人、被告人对于犯罪事实的发生最为清楚，因此，他们的自行辩护对于查清案件事实是十分重要的。

(2) 委托辩护

委托辩护是指犯罪嫌疑人、被告人依法委托律师或其他公民担任辩护人，协助其进行辩护。委托辩护相对于自行辩护而言，由于接受委托的人一般为律师，更为了解法律并且享有法律规定的阅卷权、调查取证权等特权，更有利于维护犯罪嫌疑人、被告人的合法权益，因此成为现代刑事诉讼中最主要的辩护方式。

(3) 指定辩护

指定辩护是指对于没有委托辩护人的被告人，法院在法律规定的某些特定情况下，为被告人指定承担法律援助义务的律师担任其辩护人，协助被告进行辩护。指定的辩护人是承担法律援助义务的律师，体现了国家保障被告人的辩护权的责任。但由于指定辩护只适用于审判阶段，所以审前阶段的被追诉人享受不到此种优待。

4. 辩护人的范围

辩护人是指在刑事诉讼中接受犯罪嫌疑人、被告人的委托或者受法院的指定，协助犯罪嫌疑人、被告人行使辩护权，依法维护犯罪嫌疑人、被告人的合法权益的人。根据《刑事诉讼法》第 32 条的规定，在我国可以担任辩护人的人员有以下三种：

(1) 律师

根据《律师法》的规定，律师是指依法取得律师执业证书，接受委托或者指定，为当事人提供法律服务的执业人员。对于律师担任刑事辩护人的限制，《律师法》第 41 条规定："曾经担任法官、检察官的律师，从人民法院、人民检察院离任后二年内，不得担任诉讼代理人或者辩护人。"

---

① 李传学. 犯罪嫌疑人辩护权的理论基础. 人民检察，2007（17）

② 陈瑞华. 刑事审判原理论. 北京：北京大学出版社，1997.61

（2）人民团体或者犯罪嫌疑人、被告人所在单位推荐的人

这里的人民团体是指工会、妇联、共青团等群众性团体。法律的这一规定主要是从我国的国情出发。因为虽然我国律师业发展迅速，但相对于需求来说仍然有很大缺口，允许人民团体或者犯罪嫌疑人、被告人所在单位推荐的人担任辩护人可以在一定程度上缓解这种供需矛盾。

（3）犯罪嫌疑人、被告人的监护人、亲友

允许委托犯罪嫌疑人、被告人的监护人、亲友作为辩护人，是由于考虑到他们同犯罪嫌疑人、被告人的关系比较近，比较了解情况，由他们担任辩护人一方面可以缓解律师数量不足的矛盾，另一方面，也可以减轻犯罪嫌疑人、被告人的精神压力和经济压力。

以上人员并非都可以担任辩护人，根据《刑事诉讼法》第32条第2款明确规定："正在被执行刑罚或者依法被剥夺、限制人身自由的人，不得担任辩护人。"

5. 律师辩护的形式

（1）无罪辩护

无罪辩护是指律师根据事实和法律，运用证据反驳控方的指控的一种辩护。控方在指控被告人犯罪的案件中，可能运用了大量的证据证明被告人犯罪，并根据相关法律条款，指控犯罪嫌疑人构成某罪、应处以某种刑罚。而无罪辩护是运用充分确实的证据从根本上否定控方对被告人的指控。由于无罪辩护是为了使被告人完全免除刑事责任，恢复人身自由，所以对于维护犯罪嫌疑人、被告人的权益是效果最佳的，因此也是所有辩护形式中难度最大的。律师是否进行无罪辩护，须根据案件的具体情况进行判断，既不能盲目追求无罪效果，也不能畏惧困难，放弃无罪辩护的机会。

（2）罪轻辩护

罪轻辩护是指在承认被告人的行为构成犯罪的前提下，根据被告人具有的从轻、减轻或免除处罚的情节和事实，依法提请审判人员在裁量刑罚时给予被告人更轻的处罚的辩护形式。采用这种辩护形式，可以使被告人在确定有罪的情况下得到较轻的处罚。相对于无罪辩护来说，罪轻辩护的意见也更容易被审判人员和公诉人所接受，所以这种辩护的难度比无罪辩护小，辩护成功率也较无罪辩护更高，结果判处的刑罚可能还比应该判处的刑罚更轻一点。在此意义上，对于维护被告人的权益具有重要意义。

具体采用哪种辩护形式，需要由律师根据案件事实、证据情况综合判断，但总的宗旨应是以尽最大可能维护被告人的权益为出发点，只要围绕这一目的，选择何种辩护形式都是合理合法的。

二、刑事诉讼代理制度

1. 刑事诉讼代理的概念和特征

刑事诉讼代理，是指律师等接受法定的主体的委托，以被代理人的名义参加诉讼，为被代理人提供法律帮助，由被代理人承担诉讼后果的诉讼活动。刑事诉讼代理具有以下特征：

(1) 委托人特定

根据法律的规定，有权委托诉讼代理人的主体包括自诉案件的自诉人及其法定代理人、公诉案件的被害人及其法定代理人或近亲属、附带民事诉讼的当事人及其法定代理人。所以，刑事诉讼代理存在的前提是委托人有委托权。

(2) 一般行使控诉职能

在刑事诉讼中有权委托诉讼代理人的主体大多是行使控诉职能的，所以诉讼代理人大多代为行使的是控诉职能。

(3) 以被代理人名义在代理权限范围内活动，行为结果由被代理人承担

代理活动必须在被代理人的授权范围内进行才有效力。未经被代理人同意，律师不得擅自转委托。依法进行的代理活动，其结果由被代理人承担。

2. 刑事诉讼代理的种类

(1) 公诉案件中的代理

公诉案件的被害人及其法定代理人或近亲属自案件移送审查起诉之日起，有权委托诉讼代理人；检察院则负有告知义务，应自收到移送审查起诉的案件材料之日起 3 日内告知被害人及其法定代理人或其近亲属有权委托诉讼代理人。

(2) 自诉案件中的代理

自诉案件的自诉人可以随时委托诉讼代理人；法院则应自受理案件之日起 3 日内，告知自诉人及其法定代理人有权委托诉讼代理人。

(3) 附带民事诉讼中的代理

附带民事诉讼案件的当事人及其法定代理人，自案件移送审查起诉之日起，有权委托诉讼代理人；检察院自收到移送审查起诉的案件材料之日起 3 日内告知双方当事人及其法定代理人有权委托诉讼代理人。

三、律师刑事辩护与代理的意义

律师参与刑事诉讼，可以发挥不同于一般辩护人和诉讼代理人的作用，具体来说体现在以下三个方面：

1. 可以弥补当事人法律知识和诉讼能力的不足

在刑事诉讼中，虽然犯罪嫌疑人、被告人可以自行辩护，被害人、自诉人等也可以自行维护自己的合法权益，但都具有很大的局限性。在司法实践中，由于当事人缺乏法律知识、不知道自己的诉讼权利等主客观方面的不利因素，常常使他们的诉讼权利的行使实际上受到很大的限制。律师作为辩护人或诉讼代理人介入诉讼，则可以有效地弥补这一不足，切实维护当事人的合法权益。

2. 能够协助司法机关准确及时地查明案情，正确适用法律，公正处理案件

刑事案件错综复杂，需要控辩双方针锋相对地进行对抗以揭示案件事实真相，因此需要提交大量的证据，以便使审判人员辨别是非，准确裁判。律师享有广泛的诉讼权利，例如，有权查阅案卷材料，同在押的犯罪嫌疑人、被告人会见和通信，进行必要的调查取证等。这些权利可以保证律师全面细致地了解案情，充分地占有材料，有针对性

地进行辩护和代理活动，也有助于查清事实。

3. 有助于诉讼效率的提高

诉讼效率是指诉讼中投入的司法资源与所取得的成果的比例。讲求诉讼效率要求投入的司法资源取得尽可能多的诉讼成果，即降低诉讼成本，提高工作效率，加速诉讼运作，减少案件拖延和积压的现象。与秩序、正义和自由一样，效率也是一个社会最重要的美德。一个良好的社会必须是有秩序的社会、公正的社会、自由的社会，也必须是高效率的社会。[①] 由此可见，提高诉讼效率十分重要。如前所述，律师能够凭借其享有的广泛的诉讼权利，迅速、及时、有效地收集证据，加快刑事诉讼的进程，监督和制约国家权力的滥用，防止和避免错案发生，使当事人的合法权益得到充分的保护。其结果无疑有利于社会的稳定，提高刑事诉讼的社会效益，实现社会效益和法律效益的统一。

第二节　辩护律师的诉讼职能和诉讼地位

一、辩护律师的诉讼职能

辩护律师参加刑事诉讼的目的就是帮助犯罪嫌疑人、被告人依法行使辩护权，维护犯罪嫌疑人、被告人的合法权益，律师作为刑事诉讼三方构造的重要一方，承担着辩护的诉讼职能。我国《刑事诉讼法》第 35 条规定："辩护人的责任是根据事实和法律，提出证明犯罪嫌疑人、被告人无罪、罪轻或者减轻、免除其刑事责任的材料和意见，维护犯罪嫌疑人、被告人的合法权益。"《律师法》第 31 条规定："律师担任辩护人的，应当根据事实和法律，提出犯罪嫌疑人、被告人无罪、罪轻或者减轻、免除其刑事责任的材料和意见，维护犯罪嫌疑人、被告人的合法权益。"结合这些规定，辩护律师在刑事诉讼中主要承担以下职能：

① 提出证明犯罪嫌疑人、被告人无罪、罪轻或减轻、免除其刑事责任的材料和意见，即从实体上为犯罪嫌疑人、被告人进行辩护。其含义首先是指从案件事实和证据方面提出对犯罪嫌疑人、被告人有利的材料，如被告人是否有自首的情节；另一方面，从适用实体法律的角度，提出有利于犯罪嫌疑人、被告人的辩护意见，如提出被告人的行为属于犯罪未遂或构成某一轻罪而非指控的重罪等。需要强调的是，辩护律师提出的证据和材料应是客观真实的，而不能虚构和伪造，否则涉嫌构成伪证罪，可能会被追究刑事责任。

② 从程序上为犯罪嫌疑人、被告人进行辩护，即进行程序性辩护。所谓程序性辩护，是一种通过"指控"警察、检察官、法官存在违反法律程序行为，促使法庭对这些官方行为的合法性加以裁判的辩护活动，它属于一种带有进攻性的辩护形态。程序性辩护的终极目标在于推动法院实施各种程序性制裁措施，也就是要求法院宣告某一侦查、

① 张文显. 法哲学范畴研究. 北京：中国政法大学出版社，2001.273

公诉和审判活动违反法定诉讼程序，或者构成公共侵权行为，并进一步宣告排除有关证据、行为或裁决结论的法律效力的辩护形态。[①]《刑事诉讼法》和《律师法》关于辩护律师辩护职能的规定，侧重于对犯罪嫌疑人、被告人实体权益的维护，仅进行实体性辩护，这种规定是不全面的。辩护律师完全可以从程序上为犯罪嫌疑人、被告人进行辩护，帮助他们正确行使自己的程序性权利，如申请回避，并在发现犯罪嫌疑人、被告人的诉讼权利遭到侵犯或剥夺时，向司法机关提出意见或控告，要求给予救济，维护犯罪嫌疑人、被告人的程序权益。

③ 向犯罪嫌疑人、被告人提供其他法律帮助。在侦查阶段，辩护律师可以为犯罪嫌疑人提供法律咨询，代为申诉、控告，申请取保候审，为犯罪嫌疑人代写有关文书，一审宣判后在征求被告人意见后，可代为提起上诉等。

辩护律师参与诉讼可以弥补犯罪嫌疑人、被告人辩护能力的不足，维护犯罪嫌疑人、被告人的合法权益。同时，可以协助审判人员全面查明案情，准确适用法律，正确判断证据，公正处理案件，承担的辩护职能支撑起了控、辩、审的三方诉讼构造。需要特别强调的是，辩护与控诉的平等对抗，是现代诉讼的必要机制，通过控辩平等对抗，除了可以充分揭示案件事实外，更重要的是可以抑制国家机关公权力的违法行使，防止出现刑讯逼供等非法取证行为，保障程序公正，保障被追诉人的人权。辩护律师凭借其专业知识和辩护技巧，真正保证了控辩的平等对抗。

二、辩护律师的诉讼地位

辩护律师在刑事诉讼中的地位，最关键的问题是辩护律师在刑事诉讼中是否属于刑事诉讼主体。

在探讨刑事诉讼主体问题时，学者间有不同的观点。有的学者认为，按诉讼法律关系划分，可分为三类：第一类诉讼主体，即公检法机关办案人员；第二类诉讼主体，即当事人；第三类诉讼主体，即其他诉讼参与人。从这种划分来看，辩护律师属于其他诉讼参与人，因此，自当属于第三类诉讼主体。另有学者认为，刑事诉讼主体既包括公检法三机关的办案人员，又包括诉讼参与人，其中包括辩护律师。但有的学者认为刑事诉讼主体，除了包括公检法三机关的办案人员以外，只包括诉讼参与人中的自诉人、犯罪嫌疑人、被告人、被害人、附带民事诉讼的原告人和被告人，而不包括其他诉讼参与人，如辩护律师等。[②]我们认为，根据刑事诉讼法和律师法的相关规定，辩护律师在刑事诉讼中的诉讼地位可以概括为是犯罪嫌疑人、被告人合法权益的专门维护者，不同于当事人，具有独立的诉讼地位，应属于诉讼主体。这种地位主要表现在以下三方面：

①律师依法进行辩护，不受犯罪嫌疑人、被告人意志的约束。辩护人有独立的诉讼地位，不是犯罪嫌疑人、被告人的代言人，他们参与诉讼后即具有独立的辩护权，不受犯罪嫌疑人、被告人的操纵、指挥，其辩护内容不受犯罪嫌疑人、被告人意志的约束，

① 陈瑞华. 程序性辩护之初步考察. 燕山大学学报（哲学社会科学版），2005（1）

② 周国均. 律师制度理论与实务技巧. 北京：中国人民公安大学出版社，2003.135

可以根据事实和法律提出自己的辩护方案。对于犯罪嫌疑人、被告人的要求和意见，辩护律师可以在辨别是非的前提下决定是否采纳和接受。

②辩护律师接受犯罪嫌疑人、被告人的委托或法院指定参与诉讼，是为维护犯罪嫌疑人、被告人的合法权益服务的。一方面，辩护人只能依据事实和法律进行辩护，而不能为其当事人谋取非法利益，更不能从事妨害诉讼顺利进行的行为。《律师法》第32条第2款规定："委托事项违法、委托人利用律师提供的服务从事违法活动或者委托人故意隐瞒与案件有关的重要事实的，律师有权拒绝辩护或代理。"遇到法定的情形，辩护律师可以拒绝辩护。另一方面，辩护律师应忠实于委托人的利益，尽职尽责地维护委托人的合法权益，除此以外没有别的职能。所以，辩护律师在刑事诉讼中，绝对不能扮演控诉人的角色，去检举、揭发犯罪嫌疑人、被告人已经实施过的犯罪行为。如果这样做，既会破坏犯罪嫌疑人、被告人与辩护律师之间彼此信赖的关系，有害于辩护制度的发展，又违背了辩护律师在刑事诉讼中应持的诉讼地位和立场。

③辩护律师进行辩护时与公诉人立场对立，形成诉讼的控辩双方，辩护活动不受公诉人意志的约束。公诉人代表国家行使公诉职责，是从追诉犯罪的角度，收集和提供证明被告人有罪、罪重的证据，保证国家刑罚权的实现，有效控制犯罪；辩护律师则是从维护犯罪嫌疑人、被告人合法权益的角度，提出相应事实和证据，以证明犯罪嫌疑人、被告人无罪、罪轻，或者提出程序性请求，针对控方的程序违法行为要求法院给予制裁，维护犯罪嫌疑人、被告人的程序性权益。双方各司其职，各负其责，共同完成刑事诉讼活动。

第三节　辩护律师的权利和义务

一、辩护律师的权利

根据刑事诉讼法、律师法以及其他相关法律法规的规定，辩护律师在刑事诉讼中享有以下重要权利：

1. 履行职务的受保障权

辩护律师依法履行辩护职责，受国家法律保护。这一权利是辩护律师享有其他诉讼权利的基础和前提。《律师法》第36条规定："律师担任诉讼代理人或者辩护人的，其辩论或者辩护的权利依法受到保障。"这一权利具体规定了辩护律师有权独立地依据法律和证据进行辩护活动，任何国家机关、社会团体以及个人都不得非法干涉。

2. 查阅案卷的权利

《刑事诉讼法》第36条规定："辩护律师自人民检察院对案件审查起诉之日起，可以查阅、摘抄、复制本案的诉讼文书、技术性鉴定材料。辩护律师自人民法院受理案件之日起，可以查阅、摘抄、复制本案所指控的犯罪事实的材料。"《律师法》第34条也对辩护律师的阅卷权作出了规定："受委托的律师自案件审查起诉之日起，有权查阅、摘抄和复制与案件有关的诉讼文书及案卷材料。受委托的律师自案件被人民法院受理之日起，有权查阅、摘抄和复制与案件有关的所有材料。”相对来说，《律师法》对辩护律师的阅卷的范围作出了扩大的规定，更有利于保障辩护律师的阅卷权。根据有关司法解释，这里所说的“诉讼文书”主要是指立案决定书、拘留证、批准逮捕决定书、逮捕决定书、逮捕证、搜查证、起诉意见书等为采取强制措施和其他侦查措施以及立案和提请审查起诉而制作的程序性文书。技术性鉴定材料包括法医鉴定、物证鉴定等鉴定结论和文书。

3. 收集证据材料的权利

刑事诉讼法规定，辩护律师经证人或者其他有关单位和个人的同意，可以向他们收集与本案有关的材料，也可以申请人民检察院、人民法院收集、调取证据，或者申请人民法院通知证人出庭作证。辩护律师经人民检察院或人民法院许可，并且经被害人或者其近亲属、被害人提供的证人同意，可以向他们收集与本案有关的材料。《律师法》则对辩护律师的调查取证权作了更有利的规定，根据该法第 35 条的规定，受委托的律师根据案情的需要，可以申请人民检察院、人民法院收集、调取证据或者申请人民法院通知证人出庭作证。律师自行调查取证的，凭律师执业证书和律师事务所证明，可以向有关单位或者个人调查与承办法律事务有关的情况。据此，辩护律师在调查取证时可以申请人民检察院、人民法院协助收集、调取证据，在向有关单位与个人调查取证时，也无须再征得人民检察院、人民法院的同意，这无疑有助于辩护律师更有效地调查取证。

4. 与犯罪嫌疑人、被告人会见、通信的权利

根据《刑事诉讼法》第 36 条的规定，辩护律师自人民检察院对案件审查起诉之日起，可以同在押的犯罪嫌疑人会见和通信；辩护律师自人民法院受理案件之日起，可以同在押的被告人会见和通信。《律师法》则将辩护律师与犯罪嫌疑人的会见时间提前了，《律师法》第 33 条规定：“犯罪嫌疑人被侦查机关第一次讯问或者采取强制措施之日起，受委托的律师凭律师执业证书、律师事务所证明和委托书或者法律援助公函，有权会见犯罪嫌疑人、被告人并了解有关案件情况。”而且，《律师法》还明确规定了律师会见犯罪嫌疑人、被告人时不被监听，更有力地保证了辩护律师会见、通信权的正常行使。

5. 获得相关诉讼文书的权利

辩护人有权在开庭 3 日以前获得法院的出庭通知书；人民检察院提起公诉的案件，辩护律师有权从人民法院那里得到起诉书副本；凡是辩护律师参加辩护的第一审案件，若人民检察院提出抗诉，辩护律师有权从人民法院那里得到抗诉书副本；辩护律师也有权得到自己承办案件的判决书、裁定书，并且享有印有本人姓名的权利。

6. 参加法庭调查、法庭辩论的权利

参加法庭调查、法庭辩论的权利具体来说包括：①参加法庭调查权。辩护人在公诉人讯问被告人后经审判长许可，可以向被告人发问；经审判长许可，可以对证人、鉴定人发问；辩护律师有权向法庭出示物证、书证或其他作为证据的文书等；法庭审理中，辩护人有权申请通知新的证人出庭，调取新的证据，重新鉴定或者勘验。②进行法庭辩论。在法庭审判中，经审判长许可，辩护律师可以对证据和案件情况发表意见并且与控

诉方互相辩论。

7. 特殊情况下的拒绝辩护权

根据《律师法》第 32 条的规定，律师接受委托后，无正当理由的，不得拒绝辩护或者代理。依据这一规定，一般情况下，律师接受委托后不得因业务繁忙或其他个人原因拒绝继续辩护，只有具备正当理由时才可以拒绝继续为犯罪嫌疑人、被告人辩护。所谓“正当理由”，根据《律师法》第 32 条的规定，是指“委托事项违法、委托人利用律师提供的服务从事违法活动或者委托人故意隐瞒与案件有关的重要事实的”。如犯罪嫌疑人利用律师为其尚未归案的同伙通风报信、订立攻守同盟等。在这些情况下，辩护律师有权拒绝继续为其辩护。

8. 在辩护活动中的言论豁免权

《刑事诉讼法》和原《律师法》对于辩护律师的刑事豁免权没有规定，修订后的《律师法》第 37 条规定：“律师在执业活动中的人身权利不受侵犯。律师在法庭上发表的代理、辩护意见不受法律追究。但是，发表危害国家安全、恶意诽谤他人、严重扰乱法庭秩序的言论除外。”据此，律师对其在刑事诉讼活动中正常的辩护言论是无须承担法律责任的，但如果律师的言论危及国家安全或超出法律的界限，则不受法律的保护。

9. 其他诉讼权利

其他诉讼权利主要包括：对于侦查人员、检察人员和审判人员侵犯公民诉讼权利的行为，有权提出控告；辩护律师有权获得法律服务的报酬；经被告人同意，有权针对一审判决、裁定代为提起上诉；辩护律师对于审判过程中出现的程序性错误有权向原审人民法院或者上一级人民法院反映情况或提出意见。

二、辩护律师的义务

辩护律师在享有广泛诉讼权利的同时，根据法律规定，负有以下诉讼义务：

① 根据事实和法律，尽心尽力地为犯罪嫌疑人、被告人进行辩护。辩护律师在接受犯罪嫌疑人、被告人委托后，应当忠于职守，切实为维护犯罪嫌疑人、被告人的利益开展工作，并且应当负责到底，无正当理由不得拒绝辩护。

② 保守秘密的义务。《律师法》第 38 条规定：“律师应当保守在执业活动中知悉的国家秘密、商业秘密，不得泄露当事人的隐私。律师对在执业活动中知悉的委托人和其他人不愿泄露的情况和信息，应当予以保密。”辩护律师接受委托后，依据律师行业的职业道德，应该为维护犯罪嫌疑人、被告人的利益进行活动，而不应损害委托人的合法权益。如果允许辩护律师将执业活动中知悉的委托人的秘密泄露出去，势必损害委托人的权益，损害委托人与辩护律师之间的信任关系，使得辩护活动无法进行或者即使完成也没有实质意义。当然，辩护律师的保密义务也不是完全绝对的义务，如果辩护律师知悉委托人或者其他人准备或者正在实施危害国家安全、公共安全以及其他严重危害他人人身、财产安全的犯罪事实和信息，辩护律师则不负有保密义务，如果及时向相关机关控告、举报，并不违反保密义务。

③ 辩护律师应按时出庭，遵守法庭纪律，服从法庭指挥。辩护律师收到出庭通知书后，应按照出庭通知规定的时间按时出庭参加诉讼，不得无故不出庭。在庭审进行过程中，不得妨碍诉讼的正常进行，严格遵守法庭规则，尊重审判人员、公诉人员和其他诉讼参与人，不得发表有损司法机关尊严和有辱司法人员和其他诉讼参与人人格尊严的言论，否则，应承担相应的法律责任。

④ 辩护律师不得在同一案件中同时为双方当事人担任辩护人和代理人，不得代理与本人或者其近亲属有利益冲突的法律事务。

⑤ 不得私自接受委托、收取费用，接受委托人的财物或者其他利益。

⑥ 不得违反规定会见法官、检察官以及其他工作人员，不得向法官、检察官以及其他有关工作人员行贿，介绍贿赂或者指使、诱导当事人行贿，或者以其他不正当方式影响法官、检察官以及其他有关工作人员依法办理案件。

⑦ 不得故意提供虚假证据或者威胁、利诱他人提供虚假证据，妨碍对方当事人合法取得证据；不得帮助犯罪嫌疑人、被告人隐匿、毁灭有罪、罪重的证据，伪造无罪、罪轻的证据或帮助其串供。

⑧ 曾经担任法官、检察官的律师，从人民法院、人民检察院离任后两年内，不得担任辩护人。

⑨ 辩护律师在会见犯罪嫌疑人、被告人过程中，应严防犯罪嫌疑人、被告人逃脱、行凶、自杀等事件发生；会见结束后，应按监管场所规定将犯罪嫌疑人、被告人交给看管人员。

⑩ 律师应该按照国家规定履行法律援助义务，为受援助人提供符合标准的辩护服务，维护受援人的合法权益。

第四节　侦查阶段为犯罪嫌疑人提供法律帮助

一、辩护律师介入侦查阶段的意义

为充分保障犯罪嫌疑人的辩护权利，维护其合法权益，1996 年《刑事诉讼法》第 96 条第 1 款规定：“犯罪嫌疑人在被侦查机关第一次讯问后或者采取强制措施之日起，可以聘请律师为其提供法律咨询、代理申诉、控告。犯罪嫌疑人被逮捕的，聘请的律师可以为其申请取保候审。”这被视为我国刑事诉讼制度的一个重大进步，是保证侦查活动合法进行的有力举措，对于维护犯罪嫌疑人的合法权益具有重要意义。

《律师法》第 33 条规定：“犯罪嫌疑人被侦查机关第一次讯问或者采取强制措施之日起，受委托的律师凭律师执业证书、律师事务所证明和委托书或者法律援助公函，有权会见犯罪嫌疑人、被告人并了解有关案件情况。”根据该条规定，律师介入侦查阶段的时间又被提前至“犯罪嫌疑人被侦查机关第一次讯问或者采取强制措施之日起”，这对于侦查阶段犯罪嫌疑人的权利保护无疑是具有重大价值的。因为在侦查阶段，犯罪嫌疑人往往被限制了人身自由，所以很容易受到侦查机关的侵害，再加上他们中的绝大多数人缺乏法律知识，不知道如何利用法律武器维护自身的合法权益，所以，允许律师在侦查阶段就介入诉讼，是保护犯罪嫌疑人的合法权益的重要保证，是我国刑事诉讼制度民主化、法治化的一个重要标志。而且，我国刑事诉讼中，还存在刑讯逼供和通过威胁、欺骗、引诱等非法方法取得证据的现象，律师在侦查阶段为犯罪嫌疑人提供法律帮助，可以对侦查人员的行为形成有效的制约，遏制他们的非法侦查行为，既可以保障犯罪嫌疑人的诉讼权利，也可以推进我国刑事诉讼的法治化进程。

二、律师在侦查阶段的诉讼地位

律师介入侦查阶段，应该处于何种诉讼地位，对律师所能享有的诉讼权利相当重要。关于律师在侦查阶段的诉讼地位，我国理论界还存在不同看法，一种观点认为，律师在侦查阶段的诉讼地位就是犯罪嫌疑人的辩护人。[①]另一种观点认为，律师在侦查阶段不具有辩护人的诉讼地位，顶多是一种“诉讼代理人”或“法律顾问”、“法律帮助人”或像日本的“法律辅佐人”的地位。[②]我们认为，律师介入侦查阶段后的身份应该是辩护人。《律师法》第33条的规定实际上已经把整个刑事诉讼活动中律师的地位基本上确定下来，那就是从侦查阶段开始，延续下来的律师的权利是一样的，律师要求会见可以不需要经过批准，律师会见可以不被监听。换言之，从侦查阶段开始，律师就可以以辩护人的身份介入了。这种地位也与相关的国际公约规定是一致的。《关于律师作用的基本原则》第1条规定：“一切个人都有权请求由其选择的一名律师协助保护和确立其权利并在刑事诉讼的各个阶段为其辩护。”

三、委托辩护关系的建立

根据《刑事诉讼法》、《律师法》和相关司法解释的规定，犯罪嫌疑人在被侦查机关第一次讯问或者采取强制措施之日起，可以聘请律师为其提供法律咨询、代理申诉、控告、申请取保候审。犯罪嫌疑人可以自己聘请律师；如果不方便亲自聘请，也可以由其近亲属代为聘请。在押的犯罪嫌疑人提出聘请律师要求的，监管机关应当及时将其要求转达给侦查机关，侦查机关应当按照犯罪嫌疑人的要求向相应的律师事务所和律师转达。而且，从理论上说，侦查机关应该有义务告知犯罪嫌疑人有委托律师提供法律帮助的权利。如果犯罪嫌疑人有聘请律师的要求，但没有提出具体的聘请对象或因经济原因无力聘请律师的，侦查机关应及时通知当地法律援助机构为犯罪嫌疑人安排承担法律援助义务的律师，为犯罪嫌疑人提供法律援助。如果案件涉及国家秘密，犯罪嫌疑人需要聘请律师的，应经过侦查机关批准。侦查机关应在收到聘请律师的申请后3日内作出决定；如果决定不同意该申请的，应当向申请人说明理由。

---

① 徐静村. 律师辩护有待解决的几个问题. 现代法学，1997（6）

② 陈瑞华. 刑事侦查构造之比较研究. 政法论坛，1999（5）

犯罪嫌疑人或其近亲属与委托的律师达成一致后，应该与该律师所在的律师事务所签订委托协议。实践中，犯罪嫌疑人大多是被羁押的，因此与律师接触的多是犯罪嫌疑人的近亲属，同律师事务所建立委托关系的也通常是犯罪嫌疑人的近亲属。基于这种现实，我们认为，在同犯罪嫌疑人的近亲属签订委托协议后，律师应当尽快持律师执业证、律师事务所的介绍信会见犯罪嫌疑人，让其对委托关系予以确认，经过这样的程序后，委托关系才真正建立起来。

四、侦查阶段律师的权利和辩护活动

与审查起诉阶段和审判阶段相比，虽然在侦查阶段，律师也处于辩护人的地位，但由于侦查阶段的特点，侦查阶段的律师所享有的权利受到很大的限制。根据《刑事诉讼法》、《律师法》和其他法律法规的规定，侦查阶段的律师享有下列诉讼权利，并可以进行相应的辩护活动：

1. 与犯罪嫌疑人会见

根据《律师法》的规定，从犯罪嫌疑人被侦查机关第一次讯问或者采取强制措施之日起，律师就有权会见犯罪嫌疑人，向其了解案件的有关情况。当辩护律师非犯罪嫌疑人亲自委托的时候，为了使犯罪嫌疑人知道自己是其亲属为其聘请的律师辩护，律师应当在见面时首先介绍自己的身份并说明来意，取得犯罪嫌疑人的信任。为了使犯罪嫌疑人对辩护工作有一个比较正确的理解，认识到辩护是依法进行的，律师应讲明辩护的性质。律师在会见在押的犯罪嫌疑人时，可以了解案件的以下情况：①犯罪嫌疑人的基本情况；②犯罪嫌疑人是否实施或参与所涉嫌的犯罪；③犯罪嫌疑人关于案件事实和情节的陈述；④犯罪嫌疑人关于无罪、罪轻的辩解；⑤被采取强制措施的法律手续是否完备；⑥被采取强制措施后其人身权利、诉讼权利是否受到侵犯；⑦其他需要了解的与案件有关的情况。律师提出会见犯罪嫌疑人的，侦查机关应当在48小时内安排会见，对于组织、领导、参加黑社会性质组织罪，组织、领导、参加恐怖组织罪或走私犯罪、毒品犯罪等重大复杂或有组织的犯罪，律师要求会见犯罪嫌疑人的，侦查机关应当在5日内安排会见。除非涉及国家秘密，否则律师会见犯罪嫌疑人不需经过侦查机关批准。而且，律师会见在押的犯罪嫌疑人时，不被监听。按照相关国际公约确立的标准，“不被监听”应指“在执法人员能看得见但听不见的范围内进行”，即侦查机关不应派员在场。

2. 向侦查机关了解犯罪嫌疑人涉嫌的罪名

为在后续诉讼阶段进行有针对性的辩护，律师接受犯罪嫌疑人委托后有权向侦查机关了解犯罪嫌疑人涉嫌触犯的罪名，根据涉嫌的罪名准备辩护、收集无罪、罪轻的证据。

3. 代理犯罪嫌疑人提出申诉和控告

《刑事诉讼法》第14条规定，诉讼参与人对于侦查人员侵犯公民诉讼权利和人身侮辱的行为，有权提出控告。据此，对于侦查机关扣押犯罪嫌疑人财物时违反法定程序或犯罪嫌疑人被拘留的24小时之内没有被讯问以及被实施了刑讯逼供、人身侮辱、非法拘禁等违法的情况，律师可以代为提出申诉和控告。关于申诉和控告的方式，现行法律没有作出明确规定，我们认为，可以参照相关规定，在违法情形发生后 7 日内可向侦查机关提出，要求侦查机关予以纠正。对侦查机关在收到申诉材料后 7 日内不作出审查决定的，律师可以代理犯罪嫌疑人向人民检察院的渎职、侵权检察部门提出控告。

4. 为犯罪嫌疑人提供法律咨询，代为申请取保候审

律师可以对犯罪嫌疑人就其涉嫌构成的犯罪进行讲解，为犯罪嫌疑人详细地解释刑事政策的规定和精神，告知犯罪嫌疑人享有哪些法定诉讼权利，应怎么做才能获得较轻的制裁等。对于犯罪嫌疑人向其询问的法律方面的问题，应当给予解答。受聘请的律师可以按照刑事诉讼法的规定代为申请取保候审，获得批准后协助犯罪嫌疑人的近亲属提出保证人和交纳保证金，并告知犯罪嫌疑人在取保候审期间应负有的义务，以及违反法定义务应承担的法律后果，做好犯罪嫌疑人的思想工作，确保他们不逃避侦查、起诉和审判，保障犯罪嫌疑人的合法权益和诉讼的顺利进行。

五、侦查阶段的律师应遵守的规则

《刑事诉讼法》将律师介入诉讼的时间提前至侦查阶段，这对保障犯罪嫌疑人的权益是一个巨大的进步，为律师充分地利用其专业知识发挥作用提供了便利，但是侦查阶段的律师所享有的辩护权利还十分有限，其行为也受到了诸多限制。在这一阶段，律师的活动应遵守下列规则：

1. 严格保守介入侦查过程中所知悉的秘密

《律师法》第 38 条规定，律师应当保守在执业活动中知悉的国家秘密、商业秘密，不得泄露当事人隐私。虽然这样的要求贯穿于整个刑事诉讼的始终，但在侦查阶段，保守秘密显得更为重要。因为侦查阶段对于控诉犯罪能否成功至关重要，在这一阶段很多证据尚未收集到，如果在这一阶段将重要的信息泄漏出去，可能会致使犯罪嫌疑人毁灭证据、串供、逃跑藏匿等，影响案件事实的查清。案件的重要事实需要在这一阶段澄清，诸多的秘密可能都会在这一阶段呈现出来，经过过滤之后，控诉机关才会将相关证据呈交于法庭，所以相对于起诉和审判阶段，侦查阶段对于国家秘密、商业秘密和个人隐私的保密显得更加重要。

2. 不得妨碍侦查活动的顺利进行

侦查活动的顺利进行，既需要侦查机关严格按照刑事诉讼法规定的程序进行，也需要律师在为犯罪嫌疑人提供帮助的同时与侦查机关依法进行配合，更不得破坏侦查活动的顺利进行。《律师法》第 40 条规定：“律师不得故意提供虚假证据或者威胁、利诱他人提供虚假获证据，妨碍对方当事人合法取得证据。”《刑事诉讼法》第 38 条规定：“辩护律师和其他辩护人，不得帮助犯罪嫌疑人、被告人隐匿、毁灭、伪造证据或者串供，不得威胁、引诱证人改变证言或者作伪证以及进行其他干扰司法机关诉讼活动的行为。”这些法律规定都表明，律师虽然应该忠于职守，尽力为维护犯罪嫌疑人的利益服务，但这一切都应该在依法的前提下进行，在侦查阶段的活动不得妨碍侦查活动的顺利、正常、有序进行。

总体来说，我国修改后的《刑事诉讼法》对于侦查阶段犯罪嫌疑人辩护权的保护

取得了较大的进步，特别是新《律师法》的实施，进一步完善了侦查阶段律师的权利体系。侦查阶段是律师通过会见犯罪嫌疑人了解案情和侦查人员是否依法进行侦查活动的重要阶段，因此，侦查阶段的律师应享有哪些诉讼权利成为理论界关注的焦点。虽然现行法律赋予侦查阶段的律师享有广泛的权利，但还存在明显的不足，主要表现在以下三个方面：

第一，虽然规定犯罪嫌疑人在被侦查机关第一次讯问或者采取强制措施之日起可以委托律师提供法律帮助，但没有规定犯罪嫌疑人在被侦查机关第一次讯问或者采取强制措施之日起的多长时间之内应告知犯罪嫌疑人有权聘请律师，以及接到申请后多长时间内可以聘请律师。

第二，侦查阶段律师“会见难”、“阅卷难”、“调查取证难”等三难问题也困扰着律师行业，影响律师的正常执业和犯罪嫌疑人合法权益的维护。首先，在押犯罪嫌疑人、被告人难以直接联络并及时与律师会见；其次，律师会见犯罪嫌疑人、被告人常常被无理由地拖延；再次，律师会见犯罪嫌疑人的次数、时间、谈话内容受到种种限制。

第三，指定辩护制度不适用于侦查阶段，对于经济困难的犯罪嫌疑人获得律师帮助权的实现显然不利。为了解决这一系列难题，学者提出了解决的建议和对策，如赋予律师侦查阶段在场权、明确规定律师享有调查取证权、建立侦查阶段的司法审查机制等。

第五节　审查起诉阶段的律师辩护

一、委托关系的建立

在侦查阶段接受委托的律师可以继续参与审查起诉阶段的辩护活动，如果侦查阶段犯罪嫌疑人没有委托律师或者进入审查起诉阶段后，犯罪嫌疑人与原委托的律师解除委托关系的，可以在审查起诉阶段委托律师提供辩护。

《刑事诉讼法》第 33 条规定：“人民检察院自收到移送审查起诉的案件材料之日起 3 日以内，应当告知犯罪嫌疑人有权委托辩护人。”据此，检察院应当告知犯罪嫌疑人有权委托律师提供辩护。犯罪嫌疑人可以自行委托律师，如果犯罪嫌疑人被限制人身自由，可以由其近亲属代为委托。委托人应与律师所在的律师事务所签订委托协议，由律师事务所指派律师为犯罪嫌疑人进行辩护。在委托协议上应明确双方的权利义务、委托的事项、费用的收取等相关内容，由委托人出具委托书，接受委托的律师应将该委托书送交受案的检察院。

二、辩护律师在审查起诉阶段的辩护活动

根据《刑事诉讼法》的规定，律师在审查起诉阶段具有明确的诉讼地位，即辩护人，由于具有这一法定的身份，与侦查阶段相比，律师的诉讼权利更为广泛。与此相

应，在审查起诉阶段，辩护律师的辩护活动内容丰富。

1. 会见犯罪嫌疑人

如果犯罪嫌疑人没有被羁押，辩护律师可以在律师事务所或双方约定的地点会见犯罪嫌疑人。如果犯罪嫌疑人被羁押，辩护律师需要到监管机关会见。根据《刑事诉讼法》的规定，辩护律师在整个审查起诉阶段都可以同犯罪嫌疑人会见。辩护律师会见犯罪嫌疑人时，应向监管机关提供相关的证明文件，然后由看守部门指定地点并作出相应安排。看守部门应当为律师会见犯罪嫌疑人提供方便，不得无理拒绝或找各种借口拖延、阻挠其会见。律师在会见时，一般以两人为宜。在会见时有权不被监听，看守部门应该切实保障辩护律师的这一权利。对于会见时所知悉的国家秘密或他人的隐私等私人秘密，辩护律师应该予以保密。关于会见的次数和和时间，现行法律没有作明确规定，这也为看守部门拒绝辩护律师的再次会见提供了借口。我们认为，只要在审查起诉阶段，出于案件情况和辩护工作的需要，律师会见的次数应不受限制，在工作时间所要求的会见，看守部门应该予以满足，特殊情况除外。

辩护律师在此阶段会见犯罪嫌疑人主要是进一步确认案件事实，看犯罪嫌疑人对案件事实有没有补充，给犯罪嫌疑人以法律上的帮助。具体来说，主要有以下两个方面的活动内容：

① 听取犯罪嫌疑人关于案件事实的陈述和对于指控的意见。犯罪嫌疑人在监管场所的环境下，在冷静思考后可能会有以前遗漏的或遗忘的事实需要向辩护律师陈述，在辩护律师与其会见时可以起到补充陈述的作用，为辩护律师准备下一步的辩护打下基础。所以，辩护律师在会见时应该先让犯罪嫌疑人自己陈述，在此过程中，律师不应插话，一直让其陈述完毕。当律师感到对某个问题不清楚或者有问题时，再进行询问。在与辩护律师会见时，犯罪嫌疑人可以陈述自己对于案件事实的意见和辩护要求，提供证明其无罪、罪轻、减轻或免除其刑事责任的证据材料或线索，为辩护律师调查取证提供帮助。具体来说，若犯罪嫌疑人认为自己的行为未构成犯罪，应当听取他陈述未犯罪的事实和理由；若承认自己的行为构成犯罪，应侧重听其说明自己从轻、减轻或者免除其刑事责任的事实和理由。特别是当犯罪嫌疑人所说的情况与案卷记录不一致时，应让其说明不一致的理由和根据，以分辨真伪。要注意犯罪嫌疑人谈话的内容有无前后矛盾的地方，在会见过程中，应做好简要的记录。

② 为犯罪嫌疑人提供进一步的法律帮助。虽然刑事诉讼法规定在侦查阶段辩护律师即可以介入侦查活动，但由于律师在侦查阶段的法律地位不明确，享有的权利有限，与犯罪嫌疑人的会见次数和时间也受到限制，更加没有调查取证权，所以，在侦查阶段辩护律师会见犯罪嫌疑人时对于案件事实只能有初步的了解，在会见时无法给犯罪嫌疑人提供更多的法律帮助。而在审查起诉阶段，辩护律师法律地位明确，被确定为辩护人，享有调查取证权和广泛的阅卷权等辩护权利，所以在此阶段会见犯罪嫌疑人时，辩护律师对于案情已有了较为深入的了解，对于法律适用也会形成自己的初步见解。因此，在审查起诉阶段，辩护律师会见犯罪嫌疑人时，除了可以告知他所享有的诉讼权利，分析犯罪嫌疑人可能承担的法律后果外，还可以了解犯罪嫌疑人的人身权利在羁押期间有没有被侵犯；如果审查起诉机关有侵犯犯罪嫌疑人人身权利的非法行为，可以提出交涉或

提出控告，也可以将此行为作为程序辩护的重要内容，维护犯罪嫌疑人的合法权益。

律师在与犯罪嫌疑人会见时，不得暗示或明示犯罪嫌疑人作伪证或协助其与他人串供，不得就案件处理结果向犯罪嫌疑人做任何承诺，不得违反规定携带违禁物品。

2. 查阅诉讼文书和与案件有关的案卷材料

《刑事诉讼法》第 36 条规定，案件自移送审查起诉之日起，辩护律师可以查阅、摘抄、复制本案的诉讼文书、技术性鉴定材料。《律师法》第 34 条则规定，受委托的律师自案件审查起诉之日起，有权查阅、摘抄和复制与案件有关的诉讼文书及案卷材料。相对于《刑事诉讼法》的规定，《律师法》第 34 条的规定将辩护律师在审查起诉阶段阅卷的范围作了扩大的规定，即将“技术性鉴定材料”拓宽为“与案卷有关的案卷材料”。所谓本案的诉讼文书，一般指立案决定书、拘留证、提请批准逮捕书、逮捕决定书、逮捕证及采取其他强制措施的法律文书、通缉令、起诉意见书等。技术性鉴定材料则主要是指鉴定结论。案卷材料的范围远远大于技术性鉴定材料，除了鉴定结论外，还包括被害人陈述、犯罪嫌疑人供述和辩解、证人证言等相关证据。[①] 通过查阅这些证据，可以了解控方掌握了哪些证据，以进行有针对性的辩护准备。通过审阅起诉意见书，可以从中了解案情，发现潜在的问题，判断犯罪嫌疑人的行为是否构成犯罪，有无有利于犯罪嫌疑人事实、情节，以及犯罪嫌疑人可能会被判处何种刑罚等。通过查阅案卷材料，辩护律师应进一步明确案件辩护的思路，找准下一步调查取证和辩护的突破口。

3. 自行或申请调查取证

《刑事诉讼法》第 37 条规定，辩护律师经证人或其他有关单位和个人同意，可以向他们收集与本案有关的材料，也可以申请人民检察院、人民法院收集、调取证据；辩护律师经人民检察院或者人民法院许可，并且经被害人或者其近亲属、被害人提供的证人同意，可以向他们收集与本案有关的材料。《律师法》第 35 条规定，受委托的律师根据案情的需要，可以申请人民检察院收集、调取证据。律师自行调查取证的，凭律师执业证书和律师事务所证明，可以向有关单位或者个人调查与承办法律事务有关的情况。辩护律师在与犯罪嫌疑人会见和阅卷之后，对案情有了进一步的认识，更加明确了辩护的方向。为了切实维护犯罪嫌疑人的合法权益，辩护律师应根据需要主动进行调查取证。如果律师自行调查取证比较困难，难以取得证据，可以申请人民检察院收集、调取证据。虽然人民检察院属于控诉机关，负有控诉犯罪的使命，但其又属于法律监督机关，承担着客观义务，应全面客观地收集能证明犯罪嫌疑人有罪和无罪的所有证据，而不应只收集对犯罪嫌疑人不利的证据。所以，当辩护律师提出申请时，检察机关有义务予以协助。

辩护律师在自行调查取证时，一般不应少于两人，并且应该按照法律规定携带并出示律师执业证书和律师事务所出具的证明。依新《律师法》的规定，辩护律师在向有关单位或者个人自行调查取证时，不需要再取得被调查人的同意。但是，向被害人及其提供的人调查取证时，还是否需要征得他们的同意，是否要获得检察院的许可呢？我们认

① 田文昌. 律师制度. 北京：中国政法大学出版社，2007.177

为,《律师法》规定的"有关单位或者个人"就应该包括被害人及其提供的人在内，所以不需要征得他们的同意和检察院的许可，辩护律师应该有权向他们调查取证。当然，虽然不需要他们的同意，但仍离不开他们的配合，如果这些人拒绝提供证据，辩护律师是没有强制调查权的，只能申请人民检察院协助调查取证了。辩护律师在调查的过程中应该做好调查笔录，并且交由被调查人阅读或向其宣读，被调查人可以要求补充或改正，经被调查人核对无误后签名或盖章，该调查笔录可以作为辩护证据提交法庭。

4. 发表辩护意见

《刑事诉讼法》规定，人民检察院审查案件，应当听取犯罪嫌疑人委托的人的意见，因此，听取犯罪嫌疑人委托的辩护律师的意见是人民检察院审查案件必经的程序。

由于现行的审查起诉制度不具备基本的"控辩审"三方诉讼构造，审查起诉是由检察机关秘密进行的，辩护律师和犯罪嫌疑人都无法通过常规的途径参与该活动，如何维护辩方的权利成为审查起诉阶段需要考虑的一个重要问题。审查起诉的结果可能是撤销案件或不起诉，这对于犯罪嫌疑人来说是较为有利的，可以从诉讼中解脱，获得自由。但审查起诉还有一种结果就是决定起诉，这对于本身犯罪的犯罪嫌疑人来说是其应得的结果，但对于无辜的犯罪嫌疑人来说，还需要承受较长时间的讼累，人身自由也在很长时间内被剥夺，甚至还有被错判有罪的风险。而如果在审查起诉阶段，辩护律师能有效地参与其中，根据犯罪嫌疑人的具体情况，提出有理有据的辩护意见，如犯罪嫌疑人属于正当防卫、紧急避险，或没有达到法定的刑事责任年龄，或已过追诉时效等，检察机关经过仔细审查认为辩护意见成立即可终结刑事诉讼，既使犯罪嫌疑人尽早地摆脱诉讼的束缚，也避免了司法资源的浪费，将有限的司法资源用于追究真正的罪犯。因此，在审查起诉阶段，人民检察院应该充分重视辩护律师的辩护意见，不应仅为了满足法定的程序要求而走过场，对于辩护律师的意见抱着无所谓的态度，从而错过及早发现事实的时机。作为辩护律师，也应从切实维护犯罪嫌疑人合法权益的立场出发，重视这一发表意见的机会，不要轻易浪费法律赋予的这一权利，认为"意见不会被检察机关接受，说了也白说，反正还有法庭审判阶段"，而应本着对犯罪嫌疑人负责的态度，尽最大努力维护犯罪嫌疑人的合法权益。

第六节　审判阶段的律师辩护

一、一审公诉案件的律师辩护与代理

1. 一审公诉案件的律师辩护

(1) 辩护律师的产生

辩护律师的产生途径主要是通过委托和指定，根据《刑事诉讼法》的规定，指定辩护只发生在审判阶段，即只能由法院指定。《刑事诉讼法》第151条规定，公诉案件人民法院决定开庭审判后，对于被告人未委托辩护人的，人民法院应当告知被告人可

以委托辩护人，或者在必要时指定承担法律援助义务的律师为其提供辩护。获得指定辩护的被告人必须具备法定的条件。根据刑事诉讼法和相关司法解释的规定，需要人民法院指定辩护的被告人主要包括以下四种情形：①被告是限制行为能力人没有委托辩护人，人民法院应当指定；②被告是盲、聋、哑或未成年人没有辩护人，人民法院应当指定；③被告可能被判处死刑没有辩护人，人民法院应当指定；④公诉人出庭的公诉案件，因经济困难或其他原因没有辩护人的，人民法院可以指定。

为了保障指定的辩护律师能够切实地维护被告人的合法权益，指定时必须考虑给辩护律师留下足够的准备辩护的时间。辩护律师接受指定后，没有正当理由不得拒绝辩护。参照《律师法》第 32 条的规定，我们认为拒绝辩护的正当理由主要是：被告人要求辩护律师从事的事项违法、利用辩护律师提供的服务从事违法活动或者被告人故意隐瞒与案件有关的重要事实的。被告人也可以在审判过程中拒绝其委托的律师继续为其辩护，但能否拒绝法院指定的辩护律师为其辩护，目前没有明确的规定。我们认为，应尊重被告人的意愿，如果其拒绝法院指定的辩护律师为其进行辩护，应该得到允许。因为说到底，获得辩护的机会是被告人的一项权利，其可以行使也可以放弃，即使是指定辩护也是在被告人因各种原因没有辩护人的情况下实施的，目的是为了增加辩方的力量，实现控辩双方的平等对抗，确保司法公正，而不仅只是为形式的目的。如果被告人拒绝指定辩护而强迫其接受，就失去了指定辩护的本来意义。即使被告人被迫接受，但抱着抵触的情绪不配合辩护律师的工作，指定辩护还是没有实际意义。所以，我们认为，如果被告人拒绝指定，人民法院应向其解释指定辩护的法律依据和法律意义，如果解释后被告人仍坚持拒绝指定的，人民法院应该准许，并将这一情况记入笔录，在开庭时予以说明。如果被告人只是对人民法院指定的辩护律师不满意，而不是不同意指定辩护，人民法院应该审查其拒绝的理由，如果理由合理的话，应当为其另行指定，并将这一情况记入笔录。在审理过程中，被告人提出更换辩护律师的，如果理由正当，法院应该准许。

(2) 庭前准备

公诉机关移送审查起诉后，案件转入审判阶段，辩护律师辩护质量的高低很大程度上取决于庭前准备的情况。辩护律师在这一阶段应着重准备好以下四项工作：

①查阅案卷材料。《刑事诉讼法》第 36 条规定，辩护律师自人民法院受理案件之日起，可以查阅、摘抄、复制本案所指控的犯罪事实的材料。所以，辩护律师应尽可能早地到法院办理相关手续，以尽可能早地阅卷，这一段时间对于辩护律师和被告人都是十分珍贵的。庭前准备过程中辩护律师查阅案卷是参加庭审前的重要活动，为法庭调查和法庭辩论的成功奠定基础。根据《刑事诉讼法》第 150 条的规定，人民检察院以送给法院的案卷材料有“明确的指控犯罪事实并且附有证据目录、证人名单和主要证据复印件或者照片。”而《律师法》第 34 条规定，受委托的律师自案件被人民法院受理之日起，有权查阅、摘抄和复制与案件有关的所有材料。根据这些规定，辩护律师在庭审前可以在审判法院查阅到的所有与案件有关的材料只有“指控的犯罪事实材料”。所谓指控的犯罪事实材料，主要是指有明确指控犯罪事实的起诉书、相关证据的目录、证人名单和主要证据复印件或照片。据此，辩护律师庭前应当查阅案卷中的这些材料，以便

进一步了解案情，做到心中有数，为会见被告人时提出相关问题做好准备。

辩护律师庭前阅卷主要分为两个步骤：首先，分析研究起诉书。起诉书是人民检察院代表国家对被告人提起刑事指控的重要法律文件，其中有人民检察院对被告人犯罪事实、犯罪性质、被告人在犯罪中所处的地位、所起作用的认定，以及国家公诉机关要求审判机关对被告人如何处以刑罚的法律意见。通过审查起诉书，辩护律师可以初步掌握案情，看起诉书对案情事实是如何认定的，具体情况如何，分析研究起诉书认定的罪名是什么，有哪些证据，适用法律是否正确。辩护律师在研读起诉书时主要应了解以下情况：被告人的基本情况，包括姓名、性别、年龄、籍贯、民族、以往表现等；起诉书对犯罪构成要件事实的认定，包括犯罪的时间、地点、目的、有无刑事责任能力、有无自首、立功表现、是不是从犯、是否具有免责事由等；对案件性质认定是否正确，引用的法律条款是否恰当等。其次，查阅案内的其他材料。主要有证据目录、证人名单和主要证据复印件或照片等。辩护律师在阅卷时，应该细心谨慎，不要有遗漏，应该说服被告人亲属，不要在复印案卷上节省费用，如果一次阅卷不能查清问题，应多次阅卷。辩护律师应该制作详细的阅卷笔录，对于通过阅卷发现的问题、疑点和矛盾，应在阅卷笔录中作出标记，做到重点突出，以便事后查阅，在法庭调查和法庭辩论时提出质疑，为质证做好准备。

②会见被告人。与被告人会见是辩护律师的一项重要职权，贯穿于诉讼的始终，在审判阶段也不例外。辩护律师在这一阶段会见被告人的程序与侦查和审查起诉阶段基本相同。辩护律师在庭前阶段会见被告人主要从事下列活动：

首先，再次听取被告人的意见。告知被告人检察机关指控的罪名，听取被告人对于指控有何意见，让被告人陈述是否还存在法定的无罪、罪轻或者可以减轻、免除刑罚的情节，询问被告人起诉书指控的事实和列举的证据是否存在，是否还有新的证据或证据线索需要补充。同时，对于辩护的计划和内容要告知被告人，听取被告人的意见，特别是对于作有罪辩护还是无罪辩护应尽量与被告人意见一致；如果被告人与辩护律师的意见不一致的，应该向被告人解释自己的观点。

其次，与被告人研究在庭审时的分工，向被告人交代法庭审理中的注意事项，教育被告人在法庭上要忠实于事实真相，如实回答提问。关于辩护律师能否教会被告人回答问题时使用某些技巧，我们认为应该是允许的。因为讲求技巧与忠于事实真相并不一定矛盾，同样的事实用不同的方式表述效果可能会差别很大，所以，允许辩护律师教会被告人某些技巧也有利于维护被告人的合法利益，而且这种现象在实践中是广泛存在的，即使禁止也是无法做到的。同时，辩护律师要使被告人了解自己在法庭上享有的诉讼权利，鼓励他在法庭上充分行使辩护权，敢于维护自己的合法权益。

③调查取证。为了进一步完善参加法庭审判的方案，在会见被告人和查阅案卷后，辩护律师还应根据需要进行有针对性的调查取证工作。律师辩护的成功说到底是证据的搜集整理与组织运用的成功，庭前进行有针对性的调查收集证据活动对于辩护的效果具有重要影响。辩护律师应善于发现证据线索，对自己所办理的案件的关键点应该有一个清晰的认识和判断，应该主要围绕这些关键点去搜寻证据线索。当然，光发现证据线索还远远不够，辩护律师还应千方百计地去搜集证据。然而，由于各种原因，辩护律师有

时是无法自行搜集到证据的，如书证持有人不同意提供该书证，辩护律师又没有强制取证的权力，在这种情况下，辩护律师可以寻求获得法院的支持，申请人民法院调取证据、通知证人出庭作证。值得注意的是，《刑事诉讼法》规定辩护律师向被害人及其提供的人调查取证时，应取得他们的同意并得到法院许可，新《律师法》的规定取消了须征得“同意和许可”的条件，而是直接规定“凭律师执业证书和律师事务所证明，可以向有关单位或者个人调查与承办法律事务有关的情况”，为辩护律师在庭前的调查取证提供了便利。

④制作讯问（询问）提纲、辩护词。经过调查取证、查阅案卷和会见被告人之后，辩护律师接下来应着手准备庭审调查和辩论的方案和策略，为了增加法庭辩论的实际效果，应构思好辩护要点，拟好辩护材料。法庭审理中辩护律师要对相关主体进行询问，为使询问更有针对性，一份询问提纲是必不可少的。拟定询问提纲时应注意尽量避免进行诱导性发问，对于询问的目标应该十分清楚，不能为完成任务而走过场。

辩护律师在考虑辩护方案时，应根据案件的实际情况特别是控诉机关和自己所收集的证据制定合适的方案，并征求被告人意见，决定是进行有罪辩护还是无罪辩护。如果被告人未实施公诉机关所指控的罪行，被告人的行为依法不构成犯罪，或者虽然实施了危害社会的行为，但情节显著轻微，危害不大，不构成犯罪的，以及其他属于刑事诉讼法规定不应追究刑事责任的情形的，辩护律师应果断决定进行无罪辩护，不要一味求稳，不敢进行无罪辩护。如果辩护律师认为被告人的行为构成犯罪，但犯罪性质和情节、危害后果等比检察机关指控的罪名和建议的刑罚要轻，或者被告人具有自首、立功等情节，属于从犯、犯罪中止、防卫过当等情形的，辩护律师应进行有罪辩护，不要盲目追求进行无罪辩护的眼球效果，要切实从维护被告人的合法权益出发，切合实际。当然，在前述情形下，辩护律师在进行有罪辩护的大前提下，应该主张对被告人从轻、减轻甚至免除刑罚。

另外，值得注意的是，随着程序法律的日益完善和程序公正理念逐渐深入人心，对于侦查机关和公诉机关在侦查和审查起诉过程中的程序性违法行为，辩护律师应该提出辩护意见，指出程序违法之处以及对于相关证据真实性的影响，力图使法院排除这些违法取得的证据。这样不仅可以维护被告人的合法权益，而且保证了审判的实体公正，避免错案发生，这种辩护就是程序性辩护。辩护律师在进行实体辩护的同时，应善于抓住侦查和公诉机关的程序瑕疵进行辩护，可能会取得意想不到的效果。

辩护词是指辩护律师为履行职责、针对起诉书的指控内容，根据事实和法律向法院提出辩驳意见的一种法律文书。[①] 它是辩护律师对起诉书指控的罪名，从事实认定、证据运用到法律适用，从实体到程序的全面评价，是辩护律师辩护意见的集中体现。制作辩护词应针对起诉书指控的内容，以事实为根据，以法律为准绳，观点明确，以理服人。只有这样，才能充分发挥辩护词在诉讼中的重要作用。制作良好的辩护词可以反驳公诉人提出的不恰当的指控，使法庭审判人员全面了解案情，防止片面性，同时还能起到宣传社会主义法制的作用。所以，辩护律师应高度重视辩护词的制作。

① 周国均. 律师制度理论与实务技巧. 北京：中国人民公安大学出版社，2003.190

辩护词的结构一般分为三个部分：引言、正文和结论。

引言是辩护词的开头部分，主要交代辩护律师的身份以及与被告人的关系，辩护律师应尽到的职责和开庭前完成了哪些工作。一般的写法是："审判长、审判员"；然后另起一行，写明"根据刑事诉讼法第 32 条规定，本律师接受被告人×××的委托，经×××律师事务所的指派，担任他的辩护人"；再另起一行，写明辩护人的责任和出庭前所做的准备工作，如本辩护人认真查阅了本案所指控的犯罪事实的材料，会见了在押的被告人，并进行了必要的调查，对案情有了比较深入的了解。

正文是辩护词的核心部分，其内容是阐明辩护所依据的事实和理由。首先应提出基本的辩护观点，如被告人的行为属于正当防卫，不构成犯罪或被告人的行为虽构成犯罪，但有自首、立功等法定的从轻处罚情节。然后运用事实、证据和法律，利用各种论证方法，充分论证自己辩护观点的正确性和起诉书指控主张的不当之处。这部分内容属于驳论性的法律文书，既要从反面辩驳对方观点的谬误之处，又要从正面阐明自己的主张，做到立驳结合、正反结合。

结论是辩护词的结尾部分，这一部分是对辩护观点、争议问题及其论证的总结，并由此引出最终的结论。它既应对正文的内容做出简明扼要的概括和总结，又应提出被告人无罪、应从轻、减轻或免除其刑罚的意见。它应当与前文相互呼应，是在正文分析的基础上自然得出的结论，但写的时候应该干净利落，言简意赅，注意不应提出具体的量刑建议。总之，结论部分的目的是突出辩护词的核心观点，对全文起总结和提要的作用。

(3) 参加法庭审判

开庭审判阶段是对辩护律师工作成果的全面展示和检阅，如果不考虑其他因素的影响，开庭阶段辩护的效果会极大地影响合议庭的观点，并最终影响案件的处理结果。因此，辩护律师在庭审阶段的工作效果对被告人的命运影响甚大。法庭审判分为法庭调查、法庭辩论、被告人最后陈述、合议庭评议与宣判等五个阶段。

①辩护律师参加法庭调查。法庭调查的目的是查清本案的事实真相，对全案证据进行调查质证以决定是否可以作为定案根据。辩护律师参与法庭调查，可以帮助被告人行使申请回避权，能了解公诉人在起诉书中指控的内容是否有变化，也能掌握调查核实证据的情况。辩护律师在这一阶段主要做好以下工作：

第一，认真听取公诉人宣读公诉书，注意指控的内容是否发生变化，以此为下一步发表辩护意见做好准备，必要时应当做好简要记录。

第二，向被告人发问。辩护律师询问被告人的目的是要通过询问，使被告人的回答与自己的辩护意见相呼应，起到印证辩护意见的作用。辩护律师的发问应当充分、具体，特别要给被告人提供合理解释前后陈述不一致的原因的机会。

第三，询问证人、鉴定人。当辩护律师发现证人证言或鉴定结论有自相矛盾和不合常理的地方时，可以通过询问证人、鉴定人来验证证人证言和鉴定结论的真实性。需要注意的是，因为控方证人所要证明的多是对被告人不利的问题，因此，如果其作证没有明显的漏洞，就不应过多地询问以避免弱化其证明效果。

第四，要求公诉人补充有利于被告人的证人证言。若公诉人在讯问被告人的过程中没有宣读有利于被告人的证人证言，辩护律师要利用自己的询问机会适时发问，以将对被告人有利的证据全部展示于法庭上。

第五，出示证据、质证。辩护律师向法庭出示的证据包括律师调查收集的证据，以及案卷材料中的证据。具体来说，辩护律师可以向法庭出示物证、书证，播放视听资料，请求宣读未到庭的证人证言、鉴定结论，必要时还可以申请调取新的物证，申请重新鉴定或者勘验。在主动出示证据的同时，辩护律师还可以对控方出示的证据进行质证。对于公诉人宣读的证人证言、鉴定结论、勘验检查笔录等书面证据发表意见，对这些证据的来源、形式、内容等进行反驳，指出其中的不一致之处，削弱控方证据的证明力。

第六，要求法庭排除公诉机关提交的非法取得的证据。辩护律师在法庭调查阶段，除了可以进行消极防御外，还可以进行积极的进攻，即通过进行程序性辩护，指出侦查机关在调查取证过程中的非法行为，攻击控方证据的合法性，力争使法院排除对被告人不利的非法证据或削弱其证明力，可能会取得意想不到的辩护效果。

②辩护律师参加法庭辩论。法庭辩论是辩护工作的核心阶段，也是被告人辩护权行使最集中的阶段，是律师全部工作成果的集中体现。修正后的刑事诉讼法加强了控辩双方的平等对抗，辩护律师在这一阶段的工作是帮助被告人最有效地行使辩护权的关键。辩护律师在这一阶段的工作主要有：

第一，听取控方的意见，包括公诉机关的公诉词和被害人发表的意见。公诉词集中体现了公诉机关的公诉意见，对于审判人员的认知会产生重要的影响。认真听取公诉词，可以对其中的核心观点和证据做相应记录，在发表辩护词的时候有针对性地一一加以反驳，削弱公诉词对审判人员的影响，扭转不利局面。对于被害人的意见也可以在发表辩护词时一并或单独加以反驳。

第二，发表辩护词。辩护词是辩护律师在法庭审理过程中为维护被告人合法权益而针对起诉书发表的辩护意见。它是辩护律师对起诉书指控的罪行，从事实认定、证据运用到法律适用，从刑事实体法到诉讼程序法的全面评价，是辩护律师辩护意见和观点的集中体现。[①] 一份准备充分、论证有力的辩护词能使合议庭成员全面了解辩护人的观点，并在头脑中留下深刻的印象，成为合议庭采纳辩护意见的依据。因此，辩护词为有效地维护被告人的合法权益奠定了基础。辩护律师应针对公诉机关和被害人的指控发表辩护词，做到针对性强，言之有物，要善于抓住控辩双方的争议点，适时地补充原先拟定的辩护词。另外，我们认为辩护律师在发表辩护词时，应尽量做到脱稿而不宜用传统的“宣读”的方式，因为改革后的审判方式更支持控辩双方的激烈对抗，以“演讲”的方式发表的辩护词更能感染合议庭成员。

第三，与控方进行口头辩论。控辩双方分别独立发表公诉词和辩护词后，接下来双方即进入交叉辩论的阶段。《刑事诉讼法》第156条规定，被告人、辩护律师经审判长许可，可以对证据和案件情况发表意见，并且可以同公诉人进行辩论。修订后的《律师法》更进一步保障了辩护律师的法庭辩护权，该法第37条规定，律师在法庭上发表

① 谭世贵. 律师法学. 北京：法律出版社，2005.157

的代理、辩护意见不受法律追究，这即是所谓的“刑事辩护言论豁免权”。法庭辩论阶段是对辩护律师反应能力、口头表达能力、专业知识等能力的综合考验。辩护律师在与控方进行口头辩论时，不应偏离主题，废话连篇，让人不知所云，而应始终紧扣重点，把辩论引向深入。在辩论过程中，一方面要做到据理力争，有理有据，论证充分、有力，在原则问题上不能妥协，不能轻易认输；另一方面也要注意控制情绪，调整好心态，言语的使用上要谨慎恰当，避免在情绪失控的情况下用语失当，甚至辱骂、嘲讽公诉人和被害人及其诉讼代理人，这样不仅有违职业道德和职业规范，也会给合议庭成员留下极坏的印象，反而不利于保护被告人的权益。

③被告人最后陈述阶段辩护律师的工作。被告人的最后陈述权是被告人的一项法定权利，法院不可以以各种理由予以剥夺，作为辩护律师在这一阶段一般不需要从事什么特定的工作，但如果存在特殊情况，辩护律师则应积极参与，如合议庭剥夺了被告人的最后陈述权，辩护律师应向合议庭提出异议，要求合议庭给予被告人最后陈述的机会；被告人如提供了新的事实，辩护律师可以要求恢复法庭调查。

④宣判时辩护律师的工作。一般情况下判决宣告后，辩护律师的职责即已完成，与被告人的委托关系即应终止。但在宣告判决后，辩护律师应及时会见被告人，听取他对于判决的意见，特别是询问被告人是否上诉；如果被告人不服判决想要上诉，辩护律师应协助被告人上诉。

2. 一审公诉案件的律师代理

一审公诉案件的律师代理，指律师在一审程序中接受公诉案件被害人的委托担任其诉讼代理人，为维护被害人合法权益而进行的诉讼活动。

(1) 一审公诉案件中的代理律师的诉讼地位

关于公诉案件代理律师在诉讼中的法律地位，业界存在不同的观点，主要有以下三种：

①认为代理律师在诉讼中没有独立的诉讼地位，而是依附于被害人，相应地没有独立的诉讼权利，只能在被害人授权的范围内进行活动。[①]

②认为代理律师参与诉讼是受被害人之托，维护被害人的合法权益，这表明了代理律师的依附性；同时，只有代理律师依法自主行事，才能有效地维护被害人的合法权益，这表明代理律师的活动具有自主性，所以代理律师的诉讼地位具有双重性。[②]

③认为律师担任公诉案件被害人的代理人参加诉讼，虽然以被害人的委托为前提，但一旦诉讼代理关系形成后，代理律师依据的即是事实和法律的规定，从事诉讼代理活动不再受被害人意志的约束，只要维护被害人的利益即可。所以，代理律师应具有独立的诉讼地位。[③] 我们认为这种观点较为合理。

(2) 一审公诉案件代理律师的权限

律师与被害人之间的关系是基于委托形成的代理关系，应该在委托人授权的范围内

① 茅朋年，李必达. 中国律师制度研究. 北京：法律出版社，1992.171

② 陈光中，石献智. 刑事诉讼律师代理之探讨. 福建政法管理干部学院学报，2001 (1)

③ 张震高. 论公诉案件被害人的律师代理. 政法论坛，1996 (4)

进行活动，同时，基于其律师身份，又享有律师法所赋予的相应权利。所以，一审公诉程序中的律师享有双重的权利：

①被害人授予的权利。被害人在刑事诉讼中享有广泛的诉讼权利，包括与其他当事人共有的权利，如申请回避权、参加法庭调查、法庭辩论权利等，以及被害人特有的诉讼权利，如委托诉讼代理人、提起自诉、要求检察院通知公安机关立案、提起抗诉、自诉等权利。辩护律师接受被害人的委托担任其代理人后，可以享有被害人所享有的前述权利，但需要注意的是，涉及被害人实体权利时，代理人不可以自行主张，而应征得被害人的同意。

②作为律师享有的权利，即律师固有的权利，如查阅、摘抄、复制诉讼文书的权利、调查取证权、会见被害人的权利等。

(3) 一审公诉案件中代理律师的活动

在这一阶段，代理律师主要进行下列代理活动：

①出庭前准备。和辩护律师一样，代理律师在出席法庭审判前应进行充分的准备，需要仔细查阅本案的案卷材料，针对案卷中的疑点进行相应的调查取证工作，特别是对于公诉机关收集的证据如认为还不充分，应有针对性地补充收集，协助公诉机关证明犯罪事实。同时，为更充分、更有效地控诉犯罪，代理律师应撰写一份说理充分、论证有力的代理词，补充公诉，着重维护被害人的权益。

②参加庭审。在法庭调查阶段，代理律师应注意公诉人对被告人的讯问、被告人的回答以及证人、鉴定人等对询问的回答，抓住被告人、证人、鉴定人回答自相矛盾的地方或存在的漏洞，对被告人、辩方证人、鉴定人等进行发问，以协助公诉人进行质证，并对拟好的代理词加以完善。在法庭辩论阶段，代理律师首先应宣读好代理词，然后应积极参加口头辩论。代理律师在与辩方进行辩论时，应做到观点明确，重点突出，证据确实，论证充分。如果代理律师与公诉人的观点不一致，他们之间能否相互辩论？对此，理论界还存在争议。一种观点认为，根据《刑事诉讼法》第160条规定："经审判长许可，公诉人、当事人、辩护人和诉讼代理人可以……相互辩论。"这里的"相互辩论"，当然应包括公诉人与代理律师之间的辩论。另一种观点认为，被害人及其诉讼代理人与公诉人同属于控方，共同承担控诉职能，如果他们之间有意见分歧，应该在庭前进行交流、沟通，化解分歧，避免在法庭上出现混战，影响控诉的效果。[①] 我们认为，代理律师与公诉人之间应该可以相互辩论，这样有利于法院查清案件事实，保证裁判的客观公正，也与刑事诉讼法的规定相一致。

二、一审自诉案件的律师辩护与代理

1. 一审自诉案件的律师辩护

一审自诉案件的审理程序基本上与公诉案件相同，辩护律师的工作大体上和公诉案件一样，但自诉案件具有其自身的特点，如没有强大的公诉机关参与，诉讼中可以调

① 樊学勇. 论公诉案件刑事代理. 中央检察官管理学院学报，1997 (3)

解、和解、反诉、撤诉等，所以辩护律师除了做好常规性的准备工作，如调查取证、会见被告人、撰写辩护词等外，还应该针对自诉案件的特点，适当调整辩护策略。最主要应注意以下两点：

①由于大多数自诉案件都可以调解，所以辩护律师在保障被告人权益的前提下，应协助法院做好被告人的思想工作，对被告人进行法制教育，争取化解矛盾，取得互谅互让，达成和解协议或调解协议，以调解或自行和解的方式结案，也有助于实现刑事司法的和谐。

②如果被告人坚决不同意和解或不接受调解，辩护律师不应勉强被告人，而应该全力协助被告人应诉，为维护被告人的合法权益认真准备应诉。同时，在诉讼过程中，如果发现被告人符合提起反诉的条件，应该主动告知被告人可以提起反诉，征得被告人同意后积极协助被告人提起反诉。

2. 一审自诉案件的律师代理

①自诉案件中代理律师的诉讼地位。

关于代理律师在自诉案件中的诉讼地位，目前理论界还存在争论，主要存在两种观点：一种观点认为，自诉案件中自诉人的代理律师依附于自诉人而不具有独立的诉讼地位。在自诉案件中，没有自诉人的授权，代理律师不能实施任何代理行为，即使是维护自诉人权益的行为。因此，自诉案件中的律师代理人的诉讼地位是不独立的。[①] 另一种观点认为，虽然自诉案件的代理律师不具有独立的诉讼地位，但代理律师并不依附于自诉人。代理律师有自己的思维，不能同意自诉人无根据的指控与主张，不能同意自诉人不合理、不合法的要求。[②] 因此，代理律师虽然需要取得自诉人的授权，但取得授权后并非依附于自诉人。我们支持后一种观点。

②自诉案件中代理律师的活动。

代理律师在自诉案件中的活动主要有：A. 代为撰写自诉状，协助自诉人提起自诉。B. 庭前准备。自诉案件实行谁主张谁举证的举证责任分配规则，代理律师应根据案件事实积极地调查取证，收集充分的证据，以达到法定的证明标准。同时，要撰写好代理词，为出庭参加诉讼做好充分准备。C. 参加庭审。在法庭调查阶段，代理律师可以代表自诉人宣读自诉状，向辩方证人、鉴定人和被告人发问。在法庭辩论阶段，代理律师发表代理词，提出证明被告人有罪的证据，维护自诉人的合法权益。D. 协助法院进行调解，协助自诉人与被告人和解。大多数自诉案件都可以进行调解，自诉人与被告人之间也可以自行进行和解。如果自诉人有和解或接受调解的意愿，代理律师应该予以协助，尽量促成和解协议或调解协议的达成。

三、二审、再审程序中的律师辩护

1. 二审程序中的律师辩护

二审程序基本适用一审的审理程序，辩护律师在二审程序中的辩护活动也与一审基

① 任继圣. 律师制度与律师事务. 北京：法律出版社，1998.153

② 陈光中，石献智. 刑事诉讼律师代理之探讨. 福建政法管理干部学院学报，2001（1）

本相同，但二审程序也有自己的特点，所以，辩护律师的活动也有其自身特点：

① 由于二审的审理对象主要是一审裁判，相应地，辩护律师在二审中主要就一审裁判认定的事实是否清楚、适用的法律是否正确等展开辩护。

② 根据《刑事诉讼法》的规定，二审程序中如果只有被告方上诉，应该遵循“上诉不加刑”的原则。如果二审法院在二审裁判中加重或变相加重被告人的刑罚，辩护律师应向二审法院提出异议，要求二审法院给予解释。如果认为理由不成立，可以向二审法院或其上一级法院、人民检察院申诉。

③ 二审的审理方式包括开庭审理和书面审理，采用哪一种方式由法院自由裁量。如果二审法院决定采用书面审理的方式，辩护律师应充分抓住提交辩护词的机会，通过精心准备的辩护词发表辩护意见，维护被告人的合法权益。

2. 再审程序中的律师辩护

《刑事诉讼法》第 203 条规定，当事人及其法定代理人、近亲属，对已经发生法律效力的判决、裁定，可以向人民法院或者人民检察院提出申诉。《律师法》第 28 条规定，律师可以接受委托，代理各类诉讼案件的申诉。同法第 2 条规定，律师应当维护当事人的合法权益，维护法律正确实施，维护社会公平和正义。因此，律师作为专门从事法律工作的人员，既有义务维护被告人的合法权益，也有义务维护法律的正确实施。所以，对于已经生效的刑事裁判，如果确有错误，律师可以接受当事人委托代为申诉。[①]当然，当事人的申诉并不必然能引起再审程序，但如果法院对申诉审查后，如认为理由成立决定再审，律师就可以接受被告人的委托，为其在再审程序中担任辩护人。再审程序并没有独立的审理程序，而是适用一审或二审程序，在具体程序中的辩护工作参照前述内容。但无论适用哪一种程序，辩护律师都应围绕生效裁判的错误展开辩护活动。

四、附带民事诉讼案件的律师代理

附带民事诉讼，是指公安司法机关在刑事诉讼过程中，在解决被告人刑事责任的同时，附带解决被告人的犯罪行为所造成的物质损失的赔偿问题而进行的诉讼活动。[②]附带民事诉讼的律师代理，是指在司法机关追究被告人刑事责任的过程中，律师接受公诉案件和自诉案件的当事人及其法定代理人的委托，为维护委托人合法权益而进行的一种诉讼活动。在实践中，一般来说，公诉案件被害人、自诉案件的自诉人和被害人委托的代理律师，在附带民事诉讼过程中，都会继续担任附带民事诉讼的代理人；被告人聘请的辩护律师，在附带民事诉讼过程中会担任代理人。[③]但法律另有规定的除外。

律师在决定是否接受委托前，应仔细审查是否符合附带民事诉讼的条件，以决定是否担任代理人。律师决定接受委托后，对于公诉案件被害人继续委托其担任附带民事诉讼的代理律师时，一般可以不另行办理委托手续。如果公诉或自诉案件的被告人委托其

① 谭世贵. 律师法学. 北京：法律出版社，2005. 159

② 陈光中. 刑事诉讼法. 北京：北京大学出版社，高等教育出版社，2005. 243

③ 周国均. 律师制度理论与实务技巧. 北京：中国人民公安大学出版社，2003. 316

辩护律师继续担任诉讼代理人的，由于辩护与代理属于完全不同的两种诉讼职能，所以应当单独办理委托手续。

委托代理协议签订后，代理律师应积极进行阅卷、鉴定、调查取证工作，认真撰写代理词，为出庭做好充分准备。代理律师在庭审中，应当保障当事人平等地行使诉讼权利，如果代理律师同时也是辩护人的，应注意自己具有的不同身份，不应将不同的诉讼职能混淆。如果代理律师与辩护人并非同一人，应该注意与辩护人的辩护工作之间的协调，不能相互抵触。

案例分析

【案情】2008 年 7 月 1 日，北京市昌平区人民法院开庭审理台球冠军李铮涉嫌以办理经济适用房房号为名，诈骗 35 名被害人 250 万元一案。曾经的台球界名人，加上经济适用房这些敏感字眼，吸引了数家媒体前去旁听。北京国首律师事务所主任律师赵宇接受李铮父亲的委托，出庭为李铮辩护。律师赵宇在为李铮辩护时，因语焉不详，被法官询问具体辩护意见。此时，赵律师清楚地表示，应给李铮定比诈骗更重的罪名，如“非法集资或合同诈骗”。但是，辩护人确在最后请求法官给被告人一条出路。至此，赵宇被多家媒体报道突然“倒戈”控方，建议公诉机关应以非法集资罪指控李铮。被告人李铮则当庭要求律师回避。

【问题】本案中，赵宇律师的做法是否得当？

【解析】辩护人的职责，要针对公诉人的指控是否成立，根据事实和法律，提出证明犯罪嫌疑人、被告人无罪、罪轻或者减轻、免除其刑事责任的材料和意见，维护犯罪嫌疑人、被告人的合法权益，而不应承担控诉犯罪的职责。本案中，辩护律师先是对公诉机关的罪名确立有异议，却又不做无罪辩护，最后又请求法官给被告人一条出路，既然无罪又何来的减轻罪行呢？显然，辩护律师并没有很好地履行上述职责。如果辩护律师“反戈一击”，由辩护者变为控告者，那么法庭上的控辩平等结构就被打破，原本处于弱势的被告人因为失去基本的程序性权利保障，而根本无力抗击控方的强势指控。而在这种失衡的刑事诉讼结构里，不仅被告人的权利被忽视，而且司法公正也失去了基本的程序平台，丧失了辩护制度存在的价值。

第六章　律师民事诉讼、行政诉讼代理业务

律师与被代理人的关系是律师执业首先面对的一个问题，也是学界一直关注的热点问题。律师在为代理人提供服务的时候，应该处于何种位置，他们二者之间应该有哪些关系，这些都直接影响当事人的合法权益能否最大限度地得到有效的维护。通过对本章的学习，应掌握民事诉讼、行政诉讼律师代理的概念和基本特征，民事诉讼、行政诉讼律师代理的种类，律师代理民事诉讼、行政诉讼的地位、作用以及权利义务，了解律师代理民事诉讼、行政诉讼的工作程序和行政侵权赔偿诉讼的律师代理等相关内容。

第一节　律师代理概述

一、律师代理的内涵

代理是民法的一个制度，代理制度是随着商品经济的发展，以补充民事主体能力不足而产生的。代理，一般是指代理人依据代理权，以被代理人的名义与第三人实施法律行为，而其法律后果直接归属于被代理人的行为。从代理的定义可以推出，律师代理，是指律师依据被代理人授予的代理权，以被代理人的名义与第三人实施法律行为，其法律后果直接归属于被代理人的法律行为。

律师的业务主要有诉讼业务和非诉讼业务，而这些业务都是律师因代理而获得的，可以说，律师的业务就是代理业务，其中既包括代理诉讼业务，也包括代理非诉讼业务。律师代理的诉讼业务，又可以分为民事诉讼律师代理、行政诉讼律师代理、刑事诉讼律师代理三大类。民事诉讼律师代理，是指律师接受民事诉讼当事人、法定代理人的委托，在民事诉讼中以被代理人的名义，在授权范围内，代理被代理人进行诉讼活动，以维护其合法权益，法律后果直接归属于被代理人的行为；行政诉讼律师代理，是指律师接受行政诉讼当事人、法定代理人的委托，担任当事人的代理人，以被代理人的名义参加行政诉讼活动，其诉讼行为的法律后果直接归属于被代理人的行为；刑事诉讼律师代理，是指刑事诉讼中，律师接受公诉案件的被害人及其法定代理人或近亲属的委托，或者接受自诉案件自诉人及其法定代理人、附带民事诉讼的当事人及其法定代理人的委

托，作为诉讼代理人在授权委托的权限内代为参加诉讼活动，法律后果直接归属于被代理人的行为。律师代理非诉讼业务，主要有仲裁代理、申诉代理、知识产权中的非诉讼业务代理、合同事务代理、证券业务代理，等等。律师代理的非诉讼业务种类繁杂，是律师代理的主要类型之一。

二、律师代理的意义

随着市场经济的进一步发展和深化，公民之间、各种经济组织之间、公民和各种经济组织之间的经济往来愈来愈频繁；同时，随着经济全球化的发展，国际交往不断扩展，随之而来的经济纠纷也与日俱增，诉讼也随之增加。然而，诉讼活动是一种专业性极强的法律行为，这就要求律师参与到诉讼中来，通过律师代理诉讼业务来弥补当事人面对诉讼活动陌生、困惑、手足无措的不足。另外，律师代理非诉讼业务，一方面弥补了当事人能力的不足，另一方面，也可以促使有争议的双方通过协议来解决矛盾，从而将纠纷“堵截”在诉讼门外，减轻法院的办案压力，节省司法资源，进而巩固和促进安定团结的大好局面。可以说，律师代理在当前的现实生活中，具有不可忽视的重要意义。

从诉讼的角度看，律师代理能够使纠纷的解决及时有效，准确合法。因为律师是专业的法律服务者，担负着维护当事人合法权益，维护法律正确实施，维护社会公平和正义的重大使命。律师以其专业的法律知识和丰富的办案经验，在诉讼代理中，通过对事实的认定，在分清责任、运用法规、解决方案方面均能向法院提供有理有据的意见。同时，律师因其较高的专业素养，具有相当高的社会地位，易获取诉讼双方的信任，意见容易被当事人接受，从而利于纠纷的顺利解决。

从经济的角度看，律师通过代理活动，有利于稳定社会主义市场经济秩序，推动企业管理，促进经济建设的发展，这是律师代理最本质的意义。律师介入到经济生活中，利用本身的专业素养，成功代理被代理人所需要完成的法律事务，保证了被代理人在不能兼顾的条件下，在不贻误商机的前提下，因为律师的介入、辅助，保持发展。在现实社会中，很多诉讼当事人，由于纠纷长期得不到解决，使生产或业务受到无法弥补的损失，甚至负债累累，几乎难以继续营业或生产。通过律师代理，可以迅速解决纠纷，化解矛盾，使生产和业务正常运行，从而保证社会主义市场经济的持续、健康发展。

第二节　律师的民事诉讼代理

一、民事诉讼代理概述

1. 民事诉讼代理的概念和种类

民事诉讼，是指当事人因民事权益矛盾或经济利益冲突，一方当事人向人民法院提起诉讼，人民法院立案受理并在双方当事人和其他诉讼参与人的参加下，审理和解决民事案件和法律规定由人民法院审理的特殊案件的活动，以及由这些活动所产生的彼此之间的诉讼法律关系的总和。简言之，民事诉讼就是各种民事诉讼活动和民事诉讼法律关系的总和。民事案件由人民法院审判，但必须要有当事人和其他诉讼参与人参加，否则人民法院的审判活动就无法进行。

民事诉讼代理，是指根据民事诉讼法的规定，代理人接受人民法院的指定或者当事人的委托，代理一方当事人并以被代理人的名义进行民事诉讼行为的活动。按照我国《民事诉讼法》的规定，民事诉讼代理可以分为以下三种：

① 法定代理。法定代理是指法律上为无诉讼行为能力人设立的一种代理。行使法定代理权的人，称为法定代理人。法定代理人只能是对被代理人享有亲权的人或被代理人的监护人、保证人。法定代理权的产生，不由代理人和被代理人的意思决定，而是以特定的身份关系为基础，由民法、婚姻法直接规定。我国《民事诉讼法》第 57 条规定："无诉讼行为能力人由他的监护人作为法定代理人代为诉讼。"法定代理人在诉讼中的地位与当事人相同，享有当事人的诉讼权利，承担当事人的诉讼义务，其意思表示视为当事人的意思表示，其诉讼行为视为当事人的诉讼行为。

② 指定代理。指定代理是指无诉讼行为能力人没有法定代理人或者他的法定代理人不能行使或推卸行使代理权时，由法院为其指定诉讼代理人的一种代理。被法院指定的代理人，称为指定代理人。指定代理人可以由律师、当事人的近亲属或者其他适当的公民充任，在诉讼中其地位与法定代理人相同。

③ 委托代理。委托代理是指当事人或其法定代表人、法定代理人委托他人代为诉讼的一种代理。被委托代为诉讼的人称为委托代理人。委托代理权是因委托人的意思表示而产生的，所以又称意定代理或授权代理。我国《民事诉讼法》第 58 条规定："律师、当事人的近亲属、有关的社会团体或者所在单位推荐的人，经人民法院许可的其他公民，都可以被委托为诉讼代理人。"但根据 1992 年 7 月 14 日最高人民法院《关于适用〈中华人民共和国民事诉讼法〉若干问题的意见》第 68 条的规定，无民事行为能力人、限制民事行为能力人或者可能损害被代理人利益的人以及人民法院认为不宜作诉讼代理人的人，不能作为诉讼代理人。委托代理的事项及权限，一般都由当事人决定，只有在特别情况下法律才加以限制，如离婚案件中，离婚或不离婚的意见必须由当事人向法庭亲自表达。当事人委托他人代为诉讼，必须向人民法院提交授权委托书。

2. 民事诉讼代理特征

根据《民事诉讼法》第 58 条的规定，律师、当事人的近亲属、有关的社会团体或者所在单位推荐的人、经人民法院许可的其他公民，都可以接受当事人、法定代理人的委托，担任其诉讼代理人，参加诉讼。民事诉讼代理，具有以下显著特征：

① 代理人代理当事人实施诉讼行为。所谓诉讼行为，是指诉讼法律关系的主体所实施的能够引起诉讼法律关系发生、变更和消灭的行为。

② 代理人必须在代理权限内实施诉讼行为。所谓代理权，是指代理人基于法律规定或被代理人的授权而取得的实施诉讼行为的资格。代理律师实施诉讼行为必须以代理权为根据，并且只能在代理权限范围内进行，没有代理权、超越代理权或者代理权终止后

实施的诉讼行为，被代理人都不承担责任。

③ 代理人必须以被代理人的名义实施诉讼行为。诉讼案件归根到底是当事人的实体权利和义务之争，因而就当事人之间的实体法律关系来讲，代理人并不享有权利和承担义务，他所享有的仅仅是诉讼代理权，即他只能代替当事人实施诉讼行为。

④ 代理行为所产生的法律后果由被代理人承担。由于代理人是在代理权限内，以被代理人名义实施诉讼行为，因此在法律上，代理人的行为拟制为被代理人自己的行为，由此产生的法律后果也就应当由被代理人承担。但是，如果是因为代理人不履行职责而给被代理人造成损害的，则应由代理人承担责任。

3. 民事诉讼律师代理与非律师诉讼代理、民事诉讼代理与民事代理及刑事诉讼辩护的区别

(1) 民事诉讼律师代理与非律师诉讼代理的区别

① 律师以外的其他诉讼代理关系直接产生于代理人和其他诉讼代理人之间，而律师的诉讼代理关系则存在于律师事务所、律师和被代理人之间。

② 律师以外的其他人的诉讼代理，直接由被代理人授权产生，而律师的民事诉讼代理，根据我国律师法的有关规定，律师承办业务由律师事务所统一接受委托，被代理人通过与律师事务所签订委托代理合同，由律师事务所指派某一律师作为该案件的诉讼代理人。

③ 律师作为取得律师职业证书，依法为社会提供法律服务的执业人员，在诉讼中除了以其所掌握的法律知识和技能维护被代理人的合法权益外，还肩负着维护国家法律正确实施的任务，因此，更应坚持以事实为根据、以法律为准绳等诉讼原则，认真履行自己的职责。

(2) 民事诉讼代理与民事代理的区别

民事代理是指在民事法律关系中代理人以被代理人的名义，在民事授权范围内向第三人所作的意思表示，其民事权利义务直接归属于被代理人的行为。民事代理是民事诉讼代理的基础和前提，而民事诉讼代理又是为民事代理服务的。民事诉讼代理人与民事代理人存在着某些共同点，如代理人都必须以被代理人的名义并且为了维护被代理人的利益进行代理活动，代理人都必须在代理权限范围内进行代理，代理人都必须有行为能力，代理的法律后果都是由被代理人承担等等，但民事诉讼代理毕竟与民事代理存在着一定的区别：

① 代理的内容和后果不同。在民事诉讼代理中，代理人所代理的是民事诉讼行为，其后果是导致代理人和被代理人同法院之间民事诉讼法律关系的发生、变更和消灭；在民事代理中，代理人所代理的是民事法律行为，其后果是导致被代理人与第三人之间民事法律关系的发生、变更和消灭。

② 代理的对象不同。民事诉讼代理人代理的对象是案件中的原告、被告和第三人、共同诉讼人、诉讼代表人等；民事代理人代理的对象是参加民事活动的公民、法人和其他组织。

③ 代理的范围不同。民事代理的范围非常广，而民事诉讼代理仅指民事诉讼活动中的某些代理，其范围大大小于民事代理。

④ 代理的法律依据不同。民事代理是根据民事上的法律关系产生的，是民法调整的对象，是民法上的代理制度，属于实体法的范畴。而民事诉讼代理，是根据民事诉讼法律关系产生的，是民事诉讼法调整的对象，属于程序法上的范畴。

(3) 民事诉讼代理与刑事诉讼辩护的区别

民事诉讼代理与刑事诉讼辩护虽然都是律师的基本业务，但二者是截然不同的，主要表现在：

① 律师参加诉讼的名义和地位不同。在民事诉讼中，律师是根据委托人的授权，以被代理人的名义参与诉讼，因而不具有独立的诉讼地位；而在刑事辩护中，律师是以自己名义参与诉讼进行辩护，具有独立的诉讼地位，不受委托人意志的左右。

② 适用对象和产生原因不同。民事诉讼代理的对象包括民事案件的原告、被告和第三人；刑事诉讼辩护人对象仅限于刑事案件的被告人或犯罪嫌疑人。民事诉讼代理人基于当事人的委托或者法律的直接规定而产生；刑事诉讼辩护人基于被告人的委托或者法院的指定而产生。

③ 律师参加诉讼的权限和职责不同。在民事诉讼中，律师是根据当事人赋予的权限范围而代理参与诉讼活动；在刑事辩护中，律师是根据事实和法律，提出证明犯罪嫌疑人、被告人无罪、罪轻或者减轻、免除其刑事责任的材料和意见。

④ 参与诉讼的法律依据不同。前者受《民事诉讼法》调整，民事诉讼代理人实施诉讼代理行为的法律依据是《民事诉讼法》；而后者受《刑事诉讼法》调整，刑事诉讼辩护人实施刑事辩护行为的法律依据是《刑事诉讼法》。

二、律师代理民事诉讼的权利和义务

1. 律师代理民事诉讼的权利

根据《律师法》和《民事诉讼法》，代理律师的诉讼权利主要包括两个部分：一是依法直接享有的诉讼权利；二是依委托代理关系取得诉讼权利。依法享有的诉讼权利，主要是根据律师的特殊身份，依法规定，只要其参加诉讼就必须享有的诉讼权利。律师参加不同性质的诉讼活动中，主要享有以下六项法定诉讼权利：

① 律师依法执业受法律保护，任何组织和个人不得侵害律师的合法权益。

② 调查取证权。律师承办法律事务，经有关单位或个人同意，可以向他们调查情况。

③ 查阅案卷材料权。查阅、复制本案有关材料和法律文书，包括庭审记录、案卷等。

④ 解除或辞去委托关系的权利。代理律师对于无理要求或严重侮辱律师人格的被代理人，有权拒绝代理、解除委托代理关系。

⑤ 执业豁免权。律师在法庭上发表的代理、辩护意见不受法律追究，但是，发表危害国家安全、恶意诽谤他人、严重扰乱法庭秩序的言论除外。这是新修订的《律师法》为了保证律师独立执业的自由和安全而新增加的律师民事和刑事豁免权。

⑥ 法律法规规定的其他诉讼权利。

上述有关权利是代理律师参加诉讼，执行代理职务的必经途径，人民法院及有关单位和个人必须协助律师行使这些权利。

2. 律师代理民事诉讼的义务

律师在民事诉讼代理中的义务，按照《律师法》和《民事诉讼法》中的规定，主要包括如下内容：

① 必须以事实为准绳，以法律为依据。

② 接受委托后，无正当理由，不得拒绝代理。

③ 律师应当保守在执业活动中知悉的国家秘密和当事人的商业秘密，不得泄露当事人的隐私。

④ 律师不得在同一案件中，为双方当事人担任代理人。

⑤ 律师不得提供虚假证据，隐瞒事实或者威胁、利诱他人提供虚假证据，以及妨碍对方当事人合法取得证据。

⑥ 在民事诉讼代理中，律师出庭执行职务，必须遵守法庭的各项纪律，维护诉讼秩序，严格依照法律规定的程序办事。

三、律师代理民事诉讼的法律地位和作用

1. 律师代理民事诉讼的法律地位

律师接受民事案件当事人的委托或人民法院的指定，担任代理人，参加诉讼，其目的在于维护当事人的合法权益，维护法律的正确实施。由此决定了：

(1) 律师在民事诉讼中不是诉讼主体，而是诉讼法律关系的主体

诉讼主体，是指国家赋予审判权的审判机关、检察机关和当事人中以自己的行为影响诉讼程序的发生、进行、终结的诉讼法律关系主体。诉讼法律关系主体，是指在诉讼活动中享有一定的诉讼权利和承担诉讼义务的人。诉讼主体与诉讼法律关系主体有不可分割的紧密关系。只要是诉讼主体，必定是诉讼法律关系主体，但是，反之却未必成立，也就是说民事诉讼法关系主体并非都是诉讼主体。律师作为民事诉讼一方当事人的代理人，只能是诉讼法律关系的主体，而不可能成为诉讼主体。

律师是诉讼法律关系主体而非诉讼主体，是因为律师的法律地位与当事人不同。律师的权利、义务是从被代理人的权利义务中派生出来的，因此，律师只有在被代理人委托授权的范围内进行诉讼活动，才能在诉讼中产生相应的法律效力。律师作为诉讼代理人与委托人同时出庭，若就同一问题在法庭上二者所作的陈述不一致时，应当以委托人的陈述为准。假若委托人认为律师不能代理自己的意愿时，有权依法撤销委托授权书。由上可知，律师在诉讼中不是独立的诉讼主体，而是处于从属的地位。

(2) 律师在民事诉讼中具有相对独立性

律师作为民事诉讼代理人，虽然不是独立的诉讼主体，而且必须受被代理人意志的约束，但是，这并非说律师作为代理人必须对被代理人百依百顺，唯命是从，没有任何的独立性。律师除享有被代理人授予的权利外，还享有担任代理工作的特有权利。诸如律师有权查阅案卷材料、进行调查取证、参加庭审调查。这些都是法律赋予律师在代理工作中的基本权利，律师完全可以按照自己的意志行使这些权利。

2. 律师代理民事诉讼的作用

① 有利于当事人进行诉讼，更好地维护他们的合法权益。实际生活中，有的当事人在合法权益受到不法侵害时不知道或不敢运用法律手段予以保护；有的当事人由于诉讼行为能力的限制，如未成年人、有精神病或生理缺陷等，无法亲自进行诉讼；有的当事人虽然有诉讼行为能力，但由于年龄过高、生病、外出或其他原因不能亲自到庭参加诉讼；有的当事人因为缺乏法律知识或不善于行使自己的权利，因而难以充分保护自己的合法权益。这就需要有人为他们提供法律帮助。律师是专门为社会提供法律服务的执业人员，他们不但精通法律，能言善辩，而且具有丰富的诉讼经验，因此，当事人聘请律师担任代理人代理诉讼比聘请其他人代理诉讼，可以更好地维护自己的合法权益，实现自己的诉讼目的。

② 有利于人民法院正确处理民事案件，提高审判质量。律师精通法律，能言善辩，而且在诉讼中享有广泛的权利，这为其向法院提供证据，协助法官查明事实提供了有力的保证。律师的代理活动亦可从不同的角度提出问题和意见，便于法院全面了解案情，分清是非，从而正确适用法律，对案件作出公正判决。对于错误的判决和裁定，律师还可以协助当事人提出上诉，通过二审程序予以纠正。因此，律师代理民事诉讼，有助于增强审判人员的工作责任感，提高审判质量，同时矫正审判的失误和偏差，防止错案发生，从而有效地维护国家法律的正确统一实施。

③ 有利于对当事人进行法制教育，提高诉讼效率，促进社会主义物质文明和精神文明建设。首先，律师代理民事诉讼有助于当事人双方达成和解或调解协议。当事人将争议诉诸法院，表明矛盾已经很大，双方之间很难心平气和地解决问题，但如果双方或一方聘请了律师担任代理人，则由于律师处于公正立场，经过摆事实，讲道理，分清是非，明确责任，并说服双方互让互谅，容易为当事人所接受，从而缓解矛盾，自行达成和解协议或在法院的主持下达成调解协议，进而有助于双方今后的团结协作，促进社会主义市场经济的发展。其次，律师在民事诉讼中还可以利用自己的特殊身份对当事人及其他有关人员进行法制教育，增强他们的法制观念，提高他们的思想道德水平，从而推动社会主义精神文明建设。

④ 有利于维护国家主权和促进对外开放。律师通过担任涉外民事诉讼当事人的代理人，可以有效地维护国家的主权和利益，保护我国公民、法人或其他组织的合法权益。同时，通过对外商及外国投资者提供法律帮助，维护其合法权益，也有利于促进我国对外开放政策的进一步贯彻实施。

四、律师代理民事诉讼的范围

我国《民事诉讼法》第 3 条规定：“人民法院受理公民之间、法人之间、其他组织之间以及他们相互之间因财产关系和人身关系提起的民事诉讼，适用本法的规定。”据此，凡是人民法院依据《民事诉讼法》受理和审判的案件，律师均可接受委托，进行代理。这些案件包括：

① 民法调整的财产关系、人身关系、知识产权关系案件；

② 合同法调整的合同纠纷案件；

③ 破产法调整的申请宣告破产案件；

④ 房地产法调整的房地产纠纷案件；

⑤ 海商法调整的海事、商事纠纷案件；

⑥ 婚姻法所调整的婚姻家庭关系案件；

⑦ 继承法调整的继承关系案件；

⑧ 收养法所调整的收养关系案件；

⑨ 劳动法所调整的因劳动关系引起的纠纷案件；

⑩ 其他与财产关系和人身关系有关的案件。

上述案件，当事人都可以委托律师进行民事诉讼代理，但以下情况则不属于律师代理民事诉讼的范围：

① 争议或纠纷不属于人民法院的主管范围，即不能通过司法程序加以解决而只能通过法院以外的其他部门进行处理的事项。

② 必须先经其他机关处理，法院不能先行直接受理的案件，如劳动争议案件。

③ 依法在一定时期不得向法院提起诉讼的案件，如女方在怀孕期间，分娩后一年内或中止妊娠六个月内，男方不得提出离婚。

五、律师代理民事诉讼的权限

1. 律师代理民事诉讼权限的种类

代理权限，是指代理律师行使代理权的范围，即代理律师对哪些事项有资格进行代理。

我国《民事诉讼法》第 59 条规定："委托他人代为诉讼，必须向人民法院提交由委托人签名或者盖章的授权委托书。授权委托书必须记明委托事项和权限。"由此可见，代理权限是律师参加诉讼活动的根据，律师的诉讼代理活动是否有效，取决于他是否在委托人授权范围内进行代理活动。而委托人授予律师的代理权限，明订于授权委托书。因此，授权委托书是确定律师诉讼代理权限的依据。

根据我国《民事诉讼法》的有关规定，律师的诉讼代理权限可以分为以下两类：

① 一般代理。所谓一般代理，是指委托人将那些不直接涉及实体权利的诉讼权利，授权给律师行使的代理。在这种代理关系中，律师不能直接对案件的实体问题作出处分，只能行使如代为陈述案件事实、申请回避、提出管辖异议、参加法庭质证等不涉及被代理人实体权利的一般诉讼权利。这种代理形式，一般只要在授权委托书中写明"一般代理"即可。

② 特别代理。所谓特别代理，是指委托人将涉及程序性的一般诉讼权利和涉及实体问题处分的诉讼权利，一并交由律师行使的代理。我国《民事诉讼法》第 59 条第 2 款规定："诉讼代理人代为承认、放弃、变更诉讼请求，进行和解，提起反诉或者上诉，必须有委托人的特别授权。"在这种律师代理中，当事人不仅要将上述程序性权利授权律师行使，而且还要把处分实体权利的诉讼权利如起诉权、反诉权、上诉权、和解权等

全部或部分授权律师行使，并在授权委托书中明确写明具体授予的权利，律师仅能在授权范围内处理相关事务。在特别授权代理的情况下，律师独立性较强，也便于律师职责的履行，因此，在实践中，律师一般情况下是建议委托人给予特别授权代理。

在司法实践中，许多人将“特别授权代理”俗称为“全权代理”，其实这样的称谓是不合适的。第一，这种称谓没有法律依据。我国《民事诉讼法》第59条第2款已经对需特别授权的诉讼权利作了并列性的列举，这意味着特别授权是一种法律要求的明确性授权，笼统地将特别授权代理称为“全权代理”，显然与法律规定不符。第二，根据我国法律的有关规定，对涉及人身实体权利的处分，如婚姻案件中是否离婚等实体问题，只能由当事人自行表态，当事人必须亲自出庭，自己作出选择和决断，律师不能根据授权进行处分，所以法律并不是允许所有的事项都可以由律师全权代理。第三，根据《最高人民法院关于适用〈民事诉讼法〉若干问题的意见》第69条规定：“授权委托书写‘全权代理’而无具体授权的，诉讼代理人无权代为承认、放弃、变更诉讼请求，进行和解，提起反诉或上诉。”即代理人不享有特别授权的代理权限。

2. 律师代理民事诉讼权限的变化

当事人需要委托律师参加民事诉讼，在与律师事务所订立委托代理协议和向律师出具授权委托书后，律师代理权即告成立。但代理律师在参加民事诉讼过程中，由于情况的变化和随着诉讼的不断发展，其代理权也会相应地发生变化。

(1) 律师的转委托代理

转委托代理，也叫复代理，它是代理人接受委托后，由于某种特殊原因无法正常代理诉讼，为了切实维护被代理人的合法权益，而将一部分或全部的代理权转委托其他律师代为行使。转委托代理不同于另行委托代理，它们是两个不同的概念。转委托代理，是代理律师在自己代理的权限范围内，将代理权转委托其他律师，代理律师和原被代理人仍保持委托与被委托的关系，而且转委托是以代理律师的名义委托。另行委托代理，是委托人与被委托人解除关系后，由委托人与新的被委托人重新订立委托代理合同，形成新的代理关系。另行委托是以委托人自己的名义委托代理。

转委托代理，应征得委托人的同意，如情况紧急，事前无法征求意见，事后也应得到委托人的承认或认可，否则，应由代理律师对转委托的律师失误行为承担民事责任。这里，我们应该看到，转委托代理具有其存在的必要性和合理性，一是转委托的目的是为了使被代理人的合法权益得到及时的维护；二是代理律师具有特殊情况，如代理律师患了疾病，或发生突然事故，或是开庭发生冲突无法协调等等；三是时间紧急，来不及事前征求委托人的同意。正因为如此，即使是代理律师来不及征得委托人同意甚至是委托人不同意，也应当允许律师转委托代理。实践中，为了减少不必要的纠纷，律师事务所在与委托人签订委托代理协议时，应尽量将转委托代理的情况规定在协议中，当然，转委托的法律责任仍应由代理律师承担。

(2) 律师民事诉讼代理权的成立

在民事诉讼代理的三种形式中，法定代理人只能是对被代理人享有亲权的人或监护人、保证人，不能由律师担任；律师只能接受人民法院的指定或者当事人的委托，担任代理人参加诉讼。

在诉讼中，遇有当事人无诉讼行为能力而其法定代理人又不能行使代理权的情况，人民法院应当为他指定代理人。一般而言，人民法院应当指定律师担任代理人。被指定的律师接到人民法院的指定通知，其诉讼代理权即告成立。

当事人委托律师担任代理人的，在向人民法院提交由他亲自签名或者盖章的授权委托书，律师的诉讼代理权才能成立。我国《民事诉讼法》第59条第3款规定："侨居在国外的中华人民共和国公民从国外寄交或者托交的授权委托书，必须经中华人民共和国驻该国的使领馆证明；没有使领馆的，由与中华人民共和国有外交关系的第三国驻该国的使领馆证明，再转由中华人民共和国驻该第三国使领馆证明，或者由当地的爱国华侨团体证明。"依照司法部1981年4月29日《关于港澳同胞回内地申请公证出具证明的补充通知》的规定，居住在港澳地区的同胞向大陆寄交的授权委托书，须出具我国指定的港澳地区的有关律师证明。

(3) 律师民事诉讼代理权的变更

律师担任指定代理人时，其诉讼地位与法定代理人相同，因而其诉讼代理权不存在变更问题。律师担任委托代理人时，因某些情况的出现，委托人与代理诉讼的律师经相互协商，可以改变原授权委托书中的代理权的范围。具体表现为：一是代理权的扩大或缩小；二是代理事项的增加或减少；三是代理期间的延长或缩短。

(4) 律师民事诉讼代理权的消灭

律师诉讼代理权的消灭，是指律师的诉讼代理权因某种特定原因的出现而消失。在指定代理中，当被代理人或其他法定代理人可以为诉讼行为设立指定代理的客观原因已不复存在时，律师作为指定代理人应当脱离诉讼，其诉讼代理权即告消灭；在委托代理中，如果律师代理的诉讼结束、代理律师丧失行为能力或死亡、被代理人解除委托或律师辞去代理、法人终止或被代理人死亡等主客观原因出现，律师的诉讼代理权即归消灭。

为了保证人民法院诉讼活动的正常进行，保护当事人的合法权益，我国《民事诉讼法》第60条规定："诉讼代理人的权限如果变更或者解除，当事人应当书面告知人民法院，并由人民法院通知对方当事人。"

六、律师代理民事诉讼的工作程序

律师进行民事诉讼代理的工作程序，是指律师代理民事诉讼的工作方法、步骤。这些具体的程序很多是没有法律规定的，而是司法实践中律师代理工作经验的总结。

律师代理民事诉讼，自接受委托开始，到法院送达本审判决书、裁定书或调解书终止，根据不同阶段律师工作的具体内容，我们可以将律师代理民事诉讼的工作程序分为审查收案、准备起诉或应诉、参加法庭审理等三个大的方面。

1. 审查收案

(1) 对案件材料的审查

一般来说，如果某一民事案件已由人民法院受理，那么，无论原告还是被告委托律师代理诉讼，律师都可以立即接受，无须进行审查。因为该案诉讼程序已经开始，案件中的原告和被告已经法院确定。但是，如果委托人准备向人民法院提起诉讼而要求律师进行代理的，则律师应首先和委托人进行谈话，向其了解案件事实，并认真审查委托人提供的有关证据材料，然后对之进行法律上的分析，找出该纠纷的意义，着重解决该纠纷是否属于法院受理范围内的民事案件。否则，仓促接受委托，代理委托人向法院起诉而不被法院受理，将给工作造成被动。具体地说，律师在接受委托前应审查并弄清以下六个问题：

① 委托人与本案争议有无直接利害关系，是否有起诉权；委托人的请求是否合法，有无证据证明。

② 该案是否归法院主管。对于不属于人民法院主管的，就不应接受委托；对于依照法律规定，应当由其他机关处理的争议，应告知委托人向有关机关申请解决。

③ 该案件是否超过诉讼时效。我国民法通则对诉讼时效作了严格的规定，超过诉讼时效，委托人的权益即不再受法律保护，因而律师也就不应再接受其委托，代理诉讼。

④ 是否属于依法在一定时间内不得起诉的案件。例如，我国《婚姻法》第 34 条规定："女方在怀孕期间、分娩后一年内或终止妊娠后六个月内，男方不得提出离婚。"

⑤ 是否属于应由仲裁解决的案件。根据《民事诉讼法》第 111 条第 2 项规定，如果是"依照法律规定，双方当事人对合同纠纷自愿达成书面仲裁协议向仲裁机构申请仲裁、不得向人民法院起诉的，告知原告向仲裁机构申请仲裁"。

⑥ 是否属于已经裁判解决的案件。对于判决、裁定已经发生法律效力的民事案件，委托人又起诉的，律师亦不应接受委托，而应告知委托人按申诉处理。

经过审查分析，律师认为案件符合人民法院受理条件的，应当接受委托。对委托人的请求，部分不合理的，律师应做解释工作，动员其放弃，以便有效地进行代理工作，维护其合法权益。如果委托人的请求明显无理、无据或其行为明显违法的，律师应拒绝接受委托，绝不能有求必应。否则，律师依法办事就无从谈起，并将给律师的形象和代理工作造成不良的影响。

(2) 签订委托代理合同

律师决定接受委托后，应依法签订委托代理合同。委托代理合同是委托人与律师事务所之间签订的能够产生诉讼代理法律关系的协议。它既是规定委托人与受托人双方权利义务关系的合同，也是律师代理民事诉讼的依据。

委托代理合同应包括以下内容：

① 委托人（即被代理人）和受托人（即代理人）的基本情况。包括名称（法人和非法人组织的名称应写明单位全称与法定代理人姓名、职务）、地址、电话号码等。

② 代理事项。这一项在写法上要因案而异，不可千篇一律。如购销合同纠纷、继承遗产纠纷、离婚纠纷等。

③ 代理权限。这是委托代理合同的关键部分与核心内容。应做到具体明确，如写明"代为起诉或应诉"，"代为参加法庭调查、调解或开庭活动"，"代为承认、放弃、变更诉讼请求，进行和解，提出反诉或者上诉"，等等。

④ 双方的权利义务。包括律师的违约赔偿条款等。

⑤ 代理的有效期限。通常是从接受委托时开始，至一审法院作出判决为止。如果一

审判决后，委托人需继续委托律师上诉、参加二审诉讼的，双方应另行协商，签订新的委托代理合同。

⑥ 律师事务所指派的律师的姓名、地址。如果委托人指明委托某一位律师，律师事务所应尽量满足其要求。代理律师一般为一至二人。

⑦ 代理费用及其付费方式。律师事务所应按国家规定的标准或双方约定收取代理费用，委托人应按委托代理合同规定的时间和方式支付代理费用。

委托代理合同通常一式两份，经双方签字或盖章后生效。其中，委托人和代理律师各执一份。诉讼代理活动结束后律师应将委托代理合同交律师事务所存档。

(3) 出具和提交授权委托书

我国《民事诉讼法》第 59 条第 1 款规定："委托他人代为诉讼，必须向人民法院提交由委托人签名或者盖章的授权委托书。"授权委托书是被代理人单方面出具的表明律师代理权限的法律文件，其内容应包括授权委托人的姓名（名称）、住址等必须说明的事项，律师的姓名及所在律师事务所的名称、地址、律师的代理权限等。其中，对于律师的代理权限，应尽可能详尽地予以列举，不能作简单的概括。授权委托书应当一式三份，委托人保留一份，提交人民法院一份，律师保存一份。根据最高人民法院《关于适用〈中华人民共和国诉讼法〉若干问题的意见》第 69 条的规定："当事人向人民法院提交的授权委托书，应当在开庭审理前送交人民法院。"

2. 准备起诉或应诉

律师接受委托后，成为民事诉讼代理人，要为被代理人起诉或应诉。在准备起诉和应诉阶段，代理律师要做好以下工作：

(1) 调查了解案情，收集审查证据

对案件的调查了解，是代理律师正确履行代理职责，维护被代理人合法权益首先应该做的工作。其目的是掌握案件中确凿的证据，为起诉或应诉、制作代理词打下基础。在司法实践中，调查了解案情一般可通过以下途径进行：

① 同委托人详细谈话，听取委托人对案情的叙述。作为委托人的当事人或其法定代理人，一般来说对民事案件事实有比较清楚的了解。根据《民事诉讼法》第 63 条规定，当事人的陈述是一种法定证据。代理律师同委托人谈话，是一种收集证据的途径，谈话中，可以要求他详细地说明案件事实，明确自己的诉讼请求以及双方当事人争执的要点。同时，让委托人拿出能够证明案件事实的证明材料，如合同书、验收单、收据，举出证人与当事人的关系。如果证据不充分，还要告知委托人继续补充证据和证人。另外，在谈话中，应注意了解委托人的思想动态，做好委托人的思想工作，避免矛盾激化，并告知委托人在举证及参加诉讼时应注意的有关事项。

② 到法院查阅案卷材料。到法院查阅本案卷宗材料，是律师法及民事诉讼法赋予代理律师的一项诉讼权利，任何机关和个人不得阻止。案卷材料是法院掌握的关于本案的各项材料，其来源有三个方面：一是原告方当事人以及代理人提供的；二是被告方当事人及其代理人提供的；三是法院通过自行调查收集到的。案卷材料包含了当事人制作并提交法院的各项诉讼文书以及各种证据材料，能够比较客观、全面地反映案件事实以及当事人双方的诉讼请求和主张。

在阅卷中，代理律师既要全面细致，又应抓住重点，在从头到尾查阅所有案卷材料以后，应着重注意以下四个问题：一是该案发生的时间、地点、原因、经过与结果的事实；二是当事人双方的主要分歧和矛盾焦点；三是对方当事人所持的基本观点、理由和态度；四是法院调查的证人证言及有关证据材料。其中，司法实践中经常出现伪证情况，代理律师应特别注意。律师阅卷应做好记录，对委托人有利或不利的证据都要摘录，对于合法、不可靠的证据要重点摘录，摘录材料要记明卷号、页码，摘录时尽量原文摘抄，并注意证据的完整性、连贯性。

③ 向有关单位和个人调查取证。自 1995 年以来，我国各级人民法院对民事审判方式进行了改革，其中之一就是强化了当事人的举证责任。除当事人客观上无法收集的证据，人民法院要依职权收集外，根据《民事诉讼法》规定的谁主张谁举证的原则，当事人对自己提出的主张，必须承担举证责任。

代理律师收集证据的方法主要有两种：一是要求委托人提供，包括要求委托人具体说明所提供证据的来源，哪些证据材料有待查实，应向谁查实或如何查实；二是根据委托人提供的材料和线索，进行调查，协助当事人履行举证责任。具体可采取以下方式：第一，协助调查。即代理律师根据委托人提供的现有证据材料和线索，为其列出需查明的事实和需收集的证据材料并协助其进行调查。第二，单独调查。对那些不需要当事人参加调查的事实或对象，律师应单独进行调查。在外出调查时应携带律师事务所的介绍信，并通过被调查人所在单位或基层组织进行，或有两人同去。对于有证据价值的材料，应当场做好笔录，由调查对象签名或盖章；有单位或组织代表在场的，应由单位或组织盖章或由其代表签名。第三，申请法院调查。根据《民事诉讼法》第 64 条第 2 款的规定，当事人及其诉讼代理人因客观原因不能自行收集的证据，或者人民法院认为审理案件需要的证据，人民法院应当调查收集。

对于通过调查收集到的各种证据材料，代理律师应进行认真仔细的分析核对，以便查明真伪，确定取舍。

(2) 开庭准备

根据代理律师的工作经验，庭前准备工作主要包括以下三个方面：

① 综合分析研究案件事实和证据。分析研究案件材料，是在熟悉案情的基础上，分析甄别各个证据材料，去粗取精，去伪存真，然后根据这些材料，运用法律理论，拟出一个总的代理意见。代理律师应对获得的各种材料进行综合的分析研究，对该案从事实和法律两个方面作出判断，以确定在法庭上的诉讼立场，采取切实有效的手段维护委托人的合法权益。

② 撰写代理词及其他法律文书。代理词是律师开庭前各项准备工作的基本总结，是律师对案件的事实和法律适用问题所持观点和理由的书面概括，从而也是律师实现诉讼代理职能的重要手段。代理词的内容，因具体案情及被代理人诉讼地位的不同而有差异。因此，如何拟定代理词，要从具体情况出发。首先，明确代理事项。其次，提出支持被代理人诉讼请求的事实根据、证据材料和法律理由，最后，归纳被代理人起诉或答辩中的结论性见解和主张。代理词中引用的事实和证据，应当是经过查证属实的或是记录于法院卷宗的；引用的法律及对法律的阐述要正确，不能强词夺理、曲解或生搬

硬套。

代理词是在法庭辩论阶段发表的，表明代理人对案件处理意见的司法文书。因此，在庭上发表时，律师应有随机应变的能力，要根据庭审中新出现的情况，不断修改、充实和完善原来的内容。在庭审结束后，律师还可以对代理词再进行修整。

③ 预测法庭审理中可能出现的问题。法庭审理可能出现的问题有：被告人提出反诉；对方当事人提出新证据、新证人；对方变更诉讼请求等问题。对于这些问题，要做好一定的准备，以免在法庭上措手不及。

3. 参加法庭审理

法庭审理，是指人民法院在完成必要的准备之后，在法院或其他适宜的场合设置的法庭上，对民事案件进行审查处理等活动。法庭审理一般包括以下几个阶段：开庭、法庭调查、法庭辩论、调解、合议庭评议和公开宣判等。

法庭审理工作是民事诉讼中的关键阶段，也是律师代理民事诉讼工作的关键环节。律师在这个阶段的工作表现，不但受到委托人的极大关注，而且对案件的最终裁判结果也有着非常重要的影响。根据法庭审理的步骤，我们认为，代理律师的工作，主要包括以下五个方面：

(1) 律师在开庭阶段的代理工作

开庭是法庭对案件进行审理的准备阶段。律师在这一阶段主要应做好以下三项工作：

① 协助当事人行使申请回避的权利。申请回避权是指诉讼当事人在符合法律规定的情况下，申请本案的审判人员和其他有关人员，退出本案审判活动的权利。如果当事人亲自出庭的，应当由当事人自己行使这一权利，因为审判人员等是否与本案有利害关系，只有当事人自己最清楚。代理律师一般应针对回避的意义和条件向当事人解释清楚，在符合法律规定的条件下，帮助当事人说明申请回避的事实和理由，法院如不接受回避申请，还要帮助当事人行使申请复议的权利。申请回避既可以书面形式，也可以口头形式提出，但应当注意措辞，以免造成不良影响。

② 及时提出有关申请事项或反驳对方的申请事项。如果在开庭前因准备时间仓促，来不及将有关申请事项提交法庭，或者在开庭时发现法庭并未通知自己申请通知的证人、鉴定人出庭或者没有进行某些必要的鉴定、勘验，那么，代理律师应当在这时向法庭提出自己的申请事项，应注意的是，所提出的申请事项须与案件的证明对象有密切的联系，并尽量制作书面申请。同时，对于对方当事人及其诉讼代理人提出的通知新的证人到庭，调取新的证据，进行鉴定或重新鉴定等申请，代理律师应考虑其有无法律依据，对诉讼结果将发生何种影响以及对被代理人的诉讼利益有无损害。如果对方提出的申请没有合法依据，代理律师应当立即加以反驳，以使法庭拒绝对方的申请。

③ 慎重对待对方当事人及其诉讼代理人或某个重要证人的缺席问题。如果代理律师认为上述人员的缺席将影响法院查明案件的事实真相并作出公正判决的，那么应当向法庭提出延期审理的要求。须知，促使对方当事人及其诉讼代理人到庭在很多情况下是有利而无害的。如将有利于对方当事人在法庭上充分发表意见，可避免日后不服判决而缠讼，将有利于判决的执行，保护被代理人的合法权益。

(2) 律师在法庭调查阶段的代理工作

法庭调查是开庭审理的中心环节。在法庭调查阶段，代理律师应当帮助当事人履行举证责任；协助当事人向法庭提供证据证明其诉讼主张；对当事人遗漏的证据，可以采取提问的方式予以补充，还可以向法庭提供自己得来的证据材料。此外，还应密切注意对方当事人提出的证据，在审判者许可的情况下，有权向证人、鉴定人和勘验人发问。

根据律师工作的经验，代理律师在法庭调查阶段应该做到"一听二问三调整"。所谓"一听"，就是指首先要认真听取审判人员、各方当事人及其他诉讼参与人在法庭上的提问、回答或发言，以达到进一步熟悉案情和证据，掌握案件情况有无变化。"二问"，是指在听的基础上，根据需要依法向证人了解案件事实。"三调整"是指根据上述"一听二问"所获得的情况，及时修正或补充在开庭前就准备好的代理词、辩论提纲，为下阶段的法庭辩论做准备。

(3) 律师在法庭辩论阶段的代理工作

法庭辩论，是指当事人、第三人及其诉讼代理人在法庭主持下，就已经调查的事实和证据，提出维护被代理人合法权益的意见和对对方提出的主张进行辩驳的诉讼活动。代理律师在这一阶段通过发表代理词和与对方辩论，阐明对本案的基本看法和法律见解，反驳对方当事人不正确的主张和意见，促使法庭判明是非，正确适用法律，做出公正裁判，从而维护委托人的合法权益。进行法庭辩论，需要有综合全案事实证据，运用法律进行论证的能力，这个能力往往是诉讼当事人所缺乏的。因此，法庭辩论阶段是当事人最需要帮助的时候，也是代理律师发挥代理作用的重要阶段，其中反映了律师知识的掌握程度和代理诉讼各种技巧的掌握程度。

(4) 律师在法庭调解中的代理工作

法庭调解，是指在审判人员的主持下，当事人双方争议的民事权益或法律关系，通过平等协商，互谅互让达成协议，终结诉讼所进行的活动。我国《民事诉讼法》第128条规定："法庭辩论终结，应当依法作出判决。判决前能够调解的，还可以进行调解，调解不成的，应当及时判决。"调解是解决民事案件的好方法，人民法院处理民事案件都应当在自愿、合法的原则下进行调解，调解结案的手段贯穿在整个民事审判中，所以，审判人员只要在查清事实前提下，觉得有调解的可能，在判决之前随时主持调解。不过，调解也不是审理民事案件的必经程序，对于不能调解的案件，应及时判决。

代理律师应遵循自愿、合法的调解原则，除了在开庭前能够和解的案件，促使当事人双方互谅互让达成调解协议。代理律师接受调解方案的，应当在委托授权范围内。如果法院提出的解决方案超出了委托授权的，律师则需要与委托人商量是否接受委托；委托人出庭的，由委托人自己决定。

(5) 律师在判决阶段的代理工作

在以上审理活动的基础上，如果调解达不成协议的，由人民法院对案件作出裁判。至此，第一审程序的委托任务即告完成。代理律师接到裁判后，应当向当事人解释裁判的内容和意义，就是否上诉等问题向当事人提供咨询意见。如果判决正确，当事人不服的，要求律师继续帮助上诉，律师应说服当事人服从判决；如果判决确实有误，则应该根据当事人的要求，再办理委托手续，代理上诉；如果判决错误，当事人由于某种原因不愿意上诉，律师应从维护当事人利益，保证法律实施的角度出发，可以支持当事人上诉，在取得同意后，继续代理上诉。

七、涉外民事诉讼的律师代理

1. 律师代理涉外民事诉讼的概念和原则

涉外民事诉讼，也称国际民商事诉讼，是指在民事诉讼中介入了涉外的因素，或从某一具体国家的角度来看，包含有涉外因素，从而构成了涉外民事诉讼。[①] 具体来说，这些涉外因素一般包括：民事诉讼的主体（当事人）包含具有不同国籍或居住在不同国家的自然人和法人；诉讼客体是法院地国以外的民事法律关系或诉讼标的物处于法院地国境外；受诉法院按国际条约或内国冲突法的规定应适用外国法作为审理案件的准据法；提供的证据具有涉外因素，需从法院地国境外获取；诉讼程序涉及国际司法协助；诉讼请求是外国法院或其他机构的判决或裁定在内国的承认与执行，等等。

律师代理涉外民事诉讼，是指律师接受涉外民事诉讼当事人的委托，担任代理人，参加诉讼，维护当事人合法权益的诉讼行为。由于涉外民事诉讼具有涉外因素，因此在受理、审判、执行等方面不同于代理一般民事诉讼，相应地，律师代理涉外民事诉讼亦不同于一般民事诉讼。

律师代理涉外民事诉讼，除必须遵守民事诉讼的基本原则以外，还应当遵守我国《民事诉讼法》规定的涉外民事诉讼的基本原则，以维护我国的主权和法律的尊严。由于涉外民事诉讼代理自身的特点，这些基本原则主要包括：国家主权原则；对等原则或者诉讼权利义务同等原则；信守国际条约和尊重国际惯例原则；优先适用特别规定原则。

2. 律师代理涉外民事诉讼应注意的问题

律师代理当事人参与涉外民事诉讼，应注意涉外民事诉讼中的特别规定，保证涉外民事诉讼当事人的合法诉讼权利。特别应该注意的是，涉及香港、澳门特别行政区和台湾地区当事人的民商事纠纷案件的诉讼，视同涉外民事诉讼，按涉外民事诉讼的特别规则处理。

（1）委托手续问题

涉外案件中，律师可能为本国当事人在本国进行诉讼作代理人，这和国内民事诉讼当事人委托律师进行代理的程序一致，只需当事人和律师事务所签订委托合同，对代理律师进行授权即可。

我国律师如果接受外国当事人的委托，代理其在我国的法院进行诉讼，则委托关系的确立需要履行特别的程序。根据《民事诉讼法》第 240 条的规定，在我国领域内没有住所的外国人、无国籍人、外国企业和组织委托中华人民共和国律师或者其他人代理诉讼，从中华人民共和国领域外寄交或者托交的授权委托书，应当经所在国公证机关证明，并经中华人民共和国驻该国使领馆认证，或者履行中华人民共和国与该所在国订立的有关条约中规定的证明手续后，才具有效力。

---

① 李双元，谢石松. 国际民事诉讼法概述. 武汉：武汉大学出版社，2001.8

另外，如外国当事人委托我国律师代为承认、放弃或变更诉讼请求，进行和解，提起反诉或者上诉，还必须予以特别授权并按《民事诉讼法》的上述规定办理有关手续，否则无效。

(2) 管辖法院的问题

管辖权的确定涉及国家司法权的行使，并会直接影响到法律的适用，在涉外民事诉讼中具有重要意义。关于涉外民事诉讼管辖权的确定，依我国《民事诉讼法》及相关司法解释的规定，除适用《民事诉讼法》一般的管辖规则外，还规定有特殊的管辖规则，在进行管辖法院的确定时，代理人应认真进行审查。

① 特殊地域关系的规定。特殊地域管辖是依据属地管辖原则确定的，是对在我国境内没有住所的被告提出的合同纠纷及其他财产权益纠纷诉讼规定的。《民事诉讼法》第241条规定："因合同纠纷或者其他财产权益纠纷，对在中华人民共和国领域内没有住所的被告提起的诉讼，如果合同在中华人民共和国领域内签订或者履行，或者诉讼标的物在中华人民共和国领域内，或者被告在中华人民共和国领域内有可供扣押的财产，或者被告在中华人民共和国领域内设有代表机构，可以由合同签订地、合同履行地、诉讼标的物所在地、可供扣押财产所在地、侵权行为地或者代表机构住所地人民法院管辖。"

② 特殊级别管辖的规定。2001年《最高人民法院关于涉外民商事案件诉讼管辖若干问题的规定》第1条规定："因合同纠纷或者其他财产权益纠纷，对在中华人民共和国领域内没有住所的被告提起的诉讼，如果合同在中华人民共和国领域内签订或者履行，或者诉讼标的物在中华人民共和国领域内，或者被告在中华人民共和国领域内有可供扣押的财产，或者被告在中华人民共和国领域内设有代表机构，可以由合同签订地、合同履行地、诉讼标的物所在地、可供扣押财产所在地、侵权行为地或者代表机构住所地人民法院管辖。"

(3) 期间问题

我国《民事诉讼法》基于涉外当事人路途遥远，往返时间较长的实际情况，在诉讼期限方面，相比国内民事诉讼程序来说，给予了外国当事人优厚的待遇，规定了较为宽松的诉讼期间。例如，涉外民事诉讼的被告、被上诉人在一审、二审的答辩期限和上诉人的期限均为30日，而国内民事诉讼相应当事人的答辩期限和上诉期限都只有15日；公告送达届满的期限，国内民事诉讼为2个月，而涉外民事诉讼则为6个月，等等。作为代理律师，应熟知涉外诉讼期间的特别规定，不致使当事人因超过法定诉讼期限而丧失诉讼权利。

(4) 送达问题

在我国领域内有住所的外国当事人的送达，与国内《民事诉讼法》规定文书送达方式一样。而对在我国领域内没有住所的当事人的法律文书的送达方式，则根据不同的情况，有特别的规定。主要见于《民事诉讼法》第245条的规定："人民法院对在中华人民共和国领域内没有住所的当事人送达诉讼文书，可以采用下列方式：（一）依照受送达人所在国与中华人民共和国缔结或者共同参加的国际条约中规定的方式送达；（二）通过外交途径送达；（三）对具有中华人民共和国国籍的受送达人，可以委托中华人民共和国驻受送达人所在国的使领馆代为送达；（四）向受送达人委托的有权代其接受送达的诉讼代理人送达；（五）向受送达人在中华人民共和国领域内设立的代表机构或者有权接受送达的分支机构、业务代办人送达；（六）受送达人所在国的法律允许邮寄送达的，可以邮寄送达，自邮寄之日起满六个月，送达回证没有退回，但根据各种情况足以认定已经送达的，期间届满之日视为送达；（七）不能用上述方式送达的，公告送达，自公告之日起满六个月，即视为送达。"同时，根据《民事诉讼法》的有关规定，最高人民法院于 2006 年颁行的《最高人民法院关于涉外民事或商事案件司法文书送达问题若干规定》，对涉外民事诉讼中法律文书的送达进行了特别的规定，为解决涉外民事诉讼中送达难的问题提供了更多的方式和法律依据。

(5) 申请财产保全问题

代理律师如果获得涉外民事诉讼当事人的特别授权，则可以依照我国《民事诉讼法》第 92 条和第 93 条的规定向人民法院申请财产保全或诉前财产保全，并告知当事人提供担保。其中，根据《民事诉讼法》第 250 条的规定："人民法院裁定准许诉前财产保全后，申请人应当在 30 日内提起诉讼。逾期不起诉的，人民法院应当解除财产保全。"由此造成的被申请人的损失及相关费用由被代理人（即申请人）承担。

第三节　律师的行政诉讼代理

一、律师代理行政诉讼案件的概念和特征

1. 律师代理行政诉讼案件的概念

行政诉讼，是指公民、法人或者其他组织在认为行政机关和行政机关工作人员的具体行政行为侵犯自己的合法权益时，依法向人民法院请求司法保护，并由人民法院对具体行政行为进行审理和判决的活动。行政诉讼律师代理，是指根据《行政诉讼法》的规定，律师接受人民法院的指定或当事人的委托，代理一方当事人并以被代理人的名义进行行政诉讼行为的活动。

在人民法院受理的行政案件中，通常是行政管理的相对一方当事人需要聘请律师，以获得法律帮助，弄清事实，试图改变或推翻国家有关行政机关业已对其所作出的不利决定。这实质上是一种"民告官"的活动，它体现了国家通过司法权对行政机关行使行政权的活动进行监督和制约。行政诉讼制度是现代民主国家普遍设立的一项制度。"由于在全部国家权力中，行政权力最庞大，也最容易滥用。"①

2. 律师代理行政诉讼案件的特征

① 律师代理行政诉讼纠纷的单向性。行政诉讼所要解决的是行政争议，是发生在处于地位相对"不平等"的行政主体与行政相对人之间的争议，而非平等民事主体间的民

① 张文显. 法学基本范畴研究. 北京：中国政法大学出版社，1993.316

事争议。因此，纠纷双方的地位不对等，具有管理的、处罚的单向性。

② 律师作为行政机关的诉讼代理人代理行政诉讼权没有起诉权、反诉权和收集证据权。由于行政诉讼的被告始终是行政机关，律师作为行政机关的诉讼代理人，没有起诉的权利；行政机关的行政行为在原告提起诉讼前已经决定或执行，所以作为行政机关的诉讼代理人的律师没有反诉权。根据行政诉讼法及相关规定，在诉讼过程中，被告及其代理人都不得自行向原告和证人收集证据。

③ 律师代理行政诉讼在开展工作的内容和程序上有其独特性。律师代理行政诉讼首先要弄清楚被告人实施过何种行为，这种行为是否违法，该负何种法律责任；其次，要对行政机关的决定进行审查；最后，要审查被代理人起诉的事实是否清楚，证据是否充分，理由是否正当，要求是否合理合法，才可以决定是否代理诉讼和提出代理意见。

④ 律师代理行政诉讼须依据广泛的法律背景。行政诉讼案件的处理依据多是《行政诉讼法》。行政诉讼涉及各行业、各部门、各系统，法院判决适用的法律也大都是行政法规。我国迄今已有 150 多个法律法规规定，当事人不服行政机关的处罚或者其他处理决定的，均可以向人民法院起诉。因此，律师要做好行政诉讼代理工作，必须掌握丰富的行政法规知识，才能有力地维护当事人的合法权益。

⑤ 律师代理行政诉讼应注意行政诉讼具有国家赔偿性。行政诉讼的结果，有的涉及行政赔偿。行政赔偿与一般民事赔偿不同，主要是国家赔偿，一般说来，行政赔偿经费直接由国家财政拨出。[①]

二、律师代理行政诉讼的意义

中国历来是一个传统的“官本位”的国家，行政权力的非规范行使导致侵犯公民、法人以及社会组织的合法权利的现象经常发生，因此，行政诉讼一般被称为“民告官”诉讼，其所争议的实质是行政机关的具体行政行为合法与否的问题，同时，有关行政管理方面的法律法规卷帙浩繁。因此，律师代理行政诉讼，有利于促使行政机关依法行政，以维护广大人民群众和社会组织的合法权益。事实上，律师作为具有专门法律知识和诉讼技巧的专家，充当诉讼代理人，不仅有利于增强行政机关的民主法制观念，保护公民、法人和其他组织的合法权益，更有利于法院顺利开展行政审判工作。由此可见，律师代理行政诉讼显得尤为重要。

① 律师代理行政诉讼，有利于维护公民、法人或者其他组织的合法权益。在行政管理活动中，作为国家权力操纵者的行政机关和个体权利的承载者的公民、法人和其他组织之间，不可避免地会发生行政争议，行政诉讼是一种对行使行政权力的司法监督。当公民、法人或其他组织认为自己的合法权利因行政机关的行政行为而受到伤害时，他们也许会通过行政诉讼来维护自己的合法权益。然而，国家权力与个人权利相比而言，国家权力处于天然的优势地位，虽然立法上规定了当事人双方诉讼地位平等，但是，由于行政机关这种天然的优势地位，使得二者处于实质上的不平等。同时，几千年封建专制

① 官玉琴，张禄兴. 律师法学. 福州：福建教育出版社，2006. 325~326

所形成的“官本位”、“官贵民轻”的旧思想，使得公民、法人和其他组织不敢去控告管理他们的“父母官”，不能及时提起诉讼，在法庭上也心存畏惧，不敢理直气壮地争取自己的合法权益。这也会导致当事人双方地位实质上不平等的局面。允许律师代理行政诉讼，行政诉讼原告就会得到律师强有力的支持，从而可以弥补原告缺乏技巧和良好的心理素质等诸多方面的不利因素，切实维护其合法权益。同时，这也是对封建旧思想的有力冲击，有助于培养公众的民主和法制意识。

② 律师代理行政诉讼，有利于监督行政机关依法行政，以维护行政机关的威信，提高工作质量和效率。为维护国家和社会的公共利益，法律赋予行政机关广泛的管理权力。有权力就应当有监督，同时也应当加以维护，否则就会造成权力滥用或权力失效。行政诉讼是监督和维护行政机关依法行使职权的重要手段。律师接受行政机关的委托担任其代理人参加诉讼，一方面可以发现行政机关的违法行为，督促其纠正，提高其管理水平；另一方面也可以协助行政机关维护其合法的行政行为，树立管理的权威性。

③ 律师代理行政诉讼，有利于协助人民法院正确及时地审理行政案件。律师是诉讼方面的专家，他们具有专门的法律知识、办案经验以及诉讼技巧。人民法院根据《行政诉讼法》审理行政案件，离不开事实和法律。而对事实的获得、掌握和了解，除了必要时法院主动去调查某一事实外，更多的是通过当事人双方提供给法院的证据材料，以及对这些材料发表的分析意见。这些工作，在有律师代理诉讼的情况下，多是由律师进行的。律师对于证据的收集、判断、运用，对事实的分析，对法律的适用，都能提出自己的观点和看法。法院在充分听取双方的意见后，可以及时作出正确的裁决。

三、律师代理行政诉讼的范围

律师代理行政诉讼的范围很广，具体而言，它包括以下内容：

1. 从案件的程序方面来看，律师在行政诉讼各种程序中均可以进行代理

根据《行政诉讼法》的规定，行政诉讼程序分为行政案件审判程序、行政侵权赔偿诉讼程序和行政诉讼执行程序三类。其中，行政案件的审判程序又分为第一审程序、第二审程序和审判监督程序三种。在以上各种程序中，律师均可以接受当事人的委托，担任诉讼代理人，参加诉讼。

2. 从诉讼对象方面来看，当事人、法定代理人均可以委托律师作为诉讼代理人

根据《行政诉讼法》第 29 条的规定，当事人、法定代理人可以委托律师代为诉讼。行政诉讼当事人同民事诉讼当事人一样，有广义和狭义之分。广义当事人包括原告、被告、共同诉讼人和第三人，狭义当事人仅指原告和被告。从《行政诉讼法》第 24 至 27 条的规定来看，我国行政诉讼当事人应是指广义当事人，即原告、被告、共同诉讼人和第三人。

3. 从案件方面来看，律师代理行政诉讼的案件分以下两个方面界定

(1) 律师可以代理的行政案件

根据《行政诉讼法》第 11 条第 1 款列举的八项人民法院的受案范围和《行政诉讼法》第 11 条第 2 款及相关法律、法规和司法解释规定的人民法院可以受理的，其他

法律法规规定的行政案件，分述如下：

① 行政诉讼法规定的行政案件：

A. 行政处罚案件。《行政诉讼法》第 11 条第 1 款规定："对拘留、罚款、吊销许可证和执照、责令停产停业、没收财物等行政处罚不服的。"律师可以代理行政相对人依法提起行政诉讼。从行政审判实践来看，人民法院审理的行政案件大量的是对行政处罚不服。

B. 行政强制措施案件。《行政诉讼法》第 11 条第 1 款规定："对限制人身自由或者对财产的查封、扣押、冻结等行政强制措施不服的。"行政相对人可以依法委托律师提起行政诉讼，这有力地保障了公民、法人或其他组织的合法权益。

C. 侵犯经营自主权的案件。《行政诉讼法》第 11 条第 1 款规定："认为行政机关侵犯法律规定的经营自主权的。"行政相对人可以依法委托律师提起行政诉讼。对此规定的理解，结合司法实践应包括以下三个方面：首先，侵犯经营自主权的行为限于具体行政行为；其次，主体并不限于"行政机关"，还应包括授权组织；再次，经营自主权的内容一般指企业和各种经济组织依法享有的自主调配和使用人力、物力和财力的权利以及在产供销环节中自主决定而不受干涉的权利。

D. 行政许可案件。《行政诉讼法》第 11 条第 1 款规定："认为符合法定条件申请行政机关颁发许可证和执照，行政机关拒绝颁发或者不予答复的。"公民、法人或其他组织可以提起行政诉讼。需要指出的是，这里的"行政机关拒绝颁发或者不予答复的"既可以是明示的拒绝而不批准，也可以是默示的迟延。

E. 不履行保护人身权、财产权法定职责的案件。《行政诉讼法》第 11 条第 1 款规定："申请行政机关履行保护人身权、财产权的法定职责，行政机关拒绝履行或者不予答复的。"这属于行政诉讼的收案范围。

F. 没有依法发给抚恤金的案件。《行政诉讼法》第 11 条第 1 款规定："认为行政机关没有依法发给抚恤金的。"行政相对人可以依法委托律师代为提起行政诉讼。抚恤金本身既具有财产权益的内容与性质，同时也涉及社会保障、物质帮助的权益，是一种多重性质的权益，对当事人关系重大。

G. 违法要求履行义务的案件。《行政诉讼法》第 11 条第 1 款规定："认为行政机关违法要求履行义务的。"行政相对人可以依法提起行政诉讼。司法实践中，此类具体行政行为主要表现为：其一，法律、法规以及规章没有设定义务，而行政机关以其行政行为随意要求相对方履行义务，如乱收费、滥摊派等；其二，行政机关重复要求相对方履行义务；其三，行政机关超过法律、法规的种类、范围等而要求相对方履行义务；其四，行政机关要求履行义务而违反法定程序，如收费不出具法定的依据，要求义务人提前履行义务等。

H. 侵犯其他人身权、财产权的案件。《行政诉讼法》第 11 条第 1 款规定："认为行政机关侵犯其他人身权、财产权的。"行政相对人可依法提起行政诉讼。即司法实践中，立法未列举规定的侵犯其他人身权、财产权的案件。

②其他法律、法规和司法解释规定的行政案件：

《行政诉讼法》第 11 条第 2 款规定："除前款规定外，人民法院受理法律、法规规定可以提起诉讼的其他行政案件。”这体现了我国《行政诉讼法》受案范围规定方式的一个特点，即《行政诉讼法》的一般规定与单行法律法规的规定相结合，凡因行政机关行政活动涉及公民合法权益而形成的行政争议案件，即使《行政诉讼法》未作列举，只要其他法律、法规规定可以提起行政诉讼的，都属于行政诉讼的受案范围。此款规定标志着我国《行政诉讼法》对受案范围的规定并不是完整终结，随着社会的发展与进步和改革的深入，受案范围将会进一步扩大。

A. 根据《律师法》规定，对不予颁发律师资格证书、律师执业证书、对律师警告、停止执业、吊销律师执业证书的处罚不服，以及对律师事务所违反《律师法》的处理不服的案件。

B. 根据《土地管理法》、《矿产资源法》、《森林法》、《草原法》等法律规定不服行政机关确认土地、山岭、滩涂、荒地、矿产、森林、草原等所有权和使用权归属的处理决定的案件。

C. 根据《专利法》规定不服确认专利权等处理的案件。

D. 根据最高人民法院《关于执行〈行政诉讼法〉若干问题的解释》第 13 条规定，有下列情形之一的，公民、法人或者其他组织可以依法提起行政诉讼：其一，被诉的具体行政行为涉及其相邻权或者公平竞争权的；其二，与被诉的行政复议决定有法律上利害关系或者在复议程序中被追加为第三人的；其三，要求主管行政机关依法追究加害人法律责任的；其四，与撤销或者变更具体行政行为有法律上利害关系的。

E. 国际贸易行政案件。最高人民法院针对我国加入 WTO 之后的情况，于 2002 年 8 月 27 日颁布了《关于审理国际贸易行政案件若干问题的规定》，确立了一种新的行政案件类型。审理此类案件，应遵循适用中国法律、国际条约优先的原则。

F. 反倾销行政案件。根据《行政诉讼法》和最高人民法院《关于审理反倾销行政案件应用法律若干问题的规定》，人民法院依法受理对有关倾销及倾销幅度、损害及损害程度的终裁决定等反倾销行政行为提起的行政诉讼。

以上这些案件都是人民法院可以受理为行政诉讼的案件，也是律师可以代理的案件范围。

⑵ 律师不能代理的行政案件

根据《行政诉讼法》第 12 条的规定以及最高人民法院《关于执行〈中华人民共和国行政诉讼法〉等若干问题解释》的规定，法院不予受理的行政争议，具体包括以下九类：

①“国防、外交等国家行为”，是指国务院、中央军事委员会、国防部、外交部等根据宪法和法律的授权，以国家的名义实施的有关国防和外交事务的行为，以及经宪法和法律授权的国家机关宣布紧急状态、实施戒严和总动员等行为。

②“行政法规、规章或者行政机关制定、发布的具有普遍约束力的决定、命令”，是指行政机关针对不特定对象发布的能反复适用的行政规范性文件。

③“行政机关对行政机关工作人员的奖惩、任免等决定”，是指行政机关作出的涉及该行政机关公务员权利义务的决定。

④“法律规定由行政机关最终裁决的具体行政行为”，其中，“法律”是指全国人

民代表大会及其常务委员会制定、通过的规范性文件。

⑤“公安、国家安全等机关依照刑事诉讼法的明确授权实施的行为”，即所谓刑事司法行为，是指公安、国家安全机关等机关依照《刑事诉讼法》的明确授权实施的行为。这主要是考虑到：其一，我国现行的司法体制，刑事侦查行为被视为司法行为；其二，我国刑事诉讼法已经授权检察机关对刑事侦查等刑事司法行为进行监督；其三，根据我国国家赔偿法的规定，因刑事侦查等刑事司法行为违法而致人损害的，受害人可以根据《国家赔偿法》的规定获得救济。

⑥“调解行为以及法律规定的仲裁行为”，需要注意的是，这里的“法律”是狭义上的法律，即指全国人大及其常委会所制定的法律。

⑦“不具有强制力的行政指导行为”，行政指导行为，是指行政机关在进行行政管理的过程中，所作出的咨询、建议、劝导等行为。行政指导行为不具有当事人必须履行的法律效果，因而不属于行政诉讼的受案范围，律师更不能代理诉讼。

⑧“驳回当事人对行政行为提起申诉的重复处理行为”，所谓重复处理行为，是指行政机关所作出的没有改变原有行政法律关系、没有对当事人的权利义务发生新的影响的行为。

⑨“对公民、法人或者其他组织权利义务不产生实际影响的行为”，此类行为主要是指还没有成立的行政行为以及还在行政机关内部运作的行为等。之所以将此类行为排除在行政诉讼受案范围之外，是因为行政诉讼的目的就是消除非法行政行为对行政相对人的权利义务的不利影响，而如果某一行为没有对行政管理相对人的权利、义务产生实际影响，提起行政诉讼就没有实际意义。①

四、律师代理行政诉讼的权利和义务

根据《律师法》、《行政诉讼法》等法律、法规的规定和委托人的授权，律师在代理行政诉讼时享有广泛的权利，并承担一定的义务。

1. 代理律师的权利及其限制

律师代理行政诉讼的权利主要有：

① 律师依法代理行政诉讼受法律保护。律师依法执行职务时，其诉讼权利受法律保护，任何单位、个人不得干涉。

② 律师在代理活动中其人身权利不受侵犯。

③ 律师就自己所代理的案件，有权查阅本案有关材料，向有关组织和公民调查、收集证据的权利。

《律师法》第 34 条规定：“受委托的律师自案件审查起诉之日起，有权查阅、摘抄和复制与案件有关的诉讼文书及案卷材料。受委托的律师自案件被人民法院受理之日起，有权查阅、摘抄和复制与案件有关的所有材料。”第 35 条规定：“受委托的律师根据案情的需要，可以申请人民检察院、人民法院收集、调取证据或者申请人民法院通知

① 官玉琴，张禄兴. 律师法学. 福州：福建教育出版社，2006. 328

证人出庭作证。律师自行调查取证的，凭律师执业证书和律师事务所证明，可以向有关单位或者个人调查与承办法律事务有关的情况。”这是律师法对律师权利保障原则的细化，传统的律师“阅卷难”、“取证难”等问题在新的规定中有所缓解。

④ 在庭审阶段，有出席法庭、参加诉讼并进行辩论的权利。

⑤ 对于委托事项违法、委托人利用律师提供的服务从事违法活动或者委托人隐瞒事实的，律师有权拒绝代理。

以上权利是律师代理原被告方均有的权利，但律师代理被告方——行政机关或者法律、法规授权组织时，由于行政机关或者法律、法规授权组织在行政管理和行政诉讼中的特殊地位，为了保护相对方的合法权益，在行政诉讼中，对被告方及其代理律师的权利进行了一定的限制。具体体现如下：

① 没有起诉权。也就是说，律师不能代理行政机关或者授权组织提起诉讼，而只能代理应诉。

② 没有反诉权。作为被告方的代理律师，无权对原告提起反诉。

③ 收集证据权受到限制。行政机关作出具体行政行为应有确实、充分的证据，否则视为违法。不允许“事后取证”来证明具体行政行为的合法性、适当性，因而，在诉讼中不允许被告及其代理律师自行向原告和证人收集证据。

④ 无权申请调解。行政机关的职权为国家法律明确规定，既是权力，又是职责，不能自由处分，所以行政诉讼不适用调解。因此，作为被告代理人的律师也无权申请法院进行调解。

2. 代理律师的义务

根据《律师法》和《行政诉讼法》的有关规定，律师代理行政诉讼主要应履行以下七项义务：

① 必须以事实为根据，以法律为准绳。

② 接受委托后，无正当理由，不得拒绝代理。

③ 应当保守在代理活动中知悉的国家秘密和当事人的商业秘密，不得泄露当事人的隐私。

④ 不得在同一案件中为双方当事人担任代理人。

⑤ 不得提供虚假证据，隐瞒事实或者威胁、引诱他人提供虚假证据、隐瞒事实以及妨碍对方当事人合法取得证据。

⑥ 不得扰乱法庭秩序，干扰诉讼活动的正常进行。

⑦ 被告的代理律师应协助被告履行举证责任。

五、律师代理行政诉讼的工作程序

人民法院在审理行政案件时，与民事诉讼程序大体相同。最高人民法院在《关于贯彻执行〈中华人民共和国民事诉讼法〉若干问题的意见》中也有类似的规定，“人民法院审理行政案件，除依照行政诉讼法和本解释外，可以参照民事诉讼的有关规定”。因此，人民法院在审理具体的行政案件时，其工作程序与律师代理民事诉讼大体一致。

1. 接受委托

行政诉讼原告、法定代理人、被告及其法定代表人委托律师担任诉讼代理人，律师应了解案情，审查与委托事宜相关的重要问题，以决定是否接受委托。律师需要审查的主要有以下问题：

(1) 审查委托人的当事人资格

由于在行政诉讼中原被告双方的特殊性，作为当事人的原、被告资格认定内容有所不同：

① 原告资格。行政诉讼的原告是认为行政机关和行政机关工作人员的具体行政行为侵犯了其合法权益的公民、法人或者其他组织。根据《行政诉讼法》规定，原告仅限于两种人：第一种人是具体行政行为侵犯的公民、法人或其他组织，他们是具体行政行为的相对人，包括具体行政行为对象和具体行政行为对象的被侵害人。前者指具体行政行为决定直接影响到对象的权利义务，而后者是指具体行政行为决定的对象是他的侵害人。第二种人是与具体行政行为相对人有一定利害关系，依法可以提起行政诉讼的公民、法人或其他组织。

② 被告资格。根据《行政诉讼法》的规定，具有被告资格的有：

A. 公民、法人或者其他组织直接向人民法院起诉的作出具体行政行为的行政机关。

B. 经行政复议的案件，复议机关决定维持原具体行政行为的，作为具体行政行为的行政机关为被告；复议机关改变原具体行政行为的，复议机关为被告。

C. 两个以上行政机关作出同一具体行政行为的，为共同被告。

D. 由法律、法规授权的组织所作出的具体行政行为的，该组织为被告。由行政机关委托的组织所作出的具体行政行为，委托的行政机关为被告。

E. 行政机关被撤销、合并的，继续行使其职权的行政机关为被告。律师可以接受以上机关的委托作为被告代理。

(2) 审查案件是否属于行政诉讼收案范围

根据《行政诉讼法》规定，提起诉讼的案件必须属于可以提起行政诉讼的案件范围。对于人民法院受理行政案件范围，《行政诉讼法》第 11 条、第 12 条作了明确规定。只有案件属于法院受理的案件，律师才可接受委托。

(3) 审查案件是否必须先行复议

法律、法规规定，某些行政案件必须先行向行政机关申请复议，只有不服复议决定的才能起诉。凡属于此类案件，律师应事先告知当事人，在对复议决定不服时，律师才能接受其委托担任代理人。

(4) 审查起诉期限

对于期限，《行政诉讼法》规定有四种：①申请人不服复议决定的，可以在收到复议决定书之日起 15 日内向人民法院起诉。②复议机关收到复议申请两个月未做决定的，申请人可以在复议期满之日起 15 日内向人民法院提起诉讼。③相对人直接向人民法院提起诉讼的，应当在知道作出具体行政行为之日起三个月内提出。④其他法律另有规定的，依其规定。如果委托人的诉讼请求超过期限，律师不宜接受委托。

(5) 审查其他事项

主要包括：法院是否有管辖权、原告诉讼请求是否有事实和法律依据，等等。

2. 庭前准备

代理律师接受委托后，就进入了庭审前的准备阶段。这个阶段的主要工作是了解案情，收集证据，撰写起诉状或答辩状。由于原告、被告双方在行政诉讼中权利义务和地位的特殊性，代理律师在这一阶段工作侧重点有所区别。

(1) 原告代理律师的庭前准备

① 确定具体的诉讼请求。诉讼请求是诉讼基本成立要求之一，行政诉讼的核心是围绕行政主体的行政行为是否合法进行裁决，因此，代理律师应着重从以下五个方面考虑当事人诉讼请求：

A. 与主要证据不足的，适用法律法规错误的，超越职权、滥用职权的，可请求撤销；

B. 要求重新作出具体行政行为；

C. 对于被告人不履行规定职责的，也可以请求履行法定职责；

D. 对于具体行政行为显失公平的，可请求依法改判；

E. 对于行政附带民事诉讼，可以一并提出。

② 确定管辖人民法院。代理律师根据行政诉讼法关于管辖的规定，根据案件性质和影响，选择对当事人最为有利的人民法院管辖。

③ 查阅资料，进行调查取证。代理律师首先要查阅行政机关作出具体行政行为的文字资料，以审查其可靠性与可行性；最重要的是审查行政机关作出具体行政行为所依据的法律、法规、规章等。其次，代理律师应进行调查，收集必要的证据。

④ 撰写起诉状并递交有管辖权的人民法院。代理律师在调查取证、分析判断案件基础上，认为委托人的诉讼请求有理有据，可撰写起诉状，并在法定期限内递交有管辖权的人民法院。

⑤ 开庭前的其他准备工作。代理律师递交起诉状后至开庭前，应继续全面了解案情，查阅有关案卷，调查取证，并撰写代理词等有关文书。

(2) 被告代理律师的庭前准备

① 审查案情，决定是否应诉。代理律师在对方提起诉讼之后，应分析审查案情，如对方起诉控告的被告错误或者有其他法律规定的不符合起诉条件的情形，应在法律规定的期限内提出管辖权异议；如确定应诉，代理律师应协助委托人做好应诉准备。

② 应诉准备。代理律师准备应诉工作主要有：

A. 整理、审查并在法定期限内向人民法院提交有关具体行政行为的各项材料。

B. 撰写答辩状并在法定期限内递交人民法院。

C. 动员被告撤销或者变更具体行政行为。在应诉阶段，如代理律师发现行政机关的具体行政行为确属违法或者显失公平，应主动告知行政机关并帮助其认识错误，动员行政机关撤销或者变更具体行政行为，并通过合法途径通知原告。

D. 其他准备工作，主要包括撰写代理词，整理作出具体行政行为的案卷等。

3. 参加庭审

法庭审理阶段是集中体现代理律师工作的阶段，这一阶段代理律师的工作重点在法庭调查和法庭辩论两个阶段。

⑴ 参与法庭调查

法庭调查的主要工作是在审判长主持下核实证据。代理律师应适时地经审判长同意，向当事人、证人、鉴定人等发问，以核实证据的真实、客观，并可依法提交新证据，请求证人到庭作证。通过法庭调查，查明事实，核实证据，找出行政主体的具体行政行为在认定事实，适用法律、依据的证据的确实、充分程度及其具体行政行为是否违反法定职责，是否超越职权或滥用职权等方面所存在的问题。作为原告代理律师，须注意考察被告方的证据是何时取得，如果是具体行政行为作出后取得的证据，依据《行政诉讼法》的规定，此证据为非法证据，不得采用。

⑵ 参与法庭辩论

行政诉讼的任务是审查行政主体的具体行政行为是否合法，而判断某一具体行政行为是否合法无非来自事实与法律两个方面，因此，代理律师的核心工作便是从事实和法律两个层面来论证具体行政行为的合法与违法。

①事实问题。事实方面主要有：处罚主体是否合法、有权；具体行政行为程序方面；被处理对象——行政相对人的责任能力；被处理的违法行为轻重情况，等等。

②适用法律问题。首先要确定行政主体的具体行政行为有无法律依据，以及所涉及的法律、法规、规章同上位法律、法规、规章之间有无抵触及矛盾。其次，看该具体行政行为适用的法律、法规、规章条款是否准确。对于行政主体的“自由裁量权”一般不受司法审查，但对显失公平的行政行为，法院可依法作变更判决。

六、行政附带民事诉讼的律师代理

行政附带民事诉讼，是指人民法院在审理行政案件的同时，对引起行政争议的民事纠纷一并审理的诉讼活动。

1. 了解行政附带民事诉讼的特征

① 行政附带民事诉讼以行政诉讼成立为前提，只有行政诉讼受理后，有关民事争议的诉讼才能附带提起。

② 行政诉讼为主，民事诉讼为辅，两者的关系不能倒置。

③ 必须在行政诉讼的过程中提起附带民事诉讼。

2. 正确界定行政附带民事诉讼的范围

① 我国《行政诉讼法》对行政附带民事诉讼的范围没有明确规定，最高人民法院《关于执行〈中华人民共和国行政诉讼法〉等若干问题解释》第 61 条规定：“被告对平等主体之间民事争议所作的裁决违法，民事争议当事人要求人民法院一并解决相关民事争议的，人民法院可以一并审理。”根据其他单行法律法规，行政确权裁决，即行政机关就是公民、法人或其他组织之间，因土地、森林、草原、矿产等自然资源所有权或使用权发生争议所作裁决。如《草原法》第 3 条规定：“草原所有权和使用权争议，

由当事人协商解决，协商不成的，由人民政府处理；当事人对人民政府的处理不服的，可以在接到通知之日起 30 日内向人民法院起诉。”

②行政赔偿诉讼不属于行政附带民事诉讼的范围。下列情况不属于行政附带民事诉讼的范围：

A. 当事人不服行政机关的调解协议或仲裁裁决而提起的诉讼不属于行政附带民事诉讼的范围。

B. 当事人不服行政机关对有关的权属争议不作为，同时又要求人民法院直接解决该权属争议，这种诉讼不属于行政附带民事诉讼的范围。

3. 提起行政附带民事诉讼应当注意把握时机，及时提起

在行政附带民事诉讼中，该民事诉讼是在行政诉讼过程中提起。延误时机，将无法附带提起。此外，及时提起行政附带民事诉讼有着非常重要的积极意义：①缩短了诉讼周期，提高了审判效率，方便了当事人，节省了诉讼成本和审判资源；②彻底消除了纠纷，有利于社会秩序的稳定；③避免了因法院审判人员个体差异造成的行政审判结果与民事审判结果的矛盾，维护了法院判决的同一性、严肃性。

第四节　行政侵权赔偿诉讼的律师代理

一、行政侵权赔偿概述

行政侵权赔偿，是指行政机关或者行政机关的工作人员在行使职权的过程中，违法侵犯公民、法人或者其他组织的合法权益，并造成损害的，由国家对受害人承当赔偿责任的制度。

根据有关法律规定，行政侵权赔偿的构成要件即国家承担行政赔偿须符合的条件，主要有以下五项：①侵害必须是由行政机关（包括法律法规授权的组织或者行政机关委托的组织）或者行政机关的工作人员造成的，这是对构成行政侵权赔偿的主体要件的要求。②损害行为必须发生在行政机关或者行政机关工作人员行使职权的过程中，行使其他性质的行为如民事行为，则不会发生行政侵权赔偿问题。③损害必须是由违法行使职权造成的，如果是合法的职权行为造成损害，也不会引发行政侵权赔偿。④损害后果的产生。损害的发生是行政侵权赔偿责任产生的前提，这里的损害必须是已经产生或者一定产生的，且仅指物质损害和直接损害。⑤损害与违法职权行为存在直接的因果关系，即损害与违法职权行为间存在着逻辑上的直接关系。

二、行政侵权赔偿责任制度的特点

行政侵权赔偿责任制度是一种国家赔偿制度，即由国家承担赔偿责任的一种制度，也就是说，这种赔偿责任是一种国家责任。它具有如下特点：

1. 行政赔偿责任产生的原因是行政侵权行为

即行政机关作出的具体行政行为侵害了公民、法人或其他组织的合法权益。其他国家机关或其他工作人员的授权行为，不构成这种侵权赔偿的原因。

2. 承担行政侵权赔偿责任的主体是行政机关

《行政诉讼法》第 68 条第 1 款："行政机关或者行政机关工作人员作出的具体行政行为侵犯公民、法人或者其他组织的合法权益造成损害的，由该行政机关或者该行政机关工作人员所在的行政机关负责赔偿。"换句话说，《行政诉讼法》明文规定了国家对行政侵权行为应负赔偿责任。

3. 行政侵权赔偿的责任形式主要是赔偿损失，其所依据的法律、法规是有关行政法律规范的具体规定

例如，《海关法》第 54 条规定，海关在查验进出境货物、物品时，损坏被查验的货物、物品的，应当赔偿实际损失。这不像《民法通则》规定了承担民事侵权责任的方式有停止损害、排除妨碍等诸多种类。当然，也有少数单行的行政法规中规定有恢复原状、返还财产、修理、重做、更换、赔偿损失、支付违约金、消除影响、恢复名誉、赔礼道歉等多种形式。

三、确定行政侵权赔偿责任的原则

并非所有的行政侵权，行政机关都要负赔偿责任。在确定侵权赔偿责任时，应遵循下列原则：

1. 行政机关或其工作人员在作出具体行政行为时，主观上有过错

从《行政诉讼法》第 67 条规定的内容可以看出，过错责任是确定行政侵权赔偿责任的基础，因为无过错的行政行为造成损害就不应该承担赔偿责任，即使是给行政行为相对人造成一定的损害或损失也只是一个补偿问题。例如，依法征用土地，向被征用土地单位支付的土地补偿费和安置补偿费等不属于行政赔偿的范围。

2. 行政机关或其他工作人员作出的具体行政行为是违法的，即对不法侵害负赔偿责任

如果行政机关或其他工作人员作出的具体行政行为是合法的，虽然也给公民、法人或其他组织造成了损害，但可不负赔偿责任，只需适当予以补偿。也就是说，行政赔偿是以具体行政行为被确定为违法或是被撤销为存在前提的。

四、律师代理行政侵权赔偿应注意的问题

1. 律师代理行政侵权赔偿案件后，应对下列内容进行审查

① 对于单独提起的行政赔偿案件，应审查是否已向行政赔偿机关提出赔偿请求。

② 该赔偿请求是否可以在申请行政复议或者提起行政诉讼时一并提出。

③ 是否超过法定起诉期限。

2. 原告的代理律师应协助原告依法审查确定适格的赔偿义务机关

赔偿义务机关按照如下法律规定确定：

① 行政机关及其工作人员行使行政职权侵犯公民、法人和其他组织的合法权益造成损害的，该行政机关为赔偿义务机关。

② 两个以上行政机关共同行使职权时侵犯公民、法人和其他组织的合法权益，造成损害的，共同行使行政职权的行政机关为共同赔偿义务机关。

③ 法律、法规授权的组织在行使授予的行政权力时侵犯公民、法人和其他组织的合法权益，造成损害的，被授权的组织为赔偿义务机关。

④ 受行政机关委托的组织或者个人在行使受委托的行政权力时侵犯公民、法人和其他组织的合法权益，造成损害的，委托的行政机关为赔偿义务机关。

⑤ 赔偿义务机关被撤销的，继续行使其职权的行政机关为赔偿义务机关；没有继续行使其职权的行政机关的，撤销该赔偿机关的行政机关为赔偿义务机关。

⑥ 经复议机关复议的，最初造成侵权行为的行政机关为赔偿义务机关，但复议机关的复议决定加重损害的，复议机关对加重的部分履行赔偿义务。

3. 律师代理行政赔偿案件的其他工作

① 律师应指导、协助委托人就被诉具体行政行为造成损害的事实收集、调取证据。

② 律师应协助委托人及时准备办理案件的法律文书，进行调查、取证、申请鉴定、参加庭审、举证质证、进行辩论、发表代理意见等。

③ 委托人对于一审判决、裁定不服的，律师可以代理其在法定期限内提起上诉。

④ 对于不履行生效的人民法院判决、裁定、行政赔偿调解书的，律师可以代理委托人向人民法院申请强制执行。

案例分析

【案情】某律师事务所在担任某建筑企业法律顾问期间，获得当事人的一些业务资料。该所律师在其代理的其他案件中，利用了这些业务资料作为证据，导致该建筑企业及关联企业利益严重受损，从而导致顾问合同履行后的当事人与律师事务所之间的纠纷。尽管律师事务所也进行了一些法律形式上的辩解，但当事人认为该律师诚信低下，事发后态度还十分恶劣，采取了当着司法行政机关负责人面打事务所主任耳光、以粪便涂事务所主任家门等过激手段对律师（事务所）进行非法报复，事务所主任之妻受到刺激住进精神病院，一时造成十分消极的影响。

【问题】该律师事务所在执业活动中有无保密的义务？

【解析】如果说律师的过失违约行为可能导致当事人通过正常合法渠道解决代理合同纠纷的话，那么律师的故意违约行为则极有可能招致当事人的愤恨，引来不同渠道的报复，诉诸法院可能是最文明、最有利于律师（事务所）的做法了。上述案例中的律师事务所就是明显的故意违约行为，故意泄露当事人的商业信息，律师违反了法定的保密义务，违背了社会一般公认的诚信水准，漠视当事人的利益，因而才导致了当事人不顾后果的报复。《律师法》第38条第2款规定：律师对在执业活动中知悉的委托人和其他人不愿泄露的情况和信息，应当予以保密。上述案例中，律师事务所没有尽到本应该有的保密义务，相反明显违反了律师保密的规则，严重侵犯了当事人的合法利益，同时也损害了律师和律师事务所的行业形象。

第七章　律师非诉讼业务

所谓非诉讼业务，是指除律师诉讼业务以外的所有法律服务业务。相对于诉讼业务而言，非诉讼业务涉及的事务广泛，牵扯的专业知识众多，对知识的掌握必须熟练。同时，律师除要具备相应的法律专业知识以外，还必须具有一定的社会阅历。可以说，非诉讼业务是最能体现律师事务所法律服务水准和律师个人魅力的舞台。

诉讼往往是矛盾处在比较激化的阶段。而非诉讼业务首先要为客户预见风险、未雨绸缪，化风险于无形之中，所谓“上战伐于谋”。其次，应当根据法律与社会经验及实际情况，灵活运用各种方法，以最低的客户成本为客户谋取最大的经济及社会效益。实践表明，越是在公民法律意识较强的地方，对律师非诉讼业务的需求量就越大；越是成熟的法律服务市场，非诉讼业务就越是在律师业务中占主要比例。要开展好非诉讼业务，律师个人必须积累广博的社会实践经验，要有敏锐的洞察力及驾驭全局的能力，要具备辩证的思维方法。作为律师事务所，应当具有复合型的律师人才结构，既要有专才，也要有通才，还要在一定范围内储备一定数量的非法律专业人才。只有这样，律师事务所才具备较高的非诉讼业务综合服务能力。

第一节　律师担任法律顾问

为了规范律师担任法律顾问，2000 年 3 月 26 日全国律师协会四届六次常务理事会通过了《律师法律顾问工作规则》，并将其作为行业性指导规则。该规则对律师担任法律顾问具有行业约束力。

一、律师担任法律顾问的类型

法律顾问，是指律师依法接受公民、法人或者其他组织的聘请，以自己的专业知识和技能为聘请方提供多方面的法律服务的专业性活动。律师担任法律顾问是律师非诉讼业务的基本形式之一，是由律师与客户通过订立一定期限的法律服务合同，对客户全部涉法业务或特定涉法业务进行法律服务的业务类型。与企业自设法律顾问不同，律师作为客户的外聘法律顾问并不受雇于客户，与客户之间没有管理与被管理的关系，律师必须保持其法律地位的独立性。在实践中，也存在一些法律顾问本身既是雇员也是兼职律师的情况，特别是在一些大型、特大型企业中，但这种形式并不是严格意义上的律师担任法律顾问的类型。律师担任法律顾问的基本类型，按照客户主体的不同，可以分为国家机关法律顾问（政府法律顾问）、企业法律顾问、个人法律顾问；按照服务业务的范围，可分为综合业务的法律顾问和特定业务的法律顾问；按照法律顾问事项的期间特点，可分为专项法律顾问和常年法律顾问。

二、法律顾问合同

法律顾问的业务范围主要包括向聘请人就有关法律问题提供意见，草拟、审查法律文书，代理参加诉讼、调解、仲裁活动以及办理聘请人委托的其他法律事务。法律顾问合同是律师担任法律顾问的法律依据。正是基于这种以合同作为法律关系基础的特点，所以律师与客户之间是两个平等的民事法律主体。但需要强调的是，律师不但要受到法律顾问合同的约束，还要受到律师行业执业纪律的普遍约束（如《律师法律顾问工作规则》）。同时，律师还要具有律师职业道德的自律精神，这是法律顾问合同与其他民事主体订立的服务合同、委托合同之间的区别。律师与客户之间订立的法律服务合同属于非典型的无名合同，通常认为其属于服务合同的一种。法律顾问合同作为服务合同，属于混合性合同。在合同中既包含有以提供智力成果为合同标的的合同关系（如咨询、起草合同等），也可能存在委托合同关系（如代为谈判、诉讼等）。注意到法律顾问合同的特点，对于我们合理拟订合同条款，妥善化解业务风险具有重要的实践意义。

律师事务所受聘担任客户的法律顾问，必须签订法律顾问合同，法律顾问合同是法律顾问关系成立的唯一证明。通常，一个典型的法律顾问合同应当具备以下基本要件：①合同主体。包括聘方与受聘方的名称、住所、法定代表人、通讯方式。作为客户一方，应当由客户的法定代表人或经过客户授权的其他人员订立合同；作为律师一方，应当由所属的律师事务所订立合同。未经律师事务所指派，律师个人不得以任何形式与任何名义私自订立法律顾问合同。担任法律顾问的律师必须是依照《律师法》及有关规定取得律师执业证书并在律师事务所执业的执业律师，律师助理人员不得独立担任法律顾问，但可以协助律师完成法律顾问工作。②合同主要条款。主要包括法律顾问的工作范围、工作方式、履行职责的权限；担任法律顾问的律师姓名、执业证号，如有助理人员参加，必须注明其律师助理身份；聘期起止时间；聘方为保证法律顾问职责的履行提供的必要工作条件和物质保障；顾问律师应有的知情权；法律顾问费的支付标准和办法；合同的变更和解除；双方约定的其他权利、义务；违约责任；解决争议的方法。③法律顾问服务的主要方式。主要项目包括咨询、出具法律意见、律师函；参与重大商务谈判；起草、审查、修改合同和规章制度；代为登记注册等法律事务；法制宣传、教育、培训；提供有关法律信息；经另行委托，代理各类诉讼、仲裁、行政复议案件，参与调解纠纷。律师事务所受聘指派律师担任法律顾问的服务内容、范围、工作安排应当由双方在法律顾问合同中明确约定。④法律顾问的报酬。法律顾问的报酬由律师事务所统一收取，受律师事务所指派提供法律顾问服务的律师不得直接从聘请人处收取任何报酬。律师事务所与聘请人应在法律顾问合同中约定法律顾问报酬的标准及计算依据，顾问律师在为聘方提供法律服务时，必要的交通费、差旅费等由聘方承担，法律顾问合同中应明确费用支付方式、支付时间及减免或者增加的条件。在实践中，尚有另外一种形式的法律顾问合同，即提供全方位的法律服务合同，受聘律师事务所在合同期内一次性收费或是以聘请方的营业额提取一定比例的方式收取顾问费，而聘请方的所有法律事务包括诉讼均由受聘方无偿办理。

1. 律师担任法律顾问的风险防范

律师担任法律顾问，除了全心全意地为客户提供尽可能周全、完善的法律服务之外，其自身应当具备必要的风险防范意识，应就其所提供的法律意见的合法性承担法律责任。

2. 律师事务所在受聘担任法律顾问前的工作

应当对客户的资信进行初步调查，主要包括：①当客户属于法人或其他组织时，该客户是否依法成立，是否合法存续；该法人目前的基本情况；证照上所核准的经营范围；实际上的主要营业范围；聘请法律顾问的基本目的和要求。②当客户为自然人时，应调查其国籍及居住地；其职业及其他自然状况。

3. 顾问律师应当尽快熟悉客户的有关情况

如客户的性质、职能、经营范围、内部结构及负责人、隶属关系、主要关联方等；客户的个人及家庭的自然情况、工作简况等；客户近期的法律事务的性质、种类、有否特别紧急待办事项；客户中远期可能需要提供法律服务的性质、种类及应进行准备的前期工作；对客户需要提供法律服务的事项进行归类整理。

4. 律师在担任法律顾问期间对客户的要求

律师在担任该法律顾问期间对客户的要求有：①客户应就其所为的民事行为，所提供的法律事实及证据、文件的真实性承担法律责任；②律师事务所及其指派的顾问律师，有权拒绝客户要求为其违法行为及违背事实、违背律师执业纪律和职业道德等的事项提供服务，有权拒绝任何单位、个人的非法干预。

5. 顾问律师应当遵守职业操守和道德

担任客户法律顾问的律师事务所，应当按照有关规定避免执业的利益冲突。律师事务所及其指派的顾问律师应对其在提供法律服务过程中所接触、了解到的国家秘密、商业秘密、不宜公开的情况及个人隐私承当保密义务。顾问律师应依据法律顾问合同的规定或客户的授权委托提供法律服务，不得超越委托权限，不得以顾问律师身份从事任何盈利性活动并谋取私利。

6. 律师自身法律服务风险防范是法律顾问合同的重要内容

在拟订法律顾问合同时，应当尽可能地针对客户的性质和服务项目的性质，预设预防性条款。如客户如实陈述的义务、对非法事项及办理业务范围外事项拒绝的权利等。

7. 法律顾问应当注意履行特定的社会责任

律师事务所及顾问律师在提供法律服务过程中，对有重大社会影响的事件、突发事件、群体性事件，在提供法律服务意见前，应当向当地司法行政机关、律师协会报告。

三、为政府担任法律顾问

随着法治理念的深入人心，由政府为聘方聘请律师作为政府法律顾问的现象也日渐增多，这不仅对于建设社会主义法治社会有着极其重大的意义，也对律师担任法律顾问提出了更高的要求。律师担任政府法律顾问的任务，是为政府在法律规定的权限内行使管理职能提供法律服务，以促进政府工作的法制化、制度化。

律师担任政府法律顾问，受政府委托办理的法律事务通常包括：①就政府的重大决策提供法律方面的意见，或者应政府要求，对决策进行法律论证；②对政府草拟或者拟发布的规范性文件，从法律方面提出修改和补充建议；③参与处理涉及政府的尚未形成诉讼的民事纠纷、商事纠纷、行政纠纷和其他重大纠纷；④代理政府参加诉讼，维护政府依法行使行政职权和维护政府机关的合法权益；⑤协助政府审查重大的商事合同、经济项目以及重要的法律文件；⑥协助政府进行法制宣传教育；⑦向政府提供国家有关法律信息，就政府行政管理的法律问题提出建议；⑧办理政府委托的其他事项。

与其他形式法律顾问相同，律师担任政府的法律顾问也是以双方平等订立法律顾问合同为法律基础。政府法律顾问合同的主要条款包括：双方法定名称、指派律师姓名；法律顾问的具体职责范围、工作方式；双方的权利义务；双方共同遵守的原则；报酬的数额及支付方式；合同生效日期和有效日期；解决争议的方法等。通常，为了方便政府法律顾问开展工作，政府法律顾问应当享有如下权利：查阅有关文件及资料；参加政府召开的有关会议；获得履行政府法律顾问职责所必需的其他工作条件和便利。

作为政府法律顾问的律师，对其工作中接触、了解到的机密和不宜公开的情况，负有保密义务。同时，不得利用政府法律顾问的身份，代他人办理相冲突的法律事务或谋取不当利益。

第二节　律师的仲裁代理

律师代理仲裁，是律师非诉讼业务的重要组成部分。律师在仲裁活动中，必须遵守国家法律、法规，坚持“以事实为根据，以法律为准绳”的原则，信守律师职业道德和执业纪律规范，依法维护委托人的合法权益，维护法律的公正实施，忠于职守，认真负责，不得损害委托人的合法权益。律师在办案过程中应当保守国家秘密、委托人的商业秘密及个人隐私，始终不得公开仲裁内容、过程和结果。

一、仲裁案件的收案阶段

由于仲裁案件与普通诉讼案件有很大的不同，因此，律师接受委托时，应注意根据案件的不同情况向委托人做出必要说明：① 除大部分劳动仲裁外，部分劳动仲裁和其他仲裁的裁决是终局的。裁决作出后，当事人不得就同一纠纷上诉，也不能再到法院起诉。② 劳动仲裁须先经过仲裁庭调解，如对劳动仲裁裁决不服，可向有管辖权的人民法院提起诉讼。③ 如果需要采取财产保全措施、证据保全或者仲裁裁决需要强制执行时，应向有管辖权的人民法院提出申请。④ 除劳动仲裁或独任仲裁外，需有选定仲裁员的程序。⑤ 委托人作为仲裁案件的被申请人时有权提出反请求。⑥ 委托的仲裁案件依照有关仲裁规则可能涉及的审理时间和费用种类。

律师在接受委托时，应当对下列条件做出审查：① 除劳动合同外，审查仲裁协议的内容是否合法、真实、有效；② 委托代理的案件是否符合 1994 年中国《仲裁法》规定的提请仲裁的条件；③ 是否超过法律规定的关于仲裁的时效；④ 案件的双方当事人是否明确；⑤ 请求或反请求是否合法、明确、具体；⑥ 委托人是否是本案仲裁协议的当事人；⑦ 委托人作为居住在国外的中国公民、外国人或国外企业及组织时是否提供合法的委托手续或证明。

律师接受委托后不得私自联络办案的仲裁员讨论案情，也不得向其提供宴请、馈赠或者其他利益，不得明示或诱导当事人行贿。

律师事务所受理仲裁案件，应在与委托人签订的委托代理协议中约定收费标准，因办案需要而实际发生的交通费、住宿费、鉴定费、翻译费和必要的伙食补助等费用应由委托人承担。

二、仲裁案件的审理阶段

律师了解案情后，如果认为案件委托人提供的证据不全，案件事实尚不清晰，应当在征得委托人同意后进行调查。对于律师难以获取的证据，可以申请仲裁庭收集、调查证据。仲裁庭同意收集、调查证据时，经仲裁庭同意，律师可以参加。对于有可能灭失或者以后难以取得的证据，在仲裁进行阶段，律师应向仲裁委员会提出申请，由人民法院进行证据保全。在仲裁的其他阶段，律师可以向公证机关申请证据保全公证。

为避免因裁决不能执行或者难以执行给委托人造成损失，必要时，承办律师应当建议委托人申请财产保全。在征得委托人同意申请财产保全后，应当及时依据委托人授权对对方当事人的财产情况进行调查，寻找财产线索。委托人申请财产保全应提供相应的担保。

仲裁申请被受理后，承办律师应协助委托人在规定期限内指定仲裁员。律师应建议委托人指定熟悉纠纷处理、熟悉仲裁所涉及的专业领域及相关语言的仲裁员，并应避免出现仲裁规则规定的相应回避情况。作为被申请人的代理人，承办律师应注意能否就管辖权问题提出异议，或就仲裁争议提出反请求。为充分维护委托人利益，承办律师有义务提醒和帮助委托人审查是否有仲裁员应当回避的情况。

仲裁庭开庭审理前，承办律师应当充分与委托人交换意见，熟悉案情，分析证据，说明举证责任，明确请求或反请求，以便庭审时律师与委托人相互配合。律师应熟悉有关法律法规、商业习惯、国际惯例与实践。律师应事先与委托人讨论调解的可能性及可能接受调解的方案。对于委托人非法和无理的主张，律师应当耐心进行解释和说服工作。

律师应熟悉相关的仲裁规则和仲裁程序，特别是受理仲裁的仲裁机构的仲裁规则和仲裁员守则。为保证仲裁裁决的顺利执行，律师发现仲裁过程中有任何不符合仲裁程序的做法应及时告知委托人，并及时向仲裁机构提出异议，充分维护委托人的权利。

在涉外仲裁案件中，代理外方当事人的律师在开庭前应了解委托人的出庭人员是否需要翻译，并提前与仲裁委员会秘书处联系安排翻译事宜或自行安排翻译人员。

承办律师应当按照法律和仲裁规则的要求准备并向仲裁庭提交申请文件或答辩文件，有补充文件应及时提交；拟订询问提纲，认真撰写代理词，代理词应叙述事实清楚，引用法律正确，证据确凿，理由充分；书证应当提交或准备原件；物证应提交或准备原物；外文书证应附有有效的中文译本。证据应当在开庭时出示或在仲裁庭规定的时间内提供，补充证据和其他材料应在仲裁庭规定时间内及时提交。

在庭审期间，承办律师应当按时出庭，遵守仲裁庭纪律，认真做记录，充分阐述，积极辩论，引用法条或就证据的合法性、真实性、关联性、完整性和可信性进行分析和质证，依法适时地提出异议或请求。仲裁庭主持调解或双方当事人希望庭外和解时，应帮助委托人分析调解方案和最终执行的可能性。在符合法律法规，不损害委托人利益并征得其同意的前提下达成和解。

仲裁庭只审理仲裁请求范围内的事项，如果在案件审理过程中涉及的问题超出仲裁请求的范围，承办律师应及时告知委托人，以便采取相应的对策，或补充提出仲裁请求，或向仲裁庭提出异议。律师应注意，在辩论终结时委托人一方有发表最后意见的权利。律师对开庭记录应当认真阅读，发现有关自己陈述的记录有遗漏或差错的，应申请补正。

收到仲裁裁决后，承办律师应认真阅读，如果发现有文字或计算错误或遗漏事项，应及时告知当事人，并在当事人收到仲裁裁决书之日起 30 日内向仲裁庭提出补正裁定的请求。如果审查发现有《仲裁法》规定的可撤销裁决的情况，可以建议委托人申请撤销仲裁裁决。

律师在代理委托人参加仲裁工作中，如果发现仲裁员或对方当事人及其律师有违反法律规定的行为，应及时向仲裁委员会、仲裁庭或相关管理部门反映。

三、仲裁案件的执行阶段

律师可以根据委托协议或另行签订委托协议接受仲裁裁决的委托执行。律师接受委托人的委托，申请执行仲裁裁决书或调解书的，应首先审查仲裁裁决书及调解书是否已经发生法律效力，是否在申请执行的期限内，并应确定该案的执行管辖法院。律师接受被申请执行方的委托后，应首先审查该案件是否属于受案法院的管辖范围，发现法院管辖不当的，应及时以书面方式向法院提出，请求移送。同时，还应审查是否出现《民事诉讼法》第 217 条、第 260 条规定的情况，如果存在，应及时书面向法院申请不予执行；对于发现属于可以撤销的仲裁裁决的，应及时提出申请。

发现被执行人转移、隐匿、变卖、损毁财产的，律师可以申请执行人员查封、扣押和立即强制执行被执行人的财产。出现可变更和追加执行主体时，律师在征得委托人同意后，可代为向人民法院提出变更和追加被执行人主体的申请。被执行人不能清偿到期债务，但对本案以外的第三人享有到期债权的，律师在征得申请执行人的同意后，可代为向人民法院提出申请，请求人民法院向第三人发出履行到期债务的通知书。在执行中，律师可以根据委托人的授权与对方当事人自愿达成和解协议，变更生效法律文书确定的履行义务主体、标的物及其数额、履行方式及期限。被执行人不履行或不完全履行在执行中双方达成的和解协议的，律师应当在规定的期限内代为申请恢复执行原生效的仲裁法律文书。执行中需要办理产权证照、股权等转移手续的，律师应代委托人审查其合法性。受托代为收取执行款项的律师，在收取执行款项后，应尽快将款项转交申请执行人，不得私自挪用。

律师在执行案件中的义务在下列情形终止：仲裁裁决书或调解书确定的内容全部履行完毕；人民法院裁定执行终结；人民法院裁定不予执行；当事人之间达成和解协议并已履行完毕。

法院裁定撤销仲裁裁决或不予执行仲裁裁决书或调解书后，双方当事人重新达成仲裁协议，或者经人民法院通知仲裁庭重新仲裁的，同一律师继续接受委托代理仲裁活动的，应与委托人重新办理委托手续。

第三节　律师代书、法律咨询

一、律师代书业务

律师代书业务是传统的律师业务。代书是律师的基本功。由于法律文书通常需要使用专业术语、并以特定的格式书写，而这些都是普通民众未能掌握的，因此，为了减少日后的争议或便于诉讼，代书业务逐渐成为律师日常业务的组成部分。在 20 世纪 80 年代取得律师资格的律师都知道，当时社会上出现的所谓“土律师”，其主要作用就是代书。可见，代书是对一个律师的基本要求。律师代书的主要范围有：各类诉讼文书、各类民商事合同、离婚协议、继承或分家析产协议、企业法人章程、股东协议、企业管理规范等。

律师在为当事人代书诉讼文书前，应首先向被代书人了解基本案情，听取被代书人的基本意图，审查被代书人提供的证据。然后根据对被代书人的了解，为代书人选定符合法律规定的诉讼文书格式。拟订诉讼文书时，应依照法律的规定准确罗列各方当事人的诉讼地位及基本情况。对于存在非独立请求权第三人的，应提醒代书人在提起诉讼的同时向人民法院书面说明存在非独立请求权第三人的情况及该非独立请求权第三人的基本情况，便于人民法院根据案情决定是否需要追加非独立请求权的第三人。对于被代书人提起的诉讼请求或其他请求，应当在诉讼文书中明确表达，并与被代书人核对清楚是否所书文字与其意思表示完全一致。对于被代书人提出的非法请求或无理请求应当向被代书人指出并劝导其做适当调整。被代书人明确坚持的，应当向被代书人明确说明其不利后果。被代书人在诉讼文书中坚持表达过激言论或具有攻击他人意思的，应明确说明其不利后果，建议予以删除。对于被代书人需要向人民法院提起诉讼的，应在诉讼文书中载明正确的受案法院。对于被代书人提出强制执行申请或管辖权异议等时效性较强的文书，应当提醒被代书人相应的期限及逾期的不利后果。

律师在为当事人代书各类民商事合同时，应当认真了解被代书人要求草拟合同的交易背景、交易内容、交易方式，并应了解国家法律法规是否存在对该商事行为的禁止性规定，审查该商事行为是否存在以合法形式掩盖非法目的的情况。对于内容违法或违背公序良俗、显失公平的民商事合同，律师有权拒绝为其代书。对于审查合法的民商事行为，律师应当按照通常该类合同所要求的合同基本要素拟订合同，并应根据被代书人代书事项的具体特点，拟订其他条款。拟订完成后，应当就合同文字表述进行推敲，避免日后产生歧义。对于特定的术语及条款表达方式应当向被代书人作出解释说明。在代为拟订格式合同时，应当向被代书人说明法律对格式合同条款的特殊规定，对于需要特别引起注意的条款，应提请被代书人在合同中以醒目的方式表示或在签订合同时做必要的强调和说明。

律师在代为拟订离婚协议时，应首先审查协议当事人之间是否存在合法的婚姻关系。对于当事人提供的有关子女、共同财产、婚前财产的状况，应当审查相应的证明文件或依据。对于协议内容存在违法事项的，应当明确告诉被代书人其不利后果。对于财产分配方案、子女抚养方案，应当尽可能详尽说明，特别对于未成年子女抚养的问题，应当注意考虑到子女成长、社会变化所可能产生的问题。

律师在代书继承或分家析产协议时，应首先详细了解当事人家庭组成情况、家庭成员个人情况，防止遗漏继承人或家庭成员。对于财产的继承分配或家庭财产的分割方案应当尽可能明确、详尽。对于财产的名称、数量、状况、地址都应尽可能明确载明。对于协议中存在违法或违反公序良俗的内容，应当建议予以删除或修改。

律师在代书企业法人章程、股东协议等商事文件时，应首先着重了解企业的组成结构、性质、资本构成、各股东意愿等内容，按照国家法律法规、工商管理机关的有关章程、管理规定的要求草拟文书。律师在代为拟订企业管理规范时，应具体了解被代书人的企业经营特点、存在的问题、管理规程，并注意应符合劳动法、劳动合同法的有关规定。

二、律师提供法律咨询

快速、准确地为咨询人提供法律咨询，需要律师熟练掌握法律法规，谙熟于心，并积累一定的法律服务经验。咨询人通常并不具备法律常识，受文化水平高低不同的制约，对询问事项的陈述的条理性、清晰性也大不相同。但是，无论什么样的咨询者，律师都应当保持耐心、平和及负责的职业态度，尽量完整地倾听咨询者的陈述和希望询问的问题。对于咨询者陈述不清、内容含混、词不达意，甚至前后矛盾的地方，律师应当主动作出引导，使咨询者按照一定的逻辑顺序陈述所要表达的内容。

对一些特殊的咨询者应按不同的情况分别对待。比如，有些咨询者不愿暴露真实情况，故意截取事情发生的片段陈述；有些则将发生在自己身上的事情说成是他人的事情，故意以事外人的身份来咨询；还有一些咨询者喜欢就同一事项向多家律师所的律师反复咨询。对于前述类型的咨询者，需要律师具备一定的社会经验，善于观察、分析咨询者的心理。律师应当尽可能地消除询问者的疑虑，让咨询者打消顾虑如实陈述，并告知咨询者陈述不实会误导律师；在咨询者防卫心理过重，不想如实陈述事情经过时也应当表明立场，对咨询解答的可靠性表明必要的保留。再比如，有些咨询者在精神状态上处在亚健康或完全病态状态下，此时，咨询者往往会表现得陈述内容含混颠倒，情绪难以把持，甚至表现出疑神疑鬼，暴躁偏激的状态。对此类咨询者，应当尽量稳定其情绪，保证其人身安全，如果发现有异常反应，应想方设法联系其家属或有关医疗机构处置。在律师提供法律咨询的过程中，可能还会遇见许多其他情况需要处置，如何处理好这些情况，都需要律师积累日常经验和提高现场应变能力。

律师提供法律咨询时应当恪守职业道德，认真解答咨询者的疑问。对于自身不了解或不熟悉的问题，律师应当主动核实后再做解答，而不能蒙骗咨询者或作出错误诱导。对于没有确切把握的问题，律师不能大包大揽，作出不实回答。接受咨询的律师对咨询者陈述的事项应当承担保密义务。律师在接受咨询时，除咨询人同意外，应当选择单独房间接受咨询，并应避免无关方在场，尊重咨询者的人格尊严。

【案例】律师接受咨询

来访者 Q：我想咨询离婚的事。

接访律师 A：请您到会客室来谈吧。（避免个人隐私泄露）

Q：我有一个朋友想和丈夫离婚，想问问如何办理？

A：作为律师，我有责任为您所说的内容保密，请您放心。您如实将情况向我陈述，有利于我给您提供正确的意见。否则，我无法保证我的意见的正确性。

Q：其实……是我要离婚……我不知道要从何说起。

A：不要紧，我先了解一下您的情况：您什么时候结婚？是否领取结婚证？是否生育小孩（几个、岁数）？为什么要离婚？

Q：情况是这样的……（陈述过程中律师尽量不要打断，听不清楚的再提出问题）

A：我有不清楚的问题，请您再说明一下……

A：您说的情况，我基本清楚了，但我认为您对此应当再做慎重考虑……（做必要的思想工作）

Q：我会想一想，但我想知道如果离婚应当如何办理离婚手续？

A：从方法上有两种方式可以解除婚姻关系：一是协议离婚；二是诉讼离婚。接下来我具体给你解释一下……

Q：关于财产问题，如何处理？

A：您陈述一下有何财产及权属状况？

Q：请问什么可以作为夫妻共同财产？

A：……（解答）

Q：对了，我想起来，他有一项发明专利，是否是夫妻共同财产？

A：这个……（该律师不清楚）对不起，对此我不能确定，请您稍等片刻，我核实一下。

后略。

提示：律师应当具有一定的心理学知识，对来访者既要做到有礼有节，又要注意观察来访者的心理，区分来访者陈述内容的真伪，在做具体解答时，应保持客观、公平的态度，而不应该煽动客户情绪。律师对法律问题的解答，要尽可能做到准确无误，对自己不了解或熟悉的法律问题要核实后再做解答。

第四节　律师办理合同事务

《合同法》是一部完善的市场交易规则。社会生活中绝大多数的民商事活动、劳动关系，甚至部分行政行为都是以合同的形式建立法律关系的。合同是当事人之间的法律。在合同订立者之间，合同是神圣的。合同事务，作为律师业务的主要组成部分，几乎可以涵盖从诉讼到非诉讼业务的全部领域，因此，可以毫不夸张地说，合同事务就是构成律师业务“金字塔”的砖石。一份合同构思是否巧妙，文字是否精美，逻辑是否清晰，结构是否完整，几乎可以成为考察一位律师水平高低的考卷。合同的重要性、基础性、广泛性奠定了合同事务在律师业务中的地位。

一、应当注意对合同主体资格的审查

我国《合同法》第9条规定：“当事人订立合同，应当具有相应的民事权利能力和民事行为能力。当事人可以委托代理人订立合同。”由于合同以意思表示为要素，所以，订立合同的当事人必须具有意思表示能力，也就是说必须能够认识或者判断自己订立合同将会产生的法律后果。就自然人而言，完全民事行为能力人可以以自己的行为订立合同，限制行为能力人只能订立与其年龄、智力和精神健康状态相适应的合同，无民事行为能力人原则上不能独立实施民事行为。所以，不具有相应行为能力的人所订立的合同，又未经过其法定代理人追认的，当然无效；对于限制行为能力人所订立的合同，一方面其法定代理人有追认权，另一方面，为保护合同相对人的合法权益，法律又规定了相对人的催告权和撤销权。所谓催告权，根据我国《合同法》第47条的规定，合同相对人可以催告限制民事行为能力人的法定代理人在一个月内予以追认。法定代理人未做追认的，视为拒绝追认。所谓相对人的撤销权，是指合同相对人在限制民事行为能力人的法定代理人未追认合同之前，撤销自己对限制行为能力人所作出的意思表示。需要注意的是，只有善意的相对人才可以作出撤销合同的行为。所谓善意，是指相对人在订立合同之前，并不知道或者也不应该知道对方是限制行为能力人。

由代理人订立合同，应当注意审查代理人的代理权限。行为人没有代理权、超越代理权或者代理权终止后以被代理人的名义进行民事行为，则构成表见代理。我国《合同

法》第49条规定："行为人没有代理权、超越代理权或者代理权终止后以被代理人的名义订立合同，相对人有理由相信行为人有代理人的，该代理行为有效。"通常，表见代理合同的产生与被代理人的过错有关。例如，由于管理混乱，被代理人的公章、介绍信被他人借用或冒用订立合同。

二、应当区分清楚几个不同的概念

当事人订立合同的目的是为了实现合同所产生的权利和义务。因此，订立合同就是要使其产生法律上的效力。在日常生活中，合同成立与合同生效是常常联系在一起的，所以人们较难将其直接区分开。实践中经常存在将合同成立、有效、生效等概念的使用相互混淆的问题。甚至个别律师在拟订合同或向当事人解释合同时也完全混淆了这些概念在法律上的不同含义。其主要根源在于对这些概念之间的联系与区别认识不清。合同成立与合同生效在法律上是完全不同的概念[①]。所谓合同成立，是指合同订立过程的完成，也就是说，缔约人经过平等的协商而对合同的基本条款达成一致意见。要约与承诺的过程结束，合同即成立。而合同生效则是指合同具有一般的法律约束力，亦是指合同约定的权利义务发生效力。合同生效与有效均以合同成立为前提，如果合同根本不成立，则谈不上生效或无效的问题。合同成立和生效属于事实判断，合同有效则属于法律价值判断，不能将"有效"与"生效"等同。合同的成立仅仅说明双方当事人具有发生、变更、消灭民事权利义务的目的，但是其并不一定就能产生当事人预期的法律后果。只有合法的合同依法成立，才能具有法律上的约束力；而违法的合同即使成立也依然不具有当事人预期的法律效果。所以，合同成立的制度主要体现的是当事人的意志；而合同有效则是法律行为的有效法律要件所要解决的问题，其体现的是国家对已经成立的合同的国家干预。[②]

按照我国《合同法》，合同成立的要件是：其一，要有两个或两个以上的合同当事人；其二，是当事人通过要约、承诺的过程达成意思表示一致。需要特别注意的是，按照合同法原理，要式合同和实践性合同，只有当事人的意思表示一致尚不能成立合同，还需要履行特定的法律形式或者交付物。我国《合同法》中规定的实践性合同只有保管合同。对于要式合同没有作出规定。对于需要登记、批准的合同，以往是作为要式合同的，而《合同法》已将其规定为合同生效要件，而非成立要件，因而不再作为要式合同成立。

批准与登记是我国法律中经常遇到的两个涉及合同的法律行为。按照我国《合同法》的规定，在法律、法规规定为生效要件时，在完成批准、登记行为之前，合同虽然成立，但并不生效，当事人不享有合同约定的权利义务。批准、登记是国家介入合同当事人意思表示的行政行为，它反映了国家的意志，意在通过国家权力对私人生活的干

① 王利明. 合同法研究（第1卷）. 北京：中国人民大学出版社，2002. 199

② 王利明. 合同法研究（第1卷）. 北京：中国人民大学出版社，2002. 500

预，使整个合同关系在符合当事人利益的同时，也符合国家和社会的利益。[①]

三、无效合同与可撤销合同

无效合同是指合同已经具备成立要件，但欠缺一定的生效要件，因而自始无效。所谓自始无效是指合同从订立之时起就不具有法律效力。合同无效的原因有：一方以欺诈、胁迫的手段订立合同，损害国家利益；恶意串通，损害国家、集体或者第三人利益；以合法形式掩盖非法目的；损害社会公共利益；违反法律、行政法规的强制性规定。需要注意的是，首先，这里的法律是指全国人大及其常委会颁布的法律，行政法规是指国务院颁布的法规。有关部门发布的部门规章和地方政府发布的地方性法规，则不能作为法律、行政法规，违反其规定，当然认定无效。其次，只有违反法律、行政法规的强制性规定才能确认合同无效。而强制性规定又包括管理性规范和效力性规范。管理性规范是指法律及行政法规未明确规定违反此类规范将导致合同无效的规范。此类规范旨在管理和处罚违反规定的行为，但不否认该行为在民商法上的效力。效力性规范是指法律及行政法规明确规定违反此类规范将导致合同无效的规范，或者虽然未明确规定违反后将导致合同无效，但若使合同继续有效将损害国家利益和社会公共利益的规范。此类规范不仅旨在处罚违反的行为，而且意在否定其在民商法上的效力。因此，只有违反了效力性规范的，才应当被认定为合同无效。最后，我国《物权法》第 15 条规定了原因行为和物权变动区分原则。该原则强调了合同等原因行为的效力应受合同法的调整，原因行为的效力不受物权变动要件的影响，也应当注意予以区分。

可撤销合同是指已经生效但因当事人的意思表示没有表现其真实的意思，违反自愿原则而可由当事人一方请求撤销的合同。可撤销合同，是由于当事人在订立合同时意思表示不符合其真意，因此，应该尊重和保护当事人真实的意思表示，允许其纠正。但是，在其没有提出争议进行处理以前，这种合同事实上已经发生法律效力。只是这种法律效力处于一种不稳定状态，受害人有要求变更或者撤销的权利。而合同一旦被撤销，即与无效的合同一样，自合同订立开始就没有法律效力。合同撤销的原因有：一方以欺诈、胁迫的手段订立合同；乘人之危订立合同；因重大误解而订立合同；因显失公平订立的合同。对于可撤销的合同，委托律师应当特别注意合同撤销权的行使期间。在可撤销的合同中，具有撤销权的当事人有权撤销合同，但是当事人的这种权利并非没有任何限制，相反，撤销权人应当在法律规定的期间内行使。合同法规定的行使期间是一年，自知道或应当知道撤销事由之日起开始计算。在此期间内，撤销权人必须行使，否则将丧失撤销权。特别需要注意的是，撤销权的行使期限属于除斥期间，而不是诉讼时效，因此，不适用期间的中断和期间的中止。一年的撤销权行使期间是一个不变的期间，撤销权人不能请求延长该期间。撤销权是合同当事人的合同权利，可以行使，当然也可以放弃。放弃撤销权后就意味着撤销权消灭。放弃撤销权的方式有：具有撤销权的当事人知道撤销事由后明确表示放弃撤销权。放弃的方式可以是口头的，也可以是书面的，但

---

① 王利明. 合同法研究（第 1 卷）. 北京：中国人民大学出版社，2002. 484

除法律另有明确规定的，默示不构成对撤销权的放弃。除以语言或文字明确表示放弃的之外，撤销权人还可以以自己的行为放弃撤销权。撤销权人可以以自己的行为表明愿意接受合同约束。比如，撤销权人自动按照合同约定的义务进行履行；或者在向法院起诉时只请求认定对方违约而并不申请撤销合同。撤销权的行使必须通过提起仲裁或者向人民法院提起诉讼的方式进行，而不能以向合同相对人请求的方式进行。

合同无效不影响解决争议条款的效力。我国《合同法》第 57 条规定：“合同无效、被撤销或者终止的，不影响合同中独立存在的有关解决争议方法的条款的效力。”当事人对解决争议方法的条款的约定不属于实体权利义务的内容本身，而属于解决争议的程序问题，所以法律赋予其独立于合同实体权利义务的地位。律师在拟订合同时，如果能够事先合理拟订争议解决条款，对于确定违约成本，强化合同约束力，减少诉讼成本都具有非常重要的意义。

四、应当注意格式合同的特殊性

格式合同又称定型化合同、标准合同。它是指当事人一方为重复使用预先拟订好的合同条款，而在订立合同时无须与对方当事人协商，只要相对人同意签字即可。我国《合同法》第 37 条规定：“格式条款来看，是当事人为了重复使用而预先拟订，并在订立合同时未与对方协商的条款。”从概念上格式合同与格式条款略有差异，但其本质是一样的，实践中有所混用，但并不影响其内容正确性。格式合同作为一种伴随着现代社会分工高度发达而大量出现的合同，在减少交易成本、节约交易时间上都实现了其特有的价值。因此，在现实生活中，格式合同越来越大量地被使用。例如，银行的借款合同、抵押合同及保险公司的保险合同等。但是，由于格式合同的条款是一方事先决定的，本身条款不具有协商性，格式合同的拟订方通常是在经济上或法律上处于优势地位的强者，或者处于行业垄断地位。因此，在拟订格式合同的过程中常常出于自身利益的考虑，利用双方当事人之间的地位差距，实际剥夺了作为弱者的相对方平等协商的机会，在拟订条款中免除自己应负的责任，加重对方的责任；或者对相对人行使权利设定复杂的行使条件；或者对双方的风险进行不合理的风险分配。正是因为存在这些弊端，我国《合同法》对于格式条款进行了法律调整。我国《合同法》第 37 条规定：“采用格式条款订立合同的，提供格式条款的一方应当遵循公平原则确定当事人之间的权利和义务，并采取合理的方式提请对方注意免除或者限制其责任的条款，按照对方要求，对该条款予以说明。对格式条款的理解发生争议的，应当作出不利于提供格式条款的一方当事人的解释。格式合同与非格式条款不一致的，应当采取非格式条款。”同时，《合同法》第 38 条也明文规定：“标准条款具本法第 52 条和第 53 条规定的情形，或者免除提供标准条款一方当事人主要义务、排除对方当事人主要权利的，该条款无效。”律师无论作为格式合同的拟订方，还是作为合同相对方的签约代理人，都应当仔细考虑或阅读格式合同，并向委托人说明、解释法律对于格式合同的特别规定。

五、在处理涉及无名合同法律事务中应注意的问题

生活中除了存在经过长期法律实践而相对固定化、规范化的有名合同外，尚存在大量与合同法规定的任何一种有名合同都不完全一致或完全不同的合同形式。律师在拟订类似的合同，或者处理类似的合同事务时，应当遵循以下原则：① 合同的法律性质、种类来源于合同权利义务的区分，而不是对合同名称的使用。因此，判断一份合同的性质时，应当紧紧根据当事人在合同中所构想和希望构想的权利义务关系来确定合同的性质。② 无名合同通常是几种有名合同法律关系的组合，例如，将买卖关系、代理关系、合作关系糅合在一起的所谓“合作经营合同”。因此，在分析无名合同关系时，应当首先比照合同法中最为接近、最类似的有名合同规定解释合同、理解合同。在完全没有最为接近、最类似的有名合同规定可资比照的情况下，可以适用合同法的一般规定。③ 尊重当事人的自由意志，只要不属于合同法规定的无效合同的情况，并不干预当事人对民商事活动的创造。在《合同法》无明文规定的情况下，合同应当符合民事行为的基本原则。

六、关于合同的条款

当事人对双方的权利义务意思表示一致，将彼此的权利义务固定下来，就是合同的条款。通常，法理上将合同条款分为主要条款和普通条款。所谓合同的主要条款，是指合同成立所必须具备的条款。如果欠缺了合同的主要条款，合同就难以成立。所以，主要条款是合同的必备条款和成立条款。对于合同的主要条款，可以由法律直接规定。当法律直接用明文规定的办法，要求某种特定的合同必须具备某些条款时，这些条款当然是合同的主要条款。但是，通常的立法考虑到社会经济生活的复杂性，对于每种合同的主要条款都没有列举，也不可能一一详细列举。所以，对于判断什么是合同的主要条款，主要依靠根据不同合同在法律上的性质和类型进行判断，甚至当事人可以自行约定什么是合同的主要条款。所谓合同的普通条款，是指合同主要条款以外的其他条款。普通条款中有些条款当事人未写入合同中，甚至从未协商过。但是基于当事人的行为，或者基于合同明示条款，或是基于法律的规定，不必经过当事人的协商就理应存在的合同条款，被称为普通条款。合同普通条款的缺失并不影响合同的成立。

现实中，有人常常把我国《合同法》第 12 条明文规定的条款当作主要条款，这是认识上的错误[①]。通常认为，合同法所列举的这些条款是属于提示性的，主要是为拟订合同的当事人提供一个示范性的合同结构，目的是让合同的约定更加完备。这些条款包括：当事人的名称和住所，合同标的，数量和质量，价款和酬金，履行期限和地点、方式，违约责任，解决争议的方法。

所谓“解决争议的方法”条款是律师在处理合同事务中需要特别重视的条款。所谓“解决争议的方法”条款，是指有关解决合同争议所运用的程序和所适用的法律，选择

① 王利明. 合同法研究（第 1 卷）. 北京：中国人民大学出版社，2002. 356

的检验和鉴定机构等内容。适当地设计“解决争议的方法”条款，对于合同发生纠纷后的举证问题、管辖问题、法律适用问题等难点问题的有利解决都有重要的作用。因此，有经验的律师通常都需要对“解决争议的方法”条款的设计进行仔细斟酌。

七、关于合同责任

当事人违反合同主要导致违约责任，但在特定的情况下也会引起侵权责任。如特许经营权合同，由于该合同属于复合式合同，如果不当处理违约方的违约责任，反过来会被违约方追究侵权责任。违约责任是指合同的一方当事人由于违反了合同的义务，根据合同的约定或者法律的规定应当承担的法律责任，主要是指财产责任，包括继续履行合同、采取补救措施和赔偿合同损失等。律师在处理合同事务时，特别需要注意的是违约赔偿责任和违约金的问题。根据我国《合同法》的相关规定，当事人一方不履行义务或者不符合约定，给对方造成损失的，损失赔偿应当相当于因违约所造成的损失，包括合同履行后可以获得的利益，但不得超过违反合同一方订立合同时预见到或者应当预见到的因违反合同可能造成的损失，也称间接损失。在处理复合式合同及知识产权合同事务中，间接损失往往会大于直接损失。

我国《合同法》第 114 条第 1 款规定：“当事人可以约定一方违约时应当根据违约情况向对方支付一定数额的违约金，也可以约定因违约产生的损失赔偿额的计算方法。”违约金本身既有一定的处罚性质，也有一定的补偿性质。因此，我国《合同法》第 114 条第 2 款规定了强制调整的原则：“约定的违约金低于损失的，当事人可以请求人民法院或者仲裁机构予以增加；约定违约金过分高于造成的损失的，当事人可以请求人民法院或仲裁机构予以适当减少。”实践中时常会发生一个合同里同时约定了违约金和定金的情况，一方当事人违约后，对方当事人往往会提出按约支付违约金，同时也按照定金罚则提出双倍返还定金的请求。但是，由于这样做可能会因为违约方付出过分超过合同损失而造成不公平。因此，《合同法》在一个合同同时存在违约金和定金的情况下，采用选择主义的机制，即当事人可以自由选择要求对方支付违约金，或者双倍返还定金的方法赔偿损失。当事人一旦选择一种方式后，原则上不允许再做变更。

第五节　律师代理知识产权中的非诉讼业务

一、律师办理专利法律业务

律师办理专利非诉讼法律业务，主要包括：各类专利申请，专利复审、无效，专利侵权，专利转让和专利许可等方面的非诉讼业务。就具体而言，常有的业务有：各类国内、国外专利申请；专利申请的复审、专利宣告无效；专利转让及实施许可；提供专利保护整体战略规划分析，侵权判定分析等法律咨询。

1. 律师代理专利申请

律师在代理各类专利申请业务时，主要是负责办理申请专利的各种手续，其责任是将发明创造的有关事实正确地按照法律的要求表述出来。提出专利申请必须迅速及时，在任何情况下，都应当注意法定期限限制。对于国内专利申请，一般的程序是：① 提供专利申请咨询，对客户专利进行分析；② 签订委托代理合同及专利代理委托书；③ 发出律师费用报价及支付代理费用，整理客户递交的技术资料；④ 撰写申请文件，由申请人审阅；⑤ 向专利局递交申请文件，取得受理通知书；⑥ 经过专利局审批后，收到授权决定后通知申请人办理登记手续；⑦ 领取专利证书，并通知专利人按时缴交年费，转送专利局文件。

我国的国家知识产权局负责管理全国的专利工作，统一受理和审查专利申请，依法授予专利。我国香港、澳门、台湾地区的受理机关是各自地区的知识产权署。外国人或者外国企业在中国办理专利申请和其他专利事务，应当委托国务院专利行政部门指定的专利代理机构办理，但在中国有经常居住地或营业场所的外国人或外国企业除外。提交的有关专利文件应当注意：应按照专利法及其实施细则要求的内容、样式、文字、书写方式和其他有关要求，填写好专利申请书、说明书、说明书摘要及权利要求书，提供外观设计的图片或照片等文件；如有委托代理机构的，还需要提交专利代理委托书。专利局审查专利的目的在于，确定专利申请是否符合专利法规定的形式要件和实质要件，从而决定是否批准授予专利权。律师应当在法律规定的期限内，请求专利局对专利申请进行实质审查，以避免逾期造成被动。

办理国外专利申请，应当由国家知识产权局指定的涉外代理机构的专利代理律师办理。根据我国《专利法》规定，将在国内完成的发明创造向国外申请专利的，应当首先在中国国内申请专利。专利代理律师可以通过两种途径为申请人向国外申请专利业务：一是通过巴黎公约途径；二是通过 PCT 国际申请途径。申请国外专利应当提供以下文件资料：申请人的名称和地址；发明人的姓名和地址；指明申请专利的种类；拟提出申请的国家或地区；曾在国外申请专利的情况；是否要求优先权；委托人的联系电话、地址等；该国内专利申请的请求书复印件；该国内专利申请受理通知书复印件；该国内专利申请的文件；现有技术资料，就是申请人所知的与发明相关的专利文献、科技文献、外国专利局的检索报告或审查结果；外国代理人委托书；外国专利申请表。

2. 律师代理专利复审和专利的无效宣告业务

律师在代理专利复审业务时，应当为当事人做好下列工作：提交专利复审请求书，说明理由，必要时还应当附上有关证据；为当事人提出复审请求时，或针对专利复审委员会的复审通知书作出答复时，可以根据实际需要修改专利申请文件，但修改仅限于消除驳回决定或者对复审通知书指出缺陷；针对专利复审委员会的复审通知，要在指定的期限内陈述意见，否则，复审请求被视为撤回。

律师应认识到代理无效宣告请求人及专利人应从不同角度采取相应对策。代理无效宣告请求人时，应分析被请求人无效宣告专利情况；检索相关文献，收集证明其无效的证据；提交无效宣告请求书、授权委托书及说明无效理由；以授予专利外观设计与他人在先取得的合法权利冲突为理由请求宣告外观设计专利权无效的，应提交生效的能够证明权利冲突的处理决定或者判决；参加口头审理；在专利复审委员会受理无效请求后，在提出无效宣告申请之日起一个月内提交；补交补充证据及增加无效理由等。代理专利权人时，应当比较分析请求提供的证据中所涵盖的技术特征与专利权人专利技术的异同，检索文献，收集证据；在指定期限内陈述意见；发明或实用新型专利，可根据实际需要修改权利要求书，但不得扩大原专利保护范围；参加口头审理。

3. 律师代理专利申请权转让、专利权转让合同及专利权实施合同

律师代理专利申请权转让、专利权转让合同及专利权实施合同的谈判和起草，应当注意以下要领：确认转让方是否有主体资格；确认发明创造实施和转让情况及其后果；审查专利申请有无被驳回的理由及明确被驳回的法律后果，明确专利权被宣告无效的理由及法律后果。对于专利实施许可合同应注意选择专利实施许可的种类，专利实施许可的范围，专利终止和被宣告无效的法律后果；注意审查专利实施许可合同的有效性，全面约定双方的权利义务。

4. 为企业、专利申请人提供其他方面的法律服务

为企业、专利申请人提供其他方面的法律服务，主要包括为企业提供专利保护整体战略规划，提供侵权判定分析，帮助企业确定技术发展的正确方向；帮助发明人判断申请专利的可行性及提供价值分析；帮助企业确定企业生产技术成果可申请专利的领域；为企业分析同行业的专利技术成果，排除可能存在的专利冲突；帮助企业建立专利事务部，建立专业的专利保护和专利管理的队伍；帮助企业建立自身专利数据库；定期为企业技术人员提供培训服务，提高员工专利意识；建议企业建立专利申请奖励机制等。

5. 代理专利行政调解及查处业务

专利行政调处是由省、自治区、直辖市人民政府设立的，或由一些专利工作业务量大并有解决能力的设区的市人民政府设立的专利管理部门对专利纠纷的行政调处工作。行政调处由被请求人和侵权行为地的市级以上专利管理机关管辖。行政调处案件包括：专利申请权、专利权归属纠纷；发明人、设计人资格纠纷；发明人、设计人的奖励和报酬纠纷；在发明专利申请公布后专利权授予前使用发明而未支付适当费用的纠纷。如果不能达成行政调解或对专利管理机关做出的处理决定不服的，应做好诉讼准备。

6. 律师处理专利海关备案及保护业务

权利人要求海关对其与进出口货物有关的知识产权实施保护的，应当将其知识产权向海关备案。提出专利海关保护的，由权利人向海关总署提出申请，有关文件提交海关总署政策法规知识产权保护处。专利海关保护既可以基于专利进行了海关保护备案登记而进行，也可以基于权利人向出口货物所在地的海关投诉而进行。作为投诉方，应向海关提供被扣留处货物等值担保，被扣留货物一方也可以提供相应担保以使其货物得到海关放行。海关根据《知识产权海关保护条例》对怀疑侵犯专利权的进口货物进行扣留的行政行为，也可以根据当事人的请求进行。

律师代为办理专利海关备案业务应准备以下文件：专利证书复印件、专利局出具的专利登记簿副本或专利维持费收据的复印件、营业执照复印件或身份证复印件、授权委托书、代理人身份证明、专利海关备案申请书。

二、律师办理著作权法律业务

著作权非诉讼业务主要包括：代理作品自愿登记、代理计算机软件著作权登记、协助客户签订著作权许可使用合同及代办备案、协助客户签订著作权转让合同及代办备案、协助拥有著作权的客户与著作权集体管理组织签订授权委托合同、协助使用客户通过著作权集体管理组织取得作品使用权，等等。

1. 律师代理登记业务

作品登记属于自愿行为，一般由版权局受理。对于不受著作权法保护的作品，超过著作权保护期限的作品，或依法禁止出版和传播的作品，禁止登记。自愿登记需要提交以下文件：填写作品登记申请书、作品登记表、权利保证书；提交作品说明书、个人身份证；委托创作作品申请登记的，提交著作权人及创作者的身份证明、委托创作合同；合作作品申请登记的，提交作者、著作权人或者专有使用人身份证明、聘用合同及著作权归属证明；美术作品或摄影作品登记的，还要提交作品照片。作品自愿登记时，通常需要按照规定为作品登记和查阅缴纳一定的费用。登记审查时间是受理申请之日起 30 日内决定。

计算机软件登记的范围包括：原创软件、软件修改本、翻译软件。我国国家版权局认定的中国版权保护中心为软件登记机构，该中心在各地设有登记代办处受理登记。办理计算机软件著作权登记时需要提交的文件包括填写软件著作权登记申请表、软件的鉴别材料、权属证明材料。通常需要按照规定为计算机软件登记和查阅缴纳一定的费用。登记审查时间是受理申请之日起 60 日内决定。

2. 代理与著作权许可使用合同有关的业务

著作权许可使用的方式多种多样，其具体的合同形式也有多种：出版合同、表演合同、录音合同、录制合同、播放合同、改编合同等。

拟订著作权许可使用合同应当具备以下条款：许可使用作品的权利种类；许可使用的权利是否属于专有使用权，在未有约定或约定不明的情况下，通常推定为属于非专有使用权；许可使用的地域范围、期间；支付报酬的标准和办法，在双方无约定或约定不明的情况下，通常按照有关部门指定的付酬标准支付；违约责任等。专有使用合同通常应当采取书面形式，但是报社、期刊所登作品除外。专有使用许可合同可以向著作权行政管理机关备案。

3. 代理与著作权转让合同有关的业务

订立著作权转让合同应当采用书面合同的形式。著作权转让合同应当包括以下条款：作品的名称；转让的权利种类、地域范围；许可合同中著作权人未明确转让的权利，另一方当事人不得使用；转入价金及交付日期和方式；违约责任等。著作权转让合同可以向著作权行政管理机关备案。

4. 代理与著作权集体管理组织签订合同的业务

协助拥有著作权客户与著作权集体管理组织签订授权委托合同，协助使用客户通过著作权集体管理组织取得作品使用权的，目前主要是中国音乐著作权协会。使用客户要使用著作权集体管理组织管理的作品、录音录像制品的应当签订书面许可使用合同，合同期限每次不超过两年，期限届满可以续签。使用客户以合理的条件与著作权管理组织订立许可使用合同的，著作权集体管理组织不得拒绝。许可使用应当缴纳相应的费用。代理著作权客户与著作权集体管理组织签订授权委托使用合同，应当注意以下三个问题：一是通常著作权人自己难以有效行使权利，如表演权、放映权、广播权、出租权、信息网络传播权、复制权等，其会委托著作权集体管理组织进行集体管理。二是如果著作权人符合著作权集体管理组织章程规定的加入条件，著作权集体管理组织不得拒绝与其订立著作权集体管理合同。著作权人与著作权集体管理组织订立著作权集体管理合同后，不得在合同约定期限内自己使用或许可他人行使由著作权集体管理合同约定归著作权集体管理组织行使的权利。三是著作权人有权按照委托合同收取相应的作品使用费。

其他版权法律服务业务主要有：代理著作权人进行国内外的版权贸易洽谈；代理商谈合作出版业务；对著作权及相关法律、法规进行咨询；代为对著作权侵权行为进行调查、取证等。

三、律师办理商标法律业务

律师办理商标法律服务非诉讼业务主要包括：商标注册、申请、转让、许可使用，未注册商标保护等。

1. 律师办理商标注册商标申请业务

商标注册申请应当向位于北京的国家工商行政管理总局商标局申请。如申请香港、澳门、台湾地区的商标，应当向所在地区的商标处（署）申请。国内的申请人办理各种商标注册事宜，可以直接向国家工商行政管理总局商标局申请，或者委托国家认可的商标代理机构代理。外国人或者外国企业，除在中国有经常住所地或营业场所的外，在中国办理各种商标注册事宜必须委托商标代理机构办理。

商标申请注册业务包括：商标注册申请；商标注册申请前的咨询；商标异议申请以及答辩；商标注册人名称、地址变更；转让、续展注册商标申请；商标使用许可合同备案；商标专用权质押登记；优先权申请；商标注册证明申请；补发《商标注册证》申请；补发、变更、转让、续展注册证明申请；撤回商标注册申请；注销注册商标申请；撤销连续三年停止使用注册商标申请；注册商标申请后查询；申请注册商标特殊标志登记等。一般商品商标或者服务商标申请需要的文件有：申请人身份证明、注册商标申请书、商标图样 6 份、委托书等。

在办理业务时需要注意，在商标注册用品和服务分类每一个类别上每注册一个商标图样为一件商标。每件商标申请办理任何一件注册事宜都视为一件申请，应分别提交一套申请书件，并分别交纳费用。应提交的书件没有指明份数的，如果在“具体要求”和“应注意事项”栏目中也没有特别申明份数的，则按照一式一份处理。

2. 与行政机关有关的法律事务

商标的行政执法主体是各级工商行政管理机关和海关。各级工商行政管理机关主动或根据有关人员的投诉，对侵犯他人注册商标专用权的行为、假冒注册商标的行为、应当使用注册商标但未使用注册商标的行为进行查处。海关根据《知识产权海关保护条例》对怀疑的侵犯商标专用权的进口货物进行扣留的行政行为，也可以根据当事人的请求进行。

律师代理受害方协助工商行政管理部门进行查处，一般应提供投诉书、商标注册证书证明、涉嫌侵权样品、投诉人身份证明等。因商标在注册后可能会被撤销或者未续展而失效，因此，为慎重起见，在投诉前先行进行商标有效性查询是十分必要的。

注册商标专用权海关保护，既可以根据注册商标进行了商标保护备案登记而进行，也可以根据权利人向出口货物所在地的海关投诉而进行。作为投诉方，应向海关提供被扣留货物等值的担保，被扣留货物一方也可以提供相应担保以使其货物得到海关放行。海关扣留货物后，并不直接认定侵权，海关会要求当事人向海关所在地工商管理机关进行查处，或者向海关所在地人民法院按照侵权注册商标专用权进行诉讼。

第六节 律师证券法律业务

所谓证券法律业务，是指律师事务所接受当事人委托，为其证券发行、上市和交易等证券事务，提供的制作、出具法律意见书等文件的法律服务。律师从事证券法律业务是一项技术性、专业性很强的业务。中国证券监督管理委员会与司法部颁布的《律师事务所从事证券法律业务管理办法》对具备一定条件的律师事务所及律师，作出了鼓励性的资格要求。例如，鼓励具备下列条件的律师事务所从事证券法律业务：① 内部管理规范，风险控制制度健全，执业水准高，社会信誉良好；② 有 20 名以上执业律师，其中 5 名以上曾从事过证券法律业务；③ 已经办理有效的执业责任保险；④ 最近 2 年未因违法执业行为受到行政处罚。

又如，鼓励具备下列条件之一，并且最近 2 年未因违法执业行为受到行政处罚的律师从事证券法律业务：最近 3 年从事过证券法律业务；最近 3 年连续执业，且拟与其共同承办业务的律师最近 3 年从事过证券法律业务；最近 3 年连续从事证券法律领域的教学、研究工作，或者接受过证券法律业务的行业培训。

同时，也对禁止从事证券业务的情况作出了规定：律师被吊销执业证书的，不得再从事证券法律业务；律师被中国证监会采取证券市场禁入措施，或者被司法行政机关给予停止执业处罚的，在规定禁入或者停止执业的期间不得从事证券法律业务。

同一律师事务所不得同时为同一证券发行的发行人和保荐人、承销的证券公司出具法律意见，不得同时为同一收购行为的收购人和被收购的上市公司出具法律意见，不得在其他同一证券业务活动中为具有利害关系的不同当事人出具法律意见。

律师担任公司及其关联方董事、监事、高级管理人员，或者存在其他影响律师独立性的情形的，该律师所在律师事务所不得接受所任职公司的委托，为该公司提供证券法律服务。

一、律师从事证券法律业务的范围

律师事务所从事证券法律业务，可以为下列事项出具法律意见：首次公开发行股票及上市；上市公司发行证券及上市；上市公司的收购、重大资产重组及股份回购；上市公司实行股权激励计划；上市公司召开股东大会；境内企业直接或者间接到境外发行证券、将其证券在境外上市交易；证券公司、证券投资基金管理公司及其分支机构的设立、变更、解散、终止；证券投资基金的募集、证券公司集合资产管理计划的设立；证券衍生品种的发行及上市；中国证监会规定的其他事项。

律师事务所可以接受当事人的委托，组织制作与证券业务活动相关的法律文件。

二、律师从事证券事务的业务规则

律师事务所及其指派的律师从事证券法律业务，应当按照依法制定的业务规则，勤勉尽责，审慎履行核查和验证义务。律师进行核查和验证，可以采用面谈、书面审查、实地调查、查询和函证、计算、复核等方法。律师事务所及其指派的律师从事证券法律业务，应当依法对所依据的文件资料内容的真实性、准确性、完整性进行核查和验证；在进行核查和验证前，应当编制核查和验证计划，明确需要核查和验证的事项，并根据业务的进展情况，对其予以适当调整。律师在出具法律意见时，对与法律相关的业务事项应当履行法律专业人士特别的注意义务，对其他业务事项履行普通人一般的注意义务，其制作、出具的文件不得有虚假记载、误导性陈述或者重大遗漏。律师从国家机关、具有管理公共事务职能的组织、会计师事务所、资产评估机构、资信评级机构、公证机构（以下统称公共机构）直接取得的文书，可以作为出具法律意见的依据，但律师应当履行规定的注意义务并加以说明；对于不是从公共机构直接取得的文书，经核查和验证后方可作为出具法律意见的依据。律师从公共机构抄录、复制的材料，经该机构确认后，可以作为出具法律意见的依据，但律师应当履行规定的注意义务并加以说明；未取得公共机构确认的，对相关内容进行核查和验证后方可作为出具法律意见的依据。律师进行核查和验证，需要会计师事务所、资产评估机构等证券服务机构作出判断的，应当直接委托或者要求委托人委托会计师事务所、资产评估机构等证券服务机构出具意见。

律师在从事证券法律业务时，应当要求委托人向其提供真实、完整的有关材料，不得拒绝、隐匿、谎报。律师发现委托人提供的材料有虚假记载、误导性陈述、重大遗漏，或者委托人有重大违法行为的，应当要求委托人纠正、补充；委托人拒不纠正、补充的，律师可以拒绝继续接受委托，同时应当按照规定向有关部门履行报告义务。

律师应当归类整理核查和验证中形成的工作记录和获取的材料，并对法律意见书等文件中各具体意见所依据的事实、国家相关规定以及律师的分析判断作出说明，形成记录清晰的工作底稿。工作底稿由出具法律意见的律师事务所保存，保存期限不得少于7年；中国证监会对保存期限另有规定的，从其规定。

三、律师出具法律意见书应注意的事项

法律意见书是律师事务所及其指派的律师针对委托人委托事项的合法性，出具的明确结论性意见，是委托人、投资者和中国证监会及其派出机构确认相关事项是否合法的重要依据。法律意见书是非常重要的法律文书，对于律师来讲，出具法律意见书应当慎重文字表达，对来源资料的真实性、准确性、完整性应当反复审查。法律意见书应当由律师在核查和验证所依据的文件资料内容的真实性、准确性、完整性的基础上，依据法律、行政法规及相关规定作出。

法律意见书应当列明相关材料、事实、具体核查和验证结果、国家有关规定和结论性意见。根据相关规定，法律意见书不得使用“基本符合”、“未发现”等含糊措辞。

有下列情形之一的，律师应当在法律意见中予以说明，并充分揭示其对相关事项的影响程度及其风险：委托人的全部或者部分事项不符合中国证监会规定；事实不清楚，材料不充分，不能全面反映委托人情况；核查和验证范围受到客观条件的限制，无法取得应有证据；律师已要求委托人纠正、补充而委托人未予纠正、补充；律师已依法履行勤勉尽责义务，仍不能对全部或者部分事项作出准确判断；律师认为应当予以说明的其他情形。

律师从事证券法律业务，其所出具的法律意见书应当经所在律师事务所讨论复核，并制作相关记录作为工作底稿留存。法律意见书的具体内容和格式，应当符合中国证监会的相关规定。

律师出具的法律意见书应当由两名执业律师和所在律师事务所负责人签名，加盖该律师事务所印章，并签署日期。法律意见书等文件在报送中国证监会及其派出机构后，发生重大事项或者律师发现需要补充意见的，应当及时提出补充意见。

四、对从事证券法律业务律师事务所及律师的监督管理

由于证券法律业务涉及公共利益的特殊性、严肃性，因此，从事证券业务的律师事务所及律师需要受到中国证监会及其派出机构、司法行政部门、律师协会的多重监管。

律师从事证券法律业务期间，律师或者其所在律师事务所因涉嫌违法被有关机关立案调查的，该律师、律师事务所应当及时如实告知委托人，并明确提示可能的法律后果。律师、律师事务所在向委托人出具法律意见时，应当按照规定同时提交其已从事证券法律业务的有关情况；委托人向中国证监会及其派出机构报送含有法律意见的文件时，应当按照规定同时提交律师、律师事务所已从事证券法律业务的有关情况。中国证监会及其派出机构、司法行政机关及律师协会建立律师从事证券法律业务的资料库和诚信档案，记载律师、律师事务所从事证券法律业务所受处罚等情况，并按照规定予以公开。中国证监会及其派出机构在审核律师出具的法律意见时，对其真实性、准确性、完整性有疑义的，可以要求律师作出解释、补充，或者调阅其工作底稿。律师和律师事务所应当配合。

中国证监会及其派出机构作出监管谈话决定的，应当将监管谈话的对象、原因、时间、地点等以书面形式通知律师或者律师事务所负责人。律师或者律师事务所负责人应当按照通知要求，接受监管谈话。中国证监会及其派出机构对律师或者律师事务所负责人监管谈话，可以会同或者委托司法行政机关进行。进行监管谈话，应当有两名以上工作人员在场，并对监管谈话的内容作出书面记录。律师、律师事务所负责人未按照规定接受监管谈话，或者未按照要求改正所存在问题的，中国证监会及其派出机构或者司法行政机关可以责令其限期整改。

律师事务所及其指派的律师从事证券法律业务，违反《证券法》和有关证券管理的行政法规，应当给予行政处罚的，由中国证监会依据《证券法》和有关证券管理的行政法规实施处罚；需要对律师事务所给予停业整顿处罚、对律师给予停止执业或者吊销律师执业证书处罚的，由司法行政机关依法实施处罚。

律师从事证券法律业务，违反《证券法》、有关行政法规和《律师事务所从事证券法律业务管理办法》的规定，情节严重的，中国证监会可以依照《证券法》第 233 条的规定，对其采取证券市场禁入的措施。

第七节　法律援助及其他非诉讼业务

为经济困难的公民提供无偿的法律援助服务，是国家进一步落实法律规定的各项公民权利，实现公民在法律面前一律平等，切实保障人权的重要举措。律师作为社会法律工作者，肩负着实现社会公平正义的崇高职责，积极参与、支持法律援助工作既是其光荣的社会义务，也是律师职业道德要求的必然所在。根据《法律援助条例》[①]，法律援助是政府的职责，县级以上人民政府应当采取积极措施推动法律援助工作，为法律援助提供财政支持。法律援助经费应当专款专用。县级以上人民政府司法行政部门监督管理本辖区内的法律援助工作。中华全国律师协会和地方律师协会应当按照律师协会章程和该条例协助法律援助工作。律师应当依照律师法和该条例履行法律援助义务，为受援人提供符合标准的法律服务，依法维护受援人的合法权益，接受律师协会和司法行政部门的监督。

凡是符合《法律援助条例》规定的公民，都可以获得法律咨询、代理、刑事辩护等无偿法律援助。

一、法律援助的条件和主要对象

接受法律援助的主体是经济有困难的公民。对于“经济困难”的标准，通常按照受理地所在的省、自治区、直辖市人民政府的规定执行。申请人住所地的经济困难标准与

① 2003 年 7 月 21 日国务院颁布。

受理申请的法律援助机构所在地经济困难标准不一致的，按照受理申请的法律援助机构所在地经济困难标准执行。

对于下列事项需要代理，因经济困难没有委托代理人的，可以向法律援助机构申请法律援助：依法请求国家赔偿的；请求给予社会保险待遇或者最低生活保障待遇的；请求发给抚恤金、救济金的；请求给付赡养费、抚养费、扶养费的；请求支付劳动报酬的；主张见义勇为行为产生的民事权益的。公民可以就前两项向法律援助机构申请咨询。

在刑事诉讼中，犯罪嫌疑人在被侦查机关第一次讯问或者采取强制措施之日起，因经济困难没有聘请律师的；公诉案件中的被告人及其法定代理人或者近亲属，自案件移送审查起诉之日起，因经济困难没有委托诉讼代理人的；自诉案件的自诉人及其法定代理人，自案件被人民法院受理之日起，因经济困难没有委托诉讼代理人的，公民可以向援助机构申请法律援助。

在刑事辩护中，对于盲、聋、哑、未成年人及可能被判处死刑而没有委托辩护人的，应当指派律师提供法律援助。对前述人员，无须对其经济情况进行审查。

当事人依据《司法救助规定》先行向人民法院申请司法救助获得批准的，人民法院可以告知其按照《法律援助条例》的规定，向法律援助机构申请法律援助。当事人以人民法院给予司法救助的决定为依据，向法律援助机构申请法律援助的，法律援助机构对符合《法律援助条例》规定的，不再审查其是否符合经济困难标准，应当直接做出给予法律援助的决定。

二、律师代理法律援助及实施的主要形式

对于受理的法律援助事项，法律援助机构可以指派律师事务所安排律师办理援助案件。办理法律援助案件的律师，应当遵守职业道德和执业纪律，提供法律援助不得收取任何财物。公安机关、人民检察院、人民法院对承办法律援助案件的律师复制必要的相关材料的费用应当予以免收或者减收，标准按复制材料所必需的工本费计算。办理法律援助案件的律师遇到下述情形时，应当向法律援助机构报告，法律援助机构经审查核实，应当终止该法律援助：受援人的经济收入状况发生变化，不再符合法律援助的；案件终止审理或者被撤销的；受援人又自行委托律师或其他代理人的；受援人要求终止法律援助的。受指派办理法律援助案件的律师在案件结案时，应当向法律援助机构提交有关的法律文书副本或者复印件以及结案报告等材料。

法律援助的主要形式包括：法律咨询；代为办理《法律援助条例》第 10 条规定的事务及可能涉及的国家赔偿案件、行政诉讼案件或民事诉讼案件的代理；代理刑事辩护等。

律师无正当理由拒绝接受、擅自终止法律援助的，或办理法律援助案件收取财物的，司法行政部门将给予警告、责令改正，直至停止执业的处罚。

三、其他非诉讼业务

律师代理的其他非诉讼业务还有:

①代理当事人办理工商登记手续。

②代理当事人办理税务登记手续。

③代理客户进行特定事项调查。例如,对合同相对人的信用、资信调查,投资目的地经济、政策调查等。

④代理股份有限公司股票发行事务。

⑤代理许可证法律事务。

⑥代理发表有法律意义的声明。

⑦代办公证事务。

⑧代理见证业务。

⑨代为收集证据材料。

⑩受聘请作为破产案件的清算组成员等。

案例分析

【案情】国内某知名印务企业与墨西哥某公司在几宗业务往来中,建立了融洽、信任的合作关系。为了使双方能够长期合作,经过艰苦卓绝的谈判,双方进入了合作协议草拟的过程。合作协议草稿是由墨西哥企业提供的,其中部分条款规定:“(x)国内印务企业对合作涉及的技术承担永久保密义务,该保密义务不受公司破产、清盘或被查封的影响……(xx)本协议发生争议由加拿大安大略省法院,适用加拿大安大略省法律管辖。”国内印务企业顾问律师认为,以墨方所关心的技术的当前水平和前景,永久的保密期限对中方是不公平的,建议设定为合作期限届满后若干年。同时,由于不排除国家要求强令公开秘密信息的可能性,因此,建议补充排除条款,减少中方因被动违约产生的赔偿责任。对于解决争议的管辖条款和法律适用条款,应争取由中国法院管辖并适用中国法律以减少诉讼成本。通过反复谈判、协商,双方终于达成谅解,接受了中方律师的合同修改意见。

【问题】在国际民商事交往中,在涉外合同或协议中规定把将来可能发生的纠纷提交我国人民法院管辖或在中国的仲裁机构进行仲裁有何意义?

【解析】合同条款的内容会因合同的性质不同而千差万别。没有固定不变的套路,但基本遵守的原则是一致的:首先,要详细了解合同的内容和背景,掌握合同标的所涉及的相关技术特点;其次,了解掌握与合同有关的法律法规规定;再次,是正确判断合同的关键点(如本案例涉及的条款),分析其中利弊;最后,向客户提出合理建议,分析条款的法律意义,提供给客户参考意见。

下编　商事仲裁法

第八章　仲裁法概述

本章主要涉及以下重点内容：商事仲裁概念与法律特征；仲裁与民事诉讼、非诉讼争议解决机制（ADR）的关系；商事仲裁的性质与仲裁的分类；我国商事仲裁的发展；商事仲裁的基本原则；商事仲裁的基本制度；仲裁制度的法律渊源；非诉讼争议解决机制（ADR）的运用以及我国ADR立法的完善等问题。难点主要表现在商事仲裁的性质；商事仲裁的基本原则；商事仲裁的基本制度以及商事仲裁与非诉讼争议解决机制（ADR）、民事诉讼的关系等问题。学术热点主要涉及商事仲裁的法律性质；最近我国最高人民法院出台的有关《仲裁法》，司法解释以及《仲裁法》的进一步修改与完善问题；非诉讼争议解决机制（ADR）对构建社会主义和谐社会的重要意义；我国ADR方面的立法完善与实际应用等问题。

第一节　商事仲裁的概念与特征

一、商事仲裁的概念

作为一种争议解决方式，仲裁制度的起源可以追溯到公元前的古希腊时期。当时的古希腊人就已经开始采用仲裁方式来解决各种各样的争议。① 1889年，英国颁布了世界上第一部仲裁法，同年，瑞典也制定了仲裁法。之后，临时性仲裁机构以及常设性仲裁机构在世界各地纷纷建立并呈现出很强的国际化趋势。联合国国际贸易法委员会执行秘书赫尔曼先生1996年在上海充满信心地宣布："一件令人高兴的新情况出现了，几乎所有的国家都在讨论仲裁法的问题"，"国际商事仲裁已经开始出现全球化的趋势。"②

商事仲裁（Commercial Arbitration），从字面上讲，"仲"表示地位居中的意思；

① 韩德培. 国际私法. 武汉：武汉大学出版社，1989. 45

② 联合国国际贸易法委员会执行秘书赫尔曼先生关于国际商事仲裁的讲话. 仲裁与法律通讯，1996（5）

“裁”表示评断、衡量、作出结论的意思。从字面含义讲，公断一词不能恰如其分地涵盖仲裁之意。现在通用的“仲裁”一词则来自日本语。[①]《牛津法律词典》中的arbitration词条，意为“由一名或数名独立的第三人（仲裁人）——而不是由法院——对争议所作的决定”。[②]根据《现代汉语词典》的解释，“仲裁”就是“争执双方同意的第三者对争执事项做出决定”。[③]《中国大百科全书》（法学卷）对仲裁的定义是：“仲裁是指争议双方在争议发生前或争议发生后达成协议，自愿将争议交给第三者做出裁决，双方有义务执行的一种解决争议的方法。”在英语里，与之相应的词是arbitration，其基本含义也是居中裁决，而这一单词亦非英语所独有。据称该词源于拉丁文，含arbitrary decision（武断）之意，想必最初仲裁裁决无从遵循先定的法理依据，全凭仲裁者的社会威望和社会道德及舆论维系。[④]

仲裁作为一个法律概念，有其特定的含义。尽管在学术界尚未形成一个统一的定义，但其基本含义是一致的，即指双方当事人在争议发生之前或者争议发生之后达成书面协议，将有关争议事项提交给非司法机关的第三者审理，并由其依据法律或公平原则作出具有约束力的裁决，且双方当事人对此有义务执行的一种非诉讼争议解决的制度。

二、商事仲裁的特征

商事仲裁与其他争议解决方式相比，具有以下基本特征：

1. 自愿性或自治性（autonomy）

自愿性是商事仲裁最突出的特点。商事争议产生前后，是否将其提交仲裁、交与谁仲裁、仲裁庭的组成人员如何产生、仲裁的审理方式、仲裁适用何种程序规则以及适用哪个实体法，都是在当事人自愿的基础上协商确定的。因此，仲裁是最能够充分体现当事人意思自治原则的争议解决方式。

2. 专业性 （expertise/professionalism）

由于仲裁的对象大多是民商事纠纷，常常会涉及许多复杂的法律、经济贸易及技术性问题，因而各仲裁机构均备有分专业的仲裁员名册供当事人选定，而仲裁员一般都是各行业的专家。根据我国《仲裁法》的规定，仲裁机构都备有分专业、由专家组成的仲裁员名册供当事人自由选择。专家仲裁成为商事仲裁的重要特点之一。同时，仲裁强调专业性的判断，仲裁员并不是以法律专业人士为限，因此有人认为“商事仲裁所追求的实体正义应大于程序正义；而法院判决追求的，表面上是实体正义与程序正义并重，但实际上是程序正义大于实体正义。尤其是个案中隐含专业问题时，法院未必有能力加以审查，即使有，也常常是在概括性的想象与摸索中作出结论，对于当事人而言，未必

① 黄进，徐前权，宋连斌. 仲裁法学. 北京：中国政法大学出版社，1999. 1

② ［英］伊丽莎白·A. 马丁. 牛津法律词典. 上海：上海翻译出版公司，1991. 30

③ 中国社会科学院语言研究所. 现代汉语词典. 北京：商务印书馆，2005. 1769

④ 杨良宜. 国际商务与海事仲裁. 大连：大连海运学院出版社，1994

能真正解决争议”。①

此外，即使进行临时仲裁时，当事人一般也会从其所涉行业的专家中指定仲裁员。

3. 国际性（international elements/foreign-related elements）

随着经济全球化的发展，当事人跨国仲裁的现象已屡见不鲜，仲裁案件的来源、当事人、仲裁庭的组成直至仲裁裁决的执行，涉外性或国际性因素越来越多。特别是1958年《关于承认与执行外国仲裁裁决的公约》（以下简称《纽约公约》②）目前成员包括145个国家或地区。这一优势是法院判决所无法拥有和比拟的。

4. 灵活性（flexibility）

原则上，法律仅规定一些基本原则以保证仲裁程序最低限度的规范性，而具体仲裁程序则委托仲裁人自行选择决定，因而相对于诉讼审判程序而言，仲裁程序更为简便和灵活，可以减少甚至是避免繁琐的程序。例如，仲裁庭可以将当事人陈述、辩论、举证和仲裁庭询问调查有机结合起来，特别是仲裁程序与调解程序的结合，以查清有关事实。在仲裁过程中，征得双方当事人的同意，仲裁庭可以进行调解，并应该依据调解达成的协议内容作出仲裁裁决，使双方当事人合意达成的协议具有强制执行力。仲裁庭可以按双方当事人所约定的程序进行审理，在国际商事仲裁中，还可以依据当事人双方合意选择的法律，甚至基于当事人双方的授权，依据公平原则对当事人之间的有关争议作出裁决。仲裁的灵活性很大，主要表现在：①程序上不像诉讼那样严格；②时限和法律适用方面弹性很大；③在管辖上不实行地域管辖和级别管辖等。

5. 保密性（secrecy/privacy/confidentiality）

仲裁一般以不公开审理为原则，也即通常只有当事人及其仲裁代理人参与仲裁过程，仲裁裁决未经当事人同意不得公开。我国《仲裁法》第40条规定：“仲裁不公开进行。当事人协议公开的，可以公开进行，但涉及国家秘密的除外。”而且有关仲裁法和仲裁规则均普遍规定了仲裁员及仲裁秘书均负有保守秘密的义务，因此，当事人的商业秘密和贸易活动不会泄漏，不至于影响到他们以后的商业机会和长久的合作关系，可见仲裁具有极强的保密性。

6. 快捷性（expeditiousness）

仲裁采取一裁终局制，不像法院诉讼采取两审终审或三审终审制，有利于争议的迅速解决。由于仲裁的这一快捷性特征，商人尤其是外商十分乐意将其争议提交仲裁机构

① 尹章华，黄达元. 仲裁法概要. 台北：文笙书局，2002. 3

② 我国于1987年加入《纽约公约》。由于该公约在世界上取得了空前的成功，目前该公约的成员国或地区已有145个。因此，可以说该公约是迄今为止在国际民商事法律领域中最为成功的一项全球性多边国际公约。我国加入该公约时提出了商事保留（commercial reservation），强调只对按照本国法律属于契约性和非契约性商事法律关系所引起的争议适用该公约。我国最高人民法院还在1987年发布的《关于执行中国加入〈承认与执行外国仲裁裁决公约〉的通知》中，就“契约性和非契约性商事法律关系”作了明确的界定，强调“所谓契约性和非契约性商事法律关系，具体是指由于合同、侵权或者根据有关法律规定而产生的经济上的权利义务关系，例如货物买卖、财产租赁、工程承包、加工承揽、技术转让、合资经营、合作经营、勘探开发自然资源、保险、信贷、劳务、代理、咨询服务和海上、民用航空、铁路、公路的客货运输以及产品责任、环境污染、海上事故和所有权争议等，但不包括外国投资者与东道国政府之间的争议”。参见：最高人民法院. 关于执行中国加入的《承认与执行外国仲裁裁决公约》的通知. 中华人民共和国最高人民法院公报，1987（2）

仲裁进行解决。

7. 经济性（economy）

相对于诉讼而言，选择仲裁解决民商事争议，当事人不仅可以节约时间，而且也不需要缴纳几次诉讼费或支付其他的费用。所以，由于简化了解决有关争议的程序，缩短了审理期间，加快了裁决速度，从而也就大大降低了解决争议所花的费用。

具体表现在：①由于时间上的快捷性，费用相应地节省了；②仲裁收费一般比诉讼收费低一些；③当事人通常没有激烈对抗的态度，而且其商业秘密不必公之于世，对当事人今后的商业机会与合作影响较小。

8. 独立性（independence/neutrality）

由于仲裁机构独立于行政机关，而且仲裁机构之间没有隶属关系，因而其所受到的干涉较少，显示出极大的独立性。而国家法院本身尽管具有相当的独立地位，但因上诉制度的存在以及上下级法院之间存在业务上的指导关系，其独立性并不如商事仲裁。但由于现阶段我国商事仲裁机构尚未彻底摆脱行政机关在人员、财政上给予的支持，因此，仲裁独立性的这一特征并不是特别突出。

9. 终局性（finality）

商事仲裁实行一裁终局制度。仲裁裁决一旦作出并由当事人签收，即具有法律的拘束力，任何当事人均不得向人民法院提起诉讼请求予以变更。

10. 民间性（non-governmental）

仲裁制度的发展在很大程度上是商人们脱离国家作用的自治性的体现，是市民社会和国家之间分离的制度取向在跨国贸易争议解决方法上的反映。[①] 从各国发达的仲裁制度来看，仲裁机构的民间性在一定程度上是较为纯粹的，最为典型的例证有瑞典的斯德哥尔摩商会仲裁院、美国仲裁协会（AAA）、瑞士苏黎世商会仲裁院、英国伦敦仲裁院、香港国际仲裁中心等。毫无疑问，仲裁的民间性在很大程度上有助于仲裁价值目标的实现。

但是，值得我们进一步反思的是，按照我国《仲裁法》的规定，在我国各地组建的仲裁委员会是社会团体法人，独立于行政机关。但是，各个仲裁机构（除中国国际经济贸易仲裁委员会和中国海事仲裁委员会外）仍然套用行政编制的设置，而且在人员、财政上与地方政府有着千丝万缕的联系，因而各地的仲裁机构不可避免地会打上官方性、地方性的烙印。

三、商事仲裁与民事诉讼、ADR的关系

1. 仲裁与民事诉讼

诉讼即打官司，而民事诉讼是诉讼的一种重要形式，是指法院在当事人和其他诉讼参与人参加下，独立行使审判权，依法审理和解决民商事案件的活动。我国宪法和有关法律规定，人民法院是唯一能够行使审判权的国家审判机关。

① 范愉. 非诉讼纠纷解决机制研究. 北京：中国人民公安大学出版社，2000.192

(1) 相同或相似之处

两者都是通过第三方来解决民商事纠纷的程序；两者解决争议都是以相关的法律、法规为依据；两者解决争议所遵循的某些规则是相同的，如确定当事人的标准是一致的，举证责任的分配原则和证据的种类也相同。

(2) 不同之处

虽然仲裁和诉讼都是解决民商事纠纷的法律形式，但两者却存在着重要区别，主要表现在：①管辖权不同。法院是国家机构（机器）的重要组成部分，具有法定的管辖权；而仲裁机构的管辖权则来自于当事人达成的协议。②能否选择审理机构及人员不同。诉讼案件的审理，其法庭的组成和审判人员均由法院指定；而仲裁审理案件，当事人可以协商选择仲裁机构、组庭方式、仲裁员及程序规则。③是否公开进行审理案件不同。法院审理民商事案件除涉及国家秘密、个人隐私或法律另有规定外，应当公开进行；而仲裁审理案件则一律不公开进行。④审理案件的程序不同。法院审理民商事案件严格按照《民事诉讼法》进行，法院有一审、二审、简易程序、特别程序等，其审理程序比仲裁程序要复杂得多。⑤二者的审级制度不同。我国法院实行两审终审制；而仲裁实行一裁终局制。⑥两者实现法律文书强制执行效力的方式不同。

2. 仲裁与 ADR

ADR 是英文 Alternative Dispute Resolution 的缩写，通常被译为“替代纠纷解决方式”，一般泛指所有非诉讼的纠纷（争议）解决方式的总称。它是指在 20 世纪逐渐发展起来的各种诉讼外纠纷解决方式，现在已引申为对世界各国普遍存在的民事诉讼制度外的非诉讼纠纷解决方式或机制的总称。[①] 对 ADR 概念的理解有广义和狭义上的区分。

广义的 ADR 概念认为应该把一切非诉讼纠纷解决方式，例如仲裁、欧洲大陆的不经法院审理的督促程序以及行政机关的纠纷解决程序等均包括在 ADR 之内；而狭义的 ADR 概念则将仲裁和行政机关的准司法纠纷解决方式与一般 ADR 区别开来，将 ADR 限定于“非诉讼非仲裁的纠纷解决方式”，认为 ADR 是指法院判决和仲裁裁决之外的解决争议的各种方法的总称。

ADR 起源于美国，美国是当代 ADR 发展最快的国家。[②] ADR 兴起于 20 世纪 60 年代美国的“诉讼爆炸”阶段，当时诉讼案件激增、诉讼费用居高不下、诉讼程序迟延等问题日益突显，使美国司法面临着前所未有的危机。为了缓解这一诉讼危机，人们被迫寻求司法改革的对策：一方面，对诉讼制度本身予以改革，另一方面，通过建立各种更为快捷的纠纷解决机制来分担诉讼压力。在美国的公司、法院以及联邦政府的积极参与之下，替代纠纷解决方式应运而生，到了 20 世纪 80 年代，ADR 获得了突飞猛进的发展。美国各州通过立法推动 ADR 的发展，到目前为止，几乎所有的美国法院均在不同程度上采用了 ADR。ADR 还得到了联邦政府的支持，布什政府制定了一系列法令，推动 ADR 的运用与发展，其中主要有 1990 年《行政争议解决法》和 1991 年《民事司法改革实施法》。1998 年 10 月 30 日，克林顿总统签署了《替代性纠纷解决法》

① 范愉. 非诉讼纠纷解决机制研究. 北京：中国人民大学出版社，2000. 17~29

② 范愉. 非诉讼纠纷解决机制研究. 北京：中国人民大学出版社，2000. 232

(Alternative Dispute Resolution Act 1998)。

在美国的影响之下，替代性纠纷解决机制在许多国家都得到了迅速的发展。例如，1994 年，日本通过民事调解解决的案件达 12 万件之多，通过家事调解处理的案件有 10 万件之多，而民事诉讼不过 38 万件，调解和诉讼比例超过 1 : 2。而且日本的调解成功率也相当高，民事调解是 50%，家事调解是 45.7%。① 英国在 20 世纪 90 年代也开始引入 ADR 机制。

由于 ADR 是一个正处于不断发展过程之中的综合性的概念，因此，国际上对其内涵和外延均难以确定。目前学术界对于 ADR 应当包括哪些程序制度存在着较大的分歧，主要是集中于 ADR 是否包括仲裁制度。我们认为 ADR 的概念应当是广义的，包括仲裁这一程序制度。

3. ADR 的种类

ADR 的分类方式有多种多样。有学者根据其性质不同将 ADR 分为三类：建设性 ADR、推荐性 ADR、决定性 ADR。建设性 ADR 的裁决对当事人双方没有法律约束力，当事人可以不接受；推荐性 ADR 的裁决对双方当事人也不直接具有约束力，但如果双方表示接受，该程序可以转换为法官作出的有法律约束力的判决。决定性 ADR 是诉讼程序的一部分，所作裁决当事人必须履行，否则另一方可以申请强制执行。②

另外，还有学者根据主持解决纠纷的主体不同，将 ADR 分为法院附设的 ADR、行政机关或准行政机关所附设的 ADR、民间团体 ADR 机构、由律师主持的专业咨询或法律援助性质的 ADR 机构以及国际组织所设 ADR 机构等。

ADR 的种类主要有：

(1) 谈判或协商 (negotiation/consultation)

谈判是一种基本的、普遍的 ADR 方式，其基本含义是指争议双方面对面，相互交换信息和意见进行讨论，对争议的事项提出自己的要求或反要求，从而找到一个双方都可以接受的结果。③ 协商是指在民商事争议发生后，在没有第三者参加的情况下由当事人双方自行协商解决民商事争议的一种方法。因为谈判完全依靠当事人自治，并没有第三者的介入与制约，因此很容易出现谈判破裂的现象。所以，在更多的情况下，谈判不是作为一种独立的方式而是作为一种方法或手段用于其他 ADR 程序。

(2) 调解/调停 (conciliation/mediation)

调解是一种解决民商事争议的常用方法。调解一般是指在第三方的协助之下进行的、当事人自主协商的纠纷解决活动。④ 在世界上，调解可以说是一种最古老的争议解决方式，而且在当前中国也是运用得十分广泛。调解一般可以分为：民间调解、行政调解、仲裁调解。

民间调解是指在调解委员会等调解人参与下解决争议的一种方式。行政调解是在由业务主管部门或国家有关机关作为调解人参与下解决争议的一种方式。仲裁调解是指在

① [日] 小岛武司. 诉讼制度改革的法理与实证. 陈刚，郭美松等译. 北京：法律出版社，2001. 179

② [美] J. 佛尔博格等. 美国 ADR 及其对中国调解制度的启示. 山东法学，1994 (4)

③ P. Gulliver. *Dispute and Negotiations*: *A Cross-Cultural Perspective*. Academic Press，1979. pp.3-7

④ 范愉. 非诉讼纠纷解决机制研究. 北京：中国人民公安大学出版社，2000. 177

仲裁过程中，依据当事人的请求或征得其同意，在仲裁庭的主持下，由双方当事人自愿协商达成协议解决他们之间争议的一种方式。

(3) 仲裁（arbitration）

仲裁是指当事人在争议发生之前或者争议发生之后达成书面协议，将有关争议事项提交给非司法机关的第三者审理，并由其依据法律或公平原则作出具有约束力的裁决，且双方当事人对此有义务执行的一种非诉讼解决争议制度。在现代广义的ADR体系中，仲裁是一种与诉讼最为接近的ADR方式。

(4) 调解/仲裁（mediation-arbitration）

在美国的调解/仲裁程序中，一般是由同一位第三者先作中立调解人，帮助当事人达成双方可接受的和解结果；一旦调解失败，便进入仲裁程序，中立者作为仲裁人作出具有终局性约束力的裁决（也可另外聘请一位新的仲裁员）。该程序的好处在于将纯粹的调解与仲裁的优点融合在一起，将两种程序衔接起来，同一位第三者既作为调解人又作为仲裁人，即便调解不成，纠纷也能得以解决。不过，由于当代仲裁已吸收了调解的功能，因此这一程序的意义并非十分重要。①

(5) 小型审判（mini-trial）

小型审判是一种综合谈判交涉、中立评价、调解及裁判等程序而组成的制度性的和解程序，属于典型的ADR程序。近年来这一程序已被广泛应用于各种纠纷解决，法院也制定规则，建立了作为法院附设ADR的小型审判程序。小型审判通常由双方推荐的退休法官或资深律师主持，双方达成参加该程序的协议，并根据确定的规则，准备证据和论点，在审判日双方律师进行一个简要的形式上的辩论，之后由当事人自行进行和解谈判，寻求解决途径。中立建议者可向双方提供意见，分析双方在主张和证据上的优劣，预测法院判决结果，但其意见并无约束力。整个程序是不公开的，因此不会泄漏企业的商业秘密。另外，该程序规定了和解达成的最后期限，因此不会造成程序拖延。如果在期限内达成和解，可将和解内容写入法院判决书，产生法律效力；如果不能达成和解，则可以进入正常诉讼程序。由于该程序参加者本身具有决策权，因此小型审判的和解率与履行率较高。②

(6) 简易陪审团审理（summary jury trial）

简易陪审团审理是1980年由俄亥俄北部法院法官托马斯·兰布罗斯首倡的一种ADR程序。在简易陪审团审理程序中，当事人向顾问式的陪审团作简要陈述，由该陪审团作出裁决。当事人根据简易陪审团作出的裁决预测案件的正式审理结果，对自己在正式审判中所处的优劣地位形成更客观的认识，从而有助于达成和解协议。适用该程序的目的是通过向当事人展示正式审判中陪审团可能做出的结果来推动当事人达成和解。在美国，简易陪审团审理程序被广泛运用于各种性质纠纷的解决。③

(7) 早期中立评估（early neutral evaluation）

早期中立评估也是起源于美国的一种ADR程序。1985年，美国加州北部法院首次

① 范愉. 非诉讼纠纷解决机制研究. 北京：中国人民公安大学出版社，2000. 243

② 范愉. 非诉讼纠纷解决机制研究. 北京：中国人民公安大学出版社，2000. 242

③ 范愉. ADR原理与实务. 厦门：厦门大学出版社，2002. 479~481

在诉讼早期采用这一早期中立评估程序。法院采用该程序一般是在案件进入诉讼但尚未开始审理准备之时。在程序中，专业权威人士（通常由法院提供人选，多为资深律师）在当事人双方作简短陈述之后，对证据的证明力和观点的合理性作出评价并提供对案件无拘束力的解决方案。其基本特点是：首先，其中第三方的作用是作出客观的评价，本质上有很强的指导性色彩；其次，在当事人提出主张和举证的程序上较之调解更为正式。这一程序极大地依赖于中立者的信誉和能力，如果当事人确信中立者是公正和广见博识之人，则和解的可能性就会增加。①

早期中立评估程序的一个创新之处在于，它优先考虑到了纠纷解决的快捷性。通过这一评估程序，当事人在诉讼早期就可以获得关于案件事实和法律问题的信息，降低他们不切实际的预期，从而促成当事人的和解。

(8) 租借法官或聘请法官（private judging or rent-a-judge）

与法院附设 ADR 相似，这种程序也是在当事人双方的合意下，由法院指定一名退休法官作为裁判者，由其主持一个与正式审判程序相似的审理过程，为当事人提供一个举证和辩论机会，并由聘请法官作出一个包含事实判断与法律根据的判决。由于当事人事先有受其约束的约定，因此可以作为终局性的决定，具有法律上的强制力。②

(9) 中立专家（neutral experts）

中立专家程序在知识产权纠纷解决中使用得较为普遍。它是一种非正式的程序，由中立专家进行事实调查，收集证据，作出一份书面的无法律拘束力的专家意见或报告，或作为中立者出庭作证。法院通常是在证据开示程序完成之后决定是否需要聘请专家。在复杂的涉及技术的案件中，这一方法可以成为纠纷解决的最有效手段，其结果可以影响当事人和法院对事实的判断，并在质证后可能被法院接收为证据。因此，中立专家的意见可以向当事人提供一种关于事实的客观评价，使当事人对其争议作出实事求是的判断，尽早作出回应，达成和解。

(10) 事实发现（fact-finding）

由双方共同推选出的中立人进行事实调查，收集证据，并根据纠纷的事实写出一份无拘束力的书面意见或报告，帮助双方当事人解决纠纷。

第二节 商事仲裁的法律性质与分类

一、商事仲裁的性质

对于仲裁的法律性质，即仲裁特有的本质属性问题，自仲裁制度产生以来，国内外学界对仲裁性质的讨论就没有中断过。学者们从不同的视角对仲裁的性质予以阐述，以

① Edward F. Sherman. ADR 与民事诉讼. 大村雅彦编译. 东京：东京中央大学出版部，1997. 11~12

② 范愉. 非诉讼纠纷解决机制研究. 北京：中国人民大学出版社，2000. 243

致迄今尚未形成一个为国际社会所普遍接受的观点。从20世纪30年代开始，在法学界形成了四种主要理论观点：司法权理论、契约理论、混合理论和自治权理论。

1. 司法权理论（jurisdictional theory）

司法权说认为，虽然仲裁源自当事人之间的协议，但发展至近代，国家通过立法已赋予其法律约束力，并可以通过法院申请强制执行来保证仲裁裁决的实现，从而使仲裁发生了质的变化，仲裁权成为司法权的重要内容。由于仲裁的效力、仲裁员的权力和仲裁裁决的承认与执行，其权威性来自国家法律，从而使私权转化成了公权。

2. 契约理论（contractual theory）

提出这一理论的法国学者尼布耶特（Niboyet）认为："仲裁裁决具有契约性质，这是因为仲裁员权力的取得不是来自于法律或司法机构，而是来自于当事人之间的协议。仲裁员是按照当事人在协议中的意愿去裁定争议的。当事人让仲裁员以公断人的身份作出裁决是一种真正的委托，由此，裁决也被注入了契约性……如同所有协议一样，裁决必然具有法定效力，而且具有终审判决的权威。"该学说认为，仲裁是一种契约性质的行为，仲裁员的权力来源于当事人的协议，而不是公共机构。当事人仲裁协议是仲裁的前提和基础。契约理论的本质在于强调当事人在选择支配其关系的法律方面具有无限的自主权。①

3. 混合理论（mixed or hybrid theory）

混合理论认为，仲裁是司法性和契约性两者混合的产物，具有司法和契约双重性质，两者相互联系，不可分割。也有人将其称为准司法权理论。仲裁以当事人的协议为基础，仲裁机构、仲裁人选、仲裁形式取决于当事人的意思自治，但仲裁裁决的效力和执行决定于国家司法。作为司法权理论与契约性理论折中调解的产物，混合理论避免了绝对司法权理论和契约性理论的片面性，在现代仲裁学界占有较大优势，许多著名学者都倾向于这一理论。②

4. 自治权理论（autonomous theory）

这一理论的提出者是拉伯林·戴维其（Rubellin Devichi）女士。该理论认为，仲裁的发展是商人们注重实践的实践结果，仲裁是处理民商事关系一种实际需要。仲裁协议和仲裁裁决具有的强制性亦是双方当事人处理纠纷需要。总之，该理论认为商事仲裁是一种独创的制度，它摆脱了契约权和司法权的观念，因此是一种超国家的自治体系。

以上理论均从一个侧面反映了商事仲裁的特点，但都没有能够从整体上解决商事仲裁的效力依据问题。仲裁的效力应该是来源于相关国家的法律规定，而相关国家则是基于现实生活中调整商事关系、解决商事法律争议的实际需要制定相关的商事仲裁法律制度。

我们认为，根据仲裁的立法与实践，司法权理论和契约理论的结合能够较为精确地反映出仲裁的法律性质，也即仲裁既有契约性又具司法权性，是一种具有双重法律性质的争议解决方法。如果只强调仲裁的契约性特征，将当事人的意思自治提高到独占的地

① 齐树洁. 民事程序法. 厦门：厦门大学出版社，2002. 513~514

② [英] 施米托夫. 国际贸易法文选. 赵修文译. 北京：中国大百科全书出版社，1993. 598

位，则难以确保仲裁的效力，其结果将使得仲裁与协商、调解或其他不具有约束力的纠纷解决方式混为一体，仲裁的优越性和吸引力将无法发挥。如果片面强调仲裁的司法权性特征，将国家法律和国家司法权过分地夸大，则仲裁极易成为诉讼的附庸而失去其自身独立存在的地位，这又显然与方兴未艾的仲裁事业发展状况不相吻合。[①] 因此，混合理论兼顾了仲裁的契约性和司法权性两个本质特征，因而是对仲裁性质比较全面的概括和总结。

二、仲裁的分类

仲裁可以依据不同的标准进行划分，这对当事人正确选择仲裁机构，准确运用法律及仲裁程序规则，具有一定的意义。

1. 根据仲裁机构是临时的还是常设的机构划分

(1) 临时仲裁（ad hoc arbitration）

临时仲裁是指无固定仲裁机构介入，而且是由当事人各方通过仲裁协议直接组织仲裁庭，并由其进行仲裁，在仲裁裁决作出之后临时仲裁庭即行解散的一种仲裁制度。现代仲裁制度即起源于临时仲裁，尽管机构仲裁已经成为国际商事仲裁的主要形式，但是临时仲裁制度在现代国际商事争议解决中仍然发挥着重要的作用。[②]

(2) 机构仲裁（institutional arbitration）

机构仲裁又称为制度仲裁，是指依照当事人双方的协议将争议交由一定的常设仲裁机构并依该机构所制定的现存仲裁规则进行仲裁。机构仲裁具有两大优势：一是它依据仲裁机构既定的仲裁规则进行仲裁，程序较为严格；二是它有现存的固定管理机构和合格可信的仲裁人员。机构仲裁已成为当前世界范围内的主要仲裁方式。

2. 根据仲裁争议是否具有涉外因素划分

(1) 国内仲裁（domestic arbitration）

国内仲裁是指一国当事人之间为解决没有涉外因素的国内民商事纠纷，而由本国仲裁机构进行的仲裁。除劳动人事仲裁外，因各种合同纠纷和其他财产权益纠纷引起的仲裁，可以统称为国内民事经济仲裁，也有人称之为国内民商事仲裁。国内仲裁体现了仲裁机构和双方当事人在属籍上的一致性。

(2) 涉外仲裁（foreign-related arbitration）

争议主体（公民、法人、其他组织）分属于不同国家或者争议的内容涉及不同国家的仲裁称为涉外经济贸易仲裁，简称为涉外仲裁，也有国家和学者简称其为国际商事仲裁。

(3) 国际公法仲裁（international arbitration in public international law）

这种仲裁是指由争端当事国选出一个或者几个仲裁员来仲裁解决国家之间争端的一种仲裁制度。这一制度在国际历史上出现得较早，主要适用于解决主权国家之间的

---

① 王生长. 仲裁与调解相结合的理论与实务. 北京：法律出版社，2001. 73

② 李广辉. 入世与中国临时仲裁制度的构建. 政治与法律，2004（4）

争端。

3. 根据仲裁是否必须按照法律作出裁决划分

(1) 依法仲裁 (arbitration according to law)

依法仲裁又称合法仲裁，是指仲裁人必须依据一定的法律对纠纷进行仲裁。在依据法律上、程序上适用仲裁地法，在实体上允许当事人在涉外仲裁中选择适用外国法。依法仲裁并不排除它在根据法律的同时可以采取折中或调解的方式作出裁决，或者并不意味着完全排除仲裁庭适用公平合理原则来处理争议所涉及的一些无法可依的问题。这实际上是仲裁庭在仲裁权限范围内行使自由裁量权的一种体现。

(2) 友好仲裁 (amiable arbitration)

友好仲裁又称衡平仲裁，或友谊仲裁，是指当事人经协商，授权仲裁庭不依据严格的法律规定而依据公平合理的原则和商业惯例进行裁决的仲裁。这种裁决效力与依法裁决一样，对双方当事人具有约束力。友好仲裁的采用必须有当事人的授权，或者取决于当事人的意愿，且不得违背公共秩序和其他强制性规定。友好仲裁在西方国家存在，但在我国并不适用，我国的国内仲裁与涉外仲裁均是依法仲裁。①

4. 根据仲裁机构的属性不同划分

(1) 民间仲裁 (non-governmental arbitration)

民间仲裁，是指由非官方的民间仲裁机构组织进行的仲裁。民间仲裁机构一般设于商会、船主协会、贸促会等非官方机构内，可以是完全独立的民间仲裁机构。同时它既可以是常设的仲裁机构，也可以是临时性的仲裁机构。现代各国设立的商事仲裁机构均为民间仲裁机构。

(2) 行政仲裁 (administrative arbitration)

行政仲裁，是指在国家特定行政机关内部设立的仲裁机构进行的仲裁。在《仲裁法》颁行之前，我国在各级经济委员会和工商行政管理机关设立的经济合同仲裁委员会以及此后在科委、房地产主管部门设立的技术合同仲裁委员会、房地产合同仲裁委员会等所进行的仲裁活动，其性质都属于行政仲裁。随着《仲裁法》的实施，除劳动仲裁仍保留行政仲裁性质外，其他方面的仲裁已发生了重大变化，正在成为符合国际惯例的民间性质的仲裁。

5. 根据组成仲裁庭的人数组成划分

(1) 独任制仲裁 (sole arbitration)

独任制仲裁，是指由一名仲裁员组成独任庭全权负责对某一仲裁案件的审理并作出裁决。独任仲裁员可以由当事人共同推举选定或者共同委托仲裁委员会主任指定产生。如果当事人未约定采取何种仲裁庭的组成形式，仲裁委员会主任亦可以依职权指定一名仲裁员负责仲裁案件的审理。独任制仲裁通常适用于审理一般事实清楚、争议金额不大的民商事纠纷。

---

① 有少数学者认为《仲裁法》第7条“仲裁应当根据事实，符合法律规定，公平合理地解决纠纷”这一规定中“公平合理解决纠纷”以及CIETAC的仲裁规则“公平合理”的规定在某种程度上意味着在依法仲裁的过程中兼取友好仲裁的具体做法。参见：陈治东. 国际商事仲裁法. 北京：法律出版社，1998. 14；李广辉等. 国际民商事诉讼程序法. 汕头：汕头大学出版社，2002. 169

(2) 合议制仲裁 (collegiate bench arbitration)

合议制仲裁，是指由三名仲裁员组成合议庭进行的仲裁。如果当事人约定由三名仲裁员组成仲裁庭的，应当各自选定或者各自委托仲裁委员会主任指定一名仲裁员，第三名仲裁员（即首席仲裁员）由当事人共同推举或由当事人共同委托仲裁委员会主任指定。

6. 根据仲裁争议的法律关系性质不同划分

(1) 民商事仲裁 (civil and commercial arbitration)

民商事仲裁，是指平等主体的公民、法人和其他经济组织之间发生的各种民商事合同纠纷和其他财产权益纠纷的仲裁，包括国内民商事仲裁、对外经济贸易、涉外海事仲裁，后两种仲裁形式可统称为国际商事仲裁。

(2) 劳动仲裁 (labor arbitration)

劳动仲裁，是指企业与职工之间因为劳动条件、劳动报酬、劳动合同等发生争议而引发的仲裁。劳动仲裁属于行政仲裁，由各级劳动主管部门设立的劳动争议仲裁委员会依据专门的仲裁程序规则予以仲裁解决。该类仲裁与一般的民商事争议仲裁所适用的仲裁法律和程序规则不尽相同。

第三节　仲裁法的概念与宗旨

一、仲裁法的概念

仲裁法 (Arbitration Law)，是指由国家立法机关制定或认可的，规定仲裁的范围和基本原则、仲裁机构的地位及设立、仲裁庭的组成和仲裁程序的进行，当事人和仲裁机构在仲裁活动中必须遵守的行为规则、仲裁裁决的效力及其执行等内容，以及调整由此引起的仲裁法律关系的法律规范的总称。仲裁法有广义的概念和狭义的概念之分。

狭义上的仲裁法，又称形式意义上的仲裁法，专指仲裁法典。我国于 1994 年 8 月 31 日第八届全国人民代表大会常务委员会第九次会议通过并于 1995 年 9 月 1 日起施行的《中华人民共和国仲裁法》（以下简称《仲裁法》）即是狭义的仲裁法。广义上的仲裁法，又称实质意义上的仲裁法，是指国家制定或认可的关于仲裁的一切法律规定。例如，《民事诉讼法》第 28 章关于仲裁的规定以及散见于其他法律中的仲裁条款，还有最高人民法院有关仲裁的司法解释，所有这些调整仲裁关系的法律规范的总和就构成了我国广义上的仲裁法。

应当讲，仲裁法在我国法律体系中属于民事程序法的范畴。中国的法律体系是由宪法和民法、民事程序法、行政法、行政诉讼法、刑法、刑事诉讼法所构成基本框架的庞大的统一的社会主义法律体系。民事程序法是解决民商事争议的程序法，包括和解、调解、仲裁、民事诉讼四种解决民商事纠纷的主要渠道。因此，相应地，我国民事程序法实际上包含了和解法、调解法[1]、仲裁法与民事诉讼法四个部分，而仲裁法是其中不可缺少的一部分重要的法律。

二、仲裁法的宗旨

1994年颁布并于1995年生效的新中国第一部《仲裁法》第1条即开宗明义地规定了仲裁法的立法宗旨："为保证公正、及时地仲裁经济纠纷，保护当事人的合法权益，保障社会主义市场经济健康发展，制定本法。"可见，我国仲裁法的宗旨，也即仲裁法的任务，主要表现在以下三个方面：

1. 保证公正、及时地仲裁经济纠纷

仲裁法作为仲裁机构依法行使仲裁权处理民商事纠纷的基本程序法，其首要任务就是保证仲裁机构在查明事实、分清是非的基础上，正确适用法律，公正及时地解决民商事纠纷。

公正仲裁要求仲裁机构不偏袒任何一方当事人，站在不偏不倚的中立的地位，独立地进行仲裁，不受任何行政机关、社会团体和个人的干涉。[2] 这是仲裁在国内外范围内具有强大生命力的关键所在。

及时仲裁是指仲裁机构在仲裁审理民商事纠纷时要严格按照《仲裁法》及仲裁机构的仲裁程序规则的时限要求审理，提高审理效率，及时解决纠纷。仲裁解决纠纷的快捷性也是仲裁的一个优势。

2. 保护当事人的合法权益

仲裁机构审理民商事纠纷如同法院民事诉讼一样，其目的在于保护当事人，即公民、法人、其他组织的合法权益，从而使得被扭曲的民商事权利义务关系得以恢复到一个有序状态。仲裁处理的核心就是在事实上作出判断，在权利义务上作出仲裁裁决，并责令义务人履行应尽的义务，否则，权利人可以申请人民法院强制执行仲裁裁决，从而确保实现自己的合法权益。因此，保护当事人合法权益是仲裁法的一项重要任务。

3. 保障社会主义市场经济健康发展

市场经济在某种意义上就是法治经济。由于仲裁具有当事人自愿、独立、迅捷、保密、灵活、专业、经济、一裁终局等优点而深受商人们，尤其是深受外商的青睐，因而成为当事人解决民商事纠纷、与法院诉讼并驾齐驱的一种重要的法律手段。尽管市场经济因为商法而繁荣，因为经济法而健全，但是市场经济主体之间由于经济利益的不同和驱动，因而在激烈的市场竞争中就容易发生各类民商事纠纷。仲裁机构正是通过自己独立的仲裁审理活动，正确运用法律，公正、及时地解决民商事纠纷，不仅维护了纠纷当事人的合法权益，而且稳定了社会经济秩序，从而保障了社会主义市场经济的健康发展。由此可见，保障社会主义市场经济健康发展也是我国仲裁法一项不可忽视的重要任务。

---

① 我国立法机关正在起草制定《中华人民共和国调解法》。

② 参见我国《仲裁法》第8条规定。

三、仲裁法的仲裁范围及其效力

所谓仲裁法的范围，就是仲裁机构根据仲裁法的规定，可以通过仲裁途经解决纠纷的事项范围。

1. 国外仲裁法的范围

国外仲裁法对仲裁范围的规定有以下三种形式：

(1) 概括式的范围

采取这种方式的国家和国际组织比较多。例如，法国、德国、意大利、荷兰、瑞士、瑞典、比利时、西班牙、葡萄牙以及国际商会，等等。例如，1980 年《法兰西仲裁法令》第 2 条规定："仲裁条款是当事人缔结的，保证将可能由此合同产生的争执提交仲裁的协定。"《瑞士联邦国际私法典》第 177 条规定："任何具有财产性质的纠纷均可提交仲裁。"《比利时仲裁法》规定："一切民商事争议均可诉诸仲裁解决。"《联合国国际商事仲裁示范法》规定："本法适用于国际商事仲裁"等等。

(2) 除外式的范围

采用这种方式规定仲裁范围的国家不是很多。主要有英国、挪威、希腊、卢森堡等。例如，英国仲裁法规定，除犯罪案件、离婚问题、婚姻案件以及公共安全问题外的一切争议，均可以提交仲裁解决。挪威有关仲裁法规定，只要不属于不动产所有权，不违背善良风俗的原则，不违反公共秩序，就可以自由确定一切交由仲裁处理的争议。

(3) 列举式的范围

只有少数国家采取这种方式。例如，1971 年《比利时王国安特卫普咖啡处仲裁规则》第 1 条规定："下列各类仲裁，可以提交仲裁处：①质量仲裁；②技术仲裁；③混合仲裁；④关于技术仲裁的上诉和关于混合仲裁的上诉。"①

2. 我国仲裁法的范围

1994 年《仲裁法》颁布之前，我国相关法律对仲裁范围的规定较为分散，为了改变这一分散不统一的规定，《仲裁法》明确规定了新组建的仲裁机构的仲裁范围。《仲裁法》第 2 条规定："平等主体的公民、法人和其他组织之间发生的合同纠纷和其他财产权益纠纷，可以仲裁。"由此可见，中国仲裁法规定的仲裁机构受理民商事纠纷应符合以下条件：①发生纠纷的当事人应是平等主体的当事人；②争议事项应是当事人依法享有处分权的事项；③仲裁的纠纷主要是合同纠纷和非合同的财产权益纠纷。

我国仲裁的范围是相当广泛的，但也有些纠纷不能通过仲裁方式解决，只能通过其他途径解决。《仲裁法》第 3 条和第 77 条规定了不能通过商事仲裁解决的争议事项，包括：①婚姻、收养、监护、抚养、继承纠纷；②依法由行政机关处理的行政争议；③劳动争议；④农业集体组织内部的农业承包合同纠纷。

关于体育纠纷能否提交给商事仲裁机构解决的问题，我国现行《仲裁法》没有作

① 丁建忠. 外国仲裁法与实践. 北京：中国对外经济贸易出版社，1992. 346~367

相应的规定。①

3. 仲裁法的效力范围

仲裁法的效力是指仲裁法对什么人、什么事、在什么时间范围和空间范围内发生作用。

(1) 对人的适用范围

仲裁法对人的效力范围是指仲裁法对哪些人发生作用，亦即哪些人要受仲裁法的约束的问题。我国法律规定，凡在中华人民共和国领域内的仲裁机构进行仲裁活动的双方当事人，都必须遵守我国仲裁法的规定。凡在中国境内向仲裁机构申请仲裁的当事人，不论是中国公民、法人和其他组织，还是外国人、无国籍人及外国企业和组织，都必须遵守该法的规定，接受中国仲裁机构的仲裁。

(2) 对事的适用范围

对事的适用范围是指仲裁法对哪些纠纷发生效力，换句话讲，就是仲裁机构可以受理哪些提交仲裁的争议或纠纷。从此意义上讲，对事的效力范围与仲裁范围是一致的。

我国《仲裁法》只适用于平等主体之间公民、法人及其他组织之间发生的合同纠纷和其他财产权益纠纷，不适用于：①婚姻、收养、监护、抚养、继承纠纷；②依法由行政机关处理的行政争议；③劳动争议；④农业集体经济组织内部的农业承包合同纠纷。

(3) 时间上的适用范围

时间上的适用范围，是指仲裁法何时生效以及对其颁布实施以前的事件和行为有无溯及力的问题。

我国《仲裁法》于1994年8月31日通过，但《仲裁法》第80条规定该法不溯及既往："本法自1995年9月1日起施行。"即自1995年9月1日仲裁法施行后的事件和行为均适用该法。该法施行前的有关仲裁的规定与《仲裁法》不一致的，以《仲裁法》为准。同时，该法生效后，行政法规、地方性法规、规章和司法解释有关仲裁规定的解释，凡是与《仲裁法》相抵触的，均丧失其效力。

为了正确处理涉及仲裁的案件，完善法院的仲裁司法审查工作，最高人民法院审判委员会第1375次会议于2005年12月26日通过了法释〔2006〕7号《关于适用〈中华人民共和国仲裁法〉若干问题的解释》（以下简称"司法解释"）。该司法解释于2006年9月8日起施行。该司法解释内容主要包括仲裁协议效力的认定、撤销或不予执行仲裁裁决案件的审查以及人民法院管辖、受理及相关程序等方面的内容。

(4) 空间上的适用范围

空间上的效力也称为地域上的效力，是指在哪些地域范围内发生效力的问题。根据国家主权原则，我国仲裁法在中华人民共和国领域内发生效力，但在中华人民共和国领域外不发生效力。凡在中国境内进行仲裁活动都要适用中国的仲裁法。但是，如果是在我国香港、澳门、台湾进行仲裁，由于我国实行"一国两制"的原则，此三地的司法权

① 笔者认为，体育管理纠纷是在体育活动中产生的，而体育活动肯定是广义的民商事行为，而且从各国仲裁制度的发展来看，仲裁适用的范围在逐步扩大也是一个发展趋势。因此，可以采用一种广义的民商事体育仲裁概念，将体育仲裁也纳入其中。

均独立于大陆地区，因此都适用当地的仲裁法，而并不适用大陆仲裁法。

第四节 仲裁的历史发展

一、仲裁的产生与发展

仲裁作为一种解决民商事争议的方式，有着悠久的历史。一般认为，它起源于奴隶社会的初期，在古代海上交通较为发达的地中海沿岸得到了发展。古希腊罗马的法律中就有关于仲裁的法律规定，如公元前451—前450年的《十二铜表法》有多处关于仲裁的规定。一般认为，现代意义上的仲裁制度始于资本主义早期的英国。1697年，英国议会制定了第一个仲裁方案，正式承认仲裁制度。1889年，英国正式公布了第一部《仲裁法》①，1892年在伦敦成立了伦敦仲裁院，英国仲裁法在1934年后进行了几次修订，最新的修订本是1996年修订的。

随后，在英国的影响下，欧洲其他国家如法国、德国、瑞士、荷兰、葡萄牙、波兰、保加利亚、希腊等相继通过各自仲裁立法。1932年，国际商会在法国巴黎设立国际商会仲裁院。1958年，在联合国主持下，通过了《承认及执行外国仲裁裁决公约》(又称《纽约公约》)。1965年3月8日，世界银行制定了《关于解决各国和他国国民之间投资争端公约》(Washington Convention)。根据公约，1966年成立了"解决投资争端国际中心"，作为专门处理各国家和他国国民之间投资争议的仲裁机构。1976年第三十一届联合国大会通过了《联合国国际贸易法委员会仲裁规则》，该《规则》对各国不具有法律约束力，由当事人双方自愿选择使用。1985年，联合国国际贸易法委员会制定了《联合国国际贸易法委员会仲裁示范法》。仲裁制度的发展过程表明商事仲裁已经发生了显著的变化：①仲裁的范围较之过去得到极大的扩展；②仲裁的性质发生了重大的变化；③从个人／临时仲裁发展到机构仲裁；④仲裁活动的程序更加规范化、法制化。

二、我国仲裁法律的历史发展

1. 国内仲裁法律制度的产生与发展

国内仲裁是在1978年改革开放之后才得以恢复和建立起来的。在恢复国际经济贸易与海事仲裁之后，我国又先后开展了经济合同、技术合同和房地产争议的仲裁工作。另外，还存在着劳动争议、人才流动争议、消费争议、版权纠纷、农业承包合同纠纷、专家聘用纠纷等多种形式的仲裁。由于劳动争议仲裁具有一定的特殊性，因此，仲裁法

① 有观点认为，1697年英国颁布了世界上第一部仲裁法。参见：赵秀文. 国际商事仲裁及其适用法律研究. 北京：北京大学出版社，2002. 6

部分的仲裁主要是民商事仲裁。

(1) 经济合同仲裁（1950—1995）

1981 年全国人民代表大会常务委员会第四次会议审议并通过了《中华人民共和国经济合同法》（以下简称《经济合同法》），1983 年 8 月国务院发布了《经济合同仲裁条例》，同年，国家工商行政管理总局制定了经济合同仲裁的相关规则。至 1995 年《仲裁法》实施之前，全国已有经济合同仲裁委员会 3 500 个，省级、地级、县级均有设置，甚至还有乡镇派出仲裁庭。现行仲裁法颁布之前，国内经济合同仲裁大体上经历了以下阶段：

第一，先裁后审阶段（1950—1961）。企业、部门之间经济合同纠纷必须先向有关机关提出仲裁，不服仲裁的才可以向法院起诉，仲裁是诉讼的必经程序。

第二，裁而不审或只裁不审阶段（1961—1979）。这是指企业、部门之间的经济合同纠纷只能向仲裁机关申请仲裁，不得向法院起诉，仲裁机关的二级仲裁为终局仲裁。

第三，两裁两审阶段（1979—1981）。1979 年 8 月 8 日，国家经委、工商总局、人民银行联合规定由各级经委和工商行政管理局施行行政仲裁。凡是合同纠纷，双方协商不成，任何一方可向对方所在地的县级工商管理局申请仲裁；如对仲裁不服，可在接到通知书 10 日内向上一级合同管理机关申请复议。如果对复议不服，则可在接到复议通知书起 10 日内向法院起诉；不服一审判决，可依法向二审法院上诉。

第四，又裁又审或一裁二审阶段（1981—1995）。1981 年《经济合同法》规定法人之间、法人与工商户、承包经营户之间发生的一切合同纠纷案件，首先由当事人协商解决，协商不成时，任何一方均可向合同管理机关申请仲裁，也可向法院起诉。这一时期将经济合同仲裁改为一次仲裁，不再进行二次仲裁就可向法院起诉；或如果当事人不愿仲裁的，可以直接向法院起诉，仲裁不是解决纠纷的必经程序。该程序有利于简化仲裁程序，进而向健全的经济合同仲裁制度迈出可喜的一步。

(2) 技术合同仲裁（1987—1995）

技术合同仲裁是各级科委内设的技术合同仲裁机构和经济仲裁机构进行的仲裁活动。1987 年 6 月 23 日《中华人民共和国技术合同法》（以下简称《技术合同法》）第 51 条规定，发生技术合同争议的，当事人可以通过协商或者调解解决，也可以根据合同仲裁条款向仲裁机构申请仲裁。1990 年 12 月国家科委发布了《技术合同仲裁管理暂行规定》。至 1995 年《仲裁法》实施前，全国已有 30 个技术合同仲裁机构，共受理了 60 多万件技术合同纠纷。

(3) 房地产争议仲裁（1986—1995）

房地产争议仲裁是改革开放后在各地迅速发展起来的，在性质上属于行政仲裁。例如，1986 年四川省出台了《重庆市城镇房地产纠纷仲裁条例》，并成立了房地产仲裁委员会。随后，大连、温州、沈阳、哈尔滨、南京等地先后成立了房地产仲裁机构。至 1995 年《仲裁法》实施前，全国共设立房地产仲裁机构 110 个，平均每年解决纠纷 2 万余件。随着 1995 年《仲裁法》的实施，无论是技术合同仲裁还是房地产争议仲裁均被纳入到商事仲裁的范畴之内。

(4) 劳动仲裁

1993 年，国务院颁布《企业劳动争议处理条例》，劳动争议实行可裁可审制度，即当事人之间的劳动争议，可以向劳动争议仲裁委员会申请仲裁，对仲裁裁决不服的，可以向人民法院起诉。劳动争议仲裁是劳动争议诉讼的前置程序。

2. 涉外仲裁制度的产生与发展

我国涉外仲裁制度包括国际经济贸易仲裁和海事仲裁两部分。

(1) 中国国际经济贸易仲裁委员会（国际商事仲裁）

根据中华人民共和国政务院1954年5月6日的决定，于1956年4月设立对外贸易仲裁委员会，1980年改为“对外经济贸易仲裁委员会”，1988年又改称为“中国国际经济贸易仲裁委员会”（CIETAC）。2000年10月1日起，在使用“中国国际经济贸易仲裁委员会”名称的同时，启用了“中国国际商会仲裁院”的名称。中国国际经济贸易仲裁委员会是中国国际经济贸易促进委员会下设的一个民间性常设仲裁机构。总会设于北京，并分别于1989年和1990年在深圳和上海设立了深圳分会和上海分会。CIETAC章程规定：“仲裁委员会和仲裁委员会分会是一个仲裁委员会。仲裁委员会分会是仲裁委员会的派出机构，在业务上受仲裁委员会的直接领导。”中国国际经济贸易仲裁委员会的宗旨是：以仲裁方式，独立、公正地解决契约性或非契约性的经济贸易关系中所发生的法律争议。

中国国际经济贸易仲裁委员会为适应国际经济贸易事业的发展，曾先后多次修订了其仲裁规则，其受案范围也不断扩大，特别是2000年9月5日修订并于10月1日起实施的仲裁规则，将受案范围由原来的只受理国际商事仲裁案件，扩大到既受理国际商事仲裁案件，又受理国内商事仲裁案件，同时还降低了国际商事仲裁的收费标准。

中国国际经济贸易仲裁委员会设名誉主任1人，顾问若干人，在组织机构上实行委员会制度，设主任1人、副主任若干人和委员若干人。仲裁委员会设有仲裁员名册供当事人选择，其仲裁员均是由仲裁委员会在法律、经济贸易、科学技术等方面具有专门知识和实践经验的中外人士聘任。

经过四十多年的努力，CIETAC以其独立、公正、快捷、高效的工作在当今国际社会享有广泛的声誉，现在已经发展成为世界上重要的国际商事仲裁机构之一，而且该机构的受案量也跃居世界前列。

1987年4月，我国成为1958年《承认及执行外国仲裁裁决公约》（《纽约公约》）的成员国。

(2) 中国海事仲裁委员会

根据1958年11月21日国务院通过的《关于在中国国际经济贸易促进委员会内设立海事仲裁委员会的决定》，中国国际经济贸易促进委员会海事仲裁委员会于1959年1月8日成立。1988年改名为中国海事仲裁委员会（China Maritime Arbitration Commission，CMAC），是中国唯一一个专门处理海事海商法律争议的仲裁机构，地址设于北京。中国海事仲裁委员会的宗旨是：以仲裁的方式，独立公正地解决与远洋、近洋、沿海和与海相通的可航水域的运输、生产和航行等有关过程中发生的契约性或非契约性的海事海商法律争议，以保护当事人的合法权益，促进国内外海事海商事业和经济贸易的发展。

为了促进海事仲裁事业的发展，使中国海事仲裁更具有国际性，中国海事仲裁委员会曾多次修订其仲裁规则，并且不断扩大其受案范围。1988年9月12日的仲裁规则规定的受案范围在原来的基础上增加了海洋环境污染损害和船舶买卖、修造、拖航等方面的争议。该委员会设主任 1 人，副主任若干人和委员若干人。仲裁委员会委员由中国贸易促进委员会聘请法律、航运、保险等有关行业的专家、学者和知名人士担任。

中国海事仲裁委员会自 1959 年成立以来，仲裁审理了大量的海事海商案件，有力地维护了当事人的正当权益。经过几十年的发展，中国海事仲裁委员会裁决的公正性已得到了海内外的一致肯定，并在国际上赢得了广泛的好评。

第五节 商事仲裁的法律渊源

一、国内仲裁法律渊源

在我国，调整商事仲裁法律关系的法律渊源主要表现在以下四个方面：

1. 1994 年《仲裁法》

1994 年 8 月 31 日，第八届全国人民代表大会常务委员会第九次会议通过了《仲裁法》。这是新中国第一部仲裁法，也是我国仲裁历史上的一个新的里程碑。该法于 1995 年 9 月 1 日生效，该法生效之后，除劳动争议仲裁和农业承包合同纠纷仲裁以外，所有与《仲裁法》相抵触的涉及仲裁的规定全部予以废止或修改。该法由 8 章 80 条组成。第 1 章为总则；第 2 章为仲裁委员会和仲裁协会；第 3 章为仲裁协议（第 1 节为申请和受理，第 2 节为仲裁庭的组成，第 3 节为开庭和裁决）；第 4 章为仲裁程序；第 5 章为申请撤销裁决；第 6 章为执行；第 7 章为涉外仲裁的特别规定；第 8 章为附则。

尽管该《仲裁法》在起草时充分考虑了建设社会主义市场经济体制的要求，也借鉴参考了国际上成功的仲裁制度的有益经验和做法以及联合国的仲裁示范法，但是，由于该法脱胎于我国由计划经济向市场经济转轨的历史时期，难免带有某些过渡时期的痕迹。不过，从整体上看，它仍然是一部具有较高水平的符合国际仲裁通行惯例的仲裁法。该仲裁法的制定与实施，对于进一步完善中国仲裁制度，发展社会主义市场经济，促进国际经济贸易的交往与合作，具有十分重要的现实意义。

2. 1991 年《民事诉讼法》①

1991 年通过的《民事诉讼法》第 4 编“涉外民事诉讼程序的特别规定”第 27 章中的一些条款对仲裁的相关问题也作了规定。例如第 255~259 条就国际经济贸易、运输和海事争议仲裁作了专门的规定。该法第 264 条第 2 款和 267 条，对中国仲裁裁决在外国的承认与执行以及外国仲裁裁决在中国的执行情况作出了规定。

3. 其他法律法规中有关仲裁的规定

在我国的其他一些法律法规中都有关于用仲裁方式解决民商事争议的规定。例如，

① 全国人民代表大会常务委员会《关于修改〈中华人民共和国民事诉讼法〉的决定》已由第十届全国人民代表大会常务委员会第三十次会议于 2007 年 10 月 28 日通过，自 2008 年 4 月 1 日起施行。

1979 年《中外合作经营企业法》、《合同法》、《物权法》、《海商法》、国务院《关于鼓励台湾同胞投资的规定》等等，均有关于仲裁的规定。这些法律法规中有关仲裁的规定也是我国广义上的仲裁法渊源。

4. 最高人民法院的司法解释

如前所述，为正确处理涉及仲裁的案件，完善人民法院的仲裁司法审查工作，最高人民法院审判委员会第 1375 次会议于 2005 年 12 月 26 日通过了法释〔2006〕7 号《关于适用〈中华人民共和国仲裁法〉若干问题的解释》（以下简称“司法解释”），该解释于 2006 年 9 月 8 日起施行。该司法解释内容主要包括仲裁协议效力的认定、撤销或不予执行仲裁裁决案件的审查以及人民法院管辖、受理及相关程序等方面的内容。

(1) 关于仲裁协议的形式

司法解释第 1 条参考了《合同法》第 11 条有关书面形式内容，对《仲裁法》第 16 条规定的其他书面方式作了明确规定，即以合同书、信件和数据电文等形式达成的请求仲裁协议，都是书面形式仲裁协议。据此，下列情形原则上亦符合关于仲裁协议书面方式要求：当事人在订立仲裁协议后合并、分立的，其权利义务的继受人与合同他方之间就该仲裁协议约定条款；当事人在订立仲裁协议后死亡的，承继被继承人权利义务的继承人与合同他方之间就该仲裁协议约定条款；债权债务的受让人与合同他方之间就仲裁协议约定条款；合同中未约定仲裁条款，但明确约定争议解决适用其他合同中有效仲裁条款的；涉外合同中未约定仲裁条款，但应适用的有关公约、双边协定明确规定纠纷应提请仲裁解决的。

(2) 关于仲裁事项

司法解释第 2 条规定，当事人概括约定仲裁事项为合同争议的，基于合同成立、效力、变更、转让、履行、违约责任、解释、解除等产生的纠纷都可认定为仲裁事项。

(3) 关于仲裁机构

实践中，仲裁协议对仲裁机构的约定五花八门。因当事人对上述仲裁协议效力容易产生分歧，司法解释第 3 条、第 4 条、第 5 条和第 6 条分别针对有关仲裁机构的约定作了明确规定。对于约定仲裁机构不存在的情形，司法解释第 3 条认为，由于当事人对仲裁机构名称不尽熟悉，在起草合同文本时不能准确引用仲裁机构名称是正常且合理的。只要当事人提请某仲裁机构仲裁的意思表示能够确定，不应仅因仲裁机构名称不准确而认定仲裁协议无效。这不仅符合当事人真实意思表示，而且肯定了司法实践中一贯做法。在适用该条时，有关法院应特别留意实践中约定仲裁机构名称不准确的情形，包括：①使用仲裁机构旧称。②遗漏仲裁机构名称中字词。③在仲裁机构名称中增加字词。④指定机构无仲裁职能，但该机构下设有仲裁机构。对于仅约定纠纷适用仲裁规则但未同时约定仲裁机构情形，司法解释第 4 条原则上认定当事人未约定仲裁机构，除非当事人就仲裁机构达成补充协议或约定仲裁规则能够确定仲裁机构。司法解释第 4 条采用了折中的办法，对此类仲裁协议，原则上认定当事人未选择仲裁机构，符合当事人真实意思表示；允许当事人就仲裁机构达成补充协议，体现了对意思自治尊重；审查当事人选择仲裁规则的规定，则不仅符合当事人真实意思的表示，而且体现了对仲裁机构仲裁规则的尊重。对于直接或者间接约定两个以上仲裁机构的情形，司法解释第 5 条、第 6 条作了规定。直接约定情形是指在合同中明确约定争议由两个以上仲裁机构仲裁；而间接约定情形则是指在合同中约定争议由某地仲裁机构仲裁，而该地有两个以上仲裁机构。

(4) 关于“或裁或审”仲裁协议

司法解释第 7 条原则上认为，诉讼与仲裁均为当事人经常选择的争议解决办法，但两者彼此排斥，选择仲裁就意味着排斥诉讼，反之亦然。如果在合同中同时选择了诉讼与仲裁，应认定该仲裁条款无效。

(5) 关于仲裁协议独立性

司法解释第 10 条对仲裁法规定的仲裁协议独立性问题作了补充规定。司法解释第 10 条的规定与《合同法》第 57 条规定一致。但是如果有关当事人尚未就合同条款达成一致，则其争议应否通过仲裁解决，应根据案件的具体情况作出认定。如果有关当事人就仲裁解决争议达成了合意，则当事人达成的有效仲裁条款对解决合同争议具有法律约束力；如果当事人未达成合意，则应认定仲裁条款无效，不能以合同中存在仲裁条款为由主张对相关争议进行仲裁。

(6) 涉外仲裁协议的法律适用

司法解释第 16 条对涉外仲裁协议效力的准据法作了规定。首先，应按当事人约定仲裁协议效力准据法认定涉外仲裁协议的效力。其次，当事人没有选择仲裁协议效力准据法但约定仲裁地的，则按照仲裁地法律认定有关涉外仲裁协议的效力。再次，如果当事人既没有约定适用的法律也没有约定仲裁地或仲裁地约定不明，应以法院地法作为确认仲裁协议效力的准据法。

(7) 关于撤销仲裁裁决

司法解释从四个方面对撤销仲裁裁决案件的有关突出问题作了规定。首先，严格依法定事由进行审查。其次，根据超裁的实际情况决定撤销超裁部分或者撤销仲裁裁决。再次，规定了违反法定程序的范围。最后，就重新仲裁的相关问题作了规定。

(8) 关于执行仲裁裁决

在执行仲裁裁决方面，司法解释主要解决了实践中的两个主要问题：一是执行法院级别过低的问题。司法解释第 29 条规定，当事人申请执行仲裁裁决案件，由被执行人住所地或被执行财产所在地中级法院管辖。二是限制当事人滥用不予执行抗辩权，故意拖延正确裁决执行问题。司法解释第 26 条规定，当事人向法院申请撤销仲裁裁决被驳回后，又在执行程序中以相同理由提出不予执行抗辩的，法院不予支持。司法解释第 27 条第 1 款还规定，当事人在仲裁程序中未对仲裁协议的效力提出异议，在仲裁裁决作出后以仲裁协议无效为由主张撤销仲裁裁决或提出不予执行抗辩的，法院不予支持。

(9) 关于案件管辖与审查

首先，司法解释对仲裁协议效力审查、撤销仲裁裁决案件及不予执行裁决案件的法院管辖、审查组织及程序等问题作了明确规定，弥补了法律规定的不足。其次，明确了不予受理条件。再次，明确了审理组织与程序。

(10) 其他规定

法院对撤销、不予执行裁决案件的审查不可避免地影响作出裁决的仲裁机构，有些仲裁机构在得知当事人申请撤销或提出不予执行仲裁裁决抗辩后甚至主动向法院提出意见，因此，司法解释亦对法院与仲裁机构之间的相关问题作了规定。如根据审理撤销、执行仲裁裁决案件的实际需要，法院可以要求仲裁机构作出说明或向相关仲裁机构调阅仲裁案卷。法院在办理涉及仲裁案件过程中所作的裁定，也可送相关仲裁机构。

二、国际商事仲裁法律渊源

调整国际经济贸易仲裁关系的国际公约是国际商事仲裁法的重要法律渊源。从 19 世纪末起，国际社会就开始着手统一仲裁裁决的承认与执行方面的法律制度，通过了一些国际公约，试图尽可能统一国际商事仲裁方面的有关立法与仲裁规则。20 世纪初，在国际组织的主持下制定了若干商事仲裁的多边条约，对国际商事仲裁制度的完善和发展发挥了重要作用。根据国际公约的适用范围，这些公约可以分为全球性公约与区域性公约。

1. 全球性仲裁国际公约

(1) 1923 年《关于仲裁条款的日内瓦议定书》(The Geneva Protocal on Arbitration Clauses)

1923 年 9 月 24 日，在国联主持下于日内瓦签署了《关于仲裁条款的日内瓦议定书》，共 8 条。这是世界上第一个关于国际商事仲裁的国际公约。议定书要求各个缔约国在当事人处于缔约国管辖范围的情况下，承认在其中任何一个缔约国境内所签订的仲裁协议或仲裁条款的有效性，并承担依其国立法执行在其境内依该仲裁协议作成的裁决的义务。但是，对于在其他缔约国领土内作成的裁决的执行问题，议定书没有规定。

(2) 1927 年《关于执行外国仲裁裁决的日内瓦公约》(The Geneva Convention on the Execution of Foreign Arbitral Awards)

1927 年 9 月 26 日，在国联主持下又在日内瓦签订了《关于执行外国仲裁裁决的日内瓦公约》，该公约于 1929 年 7 月 25 日生效。公约规定各缔约国在一定条件下执行依据 1923 年日内瓦议定书签订的仲裁协议或条款所作出的仲裁裁决，即使当有关裁决在执行裁决国家以外的国家作成时也是如此。但是，上述两个日内瓦公约都没有规定外国仲裁机构所作出的裁决的承认与执行问题，也没有明确应由什么法律来支配仲裁协议、裁决等问题，因而在解决外国仲裁裁决的承认与执行问题上并未取得实质性的成功。

(3) 1958 年《承认及执行外国仲裁裁决公约》(《纽约公约》) (The Convention on the Recognition and Enforcement of Foreign Arbitral Awards)

1958 年 6 月 10 日，在联合国主持下在纽约通过了《承认及执行外国仲裁裁决公约》，共有 16 个条文。在各缔约国之间，该公约取代了 1923 年与 1927 年的日内瓦公约。公约自 1959 年 6 月 7 日生效以来，已有美国、英国、德国、法国、意大利、奥地利、比利时、挪威、丹麦、瑞典、瑞士、日本、澳大利亚、埃及、斯里兰卡、中国等 145 个国家和地区加入。《纽约公约》已经成为当今有关承认与执行外国仲裁裁决方面最有影响和最为成功的全球性公约。[1] 我国于 1986 年 12 月加入该公约，公约自 1987 年

① 仲裁与法律通讯，1998 (4)

4 月 22 日起对我国生效。该公约的主要内容包括：

第一，各缔约国应承认当事人所签订或在互换函电中所载明的合同中的仲裁条款或仲裁协议的效力。除非该项仲裁协议被法院认定为无效、失效或不能实施，否则，各缔约国的法院应依据一方当事人的请求，驳回另一方当事人就该项仲裁协议所约定的事项提起诉讼，并命令有关当事人提交仲裁。

第二，各缔约国应承认仲裁裁决具有拘束力，并应按照公约所规定的条件和执行地国家的程序规范予以执行。而且，各缔约国在按照公约的规定承认与执行有关外国仲裁裁决时，不得附加比执行内国仲裁裁决更为苛刻的条件，也不得征收较承认与执行内国仲裁裁决更多的费用。

第三，提出承认与执行请求的一方当事人，应提交书面请求书，并附具有关仲裁协议和仲裁裁决的正本或经证明无误的副本。而且，当应提交的上述文书是由非执行国官方文字的其他文字作成时，还应提交经认证无误的用该执行国官方文字作成的译文文本。

第四，各缔约国主管机关可以基于一方当事人请求，在有关外国仲裁裁决存在公约第 5 条第 1 款所规定的 5 种情形之一时，拒绝承认与执行该项外国仲裁裁决。同时，也可以在有关裁决所裁决的事项依据该执行国的法律不能提供仲裁方式解决，或承认与执行该项裁决有违该执行国的公共秩序时，依职权直接拒绝该项外国仲裁裁决的承认与执行。

第五，各缔约国的主管机关在收到有关当事人要求拒绝承认与执行某项外国仲裁裁决的请求书时，可以在其认为适当时延缓关于执行该项裁决的决定；并可以基于请求承认与执行该项裁决的一方当事人的请求，命令该请求拒绝承认与执行该项裁决的一方当事人提供适当的担保。

第六，各缔约国在签署、批准或加入本公约时，可以提出互惠保留和商事保留。而且，本公约的规定也不影响各缔约国之间就相互承认与执行仲裁裁决所签订的多边条约或双边条约的效力，也不剥夺任何利害关系人基于执行地国家的法律或该国所签订的国际条约所能援引的任何权利。

(4) 1965 年《解决国家与他国国民间投资争议的公约》（《华盛顿公约》）

该公约是当前国际社会专门规范通过仲裁方式解决国家与他国国民间投资争议的一个国际公约。公约是在世界银行的倡导和主持下，于 1965 年 3 月 18 日签订于华盛顿，因此通常被简称为《华盛顿公约》。该公约于 1966 年 10 月 14 日开始生效，共分 10 章 75 条。公约建立了一套解决国家政府与外国投资者之间的争议解决制度，根据公约规定并在世界银行内设立了“解决投资争端国际中心”（International Centre for Settlement of Investment Disputes，ICSID），宗旨在于为解决公约各缔约国和其他缔约国国民之间的投资争端提供该调解与仲裁的便利。公约自签订以来至 1997 年 7 月为止，已经得到了世界上 138 个国家的签署，其中 127 国家已经批准了该公约。除有关解决投资争议国际中心和有关调解程序以及公约本身的一些事项的规定外，主要在第 2 章和第 4 至第 7 章对有关投资争议的仲裁解决问题作了较为详细而明确的规定。①

我国于 1993 年 1 月 7 日递交了加入批准书，公约于同年 2 月 6 日对中国生效。ICSID 的设立，对于创造一个良好的投资环境，促进国际经济技术合作与交往，发挥着重要的作用。该中心自成立以来的四十多年间，共受理投资争端 40 多件，其中形成终局裁决的有 10 余件。该中心的裁决不同于世界上任何一个仲裁机构的裁决，它相当于各国法院的终局判决，各国法院无权对其进行任何形式的审查，包括形式上的审查。

(5) 1985 年《联合国国际商事仲裁示范法》(Model Law)

除全球性公约之外，由国际组织起草制定的非强制性规范对当代国际商事仲裁所起的作用也不容忽视。1985 年 6 月 21 日通过的《联合国国际商事仲裁示范法》对于协调和统一各国仲裁法，具有十分重要的意义。②有来自世界主要法律制度的五十多个国家和十几个国际组织代表参加了该示范法的起草工作，因而示范法具有广泛的代表性。该 Model Law 所确立的原则和制度也被越来越多的国家所接受，已有四十多个国家和地区的立法机关明确将其采纳为本国或地区的法律。③该法适用于国际商事仲裁，对仲裁协议、仲裁庭的组成、仲裁庭管辖权、仲裁程序的进行、裁决的作出和程序的终止、对裁决的追诉以及裁决的承认与执行等，作了比较系统而明确的规定。这部《联合国国际商事仲裁示范法》又称为“准国际仲裁法”。④

2. 区域性国际仲裁公约

区域性仲裁公约主要有以下五个方面：

(1) 1928 年《巴斯塔曼特法典》(Bustamante Code)

1928 年 2 月 20 日，美洲国家在哈瓦那通过了《巴斯塔曼特法典》，该法典共有 432 条规定，只要被请求执行裁决的国家法律允许将有关的争议和解解决，则公约所载明的承认与执行缔约国法院判决的规定同样适用于裁决的执行。

(2) 1961 年《关于国际商事仲裁的欧洲公约》(The European Convention on International Commercial Arbitration)

1961 年 4 月 21 日，在联合国欧洲经济委员会主持下，22 个欧洲国家代表在日内瓦召开会议，通过了《关于国际商事仲裁的欧洲公约》，公约于 1964 年 1 月 7 日生效。该公约是在 1958 年《纽约公约》之后签订的，其目的在于尽量排除欧洲各国的自然人或法人相互之间在有关国际商事仲裁的组织工作中的困难，特别是在临时仲裁的情况下仲裁程序规则上的问题，以便推动欧洲贸易的发展。目前该公约的缔约国有三十多个。

(3) 1966 年《统一仲裁法的欧洲公约》(European Convention Providing a Uniform Law on Arbitration)

1966 年 1 月 20 日，欧洲理事会成员国在斯特拉斯堡签订了《统一仲裁法的欧洲公约》。公约要求各缔约国承诺在本公约对该国发生效力之日起 6 个月内，将公约所附的

---

① *Yearbook of Commercial Arbitration*, XXII, 1997, pp.1067-1072

② 谢石松. 国际民商事纠纷的法律解决程序. 广州：广东人民出版社，1996. 28

③ 张月姣. 国际经贸法律评析与运用. 北京：中国对外经济贸易出版社，1997. 23

④ 乔欣. 比较商事仲裁. 北京：法律出版社，2004. 22

统一法规范纳入其有关的法律体系之内，其宗旨是为了促进各个成员国的团结，统一欧洲各国仲裁法，以便更有效地运用仲裁方法来解决私法方面的争议和增进欧洲各成员国之间的商务往来。

(4) 1975 年《美洲国家间国际商事仲裁公约》（The Inter-American Convention on International Commercial Arbitration）

1975 年 1 月 30 日，美洲国家组织在巴拿马召开的国际私法特别会议上签订了《美洲国家间国际商事仲裁公约》。由于公约只适用于各缔约国相互间有关商业交易中可能发生或已发生的争议，美洲国家组织成员政府为确保依其属地管辖作出的所有裁决的域外效力，又在 1979 年 5 月 8 日于蒙得维的亚签订了《美洲国家间关于外国判决和仲裁裁决域外效力的公约》，将其适用范围扩至所有未被 1975 年《美洲国家间国际商事仲裁公约》所包括事项的仲裁裁决。目前将近有 20 个国家批准了 1975 年公约。

(5) 1987 年《阿拉伯国家商事仲裁公约》

1987 年在约旦首都安曼签署了《阿拉伯国家商事仲裁公约》，并根据公约设立了阿拉伯国家仲裁中心。

由于大多数国家对国际商事仲裁持赞成态度，因而积极通过了双边协定方式对与仲裁有关的事项作出规定。涉及国际商事仲裁的双边协定一般在国家间友好通商航海条约或贸易协定中作出相应的规定，如 1979 年的《中美贸易关系协定》第 8 条第 2 款。此外涉及国际商事仲裁的双边协定是国家缔结的司法协助协定，国家间缔结的双边协定也可以构成国际商事仲裁的法律渊源。①

第六节　仲裁法的基本原则与基本制度

一、仲裁法的基本原则

所谓仲裁法的基本原则，是指仲裁法规定的为仲裁主体进行仲裁活动必须遵守的基本行为准则，② 或者说是仲裁性质和特点的集中反映，是其他仲裁程序、制度产生的依据。仲裁法的基本原则是指在仲裁活动中，仲裁机构、双方当事人及其他仲裁参与人必须遵循的基本行为准则。

我们认为，仲裁法的基本原则主要可以归结为以下九个方面：①当事人自愿原则；②公平合理原则；③符合法律规定原则；④参照（或适用）国际惯例原则；⑤独立仲裁

① 李广辉等. 国际民商事诉讼程序法. 汕头：汕头大学出版社，2002. 179~184

② 我国教科书及论著对仲裁基本原则概念的界定是比较混乱的。例如，黄进等编著的《仲裁法学》，姜宪明等主编的《中国仲裁法学》，谭兵主编的《中国仲裁制度研究》，杨荣新主编的《仲裁法理论与适用》等等，对这一概念的界定都不同。

原则；⑥一裁终局原则；⑦辩论原则；⑧处分原则；⑨法院支持和监督原则。

1. 当事人自愿原则

当事人自愿原则是指当事人达成仲裁协议申请仲裁，选择仲裁机构及仲裁员，达成仲裁调解或和解协议等都必须出自其真实意愿，任何机关、组织和个人都不得强迫当事人仲裁，任何一方不得将自己的意志强加于对方。当事人自愿原则主要体现在以下五个方面：

①以仲裁方式解决纠纷，应以双方当事人自愿为前提。仲裁与诉讼不同，仲裁机构对案件的管辖权来源于双方当事人自愿达成的仲裁协议的授权，而法院受理的案件是基于法律赋予它的审判权与管辖权，只要当事人一方的起诉符合法定条件，法院就可以依法受理。因此，《仲裁法》第4条明文规定：“当事人采用仲裁方式解决纠纷，应当双方自愿，达成仲裁协议。没有仲裁协议，一方申请仲裁的，仲裁委员会不予受理。”该法第5条规定：“当事人达成仲裁协议，一方向人民法院起诉的，人民法院不予受理。”

根据我国《仲裁法》上述规定以及公认的国际仲裁惯例，提请仲裁应当以双方当事人自愿达成的书面仲裁协议或仲裁条款为前提，任何仲裁机构都不应受理没有自愿达成的书面仲裁协议而提交的仲裁争议案件。

②仲裁机构和仲裁地点，由双方当事人协商选定。我国《仲裁法》第6条规定：“仲裁委员会应当由当事人协议选定。仲裁不实行级别管辖和地域管辖。”当事人之间的争议究竟向哪一家仲裁机构申请仲裁，应当由当事人协商确定。当事人双方选定仲裁机构的协议可以表现在合同中订立的仲裁条款，或以其他书面形式在争议发生之前，或争议发生后达成的请求仲裁的书面协议之中。

③仲裁庭组成形式及仲裁员，由当事人选定。我国《仲裁法》第30条规定：“仲裁庭可以由3名仲裁员或者1名仲裁员组成。由3名仲裁员组成的，设首席仲裁员。”该法第31条规定：“当事人约定由3名仲裁员组成仲裁庭的，应当各自选定或者各自委托仲裁委员会主任指定1名仲裁员，第3名仲裁员由当事人共同选定或者共同委托仲裁委员会主任指定。第3名仲裁员是首席仲裁员。当事人约定由1名仲裁员成立仲裁庭的，应当由当事人共同选定或者共同委托仲裁委员会主任指定仲裁员。”这些规定表明，当事人有权约定仲裁庭的组成方式，或者约定独任仲裁庭，或者约定合议仲裁庭，而且当事人还有权从仲裁机构设置的仲裁员名册中选择其信任的仲裁员审理案件。

④提交仲裁的争议事项，由当事人双方约定。《仲裁法》第16条规定，仲裁事项应当由当事人协议选择，即当事人将哪些争议事项交付仲裁，应当由当事人自主协商确定。仲裁庭应当尊重当事人的自愿选择，仲裁庭不得对当事人没有约定交付仲裁的事项进行仲裁，否则裁决无效。

⑤当事人可以约定开庭形式、审理方式等有关程序事项。当事人可以约定仲裁审理是采取书面形式还是开庭审理，以及是否公开审理等程序性事项。

2. 公平合理原则

公平合理仲裁原则是指仲裁庭在仲裁活动中必须保持中立，平等对待双方当事人，依据事实公平合理地作出裁决。其包括两层含义：①仲裁庭对待双方当事人应一律平等；②仲裁庭应公平合理地作出裁决。

3. 符合法律规定原则

如当事人约定了所采用的国际惯例，仲裁庭则应当尊重当事人的约定，并在案件裁决时给予适用。如果当事人没有约定国际惯例的，仲裁庭可以根据案件的具体情况适用与该争议有关的国际惯例。若在同一问题上有几个国际惯例可供适用的，仲裁庭可以按下列顺序予以适用：①当事人之间有习惯做法的，适用其习惯做法；②适用国际上同类合同与当事人广泛了解并经常遵循的惯例；③国际上被广泛承认的惯例。

4. 参照（或适用）国际惯例原则

我国《民法通则》第142条规定："中华人民共和国法律和中华人民共和国缔结或者参加的国际条约没有规定的，可以适用国际惯例。"可见，在处理涉外民商事案件时，如果我国法律和我国缔结或参加的国际条约均未规定的，人民法院和涉外仲裁机构可以适用国际惯例处理涉外民商事案件。在涉外司法与仲裁实践中，法院和涉外仲裁机构也的确适用或参照国际惯例公平合理地处理了一些案件，维护了中外当事人的合法权益。

5. 独立仲裁原则

根据《仲裁法》的规定，仲裁庭依法独立行使仲裁权，不受任何行政机关、团体和个人的干预。独立仲裁原则包括以下三个方面的内容：①仲裁独立于行政。在国际上，绝大多数国家的仲裁机构，是设在商会、行业协会之内，或者作为一个社会团体独立设立，属非官方的民间性组织。②仲裁组织体系中的仲裁协会、仲裁委员会和仲裁庭三者之间相互独立。③仲裁不受团体和个人干涉。

6. 一裁终局原则

商事仲裁有别于民事诉讼和劳动争议仲裁。根据国际商事仲裁惯例和我国《仲裁法》第9条规定："仲裁实行一裁终局的制度。裁决作出后，当事人就同一纠纷再申请仲裁或者向人民法院起诉的，仲裁委员会或者人民法院不予受理。"这是一裁终局原则的最好体现。

具体表现在：①仲裁裁决一经作出即是发生法律效力的裁决；②仲裁裁决一经作出即具有法律效力，当事人应当履行裁决。

7. 辩论原则

在仲裁庭主持下，当事人为维护自身的合法权益，有权针对案件的实体和程序问题，各自陈述自己的主张和依据，互相驳斥和辩论。

如同诉讼中当事人享有辩论权一样，仲裁当事人在仲裁过程中也享有辩论的权利。

8. 处分原则

当事人在仲裁过程中，有权自主决定是否行使和如何行使自己依法享有的实体性和程序性权利。

9. 法院支持和监督原则

尽管《仲裁法》并未明文规定法院支持和监督仲裁原则，但实际上法院对仲裁的支持和监督却贯穿于仲裁程序及其执行程序的始末。例如，法院对裁决的强制执行与拒绝执行方面、在财产与证据保全方面、在仲裁协议法律效力的认定方面等。

二、仲裁法的基本制度

仲裁法的基本制度主要有：

1. 协议仲裁制度

协议仲裁制度是指当事人向仲裁机构申请仲裁，必须以当事人双方达成的仲裁协议为依据，没有仲裁协议，仲裁机构不予受理的制度。我国《仲裁法》第4条规定："当事人采用仲裁方式解决纠纷，应当双方自愿，达成仲裁协议。没有仲裁协议一方申请仲裁的，仲裁委员会不予受理。"

其含义包含两个方面：①仲裁协议是协议仲裁制度的核心；②仲裁机构受理案件，必须是基于双方当事人的共同授权。

2. 或裁或审制度

或裁或审制度是指争议发生前或发生后，当事人有权选择解决争议的途径：或者双方达成仲裁协议，将争议提交仲裁解决；或者争议发生后向人民法院提起诉讼。其含义是指：①当事人达成仲裁协议的，应当向仲裁机构申请仲裁，不能向法院起诉；②人民法院受理当事人之间有仲裁协议的起诉；③对于没有仲裁协议的争议案件，当事人既可以于争议发生后签订仲裁协议而选择仲裁解决，也可以直接向人民法院提起诉讼。

3. 一裁终局制度

一裁终局制度是指仲裁机构受理并经仲裁庭审理的纠纷，一经仲裁庭裁决，该裁决即发生终局的法律效力，当事人不能就同一纠纷向人民法院起诉，也不能向其他仲裁机构再申请仲裁。但是，"一裁终局"究竟是基本制度还是基本原则，理论界对此说不一。[①]我们认为，它既是一项具体的仲裁原则，同时又是一项仲裁法律制度。

4. 仲裁回避制度

仲裁回避制度是指承办案件的仲裁员遇有法律规定的情形，可能影响公正裁决时，不参加该案的仲裁而更换仲裁员的制度。具体内容包括：

(1) 回避的事由

第一，是本案当事人或者当事人、代理人的近亲属；

第二，与本案有利害关系；

第三，与本案当事人、代理人有其他关系，可能影响公正仲裁的；

第四，私自会见当事人、代理人，或者接受当事人、代理人请客送礼的。

(2) 回避的方式、时限

回避方式有两种：一种是自行回避；一种是申请回避，即当事人发现仲裁员具有上述法定回避事由的，可以采取口头方式或书面方式，但应当说明理由。仲裁员自行回避的时限，法律没有明文规定；当事人申请回避的时限，应当在首次开庭前提出，回避事由在首次开庭后知道的，可以在最后一次开庭终结前提出。

---

① 例如，黄进，徐前权，宋连斌编著的《仲裁法学》，以及姜宪明，李乾贵主编的《中国仲裁法学》中，都将"一裁终局"界定为基本原则，而谭兵主编的《中国仲裁制度研究》则认为"一裁终局"是基本制度。

(3) 回避的审查决定及后果

仲裁员是否回避，由仲裁委员会主任决定；仲裁委员会主任担任仲裁员时，由仲裁委员会集体决定。

回避的法律后果有：仲裁员因回避不能履行职责的，应当依照仲裁法规定，重新选定或者指定仲裁员。因回避而重新或者指定仲裁员后，当事人可以请求已进行的仲裁程序重新进行，是否准许，由仲裁庭决定；仲裁庭也可以自行决定已进行的仲裁程序是否重新开始。

5. 不公开审理制度

根据国际商事仲裁惯例以及我国《仲裁法》第 40 条规定，仲裁庭在审理案件时不公开进行。当事人协议公开的，可以公开进行，但涉及国家机密的除外。具体包括三个方面的内容：①仲裁审理以不公开为原则；②当事人协议公开的，可以公开仲裁；③涉及国家秘密的案件，无论协议与否，都绝对不允许公开审理。

仲裁不公开进行，不仅要求仲裁庭在公开审理案件时不公开进行，而且仲裁庭对争议作出的裁决也不能公开宣告。

6. 开庭审理与书面审理相结合制度

我国《仲裁法》第 39 条规定，仲裁应当开庭进行，当事人协议不开庭的，仲裁庭可以根据仲裁申请书、答辩书以及其他材料作出裁决。

7. 仲裁时效制度

所谓仲裁时效，是指权利人向仲裁机关请求保护其权利的法定期限，也即权利人在法定期限内不行使权利即丧失请求依仲裁程序强制义务人履行义务的权利。我国《仲裁法》第 74 条规定："法律对仲裁时效有规定的，适用该规定。法律对仲裁时效没有规定的，适用诉讼时效的规定。"

8. 仲裁财产保全制度

我国《仲裁法》第 28 条规定："一方当事人因另一方当事人的行为或者其他原因，可能使裁决不能执行或者难以执行的，可以申请财产保全。当事人申请财产保全的，仲裁委员会应将当时的申请依照民事诉讼法的有关规定提交人民法院。申请有错误的，申请人应当赔偿被申请人因财产保全所遭受的损失。"根据《仲裁法》第 28 条的规定，在仲裁程序中，只能由当事人申请财产保全，仲裁委员会和人民法院均不能以职权决定财产保全。

9. 仲裁代理制度

我国《仲裁法》第 29 条规定："当事人、法定代理人可以委托律师和其他代理人进行仲裁活动。"仲裁代理人的代理权是基于被代理人的委托授权和法律规定而产生的。该法第 29 条规定了法定代理和委托代理两种。

案例分析 1

【案情】小明是大学法学院三年级的学生，在三年级下半年选修了赵老师主讲的仲裁法学。小明平时经常不按时上课，即便是去上课也很少从头至尾专心听讲。但多次考试均能顺利过关，其原因就是他有一个小窍门，即每次临考前几天狠劲背诵该门法律、法规的规定。选修仲裁法学后小明故伎重演，平时上课要么请假，要么在课堂上玩手机游戏。期末考试时，他花两天时间将仲裁法的 80 个条文背得滚瓜烂熟，谁知赵老师出题的重点侧重于仲裁与民事诉讼的关系上，几个案例分析题均涉及民事诉讼中有关仲裁的相关规定。他根本没有复习民事诉讼法的有关法律规定，考试的结果当然是不及格。他没有从自身寻找原因，而是反映赵老师出题太偏，明明考试的科目是仲裁法学，而考题的内容却涉及民事诉讼法学。教务处了解情况后，才知道赵老师出题没有问题，小明考试不及格是由于他平时不上课。赵老师在课堂上专门就民事诉讼与仲裁的关系作过重点论述，并对民事诉讼法中涉及仲裁的法律条款作了讲解。

【问题】广义仲裁法的范围包括哪些内容？本案中，赵老师的命题有无超出仲裁法的范畴？

【解析】应当说，仲裁法与诉讼法、调解法同属于民事程序法的范畴，仲裁法有广义与狭义之分。广义仲裁法不仅包括一国仲裁法典本身，还包括其他法律中有关仲裁的条款。因此，民事诉讼法中涉及仲裁内容的条款也是广义仲裁法的内容。可见，赵老师的命题并未超出仲裁法学这门课程的范畴。

案例分析 2

【案情】张某早年离异，之后一直没有结婚。因考虑到日后养老问题，张某决定收养子女。1985 年，张某通过法定程序收养了孤儿院的李某，李某当年仅 9 岁。张某对李某疼爱有加，尽其所能地照顾和抚养李某。谁想李某长大成人后，对张某不仅不孝顺，而且经常和张某发生口角。张某对此非常伤心，认为再继续维持收养关系已经没有任何意义。二人经协商决定解除收养关系，于是签订了书面的仲裁协议，并于 1998 年 8 月向其住所地的仲裁委员会提出了解除收养关系的仲裁请求。

【问题】我国《仲裁法》对商事仲裁的范围有何规定？

【解析】应当指出，自愿原则也不得违背法定的仲裁范围，在本案中，仲裁委员会不可以受理此案，因为《仲裁法》第 3 条规定的不能通过商事仲裁解决的争议事项，包括婚姻、收养、监护、抚养、继承纠纷。

第九章 仲裁机构与仲裁协会

本章介绍仲裁机构和仲裁协会的性质和功能、仲裁机构的组成程序和仲裁员的任职条件。通过本章的学习，希望能够在学生心目中形成一套完整的仲裁机构运作规程全景。本章的难点主要在于对仲裁机构的独立性和仲裁庭的意思自治的理解。意思自治是仲裁制度的灵魂，也是仲裁制度生命力的源泉。只有充分理解了这两方面的内容，才能深入地了解仲裁制度的起源和发展历史，才能对仲裁协议的效力、仲裁裁决的执行和撤销等仲裁制度的重要内容有更好的把握。本章的学术热点问题主要反映在仲裁机构的性质、仲裁员制度以及仲裁协会是否应该成立等问题上。纵观目前国内的仲裁立法和仲裁实践，有关仲裁员的相关规定还处于相对比较薄弱的环节，甚至存在被忽视、被遗忘的情况。到现在为止，我国还没有建立一套完整的仲裁员制度，对仲裁员身份、客观义务、道德准则、仲裁案件的审理、仲裁责任等内容进行规范。目前，这方面已经引起许多研究仲裁法律制度的专家和学者注意，他们提出了不少学术建议，但离真正建立一套比较完善的仲裁员制度还有较长的距离。

第一节 仲裁机构的概念和种类

一、仲裁机构的概念及特征

要对仲裁机构进行考察和研究，必然无法回避“仲裁”这一基础概念。仲裁（Arbitration）又称公断，“仲”字，从象形文字上是“人”居中，代表公正裁决；是指双方当事人根据争议发生前或者发生后达成的仲裁协议，自愿将其争议提交第三方按照一定的程序进行审查并居中作出裁决，双方当事人有义务按照该裁决履行的一种争议解决的方式。

1. 仲裁机构的含义和性质

（1）仲裁机构的含义和构成要素

仲裁机构是为了解决当事人之间的纠纷而设立的一种管理机构。仲裁机构从广义的角度讲，包括仲裁管理机构和仲裁裁决机构，而狭义上的仲裁机构应仅指后者。前者包括常设的仲裁委员会、仲裁协会和临时组成的仲裁庭，它们是对仲裁日常事务、仲裁人员、仲裁工作进行管理、协调和组织的机构；而后者仅指临时组成的仲裁庭，它是唯一有权对当事人提交仲裁的争议进行审理和裁决的机构。这里我们采用广义上的概念对仲裁机构进行论述，即从仲裁管理机构和仲裁裁决机构两方面进行研究。仲裁管理机构享有仲裁事务管理权，主要职能是制订仲裁规则、确定仲裁收费标准、组织仲裁员、成立仲裁庭、进行相关方面协调等。仲裁管理机构包括仲裁协会和仲裁委员会。仲裁协会是社会团体法人，是仲裁委员会的自律性组织，根据章程对仲裁委员会及其组成人员、仲裁员的违纪行为进行监督。仲裁委员会是接受仲裁申请和组织仲裁工作的管理机构。仲裁裁决机构指仲裁庭，直接对当事人之间的纠纷进行审理和裁决。

各仲裁机构主要是通过仲裁案件来体现其自身的价值和功能。仲裁机构要有效运作并实现法律赋予的仲裁职能，离不开方方面面的条件和因素。归纳起来，有三个要素最为关键，或者说影响最为重大：一是仲裁协议，它关系到仲裁机构在何种情况下才能受理案件，这是仲裁机构发挥作用的前提因素；二是仲裁员，它代表了仲裁案件并作出裁决的实质主体，是仲裁机构发挥作用的人的因素；三是仲裁规则，它体现了仲裁机构如何架构起仲裁案件的程序及平衡当事人双方的权利义务，是仲裁机构发挥作用的程序依靠。①

(2) 仲裁机构的性质

关于仲裁机构的性质存在多种理论，主要有司法性质说、混合性质说、准司法性质说、民间性质说。司法性质说认为仲裁机构是国家司法系统中除法院外的第二套司法组织，因为仲裁机构的权力来自当地的法律，仲裁裁决与法院判决具有同等意义，如果没有法律的授权，仲裁机构就不能进行相应的仲裁活动，仲裁员所作的裁决也没有法律效力。法国学者克莱因认为：“只有国家才能行使审判权，因此，如果法律允许当事人提交仲裁，那么仲裁机构只能是执行公共职能。由此得到的逻辑上的结论就是，仲裁裁决是具有与法院所作判决同等意义的决定。”但是，大多数学者意识到过分强调仲裁机构的司法性必然会忽视当事人的意思表示，最终强化司法对仲裁的干预程度，其结果必然使仲裁机构失去与法院的区别。既然与法院没有区别，那么仲裁机构存在的意义何在？显然，这种理论有着不能弥补的缺陷，大多数学者对此理论并不赞成。

混合性质说认为仲裁机构存在司法性质，因为仲裁机构毕竟不能超越现有的法律；同时，承认仲裁机构的民间性，承认仲裁源于当事人的意思自治。我国一般强调其中的司法性质，而将混合理论发展为准司法性质说。除了现代法律禁止的原始自力救济，任何救济方式都离不开法律的制约，不能因此认为所有的救济方式均有司法性。法律虽然对仲裁机构的设立、受理案件的条件等作出了规定，但并没有对仲裁机构本身赋予什么权力，真正赋予仲裁机构权力的是当事人的合意。法律所赋予的，是仲裁庭作出的裁决本身的效力，因此，法律给予裁决可强制执行的效力，但这并不改变仲裁机构的民间性。

民间性质说认为仲裁机构作为解决争议的机构，其最初建立源于民间，是各种行业

① 刘敏，陈爱武. 现代仲裁制度. 北京：中国人民公安大学出版社，2002

协会或商会建立的，并在适应人民群众在生产和生活中解决纠纷的需要而自发产生和发展起来。仲裁机构作为市民社会实现自我治理的一种社会组织，其民间性是仲裁机构的一个根本特征。仲裁机构业务范围的圈定、仲裁员的选任、仲裁程序和仲裁规则的确定以及仲裁机构的发展目标等等，都是在民间性这一本质特征的基础上，由仲裁机构依据国家的民商事法律，通过市场规律来操作、调整和完成的。可以说，从仲裁机构产生的一开始，它就和市民社会的发育、商品经济的发展以及信用机制的完善等紧密地联系在一起。没有市民社会，也就不会有仲裁机构。

2. 仲裁机构的特征和功能

(1) 仲裁机构的特征

①仲裁机构是一种非营利性的组织。每个社会都是由个人和社会组织构成的，对于一个现代社会来说，社会组织首先可以分为两类，即政府组织和非政府组织。其中，非政府组织又可分为两类：营利机构和非营利机构。经过这两次划分后，社会组织就被区分为三类，即政府组织、营利机构和非营利机构。非营利机构是指不以营利为目的向社会提供服务的组织。它是介于政府组织、营利机构之间的一切社会组织，又称“第三部门”，专门提供那些不能由企业及政府充分提供的社会服务。

仲裁行为的动机不是也不能是取得相应的报偿和盈利，而只能是以追求公共利益和社会效益为己任。仲裁机构只应站在场外充当“裁判员”，为市场主体提供公共服务，而一般不能作为“运动员”亲自入场，直接参赛。仲裁是从维护交易秩序，保障市场经济正常发展的需要出发，去解决市场本身所不能解决的问题，属于必不可少的社会公共需要的内容。由此界定仲裁机构属于公共财政支出的范围，政府当然应该支持。当然，事物是发展变化的，仲裁也不能例外。随着仲裁机构自身的发展，最终全部或部分仲裁机构可以实现不再需要公共财政的支持，但即便到那时，仲裁机构仍然受到社会和政策的严密注视，需要加强相应的财务监督制度和费用约束机制。仲裁机构不是政府，没有调动公共资源的行政权力，也不是公司或准公司去追求商业利润的最大化，所以，仲裁机构属于非营利机构。

②仲裁机构依法行使仲裁权。仲裁机构以法律授权为依据，行使解决纠纷的权力。这种权力是国家法律授予的，是一种具有法律意义的权力。也就是说，仲裁权是在当事人授权的基础上，经过法律的确认和进一步的授权而产生的权力。仲裁机构以法律认可的方式和程序审理并裁决当事人之间的纠纷，受法律的约束，如果当事人授权超出了法律授权的范围，仲裁机构则不能拥有该部分的权力。当事人的权利通过仲裁权来实现，同时它也约束着当事人的行为，以国家强制力来保障仲裁权的实现。法院按照法律的规定，保障仲裁协议的执行，协助采取强制措施以及强制执行仲裁裁决。

③仲裁机构不具有隶属关系。仲裁机构不具有隶属关系，主要指仲裁机构与行政机关、司法机关之间不具有隶属关系，即不具有领导与被领导的关系。[①]仲裁机构之间也不具有这种隶属关系。各仲裁机构为民间机构，不实行级别管辖和地域管辖。各仲裁机构之间是平等的竞争关系，谁处理纠纷公平合理，质量高，效率高，谁的地位就稳固。

① 汪永清. 重新组建仲裁机构的若干问题. 北京：中国法制出版社，1995. 55

我国仲裁法规定的中国仲裁协会是仲裁委员会的自律性组织，与仲裁委员会之间不是隶属关系。20世纪的瑞典，各行业都设立了仲裁机构，由于业务量不大，逐渐被办得好的斯德哥尔摩商会仲裁院兼并，成为瑞典唯一的仲裁机构。虽然它是斯德哥尔摩商会的一个机构，却处于一种独立的地位，其仲裁庭的裁决是最终的，并不需要提交商会审查。

(2) 仲裁机构的功能

功能亦即效能，是事物或方法所发挥的有利的作用。仲裁机构的功能就是指仲裁机构在解决纠纷的过程中，所能体现出来的功效和所发挥的积极作用。纵观仲裁的全过程，仲裁机构的功能主要体现在以下三个方面：

①保障仲裁制度的执行。仲裁机构是执行仲裁制度和实现仲裁任务的组织保证，设置反映仲裁特点的仲裁机构，是公正解决纠纷，提高仲裁质量，完善仲裁制度的一个至关重要的问题。据不完全统计，自我国《仲裁法》施行后，在全国各地符合条件的直辖市、省和自治区人民政府所在地的市以及其他设区的市设立仲裁机构的工作全面展开。其中，1995至1996年设立了86家，1997年设立了38家，1998年设立了23家，1999年设立了5家，2000年设立了8家，2001年设立了5家，2002年设立了3家，2003年设立了5家，2004年设立了12家。截至2004年年底，全国已依新《仲裁法》重新组建了仲裁委员会185家。[①]

②解决争议，维护当事人的合法权益，维护社会的稳定。仲裁庭通过行使仲裁权对民商事争议作出公正裁决。它不仅使双方当事人之间已扭曲的关系得到了纠正，维护了当事人的合法权益，同时也维护了社会的稳定，保证了社会的和谐发展，体现了仲裁权的公正价值。

③完善争端纠纷解决体系。司法机构、仲裁机构、调解机构都是解决纠纷的重要职能机构，但因为这三种机构的性质不同，特点各异，解决纠纷的方式或手段以及效力也不尽统一，所以，仲裁机构就具有了弥补功能，即通过发挥仲裁权在解决纠纷中的特点和优势，来弥补审判权、调解权的缺陷，从而进一步完善纠纷解决体系。仲裁机构与司法机构是密切联系而有差异的：

第一，两者性质不同。司法机构为国家法定机构；而仲裁机构则是民间机构。

第二，管辖权基础不同。司法机构为依法管辖，具有稳定性；仲裁机构则在仲裁协议的基础上进行管辖，具私人性。当事人可选择仲裁庭仲裁员及仲裁适用的规则。

第三，两者遵循的原则有别。司法诉讼为二审终审制，可以上诉；而仲裁则实行一裁终局制，一般不可以上诉、申诉。司法诉讼以公开审理为原则；而仲裁以不公开审理为常态，以保护当事人的商业秘密。

此外，诉讼判决书和仲裁裁决书的强制执行方式不同。法院作出的判决具有直接的效力，而仲裁裁决则需要接受司法监督，并由获胜方申请法院执行裁决。

调解机构与仲裁机构同为民间机构，但调解机构的优势在于其和解性、更大的经济性和灵活性。调解为当事人提供了更多自由选择的空间。调解的非对抗性，使当事人不

---

① 全国人大常委会法制工作委员会民法室，中国国际经济贸易仲裁委员会秘书局. 中华人民共和国仲裁法全书. 北京：法律出版社，1995

伤和气，更易于解决纠纷，也有利于以后的合作。更重要的是，调解所需时间短，费用也随之大幅度降低。调解的灵活性随处可见：无论在时间、地点、程序还是规则上都极其灵活。当然，调解并非完美，其缺憾为：不适用一切争议的解决；稳定性有时较差；和解协议效力较低，其性质仅等同于其他合同。责任方如果不执行和解协议，损失方只能据以提起诉讼，而不可以像仲裁裁决一样，申请法院强制执行。

二、国内外著名的商事仲裁机构

1. 国内著名的仲裁机构

(1) 中国国际经济贸易仲裁委员会

中国国际经济贸易仲裁委员会（2000 年 10 月 1 日起，同时启用“中国国际商会仲裁院”的名称，以下简称“仲裁委员会”）是新中国成立后我国最早设立的常设商事仲裁机构。仲裁委员会总会设在北京，并分别于 1989 年和 1990 年在深圳和上海设立了深圳分会（2004 年 6 月 18 日更名为华南分会）和上海分会。仲裁委员会北京总会及其华南分会和上海分会是一个统一的整体，是一个仲裁委员会。总会和分会使用相同的《仲裁规则》和《仲裁员名册》，在整体上享有一个仲裁管辖权。仲裁委员会在组织机构上实行委员会制度，设主任一人，副主任若干人，委员若干人；主任履行仲裁规则赋予的职责，副主任受主任的委托可以履行主任的职责。仲裁委员会总会和分会设立秘书局与秘书处，各有秘书长一人，副秘书长若干人。总会秘书局和分会秘书处分别在总会秘书长和分会秘书长的领导下负责处理仲裁委员会总会和分会的日常事务。

仲裁委员会设立三个专门仲裁委员会：第一，专家咨询委员会，主要负责仲裁程序和实体上的重大疑难问题的研究和提供咨询意见，对仲裁员的培训和经验交流、对仲裁规则的制定和修订提供意见，对仲裁委员会的工作和发展提出建议等；第二，案例编辑委员会，负责案例编辑和仲裁委员会的年刊编辑工作；第三，仲裁员资格审查考核委员会，主要是按照仲裁法和仲裁规则的规定，对仲裁员的行为进行监督考核，对仲裁员的聘任提出建议。仲裁委员会设立域名争议解决中心和粮食争议解决中心，主要负责解决各种域名争议和粮食行业发生的一切争议。四十多年来，中国国际经济贸易委员会依据事实和法律，参照国际惯例，公平合理地解决了大量的国际国内经济贸易争议，有效地维护了中外当事人的合法权益，在国际上建立了良好的声誉，现已成为世界上重要的国际商事仲裁机构之一。仲裁委员会的受案量自 1990 年以来一直居于世界仲裁机构的前列，案件当事人涉及除中国之外的 45 个国家和地区，仲裁裁决的公正性得到了国内外的一致好评，仲裁裁决在香港的执行率达到了 99%以上，并依据联合国《承认及执行外国仲裁裁决公约》（《纽约公约》）已在美国、英国、加拿大、德国、日本等 20 多个国家得到承认和执行。迄今为止，仲裁委员会已成功受理并审结了 9 000 多件涉外案件。近年来，仲裁委员会每年受理的案件数保持在 700 余件，其受理的国内案件的比重呈逐年上升趋势。从全国范围来看，中国国际经济贸易仲裁委员会涉外案受理量雄居第一，其在涉外案件方面的办案经验最为丰富。

(2) 北京仲裁委员会

北京仲裁委员是根据《仲裁法》的规定，经北京市人民政府批准，于1995年9月28日设立的一家常设仲裁机构。仲裁委员会由法律、经济贸易等方面的专家和知名人士组成，包括主任一人、副主任四人和委员若干人。仲裁委员会下设办公室，负责处理仲裁委员会的日常事务。仲裁委员会根据当事人之间订立的提交仲裁委员会仲裁的仲裁协议和一方当事人的书面仲裁申请，受理国内和涉外的经济纠纷案件；当事人从仲裁委员会仲裁员名册中选定仲裁员或委托仲裁委员会主任指定仲裁员组成仲裁庭；仲裁庭根据事实，依照国家法律或参考有关国际惯例等，对案件独立地进行审理并作出裁决。①

北京仲裁委员会根据《仲裁法》的规定，从法律、经济贸易、技术等专业领域聘请了260余名具有较高专业水平和良好道德素质的人士担任仲裁员，并按经济合同、技术合同、知识产权、房地产、工程建筑、股票证券、贸易和投资等专业设置了统一的仲裁员名册。北京仲裁委员会自成立以来，截至2003年底，共受理各类案件3 992件。近年来，仲裁委员会案件的受理量和争议金额持续上升。2002年受理案件891件（涉外案件18件），案件标的人民币41亿元；2003年受理案件1 029件（涉外案件33件），案件标的人民币48亿元；2004年受理案件1 796件，案件标的人民币50亿元。案件的类型也比较全面。实践中，北京仲裁委员会所仲裁的案件被撤销或者不予执行的比率不到1%。

(3) 上海仲裁委员会

上海仲裁委员会是根据《仲裁法》的规定，经上海市人民政府批准，于1995年9月18日正式成立的仲裁。上海仲裁委员会由15名法律、经济贸易专家和有实际工作经验的知名人士组成。原最高人民法院副院长李国光、上海市人民代表大会法制委员会主任谢天放任名誉主任。仲裁委员会的办事机构为秘书处，秘书处内设仲裁部、行政管理部。上海仲裁委员会设有五个中心，分别是：上海仲裁委员会浦东国际仲裁中心、上海仲裁委员会松江国际仲裁中心、上海仲裁委员会装饰装修争议仲裁中心、上海仲裁委员会小额消费争议仲裁中心、上海仲裁委员会汽车消费争议仲裁中心。另设立专家咨询委员会，可根据仲裁员的需要为疑难仲裁案件提供咨询意见。上海仲裁委员会成立10年来，始终致力于推进仲裁员队伍的素质建设。经过十多年的发展，上海仲裁委员会已建立起一支由500余名富有专业经验的专家与专业人士所组成的仲裁员队伍，其中著名法学家、教授、研究员、高级经济师、高级会计师、高级工程师、高级审计师等专家占65%，资深律师占20%，退休高级法官占15%，保证了仲裁案件裁决的权威性。②

(4) 武汉仲裁委员会

武汉仲裁委员会于1997年根据《仲裁法》的规定组建成立。仲裁委员会主任、副主任和委员均由法律、经济贸易专家和有实际工作经验的人士担任。武汉仲裁委员会下设三个专门委员会，即发展委员会、专家咨询委员会和仲裁员资格审查及纪律监察委员会。武汉仲裁委员会的常设办事机构为仲裁委员会办公室，下设七个部门，分别为综合处、秘书处、监督处、发展处、国际仲裁院、综合服务中心、研究室。武汉仲裁委员会

① 北京仲裁委员会网站 http：//www.bjac.org

② 上海仲裁委员会网站 http：//www.accsh.org

现聘任有仲裁员630余名，仲裁员范围遍布全国内地22个省、自治区、直辖市以及我国香港、台湾地区，还包括来自英国、法国等一定数量的外籍仲裁员。仲裁员的专业领域涉及经济、贸易、法律、涉外、海商、计算机、生物工程、光电子等诸多方面。仲裁员队伍中，有高校和研究机构著名专家学者112人、知名企业家60人、退休法官21人、金融机构负责人28人。所有仲裁员都具有大学以上文化程度，其中，硕士占20%，博士占5%。

武汉仲裁委员会自1997年成立以来，在根据事实，依据法律，独立、公正、及时地仲裁案件的同时，还大力推行仲裁法律制度，宣传仲裁法律知识。武汉仲裁委员会专门成立了发展委员会及相应的办公室，协助有关职能部门和企事业单位推行示范合同文本；引导市场主体约定仲裁机构；指导各发展分会、仲裁中心、仲裁调解室、办事处、联络处的工作。武汉仲裁委员会在武汉地区各有关职能部门及企事业单位先后设立了40家仲裁联络处，聘请了500余名仲裁联络员。在武汉市13个行政区成立了发展委员会分会，在各区、有关主管部门和行业协会成立了28个仲裁调解室、8个仲裁中心，形成了纵横延伸的仲裁工作网络。积极开展推介工作的成果不仅使武汉仲裁委员会的受案量和案件标的额逐年大幅上升，还极大地提高了仲裁委员会在华中地区乃至全国的影响力。

据统计，1997年1月至2005年11月底，武汉仲裁委员会共受理仲裁案件14 659件，案件标的额共计人民币149.9亿元。其中，2003年，在全国172家仲裁委员会中，武汉仲裁委员会以受案3 050件位列全国第一位，受案标的额人民币21.6亿元位列全国第四；2004年，武汉仲裁委员会在全国185家仲裁机构中，以受案4 363件排名第一，标的额达到人民币43亿元排名第四；2005年，再度以年受案5 013件位居全国第一，争议金额达人民币47.6亿元。除受案量及标的外，武汉仲裁委员会仲裁案件的社会效果也不错，在历年审结的案件中，调解和解率在80%以上，自动履行率在90%以上，为维护市场经济秩序、改善投资环境发挥了积极作用。①

2. 国外著名商事仲裁机构

(1) 国际商会仲裁院（International Court of Arbitration of International Chamber of Commerce，简称ICC）

国际商会仲裁院是国际商事仲裁领域最具影响力的仲裁机构，它成立于1923年，是附属于国际商会的常设仲裁机构。国际商会本身于1919年成立于法国巴黎，是一个国家间的商会组织，其目的是为了促进国际商事活动的进行，现有国家会员六十多个。仲裁院的成立也是基于延续国际商会、促进和维护国际商事活动的目的。国际商事仲裁院总部和其秘书局均设在法国巴黎，与任何国家都没有关系，尽管它是根据法国的法律而设立的。国际商会仲裁院的委员来自世界各国，他们都具有法律背景和国际商事法律及争议解决的专业经验，因而其仲裁的一个显著特点是可以在世界的任何一个地方进行仲裁程序。国际商会仲裁院秘书局的工作人员也来自不同的国家，能够使用多种语言进行工作。自成立迄今，国际商会仲裁院已处理了一万余件案件，近几年来更是平均每年受案达到300余件。国际商会仲裁院是当今世界上提供国际商事仲裁服务较多且具有广

① 武汉仲裁委员会网站 http：//www.whac.org.cn

泛影响的国际商事仲裁机构，是国际商事仲裁的重要中心。总体上说来，与其他仲裁机构相比，国际商会仲裁院具有如下三个方面的优势：首先，它是一个不隶属于任何国家的机构，国际性是其最重要的特点；其次，当事人可以自由选择仲裁员、仲裁的地点、适用的语言以及适用的法律等；再次，国际商会仲裁院仲裁规则中规定的质量控制以及秘书处和仲裁院应用过程中的质量跟踪，保证了争议仲裁的质量。[①] 然而，不可否认的是，由于它是第一次工业革命后期欧洲国家解决商事活动的产物，因此，国际商会仲裁院深受欧洲法律和文化的影响，具有浓厚的“欧洲色彩”。

(2) 英国伦敦国际仲裁院（the London Court of International Arbitration，简称 LCIA）

英国伦敦国际仲裁院是世界上最古老的仲裁机构，成立于 1892 年，是英国最有国际影响的国际商事仲裁机构，由伦敦市政府、伦敦商会和女王特许仲裁协会共同组成的联合委员会管理。它可以受理提交给它的任何性质的国际争议和其他争议，尤其是海事案件，大多数都诉诸该院，因而在国际上享有很高的声望。从 1986 年起，伦敦国际仲裁院改组成为有限责任公司，由董事会管理其活动。伦敦国际仲裁院设在伦敦，在仲裁案件中其主要作用是指定仲裁员和对案件进行一些辅助性的管理。伦敦国际仲裁院备有供当事人选择的仲裁员名单，仲裁员的成分也是多种多样，可以适应各种类型案件的需要。在选聘仲裁员的标准方面，它非常强调其专业知识，宁可不聘受过法律教育的法律专家，也要选聘某些技术领域的专家。1996 年，英国颁布了新的仲裁法，根据该法，伦敦国际仲裁院制定了新的仲裁规则，自 1998 年 1 月 1 日起开始实施。新的仲裁法和仲裁规则的实施，非常有利于该院拓展其仲裁业务和提升其市场竞争力。

(3) 瑞典斯德哥尔摩商会仲裁院（the Arbitration Institute of the Stockholm Chamber of Commerce，简称 SCC）

瑞典斯德哥尔摩商会仲裁院成立于 1949 年，是 1917 年成立的斯德哥尔摩商会的内部机构，但在职能上独立于该会。该院设立的目的，在于解决工业、贸易和运输领域的争议。它的总部设在瑞典的斯德哥尔摩，包括秘书局和三名成员组成的委员会。三名委员任期三年，由商会任命。三名委员中，一名须具有解决工商争议的经验，一名须为有实践经验的律师，一名须具备与商业组织沟通的能力。瑞典的中立国地位，为其仲裁制度的公平性提供了很好的保障，因此，在冷战时期，美苏之间贸易合同的仲裁条款多选择该院仲裁，并被国际社会普遍认为是解决东西方贸易争议方面的一个理想的机构。除此之外，由于瑞典仲裁制度历史悠久，拥有大量精通国际商事仲裁的专家，因此，斯德哥尔摩仲裁院具有丰富的仲裁经验和良好的运作机制，其声誉著于国内外，其中尤以涉及远东和中国的争议而著称于世。

(4) 美国仲裁协会（American Arbitration Association，简称 AAA）

美国仲裁协会是美国主要的国际民商事仲裁机构，于 1926 年设立，由 1922 年成立的美国仲裁会和 1925 年成立的美国仲裁基金会合并而成，总部设在纽约，在全国主要城市设有 24 家分会，是一个非营利性的为公众服务的民间组织。其目的是在法律许可的范围内，通过仲裁、调解、协商、民主选择等方式解决民商事争议。美国仲裁协会的

---

① 面向全球的 ICC 国际仲裁院——访国际商会国际仲裁院主席罗伯特·布里纳. 法制日报，2001-08-08

受案范围很广泛，从国际经贸争议，到劳动争议、消费者争议、证券争议等等，几乎无所不包。与此相应，美国仲裁协会有许多类型的仲裁规则，分别适用于不同类型的争议。由于协会能够提供完备的行政和服务设施，并且较少受到司法的干预，近年来它的受案数量持续上升，每年处理近2万余件案件，成为世界上最大的民间仲裁机构之一。美国仲裁协会的仲裁员也来自许多国家，且数量达数千人之多。不过，尽管如此，其仲裁员名册也并不具有强制性，当事人仍然可以在仲裁员名册之外另行指定仲裁员解决他们的民商事争议。在没有约定的情况下，所有案件只由一名仲裁员，即独任仲裁员负责审理；但如果仲裁协会认为该案件过于复杂时，可决定由三名仲裁员组成仲裁庭。从案件数量上讲，美国仲裁协会的受案量居世界第一，但其中劳动争议等美国国内案件占了绝大部分。

第二节　仲裁协会

根据我国《仲裁法》的规定，中国仲裁协会作为中国仲裁委员会的行业自律性组织，承担着对外宣传仲裁法律制度，对内进行行业监督规范的职能，是保障我国仲裁事业持续、健康、有序发展的重要力量。但因为现代仲裁制度在我国确立的时间不长，一方面，社会对仲裁的认识有限，存在着“先进的仲裁制度与落后的仲裁意识之间的矛盾”；另一方面，仲裁工作自身也存在着各种问题，形成了“先进的仲裁制度与初始的仲裁工作水平之间的矛盾”。这两种矛盾在很大程度上制约着我国仲裁事业向更高的层次发展，致使落后的仲裁发展现状不能满足快速发展的市场经济需求。我国仲裁事业面临的“内忧外患”的形势对中国仲裁协会的成立和正常运行提出了迫切的要求，成立符合仲裁本质属性、能满足我国仲裁事业健康发展需要的仲裁协会已成为我国仲裁事业进一步发展必须面对的问题。一直“空山不见人，但闻人语响”的中国仲裁协会最近似乎有了一些影子。当然，在过往的十多年间，这影子也仿佛一直在影影绰绰着，只不过不像现在这样看得出确乎是仲裁协会的影子而已。仲裁机构改革，不能不涉及仲裁机构与仲裁协会的关系。虽然并不是非常切题，但是，在某一层面上，仲裁协会的定位，将直接对仲裁机构定位起到一个示范作用；或许又将促生另外一场民间化和行政化之争。本节即对中国仲裁协会的地位、性质、职能等基本问题进行分析，以期引起学界更为广泛的关注和更为深刻的讨论，从而促进中国仲裁协会的尽快成立。

一、成立仲裁协会的必要性

1. 成立仲裁协会是建立现代仲裁制度的需要

“仲裁作为处理民商事纠纷的重要方式，是商品经济发展到一定阶段的产物”，[①] 一

① 陈忠谦. 二次创业：中国仲裁发展的必由之路. 仲裁研究（第五辑）. 北京：法律出版社，2005. 2

个国家商品经济的发育程度决定了其仲裁制度的发展程度。我国经济体制经历了从计划经济到有计划的商品经济再到社会主义市场经济的转变过程，与之相适应，我国的仲裁法律制度经历了“只裁不审”、“又裁又审”、“可裁可审”和“或裁或审”等发展阶段，体现出不同的性质。在《仲裁法》公布前，我国仲裁制度的行政性质相当明显，在仲裁管理体制方面体现为仲裁机构是按行政区域和行政管理隶属关系设立的，是行政系统的一个职能机关，由隶属的行政管理部门进行管理。例如，经济合同仲裁机构由工商行政管理部门管理，技术合同仲裁机构由科学技术管理部门管理，房地产仲裁机构由房地产行政管理部门管理。这种管理模式同苏联的仲裁管理体制大体相似，即是将仲裁机构作为计划经济的一种管理手段，在历史上曾发挥过一定作用。

但是，随着我国市场经济体制的逐步建立和政府职能转变的进一步深入，仲裁机构原有的管理体制已不能适应经济发展的需要，特别是仲裁机构的管理体制与国家行政机关的管理体制混杂一体使我国的仲裁机构在日常运作上难以与国际惯例接轨，改变了仲裁的性质，从而使仲裁成为一种行政手段，不能正常发挥其应有的作用。社会主义市场经济体制的建立和发展，为我国仲裁制度的完善提供了良好的契机。社会主义市场经济体制要求政府职能必须从传统的“管制”型转变为宏观调控型，从管不了、管不好的事务中退出来，放权、还权于企业和社会，实现政企分开、政社分开。以 1994 年《仲裁法》的颁布为标志，我国建立了现代意义上的仲裁制度。根据《仲裁法》的规定，我国仲裁制度确立了当事人意思自治原则，确定了协议仲裁制度、协议管辖制度，设置了民间性仲裁机构，并适用“或裁或审”和“一裁终局”制度。《仲裁法》的基本内容反映了仲裁的本质特征，符合仲裁制度发展的客观规律，表明我国仲裁制度在与国际仲裁制度接轨方面，迈出了重要的一步。与《仲裁法》确定的仲裁属性相适应，《仲裁法》同时对仲裁管理体制作了规定：仲裁委员会独立于行政机关，与行政机关没有隶属关系，仲裁委员会之间也没有隶属关系；仲裁不实施级别管辖和地域管辖，中国仲裁协会是仲裁委员会的自律性组织，仲裁委员会是中国仲裁协会的会员，中国仲裁协会根据章程对仲裁委员会及其组成人员、仲裁员的违纪行为进行监督。《仲裁法》对仲裁管理体制的规定与国际上的通行做法相接轨，有利于国际间的交往，有利于仲裁工作的开展，有利于对仲裁机构及其工作人员、仲裁员的违纪行为进行监督，同时也标志着我国仲裁管理已迈入现代化、国际化的阶段。

2. 成立仲裁协会是加强仲裁行业监督的需要

仲裁质量是仲裁的生命，是仲裁具有公信力“最可靠、最坚实的来源和保障”。加强对仲裁工作的监督，是保证仲裁质量的重要内容。根据我国《仲裁法》规定，我国仲裁监督体系包含三种监督形式：内部监督、行业监督和司法监督。内部监督是指仲裁委员会对仲裁员和仲裁程序的监督；行业监督是指中国仲裁协会的监督；司法监督是指人民法院对仲裁的监督。其中，中国仲裁协会的监督因其监督形式的行业性、监督对象的综合性、监督事项的违纪性、监督手段的协调性、监督结果的指导性和监督范围的程序性，更易为各仲裁委员会及其工作人员、仲裁员所接受，发挥着其他两种监督形式不可替代的作用。但由于我国仲裁协会一直未予成立，该项监督职能目前实际上是由国务院法制办行使的。而由国务院法制办行使行业监督职能，无论如何摆脱不了行政干预之嫌，与《仲裁法》确立的仲裁基本制度不相适应。长此以往，势必会破坏我国仲裁事业的对外形象。因此，尽快成立中国仲裁协会，由仲裁协会切实承担起行业监督职能不仅是保障仲裁质量的需要，而且对于维护仲裁的独立和尊严具有重要意义。

3. 成立中国仲裁协会是规范仲裁机构运作方式的需要

尽管根据《仲裁法》规定，仲裁委员会由符合条件的市的人民政府有关部门和商会统一组建，但由于我国长期实行计划经济，企业权力有限，商会力量更是薄弱，各地在组建仲裁机构过程中，商会基本上难以发挥实质性影响，各地仲裁机构实际上是由政府法制部门出面组建的。由政府单方出面组建仲裁机构势必会给仲裁机构的运行带上一定的行政色彩，只是基于各地政府认识水平的差别，行政色彩有强弱之分罢了。许多省在重新组建仲裁机构时，几乎在设区的市都建立了仲裁机构，据了解，有个别省的仲裁机构已达到 15 家，“有一个省的文件中规定，凡设区的市要限期把仲裁机构组建起来，大有回归地域管辖之势”。此种“催生儿”很多处于休克状态，长此以往，会严重降低仲裁声誉。有的仲裁委员会从建立之日起就成了官办机构，定格为正县级，设正职 1 人，副职 2~3 人，成为安排干部的机构，而且有的还由行政机关的负责人兼任仲裁委员会的主任并审批案件。这种带有明显行政性、缺乏民间性的仲裁易使人们对它的公正性产生怀疑，从而动摇仲裁的基础，长此以往，同样会影响仲裁事业的发展。成立中国仲裁协会，以仲裁机构行业监督者的身份向当地政府建议，对于规范仲裁机构的运作方式，保障仲裁机构民间性有着重要意义。

二、仲裁协会的法律性质和特征

关于协会组织的法律地位，我国理论界已有比较深入的研究，大家较为一致的认识是：协会组织属于社会中介组织，在政府与社会主体之间、社会主体相互之间搭起一座沟通的桥梁，充当着组织协调、平等中立者的角色。中国仲裁协会自然也具有上述法律地位。我国《仲裁法》对中国仲裁协会的法律地位和性质作了明确规定：中国仲裁协会是仲裁委员会的自律性组织，是“社会团体法人”。社会团体法人是指自然人或法人自愿组成为实现会员共同意愿，按照其章程开展活动的非营利性社会组织。仲裁协会作为社会团体法人，应具有以下基本特征：

1. 正规性

中国仲裁协会是由仲裁委员会共同组建，并经社团登记管理部门合法登记的，具有正式身份。

2. 民间性

在组织机构上，中国仲裁协会与政府行政部门分离，与政府机关没有任何隶属关系，不享有政府机关所具有的行政管理权。仲裁协会民间性是仲裁民间属性的根本要求。

3. 非受案性

中国仲裁协会作为一个独立的社会实体，不能以受理仲裁案件为目的，应以促进我国仲裁事业的发展为己任，通过指导而不干涉，协调而不强制，监督而不管卡的原则服务于我国仲裁事业。

4. 自治、自律性

中国仲裁协会是各仲裁机构的自律性组织，根据协会章程，中国仲裁协会建立自我约束机制，实现仲裁行业的自我管理、自我服务、自我监督、自我保护，从而树立我国仲裁的良好形象，建立仲裁的权威性和公信力。

5. 自愿性

中国仲裁协会采用会员制，各仲裁委员会可以自愿申请入会，同时也有退会的权利。自愿原则是仲裁协会作为社会团体法人的本质特征所在。

6. 公益性

中国仲裁协会代表我国仲裁事业的整体利益，并为我国仲裁事业持续、健康、有序发展服务。中国仲裁协会在政府与仲裁机构之间起着桥梁和纽带作用，是为解决单个仲裁委员会不能解决的、带有共性的问题的社会团体，是在仲裁机制市场化条件下为各仲裁委员会在竞争与合作中自我协调相互之间的关系的社会团体。

实践中，有人期望中国仲裁协会承担起仲裁行业监督管理的职能，更有人建议把“仲裁协会”改为“中国仲裁监督管理委员会”，履行中国仲裁监督管理职能。[①] 由中国仲裁协会承担仲裁监督管理职能实质上赋予了中国仲裁协会“二政府”的地位，改变了协会社会团体法人的性质，使协会要么成为经政府授权（或者立法授权）行使一定行政管理权的事业单位法人，要么直接成为机关法人，代表国家行使行政管理权。使仲裁协会具备“二政府”的性质说明计划经济体制下国家对社会经济实施一元化管理模式对人们思想的影响尚未消除，人们相信只有靠政府的管制，社会经济生活才能有序发展。这种认识现象在其他行业协会中也普遍存在，如中国律师协会、中国体育协会等按其运行情况看，似乎应属于事业单位法人。对于行业协会在我国的表现形式，笔者认为，行政依赖性那只是事物发展过程中不完善的体现，并不能以静止的观点对其定性。改变中国仲裁协会的性质，把自律性组织变为具有浓重行政色彩的行业管理机构，只能把仲裁协会建成原仲裁管理体制的翻版，使仲裁协会成为仲裁委员会新的“婆婆”，这不仅和政府建立仲裁协会的初衷不符，而且和现代仲裁制度的发展趋势相背离，从长远意义上来说，并不能得到仲裁委员会的真正拥护。

三、仲裁协会的基本职能

对中国仲裁协会的法律地位和性质有了共识，其职能就容易引出来，目前存在的关于仲裁协会职能的一些争议，就可能较少或较易协调。中国仲裁协会的具体职能归纳起来，主要有以下两个方面：

1. 服务职能

服务职能是中国仲裁协会的基本职能，建立仲裁协会的目的之一就是为广大会员单

① 参阅杭州仲裁委员会于 2006 年 4 月 18~20 日在厦门召开的“《仲裁法》修改暨中国仲裁协会章程起草研究工作座谈会”上提交的材料。

位提供服务。仲裁协会的服务职能主要包括：

①宣传仲裁法律制度。充分利用各类媒体，向国内、国际社会宣传、推广中国仲裁法律制度，提升社会的仲裁法律意识。

②协调各仲裁委员会之间的横向关系，以及仲裁工作与人民代表大会、政府等各有关方面的纵向关系。仲裁没有地域、级别管辖限制，在我国，仲裁事业发展到一定规模后，各仲裁委员会之间必然会呈现出或竞争或合作的关系，中国仲裁协会要从保障仲裁事业有序发展的角度对这种关系予以协调。同时，对仲裁工作中出现的单个仲裁委员会难以解决的，又带有共性的问题，中国仲裁协会要予以协调，并根据需要提出相应的立法或其他建议。

③协调和加强与人民法院的联系、沟通。根据《仲裁法》规定，法院对仲裁工作既发挥着支持作用，也承担着一定的司法监督职能，理顺和法院的关系，最大限度地争取法院对仲裁工作的支持，对树立仲裁的权威性有着重要意义。中国仲裁协会要代表我国仲裁界向法院系统提出司法建议，协助制定相关的司法解释，为仲裁的发展营造良好氛围。

④协调我国的仲裁委员会与外国仲裁机构及法院的关系。我国于 1986 年加入了《承认及执行外国仲裁裁决公约》（《纽约公约》），根据该公约，我国的仲裁裁决已能在世界上 140 多个国家得到承认和执行。中国仲裁协会要做好与外国相关法院的协调工作，维护我国涉外仲裁裁决的效力，树立我国仲裁制度在国际上的良好形象。

2. 行业规范和监督职能

《仲裁法》实施十多年来，我国先后组建了 185 家仲裁机构，这些仲裁机构的牌子虽然挂了，但许多问题还来不及解决，从仲裁理念到仲裁行为，从仲裁机构的自身架构到运行，有不少方面并不符合现代仲裁制度的要求，不符合《仲裁法》的立法精神。仲裁机构组建以后，必然会经历从不够完善到比较完善的过程。中国仲裁协会作为行业自律性组织，要在仲裁工作规范化上发挥指导作用。

①根据《仲裁法》和《民事诉讼法》的规定，制定《示范仲裁规则》。由中国仲裁协会制定示范性而非强制的仲裁规则，通过制定示范性仲裁规则，逐步规范各仲裁机构的工作，激活仲裁机构的生命，促进仲裁机构通过良性竞争实现仲裁事业的可持续发展。

②依据《仲裁法》的规定，制定《仲裁员守则》，规范仲裁员队伍的行为，提高仲裁员队伍的整体水平。

③根据《仲裁法》的要求及实际工作发展的需要，在中国仲裁协会章程规定的范围内制定其他必要的规范。

四、仲裁协会与仲裁机构的关系

按照《仲裁法》的规定，仲裁委员会是中国仲裁协会的会员。作为法定会员，两者之间必然存在一些关系，其中主要有：服务和接受服务的关系；违纪监督和被监督的关系。在中国仲裁协会成立之后，仲裁机构在其可由仲裁协会提供的服务方面，可以相应减少一些精力，而将更多的精力投入到仲裁案件的程序管理方面。当然，各个仲裁机构原先具有的优点仍应坚持，作为市场服务主体的吸引力仍需增强。

可能涉及的仲裁协会与仲裁机构之间的关系有：

①人事组织关系。在人事安排和管理上，仲裁机构和仲裁协会是相互独立的。理由显而易见：民间仲裁机构应按照自己的人事制度进行管理。仲裁协会对于仲裁机构的人事没有也不应有话语权。但是，仲裁协会作为仲裁机构自己的协会，作为会员组成的机构，各个会员民主集中的意见，将决定协会的人事构成。

②财务资金关系。仲裁机构和仲裁协会是相互独立的，包括财务上也是如此。仲裁机构的主要经费来源应当是仲裁费收入，而仲裁协会则主要靠会费。因此，为保证仲裁协会的正常工作，为仲裁机构做好服务、协调关系，仲裁机构必须准时、足额地缴纳会费，为仲裁协会的良好运转创造基本的资金基础。

③业务上的监督关系。仲裁机构是管理仲裁程序的机构，而仲裁协会不具有此种职能。两者不存在交叉。仲裁协会由于仅仅是会员组成的机构，与各仲裁机构之间在业务上也不存在指导和被指导的关系。仲裁协会不能影响仲裁机构案源拓展和个案管理。业务上的拓展，要靠仲裁机构自身，不能指望仲裁协会为全国的近两百家仲裁机构的业务提供个别的帮助。业务上的质量，也要靠具体审理仲裁案件的仲裁庭和管理仲裁程序的仲裁机构自行把握。仲裁协会可以组织仲裁员的培训，但不能完全代替仲裁机构自身对仲裁员的培训。但是仲裁机构的工作必须受仲裁协会的监督，仲裁协会通过制定示范性仲裁规则，逐步规范各仲裁机构的工作，激活仲裁机构的生命，促进仲裁机构通过良性竞争实现仲裁事业的可持续发展。

第三节　仲裁庭和仲裁员

一、仲裁庭的概念和特征

仲裁庭是指由当事人选定和仲裁机构指定的仲裁员组成的，对仲裁案件的实体或部分程序问题进行审理和调解的临时性组织。从以上仲裁庭的概念可以看出，仲裁庭有如下特征：

1. 仲裁庭独立性

仲裁庭是主要负责仲裁案件实体审理和部分程序问题的临时组合，仲裁裁决作出或者调解文书生效后，仲裁庭便自动解散。相对仲裁庭而言，仲裁机构的职能主要是负责部分程序问题和案件的管理，负责为仲裁案件的顺利进行提供较好的协助功能的常设组织。在实行机构仲裁的制度中，没有仲裁机构的工作，仲裁庭难以组建；但由当事人选举并组建的仲裁庭一旦产生，便具有高度的独立性。

2. 仲裁庭存在的临时性

对于每一个仲裁庭而言，仲裁裁决作出后，除非有法院裁定由原仲裁庭重新仲裁的情形，该仲裁庭的法定义务已经履行完毕，当事人是否申请撤销、是否执行，是当事人自行处分自己民事权利的行为，与仲裁庭无关。至此，仲裁庭的生命就终结了。

3. 仲裁庭组成的意思自治

这里的意思自治是指仲裁庭的产生主要是由当事人来决定的，包括仲裁庭的组成形式以及仲裁员。只有在当事人逾期不作为的时候，仲裁委员会的主任才能介入。意思自治是仲裁制度的灵魂，也是仲裁制度生命力的源泉，而仲裁庭组成的意思自治就是仲裁制度意思自治的最重要的体现。

二、仲裁庭的组成

仲裁庭的组成是整个仲裁程序中十分重要的一环。仲裁协议的存在为仲裁程序的进行提供了可能性，一方当事人提起仲裁申请则使仲裁程序正式启动，但是仲裁进入实质性裁判程序仍须具备一个十分重要的前提，即仲裁庭的组成。仲裁庭不确定，则仲裁程序无法进行；仲裁庭组成不当，则会影响仲裁程序的正当性和仲裁裁决的可执行性；仲裁庭的组成人员有瑕疵，则仲裁裁决的质量无法保证。正如有学者所言："仲裁的质量主要取决于仲裁员，仲裁员的任职资格、人品、智慧、业务经验对争议的合理解决有着决定性的影响。"因此，无论是当事人还是仲裁机构，都应对究竟由谁来对当事人之间的争议进行裁判，即仲裁庭的组成问题应给予足够的重视。下面拟结合我国的仲裁立法及实践，就仲裁庭组成的相关问题作一探讨。

1. 仲裁庭的组成形式

根据仲裁委员会的仲裁规则，仲裁庭分为独任仲裁庭和合议仲裁庭两种，独任仲裁庭由一名仲裁员组成，合议仲裁庭由三名仲裁员组成。当事人可以约定仲裁庭的组成形式。适用简易程序的案件，由一名仲裁员组成独任仲裁庭予以审理。对于其他大部分适用普通程序的案件，除非当事人另有约定，否则一般由三名仲裁员组成的合议仲裁庭审理。由于我国仲裁实践中原则上是按争议标的收取仲裁费用（包括仲裁员费用）的，指定三名仲裁员组成仲裁庭并不会实质性增加当事人的费用负担，而且三人仲裁庭有助于仲裁庭知识结构的互补，提高仲裁的质量，因此，在大多数情况下，我国仲裁机构的仲裁庭由三名仲裁员而非一名仲裁员组成。

（1）独任仲裁庭

简易程序的独任仲裁庭组成人员，可以由申请人和被申请人事先约定，也可以在双方当事人未作约定的情况下，在开始仲裁程序后一个特定时期内（例如，在被申请人收到仲裁通知后15天内），由双方共同选定或共同委托仲裁委员会主任指定一名独任仲裁员；如果双方不能达成协议，在期限届满后，仲裁委员会主任可以直接指定一名独任仲裁员成立仲裁庭，审理仲裁案件。普通程序的独任仲裁员，可以由双方当事人在开始仲裁程序后20天内，共同指定或共同委托仲裁委员会主任指定；逾期则由仲裁委员会主任直接指定一名独任仲裁员成立仲裁庭。

（2）合议仲裁庭

组成人数为三人的仲裁庭，也可以称为合议仲裁庭。合议仲裁庭的组成方法可以由当事人予以约定。在当事人未约定的情况下，通常由申请人和被申请人各自在仲裁程序开始后规定的期限内指定一名仲裁员，也可以由当事人委托仲裁委员会主任代其指定一名仲裁员。当事人未能在规定的期限内指定或委托指定仲裁员的，仲裁委员会主任可以直接代不作为的当事人指定一名仲裁员。第三名仲裁员担任首席仲裁员，由双方当事人在仲裁程序开始后规定的期限内共同选定或共同委托仲裁委员会主任指定，双方逾期未达成协议或不作为的，仲裁委员会主任直接指定该第三名仲裁员。三名仲裁员全部产生后，仲裁委员会向双方当事人发出书面通知，组成仲裁庭审理案件。

2. 仲裁庭组成程序

根据《仲裁法》的规定，仲裁庭的组成必须按照法定程序进行。这一程序包括：

(1) 约定仲裁庭的组成形式

当事人收到仲裁委员会的仲裁规则和仲裁员名册后，应约定仲裁庭的组成形式，并在仲裁规则规定的期间内加以确定，对于仲裁庭的组成形式，当事人既可以约定由 3 名仲裁员组成合议仲裁庭，也可以约定由 1 名仲裁员组成独任仲裁庭。如果当事人没有在仲裁规则规定的期限内约定仲裁庭的组成方式的，由仲裁委员会主任指定。

(2) 确定仲裁员

根据《仲裁法》第 31 条的规定，当事人约定由 3 名仲裁员组成仲裁庭的，应当各自选定或者各自委托仲裁委员会主任指定 1 名仲裁员，第三名仲裁员由当事人共同选定或者共同委托仲裁委员会主任指定。第三名仲裁员是首席仲裁员。如果当事人约定由 1 名仲裁员成立仲裁庭的，应当由当事人共同选定或者共同委托仲裁委员会主任指定该独任仲裁员。当事人没有在仲裁规则规定的期限内选定仲裁员的，由仲裁委员会主任指定。

仲裁庭组成后，仲裁委员会应当将仲裁庭的组成情况书面通知当事人。作为整个仲裁程序顺利进行的基础，仲裁庭组成程序中的诸多问题若能得到妥善处理，必将有助于公平、合理、有效地解决纠纷。笔者认为在这一程序中应注意以下两点：第一，应把当事人的利益放在第一位。我国仲裁法和有关仲裁规则在仲裁庭的组成上，应把“组成有能力的仲裁庭以服务当事人”作为目标。第二，在这一程序中，应采用仲裁性质“契约说”，仲裁员与当事人的关系也应被认为具有契约性质。除非当事人放弃或不行使其任命权，否则，当事人与被指定仲裁员之间应就仲裁员指定达成合意；一旦被指定仲裁员接受指定，二者之间的特殊合同关系即告成立。这样，有助于维护当事人与仲裁员在整个仲裁程序中的权利义务平衡，亦可提高当事人的自治意识，加强仲裁员的责任意识。

三、仲裁员的概念与任职条件

1. 仲裁员的概念和组成模式

仲裁员是指接受当事人委托就受仲裁协议管辖的争议作出裁决的人士，是仲裁案件的程序掌控者和最终裁判者。通常认为，仲裁员有广义与狭义之分。广义的仲裁员是指符合法定任职资格，并为仲裁机构聘任与列入名册的人。狭义的仲裁员是指已被当事人选定或者被依法指定，对具体仲裁案件进行审理并作出裁决的人。可见，广义的仲裁员是仲裁机构从社会上选聘的，狭义的仲裁员是当事人从广义仲裁员中依法选择出来的。仲裁员是仲裁机构的重要组成部分，是仲裁程序的主持者和仲裁案件的公断人。

仲裁机构所选聘的仲裁员数量并非静止和一成不变的。根据国务院的有关规定，仲裁机构聘任的仲裁员一般三年换届一次，聘期届满后一部分仲裁员得以续聘，一部分仲裁员不再留任，另有一些新的成员加入到仲裁员的行列中来。从实践中看，受经济发展、地域环境、人才分布以及仲裁机构自身发展的状况影响，各仲裁机构所聘任的仲裁员数量并不统一，但总体而言，随着十多年仲裁事业的发展和进步，多数仲裁机构现有的仲裁员人数较之成立初期都有了不同程度的增长。由于仲裁员均来自各行各业方方面面，欲对仲裁员队伍的构成作出细致的划分难度较大。一般来说，往往是依据仲裁法对仲裁员任职法定条件的规定来作粗线条的划分。从实践来看，多数仲裁机构的仲裁员队伍是以法学教授或者专家、退休法官、职业律师、经济贸易方面的专业人士等为主体构成的，只不过具体的人员比例有所不同。

2. 仲裁员的名册制度

所谓名册制，是指把候选仲裁员的姓名及其专长，有时包括其经验和阅历编制成册，供当事人、仲裁机构或指定机构选择以确定仲裁员的一种制度。如果当事人选择机构仲裁的方式，就不可避免地会涉及是否实行名册制的问题。世界上主要的仲裁机构在这一问题上的做法并不一致。有的实行封闭名册制，即不论是当事人选定仲裁员还是仲裁机构指定仲裁员，都必须从仲裁机构所提供的名册中选择，如美国仲裁协会、荷兰仲裁机构以及按照《联合国国际贸易法委员会仲裁规则》进行仲裁的机构。有的实行开放名册制，即当事人可以在仲裁机构提供的名册中选择仲裁员，也可以在名册之外选任仲裁员，如香港地区和新加坡的仲裁机构。还有的不实行名册制，仲裁机构只行使确认权，对当事人自由选择的仲裁员进行确认，如斯德哥尔摩商会仲裁院、伦敦国际仲裁院、国际商会仲裁院等。

我国《仲裁法》未赋予当事人在名册之外选择仲裁员的权利。《中国国际经济贸易仲裁委员会仲裁规则》第24条、第25条明确规定，双方当事人应当各自在仲裁委员会仲裁员名册中选定一名仲裁员或者委托仲裁委员会指定；双方当事人可以在仲裁员名册中共同选定或者共同委托仲裁委员会主任指定一名仲裁员作为独任仲裁员。由此可见，我国实行的是封闭名册制，在操作中采用的是直接指定的方式，即当事人和仲裁委员会主任直接从仲裁员名册中指定仲裁员。这一做法虽然迅速简便，但在实践中存在很大的弊端：①名册中公布的仲裁员信息过于简略，没有给予当事人足够的知情权；②名册中仲裁员的国籍不够多样化，无法满足当事人的需要；③名册中提供的仲裁员有些在专业能力上或体能上已不能适应当事人对仲裁员的基本要求，而仲裁机构并未对其予以替换；④对于当事人来说，名册制的强制性过大，特别是仲裁委员会主任代为指定仲裁员时，有时不考虑当事人是否认可所选定的仲裁员。在国际商事仲裁中，仲裁机构采用名册制的初衷是为当事人选择仲裁员提供参考，防止当事人选择的仲裁员不符合法律规定的仲裁员资格，在当事人无法自己选择时帮助其行使选择仲裁员的权利，从而提高仲裁的效率。但是，我国仲裁机构采用名册制在实践中更多地考虑的是自己的便利，而未对当事人的意志给予足够的尊重，这对我国仲裁事业的发展、仲裁水平和服务水平的提高是很不利的。

对我国仲裁名册制的改革，应在补充完善现有名册的基础上进行：首先，应改直接指定方式为间接指定方式。美国仲裁协会即采用这种方式，用列名的方法向当事人推荐仲裁员，由当事人选择。其一般做法是协会向各方当事人提供一份名单，列上 10 至 20 名仲裁员，当事人可以根据需要划掉其不愿指定的仲裁员，并把其余的仲裁员按需要的顺序重新排列。双方把自己挑选过的名单退回仲裁协会，两份名单上没有被划掉的就是双方都同意的仲裁员，即选定的仲裁员。如果双方未达成一致，则由协会指定仲裁员，但协会不得指定双方当事人在名单上划掉的人选为仲裁员。这种做法值得我国仲裁机构借鉴。其次，应改封闭名册制为开放的名册制，允许当事人在仲裁机构提供的名册之外选择仲裁员，而仲裁机构只行使确认权，这样才可能使名册制起到其应有的积极作用。

3. 仲裁员的任职条件

在仲裁过程中，仲裁员在整个仲裁案件的审理和裁决中具有举足轻重的地位和作用，是仲裁制度中的决定性因素。其道德素养的好坏、专业水平的高低、敬业意识的强弱，将直接影响到仲裁机构的声誉和仲裁事业的发展。[①] 各仲裁机构在选聘仲裁员时，基本上都参照《仲裁法》第 13 条的规定，即仲裁员应该从公道正派人中选聘，应该是从事仲裁工作满八年的；从事律师工作满八年的；曾任审判员满八年的；从事法律研究、教学工作并具有高级职称的；具有法律知识、从事经济贸易等专业工作并具有高级职称或者具有同等专业水平的。这是关于仲裁员的法定条件，是必须遵守的。实践中，还有一些仲裁机构在法定要件的基础上，进一步对仲裁员的素质提出了具体要求。

例如，北京仲裁委员会在其制定的《仲裁员聘任管理办法》中明确规定，该会所聘任的仲裁员，除具备仲裁法规定的法定条件外，还应当具备以下六项条件：①遵守北京仲裁委员会《仲裁规则》、《仲裁员守则》、《关于提高仲裁效率的若干规定》等；②诚实信用、认真勤勉、注重效率；③具有本办法第 3 条规定的学历、资历、知识、经验，熟悉《仲裁法》、《仲裁规则》、仲裁程序、证据规则和仲裁实务；④明察善断、善于学习，具有较强的语言文字表达能力，能够组织开庭审理、制作裁决，办案效果好；⑤身体健康、精力充沛，有相应的时间从事仲裁工作；⑥年龄不满 66 周岁。多次担任首席或独任仲裁员，经验丰富，办案效果好，或者为本会工作所需的特殊专业人才，年龄可适当放宽，但原则上不超过 75 周岁。

此外，北京仲裁委员会还区分不同职业、不同专业领域的人士，对其担任仲裁员的标准提出了针对性的具体条件：

第一，法律教学、研究工作者：①具有教授、研究员高级职称，或者具有副教授、副研究员高级职称，并具有博士学位，办案能力强、经验丰富；②直接从事民商法律方面的教学或研究工作；③办理过仲裁或诉讼案件，具有相应办案经验。

第二，律师：①具有法律专业硕士研究生或以上学历，或者具有法律专业大学本科学历，并多次任首席或独任仲裁员，办案能力强；②从事或曾从事诉讼或仲裁业务办案，经验丰富；③在律师行业中具有较高的专业水准和良好信誉，无任何违纪行为或不

① 陆春玮. 仲裁员培训问题初探. 上海仲裁，2006（1）

良反映；④能够胜任首席或独任仲裁员工作。

第三，经济贸易工作者：①具有大学本科或本科以上学历。②具有本专业正高职称；或具有副高职称，并具有硕士研究生以上学历；或者担任处级或处级以上专业技术领导职务；或者担任副处级专业技术领导职务，具有较高专业技术水平。③从事经济贸易或专业技术工作满八年，具有相关法律知识，经验丰富。

第四，离职审判员：①具有法律专业本科或本科以上学历；②曾长期从事民事、经济审判或研究工作；③信誉良好，业务水平高，办案能力强，曾任审判长、副庭长或以上职务的资深法官；④退休或离开审判工作不满两年，或者退休或离开审判工作后一直从事教学或其他法律事务工作。

第五，其他法律事务工作者：①具有法律专业本科或本科以上学历，或者具有法律大专学历，但曾通过司法考试取得律师资格。②具有本专业正高职称，或者担任处级或处级以上有关立法、执法、法律事务工作领导职务；或者担任副处级领导职务，曾多次办理仲裁、诉讼案件，办案能力强。③从事立法、执法或法律事务工作满八年，经验丰富。港、澳、台及外籍人士除符合上述标准外，应具有丰富的仲裁实践经验，并且具有相应时间、精力承办案件。

4. 仲裁员的规范和管理

仲裁的质量主要取决于仲裁员。在只承认机构仲裁的我国，仲裁员队伍素质的好坏和水准的高低，不仅成为当事人选择哪家仲裁机构作为纠纷解决机关的标准，甚至在一定程度上还会影响到仲裁这一制度自身的生存和发展。当前，我国的仲裁事业还处在初级发展的阶段，市场主体的仲裁意识还比较薄弱，需要通过每一位仲裁工作者的努力来打造和树立仲裁的品牌和形象。这其中，关键就在于仲裁员。在这种情形下，不少仲裁机构开始重视仲裁员队伍的建设，强化仲裁机构的管理职能。具体包括了如下管理制度和措施。

①仲裁员的信息披露义务。所谓仲裁员的信息披露义务，是指仲裁员决定接受选定、指定或者在案件审理过程中，知悉可能导致当事人对其独立性、公正性产生合理怀疑的任何事实或情况，应当向仲裁委员会或者当事人披露该信息。首先，这种披露应当在仲裁员接受任命之前提出，仲裁员若在任命前并未意识到上述利益和关系或在仲裁程序中发现了新的利益和关系，都应当加以披露，时间不限于接受任命之前。其次，这种利益或关系是指可能影响公正性的利益或关系。这种措辞要求仲裁员尽可能披露各种只是存在影响的可能性的利益或关系。因此，当仲裁员把握不准是否应当披露时应倾向于进行披露。但是，如果另一方当事人知道这种情况并同意仲裁员继续进行仲裁的也应当尊重当事人的意思。

②勤勉义务。仲裁员是兼职的，且对于不同的仲裁案件有不同的专业要求。这就要求仲裁员首先要量力而行，在自己的能力范围内接受仲裁。而且一旦接受了仲裁，就应当保证精力和时间的付出。在仲裁程序中应当认真审理案卷，进行合议，若是首席仲裁员，还应当注意对仲裁程序的适当控制。仲裁员不应主动谋求指定，但并不否定仲裁员作一些真实准确的宣传。当然，这种宣传是有严格限制的，例如宣传中不得有谋求任命的意愿，等等。目前国内实践中仲裁员的主要问题就是对勤勉义务的违背，如不阅读案

卷甚至开庭带错案卷，从不起草裁决书，不提供裁决意见，对其他仲裁员或多数情况下秘书撰写的裁决书稿不提修改意见，这样的“三不”仲裁员不在少数。因此，国内仲裁机构所制定的仲裁员守则多数对此作了详细规定，甚至包括不得迟到和早退，不得在开庭时从事与庭审无关的活动。仲裁员的勤勉义务是仲裁员道德操守的重要体现，对此加以明确规定不仅有利于保证仲裁的效率，也有利于增强当事人对仲裁的信任。

③仲裁员惩戒措施。为督促仲裁员公正办案，维护仲裁的信誉以及仲裁机构的形象，几乎每一个仲裁机构都制订了相应的仲裁员惩戒措施。如果发现仲裁员存在违纪甚至违法的行为，仲裁机构将相对应地采取给予警告、撤换、解聘甚至移送法办等措施。

④保密义务。保密是仲裁制度的一项原则，也是仲裁的一大优势，是吸引当事人采用仲裁方式解决纠纷的重要原因之一。因此，几乎所有相关的道德准则中都有明确的规定。保密的内容对于当事人而言，是指仲裁员对于案件的看法以及合议的情况应当保密；对于外界而言，是指仲裁员基于当事人对他们的信任应对案情、审理过程、当事人的商业秘密以及其他不愿为人所知的情况保密。这种保密义务理应持续到仲裁裁决做出后的任何时间。当然，当事人同意公开的情况属于例外。

⑤与当事人的接触中应当避免不公正或可能造成偏袒印象的义务。仲裁员与当事人的关系比较微妙。一方面，仲裁员的仲裁权基于当事人的选择和约定而产生，另一方面，仲裁员为了保证仲裁的公正性又要谨慎地处理好与双方当事人之间的关系。主要要求仲裁员不得私自会见当事人或讨论案件，更不能接受当事人的请客送礼，尤其不得偏向指定他的一方当事人。但在仲裁案件的调解过程中，与一方当事人或代理人单独会见的情况不在此列。因为仲裁庭在调解前，必须征得双方当事人的同意。当事人一旦同意由仲裁庭主持调解，即是授权仲裁庭以适当的方式接触当事人，包括与一方当事人单独会谈。

案例分析

【案情】2001 年，浙江湖州某建筑装潢公司与杭州某饭店签订了装饰装修合同。合同履行后，饭店以装修质量低劣为由拒绝付款。在多次协商未果的情况下，装潢公司依据合同约定，向杭州仲裁委员会提请仲裁。杭州仲裁委员会受理此案后，依据《仲裁规则》和当事人双方的约定，组成了合议庭审理此案。开庭后，装潢公司发现仲裁庭的一名仲裁员与饭店的代理人曾经是同事，认为这可能影响本案的公正裁决。为此，装潢公司向杭州仲裁委员会提出了仲裁员回避申请。经仲裁委员会审查，仲裁委员会主任批准了装潢公司提出的回避申请。

【问题】我国《仲裁法》对仲裁回避有何规定?

【解析】回避制度是指仲裁员遇到法律规定的回避事由时，退出对某一具体案件的仲裁活动的制度。它对于保证仲裁活动的公正合理，避免不公正的裁决，消除当事人不必要的疑虑，树立仲裁机构的威信等，都具有重要作用。我国《仲裁法》第 34 至 38 条明确规定了仲裁员回避的事由、程序等事宜。具体回避事由主要有四种情况：是本案当事人或者当事人、代理人的近亲属；与本案有利害关系；与本案当事人、代理人有其他关系，可能影响公正裁决的；私自会见当事人、代理人，或者接受当事人、代理人请客送礼的。上述案件涉及《仲裁法》第 34 至 38 条规定的回避事由。因此，本案中，仲裁委员会主任批准装潢公司提出的回避申请应当说是符合法律规定的。

第十章　仲裁当事人

广义地讲，仲裁的主体泛指所有参与仲裁活动的人。本章所要研究的仲裁当事人，是狭义上的仲裁协议约定双方。仲裁协议约定双方即：依法向仲裁机构提出仲裁申请的人（申请人），以及申请人在仲裁申请书中所提请求的义务人（被申请人）。同时，为了进一步说明本专题，本章还对与仲裁当事人在仲裁过程当中密切相关当事人的变更、密切相关第三人的地位、派生仲裁请求权和诉讼中的代理问题进行全面的解析。本章的宗旨主要是阐述在仲裁协议有效前提下的仲裁请求的积极要素和消极要素，即谁能成为仲裁当事人和谁不能成为仲裁当事人。

第一节　仲裁当事人的概念和特征

一、仲裁当事人的概念

1. 仲裁当事人的含义

仲裁程序中的当事人是指依据生效的仲裁协议，以自己名义参加仲裁程序并受仲裁裁决约束的平等主体。

我国《仲裁法》第 2 条规定，平等主体的公民、法人和其他组织之间发生的合同纠纷和其他财产权益纠纷，可以仲裁。该法第 4 条规定，当事人采用仲裁方式解决纠纷，应当双方自愿，达成仲裁协议；没有仲裁协议，一方申请仲裁的，仲裁委员会不予受理。依据上述规定，仲裁当事人是指依据生效的仲裁协议，以自己名义参加仲裁程序，并受仲裁裁决约束的公民、法人或其他组织。[①]

我国《仲裁法》对“其他组织”并没有详细的规定，但依据《最高人民法院关于适用〈中华人民共和国民事诉讼法〉若干问题的意见》第 40 条规定，其他组织是指合法成立、有一定的组织机构和财产，但又不具备法人资格的组织。包括：依法登记领取营业执照的私营独资企业、合伙组织；依法登记领取营业执照的合伙联营企业；依法

① 黄进. 仲裁法学. 北京：中国政法大学出版社，1997. 104

登记领取我国营业执照的中外合作经营企业、外资企业；经民政部门核准登记的社会团体；法人依法设立并领取营业执照的分支机构；中国人民银行、各专业银行设在各地的分支机构；中国人民保险公司设在各地的分支机构；经核准登记领取营业执照的乡镇、街道、村办企业；符合本条规定条件的其他组织。

需要注意的是，仲裁当事人不同于仲裁参与人。仲裁参与人范围非常广，除包括仲裁当事人和第三人以外，还包括参与仲裁程序的证人、鉴定人、翻译人员等。

2. 仲裁当事人的权利

仲裁当事人的权利包括：①申请人有提出仲裁请求和修改、撤销仲裁请求的权利，被申请人有承认或者反驳和提出反请求的权利；②有约定仲裁庭组成形式和选任仲裁员以及提出仲裁员回避申请的权利；③有协议是否开庭仲裁和是否公开仲裁以及提出延期开庭申请的权利；④有权在仲裁过程中辩论、对自己主张提供证据、出示证据、进行质证；⑤有申请证据保全、财产保全的权利；⑥有自行和解或和解后又反悔的权利；⑦有权依法请求人民法院执行、撤销仲裁协议；⑧有申请修改、补充仲裁笔录和补正裁决书的权利等。

3. 仲裁当事人的义务

仲裁当事人的义务包括：①申请人有依法递交仲裁协议、仲裁申请书和副本的义务，被申请人有按规定日期提交答辩书的义务；②有共同选定或者共同请求仲裁委员会主任指定独任仲裁员或者首席仲裁员的义务；③有义务按时出庭、如实回答仲裁庭提问和根据仲裁庭要求提供证据和资料；④有义务遵守仲裁决定、自觉执行仲裁裁定和遵守仲裁协议的约定等。

二、仲裁当事人的特征

从世界各国仲裁立法和仲裁实践来看，仲裁当事人具有以下特征：

1. 当事人之间必须订立有效的仲裁协议

仲裁的开始和进行必须以存在有效的仲裁协议为条件，因而仲裁的当事人之间必须订立有效的仲裁协议。也就是说，一般情况下，仲裁协议的当事人和仲裁的当事人是一致的。

2. 仲裁当事人之间地位平等

我国《仲裁法》第2条规定，平等主体的公民、法人和其他组织之间发生的合同纠纷和其他财产权益纠纷，可以仲裁。仲裁是为了解决当事人之间的民商事纠纷而进行的。而在民商事法律关系中，当事人的法律地位是平等的，这就必然要求各方当事人在仲裁中的法律地位也是平等的。正是这种当事人地位的平等性将民商事法律关系与其他公法关系区别开来，也将仲裁当事人的特征显现出来。

3. 当事人之间必须发生了仲裁协议范围内的纠纷

民商事法律关系的当事人之间发生了仲裁协议范围内的纠纷，并且提交仲裁解决，他们才有可能成为仲裁的当事人。[1]

4. 仲裁当事人是以自己的名义参加仲裁

当事人提起仲裁的目的是维护自己的权益，因此必须以自己的名义进行。仲裁代理人也可参加仲裁，但是是以委托人的名义提起，其行为的后果也由委托人承担，这也决定了仲裁代理人不是仲裁当事人的地位。

三、仲裁当事人的变更

仲裁当事人的变更，是指在仲裁程序中，由于特殊事由的发生，仲裁协议的约定双方，即原仲裁当事人，由仲裁程序以外的人取代或者替代参加仲裁程序。仲裁当事人的变更是一个非常重要，同时又是非常复杂的问题。

仲裁当事人一旦发生变更，会导致一系列法律关系和仲裁主体适格的变化，其中最需要准确把握的变化有：仲裁当事人变更后仲裁庭能否继续对该仲裁协议以外的人行使仲裁权？变更后仲裁庭所作出的仲裁裁决约束对象是何种指向？总的来说，仲裁当事人变更主要有以下两种情况：

1. 当事人死亡

当事人的死亡既包括自然人的生理死亡，也包括法人资格的消亡。当事人死亡的直接后果就是导致法律上的继承，即死亡当事人的法律权利和法律义务由其继承人接受。在各国民事诉讼当中，一般均承认继承人有代替已死亡诉讼当事人参加诉讼的权利或义务。但是，由于仲裁程序和仲裁程序调整对象的特殊性，即只有签订仲裁协议双方的当事人才能成为仲裁程序中的当事人，并且仲裁只能调整当事人之间约定的商事关系。因此，继承人能否替代已死亡的仲裁当事人成为原仲裁程序的当事人，至今还是一个颇具争议的问题。另外，仲裁当事人在仲裁程序过程中不同阶段的死亡，会对仲裁程序产生不同的影响。

(1) 自然人的死亡

在仲裁程序开始前，自然人死亡的，死者的遗产管理者、遗嘱执行人或继承人介入后，仲裁协议是否同样有效？根据 1996 年《英国仲裁法》第 8 条的规定：“除非当事人另有约定，如果当事人一方死亡，仲裁协议继续有效。”这样规定的依据在于，仲裁程序开始之前，仲裁协议具有契约性，应该适用实体法关于合同当事人变更的相关规定。

自然人的死亡如果发生在仲裁程序进行过程中，根据《荷兰仲裁法》第 1032 条规定，“除非当事人另有协议，仲裁协议或仲裁庭的委任均不因为一方当事人的死亡而终止……除非当事人另有约定，仲裁程序在中止以后，以自中止前到达的阶段继续进行”。这样规定的前提是，原仲裁协议调整的商事关系不因为一方当事人的死亡而产生实质性不利变化，同时兼顾了仲裁效率因素。

我国《仲裁法》对自然人死亡后的法律继承没有明确的规定，但由于仲裁协议是

① 宋连斌. 国际商事仲裁管辖权研究. 北京：法律出版社，2000. 57

属于私法契约的范畴，应该适用民事实体法关于当事人变更的规定。因此，自然人死亡导致的仲裁程序中仲裁当事人变更，除非继承人明确表示放弃对被继承人权利的继承，否则，应视为继承人对被继承人全部权利义务的继承，其中自然也就包括根据仲裁协议进行仲裁的权利和义务。

(2) 法人的死亡

由于社会经济的发展和进步，公司、企业在经济活动中充当的角色越来越重要，并且在现今商事法律关系中法人作为当事人的比例极高。因此，现代各国法律把法人的破产、注销、合并或分立视为"当事人死亡"，即当事人法律主体资格的消亡。

对于法人破产前签订的商事仲裁协议，不会因为当事人宣告破产而导致无效。在英国，含有商事仲裁条款的主合同的一方当事人在签订合同后破产的，如果破产管理人履行合同，就合同引起的或者与合同有关的事项，破产管理人可以申请、也可以被申请强制执行仲裁协议。宣告破产后，破产程序终结前，破产清算人或管理人可以作为仲裁当事人参加诉讼和仲裁。但破产程序终结后，对于法人而言，并不存在类似于自然人的继承人。因此，一旦法人破产，它作为仲裁当事人主体资格也随之消失，与此同时，它作为一方当事人的仲裁程序即告终了。

在法人的合并和分立情况下，由于仲裁协议的契约属性，所以不论是合并后的新法人还是分立后形成的多个法人，都适用民事实体法关于合同当事人变更的规定。我国《合同法》第 90 条也规定："当事人订立合同后合并的，由合并后的法人或者其他组织行使合同权利，履行合同义务。当事人订立合同后分立的，除债权人和债务人另有约定外，由分立的法人或其他组织对合同的的权利和义务享有连带债权，承担连带债务。"这种责任义务继受原则，也是世界各国民事实体法普遍承认的原则。但如果当事人在仲裁协议中约定，法人分立后纠纷的解决不受仲裁协议的约束，也就不会发生仲裁当事人的变更，当事人只能通过其他途径解决纠纷。

2. 合同转让

因合同转让而引起的仲裁当事人变更也是一种极其常见的状况。合同转让实质上是合同主体的变更，是变更后的主体对原有全部权利和义务的继受，或是债权的承认和债务的承担。这种以协商一致为前提的变更，后继合同当事人拥有原仲裁当事人的地位，一般不影响仲裁程序的进行。

当然，这种合同转让导致的仲裁当事人变更，与当事人死亡导致的仲裁当事人变更有所不同。合同转让导致的仲裁当事人变更是一种积极的、主动的、经过多方协商一致的协议变更。但若合同转让本身有规避法律之嫌或意在损害另一方当事人的权益或其他非法目的，从确保仲裁合意性的角度出发，赋予协议另一方当事人异议权就显得十分必须和必要。

第二节　仲裁中的第三人

由于社会经济关系特别是商事财产关系的关联性和复杂性，一个法律关系争议的解决经常会牵涉到第三方权益，因此，在民事诉讼中，诉讼第三人在诉讼当事人制度中非常重要。同样作为商事纠纷解决方式的一种，仲裁也会牵涉到第三方即第三人的权益，那么，是否可以类推在仲裁程序中同样存在“仲裁第三人”的概念？仲裁庭能否对仲裁第三人行使仲裁权？这些均是值得我们认真研究的问题。①

仲裁程序中是否存在“第三人”，直接关系到仲裁程序的进行，这是在仲裁理论和实践中都无法回避的现实问题。所以，在仲裁立法中规定“仲裁第三人”有利于仲裁制度的发展与完善。②

在世界各国关于仲裁程序中第三人地位的立法差异很大，主要有以下三种情况：

一、承认仲裁第三人的仲裁主体地位

对仲裁中存在仲裁第三人持肯定态度的国家和学者，将民事诉讼第三人的概念直接套用在仲裁过程中，认为仲裁在申请人和被申请人的参加下进行，但在某种特殊情况下有第三方参加，即承认特殊情况下的仲裁第三人的仲裁主体地位。根据第三人与仲裁标的是否存在独立请求权，进一步将仲裁第三人划分为有独立请求权的第三人和无独立请求权的第三人。这种观点认为，仲裁第三人问题源于商事仲裁协议效力的扩张，基于特定事由导致仲裁协议的效力扩张到仲裁当事人以外的人。③

目前，欧洲一些国家的仲裁实践对仲裁条款效力扩张到仲裁当事人以外的第三人予以认可。如法国上诉法院 1995 年 3 月表示：……国际合同中签订的仲裁条款有其固定的效力，该效力要求仲裁条款对直接负有履行合同义务的主体及因此而产生争议的当事人适用，并且对那些因其表现和行为足以令人断定他们知道仲裁条款的存在和范围的人也适用，虽然他们不是合同的直接当事人一方。1996 年 1 月，瑞士联邦法院也曾作出一项裁决，认为如果商事仲裁条款约束子公司，那么该条款也同样对母公司具有约束力。

二、否定仲裁第三人概念的存在

对仲裁中存在第三人持否定态度的国家和学者认为，仲裁程序中的当事人具有明确性和不可逾越的前提，即仲裁程序的申请人和被申请人在仲裁程序开始前就是确定的，

---

① 李广辉，薛胜利. 合并仲裁法律问题探究. 河北法学，2006（6）

② 张竹生. 设立仲裁第三人的难点与风险探析. 仲裁与法律通讯，1999（3）

③ 谭兵. 中国仲裁制度研究. 北京：法律出版社，1995. 126~129

并自始至终不应变更。根据这种观点，仲裁程序不应涉及第三人问题，尽管实践中会存在第三方对商事仲裁事项享有独立请求权，或虽无独立请求权但与裁判结果具有法律上的利害关系。但由于他们没有参与仲裁条款的订立，也就意味着仲裁协议双方当事人无意与之采用仲裁的方式解决纠纷或冲突。没有在仲裁程序启动之前就同一仲裁标的签订仲裁协议，就不具备成为仲裁当事人的前提和基础。这些学者认为，在仲裁程序过程中对仲裁第三人地位的承认，动摇了仲裁存在的前提和基础，是对仲裁协议双方当事人“意思自治”原则的挑战。

三、有条件地认可仲裁程序中的第三人地位

《荷兰仲裁法》第1045条规定：“根据与仲裁程序的结果有利害关系的第三人的书面请求，仲裁庭可以允许第三人参加或者介入仲裁程序。宣称第三人应予赔偿的一方当事人可以将债权通知送达给第三人。如果第三人根据其与仲裁协议当事人之间达成的书面协议参加仲裁，那么第三人参加、介入或者联合索赔仅可由仲裁庭在听取当事人意见后许可。一旦参加、介入或者联合索赔的请求获准，第三人即可成为仲裁程序的第三方当事人。”

日本商事仲裁协会1997年《仲裁规则》第40条规定：“任何非仲裁案一方的当事人，凡经本人同意，而且该仲裁案的当事人也同意后，皆可以作为申诉人或被诉人参加该仲裁程序。尽管事先经当事人和本人同意，但如果仲裁庭认为第三人因此参加仲裁程序会延迟仲裁程序的进行，则仲裁庭可据此理由，予以拒绝接受。”

《英国仲裁法》尽管没有第三人直接介入和参加商事仲裁审理和商事仲裁当事人将非仲裁协议签署引入商事仲裁中的程序，但规定只有在案件当事人明确同意的情况下，才可以行使这项权利。

在我国，没有仲裁协议，即使关系非常密切，如为银行贷款提供担保的案件或系列合同案件，是否存在追加第三人的情况，最高人民法院在裁定中对此给予了明确的否定意见，即没有仲裁协议就不能通过仲裁解决，也就不能成为仲裁主体及仲裁当事人。这个裁定充分考虑了仲裁自主性和仲裁独立性原则。第三人和仲裁当事人之间的争议可以通过其他法律救济方式（如诉讼）另外进行，因此也不会导致法律救济真空的存在。①

面对仲裁理论和仲裁实践之间的矛盾，面对仲裁权与司法权的差异，一方面，以当事人授权为基础的仲裁权不能像法院那样通过强制手段直接处理“第三人”的问题；另一方面，仲裁实践中客观存在与仲裁事项具有利害关系的第三人，又必须通过某种方式解决与其相关的实体法律问题。我国《海事仲裁委员会仲裁规则》第45条有条件地承认了仲裁中的“第三人”地位，并附条件地转化为仲裁程序中的当事人，在我国仲裁立法上作出了突破。

总之，从仲裁的概念来看，“仲裁即指以司法方式进行的一致程序或合意程序，通过该程序双方或多方间的争议由仲裁员的决定最终予以解决。仲裁员的决定对双方当事

① 刘传慕. 对仲裁庭追加第三人的法律分析. 人民司法，1998（9）

人有约束力且在法律上可以执行”。“另外，从广义上讲，仲裁指依当事人将既存或潜在的争议提交独任或多人仲裁庭作出决定的协议开始的非公开程序”。显然，无论是公开程序还是非公开程序，仲裁的本质是双方合意的体现，双方当事人必须以仲裁协议的方式确定同意仲裁，这是仲裁的原则和初始点。但也的确存在一些例外的特殊情况，使得仲裁协议的范围可以扩展到未在仲裁协议上签字的一方当事人。只有在仲裁协议有效扩展的前提下，才可能导致存在涵盖协议外第三人的有效仲裁协议，从而第三人才能成为仲裁的主体。实际上的所谓扩展，也局限于其是一种达成仲裁协议的方式或者说调整原仲裁协议的途径，也只有从这个角度上，第三人才有可能成为适格的仲裁主体。①

第三节 派生仲裁请求权

一、概述

投资者在投资过程中难免发生争议，而解决争议的两种最主要的法律途径是诉讼和仲裁。派生的仲裁请求权主要是源于外商投资企业（尤其是中外合资和中外合作企业）的内部争议，即投资者与投资者之间的争议；另外也部分涉及外商投资企业作为受损害方时与外部主体的争议。外商投资企业内部的争议是最常见的投资争议，经常被提交仲裁解决，但并不涉及外方投资者与东道国政府之间的纠纷。我国立法也鼓励此类争议由仲裁解决，此类投资争议在我国受理的仲裁案件中占相当大的比例。其中，在中国国际经济贸易仲裁委员会（CIETAC）1999 年全年受理的仲裁案件中，外商投资合同争议占 211 件，占了当年受理案件的 31%。

以 CIETAC 受理的中外合资、中外合作合同争议为例，投资者提起的请求一般有下列六种：①解散中外合作或中外合资公司，终止合作、合资合同，进行清算；②赔偿投资损失或经济损失；③支付违约金；④继续履行合同；⑤关于中外合作或合资公司的承包合同的效力认定及履行；⑥相关股权转让合同的效力认定和履行。这一系列的争议请求基本上起因于履行投资合同及相关合同的过程中投资者之间利益格局和利益分配的不平衡。

一般情况下，投资者可以根据有效的仲裁条款解决争议，这是法律支持和鼓励的，不会出现障碍和歧义。但问题在于：如果因为一方投资者的作为或不作为导致公司的利益直接受到损害，而另一方投资者的利益间接受到损失，受害方的投资者是否可以并如何才能依据仲裁条款诉诸仲裁？这种情况类似于股东派生诉讼的情形，但根据传统公司法理论，投资者和公司是两个相关联但独立的法律主体，投资者之间及投资者与公司之间存在两种截然不同的法律关系。按照这种理解，投资者的请求通常是为了其自身的直接利益，如合同约定的违约责任的实现、经济损失的赔偿等，一般不能代替或者以公司

① 韩健. 现代国际商事仲裁法的理论和实践. 北京：法律出版社，1993. 27~35

的名义行使请求权，从而要求另一方向公司履行义务。但最高人民法院 1994 年 11 月 4 日对江苏省高院的一个批复中肯定了这种情况下仲裁庭的管辖权。这个批复也是我国司法实践顺应保护少数股东权益及支持仲裁的国际潮流的表现。

二、投资者申请仲裁的主体资格

投资人即股东派生诉讼要解决的，是股东是否有权起诉，即股东是否可以作为适格当事人的问题。与股东派生诉讼不一样，在仲裁中关于投资者派生请求权的问题，首先要解决的是投资者是否可以作为实际当事人的问题，即其是否具有起诉权，及起诉权的行使依据是什么？显然，作为一种解决财产权益争议的民间性裁判制度，仲裁的权利依据的是仲裁协议。如果公司与被申请人之间并没有仲裁条款，则股东即使欲通过仲裁代替公司行使请求权也没有可能。其次才是解决投资者是否可以作为适格当事人的问题，即涉及胜诉权的审理范围。①

从 CIETAC 的实践性看，当事人请求的自愿性（包括对仲裁结果承担的意思表示）和仲裁协议的广泛性是其受理案件的一个重要依据。在 CIETAC 受理的一个案件中，如果申请人的管辖权异议得以成立，申请人的合法权益就无法得到保障。CIETAC 认为，在该案中，合资合同有关争议解决的条款规定："凡因执行本合同或与本合同有关事宜所发生的一切争议，双方应通过协商解决。如果协商不能解决时，应提交 CIETAC，根据该会的仲裁程序规则进行仲裁。"申请人和被申请人作为合营合同的双方，都受上述争议解决条款的约束。申请人依据上述有效仲裁条款就其认为的双方之间的合资合同纠纷以另一方合营者作为被申请人向 CIETAC 申请仲裁，受理请求的 CIETAC 分会具有管辖权，至于申请人的仲裁请求能否得到满足，属于案件的实体内容，应由仲裁庭审理后决定。我们可以看出 CIETAC 在仲裁实践中是支持某种条件下的股东代替公司起诉、仲裁庭审理有关争议的做法的，也就是说，股东在仲裁过程中享有派生请求权。

三、投资者的仲裁当事人资格

在上述投资人争议当中，谁可以成为申请人和被申请人？按照仲裁法的规定，没有仲裁协议一方申请仲裁的，仲裁委员会不予受理；换句话说，仲裁当事人必须是仲裁协议的当事人。1994 年最高人民法院的复函表明，投资者在特定情况下可以代替公司向与公司有仲裁协议的当事人提起仲裁。参照此规定，在此类争议当中，申请人是公司的投资者，被申请人是与公司有仲裁协议的另一方当事人。

对于仲裁来说，按照我国《仲裁法》的规定，申请人和被申请人的资格问题，仍然要以仲裁协议为核心。就仲裁而言，该复函明确表达了如下含义：提请仲裁依赖的是合资公司与被申请人所签订的仲裁协议，原告投资者与被申请人之间并没有直接的仲裁协议，投资者是代替公司行使仲裁请求权。换句话说，只要合资公司与被申请人之间有

① 比列兴. 论仲裁协议. 国际商事仲裁文集. 北京：中国对外经济贸易出版社，1998. 49~56

仲裁协议，即使申请人与被申请人之间没有仲裁协议，按照该复函的规定，也存在投资者提起仲裁的可能。投资者和公司在这种情况下实质上是一种诉权行使的代理关系，其提起仲裁的前提是公司与被申请人之间的仲裁协议。如果公司与另一方之间有书面的仲裁协议，则不论其是公司以外的主体还是公司以内的主体，也不论其是何种法律关系，在一定条件下，一方投资者均有权代表公司作为申请人提起仲裁，而该签有仲裁协议的被声称损害公司利益的公司外或公司内的主体均为被申请人。

Dr.Marc Blessing 曾经提出一个问题：投资者可否以自己的名义提起与公司签有仲裁协议的外部主体的仲裁申请。实际上，按照 1994 年复函的这种规定，如证明公司无法提起请求，则对该问题的解决在我国就具有明确性。实践上比较容易引起争议的是投资者要求另一方投资者对公司进行救济。

四、派生请求权的股东资格限制和合理利益分析

在股东提起的派生仲裁中，申请人应限定为其所诉过错行为发生时，即持有公司股份的股东，而对于持股比例不应该做过多的限制，这是仲裁主体广泛性和保护少数股东权益需求导致的一种趋势。

在述及投资者的派生请求权时，主要涉及仲裁条款的自主性，分析其各方面的合理利益，我们可以得出投资者享有派生请求权是最符合合理利益原则的：

①从公司来说，提起派生请求的依据之一就是为了公司整体利益。如果其请求得到支持，则公司的利益得到补偿；如果请求实际上与公司利益无关甚至于可能损害公司的利益，则该请求无法得到仲裁庭的支持。[①]

②从申请人的角度来说，公司未能依仲裁协议提起仲裁，其原因是因为声称的被申请人的作为或不作为导致公司无法起诉，且这种“无法”是程序上的和实体上的不准许不支持。

申请人以其代表人的身份，为声称的公司利益提出，其作为公司的投资者，自身也将间接获得利益，因此，对于申请人来讲，其享有派生请求权最能保护其合理合法的权益。

③从被申请人来讲，首先，仲裁协议并非基于人身关系订立的，而是因为仲裁程序的便利、高效等其他优点。采取仲裁解决符合仲裁协议订立时的愿望。其次，即使申请人败诉，且仲裁庭裁定被申请人的抗辩费用由申请人承担的情况下，被申请人的利益也不会比公司提起仲裁或向法院诉讼时胜诉的情况下少。更何况任何一种法律救济程序均需要承担费用，以费用作为将受损害的理由不应当成立。再次，如果当事人主张进行诉讼，则该种权利在其签订仲裁协议时即已放弃。如主张公司进行仲裁，则表面证据证明公司不能进行，被申请人将获得不合理利益；即使能够终止程序，由公司进行仲裁，各方进行两个或多个程序的费用将更加与合理利益原则不符。

就如仲裁协议不约束当事人的情况而可能享有管辖权的法院而言，作为一种可选择

① 沈达明. 比较民事诉讼法初论（下册）. 北京：中信出版社，1991. 160

性的替代方式，仲裁显然并非对其管辖权的一种剥夺或削弱，也不会对其造成不合理利益。

既然派生请求权对各方都有合理的利益存在，对其持有的态度就应该是积极和肯定的。可以说，承认派生请求权有利于保证仲裁程序的有序进行和尊重当事人的意愿，保障仲裁程序顺利开始和平稳结束，保证争议的最适当解决。

第四节　仲裁中的代理问题

一、仲裁代理人的概念

在仲裁实务中，有完全行为能力的当事人既可以亲自进行仲裁，也可以委托代理人特别是职业律师参与仲裁程序。其特征是代理人以委托人的名义参加仲裁，代理活动的后果由委托人承担。代理人只能在法律规定或当事人授权的范围内进行代理活动，否则，其代理行为的效力不及于当事人；如果代理人越权活动给当事人造成损害，还应承担赔偿责任。

但基于不同法学理论和立法背景，两个法系对仲裁代理制度的规定差异非常大。正如施米托夫所言："在国际贸易法中，没有哪一个分支中的法学理论与商业现实之间的区别像代理这样大。"英美法系不存在大陆法系中间接代理和直接代理的划分，大陆法系则缺乏英美法系中的隐名代理和不公开本人身份的代理制度，这也是两大法系在代理制度的根本分歧之一。但英美法系中的公开本人姓名的代理与大陆法系中的直接代理完全相同；而英美法系中隐名代理与不公开本人身份的代理大致相当于大陆法系中的间接代理，但二者的本质区别不容忽视。①

按照大陆法，间接代理关系中的委托人不能直接介入代理人与第三人订立的合同。只有当代理人将其与第三人所订合同转移给委托人，委托人才能对第三人主张权利。换言之，要绕过两个合同关系，才能使间接代理关系中的委托人同第三人发生直接的法律关系。而按照英美法，未被披露的本人无须经过代理人把权力移交给他，就可以直接行使合同介入权，对第三人主张权利。而第三人一经发现未被披露的本人，也可以直接对本人行使请求权或诉权。也就是说，只要有代理人同第三人所订的一个合同，就足以使未被披露的本人直接同第三人发生法律关系，而不需要再有另一个合同或者合同的转移。

不论从一次性解决多方当事人争议的角度，还是从平等保护委托人与第三人权益的角度出发，仲裁当事人制度都应解决由于间接代理、隐名代理所引发的难题，其核心在于如何能绕过代理人，而使委托人（本人）与第三人直接发生法律关系，继而成为仲裁当事人。

① 施米托夫. 国际贸易法文选. 北京：中国大百科全书出版社，1993. 367~369

二、仲裁代理人的种类

我国《律师法》和《仲裁法》规定，仲裁当事人委托的代理人可以是中国公民，也可以是外国公民。总的说来，我国内地仲裁法关于代理人没有太多具体的要求，可以参照我国《民事诉讼法》的有关规定办理。也有些国家对代理人身份规定较严格，如德国《民事诉讼法》，仲裁当事人约定排斥律师作代理人的，其约定无效；日本《律师法》规定，只有执业律师才能在仲裁中担任代理人。

当事人如委托代理人参加仲裁，必须预先向仲裁机构提交有效的授权委托书，必要时此授权委托书也应送交其他当事人。授权委托书应载明接受委托的代理人的有关情况，如委托律师作为代理人的，应写明受托律师的姓名和律师事务所的名称、通讯地址等基本情况，以及代理律师的权限及有效期。

授权委托分为一般授权和特别授权。一般授权是指仅授权代理人处分当事人的一般程序权利，如代为提起申请或作出答辩、参加庭审、接受文件等；特别授权是指涉及当事人实体权益的某些程序权利，必须一一列举，如代为承认、放弃、变更仲裁请求，进行和解，提起反请求、进行转委托等。

三、仲裁代理人的权利义务

1. 为被代理人的利益实施代理行为

仲裁区别于诉讼的一个重要特点是充分体现当事人意思自治原则。仲裁当事人对仲裁过程的参与是诉讼过程中不能比拟的。这也对代理人提出了应当帮助当事人最大限度地反映出自己意志的要求。仲裁中，当事人双方可以自由选定书面审理或开庭审理、可以选择仲裁员。代理人应该根据案件的性质、难易程度、标的多少及其影响大小，向当事人提出组庭方式的建议，并从仲裁员名册中向当事人推荐具有本案所涉专业特长、业务能力强的仲裁员供当事人选择。代理人还应当提醒当事人注意，不能采用不符合仲裁规则的方法接近仲裁员，私自会见仲裁员，或者向仲裁员请客送礼、行贿。同时，如果发现仲裁员有不良行为的，应该配合当事人及时向仲裁委员会提出。

当事人在仲裁中还享有很多其他的自主权利，并且有些权利的行使受到一定期限的限制，律师应根据案情和仲裁程序的进展，提醒和协助当事人正确、及时地行使自己的权利。同时，应协助当事人妥善对待其在商事仲裁程序中所承担的义务。

2. 必须在代理权限内实施诉讼行为

当事人与代理人之间必须存在书面的授权委托书，并且要提交给仲裁机构，授权委托书除载明接受委托的代理人的基本情况以外，重要的内容是写明代理权的权限和有效期。授权事项应尽可能明确，不应含糊地写作“全权代理”或“一般代理”。[①]代理人只能在法律规定或当事人授权的范围和期限内进行代理活动，否则对其代理行为的结果当

① 乔欣. 比较商事仲裁. 北京：法律出版社，2004. 78~82

事人不承担责任。如果代理人违反了代理权的范围和期限越权代理，给当事人造成损害结果的，应承担对当事人的损害责任。

3. 亲自代理的义务

转代理即转委托，除非经被代理人同意或有不得已的事发生，否则，不得将代理事物转托他人代理。

4. 报告义务

代理人应将处理仲裁事务的一切重要情况告知被代理人。

5. 保密义务

代理人应为仲裁程序保密，不应向外界或任何案外人泄漏是否存在仲裁或仲裁程序进行的情况。

四、关于多方当事人

在仲裁过程中，我们还应该注意到多方当事人仲裁（Multi-party Arbitration）的概念。多方当事人仲裁即指申请人或被申请人具有多个当事人的仲裁。根据仲裁的最基本原则之一，即“仲裁自愿原则”，仲裁只能发生在仲裁协议当事人之间。如未满足一定条件，涉及多方当事人的争议并不能由一个仲裁进行解决。针对多方当事人仲裁的问题，英国法官在 Oxford Shipping Co.Ltd.V.Nippon Yusen Kaisha（1984）一案中作了极好的评释：“没有当事人的同意，仲裁员不享有命令同时开庭或类似举措的权利。非公开仲裁的概念源自于当事人已经同意仅将他们之间产生的特定争议提交仲裁，这就意味着非本案相关的‘陌生人’应被排除在庭审以及仲裁程序之外，并且仲裁庭及当事人都不能坚持争议应同另一争议同时开庭或者一起开庭，无论这样对当事人来说有多方便且与争议的关系是多么密切。”在多方当事人参与仲裁的情况下，通常需要解决仲裁员委任的问题。

1. 多方当事人的垂直模式

多方当事人的情况主要是发生在线式合同和多方签订的单一合同中。线式合同的情况如 A 将货物卖给 B，B 将货物转售给 C，C 又将货物销售给 D。这种情况下，线式顺序合同的标的物相同，一旦该标的物发生质量等问题，则产生次序的连续的请求权。在合同有仲裁条款的前提下，各直接当事人间产生的基于同一标的的不同仲裁程序，必然将导致整个救济过程明显缺乏效率，并且很有可能存在救济矛盾或矛盾裁决的情况。

在关于线式合同的仲裁当中，最明显的风险在于不同的仲裁庭可能做出不同的事实认定，并且对合同条款很有可能作出不同的解释。这种情况下，如果能够通过一个仲裁程序解决各方相互关联的争议，优势是显而易见的。但通过一个仲裁程序由一个仲裁庭解决线式合同纠纷，只能通过两种途径：一是在各方合同当中，对争议发生之后的多方当事人仲裁做出一贯约定；二是在仲裁程序提起之后，通过合并仲裁的方式，使各方通过一个共同的仲裁程序解决争议。但由于当事人仲裁意思自治和商业秘密等因素，线式合同由一个仲裁程序解决的案例也并不多见。

2. 多方当事人的平行模式

由于合并仲裁需要满足一定的条件，实际上这种多方当事人仲裁的情况也不是很多。最常见的是单一合同出现多方当事人的情况，例如多方合资合同、合伙合同等。我国公司法规范的绝大多数公司（一人公司例外）均涉及多方当事人。如果一方当事人对其他当事人提出请求（相同或不同），则可依据所涉合同中的仲裁条款，同时对其他当事人提出请求。

3. 多方当事人集体仲裁的状况

另外一种特殊情况是，A 分别与 B、C、D 签订内容相同的合同，例如售楼合同，且该合同中有仲裁条款。此时，一旦争议发生，假如 B、C、D 均起诉 A 延期交楼，此时，如 B、C、D 欲通过同一仲裁解决争议，则仅在各方当事人（包括 A）均同意的情况下，方可进行单一仲裁，以 B、C、D 作为一方当事人。

4. 多方当事人未能共同委任仲裁员的状况

多方当事人作为仲裁一方，应当共同委任仲裁员。在多方当事人未能共同委任仲裁员的情况下通常有两种做法：一是由仲裁机构或其他委任机构代替该多方当事人委任仲裁员；二是在各方当事人就仲裁庭组成方式没有达成书面一致意见时，由仲裁机构或其他委任机构委任仲裁庭全部成员，不考虑任何一方当事人的提名。前种状况如 CEITAC，后种状况如国际上许多主要仲裁机构的规则规定。此外，还有一些做法，即采取抽签决定或多数投票决定的方式，如我国台湾地区 2002 年仲裁法规定，当事人之一方有两人以上，而对仲裁人之选定未达成协议者，依多数意见决定之；人数相等时，以抽签决定之。此外，有些国际法律规定，当事人未能就其共同指定的仲裁员达成一致协议，则相关法院应宣布废除仲裁协议。①

5. 多方当事人委任仲裁员的规定

2000 年 CEITAC 规则第 27 条规定，仲裁案件有两个或两个以上申请人或被申请时，申请人之间、被申请人之间、申请人与被申请人之间应当经过协商，在仲裁委员会仲裁员名册中各自共同选定或者各自共同委托仲裁委员会主任指定一名仲裁员。如果当事人之间未能在收到仲裁通知之日起 20 天内各自共同选定或者各自共同委托仲裁委员会主任指定一名仲裁员，则由仲裁委员会主任指定。

实践中，在多方当事人未能共同选定或者共同委任指定仲裁员时，仲裁委员会主任仅代为指定本应由该多方当事人选定的仲裁员。这与国际上很多仲裁机构的规定不太相同。这样规定的弊端是很明显的，从下述的例子可以看出。A、B、C 三人共同成立合资公司，其中，A、B 两人为关联方。在合资经营过程中，各方产生纠纷。A 以 B、C 为被申请人提起仲裁，要求解除合同。B 和 C 未能共同指定一名仲裁员。C 称，未能共同指定的理由是因为 B 与 A 是关联方，B 不愿与其共同指定。此时，若 B 只是因仲裁申请涉及而必须介入仲裁的傀儡当事人，则由于 C 未能享有指定仲裁员的权利，C 的主张将在后继的仲裁程序中产生一系列问题。

① 林一飞. 国际商事仲裁法律与实务. 北京：中信出版社，2005. 130~136

6. 多方当事人情况下的合并审理

仲裁的合并审理涉及的是多方当事人的问题，主张合并仲裁主要是从效率和经济的角度出发。合并仲裁指的是两个已经开始的仲裁程序之间的合并，而并非是仲裁程序外的第三人主动或被动加入仲裁程序。这两个仲裁程序的当事人可能是基于同一个仲裁协议，也可能是基于不同的仲裁协议。在基于同一协议的情况下，可能会使得两个仲裁程序合并，各个国家在不同时期做法也不尽相同；在基于不同仲裁协议的情况下，就与前文提到的仲裁第三人概念并没有本质的区别。应该明确的是，仲裁的合并审理仅是程序上的合并，在法律允许适用的情况下，对于主体资格的适格性没有影响。虽然可能因为程序的合并导致仲裁主体数目的增加。合并审理只是使得两个或两个以上仲裁程序下的主体在一个仲裁程序下进行仲裁。

仲裁程序通常因为密切相关的原因而合并。依 1974 年澳大利亚国际仲裁法第 24 条的规定，仲裁合并的理由主要有：①所有的程序产生了共同的法律或事实问题；②所有程序提出救济的权利均相关与或产生于同一交易或一系列交易；③其他合乎需要的理由。

各国有关仲裁合并的规定和实践差别还是很大的。合并仲裁通常在下述情况下发生：一是特定法院享有合并仲裁的权利，如荷兰；二是仲裁机构享有合并仲裁的权利，如比利时、意大利；三是仲裁庭允许；四是当事人约定合并。通常情况下，关于合并仲裁的各国规则同时规定多种情况。例如，当事人意思表示就是大多数规则需要考虑到的情况，可能与仲裁庭允许或仲裁机构允许一并规定在规则里。从当事人意思表示的角度出发，基本上可以将合并仲裁分为两种：一种是当事人同意方可进行合并，如英国、印度等的做法；另一种是无须征得当事人同意即可进行合并，如荷兰、日本等国的相关规定。当事人同意方可进行合并体现了仲裁当事人自愿的基本原则，是目前国际商事仲裁界的主流做法。

我国《仲裁法》没有对合并审理作出规定。不过，实践当中也存在一些合并审理的案例。通常情况下，如果只有一个仲裁协议，且该仲裁协议的当事人是三方或以上，在仲裁当事人提出请求且仲裁协议的各方当事人都同意（包括同意参加仲裁和同意采用已经采用的仲裁规则，以及仲裁庭的组成人员和其他程序性事项），而且仲裁庭也同意的情况下，可以允许两个或两个以上已经开始的仲裁程序合并进行。如果两个或两个以上的仲裁程序分别基于不同的仲裁协议，则不应该允许仲裁程序合并。

案例分析

【案情】在江苏省物资集团轻工纺织总公司（下称轻纺公司）诉（香港）裕亿集团有限公司（下称裕亿公司）、（加拿大）太子发展有限公司（下称太子公司）侵权赔偿纠纷上诉案一案中，上诉人香港裕亿公司、加拿大太子公司因为与被告人轻纺公司侵权损害赔偿一案，不服江苏省高级人民法院一审民事裁定，向最高人民法院提起上诉。

涉案两份合同第 8 条均明确约定：“凡因执行本合约所发生的或与本合约有关的一

切争议，双方可以通过友好协商解决；如果协商不能解决，应提交中国国际经济贸易仲裁委员会，根据该会的仲裁规则进行仲裁。仲裁是终局的，对双方均有约束力。”江苏省高级人民法院以侵权不具备仲裁性受理了此案。最高人民法院认为：本案双方当事人在合同中明确约定发生纠纷通过仲裁方式解决，在该合同未经有关机关确认无效的情况下，当事人均应受该合同条款的约束；即使本案涉及第三人，在仲裁庭不能追究第三人责任的情况下，轻纺公司可以以第三人为被告向人民法院另行提起诉讼，当事人的合法权益仍然可以得到维护。轻纺公司关于“本案涉及第三人……只有人民法院审理此案才能查清事实，保护当事人的合法权益”的答辩理由，应不予采纳。本案各方当事人均应受合同中订立的仲裁条款的约束，所发生的纠纷应该通过仲裁解决，人民法院无权管辖。

【问题】侵权争议是否具有可仲裁性？仲裁协议的法律效力是什么？

【解析】最高人民法院就有关轻纺公司案的裁定除了确认侵权争议的可仲裁性外，另外非常重要的一点就是关于仲裁主体适格与否的判定。按照最高人民法院的观点，在存在有效仲裁协议的前提下，依据仲裁法的规定，争议解决应通过仲裁进行，仲裁协议的当事人可以提起仲裁，成为仲裁当事人。

第十一章　仲裁协议

仲裁当事人自愿达成的将其商事法律争议提交仲裁解决的仲裁协议是商事仲裁程序得以开始和进行的基础。在整个商事仲裁立法和仲裁实践中，商事仲裁协议都处于核心地位。它既是任何一方当事人将商事法律争议提交仲裁解决而不付诸司法解决的先决条件，又是商事仲裁机构受理商事法律争议案件、仲裁庭裁决争议事项的法定根据，还是商事仲裁裁决得以承认和执行的重要依据。因此，商事仲裁协议是整个商事仲裁制度的基石。关于仲裁协议，除了要掌握关于仲裁协议的要素、效力等基本概念外，更要结合仲裁实践，对瑕疵仲裁协议的效力认定、仲裁协议的变更以及仲裁协议的实效等问题进行透彻了解。

第一节　仲裁协议概述

一、仲裁协议的概念

对仲裁协议的定义，目前各国国内立法、各有关国际公约和各商事仲裁机构的仲裁规则尚未作出一个完全统一而又比较完善的定义。各国的国内立法，如英国 1996 年的《仲裁法》只规定了仲裁协议的书面形式和仲裁协议的种类；瑞典 1999 年的《仲裁法》只笼统规定仲裁协议的适用范围；比利时 1998 年的《司法法典》只规定了仲裁协议的标的；美国 2000 年的《统一仲裁法》没有规定仲裁协议定义；我国的 1995 年《仲裁法》也只规定了仲裁协议的种类。各商事仲裁机构的仲裁规则，如 1998 年《德国仲裁协会仲裁规则》、1998 年《印度仲裁委员会仲裁规则》、1999 年《斯德哥尔摩商会仲裁院仲裁规则》、1998 年《伦敦国际仲裁院仲裁规则》等，都没有明确规定仲裁协议的定义；2000 年《中国国际经济贸易仲裁委员会仲裁规则》实际上也只是规定了仲裁协议的种类。只有 1958 年《承认及执行外国仲裁裁决公约》对仲裁协议甚至商事仲裁协议的含义和种类作了较为明确的规定。

各国仲裁立法和仲裁规则对仲裁协议所作的定义不尽相同，其中具有代表性的表述主要有以下五种：

①“仲裁协议是指当事各方同意将他们之间的契约性或非契约性的特定法律关系中已经发生或可能发生的一切或某些争议提交仲裁的协议”。

②“仲裁协议是指当事人约定将产生于特定法律关系（无论其为契约性与否）的现存或将来的争议提交仲裁的协议（分别称协议或仲裁协议或仲裁条款）”。

③“仲裁协议系指将现在或将来的争议（无论其为契约性与否）提交仲裁的协议”。

④“有关现在或将来的争议，当事人得订立仲裁协议，约定由仲裁员 1 人或单数的数人成立仲裁庭进行仲裁”。

⑤“当事人以书面协议承允彼此间所发生或可能发生的一切或任何争议，如涉及可以仲裁解决事项的特定法律关系，不论为契约性质与否，应当提交仲裁时，各缔约国应当承认此项协议。”“称‘书面协议’者，谓当事人所签订或在交换函电中载明的契约仲裁条款或仲裁协议”。

一般认为，仲裁协议是指当事人各方约定将他们之间已经发生或可能发生的争议提交仲裁解决的协议。UNCITRAL 示范法第 7 条第 1 款规定：仲裁协议是指当事人各方同意将它们之间的契约性或非契约性的特定法律关系上已经发生或可能发生的一切或某些争议提交仲裁解决的协议；仲裁协议可以采取合同中的仲裁条款形式或单独仲裁协议的形式。我国《仲裁法》第 16 条规定：仲裁协议包括合同中订立的仲裁条款和以其他书面方式在纠纷发生前或纠纷发生后达成的请求仲裁的协议。

二、有效仲裁协议的要素

当事人签订仲裁协议的根本目的，是约定双方之间的争议通过仲裁方式解决。因此，除当事人可以协商约定的其他内容外，仲裁协议本身包含使其有效的若干要素。有效仲裁协议的要素通常由各国仲裁成文法规限定或体现在有关仲裁案例中。

一般认为，较为完善且有效的仲裁协议必须同时具备以下要素：①仲裁协议是当事人之间自愿达成的一种协议，具有契约性和自治性。②仲裁协议是争议当事人一致同意采取仲裁方式解决他们之间争议的一种意思表示。③仲裁协议的当事人具有缔约能力，这种能力为能够或有权缔结合同。④仲裁协议的标的是当事人之间在某种特定的法律关系上已经产生或将来可能产生的所有或某些争议。其中，某种特定的法律关系是指那些具有权利义务内容的社会关系，它可以是契约性质的，也可以是非契约性质的。⑤仲裁协议的表现形式为仲裁条款、仲裁协议书或其他形式的仲裁协议。我国《仲裁法》第 16 条第 2 款条规定仲裁协议应当具有下列内容：①请求仲裁的意思表示；②仲裁事项；③选定的仲裁委员会。

三、仲裁协议的法律特征

在大多数国家的立法和司法实践中，“协议”与“合同”、“契约”的含义是相同的，被认为是合同的一种，具有一般合同所普遍具有的法律特征。但是，仲裁协议作为一种特殊的“协议”或者“合同”，又具有与一般合同不同的法律特征。仲裁协议的法律特征有如下五个方面：

1. 仲裁协议是双方当事人一致的、真实的意思表示

当事人之间一致同意将有关争议提交仲裁解决的意思表示是仲裁协议的基本要素，没有当事人的一致同意，就不存在有效的仲裁协议。①

2. 仲裁协议确定双方当事人解决纠纷的仲裁途径

仲裁协议为双方当事人之间已经或将来可能发生的有关争议规定一种固定的解决办法，通过该办法间接实现双方当事人之间的实体权利和义务，它不能直接确认双方当事人之间的实体权利和义务关系。

3. 仲裁协议的效力及于双方当事人和有关第三人

有效仲裁协议的效力不仅及于双方当事人，而且约束第三人，并且主要约束第三人。这里的第三人是指仲裁协议所指定的仲裁机构和仲裁员、被仲裁协议排除了司法管辖权的法院以及承认与执行仲裁裁决的法院。仲裁协议的履行不仅要求有关当事人的作为或不作为，还须借助仲裁机构的仲裁活动和通过法院的司法协助与监督才能实现。

4. 通过仲裁条款的方式所体现的仲裁协议的效力具有独立性

仲裁协议通常是体现于商事合同中的商事仲裁条款。这种商事仲裁条款一经订立，即具有独立性，不因主合同无效而无效。

5. 仲裁协议具有严格的形式要求

仲裁协议在形式有效性的问题上不同于普通商事合同。大多数国家的民商事立法和有关国际条约都规定商事关系中的双方当事人可以采用任何形式订立普通的商事合同，但几乎所有国家的仲裁立法和有关国际条约都对商事仲裁协议作了严格的形式要求，即必须采用书面形式。例如，有 140 多个国家或地区参加的《承认及执行外国仲裁裁决公约》规定，仲裁协议必须以书面形式作成；我国现行的《仲裁法》和英国 1996 年《仲裁法》也规定仲裁协议为书面形式。

四、仲裁协议的种类

在有关商事仲裁立法和商事仲裁规则中，仲裁协议的含义大都是有关仲裁协议基本种类的规定，但在理论与实践中却存在着不同类型的仲裁协议。仲裁协议的种类因对仲裁协议的划分标准不同而异，主要的划分标准与种类有以下两种：

1. 国内仲裁协议与国际仲裁协议

以仲裁协议是否含有国际因素为标准可以将其分为国内仲裁协议和国际仲裁协议。这种分类的法律意义和必要性在于：国内仲裁协议与国际仲裁协议决定了仲裁的类型为国内仲裁和国际仲裁。在许多国家的仲裁立法和司法实践以及仲裁实务中，国内仲裁与国际仲裁分别适用不同的法律或仲裁规则，分别由不同的常设仲裁机构来行使仲裁管辖权。例如，中国澳门地区对国际仲裁适用《涉外商事仲裁专门制度》；中国内地的仲裁立法规定，对于国内仲裁，主要由各地仲裁委员会和中国海事仲裁委员会依其仲裁规则

① 李军，李长喜. 论仲裁中的当事人意思自治原则. 仲裁与法律通讯，1995（5）

行使管辖权，而对于国际仲裁，则主要由中国国际经济贸易仲裁委员会和中国海事仲裁委员会来行使管辖权。

各国的仲裁立法、有关仲裁的国际条约和示范法，对国际仲裁协议的界定标准也不统一，主要有以下三种标准：

(1) 以主体或仲裁地含有国际因素为标准

这种标准是以仲裁协议中当事人的国籍、住所或居所，法人注册地或公司管理中心所在地，仲裁地点等连结因素之一含有国际因素来确定。依此标准确定的仲裁协议即为国际仲裁协议。① 采用这一标准的有英国、荷兰、丹麦、瑞典、瑞士、埃及、叙利亚等国。这种标准虽然具体、明确，但其连结点仅以仲裁地，或以当事人的国籍、住所、居所、注册地或营业地、管理中心所在地、控制地等具有国际性为标准，存在很大的局限性。因为，在当今国际社会的商事活动中，具有相同国籍、住所或营业地等的当事人从事国际商事活动的情形大量存在，仅仅以主体或仲裁地含有国际因素为标准，远不能适应国际商事关系发展的要求。

(2) 以争议性质为标准

依据这一标准，引起争议的法律关系具有国际性质，或有关争议在国际关系领域发生、或涉及当事人国际商事利益的仲裁协议，为国际仲裁协议。按照这一标准，即使当事人的国籍相同，或其住所、营业地、惯常居所位于同一国家或地区，仲裁地位于该国境内或仲裁机构为该国常设仲裁机构，若争议涉及国际商事利益或在国际商事关系领域发生，其仲裁协议也可以被认定为国际仲裁协议。采用这一标准的有法国、美国、加拿大等国的仲裁立法和有关国际公约。这项标准仅限于国际商事关系领域或涉及国际商业利益，虽然可以适应复杂的国际商事关系发展的需要，但它没有地理因素标准那样明确具体。因此，在国际商事仲裁实践中，若要确定或判断争议的性质，仍然需要考虑当事人的国籍、住所地或惯常居所地，以及法人的营业地、合同订立地与履行地、主要财产所在地等因素。

(3) 混合标准

上述两种标准都存在一定程度的局限性。而仲裁实践要求国际社会对仲裁的国际性作出较为准确的界定，需要建立切合实际的标准，并以此界定国际仲裁协议的定义。因此，国际社会为此作出了积极而又不懈的努力。《联合国国际商事仲裁示范法》规定："一项仲裁如有下列情形之一的，为国际仲裁：①仲裁协议的当事人在签订协议时，他们的营业地点位于不同国家。②下列地点之一位于当事各方营业地点所在国之外：(a) 仲裁协议中确定的或根据仲裁协议而确定的仲裁地点； (b) 履行商事关系的大部分义务的任何地点或与争议标的关系最密切的地点。③各当事方明确同意，仲裁协议的标的与一个以上的国家有关。"显然，该《示范法》所确立的标准，实际上是前两种标准的综合，具有明显的优点，容易为各国仲裁立法和司法实践以及仲裁法学理论所接受。

① 朱建林. 瑞典新仲裁法的特点. 仲裁与法律通讯，1999 (6)

2. 不同书面表现形式的仲裁协议

以仲裁协议的书面表现形式的不同为标准，可以分为仲裁条款、仲裁协议书和其他形式的仲裁协议。

(1) 仲裁条款

仲裁条款是指当事人签订有关合同书或协议书时，在该合同书或协议书中订立的、约定把将来可能发生的法律争议提交仲裁解决的条款。仲裁条款是现代国际、国内商事关系领域最常见和最重要的一种仲裁协议方式，是构成商事合同书或协议书的一个重要组成部分。

(2) 仲裁协议书

仲裁协议书是指当事人在争议发生前，或争议发生后订立的独立于合同书或协议书的一种书面仲裁协议。它是当事人按平等协商原则共同签署的将有关法律争议提交仲裁解决的专门性文件，通常是在争议发生之前或之后达成。①

(3) 其他形式的仲裁协议

其他形式的仲裁协议是指在双方当事人针对有关合同关系而相互往来的信函、电传、电报、传真或其他书面材料中所包含的仲裁协议。在国际、国内交往中，双方当事人通常要为订立或履行交易合同而来往书面函电，通过这些书面材料的交换与接受，可以共同约定将他们之间已经发生或将来可能发生的法律争议提交仲裁解决。这类仲裁协议与前述两种形式的仲裁协议不同，主要表现在当事人将争议提交仲裁解决的意思表示不是集中在一个合同文本或一个单独的协议书中，而是分散在当事人往来的函电中，甚至体现在其他有关文件中，这种形式的商事仲裁协议常见于国际商事仲裁。

除上述最基本的分类外，在仲裁法的理论和实践中还有其他的分类。如按争议性质的不同可分为有关契约性争议的仲裁协议和有关非契约性争议的仲裁协议；按提交的仲裁申请解决的争议所涉及领域的不同可分为一般的仲裁协议和特殊的仲裁协议；按选择的仲裁机构的不同可分为常设机构仲裁协议和临时机构仲裁协议等。②

第二节　仲裁协议的内容

仲裁协议可能包含当事人意愿规定在仲裁协议中的任何内容，包括：仲裁事项、仲裁程序、仲裁员、仲裁效力、仲裁语言、仲裁地、适用法律等。有些内容是必要的，对于有效的仲裁协议是不可或缺的；有些内容则是任意性的，当事人之间可以协商一致选择性地约定。不同国家对于任意性和必要性事项的规定也不完全一致。下面我们对仲裁协议的主要内容以及与各项内容相关联出现的或可能出现的问题进行辨析。

① 李玉泉. 国际民事诉讼与国际商事仲裁. 武汉：武汉大学出版社，1994. 282~287

② 李井杓. 仲裁协议与裁决的法理研究. 北京：中国政法大学出版社，2000. 53~59

一、仲裁事项

仲裁事项，即提交仲裁的事项，是指当事人提交仲裁解决的争议内容，它决定了仲裁庭的管辖权范围。当事人请求仲裁的事项与反请求事项只限于仲裁协议所规定的争议事项。如果当事人在仲裁协议中未约定仲裁事项，仲裁庭则无权审理案件和作出裁决，否则，仲裁庭就超越了权限，会导致其作出的裁决全部或部分无效。因此，当事人在仲裁协议中必须明确规定将何种商事争议提交仲裁解决。

1. 商事争议

商事仲裁解决的就是当事人之间在商事活动中产生的商事争议。UNCITRAL 示范法对“商事”的字面含义作出了广义的扩充解释，使其包含了不论是契约性还是非契约性的一切商事性质的关系所引起的法律事件。商事性质的关系包括但不限于下列交易：供应或交换货物的任何贸易交易；销售协议；商事代表或商事代理；一般代理；租赁、建造工厂；咨询、工程、投资、筹资、保险等；许可证、开发协议或特许；合营和其他形式工业或商业合作；货物或旅客的天空、海上、铁路或公路的载运。

根据我国加入《纽约公约》时所作的商事保留声明，我国仅对按照我国法律属于契约性或非契约性商事法律关系所引起的争议适用该公约。另据《最高人民法院关于执行我国加入的〈承认及执行外国仲裁裁决公约〉的通知》，所谓“契约性和非契约性商事法律关系”，具体指由于合同、侵权或者根据有关法律规定而产生的经济上的权利义务关系，例如，货物买卖、财产租赁、工程承包、加工承揽、技术转让、合资经营、合作经营、勘探和开发自然资源、保险、信贷、劳务、代理、咨询服务和海上、民用航空、铁路、公路的客货运输及产品责任、环境污染、海上事故和所有权争议等，但不包括外国投资者与东道国政府之间的争端。

2. CIETAC 仲裁规则的规定

如果想申请由某机构进行仲裁，对于仲裁事项的约定还需参考该机构的规定，查明该机构的受案范围，以避免约定的仲裁事项不能为约定的仲裁机构所受理。CIETAC 仲裁规则第 2 条规定，CIETAC 是“以仲裁的方式，独立、公正地解决契约性或非契约性的经济贸易等争议”。此类争议包括：①国际的或涉外的争议；②涉及香港特别行政区、澳门特别行政区或台湾地区的争议；③外商投资企业相互之间以及外商投资企业与中国其他法人、自然人或经济组织之间的争议；④涉及中国法人、自然人及其他经济组织利用外国的、国际组织的或港澳台地区的资金、技术或服务进行的项目融资、招标投标、工程建筑等活动的争议；⑤中华人民共和国法律、行政法规特别规定或特别授权由仲裁委员会受理的争议；⑥当事人协议由仲裁委员会仲裁的其他国内争议。仲裁委员会不受理下列争议：①婚姻、收养、监护、抚养和继承争议；②依法应该由行政机关处理的行政争议；③劳动争议和农业集体经济组织内部的农业承包合同争议。

3. 争议事项的可仲裁性

当事人可以约定争议，但并非当事人所约定的争议都可以通过仲裁解决。这就涉及争议事项的可仲裁性，可仲裁性又称仲裁的适用范围。简单来讲，是哪些争议可以通过仲裁解决，哪些争议不能通过仲裁解决。它是对当事人在达成仲裁协议时对其自主意志的限制，并涉及裁决的效力，以及裁决可否为法院承认和执行等问题。

事实上，仲裁争议标的具有可仲裁性是仲裁协议生效的先决条件之一。如果某一个国家的法律规定，某些争议不能通过仲裁的方式解决，那么，关于此类争议的协议不能通过签订仲裁协议以仲裁的方式解决。更重要的一点是，不同国家关于仲裁标的可仲裁性会有所不同，从而产生根本性冲突。比如 A 国规定某些争议可以通过仲裁解决，而 B 国规定不可以，则欲在 B 国执行仲裁裁决，裁决将因为法律上的冲突而无法在 B 国得到承认和执行。

一些国际性法律文件规定了可仲裁性对于仲裁执行的重要性，但并不能完全解决上述因法律冲突导致的可仲裁性对裁决的影响。如《纽约公约》规定，缔约国有义务承认符合以下条件的仲裁协议并使其产生效力：当事人以书面协定承认彼此间所发生的或可能发生的一切或任何争议，如涉及可以仲裁解决事项之确定法律关系，不论契约属于何种性质，应提交仲裁时，各缔约国应承认此项协定。另外，UNCITRAL 示范法规定了拒绝执行的理由：①该国法律规定争议标的不能通过仲裁解决；②承认或执行该仲裁决议将会违反该国的公共执行。上述国际性法律文件表明，裁决的事项若在裁决作出地或执行地不具有可仲裁性，则将被拒绝承认和执行。

我国《仲裁法》第 2 条规定：“平等主体的公民、法人和其他组织之间发生的合同纠纷和其他财产权益纠纷，可以仲裁。”第 3 条则规定：“下列纠纷不能仲裁：①婚姻、收养、监护、抚养、继承等纠纷；②依法应当由行政机关处理的行政争议。”也就是说，如果是此类禁止性争议，当事人即使在仲裁协议中约定提交仲裁解决，也因为该事项不具备可仲裁性，而无法由商事仲裁机构予以受理。

二、仲裁机构

在仲裁协议中规定仲裁机构或仲裁员，是各国仲裁立法和司法实践以及仲裁实务中所普遍规定的要求。这是由各国法律要求仲裁协议对仲裁机构或仲裁庭的约定具有确定性所决定的。因为在仲裁中，仲裁机构分为常设仲裁机构和临时仲裁机构两种。

1. 常设仲裁机构

一个国家可能有多个常设仲裁机构，并对各仲裁机构的仲裁案件管辖权进行了明确的划分，每一个或每一类型的仲裁机构都有其自身的仲裁规则。如我国内地的常设仲裁机构有三类：①中国国际经济贸易仲裁委员会（CIETAC）。按其仲裁规则，主要是对国际商事法律争议进行仲裁。②中国海事仲裁委员会。按其海事仲裁规则，主要是对国际、国内的海事、海商法律争议进行仲裁。③各地组建的仲裁委员会。按其仲裁规则，主要是对国内商事法律争议进行仲裁。

同时，当事人在选择常设仲裁机构进行仲裁时，只能选择一个仲裁机构并采取规范性的约定方法。如下列约定方法就是不规范的，会影响仲裁协议效力和实施：“凡本合同所产生的或与本合同有关的一切争议，提交中国仲裁机构仲裁解决”；或“凡因本合同所发生的一切争议，提交中国国际经济贸易仲裁委员会仲裁或双方同意的任何中立国家的国际商事仲裁机构仲裁”；或“凡因本合同所发生的或与本合同有关的一切争议，提交中国海事仲裁委员会或英国伦敦国际仲裁院仲裁解决”，等等。

2. 当事人选择临时仲裁机构仲裁

在这种情况下，当事人必须在仲裁协议中特别就仲裁庭的组成方法作出约定。商事关系中的双方当事人不能就选择某一常设仲裁机构仲裁达成协议，而又期望通过仲裁方式解决其争议时，通常会选择临时仲裁，并在仲裁协议中明确选定仲裁员或规定指定仲裁员的方法、组建仲裁庭、制定仲裁规则。

我国内地有关仲裁的司法实践承认国际商事关系中的双方当事人对国外临时仲裁机构的约定。如 1995 年最高人民法院在给广东省高级人民法院的函件中确认：当事人事先在合同中约定或争议发生后约定由国外的临时仲裁机构或非常设仲裁机构仲裁的，中国法院应当承认该临时仲裁条款的效力。

比较而言，常设仲裁机构的仲裁是国际、国内商事仲裁中较为普遍采用的仲裁方式，比临时仲裁机构的仲裁具有更多的优越性。常设仲裁机构在受理争议案件后，都会按其适用的法律和仲裁规则的规定，对争议的仲裁性、仲裁协议的可执行性等进行严格的审查，以确保仲裁的合法性。

三、仲裁地点

当事人选择常设仲裁机构仲裁时，如果没有其他约定，通常以该被选定的常设仲裁机构所在地作为仲裁地点。但是，一些常设仲裁机构在不同的地方设立有分支机构，而且更为重要的是，大多数的常设仲裁机构并不禁止当事人选择其机构所在地以外的地方作为仲裁地点。在选择临时仲裁机构仲裁时，由于临时仲裁机构没有机构所在地，所以，当事人在仲裁协议中必须明确约定仲裁地点。合同中约定仲裁地的重要性主要在于其涉及仲裁协议的执行、仲裁程序的执行。

1. 仲裁地影响仲裁协议的效力

由于各国对商事仲裁协议有效成立的条件规定不一，因而在国际商事仲裁中，在仲裁协议效力的确定问题上存在法律冲突。在确定仲裁协议的效力时，除当事人另有约定外，一般都是以仲裁地国家的法律作为准据法。

2. 仲裁地影响仲裁程序的进行

在仲裁实务中，当事人没有明确约定仲裁程序法时，一般适用仲裁地国家的法律。即使当事人选择了仲裁程序法，审理其案件的仲裁程序也不能违反仲裁地国家仲裁程序法的规定。此外，如果当事人在仲裁协议中没有约定解决争议所适用的仲裁规则，或者约定不明确，有关仲裁机构更有可能直接适用仲裁地国家的仲裁程序法来进行相关的仲裁程序。如《承认及执行外国仲裁裁决公约》规定，当事人可以确定仲裁程序所适用的法律，如果没有确定，适用仲裁地法律。而且，仲裁地的民事诉讼程序也不同程度地控制着仲裁程序。例如，在大陆法系国家，诉讼时效是属于实体法的问题，而在英美法系国家，则属于程序法问题，如果某一大陆法系国家对产生争议的法律关系没有规定诉讼时效，仲裁在一普通法系国家进行，该普通法国家的诉讼时效法将适用于仲裁程序，从而决定当事人的权利是否受到时效制度的保护。

3. 仲裁地影响解决争议所适用的实体法

在国际仲裁中，当事人一般会就解决争议所适用的实体法作出选择。但是，如果当事人对解决争议所适用的实体法没有作出明确选择，仲裁庭一般会根据国际惯例，按仲裁地国家国际私法规则中的冲突规范确定所应适用的实体法，或直接适用仲裁地国家的实体法。即使当事人明确选择了解决争议所适用的实体法，也有可能发生仲裁地国家法律不允许当事人作出某种选择，仲裁庭最终适用仲裁地国家法律的情况。

4. 仲裁地影响仲裁裁决的承认和执行

仲裁地决定了国际仲裁裁决作出的国家。在仲裁地国家作出的裁决如在该国以外的国家申请承认和执行，就会产生外国仲裁裁决的承认与执行的问题。如果仲裁裁决作出国与承认和执行国都是《承认及执行外国仲裁裁决公约》的成员国，那么该仲裁地国家的裁决，就可以按照该公约的规定在该有关外国得到承认和执行。

仲裁地点还会影响仲裁裁决的可执行性。根据《承认及执行外国仲裁裁决公约》的规定，如果依据仲裁地国家的法律，裁决对当事人尚未发生效力或被主管机关撤销或停止执行，被请求承认或执行裁决的主管机关可根据当事人的请求拒绝承认和执行该裁决。

在国际商事交往中，中方当事人与外方当事人协商仲裁地点。主要采用以下三种方式：①在中国国际经济贸易仲裁委员会或中国海事仲裁委员会所在地的北京仲裁，如仲裁地对双方当事人便利，则选择中国国际经济贸易仲裁委员会上海分会或深圳分会在上海或深圳仲裁。在中方当事人与外方当事人签订的国际商事仲裁协议中，大都选择在中国仲裁。②在被申请人一方所在国进行仲裁。③在第三国进行仲裁。选择在第三国仲裁时，通常选择与中国有友好关系、其仲裁规则公平、在国际上享有很高声誉的国家的仲裁机构，如瑞士苏黎世商会仲裁院、瑞典斯德哥尔摩商会仲裁院、英国伦敦国际仲裁院等，并在该仲裁机构所在地进行仲裁。

四、仲裁规则

仲裁规则，即仲裁程序规则，是双方当事人和仲裁庭在整个仲裁过程中所必须遵守的程序规则。仲裁规则主要规范仲裁机构的管辖权、仲裁申请的提出与答辩、仲裁员的指定和仲裁庭的组成、案件审理、裁决的作出与效力等内容。它直接涉及当事人双方实体权利和仲裁程序权利的保护，不同的仲裁规则会产生不同的裁决。鉴于仲裁规则的重要性，当事人在订立仲裁协议时，应当明确约定仲裁所适用的程序规则。当事人在约定仲裁规则时，基于其选择仲裁方式的不同而不同。

在选择常设仲裁机构仲裁的情况下，当事人通常在仲裁协议中订明“按该仲裁机构的仲裁规则进行仲裁”。世界各国和国际社会所设立的常设仲裁机构都制定有自己的仲裁规则，如《国际商会仲裁规则》、《中国国际经济贸易仲裁委员会仲裁规则》、《中国海事仲裁委员会仲裁规则》等。在通常情况下，当事人选择在某一常设仲裁机构仲裁，也就自然地会选择按该机构的仲裁规则进行仲裁。如中国国际经济贸易仲裁委员会和中国海事仲裁委员会1995年的《仲裁规则》第7条都规定："凡当事人同意将其争议提交仲裁委员会仲裁的，均视为同意按照本仲裁规则进行仲裁。"

但是，也有一些常设仲裁机构，如瑞典斯德哥尔摩商会仲裁院、中国香港国际仲裁中心、中国国际经济贸易仲裁委员会、上海仲裁委员会等，允许当事人双方自行另外选择他们认为合适的仲裁规则，实行仲裁机构与仲裁规则分离制。2000年《中国国际经济贸易仲裁委员会仲裁规则》第7条就改变了以前的一体化做法，允许当事人另外约定仲裁规则："当事人另有约定且经仲裁委员会同意的，从其约定。"在这种情况下，当事人可以自行另外制定或选择对其最适合的仲裁规则。在国际仲裁中，当事人自行拟定仲裁规则时，一般都以《联合国国际贸易法委员会仲裁规则》为蓝本，加入适合双方的内容。

在选择临时仲裁机构仲裁的情况下，仲裁庭与仲裁规则是分离的，双方当事人必须在仲裁协议中选择或制定仲裁规则，或者指明确定仲裁规则的方法。当事人可以选择一方当事人所属国家或仲裁地国家的某仲裁规则，或者选择国际组织的商事仲裁规则，或者自行制定仲裁规则，甚至可以授权仲裁员选择仲裁规则。

五、裁决的效力

仲裁裁决的效力是指仲裁裁决的法律效力，即仲裁裁决具有终审性质、对双方当事人有约束力。除依法定程序提出撤销或不予执行外，任何一方当事人不得向法院或其他权威机构申请变更裁决的内容。

仲裁制度最为重要的法律特性是一裁终审。绝大多数国家的仲裁立法和司法实践以及商事仲裁实务都确认，仲裁机构所作出的裁决具有终审效力，对双方当事人具有法律约束力，任何一方当事人都不得上诉或申诉。如我国《仲裁法》第9条规定："仲裁实行一裁终局的制度。裁决作出后，当事人就同一纠纷再申请仲裁或向人民法院起诉的，仲裁委员会或者人民法院不予受理。"《联合国国际贸易法委员会仲裁规则》规定："裁决……是终局的，并对当事人双方均有拘束力，双方承担立即履行裁决的义务。"《国际商会仲裁规则》规定："双方当事人提交国际商会仲裁时，就应视为已经承担了毫不迟延地执行最终裁决的义务，并在依法可以放弃的范围内放弃任何形式的权利。"

尽管如此，也有一些国家的仲裁立法允许当事人对仲裁裁决提出上诉。如沙特阿拉伯《仲裁条例》规定：法院有权力对仲裁裁决进行监督；仲裁员作出的所有裁决，均应在5日内向有权审理案件的机关备案，并应将副本发送给双方当事人；当事人在得到仲裁员的裁决通知之日起15日内，可就仲裁员的裁决向已备案的有权审理案件的机构提出异议；如果当事人一方或双方在前述规定的期限内就仲裁员的裁决提出了异议，有权审理案件的机构应当考虑该争议，并应当驳回异议并作出执行裁决的命令，或者接受异议并就案件另行决定。英国1996年《仲裁法》虽然确认了仲裁裁决的终审效力，但又确认了当事人对仲裁裁决通过上诉、复审程序提出异议的权利，仲裁裁决的终审效力"不影响任何人依据可利用的上诉或复审的程序或本编（即第一编'依据仲裁协议的仲裁'）的规定，对裁决书提出异议的权利"。

六、仲裁员和仲裁语言

1. 仲裁员

仲裁法或仲裁规则对于仲裁员人数通常会作出规定。我国《仲裁法》对于仲裁庭人数规定为三名或一名。但世界上有很多国家的仲裁立法对于仲裁员的人数都没有明确规定或不加限制，由当事人自由约定，只在当事人未约定时做缺省规定。UNCATAL示范法第10条规定：①当事人各方可以自由确定仲裁员的人数；②如未作此约定，则仲裁员的人数为三名。

当事人可以在仲裁协议中自行约定仲裁员应具备的资格。通常情况下，资格为仲裁员在某一领域的专业能力。规定资格有利于仲裁机构或法律在当事人未能委任时，参照当事人约定进行委任。不过，在实行名册制的法域进行仲裁的情况下，仲裁人即使约定了资格，仲裁员也只能在仲裁员名单的范围内委任。

当事人可以在仲裁协议中委任特定的仲裁员，但应该注意的是，特定仲裁员不应与当事人有影响公正独立的密切关系。此外，如机构仲裁实行强制仲裁员名册制，则其所选定的特定仲裁员应是仲裁员名册上的人员。当事人也可采取约定委任的方式，例如，可以委托特定的机构进行委任。如未作约定，仲裁员的委任应依据可适用的仲裁法或仲裁规则进行。

2. 仲裁语言

当事人可以自由约定仲裁语言，当事人可以就仲裁程序的全部或一部分约定使用一种或数种语言。仲裁语言可以与合同所使用的语言不同，但当事人在约定语言时，应该充分考虑到仲裁语言与案件的相关性。

如当事人未对仲裁语言作出约定，则仲裁语言通常有两种确定方式：一是按仲裁规则规定；二是由仲裁庭决定。例如，CIETAC在2000年仲裁规则第85条第1规定：仲裁委员会以中文为正式语文。当事人另有约定的从其约定。第34条第2款规定：在不违反当事人约定的情况下，仲裁庭可以决定"程序中使用的一种或数种语言及是否须提供相关文件的翻译"。

第三节　仲裁协议有效性的确定与失效

一、仲裁协议有效性的确定：形式要件

1. 书面协议

仲裁协议通常应当具备书面要件。《纽约公约》承认的仲裁协议应为具有书面形式的协议。各国仲裁法均对书面协议作出了某种程度的界定。例如，英国1996年《仲

裁法》第5条第1款规定，仲裁协议必须采用书面形式；1998年德国《民事诉讼法典》第103l条第1~5款规定，仲裁协议须采用书面形式；1995年我国《仲裁法》第16条、1996年我国澳门地区《仲裁法》第6条、1998年我国台湾地区《仲裁法》第1条第3款、2000年我国香港地区《仲裁条例（修订）》第2条等都严格要求仲裁协议必须采用书面形式；在西班牙、葡萄牙、哥伦比亚等国的商事仲裁立法中，甚至要求商事仲裁协议必须以公证文书的形式作成。

UNCITRAL示范法第7条第2款规定：仲裁协议是书面的。协议如载于当事人各方签字的文件中，或载于往来的书信、电传、电报或提供协议记录的其他电讯手段中，或在申请书和答辩书的交换中当事人一方声称有协议而当事他方不否认的，即为书面协议。在合同中援引载有仲裁条款的一项文件即构成仲裁协议，但该合同须是书面的，而且这种援引足以使该仲裁条款构成该合同的一部分。虽然各国对书面协议的认定并不一致，但从近年的司法和仲裁实践来看，对书面协议的认定日渐趋向于宽松。

无论书面协议的认定怎样发展，我们必须清楚地认识到，书面和签名是两个不同的仲裁协议有效形式要件。书面是表明仲裁协议存在的形式，签名则表明双方的合意。仲裁条款甚至可以是未经签署的或者包含在合同草案当中，其效力由法院通过各种方式予以确认或否认。①

2. 函件交换

当事人之间交换有仲裁协议的函件也构成有效力的仲裁协议。《纽约公约》和UNCITRAL示范法以及许多国家的法律均对函件交换作出了规定。在德国法院判决的一个案件中，法院认为，最后的文件由卖方通过传真方式传送不被认为是第2条第2款第二个选择意义上的“互换函电”，只有相互交换的文件才能满足这一要件，单方的传送或单方的确认均不符合该条规定。

无论是口头还是默示的接受包含仲裁协议的要约，不足以构成有效的仲裁协议。在上述案件中，法院还认为，相互签署的仲裁协议的要件不能由于《纽约公约》第7条的更优惠权利条款，而依据德国程序法或欧洲国际商事仲裁公约被减损。欧洲国际商事仲裁公约虽然允许口头仲裁协议，但在双方的国内法均作如此规定的情况下才可以构成有效的仲裁协议，而德国民事诉讼法典并没有相关规定。

3. 文件的援引

无论采取双方当事人直接签署或采取互换函电方式订立合同，都有可能存在该合同中提及或援引含有仲裁条款的其他有关文件。由于合同所提及或援引的有关文件是合同的组成部分，双方当事人一致同意合同的内容，也就同意了体现该仲裁条款的文件，因而在当事人之间存在仲裁协议。

但是，对通过援引达成的仲裁协议是不是书面协议，各国又有不同的规定。目前典型的法律制度规定，必须符合一定的条件，即合同必须是书面的，该仲裁条款必须是书面合同的组成部分。英国1996年《仲裁法》第5条第3款规定，如当事人以非书面形式同意援引书面条款，则其达成书面协议。1998年德国《民事诉讼法典》第1031条第

① 杨良宜. 国际商务仲裁. 北京：中国政法大学出版社，1997. 120~124

3 款也规定，符合签署文件和函电文件形式要件的合同中援引包含仲裁条款的文件，如该援引是为了使该仲裁条款成为合同的一部分，则该援引构成仲裁协议。

一些国家有关仲裁的司法实践和仲裁实务，也将这种形式的仲裁协议认定为有效的商事仲裁协议。如加拿大高等法院于 1999 年在反向器跨国公司等诉斯泰特国际公司等一案中认为，仲裁庭对所有被申请人（本案撤销仲裁裁决的申请人——四家墨西哥公司）都有管辖权，因为《联合国国际商事仲裁示范法》第 7 条和墨西哥法律都规定，当事人可以通过签订参照规定仲裁的另一份文件的合同的方式达成一项有效的仲裁协议。

我国内地的司法实践也认定这类仲裁协议为有效的商事仲裁协议。如 1996 年 12 月 14 日最高人民法院在给内蒙古自治区高级人民法院的函件中认为，中外双方当事人订立的外贸合同中约定未尽事宜适用中国与蒙古国之间的交货共同条件的，因该交货共同条件，即 1988 年 11 月 4 日《中华人民共和国对外经济贸易部与蒙古人民共和国对外经济供应部关于双方对外贸易机构之间相互交货共同条件的议定书》，规定了因合同所发生或者与合同有关的一切争议在双方达不成协商解决的协议时，应以仲裁方式解决，并规定了具体办法，故应当认定当事人自愿选择通过仲裁方式解决其纠纷，人民法院不应受理因该类合同引起的纠纷。

4. 提单

在国际商事交易中，与交易有关的商业单据，如货运单据（特别是提单）、保险单据（特别是保险单）、信用证、发货票等，都是非常重要的书面文件。在这些文件中，一般都具体规定了仲裁条款或援引了包含有仲裁条款的另一单独文件。

这些单据是一方当事人单方面制作，体现制作单据方的意志，而不是交易双方当事人共同意志的书面文件。相对方当事人接受这些单据后，凭其办理提货、结汇、发货等相关后续事项。接受这些单据的一方当事人不能互换，不能提出异议，他要么全部接受，要么全部拒绝。虽然这些单据的形式和签署过程不符合一般的合同形式和缔约程序，但这些单据在法律性质上是合同或合同关系存在和合同履行的书面证明。因此，在理论上，如果这些文件载有仲裁条款或提及包含有仲裁条款的另一文件，只要经过有关当事人的认可，或按商业习惯已经成为交易惯例的一部分，该有关的仲裁条款完全可以构成书面形式的商事仲裁协议。

但是，对于这些文件中所包含的仲裁条款是否可以被认定为当事人所达成的、书面的仲裁协议这一问题，不同国家的仲裁立法和司法实践所持的意见各不相同。有些国家确认这些仲裁条款为书面的商事仲裁协议，如 1998 年德国《民事诉讼法典》第 1031 条第 4 款规定："如海运提单明确援引了租船合同的仲裁条款，则提单的签发也可以达成仲裁协议。"有些国家规定应该具备一定条件，即构成合同的一部分，才能成为有效的书面仲裁协议；还有一些国家认为，这些仲裁条款不能构成约束双方当事人的有效的书面仲裁协议，如我国香港法院于 1992 年在汉生贸易公司诉奥肯船运公司一案中，根据《承认及执行外国仲裁裁决公约》第 2 条第 2 款和《联合国国际商事仲裁示范法》的相关规定，对仲裁协议的书面要求作了非常严格的解释，判决提单中的仲裁条款无效，理由是提单既没有双方当事人签字，也没有书面互换来达成仲裁协议的证明。

5. 书面记录

当事人双方谈判仲裁协议或谈判交易事项，如双方在一起口头谈判或通过电话谈判，涉及将争议提交仲裁解决时，可能只是作了书面记录，而没有签署书面形式的仲裁协议。对于在这种情形下，当事人双方授权一方当事人或第三方将谈判的内容进行记录，该记录是否构成书面形式的问题，世界各国有关商事仲裁的立法和司法实践的总体趋势是持肯定态度的。如英国1996年《仲裁法》规定，书面形式包括仲裁协议得以记录的任何方式；如以非书面形式达成的协议，由协议双方当事人授权的一方当事人或第三方予以记录，该协议被证明具备书面形式。2000年我国香港地区《仲裁条例（修订)》规定，该协议不是以书面的方式作出的，但由该协议的其中一方或由第三方（在该协议的各方授权下）予以记录的，属于以书面作成；书面包括借以将资料记录的任何方式。

6. 公司章程

公司章程是依法设定公司内部的法律关系，确立公司内部管理体制和公司运行程序，明确股东及公司之间权利义务关系的一种法律文件。一般而论，公司章程内容包括绝对必要记载事项、相对必要记载事项和任意约定记载事项。其中任意记载事项不做列举，只要不违反法律和社会公德，股东均可以在章程中作出约定；仲裁条款作为股东之间约定的解决争议的手段，当然可以成为公司章程中的内容。

公司章程中的仲裁条款与合同中的仲裁条款，意义不同之处在于其主体差异。依据《中外合资经营企业法实施条例》第13条的规定，合营企业的章程是按照合营企业合同规定的原则，经合营各方一致同意，规定合营企业宗旨、组织原则和经营管理方法等事项的文件。因此，公司章程中的仲裁条款的主体不仅包括签订合资公司的股东，也包括公司的董事、监事、经理等受章程约束的主体。

如公司及其股东、董事、监事、经理之间发生争议，一方根据公司章程提出仲裁，另一方如果以其未在章程上签字为由提起仲裁协议的管辖权异议，是得不到支持的。不支持的理由是：①公司一经成立，公司章程即为既存的有法律约束力的文件，公司主要管理人员在接受任命的同时就意味着接受章程的约束，随之也就接受了章程的仲裁条款；②作为一种公开的文件，公司章程规定的内部规则为各方所共知，其仲裁条款又是以书面形式记载，就应该同公司章程的其他条文一样对各关系人有约束力。

7. 电子方式

《纽约公约》签订以后，随着新技术的应用，尤其是信息技术的发展，仲裁协议的形式要件产生了新的扩大适用，其中又以电子方式达成的仲裁协议和电子签名的有效性最为重要。一般认为，“以能提供协议持久记录的电子方式而进行的任何通讯，亦应被视为书面形式”。

《UNCITRAL电子商务示范法实施指南》第6条第1款指出：“如法律要求信息须采用书面形式，则假若一项数据电文所含信息可以调取以备日后查用，即满足了该项要求”。这也就是说，以电子方式达成的仲裁协议只要可以调取以备日后查用，即满足了法律对仲裁协议的书面要求。我国《合同法》第11条也将传统的书面合同形式扩大到数据电文形式，数据电文包括电报、电传、传真、电子数据交换和电子邮件等。

关于电子签名，《UNCITRAL 电子商务示范法》第 7 条规定："如法律要求要有一个人签字，则对于一项数据电文而言，倘若情况如下，即满足了该项要求：①使用了一种方法，签订了该人的身份，并且表明该人认可了数据电文内含的信息；②从所有各种情况看来，包括根据任何相关协议，所用方法是可靠的，对生成或传递数据电文的目的来说也是适当的。"《联合国电子签名示范法》第 6 条第 1 款规定，凡法律规定要求有一人签字时，如果根据各种情况，包括根据任何有关协议，使用电子签名既适合生成或传送数据电文所要达成的目的，而且也同样可靠，则对于数据电文而言，即满足了该项签字要求。中国的电子签名法也已公布生效，所以，毋庸置疑，有效的电子签名与纸面文件的签名具有同样的效力。

二、仲裁协议有效性的确定：实质要件

纵观世界各国仲裁立法、有关国际条约和仲裁实务，可以将确定仲裁协议有效性实质要件概括为如下四项：当事人具有缔结仲裁协议的民事行为能力；当事人之间有提交仲裁的意思表示并且真实、一致；仲裁协议的标的（事项）具有可仲裁性；仲裁协议的内容合法。

1. 当事人具有缔结仲裁协议的民事行为能力

商事关系中的双方当事人具有民事行为能力，是保证其签订的仲裁协议合法有效的前提。根据各国的相关立法和司法实践，仲裁协议的双方当事人在订立仲裁协议时必须具有民事行为能力，否则他们不能签订合法有效的商事仲裁协议。

(1) 自然人缔结仲裁协议的民事行为能力

世界各国的仲裁立法和有关的国际条约以及《联合国国际商事仲裁示范法》等对自然人缔结仲裁协议都有非常严格的规定，强调欠缺民事行为能力的自然人所订立的商事仲裁协议无效。如《中华人民共和国仲裁法》规定，无民事行为能力或者限制行为能力人订立的仲裁协议无效。《承认及执行外国仲裁裁决公约》规定，仲裁协议的当事人依对其适用的法律有某种无民事行为能力情形者，被申请承认和执行的外国仲裁裁决的国家可依当事人一方的请求，拒绝承认和执行。

(2) 法人缔结仲裁协议的民事行为能力

法人通常分为私法人和公法人两种基本类型。私法人有权订立仲裁协议，为各国法律所确认，因而没有疑问。对于公法人是否有权签订仲裁协议，以及具体能签订何种仲裁协议，各国立法与实践、国际公约观点不一，总体上有三种模式：①经国家立法授权或经主管机关批准，公法人可以订立仲裁协议，但对仲裁协议的订立设立了限制条件。采取这种模式的有比利时、英国、美国、日本等国家。②禁止公法人订立仲裁协议。采取这种模式的有利比亚、印度尼西亚等国家。③原则上不允许公法人通过仲裁协议将其争议提交仲裁解决，但允许将国际商事关系领域的争议提交仲裁。例如，法国不允许将国家合同争议提交仲裁解决，而应由法院解决，但 1986 年颁布的一项法令中规定，允许国家和公共实体将国际商事关系中产生的争议提交仲裁。

2. 当事人之间有提交仲裁的意思表示并且真实、一致

当事人之间将其有关争议提交仲裁解决，须有明确请求仲裁解决的意思表示，这是仲裁协议的基本要素。请求仲裁的意思表示须明确、肯定，并符合当代仲裁制度一裁终审、排除司法管辖权的特性。如果当事人在协议中规定既可提交仲裁又可提起诉讼，该仲裁协议就有可能被认为是违反了仲裁法所规定的“或裁或审”的基本法律原则，因而有可能被视为是无效的仲裁协议。

当事人之间请求仲裁的意思表示还必须真实、一致，即双方当事人都同意将其争议提交仲裁解决，而不是一方当事人的意思，这是仲裁协议作为协议的一种基本要求。以欺诈、胁迫等违背当事人真实意思的手段迫使另一方当事人订立的仲裁协议应当被认定为无效。

在实践中，商事仲裁协议常体现为格式合同或商业单据中的仲裁条款。这些格式合同与商业单据通常是由一方当事人（或其所属专业协会）制定的，体现的是一方当事人的意志。对这类仲裁条款要视情形而确定其是否符合合意与真实。就格式合同而论，它通常是一方当事人提交给对方当事人作为双方谈判商事合同的基础与草案文本，接受格式合同的一方可以对格式合同的有关条款作进一步的删除、修改、补充，双方当事人最终达成的正式合同是在变更格式合同的基础上订立的，体现了接受格式合同一方的意志，因而是双方当事人的真实意思表示。

对于商业单据，如提单、保险单、信用证等，其签发与接受在国际、国内的商事交易中已成为商事惯例，凡参与这类商事交易的当事人，特别是接受单据的当事人都会接受；况且这些单据的签发与接受通常是以相关合同存在为前提，往往构成相关合同的组成部分，因此，只要这些单据的签发者没有采取法律禁止的胁迫手段迫使接受方接受，接受方接受了这些单据，应当认定双方当事人对单据中的仲裁条款达成一致、合意真实。

3. 仲裁协议的标的（事项）具有可仲裁性

仲裁协议的标的是指双方当事人在特定交易中已经或可能发生的争议事项。当事人协议提交仲裁解决的争议事项具有可仲裁性，是仲裁协议有效的一项重要条件。所谓标的具有可仲裁性，亦即争议事项具有可仲裁性，是指当事人提交具有一裁终审效力的仲裁机构解决的争议事项是法律允许采取仲裁方式处理的事项。

各国基于其本国社会公共利益、习惯和法律政策的需要，在其仲裁立法中，都不允许当事人将其所有争议事项提交具有一裁终审效力的仲裁机构解决，而是明确规定哪些争议事项可以由这类仲裁机构解决，哪些争议事项不得提交这类仲裁机构解决。1998 年德国《民事诉讼法典》规定，提交仲裁的可以是涉及经济利益的任何请求，如不涉及经济利益，则以当事人就争议问题能缔结和解协议的范围为限，其他成文法规定的只在特定情况下才可提交仲裁的争议，有关德国境内住宅租赁合同关系存在与否的争议不得提交仲裁（但涉及《德国民法典》第 556a 条第 8 款所指的住宅种类除外）。

我国《仲裁法》对可仲裁和不可仲裁的争议事项都作了规定。该法规定，平等主体的公民、法人和其他组织之间发生的合同纠纷和其他财产权益纠纷，可以仲裁。但下列纠纷不能仲裁：①婚姻、收养、监护、抚养、继承等纠纷；②依法应由行政机关处理的行政争议；③根据中国内地有关规定，劳动争议、农村土地承包争议等，虽然涉及合

同纠纷和财产权益纠纷，但不具有《中华人民共和国仲裁法》意义上的可仲裁性，而只具有行政法、劳动法等法律领域的可仲裁性。

4. 仲裁协议的内容合法

仲裁协议内容合法同样是有效仲裁协议所必须具备的基本要素。所谓内容合法，是指仲裁协议的各项规定符合法律要求，不得违反强制性规定。具体言之，仲裁协议的内容要具有法律所要求的基本内容，而且该内容不得与强制性法律规定相违背。各国仲裁立法都对这项条件作了具体的要求和规定。除规定其内容涉及不具有可仲裁性的争议事项的仲裁协议无效外，各国法律还规定了其他要求。[①] 如英国 1996 年《仲裁法》规定，当事人对列于该法附录一的强制性规定有相反约定者，不影响这些强制性规定的效力。1996 年我国澳门地区《仲裁法》规定，仲裁协议没有规定争议的标的、指定仲裁员或指定仲裁员的方式、争议所涉及的法律关系的，仲裁协议无效；仲裁协议中约定一方当事人在指定仲裁员方面有任何特权时，视为无此约定。

三、仲裁协议的失效

仲裁协议的失效是指仲裁协议因某种原因而失去拘束力。它与仲裁协议无效不同，后者是指仲裁协议缺乏某种有效条件或具备法律禁止事项而缺乏拘束力。一般言之，失效的仲裁协议，在失效前是有效的，具有拘束力，在失效后无拘束力；而无效仲裁协议，无论其无效是整个仲裁协议无效还是某一部分无效，其无效部分自始无拘束力。

根据各国的仲裁立法和司法实践及有关的国际仲裁规则，仲裁协议失效的主要情形有：

1. 终局裁决

当事人依其达成的仲裁协议提起仲裁，仲裁庭按仲裁协议的规定和有关法律对仲裁协议中所包含的所有争议作出最终裁决后，该仲裁协议因已经履行完毕而失去效力。我国《仲裁法》规定，裁决作出后，当事人就同一纠纷再申请仲裁的，仲裁委员会不予受理。这里的裁决是指终局裁决。如果仲裁庭的裁决是中间裁决或部分裁决，仲裁协议仍然继续有效，仲裁程序继续进行，直到仲裁庭作出终局裁决。

一般认为，在仲裁庭按有效仲裁协议进行仲裁并对该协议包含的所有争议作出终局裁决后，如果其裁决因某种原因而被法院裁定撤销或不予执行，有关当事人不能再依据原来的仲裁协议重新提请仲裁。因为，仲裁解决争议的基本原则是“一个仲裁协议即一轮仲裁程序”，仲裁庭作出终局裁决后，当事人在仲裁协议中赋予仲裁员或仲裁庭解决纠纷的使命已经结束，整个案件的仲裁程序也已经完成。除非当事人重新达成一项有效的仲裁协议，并依该协议发起新一轮仲裁程序，否则，当事人不得再申请仲裁。

2. 仲裁期限届满

仲裁期限届满导致仲裁协议失效，为一些国家的仲裁立法和司法实践及仲裁实务所认同。这是法律对仲裁期限的限制，以防止仲裁庭久审不结。对这项事由导致仲裁协议

① 高菲. 仲裁法和惯例辞典. 北京：中国政法大学出版社，2000. 58

失效，以当事人、仲裁规则和法律未对延长仲裁期限另有规定为条件。如瑞典《仲裁法》规定，自受理仲裁申请之日起6个月内作出裁决，当事人延长期限除外。又如2000年《中国国际经济贸易仲裁委员会仲裁规则》规定："仲裁庭应当在组庭之日起9个月内作出仲裁裁决书。"

3. 主合同的权利义务全部实现

仲裁协议失效的最主要事由是主合同全部义务已经履行完毕。尽管仲裁协议在效力上独立于主合同，但它毕竟因主合同而生，对主合同具有依附性。当事人根据仲裁协议提起仲裁、发动仲裁程序的根本原因是当事人在主合同上发生法律争议。如果当事人在主合同上没有发生任何法律争议，主合同中所规定的当事人全部权利义务已经实现，自然无提起仲裁的必要，仲裁协议赖以存在的基础已经不存在，其效力自然失去。

4. 当事人和解

当事人之间自己通过协商谈判，对主合同的有关争议达成了和解协议，并完全履行和解协议所规定的义务，主合同项下的权利义务已经全部实现，主合同的目标已经完全实现，仲裁协议的效力也就当然丧失。这种主张实际上适用于因和解协议所产生的争议，例如，一方当事人主张和解协议无效或不恰当地执行。即使和解协议中没有包括仲裁条款，因和解协议所产生的争议也可以提交仲裁，但是如果和解协议取代了主合同，并明确废除主合同的仲裁条款，因和解协议所生争议提交仲裁的基础已不存在。

5. 当事人废除商事仲裁协议

当事人双方协商一致，废除以前达成的仲裁协议，原仲裁协议的效力丧失。但是，如果当事人双方只是约定解除或废除主合同，而没有明确废除主合同中的仲裁条款，按仲裁条款独立原则，主合同中的仲裁条款仍然有效，除非该仲裁条款具有无效的条件。瑞士联邦最高法院（Swiss FederalTribunal）在1990年3月15日宋纳泰奇诉K.C.A.钻井有限公司（Sonatrach v.K.C.A.Drilling Ltd.）一案的判决中也持相似的观点，主张当事人经相互协议终止主合同，仲裁协议仍然适用。

一般来说，人们应当接受这样的观念：只要当事人之间没有明示的相反约定，他们仍然意图对因有关终止合同的后果所产生的争议保留他们之间已有的仲裁协议。

6. 仲裁协议有效性的认定机构

（1）仲裁机构

很多国家的仲裁立法、仲裁规则和一些国际仲裁规则，规定了仲裁机构对仲裁协议的有效性问题进行认定的权力。最为典型的是我国《仲裁法》规定，"当事人对仲裁协议的效力有异议的，可请求仲裁委员会作出决定"。另外，2000年《中国国际经济贸易仲裁委员会仲裁规则》规定，"仲裁委员会有权对仲裁协议的存在、效力以及仲裁案件的管辖权作出决定"。1998年《国际商会仲裁规则》也有类似规定，被申请人对仲裁协议的存在、效力或范围提出异议，仲裁院如依表面证据即可认定可能存在按照国际商会仲裁规则进行仲裁的协议，可决定仲裁程序继续进行；如果仲裁院认为相反，则通知当事人仲裁程序不能进行。

（2）仲裁庭

仲裁庭有权对一项仲裁协议是否有效予以认定。许多国家的仲裁立法和仲裁规则明确规定，仲裁庭有权就仲裁协议是否有效的问题作出决定或中间裁决。仲裁协议是否有效直接关系到案件的仲裁管辖权，如果有效，仲裁庭即有管辖权；否则，仲裁庭无管辖权。因此，有关仲裁立法和仲裁规则通常赋予仲裁庭对仲裁协议有效性进行认定的权力，使仲裁庭将其决定仲裁管辖权的权力与决定仲裁协议有效性的权力结合在一起，有助于当事人之间的争议能顺利解决。

1998 年德国《民事诉讼法典》规定，“仲裁庭可以决定自己的管辖权并同时对仲裁协议的存在或效力作出决定”。《联合国国际商事仲裁示范法》规定，“仲裁庭有权就对其管辖权包括对仲裁条款或单独的仲裁协议的存在或效力所提出的任何异议，作出裁决”。《联合国国际贸易法委员会仲裁规则》也有类似的规定。

(3) 法院

法院对仲裁协议的是否存在、仲裁协议的效力和对其效力提出的异议享有管辖权，并借此确定仲裁机构或仲裁庭是否具有仲裁管辖权，得到了世界各国有关仲裁立法和司法实践以及仲裁实务的普遍承认。

①各国相关立法。法院对仲裁协议有效与否的认定享有管辖权。但法院在这一认定上是否具有最终权力，各国仲裁立法所作的规定不尽相同。一些国家的仲裁立法规定，法院与仲裁庭享有平等的权力。如 1998 年比利时《司法法典》规定，除非在同一程序中对主要问题亦同时作出裁决，仲裁庭关于其有管辖权的裁定不得向司法当局提出异议；司法当局可以应一方当事人的请求，就仲裁庭关于其无管辖权的裁决是否有依据的问题作出决定。另一些国家的仲裁立法规定，法院享有最终决定权。如英国 1996 年《仲裁法》规定，应仲裁程序一方当事人的申请，法院可决定有关仲裁庭实体管辖权的任何问题。

我国《仲裁法》也采取法院享有最终决定权的立法例。《仲裁法》第 20 条规定：“当事人对仲裁协议的效力有异议的，可以请求仲裁委员会作出决定或者请求人民法院作出裁定。一方请求仲裁委员会作出决定，另一方请求人民法院作出裁定的，由人民法院裁定。”

在我国司法实践中，虽然法院仍然依法掌握着认定仲裁协议有效性的最终权力，但对这项权力的行使开始向有利于仲裁机构的方向发展。如 1995 年最高人民法院《关于人民法院处理与涉外仲裁及外国仲裁事项有关问题的通知》规定，对人民法院受理具有仲裁协议的涉外经济纠纷案件、不予执行涉外仲裁裁决以及拒绝承认和执行外国仲裁裁决等问题建立报告制度，“凡起诉到人民法院的涉外、涉港澳和涉台经济、海事海商纠纷案件，如果当事人在合同中订有仲裁条款或者事后达成仲裁协议，人民法院认为该仲裁条款或者协议无效、失效或者内容不明确无法执行的，在决定受理一方当事人起诉前，必须报请本辖区所属高级人民法院审查；如果高级人民法院同意受理，应将其审查意见报最高人民法院。在最高人民法院未作出答复前，可暂不予受理”。按该《通知》规定，法院对有关涉外仲裁协议有效与否的认定，在受理之前必须遵守报告制度，在没有得到最高人民法院最终答复之前，不受理这类案件。另外，1998 年最高人民法院《关于确认仲裁协议效力的几个问题的批复》规定：“当事人对仲裁协议的效力有异议，一方当事人申请仲裁机构确认仲裁协议效力，另一方当事人请求法院确认仲裁协议无效，如果仲裁机构先于法院接受申请并已作出决定，人民法院不予受理；如果仲裁机构接受申请后尚未作出决定，人民法院应予受理，同时通知仲裁机构中止仲裁。”

②国际相关立法。国际仲裁立法和仲裁实务对法院享有认定仲裁协议效力管辖权的规定，主要体现在《承认及执行外国仲裁裁决公约》和《联合国国际商事仲裁示范法》中。《承认及执行外国仲裁裁决公约》第2条规定，当事人就诉讼事项订有仲裁协议者，缔约国法院在受理该诉讼时，应依当事人一方的请求，命当事人提交仲裁，但仲裁协议经法院认定无效、失效或不可执行者不在此限。《联合国国际商事仲裁示范法》规定，如果仲裁庭对有关仲裁协议的存在或效力的异议，作为一个初步问题作出裁定，并认定它具有管辖权，当事人任何一方都可以在收到裁定通知后30天内要求法院对这一问题作出决定。

四、仲裁协议法律效力的表现

1. 对当事人的效力

仲裁协议既然是由双方当事人达成的、愿意将其现存的或未来的有关争议提交仲裁而不提交法院解决的一种协议，它自然首先直接对当事人发生效力。

仲裁协议对当事人最主要的法律效力是，当事人任何一方都有义务将争议提交仲裁解决。仲裁协议一旦有效订立，双方当事人都要受其约束，都要履行协议规定的义务，任何一方都应当将他们之间的特定争议提交仲裁解决，而不得提交法院解决。这是因为，一项有效的仲裁协议排除了当事人将争议提交法院解决的权利，使当事人承担了将争议提交仲裁解决的义务。如果一方当事人违反仲裁协议规定的这一义务而向法院起诉，另一方当事人就有权依据商事仲裁协议要求法院终止诉讼程序，并将争议交给仲裁机构解决。

我国《仲裁法》规定，当事人达成有效仲裁协议，一方向法院起诉的，法院不予受理。前述我国司法实践的有关规定和做法也说明了这一原则在我国司法实践中的运用。在法国国际仲裁实务中，法国法院在主张仲裁协议对当事人的法律效力时，拒绝适用不承认仲裁协议有约束力的外国法律，即使因当事人的国籍、争议的标的或支配争议实质问题的法律而使该争议与该国法律有联系。

2. 对仲裁机构和仲裁庭的效力

仲裁协议是仲裁机构和仲裁庭对争议案件行使仲裁管辖权的根据，他们受理、审理、裁决争议案件时必须以有效的仲裁协议为基础。它还进一步决定了仲裁机构和仲裁庭与当事人之间的关系，以及仲裁员和仲裁庭的权利义务。

没有有效的仲裁协议，当事人一方无权将争议交由仲裁解决，仲裁机构也无权受理该争议案件。任何一方当事人有权以不存在仲裁协议或仲裁协议无效为由，对仲裁机构和仲裁庭的管辖权提出异议。仲裁协议对仲裁机构和仲裁庭的法律效力主要表现在以下两个方面：

（1）决定仲裁管辖权的范围

仲裁协议决定仲裁管辖权的范围。具体言之：①它赋予仲裁庭审理当事人提交仲裁的争议并作出裁决的权力。②决定仲裁庭可以审理和裁决何项争议或何种问题。如果仲裁协议只规定了一项争议，在仲裁程序的进行过程中如果无进一步的仲裁协议，仲裁庭就无权审理其他的争议。如果仲裁庭审理其他的争议，就会出现超越管辖权范围的问题。

(2) 确定仲裁庭具有决定自身管辖权的权力

仲裁协议还可以确定仲裁庭是否具有决定其自身管辖权的权力。如果仲裁协议合法有效，即使没有明确规定这项授权，根据大多数国家仲裁立法和司法实践及相关的仲裁规则，也可以基于仲裁协议的存在来确定仲裁庭所具有的该项权力。

仲裁庭所拥有的决定自身管辖权的权力，最先起源于德国，后被法国和其他欧洲大陆法系国家的理论界与司法实践所采用。联合国国际贸易法委员会在制定《国际商事仲裁示范法》时的工作文件和评述中也提到了这一规则。目前已经得到了各主要国际仲裁条约、各国仲裁立法和司法实践以及各主要仲裁机构的仲裁规则普遍承认。

在国际仲裁条约方面，1961 年的《关于国际商事仲裁的欧洲公约》规定，按仲裁庭所在地国家的法律规定，仲裁庭受对其管辖权提出异议的任何后续司法管制的约束，但它应该有权继续仲裁程序，决定其管辖权并决定仲裁协议或仲裁协议为组成部分的合同的存在或效力。另外，《解决国家与他国国民间投资争议的公约》也有类似的规定。《联合国国际商事仲裁示范法》规定："仲裁庭可以对有关仲裁庭没有管辖权的抗辩，作为一个初步问题或在实体裁决中，进行裁定"，即使发生要求撤销有关管辖权裁决的诉讼，"仲裁庭仍然可以继续仲裁程序，并作出裁决"。

当今世界各国的仲裁立法中，这类规定极为普遍。如在法国的国内仲裁中，法国现行《民事诉讼法典》规定了这一原则，强调"如果一方当事人对仲裁庭的管辖权及其范围提出异议，仲裁庭应对其管辖权的有效性或范围作出裁定"。在法国的国际仲裁中，如果仲裁受法国法支配，上述规定同样适用。

在国际仲裁规则中，《联合国国际贸易法委员会仲裁规则》第 21 条第 1 款、1998 年《国际商会仲裁规则》第 6 条第 2 款、1998 年英国《伦敦国际仲裁院仲裁规则》第 23 条第 1 款，1997 年《美国仲裁协会国际仲裁规则》第 15 条第 1 款等，都作了类似的规定。

3. 对法院的效力

仲裁协议以当事人的自由意志排除了法院的司法管辖权，这是仲裁协议的法律效力所产生的主要的、也是最直接的效果之一。这种效果不仅能够排除法院一般的司法管辖权，而且能够排除其专属管辖权。如果一方当事人在争议发生后不按仲裁协议将争议提交仲裁解决，而诉诸法院，法院因其无管辖权而会要求当事人交由仲裁解决。如果法院已经受理了有关当事人所提起的诉讼，另一方当事人有权以他们之间存在仲裁协议、法院无管辖权为由，要求法院终止有关的诉讼程序、驳回该当事人的起诉。

仲裁协议排除法院的司法管辖权，已经成为商事仲裁法律制度中的一项基本原则。法国《民事诉讼法典》第 1458 条规定："按仲裁协议提交仲裁庭解决的争议在国内法院起诉的，法院应拒绝管辖。"法国最高法院在欧迪福诉伊朗伊斯兰共和国等案件的判决中确认，这条规定不仅适用于国内仲裁，而且适用于国际仲裁。英国 1996 年《仲裁法》规定，“如诉讼针对仲裁协议的一方当事人提出（无论是本诉还是反诉），所涉及的事项依仲裁协议应当提交仲裁，该方当事人（经向对方发出通知后）可向诉讼进行地法院提出申请，要求法院中止上述事项的程序”。我国《仲裁法》的规定与法国法律规定相似。目前，各国的仲裁立法都基本确认了存在有效仲裁协议的情况下法院无管辖权的原则。

在国际仲裁立法方面，1923 年《关于承认仲裁条款的议定书》规定，“缔约国的法院在受理第 1 条所适用的当事人之间产生的与其缔结的合同有关的争议时，如该当事人之间订立有仲裁协议，根据一方当事人的请求，应当命令双方当事人提请仲裁裁决”。《承认及执行外国仲裁裁决公约》的规定与此相似：“缔约国法院受理一案件，而对该案件所涉及的事项，当事人之间已经达成本条意义内的协议，除非该法院查明该协议无效、未生效或不可执行，应当根据一方当事人的请求，令当事人提交仲裁。”《联合国国际商事仲裁示范法》也规定：“就仲裁协议的标的向法院提起诉讼时，如果一方当事人在不迟于其就争议实体问题提出第一次申述时要求仲裁，法院应当让当事各方交付仲裁，除非法院认定仲裁协议无效、不能实行或不能履行。”

但是，必须强调的是，仲裁协议排除法院司法管辖权的规定不是绝对的。各国仲裁法律制度实际上也对法院的有关管辖权给予了不同程度的保留。其中最为主要的保留是，规定了法院对仲裁协议的存在与否、对有效性和可执行性进行审查和裁判的权力。当法院认定仲裁协议不存在、无效或无法执行时，法院即对该案件享有司法管辖权。此外，有些国家的法律规定，一方当事人向法院起诉，而另一方当事人应诉且对法院的管辖权在法定时间内不提出异议，即使存在有效的仲裁协议，也视为该有关当事人默示接受了法院的司法管辖权，法院对争议案件享有管辖权。

4. 对仲裁裁决的效力

仲裁协议是仲裁裁决得以执行的根据，包括当事人自动履行和法院强制执行，仲裁协议对仲裁裁决的效力更侧重于后者。在通常情形下，仲裁败诉的一方当事人会以种种理由为借口，不会主动、自觉地履行仲裁裁决所确定的实体义务。此时，胜诉的一方当事人可以依据有效的仲裁协议和仲裁裁决书依法请求法院强制执行，迫使败诉方履行义务，以实现自己的权利。我国《仲裁法》第 62 条规定，一方当事人不履行仲裁裁决，另一方当事人可以按民事诉讼法的有关规定向人民法院申请执行，受理申请的人民法院应当执行。《联合国国际商事仲裁示范法》也明确规定，仲裁裁决不论在何国境内作出，都应该被承认为具有约束力，且经向有管辖权的法院提出书面申请，即应按本法的有关规定予以执行。

在当事人向法院申请强制执行时，仲裁协议的是否存在和有效是申请成功与否的必要条件之一。如果不存在合法有效的仲裁协议，法院就会以仲裁协议不存在、无效为由撤销该仲裁裁决或裁定不执行该有关的仲裁裁决。如我国《仲裁法》和《民事诉讼法》规定，一方当事人提出证据证明仲裁裁决具有无仲裁协议的情形的，可以向人民法院申请撤销裁决，人民法院经组成合议庭审查核实不存在仲裁协议的，应当裁定撤销仲裁裁决；被申请人提出证据证明仲裁裁决具有无仲裁条款或没有达成书面仲裁协议的情形的，经法院组成合议庭审查核实，裁定不予执行。

第四节　仲裁协议的法律适用

任何一项仲裁协议的有效性都涉及当事人的缔约能力、协议形式、协议成立、协议的内容等几个方面，在确定仲裁协议有效性的准据法时，首先得考虑确定准据法的方法，即：是将仲裁协议作为整体来确定其准据法，还是将仲裁协议分解成若干不同方面而分别确定其准据法。

一、法律适用的理论基础

纵观国际社会相关的仲裁法理论与实践，在这一问题上，一直存在“统一论”和“分割论”两种不同的方法论。

1. 统一论

“统一论”主张将一项仲裁协议看作一个整体，将其所涉及的所有问题都统一地由一种法律来支配。持“统一论”的根据是：①仲裁协议属于契约范畴，国际私法中决定国际商事合同准据法的统一论方法，同样适用于确定国际仲裁协议的准据法；②不论从经济的角度还是从法律的角度，一项仲裁协议都应当是一个整体，为了保持仲裁协议的整体协调性，应当坚持一项仲裁协议只适用一种法律的原则；③就当事人的主观意志而言，他们并不希望将仲裁协议分解为许多方面而分别适用不同的法律；④将一项仲裁协议的各个方面严格区分开，对不同的问题适用不同的法律，在实践中会遇到诸多困难，只有对仲裁协议的所有问题都统一适用一种法律，才是现实的做法。

“统一论”的观点主要源于国际私法中关于合同法律适用的“统一论”，因而在仲裁协议法律适用领域，这一观点通常被合同法律适用的统一论者用于确定仲裁协议的准据法。我国也有一部分学者持这一观点。[①]

2. 分割论

“分割论”主张对仲裁协议涉及的所有要素进行分割，使仲裁协议的不同方面分别受不同的法律支配。持“分割论”的根据是：①在仲裁协议中，当事人缔约资格与能力、争议的可仲裁性、协议的形式、协议的成立、协议的内容与效力、协议的解释、协议的转让等问题分别具有不同的性质，对不同性质的问题，可以分别适用不同的法律；②仲裁协议在本质上属于契约范畴，国际私法中有关合同法律适用的“分割论”方法可以作为确定仲裁协议准据法的方法；③在仲裁实践中，“分割论”方法有利于仲裁机构和法院较准确地确定当事人在仲裁协议中不同方面的具体权利义务。

① 张斌生. 仲裁法新论. 厦门：厦门大学出版社，2002. 113~118

二、准据法的确定方法

在各国的仲裁立法和司法实践及仲裁实务中，“分割论”方法也得到了比较广泛的应用。也正因为如此，我们主要从“分割论”的角度来阐述仲裁协议准据法的确定方法。

1. 仲裁协议自身的法律适用

仲裁协议本身的法律适用，是指确定仲裁协议本身内容的有效性、解释、效力和适用范围等问题时应该适用的法律，它不同于支配仲裁协议当事人的行为能力和争议事项的可仲裁性的法律。[①]

在国际社会有关仲裁的立法和司法实践中，支配仲裁协议本身的法律存在一种趋势：如果当事人明示选择了支配其仲裁协议的具体法律，按照当事人意思自治原则，当事人所选择的法律应当适用于仲裁协议。如果当事人没有选择，准据法的确定以当事人在仲裁程序的不同阶段对仲裁协议本身的态度为基础。适用于商事仲裁协议的法律取决于下列四个阶段：

(1) 当事人向内国法院请求执行仲裁协议

当事人向内国法院请求执行仲裁协议时，准据法的确定取决于内国法院所依据的该内国国际私法中的冲突规范，各国法院都有义务适用其所在地的冲突规范。按照国际私法的一般原则，适用于仲裁协议的法律有两类：当事人自己合意选择的法律；当事人没有明示选择时，仲裁程序举行地国家的法律。如澳大利亚高等法院就主张，除当事人订立仲裁协议的资格外，除非当事人另有协议，否则，仲裁协议的有效与否必须按裁决作出地国家的法律决定。《关于国际商事仲裁的欧洲公约》也明确规定，除当事人能力外的其他问题，应当根据当事人确定的仲裁协议所应依据的法律，如未确定时，应依据裁决地国家的法律。

在决定适用于仲裁协议的法律时允许当事人选择所应该适用的法律，与提交仲裁解决争议的协商一致及意思自治原则相符；但将仲裁举行地国家的法律作为支配仲裁协议的法律的一种选择性和决定性标准，则存在一定的缺陷。

如果当事人自己选择了仲裁地，将仲裁地法用作一种选择性标准，有其合理的基础，原因在于仲裁地与当事人的仲裁协议有密切联系。但是，如果仲裁地是由第三人选择的，适用仲裁地国家的法律就会造成赋予第三人有权力决定支配它们不是当事人的仲裁协议的法律这样一种情况。而且，还有可能发生在当事人向法院请求执行仲裁协议时不知道仲裁地位于何处的情况。所以，很显然，这种规定不利于当事人在选择仲裁庭之前执行仲裁协议。

(2) 当事人向仲裁庭提出管辖异议

在当事人向仲裁庭提出管辖异议时，也会出现应如何确定支配仲裁协议的法律的问题，如一方当事人主张他受欺诈性误导而同意或该协议按选定的法律是无效的，在确定

① 赵秀文. 国际商事仲裁及其适用法律的研究. 北京：北京大学出版社，2002. 33~39

这一问题时，仲裁庭都会首先适用当事人明示选择支配其仲裁协议的法律。如果当事人没有明示选择法律时，各国仲裁庭采取了都不相同的做法，可以主要概括为如下五种：

①仲裁协议受仲裁地法支配。在1965年比利时工商会仲裁院的一项裁决中，仲裁庭主张仲裁协议受仲裁地法支配，而不是受适用于有关商事争议实质问题的法律支配。

②仲裁协议受适用于商事争议实质问题的法律支配。例如，在1977年的一荷兰私人公司诉一伊朗私人公司的案件中，当事人在合同中约定，合同受瑞士法律支配的当事人之间所发生的所有争议交由荷兰油脂与油籽贸易联合会仲裁解决。荷兰油脂与油籽贸易联合会仲裁庭在确定仲裁条款的有效性问题时，适用了支配争议实质问题的法律，即适用于主合同的法律。

③仲裁协议受当事人所选择的仲裁机构的仲裁规则支配。在国际商会仲裁院第5486号案件中，比利时公司与西班牙公司的一项合营企业协议中包括了仲裁条款，该条款规定在马德里、巴黎或纽约仲裁，由提起仲裁程序的一方当事人确定。在确定支配该项仲裁条款的法律时，仲裁庭认为，“为了本案仲裁程序的目的，当事人已经明示地同意适用国际商会仲裁规则而不是某一国家的程序法……这类特别提及某一国际仲裁机构的规则将这些规则转化为支配仲裁协议的法源……因此对仲裁条款有效性的评价必须根据国际商会仲裁规则作出”。

④仲裁协议受依据国际社会所普遍接受的合同关系的法律适用原则所确定的法律支配。在国际商会国际仲裁院1982年第3572案件中，仲裁庭采用了这一做法。

⑤仲裁协议受能使其保持有效的法律支配。在当前的国际仲裁实践中，出现了一种有利于仲裁的解决争议的法律适用规则，即在当事人没有选择法律时，按“与其使之无效，不如使之有效”的原则，适用能使仲裁协议保持有效的法律。

法国的普遍做法是尽量使仲裁协议有效，排除使仲裁协议无效的任何外国法的适用。例如，巴黎上诉法院于1975年在迈尼库奇诉马赫（Menicucci v.Mahieux）案中认为，就订立国际合同适用当事人意思自治原则而论，其中规定仲裁解决争议的条款的有效性是独立的，可以不适用任何国家的法律。

国际商会国际仲裁院1984年第1415号、1985年第4966号案件的仲裁庭在当事人选择法律不明确时，推定当事人在起草合同时就期望保持合同和仲裁条款有效，适用瑞士法律。关于这一方面，瑞士《仲裁法》成为立法的典范，其第178条第2项规定，仲裁协议符合下列法律，即为有效：双方当事人选定的法律；支配争议事项的准据法，特别是支配主合同的准据法；符合瑞士法。

(3) 当事人请求撤销仲裁裁决

基于有关仲裁裁决所依据的仲裁协议无效而请求撤销该有关仲裁裁决时，支配仲裁协议的法律是裁决地国家法律或申请地国家的法律。《关于国际商事仲裁的欧洲公约》规定，适用当事人选择的法律，当事人没有选择时，受裁决地国家的法律支配。但《联合国国际商事仲裁示范法》的规定有所不同，它允许当事人选择法律，当事人没有选择时，受对撤销裁决的申请有管辖权的法院所属国法律支配。这项规定与请求执行仲裁协议的情形有着显著的不同。在请求执行仲裁协议的情况下，大多数国家法院所适用的法律是仲裁地法。

(4) 当事人请求拒绝承认和执行仲裁裁决

《承认及执行外国仲裁裁决公约》和《联合国国际商事仲裁示范法》都规定了可以拒绝承认和执行仲裁裁决的情形。根据这些规定，在一方当事人基于仲裁协议的效力问题，而向有关国家的法院请求拒绝承认和执行某一仲裁裁决时，仲裁协议所适用的法律是当事人选择的法律，当事人没有选择时，适用裁决作出地国家的法律。

2. 仲裁协议当事人行为能力的法律适用

仲裁协议的有效性直接取决于当事人缔结仲裁协议的民事行为能力。如前所述，对于当事人订立仲裁协议时的民事行为能力问题，有关的国际条约和世界各国的国内立法都有非常明确的规定。而且在有关的仲裁立法中，都强调当事人双方在签订仲裁协议时，必须是依据某个国家的法律，具有民事行为能力。

《关于国际商事仲裁的欧洲公约》规定，仲裁协议的当事人依对其适用的法律为无行为能力者，仲裁协议无效；依据一方当事人的请求，可以拒绝承认与执行仲裁裁决。《承认和执行外国仲裁裁决的公约》规定，仲裁协议的当事人依据对其适用的法律有某种无行为能力的情形者，申请承认与执行所在地的主管机关可以依据一方当事人的请求，拒绝承认与执行。

不过，对于在确定仲裁协议当事人的民事行为能力时，到底应该适用哪一个国家的法律的问题，在目前国际社会并不存在统一的认识，也不存在明确、统一的规定，从而发生了有关仲裁协议当事人民事行为能力的法律适用问题。根据目前国际社会各有关的国际条约、《联合国国际商事仲裁示范法》和世界各国有关商事仲裁的国内立法，决定当事人是否具有民事行为能力的法律，既不是当事人选择的适用于仲裁协议的法律，也不是仲裁地法或仲裁作出地法，而是专门适用于当事人民事行为能力的法律。而且，由于有关的国际条约和《联合国国际商事仲裁示范法》以及世界各国的仲裁法都没有对此作出专门、具体的规定，必须按照国际私法的一般规则来确定。

(1) 自然人民事行为能力的法律适用

根据国际私法中一般的法律适用原则，自然人的民事行为能力适用当事人的属人法，包括国籍国法、住所地法和惯常居所地法。在大陆法系国家，当事人的属人法主要是指当事人的国籍国法，或称本国法；在英美法系国家，当事人的属人法主要是指当事人的住所地法；在一些国际条约和一些国家的国际私法立法中，为了避免因为国籍国法和住所地法之间所发生的冲突，也越来越多地采用惯常居所地法作为自然人的属人法。

由于在当事人属人法的确定问题上本来就存在冲突，而且还会发生属人法与当事人缔结仲裁协议的所在地法之间的冲突，所以，为了保证国际商事关系的稳定和促进国际仲裁制度的发展，自 20 世纪 60 年代以来，许多国家还确定了另一个冲突法规则，即以行为地法来确定当事人的民事行为能力。因此，仲裁协议当事人的民事行为能力，除了可以依据当事人国籍国法、住所地法和惯常居所地法以外，还可以依据行为地法来确定。而且，这里所指的行为地法，主要是指仲裁协议缔结地法。

我国的国际私法主要依据当事人的属人法来决定当事人的民事行为能力，但同时又兼采行为地法。如我国《民法通则》规定，中华人民共和国公民定居国外的，其民事行为能力可以适用定居国法律。最高人民法院《关于贯彻执行〈民法通则〉若干问题的意见（试行）》规定，定居国外的中国公民的民事行为能力，如其行为是在中国境内所为，适用中国法律，在定居国所为，可以适用定居国法律；外国人在中国领域内进行民事活动，如依其本国法为无民事行为能力，而依中国法律为有民事行为能力，应当认定为有民事行为能力。

对于无国籍或多重国籍的自然人的民事行为能力，我国主要以住所地法和与当事人有最密切联系的国家的法律作为依据来确定。最高人民法院《关于贯彻执行〈民法通则〉若干问题的意见（试行）》规定，无国籍人的民事行为能力，一般适用其定居国法律，如未定居的，适用其所在地国家的法律；有双重或多重国籍的外国人，以其现有住所或者与其有最密切联系的国家的法律为其本国法；当事人的住所不明或不能确定的，以其经常居住地为住所，当事人有几个住所或不能确定的，以其经常居住地为住所；当事人有几个经常住所的，以与产生纠纷的民事关系有最密切联系的住所为住所。我国的这类原则，可以适用于确定仲裁协议当事人行为能力的准据法这一问题。毕竟签订仲裁协议的行为，具有民事行为、特别是契约行为的性质，当事人签订仲裁协议的行为属于缔约行为的一种。

⑵ 法人民事行为能力的法律适用

根据冲突法的一般原则，法人的民事行为能力主要也是依据其属人法来确定。而法人的属人法主要是指法人的国籍国法。所以，法人的民事行为能力主要是依据法人的国籍国法来确定。

至于法人国籍的确定，在世界各国的有关国际私法立法和司法实践中，都作了各不相同的规定，主要参考以下四个关系地：①法人成立地或注册登记地；②住所地；③管理中心所在地或业务所在地；④资本控制标准。我国在确定法人国籍时，主要采取注册登记地标准。如最高人民法院《关于贯彻执行〈民法通则〉若干问题的意见（试行）》规定，外国法人以其注册登记国的法律为其本国法，法人的民事行为能力依其本国法确定。

法人依照其国籍不同可分为内国法人和外国法人。对于外国法人的民事行为能力，除由该外国法人的属人法确定以外，在某些情况下，还要由外国法人从事跨国活动的所在国内国法律，即外国法人的行为地法来确定。

当今，以国家或政府或政府机构（即公法人）作为一方当事人的“国家契约”已经大量存在。为了解决主权国家与他国自然人或法人间的法律争议，国家一方当事人能否签订仲裁协议，将争议交付仲裁解决，各国存在很大分歧。一些国家的法律对公法人签订仲裁协议不加限制，而另一些国家的法律对此予以限制，还有一些国家的法律完全予以禁止。针对这三种不同的法律规定，理论界与实务界只是达成了这样一个共识：公法人在缔结仲裁协议后不得援引本国法的规定对其同意提交仲裁的事实提出异议。但是，在排除当事人本国法后应适用何种法律决定公法人的缔约能力，主要有：①仲裁地法说认为，在公法人根据其本国法不具备提交仲裁的能力时，应当适用仲裁地法来决定这种无行为能力的范围与效力；②合同准据法说认为，应当依据合同的准据法确定公法人的能力；③国际仲裁普通法说认为，国际仲裁实践中已经形成大量的具有实质意义的国际仲裁法原则，可以作为“普通法”加以适用。

3. 争议事项可仲裁性的法律适用

争议事项可仲裁性与争议事项不可仲裁性相对，其法律意义都在于确定当事人之间的争议事项是否可以提交仲裁解决。它们直接决定当事人之间所签订的仲裁协议是否有效、仲裁机构是否具有管辖权，还决定仲裁裁决是否可以得到承认或执行。各国仲裁立法对于具体哪一些争议事项可以提交仲裁解决，即具有可仲裁性的争议事项的范围问题，所作的规定又都各不相同。在国际仲裁中就会产生这一问题上的法律冲突。为解决这一冲突，也就产生了争议事项可仲裁性的法律适用问题，即依据什么法律来确定争议事项是否具有可仲裁性。

在争议事项可仲裁性的法律适用问题上主要存在以下四类规则：

(1) 依当事人合意选择的法律

如果当事人双方在仲裁协议中明确选择了确定争议事项可仲裁性的法律，则依当事人所选择的法律。这项规则已经为世界各国的国际私法和商事仲裁法、仲裁方面的国际条约，以及《联合国国际商事仲裁示范法》所普遍承认。我国澳门地区 1998 年《涉外商事仲裁法》规定，仲裁协议的有效性（包括争议事项的可仲裁性），首先根据当事人所同意遵守的法律确定。《承认及执行外国仲裁裁决公约》第 5 条、《关于国际商事仲裁的欧洲公约》第 6 条和《联合国国际商事仲裁示范法》第 34 条和第 36 条也都明确规定了这一规则。

(2) 依裁决地国家的法律

如果当事人没有选择确定争议事项可仲裁性的法律，则按裁决地国家的法律确定。《承认和执行外国仲裁裁决公约》一般规定，当事人没有指明以何种法律作为确定仲裁协议有效的法律时，依裁决所在国的法律。《关于国际商事仲裁的欧洲公约》规定，除当事人的能力外，仲裁协议的其他问题的准据法，当事人在仲裁协议中没有约定的，依裁决地国家的法律；依裁决地国家的法律，仲裁协议无效者，可撤销仲裁裁决，并成为其他国家拒绝承认或执行裁决的理由。

(3) 依法院地国家的法律

这里所指的法院，是对一方当事人申请执行仲裁协议和另一方当事人对仲裁协议提出抗辩具有管辖权的法院，即对仲裁协议是否存在或有效享有管辖权的法院。对依据法院地国家的法律来确定争议事项可仲裁性的问题，《关于国际商事仲裁的欧洲公约》作了明确的规定。其规则有两项：一项是按法院地国家的冲突规则来确定争议事项可仲裁性的准据法。即在当事人没有约定仲裁协议所依据的法律而向法院提出问题，而且，还不能确定将在哪一国作出仲裁裁决时，应根据受理争议的法院所属国家的冲突规则来确定准据法。另一项规则是直接适用法院地国家的法律来确定有关争议事项是否具有可仲裁性。如果按照法院地国家的法律，该争议事项不能通过仲裁方式解决，法院就可以拒绝承认该商事仲裁协议的效力。

(4) 依申请撤销或申请拒绝承认与执行地国家的法律

仲裁裁决作出后，一方当事人以有关争议事项不具有可仲裁性为理由，申请撤销或申请拒绝承认与执行有关的仲裁裁决时，有关争议事项是否具有可仲裁性，就成了申请撤销地或申请拒绝承认与执行地国家管辖法院决定是否撤销、或是否拒绝承认和执行有关仲裁裁决的先决条件。在这一阶段，决定争议事项是否具有可仲裁性的准据法通常是申请撤销、或申请拒绝承认与执行地所在国的法律。

《承认及执行外国仲裁裁决公约》第 5 条规定，申请承认和执行地国家主管机关，按照该国法律认定争议事项不能以仲裁方式解决的，可以拒绝承认和执行该有关的仲裁裁决。《联合国国际商事仲裁示范法》第 34 条和第 36 条也规定，对撤销仲裁裁决具有管辖权的法院，根据本国法律认定争议事项不能通过仲裁方式解决的，应撤销该有关的仲裁裁决；对申请承认与执行仲裁裁决具有管辖权的法院，依本国法律认定争议事项不能通过仲裁方式解决的，应拒绝承认和执行该有关的仲裁裁决。

第五节　仲裁协议的独立性

一、仲裁协议独立性的含义及依据

1. 仲裁协议独立性的含义

仲裁协议按照其表面形式的不同可以分为合同中的仲裁条款和单独的仲裁协议书。其中，单独的仲裁协议书本身就是一种约定契约，对其效力的判定只需依照仲裁法规定的仲裁协议的有效要件即可，而不必去考虑该仲裁协议与当事人所订立的合同之间的关系。换句话说，这种单独的仲裁协议书的效力是完全脱离于合同而独立地存在的。相比较而言，仲裁条款的效力问题就要复杂得多。

仲裁条款是合同当事人在签订有关契约或合同时，就该契约或合同中订立的事项将可能发生的争议，约定提交仲裁解决的条款。由于其在形式上是作为主合同的一个条款而存在的，对其效力的判定不可避免地会涉及它与主合同及合同中其他条款的关系问题。这也是我们讨论仲裁协议独立性的根本意义所在。

仲裁协议的独立性，实际上就是仲裁条款相对于主合同及合同中其他条款的独立性问题。也有的学者将仲裁协议的独立性称为仲裁条款的可分割性、可分离性或仲裁协议的自主性，等等。无论何种称谓，都试图说明尽管仲裁条款是依附于主合同的一个条款，但由于其本身约定事件的特殊性，仍是可以或应该与主合同其他条款相分离而独立存在的；不因主合同的无效而无效，也不因主合同的撤销而失效，甚至在主合同不存在的情况下，也不影响拟定的仲裁条款的效力，仲裁庭仍然可以依据该仲裁条款取得并行使仲裁权。①

仲裁条款的独立性问题是 20 世纪中后期才被提出并广泛争论的议题。之前的传统观点认为，仲裁条款是主合同不可分割的组成部分，如果主合同被认定无效，此时的仲裁条款已经失去了赖以生存的基础，那么作为合同一部分的仲裁条款也自然无效。即使是目前，仍有一些国家（如德国、法国等）在一定程度上肯定仲裁条款依附于主合

① 李双元. 国际经济贸易法律与实务新论. 长沙：湖南大学出版社，1996. 392~396

同的理论。

随着社会经济往来的日益密切，主体间的交往日益繁杂，合同订立前后，因一方或双方的主客观原因，对已订立或即将订立的合同内容作出某些变更，以至承诺无法履行、合同无法签署、合同被解除、终止或被确认无效的情形时有发生。如果对主合同的效力出现争议从而导致仲裁条款的变更、终止、解除或者无效，仲裁程序就无法开始、进行或完结。这种关联变化不但使得合同当事人之间关于争议解决的意思表示无法达成，而且更使得当事人选择仲裁原来具有的效率高、费用低的初衷无从实现。也正因为这样，现代仲裁理论逐步确立了仲裁条款独立性原则，即仲裁条款的有效性不受主合同及其条款有效性的影响。

2. 仲裁协议独立性的依据

仲裁条款之所以具有独立性，关键在于仲裁条款和主合同的性质存在本质性的差异。很显然，主合同是关于双方当事人实体权利义务的契约，是实体性质的；而仲裁条款是双方当事人约定选择以仲裁作为解决将来可能发生的合同争议的契约，是程序性的，是作为争议发生时双方选择共同认可的法律救济手段，即仲裁的备用条款。

而且，仲裁条款是主合同结果事项之一，它在将来双方有关事项、事件出现或不出现的情况下才得以运行，不是双方当事人在订立合约时的主要目的，而是一种特殊情况下的辅助说明。也就是说，仲裁条款是为了解决在主合同产生、发展和消亡的整个过程中而导致的争议而设立，无论处于合同的哪个阶段，只要是当事人各方产生与主合同相关的纠纷，仲裁条款就应该发生效力。仲裁条款的是否存在和有效，只取决于它本身是否是一个存在的和有效的仲裁协议，或者是否当事人约定用仲裁解决纠纷的有效意思表示。

英国的麦克米兰（Macmilan）大法官曾明确指出："仲裁条款与其他各条款有着完全不同的性质，其他条款规定的都是当事人相互之间承担的义务，而仲裁条款规定的不是一方当事人对另一方当事人的义务，它是双方当事人的协议，即如果产生了有关一方当事人对另一方当事人承担义务的争议，则这些争议由他们自己组立的法庭解决。"

3. 仲裁协议独立性的立法实践

仲裁条款的独立性原则，一般认为它是由英国法院于 1942 年在海曼诉达尔文思（Heyman V.Darwins）一案的审理中初始确立的。此后，这一原则逐渐被国际仲裁公约和大多数国家的商事仲裁立法和仲裁规则所采纳。如《国际商事仲裁示范法》第 16 条第 1 款规定："构成合同一部分的仲裁条款应视为独立于其他合同条款以外的一项协议。"《国际商会仲裁与调解规则》中的《仲裁规则》第 8 条第 4 款规定："仲裁员不因有人主张合同无效或不存在而丧失仲裁权，如果仲裁员认定仲裁协议是有效的，即使合同本身可能不存在或无效，仲裁员仍应继续行使其管辖权以确定当事人各自的权利，并对他们的请求和抗辩作出决定。"《联合国国际贸易法委员会仲裁规则》第 21 条第 2 款规定："仲裁庭应有权决定包括仲裁条款为其组成部分的合同的存在和效力。在适用本条规定时，作为组成部分并规定按本规则进行仲裁的仲裁条款将被视为独立于该合同其他条款的一项协议。仲裁庭所作合同无效的作废的裁决并不在法律上影响仲裁条款的效力。"《伦敦国际仲裁院仲裁规则》第 14 条第 1 款规定："仲裁庭有权利对其本身的管辖权作出决定，包括对有关仲裁协议的存在或有效性的异议作出决定。为此，构成合同一部分的仲裁条款应被看作是独立于合同其他条款之外的协议。仲裁庭作出关于合同无效的决定依法律不应引起仲裁条款无效的结果。”

我国仲裁立法和仲裁规则也对仲裁条款的独立性作出了相应的规定。我国《仲裁法》第19条规定：“仲裁协议独立存在，合同的变更、解除、终止或者无效，不影响仲裁协议的效力。”《中国国际经济贸易仲裁委员会仲裁规则》第5条也规定：“合同中的仲裁条款应视为与合同中的其他条款分离的、独立存在的条款，附属于合同的仲裁协议也应视为与合同其他条款分离的、独立存在的一个部分；合同的变更、解除、终止、失效或无效以及存在与否，均不影响仲裁条款或仲裁协议的效力。”

此外，美国、荷兰、埃及、俄罗斯、新加坡、保加利亚、比利时、澳大利亚等国也相继在其商事仲裁立法和仲裁规则中确认了仲裁条款的独立性原则。可见，在当今社会，无论是在国内的还是国际的仲裁中，仲裁条款的独立性已经成为一项具有普遍意义的原则。①

二、仲裁协议独立性原则的运用

仲裁协议的独立性原则虽然在世界范围内的仲裁立法和仲裁实践中得到广泛的承认，但在具体的仲裁实践过程中，仍然在以下三种情况下存在具体适用上的问题。

1. 仲裁协议在主合同效力发生转让、变更或解除、终止情况下的独立性

(1) 主合同转让

合同的转让是指在合同有效成立以后、履行完毕之前，合同的一方或双方当事人将合同中权利或义务全部或部分转让给第三方的行为。合同的转让包含三种状态，即债权的让与、债务的承担以及合同的继承。

由于合同的转让只是合同主体的变动，在这一过程中，合同的内容即当事人间的权利义务关系并没有发生任何改变。因此，无论是新合同主体完全取代旧合同主体，还是新合同主体部分取代旧合同主体，合同中的条款对新合同当事人仍然具有约束力，这是无可争议的。在众多的条款当中，自然也包括合同中的仲裁条款，这也是对当事人意思自治原则的尊重。

在主合同转让条件下仲裁条款仍然有效这一原则已经在国内外的仲裁实践中得到了广泛肯定。其中，1997年瑞典最高法院审理的EMJA案就是一个比较典型的例证。瑞典最高法院指出，在债权让与中，原合同中的仲裁条款对受让人是有效的。法院认为，如果受让人知道或应当知道原合同中的仲裁条款，他就应当受到仲裁条款的约束。同样，在合同转让的另外两种形态下，仲裁条款所具有的效力及其依据也大体相同。

(2) 主合同变更

合同的变更是指合同内容的变更，是在合同成立之后至未履行或者未完全履行之前，当事人经过协商对合同的内容进行修改和补充。由于合同的变更是在当事人各方协

---

① 赵健. 国际商事仲裁的司法监督. 北京：法律出版社，2000. 77~79

商一致的情况下成立的，直接涉及合同中一定条款内容即当事人之间权利义务关系的变化，其中当然也有可能包括约定纠纷解决方式的仲裁条款。

遵循合同法最基本的“契约自由”原则，当事人协商一致后对合同内容的修改和补充，自然对当事人产生约束力。如果这种修改和补充包括仲裁条款的内容，那么修改补充后的新仲裁条款对双方当事人仍然有效，相应的仲裁机构或仲裁庭可以依据新仲裁条款取得并行使仲裁权。

如果在主合同的变更中，双方当事人只是协议变更了实体权利义务条款，而对合同中仲裁条款的内容未予涉及，也就未对原仲裁条款的效力产生任何影响和改变。所以，按照契约的有效性要件进行判断，原仲裁条款的效力存续也是没有任何异议的。我国最高人民法院 1998 年 5 月 12 日的法经〔1998〕212 号函对这一问题给出了明确肯定的答复。

(3) 主合同解除或终止

①合同的解除。合同的解除是违约结果的一种状态，包括单方解除和双方当事人协议解除两种形式。其中，合同的单方解除是指当事人一方因行使法律上的或约定的解除权，而使合同的效力向后消灭。双方解除是指当事人双方为了消灭原有的合同而订立新合同，使原有的合同效力整体消灭。[①]

仲裁条款的效力，包括仲裁条款的独立性问题，必须在某一特定的主合同，也就是该仲裁条款所存在的主合同的范围内，而不能脱离这一前提条件。所以，在合同解除的条件下，合同中原有仲裁条款的效力是否仍然存在取决于：依照该仲裁条款处理的争议究竟是关于原合同的争议还是关于新合同的争议。

如果当事人在合同的解除过程中，对有关原合同的权利义务关系以及合同解除的具体条件等问题产生分歧，需要寻求第三方的介入调解，那么这种争议完全可以归结为当事人之间关于原合同的争议，原来的仲裁条款仍然具有约束力。

②合同的终止。合同的终止又称合同权利义务的消灭，是指因某种原因引起的债权债务关系客观上的不复存在。虽然就合同的终止与合同的解除之间的关系存在不同的认识，但无论哪一种观点，对于合同终止的效力结果并没有异议，其与合同解除的区别仅仅为是否溯及既往或自合同成立之时。而这个区别对于仲裁条款的独立性问题并不产生实质影响。

如果仅就主合同效力发生变化之后的仲裁条款效力问题进行讨论，仲裁条款独立性原则的适用在合同终止与合同解除的条件下是相似的，即如果双方当事人对原合同的内容及责任没有争议，合同终止后，仲裁条款也随之失去了意义；但如果双方当事人因合同的终止自身问题发生争议，并且其争议的实质是指向原合同中的权利义务关系，则原仲裁条款仍然有效，当事人可以依据原仲裁条款将争议提交仲裁解决。1971 年英国石油开发公司诉利比亚政府一案就说明了仲裁条款的效力不因主合同的终止而受到影响。

2. 仲裁协议在主合同无效情况下的独立性

当合同不具备法律上所规定的有效要件时，就不会产生法律上的效力，这就是我们

① 江平. 中华人民共和国合同法精解. 北京：中国政法大学出版社，1999. 72~75

通常所说的无效合同。无效合同导致双方当事人在缔约时所追求的实体权利义务关系，即缔约根本目的，不能发生或达成法律后果。但造成合同自始无效的原因通常有以下三种：一是行为人欠缺民事行为能力；二是意思表示不真实；三是违反法律或者社会公共利益。在这三种导致合同自始无效的情况下，仲裁协议的效力不完全相同。

(1) 行为能力欠缺

一般来说，对主体民事行为能力的限定，包括对法人民事行为能力和自然人民事行为能力的限定。如果具体到法人主体合同当中，可以理解为是对主体订立合同中相关的权利义务等实体事项行为的限制。而仲裁条款只是就合同引发争议选择仲裁方式解决的程序性救济手段，其独立于作为实体部分主合同而存在。所以，在法人订立的合同因主体民事行为能力的欠缺而无效，不应该影响仲裁条款的有效性。①

相对于法人主体合同，法律对于自然人主体适格的规定属于对主体一般能力的限定，是基于主体因不能辨认和控制自己的行为而导致的其民事行为能力的无效。在这种情况下，主体不仅对自己选择的实体权利义务无法认识，而且对其选择的以仲裁方式解决争议的部分条款同样无法认识。因此，在这种情况下，仲裁条款并不是因为主合同的无效，而是因为其自身主体因欠缺民事行为能力导致的不适格，造成仲裁条款无效。

(2) 意思表示不真实

意思表示真实是订立合同的一项基本前提，也是契约自由原则在民法中的重要表现之一。在社会实践过程中，意思表示不真实一般通过“欺诈”或“胁迫”来实现，结果可能导致受欺诈、受胁迫方对合同中的权利义务关系“陷入错误理解”，从而订立于己不利的合同。

在这种情况下，尽管主合同因一方的欺诈或胁迫而自始无效，但由于仲裁条款是不涉及实体权利义务的契约型法律救济条款，基本上不会使受胁迫方、受欺诈方“陷入错误理解”而造成实质或可能的损失，反而有可能为当事人提供一种有效的、便捷的救济手段，从而达到有利目的。所以，一般来说，尽管主合同可能因为“欺诈”或“胁迫”产生的意思表示不真实导致自始无效，仲裁条款仍然可独立于主合同而发生效力。只有在一方当事人有机会通过“欺诈”或“胁迫”的手段签订仲裁条款谋取程序上的不法利益，可能造成对相对方的不利后果时，才会导致仲裁条款完全无效。

(3) 违反法律或者社会公共利益

符合法律或者社会公益要求是民事法律行为有效的一个重要条件，它包含法律对某些行为的特别或一般要求。所谓合同违反法律或者社会公共利益，基本上是指合同的实体约定事项全部或部分的结果及目的违反法律或可能对社会公益造成不利影响。当事人约定解决争议救济手段的合同内容，从理论上讲有程序上违法的可能性，但对社会公益造成实质性损害和影响的可能性微乎其微。所以，除了极特别的情况以外，合同因违反法律或者社会公共利益造成的无效，不会影响到仲裁条款的效力。

3. 仲裁协议在主合同不存在的情况下的独立性

仲裁条款存在于主合同当中，其独立性主要是相对主合同效力而言。一旦仲裁条款

① 张俊浩. 民法学原理. 北京：中国政法大学出版社，1997. 223

所依存的主合同本身被确认为不存在，那么仲裁条款不但失去了赖以生存的基础，而且仲裁条款独立性原则的适用也就无从谈起。

在实践中，如果一方当事人主张合同不存在，另一方坚持合同存在，只有存在初步证据证明合同本身的存在性，仲裁庭才可以依据合同中包含的仲裁条款对当事人之间的争议行使仲裁管辖权。此时，即使另一方当事人对仲裁管辖权以主合同不存在为由提出异议，也不妨碍仲裁管辖权的行使。

《国际商会仲裁规则》对此也有比较明确的规定："除非另有规定，假如仲裁员确认仲裁协议有效的话，不应因为契约无效的申诉或契约不存在的指称而终止其管辖权，它应继续具有决定当事人各自权利和裁定当事人申诉和抗辩的管辖权。"

第六节　仲裁协议的处理和补救

一、无效仲裁协议的处理

仲裁协议应当具备的有效条件与仲裁协议所具备的基本内容是两个完全不同的概念。仲裁协议即使具备了所有基本内容，却并不一定就是一项有效的仲裁协议；不完全具备基本内容或只具备前述基本内容的一部分的仲裁协议，也并不一定就是一项无效的仲裁协议。

就一般情况而言，一项有效的仲裁协议必须具备如下条件：缔约当事人具有民事行为能力；当事人之间约定提交仲裁的争议事项具有可仲裁性。仲裁协议没有达到这些法定的最低有效要件，即构成一项不可补救的无效仲裁协议，其有关的法律争议就不可能通过仲裁的方式来求得解决。

二、不完善仲裁协议的补救与处理

不完善仲裁协议，又称有缺陷的仲裁协议，是指具备法律规定的有效条件，但缺乏法律所要求的基本内容，或执行上有一定问题或困难的仲裁协议。对不完善的仲裁协议，应当针对不同情况分别处理。如果仲裁协议因为缺乏法律所要求的基本内容而导致该协议不可执行，可以允许当事人进行补救，达成补充协议，而后予以执行；如果达不成补充协议，该有关的法律争议就不可能通过仲裁方式来得到解决。如果仲裁协议的内容不完备，但是可执行，可通过仲裁机构或法院依法进行补救，完善其内容。

《中华人民共和国仲裁法》第 18 条规定："仲裁协议对仲裁事项或仲裁委员会没有约定或约定不明确的，当事人可以补充协议；达不成补充协议的，仲裁协议无效。"这条规定实际上是对因缺乏重要内容而又无法执行的仲裁协议的处理，即允许当事人对仲裁协议所缺乏的两项内容进行补充，达成补充协议。如果当事人达不成补充协议，该仲裁协议因无法执行而失去法律效力。但是，在我国司法实践中，对没有指定仲裁委员会或指定不明确或不存在的仲裁协议，一般不进行补救，直接按无效仲裁协议处理。例如，1996 年 9 月 9 日、1996 年 11 月 3 日，最高人民法院在分别给浙江省高级人民法院、福建省高级人民法院的复函中认为，合同中的仲裁条款约定仲裁机构不明确，无法执行，该仲裁条款无效，由法院行使管辖权。

在我国的仲裁实务特别是国际商事仲裁实务中，由于仲裁法律制度过于严格，经常会出现当事人因各种原因而在仲裁协议中规定了一些按照我国仲裁法所指“内容相互矛盾、含义模糊或约定不明”的条文，因而导致仲裁协议不完善的情况。常见的不完善仲裁协议有以下情形：①同时选择两个仲裁机构；②选定的仲裁机构与其适用的仲裁规则不一致；③选定仲裁机构但没有约定仲裁规则；④选定的仲裁机构名称不准确；⑤约定了仲裁地点与仲裁机构，但未明确规定仲裁机构的名称；⑥其他方面有较完整的规定，但指定具体仲裁机构不可能进行仲裁。

对于第一种情形的仲裁协议，大多数国家都采取肯定态度，而在我国仲裁立法和司法实践及国内仲裁实务中，大都要求当事人达成补充协议，否则就认定这种仲裁协议无效。

这类仲裁协议虽然赋予了两个或两个以上的仲裁机构对争议享有管辖权，但有关仲裁机构及其管辖权是完全可以确定的，因而该类仲裁协议应该是可以执行的，应该是有效的。如 1996 年 12 月 12 日最高人民法院在给山东省高级人民法院的复函中对“齐鲁制药厂诉美国安泰国际贸易公司”合资合同纠纷一案仲裁条款效力问题所作的司法解释认为：仲裁条款对仲裁机构的约定是明确的，也是可执行的，当事人只要选择约定的仲裁机构之一即可进行仲裁，本案纠纷应由当事人提交仲裁解决，人民法院对本案无管辖权。

对于第二种情形的仲裁协议，在一些国家和地区的仲裁机构是不允许的。在这些仲裁规则中，一般都对当事人的这种约定作了明确的规定，强调当事人选择了该机构仲裁，也就选定了该机构的仲裁规则，即使当事人选择了其他仲裁规则，仍然按所选定仲裁机构的仲裁规则仲裁。例如，我国绝大多数的地方仲裁委员会不允许当事人选择其他机构的仲裁规则。但也有例外规定，如 2000 年的《中国国际经济贸易仲裁委员会仲裁规则》，允许当事人约定按其他仲裁规则进行仲裁，只是附加了一个条件，即需经中国国际经济贸易仲裁委员会的同意。

对于第三种情形的仲裁协议，一般都认为是有效的、可执行的仲裁协议，其缺陷可由仲裁机构、仲裁庭或法院协助当事人补充完善。各仲裁机构的通行做法是，如果当事人选择了特定的仲裁机构仲裁，视为当事人选择了该仲裁机构的仲裁规则。如 2000 年《中国国际经济贸易仲裁委员会仲裁规则》第 7 条规定：“凡当事人同意将争议提交仲裁委员会仲裁的，均视为同意按本仲裁规则进行仲裁。”1998 年《国际商会仲裁规则》第 6 条第 1 款也规定，双方当事人按国际商会仲裁规则仲裁的，除双方已经约定适用订立仲裁协议时有效的仲裁规则外，应当视为事实上接受本规则。

对于第四种情形的仲裁协议，如果仲裁机构与仲裁地紧密地联系在一起，或能够进行同一认定，则该仲裁协议应该是可执行的；若一方当事人对仲裁协议的效力提出异议，该异议不应当成立。例如，如果当事人在仲裁协议中规定，“因本合同所发生的一切争议交由上海市仲裁委员会在上海仲裁解决”，那么上海仲裁委员会就有管辖权。

对于第五种情形的仲裁协议，只要仲裁机构是明确的，应该认定为有效。我国的司法实践也承认这类仲裁协议的效力。例如，在石家庄东方城市广场有限公司诉香港拓能有限公司一案中，最高人民法院在给河北省高级人民法院的复函中认为，虽然合同未写明仲裁委员会的名称，仅约定仲裁机构为“甲方所在地的仲裁机关”，但鉴于在甲方当地只有一个仲裁委员会，即石家庄仲裁委员会，故该约定是明确的，该仲裁条款合法有效。

对于第六种情形的仲裁协议，应当视案件具体情况而定。虽然当事人指定仲裁机构有错误，或未明确指定具体的仲裁机构，或所指定的仲裁机构不可能进行仲裁，但如果能够从当事人在仲裁协议中的其他规定或有关语言文字和其他情形中能合理地表明当事人在订立仲裁协议时的真实意图包含了某个仲裁机构，或能合理地推定进行仲裁的机构，则该仲裁协议有效。

三、示范仲裁条款

下面我们介绍主要国际商事仲裁机构的示范仲裁条款，当事人在拟定国际经济贸易合同或进行仲裁活动时，均可参照。但应当说明，有效仲裁协议的内容在当事人自愿协商的前提下，还必须符合相关法律法规的有关规定，例如，我国对仲裁机构、事项、意愿的要求。

（一）中国国际经济贸易仲裁委员会（CIETAC）的示范条款：

“凡因本合同引起的或与本合同有关的任何争议，均应提交中国国际经济贸易仲裁委员会，按照申请仲裁时该会现行的有效的仲裁规则进行仲裁。仲裁裁决是终局的，对双方均有约束力”。

（二）英国伦敦国际仲裁院（LCIA）的示范条款

“本合同发生的或与本合同有关的任何争议，包括合同的成立、有效性或终止等任何问题都根据《伦敦国际仲裁院仲裁规则》提交仲裁并作出最后裁决，该规则应被认为是通过关联并入了本条款”。

（三）瑞典斯德哥尔摩商会仲裁院（SCC）的示范条款①

“任何与本协议有关的争议，均应根据《斯德哥尔摩商会仲裁院规则》通过仲裁最终解决”。

仲裁院并建议当事人可根据需要对条款作如下补充：

“仲裁庭应由……名成员或独任仲裁员组成”；

“协议规定的事项应受……法律的支配”；

“仲裁程序中应使用……语”。

（四）国际商会仲裁院（ICC）的推荐条款

“所有产生于或与本合同有关的争议均应按照国际商会仲裁规则，由依该规则指定

① 程德钧. 涉外仲裁与法律（第1辑）. 北京：中国人民大学出版社，1992. 130~132

的一名或数名仲裁员终审解决”。

（五）美国仲裁协会（AAA）的示范条款

“由于或关于本合同，或者违反本合同发生的任何争议或要求，都按美国仲裁协会的规则用仲裁方法解决，仲裁员作出裁决，可以送请任何有管辖权的法院执行”。

（六）德国仲裁协会（DIS）的示范条款

“有关本合同（…事项描述…）或其效力而产生的所有争议，应依据德国仲裁协会仲裁规则最终解决，而不是向通常的法院起诉”。

DIS 并建议仲裁条款中补充如下约定：

“仲裁地应为 _______”；

“仲裁庭包含 _______ 名仲裁员”；

“_______（国家）实体法适用于本争议”；

“仲裁程序的语言是 ______。”

（七）联合国国际贸易法委员会（UNCITRAL）的示范条款

“由于本合同发生的与本合同有关的任何争议、争端或请求，或有关合同的违约、终止、无效，应按现行有效的联合国国际贸易法委员会仲裁规则予以解决”。

当事人可以补充下列事项：

“任命机构为 _______（机构或个人的名称或全名）”；

“仲裁员人数为 _______（一人或三人）”；

“仲裁地点应为 _______（城镇或国家）”；

“仲裁程序中所用的一种或多种语言为 _______。”

案例分析

【案情】Japan Educational Corporation（Japan）v. Kenneth.Feld（US）案的基本案情如下：日本教育公司（JEC）和美国 Ringling 公司签订了一份协议。依据该协议，Ringling 公司需在日本组织马戏表演。该协议包含一份仲裁条款，规定所有争议提交 ICC 仲裁，JEC 申请时在纽约进行，Ringling 公司申请时在东京进行。争议发生后，JEC 向东京地区法院寻求损害赔偿，声称 Ringling 公司的代理人 Feld 先生在销售有关马戏表演物品的利润分配以及搭建动物棚架的费用承担上欺诈了 JEC。1990 年 11 月 21 日，Feld 先生和 Ringling 公司从纽约市的美国地区法院取得禁令，禁止 JEC 及其代理人在东京地区法院进行诉讼，并命令他们将争议依合同规定，提交仲裁。JEC 及其代理人未参加美国程序。东京地区法院命令当事人将争议提交仲裁。JEC 向东京高级法院提起上诉。高级法院维持了下级法院的决定。

【问题】仲裁协议的法律适用问题如何加以解决？

【解析】关于仲裁协议的适用法律，法院认为，“仲裁协议是使某些涉及权利义务或法律关系的争议最终由仲裁在法院外解决的协议。仲裁协议应规定进行仲裁的各种必要事项，包括哪些争议由仲裁解决。当事人对这些事项的协议所适用的法律，涉及就争议解决方式达成的协议，但这仍属于当事人意思自治的范围内。因此，该适用法律由当事人自己进行确定。如果当事人意思不明确，由于规定特定地点的特定程序是仲裁协议的性质，因此，我们必须假设，当事人希望仲裁程序进行地的法律得以适用。没有足够的事实推翻该假设”。法院在意见中认为，仲裁协议的适用法律，首先应由当事人确定；如无法确定当事人的意思，则依仲裁程序进行地法律。

第十二章　仲裁审理程序

本章将讨论仲裁审理程序的有关问题。通过本章的学习，要求学生大概了解：仲裁申请、受理、答辩、反请求、审理、调解、和解、撤回仲裁申请、延期开庭、缺席裁决的概念。重点掌握：仲裁申请的条件、仲裁申请的审查、仲裁审理的原则、仲裁庭审的程序、书面审理的条件、撤回仲裁申请的条件、按撤回仲裁申请处理的情形、延期开庭的情形、缺席裁决的情形、仲裁审理的特征。

仲裁程序始于仲裁委员会受理当事人的仲裁申请，当事人申请仲裁的行为并不必然引起仲裁程序的发生。因为申请只是受理的前提，仅有申请还不能进行仲裁，只有当事人申请仲裁符合法定的条件，仲裁委员会依法予以受理，才可以引起仲裁程序的进行。因此，仲裁程序启动涉及仲裁程序起始点的界定，对于可仲裁性范围的界定，以及仲裁申请人的撤回申请权问题，是否可以依据处分原则主动撤回仲裁申请，当事人撤回仲裁申请后的法律问题等。这些仲裁审理程序的问题，是学术界讨论的热点，也是本章的难点。

第一节　仲裁的申请与受理

一、仲裁的申请

1. 仲裁的概念

仲裁的申请是指平等主体之间发生的合同纠纷和其他财产权益纠纷，当事人根据双方自愿达成的仲裁协议，提请有关的仲裁委员会，通过仲裁方式，对争议作出裁决的行为。

2. 申请仲裁的条件

(1) 申请仲裁的实质条件

根据《仲裁法》第 21 条的规定，申请仲裁的实质条件应当符合下列要求：

①有仲裁协议。仲裁协议是当事人自愿选择仲裁的方式解决所发生的争议，体现当事人自愿选择，当事人之间在争议发生之前或者争议发生之后所达成的，将已经发生或

者将来可能发生的争议，提交仲裁委员会解决的依据。仲裁协议是申请仲裁的前提。仲裁协议既是当事人授权仲裁委员会解决争议的依据，也是排除法院司法管辖权的依据。

一般情况下，没有仲裁协议，当事人就不能要求以仲裁方式解决其争议，仲裁委员会也不会受理申请人提交的仲裁申请。

特殊情况下，申请仲裁时当事人之间不存在仲裁协议，当事人一方坚决要求提请仲裁，仲裁委员会在向其说明法律规定之后，并通知被申请人。如果被申请人明确表示可以通过仲裁方式，解决其争议，可让当事人补签仲裁协议，然后仲裁委员会受理申请人提交的仲裁申请。

②有具体的仲裁请求和事实、理由。申请的仲裁协议，申请人必须提出具体目的，提出具体的仲裁请求，还必须有一定依据的事实、理由来支持自己的仲裁请求。当然，申请仲裁时，只要提出具体的仲裁请求和事实、理由即可。当事人所提出的仲裁请求是否合理，所依据的事实是否真实，理由是否正确，需要由仲裁委员会确定。

仲裁协议具体的仲裁请求，是指申请人请求仲裁委员会通过仲裁方式解决什么具体问题，应确定被申请人履行什么义务，从而保护自己的什么合法权益。仲裁请求是申请人的具体要求，应当明确，不能是含糊或抽象的。

仲裁申请的事实、理由，是指申请人提出其仲裁请求所依据的事实以及相应的理由。事实是有关纠纷发生的过程，是一种客观存在的具体情况。理由是申请人对基于有关纠纷而提出的请求，陈述理由，对自己所依据的事实以及所适用的法律上作出的一种理解，说明自己提出的仲裁请求的合理性。它是申请人的一种主观认识，即这种理由可能是正确的，可能是部分正确的，也可能是错误的。

③属于仲裁委员会的受理范围。当事人在仲裁协议中所约定的，并提请仲裁解决的争议事项属于仲裁法所规定的允许仲裁的事项。当事人提出仲裁解决的事项应具有可仲裁性，属于仲裁的受案范围。

当事人申请仲裁解决的争议事项必须属于《仲裁法》第 2 条规定的范围，当事人申请仲裁的纠纷应当是平等主体的公民、法人和其他组织之间发生的合同纠纷和其他财产权益纠纷，并且不属于《仲裁法》第 3 条规定的不能仲裁的事项：婚姻、收养、监护、扶养、继承纠纷，也不是依法应当由行政机关处理的争议事项。

同时，接受仲裁申请的仲裁委员会应当是当事人在仲裁协议中选定的仲裁委员会，或者是根据仲裁协议可予以确定的仲裁委员会，否则，仲裁申请也不能被接受。

(2) 申请仲裁的形式条件

申请仲裁需要符合相应的形式条件，仲裁申请必须以书面形式提出。《仲裁法》第 22 条规定，申请仲裁必须向仲裁委员会递交仲裁申请书及副本。

所谓仲裁申请书，是指争议的一方当事人依据仲裁协议，依法向特定的仲裁委员会提交的请求该仲裁委员会对双方当事人之间的争议进行仲裁的书面文件。

根据《仲裁法》第 23 条的规定，仲裁申请书内容如下：

①当事人的基本情况。如果当事人是自然人，应当写明该申请人和被申请人的姓名、性别、年龄、职业、工作单位和住所以及联系方式；如果当事人是法人或者其他组

织的，则应当写明该法人或者其他组织的名称、住所以及法定代表人或者主要负责人的姓名、职务以及联系方式。如果申请人由法定代理人代为参加仲裁活动的，可在申请人栏下写明法定代理人的姓名、性别、年龄、职业以及联系方式等基本情况；如果申请人委托代理人参加仲裁活动的，还应当在写明申请人基本情况之后写明代理人的基本情况，并附具授权委托书。

②仲裁请求和所根据的事实、理由。仲裁申请书中的仲裁请求部分要明确、具体。要具体写明申请人通过仲裁委员会向被申请人提出的具体实体权利请求；如果申请人有多项仲裁请求，应当一一列明。仲裁申请书中的事实、理由部分是该申请书的核心部分，它既是支持仲裁申请人仲裁请求的依据，同时也是仲裁庭查明争议案件事实的重要依据。书写事实、理由部分要注意重点突出事实部分，理由部分要依据事实有理有据。

③证据和证据来源、证人姓名和住所。根据《仲裁法》第43条的规定，当事人对自己提出的主张应当提供证据加以证明。这就要求申请人在提出仲裁请求时，应当提供该仲裁请求所依据的证据、证据的来源、证人的姓名和住所。它有利于仲裁庭对有关事实予以核实，审查证据的真实性与合法性，从而及时处理案件。

④仲裁申请书应写明仲裁委员会的名称、提交申请书的日期，申请人还应签名或盖章。

二、仲裁的受理

当事人向仲裁委员会提交仲裁申请书之后，仲裁程序并没有开始。只有当事人的仲裁申请经过仲裁委员会审查，并由仲裁委员会作出立案受理的决定，并发出仲裁通知，仲裁程序才开始。[①]

1. 仲裁受理的概念

所谓受理，是指仲裁委员会收到当事人向其提交的仲裁申请后，经过审查，认为符合法律规定的申请仲裁条件，决定立案审理的行为。

当事人申请仲裁的行为与仲裁委员会立案受理的行为相结合才能引起仲裁程序的发生。在这一过程中，当事人提出仲裁申请的行为是仲裁委员会受理的前提。

2. 仲裁申请的审查

仲裁委员会收到当事人提出的仲裁申请后，应当在法定期间内进行审查。根据我国仲裁法以及仲裁委员会仲裁规则的规定，仲裁委员会对于仲裁申请，可以从以下两个方面进行审查：

①实质审查。仲裁申请条件是否符合《仲裁法》第21条规定的申请仲裁的条件，即有无仲裁协议、有无具体的仲裁请求和事实理由、是否属于仲裁委员会的受案范围。

②形式审查。审查仲裁申请书的内容是否符合《仲裁法》第23条规定的仲裁申请书应具备的内容。

① 常英. 仲裁法学. 北京：中国政法大学出版社，2001. 116

3. 仲裁申请的处理

仲裁委员会接到当事人提出的收到仲裁申请书之日起 5 日内，应当根据《仲裁法》第 24 条的规定，仲裁委员会经过审查，分别作出处理。

①认为符合受理条件的，应当受理，并书面通知或口头通知当事人。

②认为不符合受理条件的，应当书面通知当事人不予受理，并说明理由，以确保申请人知道为什么仲裁申请不被受理，以便申请人寻找其他合法途径解决纠纷。

③发现仲裁申请书内容有欠缺的，应当责令申请人限期补正仲裁申请书，然后根据补正的申请书的具体情况再予以处理

4. 受理的法律后果

仲裁受理是仲裁程序开始的标志。受理标志着仲裁委员会对仲裁权的取得以及对当事人资格的确定。仲裁委员会受理仲裁申请后，即产生以下法律后果：

(1) 仲裁委员会取得了对争议案件的仲裁权

仲裁委员会对当事人根据仲裁协议而提出的仲裁申请予以审查，如果当事人仲裁协议符合《仲裁法》的实质要件和形式要件，仲裁委员会依法受理，取得对具体争议案件的仲裁权。仲裁委员会仲裁权是来自于当事人所达成仲裁协议符合《仲裁法》的授权。

(2) 申请人和被申请人取得了仲裁当事人的资格

仲裁委员会审查当事人的仲裁申请，符合《仲裁法》的有关规定，依法受理后，申请人和被申请人正式取得了仲裁程序当事人的资格，可以依法享有仲裁法和仲裁规则中所规定的诸项权利，并同时承担仲裁法和仲裁规则所规定的相应义务。

5. 答辩与反请求

答辩和反请求是仲裁过程中被申请人用以保障其利益的两种重要手段。

(1) 答辩

所谓仲裁答辩，是指仲裁过程中被申请人为了维护自己的权益，对申请人在仲裁申请书中提出的仲裁请求和所依据的事实和理由进行答复和辩解的行为。

《仲裁法》第 25 条规定，被申请人收到仲裁申请书副本后，应当在仲裁规则规定的期限内向仲裁委员会提交答辩书。仲裁委员会收到答辩书后，应当在仲裁规则规定的期限内将答辩书副本送达申请人。仲裁规则规定的期限一般为 15 天，如《仲裁委员会仲裁暂行规则示范文本》规定期限为 15 天。

答辩要针对申请人提出的请求及依据一一进行，请求有理的，应予以承认或不予辩解；请求无理的，应予反驳；部分有理的，可予部分承认、部分反驳。反驳的提出，要讲事实摆证据，根据法律或惯例，尊重依法成立的合同，阐明理由。[①]

进行答辩是被申请人的一项非常重要的权利。实事求是地提出理由并进行充分的辩解，有利于仲裁庭在仲裁过程中查明事实，分清是非，公正合理、及时准确地作出裁决，以维护各方当事人的合法权益。被申请人如不按期提交答辩书，意味着他自愿放弃了答辩的权利，并不影响仲裁程序的进行。

---

① 黄进. 仲裁法学. 北京：中国政法大学出版社，2007. 116

(2) 反请求

所谓反请求，是指在仲裁程序进行中被申请人针对申请人提出的独立的请求。

仲裁案件的双方当事人的法律地位是平等的，在仲裁过程中，申请人可以放弃或者变更仲裁请求，被申请人可以承认或者反驳仲裁请求，有权提出反请求。

反请求的特点：

反请求与原来的请求既有关联性，又有相对的独立性。

①关联性。反请求是针对原来的仲裁请求提出来的。被申请人提出反请求的主要目的在于抵消或吞并申请人的仲裁请求，或者使其失去意义，从而维护自己的合法权益。反请求的意义还在于简化仲裁程序，提高效率。因为反请求是针对原请求提出的，两个请求都基于同一纠纷，可以合并仲裁，使双方的争议早日得到彻底解决。

②独立性。反请求是独立的请求，被申请人如不在已开始的仲裁程序中提出，可以另行申请仲裁；如果在仲裁裁决作出之前，被申请人提出了反请求，而申请人撤回了仲裁申请，此时，仲裁程序并不因此而停止或结束，仲裁庭应对反请求作出裁决。当然，如果申请人不撤回原请求，仲裁庭对原请求和反请求合并审理，也应对原请求和反请求在裁决中分别加以说明。①

反请求应当具备以下条件：

①反请求提出主体。反请求应当由被申请人以原仲裁申请人为被申请人提出，否则，不能形成反请求。

②受理机构只能是原仲裁委员会。反请求只能由被申请人向受理原仲裁申请的仲裁委员会提出，而不得向其他仲裁委员会提出。只有这样，才能通过仲裁请求与反请求的合并审理，达到抵消或者吞并仲裁请求的目的。

③反请求提出时间。反请求应当在仲裁委员会受理原仲裁申请后、作出仲裁裁决之前提出，否则就无法实现与仲裁请求合并审理的目的。

仲裁委员会收到反请求的处理：

仲裁委员会收到被申请人提出的反请求后，应当对该反请求进行审查，对于符合条件的反请求，应当予以受理，并将反请求副本送达申请人；对于不符合条件的反请求，仲裁委员会不予受理。

对于反请求与仲裁请求，仲裁庭一般应当合并审理，以达到经济仲裁的目的。仲裁委员会受理被申请人提出的反请求后，如果申请人撤回仲裁申请，仲裁庭应当对被申请人的反请求继续进行审理并作出仲裁裁决。

① 黄进. 仲裁法学. 北京：中国政法大学出版社，2007. 116

第二节 仲裁审理的形式

一、仲裁审理

1. 仲裁审理的概念

所谓仲裁审理，指仲裁庭以一定的方式和程序收集和审查证据，查明案件事实、审查证据是否属实，进行全面审查的仲裁活动。

仲裁审理的主要任务是审查、核实证据，查明案件事实，分清是非责任，正确适用法律，通过仲裁审理，查清和确认当事人之间的权利义务关系，解决当事人之间的纠纷。仲裁审理是仲裁程序的中心环节。

2. 仲裁审理的原则

我国《仲裁法》对仲裁审理的原则进行了明确规定。仲裁审理的原则包括不公开原则和开庭原则。

(1) 不公开原则

我国《仲裁法》第40条规定，仲裁不公开进行；当事人协议公开的，可以公开进行，但涉及国家秘密的除外。在仲裁中，不论案件是开庭审理还是书面审理，都应该不公开进行。

当事人提交仲裁的是合同纠纷和其他财产权益纠纷，审理这些纠纷时，会在一定程度上涉及当事人的不为公众所知悉、能为当事人带来经济利益、具有实用性的当事人的商业秘密及其他经营秘密，如果仲裁实行公开审理制度，允许案外人参加旁听，甚至允许记者进行采访报道，不利于当事人保守其商业秘密和经营秘密。

因此，仲裁开庭审理时，不得允许非仲裁参与人旁听，不得允许记者采访报道。仲裁员应当严格保守仲裁秘密，不得向外界透露任何有关仲裁案件的实体和程序情况，包括案情、审理过程、合议庭意见，等等。仲裁委员会的秘书人员也负有保密义务。《仲裁法》对其他仲裁参与人是否负有保密义务没有作出规定，但从仲裁的本质来考虑，他们应该为仲裁保密。

如果各方当事人认为他们之间的争议没有什么商业秘密、经营秘密可言，也可以在协商一致的基础上让仲裁公开进行，但涉及国家秘密的除外。

(2) 开庭原则

仲裁审理有两种形式：开庭审理和书面审理。还可以根据案件的实际情况将开庭审理和书面审理相结合。对于仲裁案件的审理方式，世界上一些国家的仲裁法更倾向于书面审理。

我国《仲裁法》第39条规定，仲裁应当开庭进行；当事人协议不开庭的，仲裁庭可以根据仲裁申请书、答辩书以及其他材料作出裁决。

在我国，仲裁审理以开庭审理为原则。经当事人协商同意，或者案件标的较小、案情简单，甚至当事人对案件事实并无争议，只是对所涉法律和责任的认识和理解不一致，仲裁庭认为书面审理是合适的，可以根据仲裁申请书、答辩书以及其他材料作出书面审理。

开庭审理便于当事人当庭出示证据、质证和进行口头辩论，有利于仲裁庭准确弄清案情，但也可能会因此拖延作出裁决的时间，并增加当事人的费用支出。

书面审理有利于及时地作出仲裁裁决，有利于当事人节省开支，但由于当事人没有口头陈述意见的机会，仲裁庭仅凭当事人提交的书面材料，可能实际上并没有充分了解案情，所作的裁决有可能不准确。

3. 开庭审理前的准备

开庭审理前的准备是指仲裁受理仲裁案件后，在开庭审理之前，为使开庭审理能够顺利进行所从事的一系列准备活动。

依据我国《仲裁法》和仲裁委员会的仲裁规则，开庭审理前的准备主要包括如下内容：

(1) 送达有关仲裁文件

我国《仲裁法》第25条规定，仲裁委员会受理仲裁申请后，应当在仲裁规则规定的期限内将仲裁规则和仲裁员名册送达申请人，并将仲裁申请书副本、仲裁规则、仲裁员名册送达被申请人。

《中国国际经济贸易仲裁委员会仲裁规则》第11条规定，仲裁委员会收到申请人的仲裁申请书及其附件后，经过审查，认为申请仲裁的手续不完备的，可以要求申请人予以完备；认为申请仲裁的手续已完备的，应将仲裁通知连同仲裁委员会的仲裁规则、仲裁员名册和仲裁费用表各一份一并发送给双方当事人；申请人的仲裁申请书及其附件也应同时发送给被申请人。仲裁委员会或其分会受理案件后，应指定一名秘书局或秘书处的人员协助仲裁庭负责仲裁案件的程序管理工作。

被申请人收到仲裁申请书副本后，应当在仲裁规则规定的期限内向仲裁委员会提交答辩书。仲裁委员会收到答辩书后，应当在仲裁规则规定的期限内将答辩书副本送达申请人。

被申请人未提交答辩书的，不影响仲裁程序的进行。

(2) 通知有关情况

①通知仲裁庭的组成情况。我国《仲裁法》第33条规定，仲裁庭组成后，仲裁委员会应当将仲裁庭的组成情况书面通知当事人。

仲裁庭是行使仲裁权的主体，仲裁庭的组成直接关系到案件的审理和裁决，因此，仲裁庭的组成情况必须要向双方当事人进行书面通知。

②通知开庭日期及地点。仲裁庭第一次开庭审理的日期由仲裁庭和仲裁委员会予以确定，并向双方当事人进行通知。

我国《仲裁法》第41条规定，仲裁委员会应当在仲裁规则规定的期限内将开庭日期通知双方当事人。

我国《仲裁法》第42条规定，如果申请人经书面通知，无正当理由不到庭可以视为撤回仲裁申请；被申请人经书面通知，无正当理由不到庭可以缺席裁决。这表明书面通知当事人开庭日期是仲裁审理的必经程序，未经这一程序，不可以对不到庭的申请人按撤回仲裁申请处理，也不可以对不到庭的被申请人作出缺席裁决。

《中国国际经济贸易仲裁委员会仲裁规则》第30条规定，仲裁案件第一次开庭审理的日期，经仲裁庭决定后，由秘书局于开庭前20天通知双方当事人。当事人有正当理由的，可以请求延期开庭，但必须在开庭前10天以书面形式向仲裁庭提出；是否延期，由仲裁庭决定。

仲裁地点往往是根据双方当事人在仲裁协议中约定的仲裁委员会所在地加以确定，双方当事人明确约定仲裁地点的，也可依其约定。

《中国国际经济贸易仲裁委员会仲裁规则》第31条规定，双方当事人书面约定仲裁地的，从其约定。如果当事人对仲裁地未作约定，仲裁委员会或其分会所在地为仲裁地。仲裁裁决应视为在仲裁地作出。《中国国际经济贸易仲裁委员会仲裁规则》第32条规定，当事人约定了开庭地点的，仲裁案件的开庭审理应当在约定的地点进行。除非当事人另有约定，由仲裁委员会受理的案件应当在北京开庭审理；如仲裁庭认为必要，经仲裁委员会秘书长同意，也可以在其他地点开庭审理。由仲裁委员会分会受理的案件应当在该分会所在地开庭审理；如仲裁庭认为必要，经该分会秘书长同意，也可以在其他地点开庭审理。

(3) 审核材料，收集证据

在开庭审理前，仲裁庭应当对双方当事人提交的仲裁申请书、答辩书和其他仲裁材料进行审核。作为仲裁庭成员的仲裁员，应当仔细地审阅案件的全部材料，确定案件争议点、审理要点和审理方案，防止出现违反程序的情形，能保证开庭审理过程有计划地、顺利地进行，提高庭审效率。

我国《仲裁法》第43条规定："当事人应当对自己的主张提供证据。仲裁庭认为有必要收集的证据，可以自行收集。"

根据这一规定，仲裁中的证据，一是来源于当事人，即当事人按照"谁主张，谁举证"的原则提出证据。二是来源于仲裁庭。仲裁庭认为有必要收集的证据，可以依据《仲裁法》和仲裁规则的规定自行予以收集。但仲裁庭对证据的收集不能免除当事人的举证责任。

仲裁庭对专门性问题认为需要鉴定的，可以交由当事人约定的鉴定部门鉴定，也可以由仲裁庭指定的鉴定部门鉴定。

4. 开庭审理

《仲裁法》对仲裁庭开庭审理的程序的规定，没有严格区分调查和辩论程序。《仲裁委员会仲裁暂行规则示范文本》也是如此。仲裁庭可以根据《仲裁法》和仲裁规则的原则性规定，对庭审程序灵活掌握。开庭的大体程序如下：

(1) 宣布开庭。

正式开庭前，首席仲裁员或者独任仲裁员应核对当事人及其代理人的身份，确认其资格，接着宣布案由及仲裁庭组成人员。告知当事人有关的仲裁权利和义务，询问当事人是否提出回避申请。

首席仲裁员或者独任仲裁员一般应向双方当事人简要介绍一下仲裁庭此前的准备情

况、仲裁庭对本次开庭的计划和安排以及在开庭中应注意的问题。在双方当事人无异议的情况下，仲裁庭宣布正式开庭。

宣布正式开庭在仲裁庭的首次开庭中有着重要的法律意义。一经宣布正式开庭，意味着仲裁案件进入实体审理阶段。因此，仲裁庭和当事人都应予以充分注意。根据《仲裁法》，当事人对仲裁协议或仲裁案件管辖权的抗辩，应当在仲裁庭首次开庭前提出；当事人的回避申请，也应当在首次开庭前提出，除非回避事由在首次开庭后才为当事人得知。

(2) 庭审调查

进行庭审调查是仲裁审理的重要环节，是依照法定程序调查案件事实，审核各种证据的过程。其中心任务是通过听取当事人陈述和审核所出示的证据，全面调查案件事实。

仲裁庭在进行庭审调查时，一般按照下列顺序进行：

①当事人陈述。即当事人对争议案件事实以及自己的请求与事实、理由向仲裁庭所作的叙述。当事人陈述应当按照先申请人陈述、再被申请人陈述的顺序进行。当事人陈述主要是针对案件发生的经过情况、事实根据、理由等进行展开，使仲裁庭了解争议事实的发生和发展经过。

②证人作证。证人是了解争议案件情况，而向仲裁庭作证的人。有证人出庭作证时，仲裁庭应当告知证人的权利和义务，以及作伪证的法律后果。证人应当如实作证，经仲裁庭的许可，任何一方当事人及其代理人都可以向证人发问。对证人不能出庭作证的，应当宣读未到庭的证人证言。

③出示书证、物证和视听资料。我国《仲裁法》第45条规定，对于与案件有关的书证、物证和视听资料，不论是当事人提供的，还是仲裁庭依法收集的，都应当在开庭时予以出示，书证应当当庭宣读，物证应当当庭出示，视听资料应当当庭播放，并由当事人相互质证，以保证证据的客观真实性。对于涉及国家机密、商业秘密和个人隐私的证据应当保密，不能当庭出示。

④宣读鉴定结论和勘验笔录、现场笔录。它们是仲裁庭认定争议案件事实的依据，鉴定人或勘验人应当当庭宣读鉴定结论或者勘验笔录及现场笔录，经仲裁庭许可，任何一方当事人都有权向鉴定人、勘验人发问。当事人对鉴定结论有异议时，有权申请重新调查、鉴定或勘验，是否允许由仲裁庭决定。如果仲裁庭认为案情已基本查清，当事人经过充分质证后证据已得到核实，即可终结庭审调查，进入庭审辩论阶段。

(3) 庭审辩论

我国《仲裁法》第47条规定：当事人在仲裁过程中有权进行辩论。辩论终结时，首席仲裁员或者独任仲裁员应当征询当事人的最后意见。

庭审辩论是指在仲裁庭的主持下，双方当事人依据在庭审调查中审查核实的事实和证据，就如何认定事实，适用法律，以解决当事人之间的纠纷，提出自己的主张和意见，进行言词辩论的过程。当事人辩论是庭审的重要程序。在庭审调查的基础上，通过言词辩论，可以使当事人之间所争执的事实更加清楚，双方当事人之间的权利义务关系更加明确，为仲裁庭公正地裁决案件奠定基础。

当事人进行辩论通常按照下列顺序进行：

①申请人及其仲裁代理人发言。即申请人及其代理人向仲裁庭提出自己的仲裁请求和所依据的事实、理由。

②被申请人及其仲裁代理人答辩。即被申请人及其代理人针对申请人的仲裁请求和所依据的事实理由以及申请人的代理人的代理意见进行的答复与辩解。

③双方相互辩论。即双方当事人各自针对对方及其代理人在辩论阶段提出的新的、未经过辩论的主张与所依据的新的事实证据进行的答复与辩解，以充分陈述自己的观点，从而维护自己的合法权益。

庭审辩论终结前，首席仲裁员或者独任仲裁员可以按照申请人、被申请人的顺序征询当事人的最后意见。经过庭审调查与庭审辩论，争议案件事实已经清楚，当事人之间发生争议的实体权利义务关系已经明确。

(4) 先行调解

先行调解是指仲裁庭在作出裁决前，主持双方当事人在自愿协商、互谅互让的基础上达成协议，从而解决纠纷的一种制度。仲裁中的先行调解是我国仲裁中的特有做法，体现了我国仲裁制度的调解与裁决相结合的特色。

我国《仲裁法》第51条第1款规定："仲裁庭在作出裁决前，可以先行调解。当事人自愿调解的，仲裁庭应当调解。调解不成的，应当及时作出裁决。"

仲裁中的调解，是指在仲裁程序中，根据双方当事人的申请或者仲裁庭自行决定，在仲裁庭的主持下，双方当事人就争议自愿协商，达成协议，解决双方争议的活动。

仲裁中的调解具有以下特征：

①调解不是一个独立的程序，也不是作出裁决的必经程序。

②调解是在双方当事人平等自愿的基础上，以协商的方式解决争议的活动。调解的基础是当事人自愿。调解是在仲裁庭的主持下进行的，仲裁庭是应当事人的请求而主持调解，或者是在征得双方当事人同意的基础上进行调解。

③仲裁庭主持调解要符合法律的规定。调解仲裁庭在庭审调查和辩论结束后进行的，此时案件的是非曲直比较清楚，有利于进行调解。如果当事人企图以调解协议的形式实现非法的目的，或者调解协议的内容违反法律的禁止性规定的，仲裁庭不能予以支持。

④调解协议必须是当事人各方经过协商达成的一致意见。仲裁庭提出的处理争议的意见，只能供当事人参考之用，不能强迫当事人接受。

⑤调解是一种解决争议案件的方式，调解成功，则达成调解协议，当事人可以申请仲裁庭依据该调解协议作出调解书或者裁决书而终结仲裁程序；调解不成，仲裁庭应当及时做出裁决。

⑥作为争议解决方式，调解与仲裁具有同等的法律效力。在仲裁程序中，仲裁基于当事人之间达成的调解协议做成的调解书或者仲裁裁决，与仲裁庭对争议案件经过审理后，行使仲裁权作出的仲裁裁决，具有完全相同的法律效力，都具有对争议的实体权利

义务关系的确认效力与强制执行的效力。①

仲裁中的先行调解应当遵循下列原则进行：

①仲裁调解自愿原则。仲裁庭进行调解是否遵循自愿原则，是调解程序能否公正进行，调解协议能否有效执行的关键，即只有当事人自觉自愿地服从于仲裁庭对调解权的行使，才能达到通过调解解决纠纷的目的。而强制调解，不仅违反了仲裁法的基本原则，也易造成当事人的反悔，不利于纠纷的最终解决。

仲裁调解自愿原则包含了如下内容：一方当事人请求仲裁庭进行调解的，必须征得另一方当事人的同意，如果另一方当事人不同意调解解决，仲裁庭不得强制进行调解；仲裁庭通过调解，使双方当事人达成的调解协议，必须是双方当事人共同意愿的表达，是其自愿而非强制的结果。

②仲裁调解合法原则。仲裁调解的合法原则是指仲裁庭对双方当事人进行调解必须符合法律的要求。具体包括如下内容：A. 调解协议的内容要合法。仲裁庭通过调解使双方当事人达成的调解协议的内容不得违反法律、法规和国家政策的规定，不得损害国家、集体和个人的合法权益。B. 调解程序要合法。仲裁庭调解双方当事人之间的纠纷，其程序必须合法。

在仲裁庭的主持下，经双方当事人就争议事项经过协商，达成了一致的协议，并依此制作调解书或裁决书，结束调解程序，从而也结束仲裁程序。在仲裁调解自愿原则、合法原则的指导下，调解一般会产生两种不同的法律效果：A.仲裁调解书经双方当事人签收后即发生法律效力。仲裁庭除了可以制作仲裁调解书之外，也可以根据协议的结果制作裁决书。调解书与裁决书具有同等的法律效力。B. 在仲裁庭的主持下，当事人之间不能就争议达成一致的协议，即调解不成，从而结束调解程序。

我国《仲裁法》第 51 条规定："调解不成的，应当及时作出裁决。"

调解不成既包括双方当事人未达成协议，也包括一方或双方当事人在调解书送达签收前反悔，或一方或双方当事人拒绝接受调解书。

如果调解不成，仲裁庭不得也无法再继续进行调解，只能通过行使仲裁裁决权，及时作出裁决，解决当事人之间的纠纷。

(5) 评议

评议是指仲裁庭根据庭审调查和庭审辩论查明的案件事实和认定的证据，正确适用法律，并根据公平原则，确定双方当事人之间实体权利义务关系的活动。

仲裁庭评议案件的过程应当不公开进行，评议过程中实行民主集中制的原则，即采取少数服从多数的做法。仲裁庭应当客观、准确、全面地将评议的情况记入笔录。所有仲裁员的意见都应记入评议笔录。

(6) 裁决

裁决是指经过评议，仲裁庭根据已查明的事实和认定的证据，对当事人提出的仲裁请求或反请求等事项，就双方当事人之间的实体权利义务作出的终局判定的行为。该书面决定称为仲裁裁决书。仲裁裁决的作出，标志着当事人之间纠纷的最终解决和仲裁程

① 杨秀清. 仲裁法学. 厦门：厦门大学出版社，2007. 151

序的终结。

由 1 名仲裁员独任仲裁时，不存在意见分歧的问题；由 3 名仲裁员组成仲裁庭时，裁决应按多数仲裁员的意见作出。如果任何两名仲裁员意见一致而另一位有不同意见时，应按多数意见作出裁决；少数仲裁员的不同意见可以记入笔录；如果 3 名仲裁员各持一种意见时，应按首席仲裁员意见作出。

我国《仲裁法》第 54 条规定，“对裁决持不同意见的仲裁员，可以签名，也可以不签名”。从我国现行的仲裁实践来看，一般只要求有多数仲裁员的签名即可，即持有不同意见的少数仲裁员可以不签名。

仲裁裁决必须在一定的期限内作出。《仲裁法》对此期限未作明确规定。《仲裁委员会仲裁暂行规则示范文本》第 41 条规定：仲裁庭应当在仲裁庭组成后 4 个月之内作出仲裁裁决，有特殊情况需要延长的，由首席仲裁员或独任仲裁员报经仲裁委员会主任批准，可以适当延长。

(7) 裁决书的内容

裁决书的内容是指对仲裁案件程序事项和实体事项所作决定的书面陈述。它包括仲裁的名称和地址、裁决书的编号、双方当事人的基本情况，以及代理人的情况、仲裁庭组成情况、当事人的仲裁请求、所争议的事实、裁决的理由、裁决的结果、仲裁费用的负担、裁决的履行期限和裁决的日期、裁决的地点以及仲裁员的签名等。当事人协议无须写明争议事实和裁决理由的，可以不写。裁决书由仲裁员签名后，加盖仲裁委员会印章。对裁决持不同意见的仲裁员，可以签名，也可以不签名。

同时应写明：仲裁委员会对案件管辖权作出决定的情况；采取保全措施的情况；作出部分裁决、中间裁决的情况；重要证据的质证，特别是仲裁庭自行收集证据、指定鉴定人进行鉴定等情况。此外，裁决书应注明是终局裁决还是临时裁决、部分裁决。

如果裁决书是根据和解协议和调解结果制作的，其内容可以较为简单，如当事人未有相反约定，只需根据和解协议和调解结果制作即可，不必附具理由。

(8) 裁决书的补正

仲裁裁决生效后，根据任何一方当事人在一定期限内提出的要求，对裁决书中的文字、打印、计算的错误，或者仲裁庭已经审理但在裁决书中遗漏的事项，作出书面补正。该补正或补充裁决，构成裁决书的一部分。

根据我国《仲裁法》第 56 条的规定，对仲裁裁决书可以进行补正，即对裁决书中的文字、计算错误或者仲裁庭已经裁决但在裁决书中遗漏的事项，仲裁庭应当补正。当事人自收到裁决书之日起 30 日内，也可以请求仲裁庭补正。

(9) 开庭笔录

开庭笔录是在仲裁的庭审过程中，记录人员对整个开庭审理情况所作的记载。开庭笔录是仲裁程序中重要的法律文书。

我国《仲裁法》第 48 条规定，仲裁应当将开庭情况记入笔录。当事人和其他仲裁参与人认为对自己的陈述记录有遗漏或者差错的，有权申请补正。如果仲裁庭不予补正，应当记录该申请。笔录由仲裁员、记录人员、当事人和其他仲裁参与人签名或者盖章。当事人、其他仲裁参与人拒绝签名、盖章的，记录人员应当记明情况附卷。

（10）仲裁裁决的法律效力

①对双方当事人的约束力。仲裁裁决对当事人之间的争议案件作出了终局的确定，双方当事人应当按照裁决的结果自动履行，对基于同一事实与理由的案件，当事人既不得再行向仲裁委员会申请仲裁，也不得向人民法院提起诉讼。

②对仲裁机构和法院的约束力。任何仲裁机构或者人民法院不得重新受理当事人就已经裁决的事项提出的请求。此外，对该具有法律效力的裁决书，非经法定撤销程序，任何机构都不得改变其内容。

③具有强制执行力。如果义务人不履行该仲裁裁决书中所确定的实体义务，权利人可以以该裁决书为依据向有管辖权的人民法院申请强制执行，从而实现自己的合法权益。

5. 书面审理

所谓书面审理，是指仲裁庭根据当事人之间的协议，只根据当事人提供的书面材料对案件进行审理并作出仲裁裁决的行为。书面材料主要是指仲裁申请书、答辩书、当事人之间的合同和往来函电以及其他有关书面材料。

书面审理不需要开庭，省去了开庭审理中很多法定的程序，有利于仲裁庭及时作出裁决。但由于书面审理时仲裁庭无法听取各方当事人及其代理人的陈述和辩论，可能导致侵害当事人权益甚至仲裁裁决被撤销或不予执行的情形。为了有效地保证书面审理的公正性和准确性，对书面审理案件的条件和程序要求如下：

（1）进行书面审理案件的条件

①书面审理必须依据当事人的协议。确定对案件实行开庭审理还是书面审理，应该尊重当事人的意志。如果当事人协议不开庭，仲裁庭可以根据仲裁申请书、答辩书以及其他材料作出裁决。

②书面审理的案件一般应是争议金额小、案情简单、事实清楚的案件。

（2）书面审理案件的程序

①仲裁庭应当把一方当事人提供的书面材料及时送达对方当事人。仲裁庭需要将仲裁申请书副本、答辩书副本送达给对方当事人外，还应将当事人在合理期限内向仲裁庭提供的一切证据材料和陈述及时送达给对方当事人。另外，仲裁庭自行收集的证人证言、鉴定结论、勘验笔录等书面文件也应送达各方当事人。仲裁庭在送达上述书面材料时，应同时要求或提醒受送达人及时对所收到的材料作出回应。

②仲裁庭应限定当事人提供材料的必要时间。《仲裁法》和《仲裁委员会仲裁暂行规则示范文本》都未明确规定当事人提供材料的时间。为了方便书面审理的顺利进行，仲裁庭可依据仲裁规则或视案件情况限定当事人提交材料的必要时间。各方当事人必须在规定的期限内提供材料，如果当事人逾期提供材料，被认为是放弃了提交材料的权利，仲裁庭可不予接受。

③书面审理并不绝对排除仲裁庭通知一方当事人到审理地点（一般在仲裁委员会所在地），就案件中的某些问题进行询问。但是仲裁庭必须及时把询问的一切情况告知另一方当事人，以示公平。此种情况是进行书面审理的必要的例外，是仲裁灵活性的表现。[①]

① 黄进. 仲裁法学. 北京：中国政法大学出版社，2007. 134

6. 简易程序

(1) 简易程序

所谓简易程序，是仲裁审理简单的仲裁案件或根据当事人的协议进行仲裁时所适用的一种简便易行的仲裁程序。

适用简易程序审理案件，简化的只是有关期限、组庭方式和审理方式。在程序的进行中，仲裁庭和当事人的权利义务不能简化，查明事实、分清是非、依法作出公正裁决的要求不能简化。而且，在简易程序进行中，如当事人变更仲裁请求或提出反请求，导致简易程序不能适用时，案件应按普通程序进行审理。

我国《仲裁法》和《仲裁委员会仲裁暂行规则示范文本》中对简易程序都未作规定。但《仲裁法》中关于独任仲裁员和书面审理的规定，包含了简易程序的精神。

(2) 简易程序的特点

①仲裁庭的组成简单。简易程序中，仲裁庭是由独任仲裁员组成仲裁庭进行仲裁，由双方当事人共同选定或者共同委托仲裁委员会主任指定一名仲裁员组成仲裁庭对当事人之间的纠纷案件进行审理，形式较为简便。

②审理方式灵活。适用简易程序仲裁案件，仲裁庭可以按照其认为适当的方式审理：可以决定开庭审理，也可决定进行书面审理，还可以把开庭审理和书面审理相结合。而在一般仲裁程序中，以开庭审理为原则。

③简易程序的期限较短。在简易程序中，提交答辩书和其他材料的期限、委任仲裁员的期限、反诉的期限、提前通知开庭的期限及各方当事人补交材料的期限，以及作出仲裁裁决的期限等，相比于普通程序，简易程序的期限较短。

(3) 适用简易程序的条件

适用简易程序，需要具备下列条件之一：

①争议标的金额不大。适用简易程序的案件，一般的要求是争议金额应在人民币50万元以下，对于这类小标的的案件，仲裁委员会可直接决定适用简易程序。如《中国国际经济贸易仲裁委员会仲裁规则》第50条规定，除非当事人另有约定，争议金额不超过人民币50万元。争议金额超过人民币50万元，当事人必须一致约定或书面同意适用简易程序，如《北京仲裁委员会仲裁规则》规定，除非当事人另有约定，争议余额不超过人民币100万元的，适用简易程序。

②案情简单。适用简易程序进行审理案件，通常案情不复杂，权利义务关系明确，易于弄清事实和分清是非，或者法律及合同对争议事项有明确规定，易于审理。

(4) 简易程序的内容

《中国国际经济贸易仲裁委员会仲裁规则》对简易程序进行的仲裁审理规定程序包括：

①简易程序的启动。申请人向仲裁委员会提出仲裁申请后，经审查可以受理并适用简易程序的，仲裁委员会应立即向双方当事人发出仲裁通知。被申请人在仲裁规则规定的期限内提交答辩书及有关证明文件，也可提出反请求。

《中国国际经济贸易仲裁委员会仲裁规则》规定，申请人向仲裁委员会提出仲裁申请，经审查可以受理并适用简易程序的，仲裁委员会秘书局或其分会秘书处应立即向双方当事人发出仲裁通知。被申请人应在收到仲裁通知之日起 20 天内向仲裁委员会提交答辩书及有关证明文件；如有反请求，也应在此期限内提出反请求书及有关证明文件。[①]

②仲裁庭组成。双方当事人在仲裁规则规定的期限内，共同选定或者共同委托仲裁委员会主任指定独任仲裁员成立仲裁庭审理案件。如果双方当事人未能共同选定或者共同委托指定独任仲裁员的，仲裁委员会主任应立即指定 1 名独任仲裁员审理此案。

《中国国际经济贸易仲裁委员会仲裁规则》第 52 条规定，适用简易程序的案件，依照本规则第 23 条的规定成立独任仲裁庭审理案件。即独任仲裁员由双方当事人在被申请人收到仲裁通知之日起 15 天内共同选定或者共同委托仲裁委员会主任指定。双方当事人也可以各自推荐 1~3 名仲裁员作为独任仲裁员人选，并将推荐名单在规定的期限内提交至仲裁委员会。双方当事人的推荐名单中有一名人选相同的，为双方当事人共同选定的独任仲裁员；有 1 名以上人选相同的，由仲裁委员会主任根据案件的具体情况在相同人选中确定一名独任仲裁员，该名独任仲裁员仍为双方共同选定的独任仲裁员；推荐名单中没有相同人选时，由仲裁委员会主任在推荐名单之外指定独任仲裁员。双方当事人未能按照上述规定共同选定独任仲裁员的，由仲裁委员会主任指定。[②]

③审理方式。仲裁庭既可以决定进行书面审理，也可以决定开庭审理。如果仲裁庭决定开庭审理，仲裁庭只开庭一次。确有必要时，仲裁庭可以决定再次开庭。

《中国国际经济贸易仲裁委员会仲裁规则》第 54 条、第 55 条规定，仲裁庭可以按照其认为适当的方式审理案件；可以决定只依据当事人提交的书面材料和证据进行书面审理，或者决定开庭审理。

④作出裁决书的期限。仲裁庭在仲裁规则规定的期限内作出仲裁裁决书。

《中国国际经济贸易仲裁委员会仲裁规则》第 56 条规定，仲裁庭应当在组庭之日起 3 个月内作出裁决书。在仲裁庭的要求下，仲裁委员会主任认为确有正当理由和必要的，可以对上述期限予以延长。

二、仲裁审理中的几个特殊问题

1. 仲裁中的和解

仲裁中的和解，是指仲裁委员会受理争议案件后，仲裁庭作出仲裁裁决之前，双方当事人通过自愿平等协商，达成和解协议，以解决争议案件，终结仲裁程序的活动。

仲裁中的和解制度，具有以下特征：

①仲裁中的和解时间。仲裁程序中的和解发生在特定的时间内，即在仲裁受理争议案件后，仲裁庭作出仲裁裁决之前。如果仲裁委员会尚未受理争议案件，不属于仲裁中的和解；如果仲裁庭对该争议案件已经过审理而作出仲裁裁决，则意味着该争议已由仲裁庭行使仲裁权得以解决，则当事人无须再通过和解解决。

②和解的主体是双方当事人。和解是双方当事人的自愿行为，不需要任何第三方的

① 乔欣. 仲裁法学. 北京：清华大学出版社，2008. 135

② 乔欣. 仲裁法学. 北京：清华大学出版社，2008. 135

参与。在仲裁中，虽然双方当事人之间因发生争议而引起仲裁程序，但并不意味着该争议只能通过仲裁庭予以解决，当事人基于双方的自愿行为，在没有任何第三方参与的情况下，可以通过和解解决该争议案件。

③和解需要达成和解协议。和解作为当事人自行解决争议的活动，希望通过和解达到解决争议的目的。对当事人双方而言，自愿解决了争议，重新确定了双方之间的实体权利义务关系，因此需要双方当事人达成和解协议。但是，这种确定并未获得法律效力，即义务一方当事人不履行和解协议所确定的实体义务时，权利人无权依据该和解协议向有管辖权的人民法院申请强制执行。

当事人自行和解并达成和解协议后，可以作出两种处理。《仲裁法》第 49 条规定：当事人申请仲裁后，可以自行和解，达成和解协议的，可以请求仲裁庭根据和解协议作出裁决书，也可以撤回仲裁申请。

①请求仲裁庭根据和解协议作出裁决书。在仲裁庭对争议案件作出仲裁裁决之前，当事人自愿协商，自行和解并达成和解协议，可以请求仲裁庭根据该和解协议作出裁决书。该依据和解协议作出的裁决书与仲裁庭对争议案件经过审理，行使仲裁权作出的裁决书具有同等的法律效力。

②撤回仲裁申请。在仲裁程序中，当事人自愿协商达成和解协议后，也可以不请求仲裁庭依据该和解协议作出裁决书，而是撤回仲裁申请。当事人提出撤回仲裁申请后，只要仲裁庭对该申请经过审查，准许当事人撤回仲裁申请，一方面意味着仲裁庭无须再对该争议案件进行审理并作出仲裁裁决；另一方面也意味着当事人在达成和解协议后，通过撤回仲裁申请的方式终结了仲裁程序。

2. 撤回仲裁申请

撤回仲裁申请，是指仲裁委员会受理当事人的仲裁申请后，在仲裁庭作出仲裁裁决之前，仲裁申请人撤回自己的仲裁申请，不再要求仲裁庭审理争议案件的行为。

依据仲裁协议提出仲裁申请是当事人的一项权利。在仲裁程序中，申请人基于某种原因，不希望仲裁程序继续进行下去，可以行使处分权撤回仲裁申请。撤回仲裁申请既可能发生在庭审之前，也可能发生在庭审过程中。

撤回仲裁申请可以包括两种情形：①申请撤回仲裁申请。即仲裁受理仲裁申请后，申请人主动撤回仲裁申请的情形。②按撤回仲裁申请处理。即仲裁受理仲裁申请后，基于申请人的某种行为，仲裁庭推定其有撤回仲裁申请的意思，从而视为撤回仲裁申请的情形。

(1) 申请撤回仲裁申请

申请撤回仲裁申请应当具备以下条件：

①撤回仲裁申请的主体。只能由有权提出的人员提出。所谓有权提出的人员，是指申请人、申请人的法定代理人以及经其特别授权的委托代理人。

②撤回仲裁申请当事人意思表示。撤回仲裁申请须由当事人自愿提出。

③撤回仲裁申请的形式。应当采取书面形式。这有利于仲裁庭审查申请人提出的撤回仲裁申请是否符合相应的条件。

④撤回仲裁申请的时间。撤回仲裁申请在仲裁受理争议案件后，可发生在庭审之

前，也可发生在庭审过程中，仲裁庭尚未作出仲裁裁决或调解书之前。在仲裁受理争议案件之前，无须提出撤回仲裁申请。仲裁庭一旦作出仲裁裁决或者仲裁调解书，则意味着仲裁庭对该争议案件已作出终局性裁决，当事人之间争议的实体权利义务关系已经明确，不能再提出撤回仲裁的申请

(2) 按撤回仲裁申请处理

按撤回仲裁申请处理，是指当事人未主动提出撤回仲裁的申请，出现《仲裁法》规定的情形时，仲裁庭可以视为当事人申请撤回仲裁，从而终结对争议案件审理的行为。按撤回仲裁申请处理与当事人申请撤回仲裁申请具有同等的法律效力。

我国《仲裁法》第42条规定，申请人经书面通知，无正当理由不到庭或者未经仲裁庭许可中途退庭的，可以视为撤回仲裁申请。因此，按撤回仲裁申请处理有以下两种情形：

①申请人经书面通知，无正当理由不到庭。仲裁程序是仲裁受理申请人提出的仲裁申请开始的。因此，申请人应当根据仲裁庭的开庭通知，按时参加案件的开庭审理。如果申请人在无正当理由的情况下不到庭，仲裁庭视为申请人撤回了仲裁申请。

②申请人未经仲裁庭许可中途退庭。申请人根据仲裁庭的书面通知参与仲裁开庭审理过程，既是申请人为维护自身合法权益而行使的一项权利，同时也是保证仲裁审理秩序的一种需要。如果申请人未经仲裁庭许可而中途退庭，仲裁庭即可视为撤回仲裁申请。

另外，根据仲裁实践的情况，申请人的法定代理人经书面通知，无正当理由不到庭或者未经仲裁庭许可中途退庭的，仲裁庭也可以视其为撤回仲裁申请。

按撤回仲裁申请处理与当事人申请撤回仲裁申请具有同等的法律效力。

3. 延期开庭

延期开庭审理，是指仲裁庭确定开庭审理的日期之后或者在开庭审理的过程中，出现了法定事由，仲裁庭根据当事人的申请，将开庭审理推延到另一日期进行的行为。

我国《仲裁法》第41条规定："仲裁委员会应当在仲裁规则规定的期限内将开庭日期通知双方当事人。当事人有正当理由的，可以在仲裁规则规定的期限内请求延期开庭。是否延期，由仲裁庭决定。"

一般情况下，仲裁审理前的准备工作完成后，仲裁庭应当及时确定开庭审理期日并通知当事人，仲裁庭所确定的开庭审理期日对双方当事人具有约束力。双方当事人接到仲裁庭送达的开庭通知后，即双方当事人必须按照仲裁庭所确定的开庭审理期日出席庭审。但是在特定情况下，由于法定事由的出现，致使开庭审理不能按照所确定的期日正常进行，就要延期开庭审理。

根据我国《仲裁法》和仲裁规则的规定以及仲裁实践，延期开庭有以下五种情形：

①当事人有正当理由不能到庭。当事人有正当理由不能到庭是延期开庭的法定事由。是否实现延期开庭，必须由当事人在法定时间内提出延期开庭的申请，由仲裁庭决定。

我国《仲裁法》第41条规定："仲裁委员会应当在仲裁规则规定的期限内将开庭日期通知双方当事人。当事人有正当理由的，可以在仲裁规则规定的期限内请求延期开庭。是否延期，由仲裁庭决定。"

《中国国际经济贸易仲裁委员会仲裁规则》第63条规定："开庭审理的案件，仲裁委员会秘书局或其分会秘书处应当在开庭前15天将开庭日期通知双方当事人。仲裁庭经商双方当事人同意，可以提前开庭。当事人有正当理由的，可以请求延期开庭，但必须在开庭前7天书面向仲裁庭提出。是否延期，由仲裁庭决定。"

②需要通知新的证人、证据。在庭审过程中需要新的证人参加庭审，调取新的证据，需要重新鉴定或者勘验，或者需要补充调查时，经当事人申请，仲裁庭许可，可以延期开庭审理。

③当事人临时提出仲裁员回避的申请。《仲裁法》第35条规定，当事人提出回避申请，应当说明理由，在首次开庭前提出。但如果回避事由是在首次开庭后知道的，可以在最后一次开庭终结前提出。仲裁员的回避意味着必须重新选定或指定仲裁员，因此，对于已经确定的开庭审理期日来说，当事人临时提出的回避申请就会使得开庭审理延期。

④仲裁员不能履行职责。《中国国际经济贸易仲裁委员会仲裁规则》第27条规定，仲裁员在法律上或事实上不能履行其职责，或者没有按照本规则的要求或在规则规定的期限内履行应尽职责时，仲裁委员会主任有权自行决定将其更换；该仲裁员也可以主动申请不再担任仲裁员。仲裁员因死亡、除名、回避或者由于自动退出等其他原因不能履行职责时，应按照原选定或者指定该仲裁员的程序，在仲裁委员会规定的期限内选定或者指定替代的仲裁员。所以，已确定的仲裁员由于特定原因不能履行职责时，面临重新选定仲裁员的情况，已确定的开庭审理期日也必须延期。

⑤其他应当延期开庭的情形。

4. 缺席裁决

缺席裁决，是指由于出现法定的情形，仲裁庭就到庭的一方当事人进行调查、审查、核实证据，听取意见，并对未到庭的当事人提供的书面资料进行审查后，作出仲裁裁决的仲裁活动。

我国《仲裁法》第42条第2款规定：在不到庭或者未经仲裁庭许可中途退庭的情况下，仲裁庭可以缺席裁决；被申请人经书面通知，无正当理由不可以缺席裁决。出现下列情形，仲裁庭可以作出缺席裁决：

①被申请人无正当理由不到庭。被申请人到庭参加仲裁庭审是仲裁审理的必经程序。经书面通知，被申请人无正当理由不到庭，仲裁庭可作出缺席裁决。

②被申请人未经仲裁庭的许可中途退庭。在仲裁庭审中，如果被申请人未经仲裁庭的许可而中途退庭的，仲裁庭也有权作出缺席裁决。

对于申请人、被申请人的法定代理人，无正当理由不到庭或者未经仲裁庭许可中途退庭的，仲裁庭也可以作出缺席裁决。

申请人经书面通知，无正当理由不到庭或者未经仲裁庭许可中途退庭，被申请人提出反请求的，此时的申请人实际成为反请求的被申请人，在这种情况下，仲裁庭缺席裁决的，实际上是被申请人提出的反请求部分。仲裁庭可以基于仲裁反请求对仲裁申请人（即反请求中的被申请人）作出缺席裁决。

由于缺席裁决是在一方当事人不在场的情况下作出的，这就要求仲裁庭必须认真行使权力，严格按照程序的要求进行仲裁。仲裁庭应将到庭的另一方当事人的陈述或辩论意见送达给缺席当事人，使之有提供证据、为自己申辩的机会。

同时，缺席裁决对仲裁庭在证据的收集与认定上提出了更高的要求，仲裁庭有必要在裁决书中阐明该裁决所依据的理由，以证实仲裁裁决的合法性，避免因当事人的抗辩而使仲裁裁决无法执行。

三、仲裁审理的特征

1. 仲裁审理公开与否，可以用协议选择

仲裁审理，当事人对公开审理和不公开审理，可以用协议加以选择。其以不公开审理为原则，以便保守当事人的商业秘密。

2. 审判方式以开庭审理为原则

仲裁审理是以开庭审理为原则，以书面审理为例外，当事人可以约定由仲裁庭对争议进行书面审理。

3. 仲裁实行一裁终局制度

仲裁裁决一经作出，即具有法律效力，当事人不得就同一争议申请仲裁或向人民法院起诉。

四、学术界的一些热点问题

1. 对仲裁程序启动涉及仲裁程序起始点的界定

有学者认为，仲裁程序始于当事人的申请，但是仅有申请还不能进行仲裁，只有申请被仲裁委员会审查受理后，仲裁程序才算真正开始。仲裁程序始于仲裁申请人向仲裁委员会提交仲裁申请书之时，还是仲裁委员会对当事人的仲裁申请予以受理之时，或是被申请人收到仲裁委员会仲裁受理通知之时，众说纷纭，各持己见。

审查和受理是仲裁委员会的一项重要的仲裁活动。接受仲裁申请的仲裁委员会对当事人的申请进行审查，认为符合法定条件和要求，同意立案进行仲裁。只有仲裁申请与仲裁受理两者的结合，仲裁程序才能得到实际的启动。

我们认为，申请只是受理的前提，仲裁委员会受理当事人的仲裁申请才能开始仲裁程序。

2. 仲裁的争议事项应当具有可仲裁性的问题

我国《仲裁法》第 2 条规定："平等主体的公民、法人和其他组织之间发生的合同纠纷和其他财产权益纠纷，可以仲裁。"该法第 3 条规定："下列纠纷不能仲裁：①婚姻、收养、监护、扶养、继承等纠纷；②依法应当由行政机关处理的行政争议。"

也就是说，只有纠纷或者争议才能成为仲裁的对象，仲裁的对象只能是一定范围内的法律纠纷。当事人提请仲裁的争议事项应当具有可仲裁性，即提交仲裁裁决的争议应当属于仲裁的范围。这就意味着纯粹因事实认定引起的，不涉及权益处分的案件被排除在仲裁的范畴之外。

而且财产权益本身就值得探讨和解释。对于知识产权，有的学者主张：竞争、婚姻家庭、知识产权等问题不能以仲裁方式解决。这意味着，将知识产权纠纷笼统地排除在仲裁范围之外。

有的学者认为，凡知识产权合同方面的纠纷均可提交仲裁；侵权纠纷则由行政管理部门或司法部门管辖，至于是否可以提交仲裁则未明文规定，但也未禁止。①

以著作权为例，从我国《著作权法》本身的规定考察，侵害著作权人的署名权、发表权等与人身权相联系的侵权行为争议不属于"财产权益纠纷"，那么，应如何保护？

不少国家的法院对可仲裁性问题趋向从宽解释。只要合同中存在有效的仲裁条款，即使由于某些传统上属于法定请求的事项导致当事人的争议，即使争议的性质已超越纯商业性质而扩大到公法领域的违法行为，法院仍认定应通过仲裁解决。

那么，与合同有关的侵权纠纷是否可以通过仲裁解决？对此，最高人民法院曾经作出指导性案例，即上诉人（香港）裕亿集团有限公司（以下简称裕亿公司）、（加拿大）太子发展有限公司（以下简称太子公司）与被上诉人江苏省物资集团轻工纺织总公司（以下简称轻纺公司）侵权损害赔偿纠纷一案，在该案中，最高人民法院明确指出，与合同有关的争议，即使当事人以侵权为由提起诉讼，也应当受合同中有效仲裁条款的约束，纠纷应当通过仲裁解决，人民法院不享有管辖权。②

3. 如何理解我国《仲裁法》第16条"书面形式"的界定

当事人向仲裁委员会提出申请，应当符合一定的形式条件。我国《仲裁法》第16条规定，当事人申请仲裁，应当向仲裁委员会递交仲裁协议、仲裁申请书及其副本。该规定表明，在我国，申请仲裁除了当事人有将其争议提交仲裁的共同意愿外，还应当采取书面形式。口头申请仲裁的，仲裁委员会不予受理。但《仲裁法》第16条没有对书面形式的含义予以明确的界定。

随着知识经济时代的来临，人类步入一个全新的网络化空间，电子商务等纠纷亦接踵而至，仲裁程序的数据化无疑符合了这种国际化趋势的内在要求。目前，国际上已有20多个网站建立了网上纠纷解决机制。网上仲裁的无形性特征引发的一个焦点问题是：数字化形式能否视之为书面形式？对这一问题的解决其实和电子合同效力的认定颇为相似。③

仲裁实践的新近发展突破了对这一形式要求的传统界定。最高人民法院2006年对《仲裁法》司法解释的第1条就给书面形式的含义予以明确的界定：包括电报、电传、传真、电子数据交换和电子邮件。这与许多国际条约以及国内仲裁立法的规定都是相吻合的。例如，1985年UNCITRAL《示范法》第7条第2款规定，仲裁协议如载于当事各方签字的文件中，或载于往来的书信、电传、电报或提供协议纪录的其他电讯手段中即构成一项书面的仲裁协议。英国1996年《仲裁法》甚至把非当事人的第三方以及当事人授权人所记录下的协议也视为符合书面要求。④

① 张斌生. 仲裁法新论. 厦门：厦门大学出版社，2008. 170

② 沈德咏. 最高人民法院《仲裁法》司法解释的理解与适用. 北京：人民法院出版社，2007. 24

③ 朱国华，张春燕. 网上仲裁法律问题研究. 上海大学学报（社会科学版），2007（4）

④ 沈德咏. 最高人民法院《仲裁法》司法解释的理解与适用. 北京：人民法院出版社，2007. 2

4. 仲裁申请人的撤回申请权问题

我国《仲裁法》除在第 42 条第 1 款就拟制的撤回仲裁申请的适用问题作出了明确的规定外，在第 49 条关于双方当事人自行和解的规定中间接地提及了申请人的撤案申请权。那么，在仲裁程序启动之后，申请人在未与对方当事人自行达成和解协议的情况下，是否可以依据处分原则主动撤回仲裁申请？

有学者认为，仲裁对案件的管辖、审理和裁决均是基于双方当事人之前自愿达成的仲裁协议，因此，在案件被提交仲裁后，就不应违反协议而将案件撤回，并因此反对对当事人的撤案申请权作出正面的规定。①

我们认为，仲裁所要解决的是平等的民商事主体之间的权益纠纷，而民商事权益是一种可依法处分的实体权益，反映到民事程序法领域，即要求仲裁的程序设计、安排和运作都应当尽可能地贯彻自主处分原则，以维护当事人作为程序主体的真实意愿。这也是意思自治原则在仲裁领域中的充分体现，而撤案申请权的设置无疑在客观上保证了当事人的程序选择权和程序参与权。

从实践中分析，当事人也常因某种动机因素而希望撤回仲裁申请，例如，被申请人主动偿还债务，或被申请人就债务的履行提供了有效的担保等等，对当事人的这种意思表示不予支持显然不合情理。实际上，不少仲裁委员会在制定仲裁规则对此已作了间接的反映。因此，我们主张《仲裁法》应当对申请人撤案申请权有所规范，如增加：在仲裁裁决作出前，申请人可以撤回仲裁申请；但被申请人已经提交答辩书或者已经作了实质性的答辩准备的，撤回仲裁须征得被申请人的同意。仲裁申请被撤回后，当事人可以根据仲裁协议重新申请仲裁。

5. 当事人撤回仲裁申请后的法律问题

当事人撤回仲裁申请和仲裁庭按撤回仲裁申请处理都将产生同样的法律后果，即仲裁庭不再享有对该案的仲裁权，不能继续行使对该案的审理权和裁决权，仲裁程序终结。

但是在仲裁实践中，往往会出现这样的情况，即当事人撤回仲裁申请后，或者仲裁庭按撤回仲裁申请处理后，当事人又依据仲裁协议请求仲裁庭进行仲裁。例如，双方当事人在仲裁过程中达成和解，但由于在履行和解协议时，一方当事人拒绝履行，或者拒绝按和解协议履行，另一方当事人便请求仲裁庭恢复行使仲裁权；再如，仲裁申请人经仲裁庭的书面通知，无正当理由不到庭，仲裁庭视为其撤回仲裁申请，而终结了仲裁程序，之后，仲裁申请人或原被申请人又依据原仲裁协议申请仲裁，等等。在这些情况下，仲裁庭能否重新行使仲裁权？依据什么行使仲裁权？

有学者认为，既然仲裁程序已经终结，仲裁庭对该案享有的权利已经结束，如果当事人又就此案申请仲裁，必须重新达成仲裁协议，重新选择仲裁员组成仲裁庭，对纠纷进行裁决。也有学者认为，当事人可以依据原仲裁协议申请仲裁，但应该另行组成仲裁庭。还有学者认为，仲裁庭能否恢复行使仲裁权，要区别不同的情况，分别对待，对于法律许可的行为，仲裁庭可以恢复行使仲裁权，如当事人双方达成和解协议而撤回仲裁

① 赵钢. 略论仲裁申请人的撤案申请权. 法学评论，2006（6）

申请，由于对和解协议的履行反悔或发生分歧，请求仲裁庭依据双方的仲裁协议进行裁决。但如果是法律所不允许的行为，如申请人经书面通知无正当理由不到庭或未经仲裁庭许可中途退庭，则不能再依据仲裁协议申请仲裁。

对于这个问题，我国《仲裁法》在第49条和第50条也只是作了原则性的规定，即当事人申请仲裁后，可以自行和解。达成和解协议的，可以请求仲裁庭根据和解协议作出裁决书，也可以撤回仲裁申请。当事人达成和解协议，撤回仲裁申请后反悔的，可以根据仲裁协议申请仲裁。

结合仲裁理论与仲裁实践，我们认为对当事人撤回仲裁申请后，有关仲裁权行使的法律问题应从以下四个方面来理解：

①仲裁协议是双方当事人对纠纷解决方式的意思自治的选择，只要双方当事人因属于仲裁协议范围内的事项发生争议，就必须通过仲裁的方式，由仲裁庭行使仲裁权给予解决。

②当事人撤回仲裁申请或仲裁庭视为当事人撤回仲裁申请，不是仲裁协议失效的前提条件。尽管当事人撤回了仲裁申请，但只要双方当事人之间的纠纷没有最终解决，只要双方当事人没有就该争议达成新的仲裁协议，或达成该仲裁协议无效的协议，只要在法律规定或当事人约定的仲裁协议的有效期内，该仲裁协议就有效，当事人就可以依据此协议申请仲裁，仲裁庭就可以依据此协议行使仲裁权，解决当事人之间的纠纷。

③当事人撤回仲裁申请或仲裁庭视为撤回仲裁申请后，仲裁程序的终结意味着仲裁庭行使仲裁权的结束。但原则上，只要当事人之间的纠纷没有得到解决，当事人申请仲裁庭行使仲裁权，就是请求仲裁庭恢复对仲裁权的行使，也就是说，原仲裁庭仍然是该案中行使仲裁权的主体。由于原仲裁庭了解案件的情况，由原仲裁庭恢复行使仲裁权有利于及时、迅速地解决纠纷，同时，可以有效地避免当事人以此作为更换仲裁员、规避法律的手段。

④仲裁的本质特征是当事人自愿，因此，如果双方当事人完全自愿地对纠纷解决方式，或者仲裁授权的内容，或者仲裁庭的组成方式或仲裁员的人选等重新达成协议，应该尊重当事人的选择。

案例分析

【案情】2007年10月20日，申请人与被申请人签订了一份联合经营拆解废钢船合同。合同约定：如果一方违约，须向另一方支付10万元的违约金。合同还约定：在合同履行过程中所产生的一切争议，双方应友好协商解决，协商不成的，提交某某仲裁委员会仲裁解决。

合同签订后，申请人按约定向被申请人支付了10万元的购船预付款，但被申请人以各种借口进行搪塞，申请人见购船无望，要求被申请人退还预付的购船款10万元，并按照合同约定支付10万元违约金，被申请人不同意，为此双方发生争议。2007年12

月 20 日，申请人按照合同中的仲裁条款向仲裁委员会提出仲裁申请。仲裁委员会受理该争议案件后，按照《仲裁法》和仲裁规则的规定组成了仲裁庭。仲裁庭根据申请人的申请决定公开开庭审理该争议案件。2008 年 3 月 20 日，仲裁庭在双方当事人都到庭的情况下，对该争议案件进行了审理并作出了仲裁裁决。

【问题】我国《仲裁法》对仲裁审理的方式有何要求？

【解析】本案仲裁中，仲裁庭根据申请人的申请决定公开开庭审理案件是不正确的，仲裁庭应该不公开开庭审理该争议案件。在审理该争议案件过程中，应遵循仲裁法关于仲裁审理程序的相关规定。

《仲裁法》第 40 条规定："仲裁不公开进行。当事人协议公开的，可以公开进行，但涉及国家秘密的除外。"这就是说，仲裁遵循不公开审理原则。在本案中，仲裁庭仅根据申请人的单方申请即决定对该争议案件进行公开开庭审理，违背了仲裁法所确定的公开审理由双方当事人协议选择的制度，因此，该仲裁庭的做法是不正确的。

第十三章 仲裁裁决的撤销与执行

《仲裁法》赋予了仲裁裁决强制执行力，执行性与裁决的终局性一起构成裁决效力的有机组成部分。作为一裁终局原则的例外，当事人基于一定的理由对最终的仲裁裁决提出异议，当事人有权依法申请法院撤销仲裁裁决。通过本章的学习，要求学生一般了解：仲裁裁决、申请撤销仲裁裁决、仲裁裁决的撤销、仲裁裁决执行、仲裁裁决的不予执行等概念。重点掌握：仲裁裁决的种类、申请撤销仲裁裁决的特征、申请撤销仲裁裁决的条件、申请撤销国内与涉外仲裁裁决的主要区别、仲裁裁决的执行特征、仲裁裁决的执行条件、不予执行仲裁裁决的情形、撤销仲裁裁决与不予执行仲裁裁决的异同。

为什么《仲裁法》同时设置两种仲裁司法监督方式、为什么违反法定程序并不必然导致撤销仲裁裁决、如何理解《仲裁法》对国内裁决和涉外裁决撤销的法定条件、仲裁裁决作为强制执行根据应从何时起算、如何理解《仲裁法》对国内裁决和涉外裁决的不予执行的法定条件、如何理解《仲裁法》对不予执行仲裁裁决的管辖等问题是学术界研究的热点，也是本章难点，本章将作简要阐述。

第一节 仲裁裁决的概念与种类

一、仲裁裁决的概念

裁决是指经过评议，仲裁庭根据已查明的事实和认定的证据，对当事人提出的仲裁请求或反请求等事项，就双方当事人之间的实体权利义务作出的终局判定的行为。

二、仲裁裁决的种类

仲裁裁决根据不同的标准，有不同的分类：

1. 先行裁决、最终裁决

以作出的时间为标准，仲裁裁决可以分为先行裁决和最终裁决。

先行裁决，是指仲裁庭在仲裁审理过程中，查明了一部分事实或部分问题，为了及时保护当事人的合法权益，或者为了其他实体问题的进一步解决，对其中一部分事实清楚、权利义务关系明确的争议案件，先行作出的仲裁裁决。

最终裁决，是指仲裁庭对整个争议案件审理完毕后，在仲裁审理程序终结时对争议案件所作出的仲裁裁决。

一般来讲，裁决在大多数情况下是指最终裁决。

2. 对席裁决、缺席裁决

以双方当事人到庭情况为标准，仲裁裁决可以分为对席裁决和缺席裁决。

对席裁决，是指仲裁庭在双方当事人或代理人都到庭参加仲裁审理，进行充分陈述与辩论，作出的仲裁裁决。

缺席裁决，是指仲裁庭在一方当事人未到庭情况下，对缺席一方当事人提交的书面资料进行审查的基础上，听取到庭一方当事人的陈述和辩论，对争议案件作出的裁决。

一般裁决的正常形式是对席裁决，双方当事人及其代理人参加仲裁审理并行使其辩论权，有利于争议案件事实的认定。在仲裁中，如一方当事人缺席，仲裁庭可以作出缺席裁决。

第二节　仲裁裁决的撤销

作为一裁终局原则的例外，当事人为维护自己的合法权益，基于一定的理由对最终的仲裁裁决提出异议，当事人有权依法申请有管辖权的法院撤销仲裁裁决。

一、申请撤销仲裁裁决的概念和特征

1. 申请撤销仲裁裁决的概念

申请撤销仲裁裁决，是指经当事人提出申请，人民法院审查核实，对符合法定应予撤销情形的仲裁裁决，裁定将仲裁裁决予以撤销的行为。

2. 申请撤销仲裁裁决的特征

申请撤销仲裁裁决，具有以下特征：

(1) 撤销仲裁裁决的启动只能是当事人

撤销仲裁裁决，它只能由当事人提出的撤销仲裁裁决的申请，法院经审查后作出结论。当事人是指仲裁案件的申请人或被申请人。

案外第三人无权提出撤销仲裁裁决。

一般情形下，人民法院不得依职权主动撤销仲裁裁决。只有在人民法院认定该仲裁裁决违背社会公共利益的情形下，才能直接裁定予以撤销。因此，当事人向人民法院提出撤销仲裁裁决的申请，是人民法院裁定是否撤销仲裁裁决的前提条件。

(2) 有权撤销仲裁裁决的只能是人民法院

撤销仲裁裁决是法院的职权，《仲裁法》规定，有权撤销仲裁裁决的法院，是仲裁委员会所在地的中级人民法院。

仲裁委员会无权撤销已作出的仲裁裁决。对仲裁庭所作出的仲裁裁决，不论是作出仲裁裁决的仲裁庭或者受理该案件的仲裁委员会，还是其他仲裁委员会，都无权撤销仲裁裁决。在我国，仲裁委员会之间没有隶属关系，仲裁委员会之间各具有独立性。所以，是否撤销仲裁裁决，只能由有管辖权的法院作出裁定，任何其他组织和个人均无权审查及撤销仲裁裁决。

(3) 申请撤销仲裁裁决事由只能是法定的撤销情形。

当事人申请撤销仲裁裁决必须具有法定的撤销情形的事由，且依法不能补救，才可被宣告撤销。

因此，有管辖权的法院对当事人提出的撤销仲裁裁决的申请进行审查核实，只有符合法定予以撤销的情形时，法院才能作出撤销仲裁裁决的裁定，将仲裁裁决予以撤销。

申请撤销仲裁裁决是仲裁法所规定的司法监督形式。对符合法律规定为撤销情形的仲裁裁决予以撤销，有利于维护当事人的合法权益，有利于维护仲裁的公正性与权威性，也有利于完善我国的司法监督体制，对确保仲裁裁决的合法性和正确性，以及对我国仲裁制度的发展都具有非常重要的意义。

二、申请撤销仲裁裁决的条件

仲裁裁决一经作出后，非经法定程序不得撤销。仲裁法赋予当事人在符合下列条件的情况下，有权申请撤销仲裁裁决。

1. 申请撤销仲裁裁决的程序条件

(1) 提出申请撤销仲裁裁决的主体

提出申请撤销仲裁裁决的主体是当事人，包括仲裁中的申请人和被申请人。当事人是提请仲裁的争议案件的利害关系人，仲裁裁决的结果对双方当事人之间的实体权利义务有直接的利害关系。只有当事人最了解该仲裁裁决是否导致其合法权益受到侵害。因此，仲裁法规定有权提出申请撤销仲裁裁决的主体是当事人。这样规定有利于维护当事人的合法权益不受侵犯。

当事人是否提请申请撤销仲裁裁决，由当事人自己决定，体现当事人的意思自治原则。法院不能主动行使撤销仲裁裁决的权利，干预当事人的合法权利。

(2) 申请撤销仲裁裁决的期间

《仲裁法》第 59 条规定，当事人申请撤销仲裁裁决的，应当自收到裁决书之日起 6 个月内提出。

仲裁法在赋予当事人撤销仲裁裁决申请权的同时，对当事人该项权利的行使作出了时间上的限定，督促当事人及时行使自己的权利。当事人必须在规定的期限内提出申请。当事人在申请撤销仲裁裁决的期间内，没有提出撤销仲裁裁决的申请，意味着当事人自愿放弃了申请撤销仲裁裁决的权利。那么，双方当事人都必须履行仲裁裁决书中所确定的权利义务。否则，另一方当事人在因对方不履行义务时，可以向有管辖权的人民法院申请强制执行，维护其合法权益。

(3) 申请撤销仲裁裁决的管辖

撤销仲裁裁决必须向有管辖权的中级人民法院提出申请。

《仲裁法》第58条规定，当事人应当向仲裁委员会所在地的中级人民法院申请撤销仲裁裁决，即当事人应当向作出仲裁裁决的仲裁委员会所在地的中级人民法院提出申请。

确定撤销仲裁裁决由裁决作出地的中级人民法院管辖，具有重要的意义：

①由仲裁委员会所在地的中级人民法院管辖，有利于人民法院传唤双方当事人，对当事人所提出的证据与事实进行审查核实，有利于了解仲裁委员会作出仲裁裁决的具体情况，也有利于仲裁案卷的移送。

②由仲裁委员会所在地的中级人民法院管辖，有利于维护仲裁裁决的稳定性，从而维护仲裁的权威。因为人民法院审理申请撤销仲裁裁决之诉，适用的是特别程序，即一审终审。也因为撤销仲裁裁决，既涉及双方当事人的重大权益，也涉及具体的仲裁委员会，并可能影响到中国仲裁的声誉。因此，撤销仲裁裁决的管辖法院不宜为基层法院。

(4) 必须有能够申请撤销仲裁裁决的证据

当事人申请撤销仲裁裁决时，对所声称的撤销事由，应当提供证据和理由。当然，证据和理由是否符合《仲裁法》规定的情形并得到认可，需要人民法院审理后确定。

2. 申请撤销仲裁裁决的法定情形

当事人申请撤销仲裁裁决，除了程序上必须满足上述条件外，还需具有法定的理由。我国仲裁法对撤销国内仲裁裁决与撤销涉外仲裁裁决的情形作出了各自不同的规定。

(1) 申请撤销国内仲裁裁决的情形

我国《仲裁法》第58条规定，当事人提出证据证明裁决有下列情形之一的，可以向仲裁委员会所在地的中级人民法院申请撤销裁决：①没有仲裁协议的；②裁决的事项不属于仲裁协议的范围或者仲裁委员会无权仲裁的；③仲裁庭的组成或者仲裁的程序违反法定程序的；④裁决所依据的证据是伪造的；⑤对方当事人隐瞒了足以影响公正裁决的证据的；⑥仲裁员在仲裁该案时有索贿受贿、徇私舞弊、枉法裁决行为的；⑦仲裁裁决违背社会公共利益的。

分述如下：

第一，没有仲裁协议。

没有仲裁协议而申请仲裁的，仲裁委员会不予受理，当然更不能对案件作出裁决。仲裁协议是仲裁程序得以开始和进行的前提和基础。仲裁协议是当事人申请仲裁以及仲裁委员会对当事人申请仲裁的争议事项行使仲裁权的依据，仲裁协议也是仲裁裁决具有法律效力的前提条件。

《最高人民法院关于〈仲裁法〉若干问题的司法解释》规定：《仲裁法》第58条第1款第1项规定的“没有仲裁协议”是指当事人没有达成仲裁协议。仲裁协议被认定无效或者被撤销的，视为没有仲裁协议。

“没有仲裁协议”包括三种情形：当事人没有达成仲裁协议、仲裁协议被认定无效、仲裁协议被依法撤销。仲裁协议被认定无效或者被依法撤销的法律后果与没有仲裁协议相同。

①当事人没有达成仲裁协议。它是指当事人在纠纷发生前后均未就可能发生或者已经发生的争议提交仲裁的问题达成协议。按照《仲裁法》的规定，仲裁协议包括合同中订立的仲裁条款和以其他书面方式在纠纷发生前或者纠纷发生后达成的请求仲裁的协议。如果当事人没有达成仲裁协议，也就是说，当事人之间没有仲裁的合意，也就不存在仲裁协议。

正确理解当事人是否达成仲裁协议，应该注意以下问题：

一是达成仲裁协议的时间。按照仲裁法的规定，当事人在其纠纷产生之前或者发生之后均可达成仲裁协议。实际上，纠纷产生之后，只要在一方当事人向法院提起诉讼前，当事人均可就其纠纷的解决问题达成仲裁协议。

二是仲裁协议的形式。按照仲裁法的规定，仲裁协议应当是书面的。仲裁法不承认以口头形式达成的仲裁协议，也不承认非口头非书面的其他形式达成的仲裁协议。但按照最高人民法院 2006 年对《仲裁法》司法解释的规定，书面形式包括《合同法》第 11 条所规定的各种书面形式。该规定还给书面形式的含义予以明确的界定：包括电报、电传、传真、电子数据交换和电子邮件。判断当事人之间是否达成了仲裁协议，应根据《合同法》有关合同订立的规定确定当事人之间是否存在仲裁的合意。

②仲裁协议被认定无效。一个有效的仲裁协议，既必须具备一般有效合同应当具备的各种要件，还必须符合《仲裁法》有关仲裁协议有效的特殊规定。如仲裁协议约定的仲裁事项必须具有可仲裁性，仲裁协议必须明确选定仲裁。

《最高人民法院关于〈仲裁法〉若干问题的司法解释》第 18 条规定：“仲裁协议被认定无效或者被撤销的，视为没有仲裁协议。”按照《仲裁法》的规定，有效的仲裁协议至少应符合以下两个条件：一是所约定的仲裁事项必须具有可仲裁性；二是必须明确选定仲裁。这两个条件分别表明仲裁协议明确了仲裁委员会可以行使仲裁权的范围和某一特定的仲裁委员会可以行使仲裁权。缺少任何一个条件都会使仲裁协议不具备可执行性。依据这样的仲裁协议所作出的仲裁裁决，要么超出了仲裁事项的范围，要么受理案件的仲裁委员会没有得到授权。

③仲裁协议被依法撤销。《合同法》第 54 条规定，因重大误解订立的合同、在订立合同时显失公平的合同以及一方以欺诈、胁迫的手段或者乘人之危，使对方在违背真实意思的情况下订立的合同，当事人可以请求人民法院或者仲裁予以撤销，被撤销的合同自始没有法律约束力。仲裁协议作为合同的一种，也当然适用《合同法》有关合同撤销的规定。仲裁协议如果存在《合同法》第 54 条所规定的情形，当事人也可以请求人民法院或者仲裁委员会予以撤销。仲裁协议被撤销后，当事人之间就不存在仲裁协议的约束。如果仲裁以被撤销的仲裁协议作出裁决，就没有法律基础。

需要注意的是，如果当事人仅以仲裁协议无效为由主张撤销仲裁裁决的，无法律依据，法院不予支持。《最高人民法院关于〈仲裁法〉若干问题的司法解释》第 27 条规定：当事人在仲裁程序中未对仲裁协议的效力提出异议，在仲裁裁决作出后以仲裁协议无效为由主张撤销仲裁裁决的，法院不予支持。

第二，裁决的事项不属于仲裁协议的范围或者仲裁委员会无权仲裁。

仲裁委员会行使对争议案件的仲裁权来源于法律的规定和当事人的协议授权。裁决的事项不属于仲裁协议的范围或法律规定的范围，仲裁委员会无权仲裁。因为仲裁委员会对其无权仲裁的事项所发出的裁决书，违背了仲裁法的规定，也违背了当事人的意志。因此，当事人可以要求法院予以撤销。

《仲裁法》第 3 条规定，婚姻、收养、监护、抚养、继承以及依法应当由行政机关处理的行政争议，不能仲裁。如果仲裁裁决违反这一规定，裁决解决了法定不能仲裁的争议事项，则该仲裁裁决必然是违法的。

仲裁制度以当事人的意思自治为核心，所以，仲裁委员会行使仲裁权，对争议案件进行审理并作出仲裁裁决的范围受到当事人协议授权的限制，即仲裁裁决的范围必须以双方当事人在仲裁协议中约定的提交仲裁的争议事项为限。

无权仲裁的事项，包括以下情况：

①仲裁庭所裁决的事项，是没有可仲裁性的事项。如仲裁庭就应当由行政机关处理的争议作出的裁决。

②仲裁庭所裁决的事项，虽然具有可仲裁性且在仲裁协议的范围之内，但超出了当事人请求的范围，则仲裁庭也构成越权。

③仲裁庭所裁决的事项，虽然具有可仲裁性，却是仲裁协议范围之外的事项。仲裁庭进行仲裁只能以当事人订立的仲裁协议为依据，如果当事人请求裁决的事项超出了仲裁协议的范围，而仲裁仍予受理并作出裁决，则仲裁庭越权，当事人有权请求法院撤销该裁决。

④仲裁庭所裁决的事项，虽然具有可仲裁性且在仲裁协议及当事人请求的范围之内，但超出了仲裁的受案范围。如一个仲裁委员会是专门的海事仲裁，其规则也规定只受理海事案件，但仲裁庭却审理了一个建筑工程承包合同争议，这显然会被法院认定为无权仲裁。

仲裁对其无权仲裁的事项所发出的裁决书，任何一方当事人都可以以裁决的事项不属于仲裁协议的范围或者仲裁无权仲裁为由，向有管辖权的人民法院申请撤销该仲裁裁决。

第三，仲裁庭的组成或者仲裁的程度违反法定程序。

仲裁必须严格遵守《仲裁法》规定的仲裁程序。如果仲裁违反《仲裁法》规定的仲裁程序以及仲裁规则而可能影响案件正确裁决的，当事人有权申请法院撤销仲裁裁决。

①仲裁庭的组成应当符合法定程序。仲裁庭是代表仲裁行使仲裁权，对当事人提请仲裁的争议事项进行审理并作出终局裁决的具体组织，仲裁庭采取何种形式，由哪些仲裁员组成仲裁庭，尤其是由谁担任首席仲裁员，直接影响到对争议案件事实的认定和法律的适用，因此，仲裁庭的组成应当符合当事人的约定，或无此约定时应符合《仲裁法》的要求。

《仲裁法》第 30 条至第 32 条规定：仲裁庭是由 3 名仲裁员组成，还是由 1 名仲裁员组成，由当事人约定；仲裁员也应当由当事人选定或委托仲裁委员会主任指定。当事人作出的约定或选定，仲裁委员会应当尊重。只有当事人没有在规定的期限内约定仲裁庭组成方式或者选定仲裁员，也没有委托仲裁委员会主任代为指定仲裁员时，才由仲裁委员会主任指定仲裁庭的组成形式以及组成仲裁庭的仲裁员。仲裁员有《仲裁法》第34条规定的应当回避事由时，必须自行回避，当事人也有权提请回避。

仲裁员选任违反法定程序的主要情形有：违反仲裁协议关于仲裁庭人数组成的约定；未给当事人选定或者共同选定仲裁员的机会；仲裁员应当回避而没有回避。

如果仲裁庭的组成违反了法定程序的规定，除非当事人追认，否则，所作裁决应予撤销。

②仲裁程序的进行应当符合法律规定。仲裁程序是仲裁庭与当事人正确行使其权利的程序保障。该程序是仲裁法及有关仲裁规则所规定的仲裁庭对争议事项进行审理和裁决，以及当事人进行仲裁活动所应当遵守的一定的方法和步骤，它保障当事人受到公正、平等的对待，进行仲裁的通知都适当地向当事人送达，当事人都获得了充分的陈述案件的机会。

仲裁程序违反法定程序的主要情形有：没有在法律规定或者仲裁规则规定的期限内向被申请人送达仲裁申请书副本、仲裁规则和仲裁员名册；没有给被申请人答辩仲裁规则中规定的答辩期间的；与当事人约定开庭审理而未开庭审理的；未以适当方式通知当事人参加庭审的；当事人有正当理由申请延期开庭而未予准许，当事人未能出庭的；证据未向对方当事人展示的，但证据由其提供者除外；未给予当事人陈述和辩论的机会的；仲裁庭未形成多数意见时未按照首席仲裁员的意见裁决等。

因此，如果仲裁委员会没有在规定期限内将仲裁有关的全部文件或材料，如仲裁庭的组成情况、仲裁庭开庭审理的时间、地点等事项送达双方当事人，或者当事人非因自身的缘故未能在仲裁程序中获得充分合法的陈述或辩论的机会，或者证据未能质证，均是违反《仲裁法》的做法。仲裁程序不合法，势必会影响到仲裁裁决的正确性与合法性。对在违背法定仲裁程序基础上所作出的裁决，当事人有权向有管辖权的人民法院申请撤销该仲裁裁决。

第四，裁决所依据的证据是伪造的。

按照《仲裁法》第43条的规定，仲裁活动中实行“谁主张，谁举证”的原则，当事人应当对自己的主张提供相应的证据。当事人必须向仲裁庭提供真实的证据。在仲裁活动中，当事人提供证据，既是一项义务，又是一项权利。证据是能够证明案件真实情况的一切客观事实材料，是仲裁庭查明案件真实情况、分清是非、确定双方当事人之间的权利义务关系、作出公正仲裁裁决的依据。为了证明自己的主张，当事人有权向仲裁庭提供证据加以证实。

《仲裁法》第15条、第73条和第74条等规定，仲裁庭在审查和认定证据时，应当遵循相关的民事证据规则，对证据的真实性、关联性和合法性作出正确的评估，进而认定其证据力。对于存在证据缺陷的仲裁裁决，法院应当裁定予以撤销或者不予执行。

如果当事人提供了伪造的证据，必定会影响仲裁庭对案件事实作出正确判断。因为裁决所根据的证据是伪造的，则违反了证据的真实性，从而影响仲裁裁决的公正性与合理性。这样的裁决不可能是公正的，因此，当事人可以仲裁裁决所依据的证据是伪造的，影响裁决的公正性为由申请有管辖权的人民法院撤销该仲裁裁决。

第五，对方当事人隐瞒了足以影响公正裁决的证据。

所谓足以影响公正裁决的证据，是指对证明争议案件的真实情况具有决定性作用的证据，直接影响到最终仲裁裁决结论的证据。这些证据通常与仲裁案件所涉及的纠纷或争议的焦点或重要情节有着直接的关联，如果缺少了该实质性证据，对争议案件事实的认定就不真实，就直接影响着仲裁庭对案件的判断。[①]

仲裁证据在很大程度上依靠当事人的提供。当事人所持有的证据可以分为两大类：一是对当事人自身有利的证据；另一类是对当事人不利的证据。当事人都希望仲裁庭作出对自身有利的裁决，因而可能隐藏那些对自己不利的证据。在仲裁程序中，一方当事人为了自身的利益，隐瞒了可能对自己不利的且不为他人所掌握的证据，那么仲裁庭对于事实的判断、对是非的认定、对责任的划分等等，都会与实际情形不符，因此而作出的裁决必定对另一方当事人不公正。这样的裁决如果不予撤销，则违背了基本的公平正义。一方当事人有证据证明对方当事人隐瞒了足以影响公正裁决的证据的，可以此向有管辖权的人民法院申请撤销该仲裁裁决。

第六，仲裁员在仲裁该案时有索贿受贿、徇私舞弊、枉法裁决行为。

索贿受贿，是指仲裁员在仲裁活动中非法索要或者非法接受当事人的财物或者其他不正当利益的行为。徇私舞弊，是指仲裁员为了牟取私利或者为了报答一方当事人已经承诺给予自己的某种利益，在仲裁案件时弄虚作假的行为。枉法裁决，是指仲裁员在仲裁案件时玩忽职守，无原则偏袒一方当事人，颠倒是非，曲解法律甚至故意错误适用法律的行为。仲裁员是仲裁的争议案件的审理者与终局裁决者，应当站在中立的立场上对当事人之间争议的权利义务关系作出公正仲裁裁决。如果仲裁员在仲裁活动中，为了某种财物与不正当利益，在仲裁争议案件时，弄虚作假，颠倒是非，有徇私舞弊行为或者枉法裁决，歪曲甚至故意错误适用法律，偏袒一方当事人，必然影响案件的公正裁决，从而作出不利于另一方当事人的仲裁裁决的行为，损害一方当事人的合法权益。当事人有权以此为由向有管辖权的人民法院申请撤销该仲裁裁决。

第七，仲裁裁决违背社会公共利益。

所谓社会公共利益，或公共秩序，是指社会全体成员的重大利益、基本政策、道德的基本观念或法律的基本原则。人民法院审查仲裁裁决是否违背社会公共利益，既可以是自己主动，也可以基于当事人的要求。根据《仲裁法》第58条，当事人当然也有权利提供证据证明仲裁裁决违背社会公共利益，要求人民法院予以审查。对于这类仲裁裁决，即使当事人未以此为由申请撤销，人民法院在审查过程时发现，认为仲裁裁决违背社会公共利益的，也应当予以撤销该仲裁裁决。

维护社会公共利益是我国司法准则之一，也是世界各国的通例。当然，鉴于公共利益原则的特殊性和抽象性，法官宜慎重对待，不宜滥用公共利益条款。

---

① 沈德咏. 最高人民法院《仲裁法》司法解释的理解与适用. 北京：人民法院出版社，2007. 143

（2）申请撤销涉外仲裁裁决的情形

《仲裁法》第70条规定，当事人提出证据证明涉外仲裁裁决有《民事诉讼法》第260条第1款规定的情形之一的，经人民法院组成合议庭审查核实，裁定撤销。

《民事诉讼法》第260条第1款规定的情形是：①当事人在合同中没有订立仲裁条款或者事后没有达成书面仲裁协议的；②被申请人没有得到指定仲裁员或者进行仲裁程序的通知，或者由于其他不属于被申请人负责的原因未能陈述意见的；③仲裁庭的组成或者仲裁的程序与仲裁规则不符的；④裁决的事项不属于仲裁协议的范围或者仲裁委员会无权仲裁的。

分述如下：

第一，当事人在合同中没有订立仲裁条款或者事后没有达成书面仲裁协议。

当事人提请仲裁解决争议案件，可以在合同中订立仲裁条款，也可以在争议发生后达成书面仲裁协议。如果没有上述形式，则意味着当事人之间并不存在有效的仲裁协议。因此，仲裁庭仅依当事人的申请所作出的涉外仲裁裁决，是违法裁决，应予以撤销。

第二，被申请人没有得到指定仲裁员或者进行仲裁程序的通知，或者由于其他不属于被申请人负责的原因未能陈述意见。

被申请人只有得到指定仲裁员的通知，才可能在《仲裁法》和仲裁规则规定的期间内，行使选定仲裁员或者委托仲裁委员会主任指定仲裁员的权利，由此组成的仲裁庭才能体现被申请人的意愿。如果被申请人没有得到进行仲裁程序的通知，或者由于其他不属于被申请人负责的原因导致被申请人未能陈述其意见，则可能会因为被申请人的不知，耽误了被申请人行使有关权利，使仲裁庭在不了解其全部观点的情况下，造成仲裁裁决作出过程中的程序性问题，作出不利于被申请人的仲裁裁决。因此，当事人可以此为由向有管辖权的人民法院申请撤销该仲裁裁决。

第三，仲裁庭的组成或者仲裁的程序与仲裁规则不符。

在涉外仲裁中，仲裁庭是代表仲裁委员会行使仲裁权，直接影响到对争议案件事实的认定和法律的适用。因此，仲裁庭的组成应当符合当事人的约定，或无约定时应符合《仲裁法》的规定。

同时，当事人有权选择仲裁所适用的程序规则。如果当事人未对仲裁所适用的仲裁规则作出约定，则仲裁庭应根据《仲裁法》以及仲裁委员会自己的仲裁规则所规定的程序进行审理并作出仲裁裁决。

如果仲裁违反了当事人的适用其他仲裁委员会仲裁规则意愿和法律规定，与当事人选择的仲裁规则中的规定不一致时，除非当事人追认，否则，当事人可以该仲裁庭的组成或者仲裁的程序与仲裁规则不符为由申请撤销该涉外仲裁裁决。

第四，裁决的事项不属于仲裁协议的范围或者仲裁委员会无权仲裁。

仲裁裁决的范围必须是双方当事人在仲裁协议中约定的提交仲裁的争议事项和《仲裁法》规定的范围。仲裁裁决的事项如果不属于仲裁协议的范围或法律规定的范围，仲裁委员会无权仲裁。否则，违背了当事人的意志，也违背了仲裁法的规定。当事人可以要求有管辖权的法院予以撤销该涉外仲裁裁决。

以上四点理由，涉及的都是程序事项，和撤销非涉外的国内裁决的理由明显不同，这一点应该注意。

3. 申请撤销国内与涉外仲裁裁决的主要区别

(1) 两者关于程序性和实体性要求不同

申请撤销国内仲裁裁决，当事人既可以基于程序性问题，如没有仲裁协议、仲裁庭的组成或者仲裁的程序违反法定程序等问题，向有管辖权的人民法院申请撤销仲裁裁决；也可以基于实体性问题，如裁决所依据的证据是伪造的、对方当事人隐瞒了足以影响公正裁决的证据等问题，向有管辖权的人民法院申请撤销仲裁裁决。

申请撤销涉外仲裁裁决，当事人只能基于程序性问题，如没有仲裁协议、裁决的事项不属于仲裁协议的范围或者仲裁委员会无权仲裁等程序性问题，向有管辖权的人民法院申请撤销该涉外仲裁裁决。当事人与人民法院不得对涉外仲裁裁决所涉及的实体性问题予以监督。

(2) 人民法院能否基于当事人未提出的理由裁定撤销仲裁裁决不同

申请撤销国内仲裁裁决，人民法院基于当事人的撤销仲裁裁决申请，不仅可以对当事人提出的理由进行审查，根据审查的具体情况作出撤销仲裁裁决或者驳回当事人申请的裁定；而且，人民法院在对仲裁裁决进行审查时，虽然当事人没有提出，如果认定该仲裁裁决违背社会公共利益的，应当裁定撤销。

申请撤销涉外仲裁裁决，人民法院基于当事人的申请对仲裁裁决进行审查时，只能围绕着当事人提出的理由进行审查，并根据审查的具体情况作出撤销仲裁裁决或者驳回当事人申请的裁定，而不得对当事人所提出的理由以外的事项进行审查。

三、仲裁裁决事项超出仲裁协议范围的撤销

超裁是指仲裁庭作出的仲裁裁决事项部分超出了其管辖权的范围。仲裁庭的管辖权的范围取决于仲裁协议的范围。仲裁协议是仲裁管辖权的基础，只有经当事人明示授权，仲裁庭才能取得处理纠纷的权力，仲裁裁决才有正当的基础，否则仲裁庭就没有管辖权。如果仲裁裁决对不属于仲裁协议约定范围内的事项进行了裁决，就违背了当事人的真实意愿，从而欠缺正当依据。

超裁是以存在有效的仲裁协议为前提，如果不存在仲裁协议，则属于无管辖权的情形；超裁的表现形式为仲裁裁决的事项包含了仲裁协议没有规定，或者当事人没有提交仲裁的事项，即超出了仲裁庭的管辖权范围。如果仲裁裁决中包含了不应当提交仲裁的事项，则属于仲裁庭无权仲裁，而非超裁问题。

《仲裁法》第 58 条第 1 款规定，国内仲裁裁决的事项不属于仲裁协议的范围的，当事人可以向法院申请撤销仲裁裁决。《仲裁法》第 70 条、《民事诉讼法》第 260 条第 1 款第 4 项规定，涉外仲裁裁决事项不属于仲裁协议范围的，可以申请撤销。

《最高人民法院关于〈仲裁法〉若干问题的司法解释》第 19 条规定：当事人以仲裁裁决事项超出仲裁协议范围为由申请撤销仲裁裁决，经审查属实的，人民法院应当撤销仲裁裁决中的超裁部分。但超裁部分与其他裁决事项不可分的，人民法院应当撤销仲裁裁决。

仲裁裁决作出后，当事人以仲裁裁决事项超出仲裁协议的范围为由申请撤销仲裁裁决的，如果人民法院能够审查证实，一般情况下应当撤销仲裁裁决。如果只是部分仲裁裁决事项超出仲裁协议的范围，一般不宜全部撤销仲裁裁决，仅撤销超出仲裁协议范围的裁决部分即可。只有在超裁的部分与其他裁决部分不可分时，法院才可以撤销全部裁决。

对超裁的处理，《最高人民法院关于〈仲裁法〉若干问题的司法解释》按照超裁部分是否与其他仲裁裁决部分可分为不同标准，采用不同的处理办法。超裁部分与其他部分可分的，则仅撤销超裁的部分；超裁部分与其他部分不可分的，则撤销全部仲裁。①

第三节　仲裁裁决的执行

仲裁裁决书自作出之日起就产生法律效力，当事人必须履行生效仲裁裁决中所确定的实体义务。如果负有义务的一方当事人不履行其应尽的实体义务，对方当事人可以向有管辖权的人民法院申请强制其执行。

一、仲裁裁决执行

1. 仲裁裁决执行的概念

仲裁裁决的执行，是指法院经当事人申请，强制依据生效仲裁裁决负有义务的一方当事人履行其实体义务，以实现权利人实体权利的强制行为。

2. 仲裁裁决执行的特征

（1）仲裁裁决执行主体只能是人民法院

仲裁裁决执行主体具有特定性，人民法院是执行仲裁裁决的法定机关。根据法律规定，只有人民法院有权依据执行程序执行各种生效的法律文书。国家强制执行权由人民法院统一行使。仲裁只能依据当事人仲裁协议作出仲裁裁决，仲裁裁决内容的实现则只能由人民法院负责执行。

（2）仲裁裁决执行的根据是生效的仲裁裁决

仲裁裁决的执行必须是已经发生法律效力的仲裁裁决。当事人必须履行生效仲裁裁决中所确定的实体义务。因此，作为人民法院执行工作根据的仲裁裁决必须是已经发生法律效力的。法律没有明文规定的文书不能作为人民法院强制执行的根据。没有执行根据，人民法院就不能开始强制执行程序。

（3）仲裁裁决执行手段的强制性

仲裁裁决执行以义务人不履行生效的仲裁裁决为前提，这就决定了作为强制执行的手段，须借助国家的强制力量，采取强制性措施，才能实现迫使义务人履行生效仲裁裁

① 沈德咏. 最高人民法院《仲裁法》司法解释的理解与适用. 北京：人民法院出版社，2007. 162

决书所确定的实体义务的目的。执行是直接运用国家强制力量，促使负有义务的当事人履行仲裁裁决所确定义务的活动，强制性是其主要特征。强制措施贯穿于执行的全过程，只有采取强制性措施，才能实现迫使义务人履行实体义务的目的。

(4) 仲裁裁决执行过程的程序性

执行是人民法院直接行使国家司法执行权力的行为，关系重大，为保证仲裁裁决执行活动的合法性，执行过程需按照法律规定的程序进行，不得违反。否则，仲裁裁决执行活动就会因其程序的违法不仅达不到维护当事人合法权益的目的，而且还会侵犯当事人和他人的合法权益。

3. 仲裁裁决执行的意义

仲裁裁决书的内容付诸实现以后，当事人之间的纠纷才算最终解决，纠纷所涉及的社会经济关系才算稳定。执行裁决是法院对仲裁制度予以支持的最终和最重要的表现，它构成仲裁制度的重要组成部分，是世界各国的通行做法。执行裁决在仲裁制度上具有重要意义。

(1) 通过仲裁裁决的执行，切实保障当事人的合法权益

仲裁裁决被赋予法律上的强制力，可以威慑义务人履行义务。因为裁决的作出只是为权利人提供实现其权利的可能性，仲裁裁决被赋予法律的强制力，可以迫使义务人履行自己的义务。只有裁决真正得到执行，权利人才能借此实现自己的权利。也就是说，执行裁决是当事人实现其权利的有效保证。

(2) 仲裁裁决的执行是仲裁制度得以存在和发展的根本

法院执行仲裁裁决，是仲裁制度存在和发展的后盾。如果法律不赋予仲裁裁决强制执行的效力，在义务人不主动履行仲裁裁决时，裁决书就是一纸空文。对当事人而言，不仅应有的权利不能得到实现，而且还要为仲裁花费大量的时间、精力和金钱，那谁还愿意选择仲裁作为解决纠纷的方法呢？一旦纠纷当事人都不愿意将其纠纷提交仲裁，仲裁制度必将失去继续存在和发展的基础。

(3) 执行仲裁裁决是司法支持仲裁的最终和最重要的表现

人民法院强制执行仲裁裁决的活动，有利于实现仲裁裁决的法律效力，使仲裁裁决确定的权利得到实现，从而能够维护社会秩序，保护公民、法人和其他组织的合法权益；同时，人民法院执行仲裁裁决的活动，有利于维护仲裁的权威性，从而保证国家法律法规在具体实践中得到贯彻。

二、仲裁裁决的执行条件

《仲裁法》第62条规定：“当事人应当履行裁决。一方当事人不履行的，另一方当事人可以依照民事诉讼法的有关规定向人民法院申请执行。受申请的人民法院应当执行。”

仲裁裁决生效后，负有义务的一方当事人必须履行义务。如果不履行，按照《仲裁法》和《民事诉讼法》，享有权利的当事人有权向有管辖权的人民法院申请强制执行仲裁裁决。当事人对仲裁裁决申请强制执行必须同时具备以下条件：

1. 仲裁裁决执行启动必须由当事人提出申请

仲裁是当事人意思自治的产物，对于仲裁裁决所确认的当事人之间的权利义务关系，当事人有充分的自主权。一方当事人不履行仲裁裁决时，没有权利人的申请，法院无权主动执行仲裁裁决。只有权利人向人民法院提出执行申请，人民法院才会予以执行。

2. 仲裁裁决执行申请的依据必须是生效的仲裁裁决书

仲裁裁决执行申请要有执行的根据，即国内或者涉外仲裁作出的发生法律效力的仲裁裁决书。权利人申请法院执行的仲裁裁决必须是具有法律拘束力的裁决，而无论该裁决是部分裁决还是终局裁决。如果一项裁决书已被法院撤销而失去效力，则权利人无权据以请求法院采取执行措施。

此外，当事人申请执行仲裁裁决书时，应当向人民法院提交有仲裁条款的合同书或者仲裁协议书；申请执行国外仲裁的仲裁裁决，应当提交经我国驻外使领馆认证或我国公证机关公证的仲裁裁决书。

3. 申请执行的仲裁裁决书须具有给付内容，具体明确

权利人申请执行的仲裁裁决书必须具有给付内容，且执行标的和被执行人明确。作为执行根据的仲裁裁决必须具有确定义务人给付金钱、物品或者为一定行为、不为一定行为的内容，而且，该给付内容必须明确、合法，被执行人还必须具有给付的能力，否则，仲裁裁决不能得到执行。不具有给付内容的仲裁裁决书不具有强制执行性。

4. 权利人必须在法定期限内提出仲裁裁决执行的申请

对于生效的仲裁裁决，必须是义务方当事人逾期不履行生效仲裁裁决书中所确定的实体义务，如果仲裁裁决书所确定的履行义务的期限尚未届满，不得申请强制执行。同时，权利人必须在法定期限内向法院提出执行申请，逾期则视为放弃请求法院强制执行的权利。

《仲裁法》和《民事诉讼法》关于申请执行的期限规定为：双方或一方当事人是自然人的，申请执行的期限为1年；双方当事人是法人或其他组织的，申请执行的期限为6个月。申请执行的期限从仲裁裁决书规定的履行期间的最后一日起计算。仲裁裁决书规定分期履行的，从规定的每次履行期间的最后一日的次日起算。

5. 当事人必须有拖延或者拒绝履行生效仲裁裁决书所确定的义务的行为

生效仲裁裁决书一般都给义务人规定了一定的履行义务的期限，如果义务人在规定的期限内，自动履行了法律文书所确定的义务，人民法院无须强制执行；只有当义务人逾期不履行确定的义务时，人民法院才能够根据权利人的申请开始强制执行程序。

6. 权利人只能向有管辖权的人民法院提出仲裁裁决执行的申请

执行是人民法院行使司法权的行为，一方当事人无权自行对他方当事人采取执行措施，执行活动只能由人民法院进行。

《仲裁法》、《民事诉讼法》和《最高人民法院关于〈仲裁法〉的司法解释》均规定：对于国内仲裁裁决书，当事人须向被执行人住所地或者被执行财产所在地的人民法院申请强制执行，当事人申请执行仲裁裁决的案件，由中级人民法院管辖；对于涉外案件，当事人应当向被执行人住所地或者被执行财产所在地的中级人民法院申请强

制执行。

人民法院对于符合上述条件的执行申请，应当在 7 日内予以立案；不符合上述条件之一的，应当在 7 日内裁定不予受理。

当事人向人民法院申请强制执行，应采用书面形式。当事人申请强制执行，应当向人民法院提交强制执行申请书。申请书应当写明以下内容：①申请人和被申请人的基本情况，如姓名、住址、银行账号等。②申请的事项和理由，如要求执行的财产是货币还是其他物品，根据什么要执行这些财产。如果有可能，还应提供财产的具体位置、现在状态及价值等。③申请人还应当签名或盖章，并注明申请执行的日期。如果当事人提交书面申请有困难的，也可以提出口头申请，但要讲明申请执行的事项、理由等情况，并由执行人员记入笔录。申请执行还须有有效的裁决书。所谓有效裁决书，是指由有管辖权的仲裁委员会依法作出的，未被当事人申请撤销的裁决书，只有这样的裁决书才能作为执行的根据。

三、仲裁裁决的不予执行

1. 仲裁裁决不予执行

仲裁裁决不予执行，是指人民法院在被执行人提出证据证明仲裁裁决具有法定不予执行的情形时，经过审查核实并裁定不予执行的行为。

仲裁裁决一经作出，就具有约束力与强制执行的法律效力。权利人在义务人不履行仲裁裁决所确定的实体义务时，可以申请有管辖权的人民法院强制执行仲裁裁决。人民法院接到当事人的执行申请时，应当及时采取执行措施。

但是，如果被申请人提出证据证明仲裁裁决具有法定不予执行的情形时，被申请人为了维护自身的合法权益，可以请求人民法院不予执行该裁决。人民法院组成合议庭审查核实后，裁定不予执行该仲裁裁决。

仲裁裁决被人民法院依法裁定不予执行的，当事人就该纠纷可以根据重新达成的仲裁协议申请仲裁，也可以向人民法院起诉。

2. 仲裁裁决不予执行的情形

我国对国内仲裁裁决与涉外仲裁裁决分别规定了不同的不予执行情形。

（1）对国内仲裁裁决不予执行的情形

《仲裁法》第 63 条规定：“被申请人提出证据证明裁决有《民事诉讼法》第 217 条第 2 款规定的情形之一的，经人民法院组成合议庭审查核实，裁定不予执行。”

根据该条规定，国内仲裁裁决具有下列情形之一的，被申请人可以申请人民法院裁定不予执行仲裁裁决：

①当事人在合同中没有订立仲裁条款或者事后没有达成书面仲裁协议的；

②裁决的事项不属于仲裁协议的范围或者仲裁委员会无权仲裁的；

③仲裁庭的组成或者仲裁的程序违反法定程序的；

④认定事实的主要证据不足的；

⑤适用法律确有错误的；

⑥仲裁员在仲裁该案时有贪污受贿、徇私舞弊、枉法裁决行为的；

⑦仲裁裁决违背社会公共利益的。

(2) 对涉外仲裁裁决不予执行的情形

《仲裁法》第71条规定："被申请人提出证据证明涉外仲裁裁决有《民事诉讼法》第260条第1款规定的情形之一的，经人民法院组成合议庭审查核实，裁定不予执行。"

根据该条规定，涉外仲裁裁决具有民事诉讼法规定的下列情形之一时，被申请人可以申请人民法院不予执行该仲裁裁决：

①当事人在合同中没有订立仲裁条款或者事后没有达成书面仲裁协议的；

②被申请人没有得到指定仲裁员或者进行仲裁程序的通知，或者由于其他不属于被申请人负责的原因未能陈述意见的；

③仲裁庭的组成或者仲裁的程序与仲裁规则不符的；

④裁决的事项不属于仲裁协议的范围或者仲裁委员会无权仲裁的。

在司法实践中，当事人如向法院申请撤销仲裁裁决被驳回后，又在执行程序中以相同理由提出不予执行抗辩，法院不予支持。当事人如在仲裁程序中未对仲裁协议的效力提出异议，在仲裁裁决作出后以仲裁协议无效为由提出不予执行抗辩，法院亦不予支持。但是，如当事人在仲裁程序中对仲裁协议的效力提出异议，在仲裁裁决作出后又以此为由提出不予执行抗辩，法院应按照《仲裁法》第58条或者《民事诉讼法》第217条的规定办理。

3. 撤销仲裁裁决与不予执行仲裁裁决的异同

(1) 两者相同之处

①性质相同。撤销仲裁裁决制度与不予执行仲裁裁决制度都不是仲裁程序中的正常程序制度。两者都是人民法院对仲裁的监督。在仲裁程序完毕之后，对仲裁裁决之不公正予以纠正的非正常制度，它既是对当事人权利的救济制度，同时也是对仲裁裁决予以监督的制度。

②行使权利的主体相同。撤销仲裁裁决制度与不予执行仲裁裁决制度行使权利的主体相同，都是由人民法院行使，撤销权与不予执行权的主体是一致的。

③对当事人的后果相同。法院基于当事人的申请对仲裁裁决予以审查，作出撤销或者不予执行的裁定后，对当事人产生相同的法律后果，即依据仲裁裁决享有权利的当事人的实体权利无法实现。因此，作为对其权利的救济，法律允许当事人直接向人民法院起诉或者重新达成仲裁协议后申请仲裁。

④撤销或者不予执行涉外仲裁裁决法定情形相同。从我国《仲裁法》的具体规定来看，对于涉外仲裁裁决而言，人民法院对其撤销或者不予执行的法定情形均是《民事诉讼法》第260条的规定。这也就是说，我国人民法院对于涉外仲裁裁决只能从程序问题上予以监督，而不得监督仲裁裁决中的实体性问题。

(2) 两者的区别

①申请的主体不同。撤销程序是主动的救济方法，兼顾了胜诉方的救济权利，即只要对裁决有异议，胜诉方和败诉方均可请求法院撤销裁决；不予执行是败诉方行使的权利，是被动的救济方法，即胜诉方申请执行仲裁裁决时，败诉方请求法院不予执行。

②申请的时间不同。仲裁裁决作出后，当事人要申请人民法院撤销该仲裁裁决，只能在接到仲裁裁决之日起 6 个月内提出申请；而不予执行仲裁裁决的申请则是在执行程序开始后，执行程序完毕前提出。

③管辖法院不同。撤销仲裁裁决申请只能向仲裁委员会所在地的中级人民法院提出；而不予执行仲裁裁决的申请则是向受理仲裁裁决执行案件的人民法院提出。

④审查标准不同。人民法院在撤销裁决的程序中，侧重于对裁决的事实认定进行审查，同时裁决是否违背社会公共利益也是法院所关注的；在执行程序中，法院既审查裁决的事实认定，又审查裁决的法律适用。

⑤法院的处理不同。法院受理当事人提出的撤销仲裁裁决的申请，经过审查后，除作出是否撤销仲裁裁决的处理，还可以在认为有必要由仲裁庭重新仲裁的情况下，通知仲裁庭重新仲裁，并根据仲裁庭重新仲裁的情况作出处理；而对于当事人提出的不予执行仲裁裁决的申请，法院只要经过审查，根据审查的情况作出是否不予执行的裁定即可。

四、学术界的一些热点问题

1. 为什么《仲裁法》同时设置两种仲裁司法监督方式

我国《仲裁法》为防止仲裁员不能正确地认定事实和适用法律，导致作出不公正或错误的裁决，明确规定了两种司法监督方式：①撤销裁决，直接使其丧失法律效力；②不予执行裁决，使其丧失强制执行力，间接否定了裁决的法律效力。

为什么《仲裁法》要同时设置这两种司法监督方式呢？我们认为，其原因在于：①不予执行制度主要是保护败诉方，胜诉方无法通过不予执行制度有效保护自己的利益。这是由于不予执行程序的启动是以胜诉方申请执行裁决为前提的。如果胜诉方不申请强制执行，作为履行义务的败诉方无权也不可能主动申请强制执行，此时，胜诉方自然无法行使不予执行申请权。而撤销制度则将撤销裁决的权利同时赋予双方当事人，任何一方认为裁决具备法定条件即可依法申请撤销裁决，达到同时保护双方当事人利益的目的。②在一裁终局制度下，仲裁员享有很大的裁断权，仅仅依靠不予执行制度，对仲裁员的监督力度仍然不够。撤销裁决制度将有力地增强监督的力度，促使仲裁庭公正审断案件。

2. 违反法定程序并不必然导致撤销仲裁裁决

违反了《仲裁法》规定的关于仲裁员组成和仲裁程序的规定，是不是必然导致仲裁裁决被撤销？

有学者认为，只要仲裁违反了《仲裁法》存在违反法定程序的情况，适用《仲裁法》第 58 条规定，人民法院可以撤销该仲裁裁决。也有学者认为，并非所有违反《仲裁法》的程序，特别是对当事人的权利没有实质影响的程序违反，都必然导致撤销仲裁裁决的结果。

我们认为，仲裁程序的制度价值主要体现在：①保证仲裁裁决的公正性。保证仲裁过程对双方当事人都赋予平等参与的机会，以保证仲裁结果公正。②保证仲裁能够有效率地进行，使纠纷得到及时的解决。即仲裁的效率价值。仲裁程序关于效率的价值，于当事人也有极大的关系，但多数情况下，体现在仲裁过程中，所以不太受关注。尤其是当事人很少因为仲裁程序的效率问题而对仲裁裁决提出异议，他们更多关注的是仲裁程序的公正价值。当仲裁程序影响到仲裁结果的公正时，就有对仲裁裁决提出异议，寻求司法救济的必要。

《仲裁法》关于仲裁程序的设计在体现仲裁的效率性之外，也切实保证仲裁的公正性，而多数强制性规定均着眼于维护仲裁的公正方面。如仲裁程序普遍认可赋予当事人和仲裁庭在决定仲裁程序方面的充分自由和权利的同时，也坚持维护仲裁程序的最低的基本公正要求，即充分尊重当事人协议的各个方面，并给予当事人程序的平等对待和有充分陈述事实机会等。

撤销仲裁裁决将导致仲裁程序归于无效，当事人还得另行解决纠纷，这并不符合当事人要求尽快解决纠纷的本意。只有仲裁程序的违反影响到或者可能影响到仲裁裁决的正确，也即仲裁公正将可能得不到满足时，撤销仲裁裁决才有必要。

因此，司法解释才明确规定违反仲裁程序“可能影响案件正确裁决的”，才是《仲裁法》第 58 条第 1 款第 3 项规定的“违反法定程序”，构成撤销仲裁裁决的理由。“可能影响案件正确裁决”主要包括以下情形：

①违反了当事人约定的仲裁程序，且严重影响仲裁当事人的权利。

②违反了《仲裁法》的强制性规定的。如《仲裁法》第 31 条、第 32 条、第 33 条关于仲裁员的选任程序的规定。

③违反了其他仲裁程序，且实质性影响到仲裁裁决公正的。[①]

3. 如何理解《仲裁法》对国内裁决、涉外裁决撤销的法定条件

仲裁裁决有国内裁决、涉外裁决，撤销的法定条件因此而各不相同，实行两种不同的审查标准。

《仲裁法》第 58 条规定国内裁决可以申请撤销的法定情形有以下七种：①没有仲裁协议的；②裁决的事项不属于仲裁协议的范围或者仲裁委员会无权仲裁的；③仲裁庭的组成或仲裁的程序违反法定程序的；④裁决所依据的证据是伪造的；⑤对方当事人隐瞒了足以影响公正裁决的证据的；⑥仲裁员在仲裁该案时有索贿受贿，徇私舞弊，枉法裁决行为的；⑦裁决违背社会公共利益的。以上情形可归纳为三类：其一是有关程序性的，第①、③种情形属于这一类；其二是有关实体性的，第②、④、⑤、⑦种情形属于这一类；其三是兼有程序性和实体性的，第⑥种情形属于这一类。仲裁裁决一旦出现上述情形之一，法院根据当事人的申请即有权裁定撤销。

对于涉外仲裁裁决撤销的法定条件，《民事诉讼法》仅规定了以下四种法定情形：①当事人在合同中没有订立仲裁条款或者事后没有达成书面仲裁协议的；②被申请人没有得到指定仲裁员或者进行仲裁程序的通知，或者由于其他不属于被申请人负责的原因未能陈述意见的；③仲裁庭的组成或者仲裁的程序与仲裁规则不符的；④裁决的事项不属于仲裁协议的范围或者仲裁委员会无权仲裁的。简言之，我国法律对涉外裁决撤销

① 沈德咏. 最高人民法院《仲裁法》司法解释的理解与适用. 人民法院出版社，2007. 183

的法定情形仅限于程序性方面，不对实体性进行审查。对于涉外仲裁的监督应该兼及实体监督与程序监督还是仅限于程序监督，我国学者存在截然不同的观点。①

4. 仲裁裁决作为强制执行的根据应从何时起算

《仲裁法》第 57 条规定，裁决作为履行根据的效力应从裁决书作出之日起算。《仲裁法》仅仅规定裁决书自作出之日起发生法律效力，却未进一步规定裁决作为强制执行根据的生效时间。如果胜诉方在裁决确定的败诉方履行义务期限未届满时就申请强制执行，裁决执行往往被法院裁定为不予受理。

《仲裁法》第 63 条、第 64 条分别规定了裁决的不予执行和裁定撤销裁决。如果仲裁裁决一旦出现上述两种情况之一，则应当终结执行，从而导致其效力丧失。可见，作为履行根据的生效时间应在排除仲裁裁决丧失效力的情形之后。

我们认为，作为履行根据的生效时间应在裁决书送达双方当事人、履行期届满且未出现导致仲裁裁决丧失效力的情形之后。这是由于：①当事人履行裁决须以知悉裁决内容为前提，故作为履行根据的生效时间应在裁决书送达当事人之后。②必须是在未出现仲裁裁决丧失效力情况之后。由于仲裁法规定了仲裁司法监督制度，那么，一旦当事人启动不予执行或撤销程序，仲裁裁决的效力就会受到影响。当然，如果未出现导致仲裁裁决丧失效力的情形，那么裁决书作出并送达当事人后，即产生作为履行根据的效力，而且，作为履行根据的生效时间，则应为裁决书送达当事人且履行期届满的次日。

5. 如何理解《仲裁法》对国内仲裁裁决、涉外仲裁裁决的不予执行的法定条件

我国《仲裁法》第 63 条和《民事诉讼法》第 213 条规定，对国内仲裁裁决的不予执行应当具备以下情形之一：①当事人在合同中没有订立仲裁条款或者事后没有达成书面仲裁协议的；②裁决的事项不属于仲裁协议的范围或仲裁委员会无权仲裁的；③仲裁庭的组成或者仲裁的程序违反法定程序的；④认定事实的主要证据不足的；⑤适用法律确有错误的；⑥仲裁员在仲裁该案时有贪污受贿、徇私舞弊、枉法裁决行为的；⑦仲裁裁决违背社会公共利益的。

对涉外仲裁裁决不予执行的法定条件有以下四种情形：①当事人在合同中没有订立仲裁条款事项或者事后没有达成书面仲裁协议的；②被申请人没有得到指定仲裁员或者进行仲裁程序的通知，或者由于其他不属于被申请人负责的原因未能陈述意见的；③仲裁庭的组成或者仲裁的程序与仲裁规则不符的；④裁决的事项不属于仲裁协议的范围或者仲裁委员会无权仲裁的。

关于外国裁决不予执行的法定条件，因为我国已经加入 1958 年《承认及执行外国仲裁裁决公约》（《纽约公约》），所以应该依该公约标准来确定。《纽约公约》第 5 条规定了拒绝承认和执行外国仲裁裁决的情形，与我国不予执行涉外裁决的法定条件比较，除包括前述四种情形外，还增加了仲裁协议无效、仲裁裁决违反承认和执行仲裁裁决所在国公共政策等情形。

① 陈安. 再论中国涉外仲裁的监督机制及其与国际惯例的接轨——兼答肖永平先生等. 仲裁与法律通讯，1998（1）

6. 如何理解《仲裁法》对不予执行仲裁裁决的管辖

《仲裁法》对不予执行仲裁裁决的管辖，依裁决性质的不同而有所区别。

对于国内裁决，《仲裁法》第62条规定，依照民事诉讼法的有关规定向人民法院申请执行，但未明确具体的审级。按照我国现行执行制度的规定，不同审级的人民法院是根据执行标的额的大小、案件的社会影响程度大小等来确定管辖的。因此，不予执行的国内裁决可能是由基层法院作出，也可能是由中级以上人民法院作出。

问题是，由于不予执行的审查范围明显要大于撤销裁决的审查范围，这就意味着基层法院在审查仲裁裁决问题方面享有比中级人民法院更大的决定权。众所周知，与上级法院相比，目前基层法院无论在人员素质、办案能力还是在对于法律的理解方面都存在某些不足，在这种现状下，把不予执行仲裁裁决的审查权赋予基层法院显然有欠妥之处。在实践中，某些基层法院确实存在滥用不予执行仲裁裁决的审查权的情况，这些基层法院随意作出不予执行仲裁裁决，对仲裁裁决的效力造成了严重影响。为此，我们认为，应当进一步规定基层法院在作出不予执行的裁定之前，必须报请上级法院审查和核准，尽可能保障仲裁裁决效力的稳定性。①

对于涉外裁决不予执行申请的管辖法院，《仲裁法》中没有作出例外规定，因此，可以参照《最高人民法院关于〈仲裁法〉的司法解释》第12条确定：当事人向人民法院申请确认仲裁协议效力的案件，由仲裁协议约定的仲裁所在地的中级人民法院管辖；仲裁协议约定的仲裁不明确的，由仲裁协议签订地或者被申请人住所地的中级人民法院管辖。②

案例分析

【案情】2006年9月13日，北京某国际经济贸易公司与某省外贸公司在某市签订了一项购销制造设备合同。合同规定：出现争议时提交中国国际经济贸易仲裁委员会仲裁。合同签订后，北京某国际经济贸易公司交付了设备，某省外贸公司支付了75%的货款。后来，北京某国际经济贸易公司在多次催要剩余货款，某省外贸公司始终拒付的情况下，于2007年1月19日，依照合同中的仲裁条款，向中国国际经济贸易仲裁委员会申请仲裁。2007年6月12日，仲裁委员会作出裁决：某省外贸公司于2007年12月12日前一次性支付给北京某国际经济贸易公司货款，逾期加计利息。2008年6月13日，因某省外贸公司未按仲裁裁决履行其义务，北京某国际经济贸易公司依据《中华人民共和国民事诉讼法》第259条的规定，向某省外贸公司财产所在地的北京市第二中级人民法院申请执行。

北京市第二中级人民法院接到北京某国际经济贸易公司申请执行书后，经审查认为该申请符合法律的规定，决定予以执行。该院首先向被执行人某省外贸公司发出执行通

① 张斌生. 仲裁法新论. 厦门：厦门大学出版社，2008. 247

② 沈德咏. 最高人民法院《仲裁法》司法解释的理解与适用. 北京：人民法院出版社，2007. 112

知，后于2008年7月21日派执行员前去执行。并告知被执行人，如不履行义务，法院将强制执行。某省外贸公司将货款及逾期利息和应承担的申请执行费，用支票汇往北京市第二中级人民法院。7月30日，北京市第二中级人民法院将执行的货款及利息交付申请执行人北京某国际经济贸易公司。

【问题】本案中，人民法院对仲裁裁决的执行是否正当?

【解析】本案是因负有给付义务的一方当事人不履行中国国际经济贸易仲裁委员会的裁决，对方当事人申请人民法院强制执行的案件。我国《仲裁法》第62条的规定，当事人应当履行仲裁裁决。一方当事人不履行的，另一方当事人可以依照《民事诉讼法》的有关规定向人民法院申请执行。受申请的人民法院应当执行。仲裁裁决是终局的，即裁决一经作出即具有法律效力，当事人对裁决不服的，也不得再向人民法院起诉。负有义务的当事人应当依照裁决自觉履行；逾期不履行的，对方当事人可以向被执行人财产所在地的北京市第二中级人民法院申请执行。北京市第二中级人民法院予以执行，符合《仲裁法》第62条和《民事诉讼法》第259条的规定，因而该执行是正确的。

第十四章　国际商事仲裁制度

通过本章的学习，需要重点掌握：仲裁协议的法律效力、仲裁协议的独立性、仲裁庭及其管辖权、仲裁协议的法律适用、申请承认与执行外国仲裁裁决的程序和条件。还要特别注意仲裁裁决不予执行的理由。本章的学习难点在于仲裁庭自己决定管辖权及“非国内化”理论。近年来，随着互联网与电子商务的发展，出现了跨国网上仲裁，其呈现出与传统国际商事仲裁的诸多不同点，因此，跨国网上仲裁也成为近年来国际商事仲裁法研究的热点话题之一。

第一节　国际商事仲裁概述

一、国际商事仲裁的历史发展

仲裁作为解决争端的方法，最早起源于村庄中遇有纠纷时请年长者作出公正的决断。仲裁的实质，就是争议双方共同约请与争议无利害关系的第三者公断，而对于公断结果，双方当事人必须执行。[①]

作为一种古老的争端解决方法，仲裁出现的时间远早于司法诉讼。在原始社会，人们解决争端除了使用武力就是使用仲裁。后来，奴隶制国家出现，虽然产生了司法介入私人纠纷，但也并不否定仲裁作为解决争端的方式，比如罗马《十二铜表法》和《民法大全》都有关于仲裁的记载。1359 年，瑞典的一些地方法典就已经将仲裁作为解决纠纷的手段列入其中，其后又通过立法赋予仲裁裁决书司法上的强制执行力。1889 年，英国为了解决本国商人和欧洲大陆各国商人在国际贸易中发生的纠纷，公布了第一部仲裁法，首次通过立法确立了国际贸易中的仲裁制度。1917 年，瑞典斯德哥尔摩国际商事仲裁院成立。第二次世界大战以后，世界经济贸易空前发展，由于仲裁具有的诸多优点，使得其成为现代解决国际商事纠纷的一种重要方式。

① 余劲松，吴志攀. 国际经济法. 北京：北京大学出版社，高等教育出版社，2005. 538

二、国际商事仲裁的概念和性质

1. 仲裁的含义和种类

仲裁（又称公断），就是双方当事人将他们之间发生的争议交付第三者，让其居中评断是非，并作出裁决，该裁决对双方当事人均具有约束力。依据仲裁制度适用的领域不同，可将仲裁分为以下三种不同性质的仲裁。

①国际仲裁。严格意义上的国际仲裁是指国家间为某一公法上的争端提请第三方解决的仲裁，它是解决国际争端的方式之一，属于国际公法的研究范围。

②国内仲裁。一般是指属同一国的国内当事人将他们之间在该国履行的民商事关系的义务所发生的争议提请位于该国的第三方解决的仲裁。所要解决的争议不具有国际因素或涉外因素。这种仲裁是一国内部的仲裁制度，主要用于解决一国国内的贸易、经济、劳动等争议，属于国内程序法的研究范围。

③国际商事仲裁。国际商事仲裁主要包括国际经济贸易仲裁和国际海事仲裁。国际经济贸易仲裁是指买卖双方当事人将在国际经济贸易过程中已经出现的或还未出现的争议，达成书面协议，自愿将有关争议提交给第三者进行裁决（award）。国际海事仲裁是指将产生于远洋、沿海和与海相通的水域的运输、生产和航行过程中的契约性或非契约性的海事争议提交给第三者进行裁决。

除此以外，由于主权国家对商事活动的参与和鼓励跨国投资，国家与私人（企业）之间也经常订立国际合同，在这些合同中也往往订有通过仲裁解决争议的条款或订立仲裁协议，这种为解决国家与私人（企业）之间争议所进行的仲裁，称为跨国仲裁（transnational arbitration）。从广义上说，国际商事仲裁应该包括这类跨国仲裁。

2. 国际商事的含义

(1) 如何界定“国际”概念。

划分国际商事仲裁与国内商事仲裁的界限就在于确定其是否具有“国际”性。如何来划分，一般是由各国法律对“国际”概念的定义所决定的。从各国仲裁立法来看，对“国际”的定义标准有多种类型。较为传统的一种是采用属人主义（国籍、住所、惯常居所等），采用该标准的主要有瑞士、比利时、瑞典、伊朗、印度和英国等。受此影响，一些国际公约也采用该标准，如《欧洲国际商事仲裁公约》（以下简称《欧洲公约》）规定，该公约适用于惯常居所或住所位于不同成员国的自然人或法人之间为解决国际贸易争议所达成的仲裁协议。现代各国比较普遍采用的是从当事人的国籍、争议的标的、权利义务的确定和履行、仲裁地点等多方面因素，综合判断仲裁协议是否具有“国际性”。采用这一标准的典范是《国际商事仲裁示范法》（以下简称《示范法》），其第1章第1条第3款规定：“仲裁如有下列情况即为国际仲裁：（一）仲裁协议的当事各方在缔结协议时，他们的营业地点位于不同的国家；（二）下列地点之一位于当事各方营业地点所在国以外：①仲裁协议中确定的或根据仲裁协议而确定的仲裁地点；②履行商事关系的大部分义务的任何地点或与争议标的关系最密切的地点；或③当事各方明确地同意，仲裁协议的标的与一个以上的国家有关。”第4款补充规定：“就第3款而言：

（一）如当事一方有一个以上的营业地点，营业地点为与仲裁协议关系最密切的营业地点；（二）如当事一方没有营业地点，以其惯常住所为准。”大多数以《示范法》为蓝本制定仲裁法的国家都采用了该标准。虽然各国国内仲裁立法和国际公约均未对“国际”一词作出明确的定义，但近年各国的仲裁实践表明，对“国际”性的标准认定日益宽泛，除了上述两种标准外，还出现了一种以争议的实质或本质为标准，该标准主要是分析争议的实质或本质是否涉及国际商业利益，如法国《民事诉讼法》第1492条规定：“凡……涉及国际商事利益的仲裁就是国际仲裁。”①

(2) 对“商事”的理解

“商事”概念的确定对国际商事仲裁具有重要意义，根据一些大陆法系国家的传统，只有具备“商事”性质的争议才能采用仲裁的方式解决，而民事争议是不能提交仲裁的。因此，“商事”和“民事”概念在不同国家法律中的不同定义范围，会影响到对争议可仲裁性的不同判断。在某一国家法律中被认为属于商事争议的仲裁协议，按照另一国家的法律则可能会被认为是属于民事争议的仲裁协议，其导致同一仲裁协议在适用不同法律时或在不同国家执行时，可能会产生不同的结果。

通过具体列举的方法对商事仲裁概念作出定义的国家很少，比如埃及1994年《第27号民事和商务仲裁法》第2条规定：“在本法的范围内，当产生仲裁争议的法律关系具有经济性质时即属于商事仲裁，无论是否具有契约性，其包括，例如货物和服务的提供、商业代理、建筑和工程、技术诀窍合同、工业和旅游业或其他经营许可、技术转让、投资和开发合同、银行业、保险和运输经营、与自然资源开发和采炼有关的经营、能源供应、油气管道铺设、公路和隧道建筑、农田开垦、环境保护和核反应堆建设。”

在《示范法》中也没有对商事概念作出定义。究其原因，可能是考虑一些国家的商事法律已经对此有专门的定义，没必要在仲裁法中另行规定。但在联合国国际贸易法委员会在对《示范法》的注释中，对商事概念作出如下说明：“对‘商事’一词应作广义解释，使其包括不论是契约性或非契约性的一切商事性质的关系所引起的种种事情。商事性质的关系包括但不限于下列交易：供应或交换货物或服务的任何贸易交易；销售协议；商事代表或代理；代理；租赁；建造工厂；咨询；工程；许可证；投资；筹资；银行；保险；开发协议或特许；合营和其他形式的工业或商业合作；货物或旅客的天空、海上、铁路或公路的载运。”上述注释虽然也使用了列举的方法，大体上划出了属于商事性质交易的外延范围，但指出对商事概念应作广义解释，不限于上述列举内容。联合国国际贸易法委员会秘书处在《示范法》的《说明》中对此进一步诠释称：“关于‘商事’一词，不能为之作出硬性的定义。第1条载有一个说明‘要求’作广义解释，使其包括不论是契约性或非契约性的一切商事性质的关系所引起的种种事情。该说明随后举例列出了一串应视为商事性质的关系，从而强调了所提议的解释范围的广泛性，指出决定性的因素并不取决于国内法可能视之为‘商事’的那些情况。”因此，可以说，大多数国家对于“商事”的含义尽量作广义的解释，对“商事”一词的统一已成

① 王瀚，李广辉. 试论当代国际商事仲裁的若干新发展. 国际法研究（第1卷）. 北京：中国人民公安大学出版社，2006. 231

一种趋势。

3. 国际商事仲裁的概念

国际商事仲裁（international commercial arbitration），是指营业地在不同国家的当事人通过协议自愿将他们之间在国际商事交往中的争议提交某一临时仲裁庭或某一常设仲裁机构审理，由其依据有关法律或依公平原则做出裁决，并约定自觉履行该项裁决所确定的义务的一种制度。①

4. 国际商事仲裁的性质

对于国际商事仲裁的性质，国际社会还没有一个统一的认定。目前学术界大概有四种观点：司法权说、契约说、混合说和自治说。

司法权理论认为国家具有监督并管理发生在其领域内的一切仲裁行为的权利，当事人必须在仲裁地法明确规定可仲裁的范围内提交仲裁或明确不能仲裁事项之外的提交仲裁。只有法院才有权执法，而法律允许当事人提交仲裁，为的是使仲裁能够执行公共职能。所以，仲裁是一种判决，它与国家法官作出的裁定具有同等意义。同法官一样，仲裁员的权利和权威来自于本地法。

契约理论则认为仲裁是基于当事人的意志和合意创立的，是完全建立在当事人合意达成的仲裁协议的基础上，没有仲裁协议就没有仲裁，仲裁具有契约性。该理论仅承认国内法对仲裁程序和仲裁裁决的某些影响。仲裁的基础是仲裁协议，仲裁和仲裁协议都具有契约性质。仲裁的契约理论肯定了当事人在选择支配其关系的法律方面具有无限制的自治性。仲裁员在解决法律选择问题时，首先要依据当事人在仲裁协议或在引起争议的主合同中已明示的意愿，适用当事人明示选择的法律。

混合理论认为仲裁具有司法和契约的双重性质。该理论认为仲裁不能超越所有的法律体系，总存在着一些能确定仲裁协议的效力和仲裁裁决可执行性的法律。因此，该理论将仲裁定性为："一种混合的特殊司法制度，它源于当事人的协议，并从私法中获取司法效力。"

自治理论认为只有考察仲裁的效用和目的，才能确定仲裁的真实性质。不能把仲裁截然分为司法的或契约的，仲裁也不是一种混合制度。仲裁实际上是超越司法权或契约的，具有自治性。这种绝对的自治性使仲裁具有超国家的性质，并可在仲裁中直接适用国际商法。在当事人没有明确选择可适用法律的情况下，仲裁员可不必求助仲裁地的冲突规则，他们可以摆脱传统方式的束缚，根据特定案件的条件，适用他们认为适当的冲突规则或直接适用有关的国际法或国际规则。

三、国际商事仲裁的种类

按照不同的分类标准，可以把国际商事仲裁分成不同的种类。但一般来说，主要有以下三种分类方法。

① 肖永平. 国际私法原理. 北京：法律出版社，2003. 432

1. 临时仲裁和机构仲裁

这个分类的标准是国际商事仲裁的组织形式，也就是根据仲裁机构是否具有固定的名称、章程和办公地点，将国际商事仲裁分为临时仲裁和机构仲裁。

(1) 临时仲裁

临时仲裁，是指根据双方当事人的仲裁协议而指定的仲裁员自行组成仲裁庭进行仲裁。临时仲裁庭在案件审理终结并作出仲裁裁决后即自动解散。临时仲裁的主要优势是程序上很灵活，因为仲裁程序的每个环节都由双方当事人控制，在某种程度上可以提高效率。仲裁程序规则既可以选择某一国家的仲裁规定或某一仲裁机构的仲裁规则，也可以由双方当事人自行确定，并且可以对其中的某些条款作必要的修改或补充。临时仲裁的缺点是双方当事人必须就仲裁涉及的各种问题作出约定，如果当事人在仲裁进行中对未约定事项发生争议，就可能会使仲裁停滞不前。因此，临时仲裁优势的发挥有赖于当事人各方的密切合作。目前，临时仲裁得到了各国仲裁立法以及国际条约的普遍接受和认可，但我国仲裁法还未对临时仲裁作出规定。

(2) 机构仲裁

机构仲裁，是指由常设仲裁机构进行的仲裁。常设仲裁机构是依据国际公约或一国国内法设立的审理国际商事仲裁案件的机构，一般都有自己固定的办公地点，有特定的名称、章程，多数还有仲裁规则和仲裁员名单。机构仲裁的优势是比较规范，为仲裁提供专门的行政管理和组织工作，为双方当事人和仲裁庭提供便利条件，包括代为指定仲裁员，递送申请书、答辩状和证据材料，按规定收取仲裁费，协助组成仲裁庭，安排开庭，提供记录、翻译等服务。

1958 年联合国国际商事仲裁会议通过的《承认及执行外国仲裁裁决公约》（《纽约公约》）第 1 条第 2 款规定，“仲裁裁决”一词不仅指专家选派之仲裁员所作裁决，亦指当事人提请仲裁之常设仲裁机关所作裁决，即包括了临时仲裁和机构仲裁作出的裁决。在国外，临时仲裁是常见的仲裁形式，但由于我国《仲裁法》第 16 条第 3 款明确要求仲裁协议应有选定的仲裁机构，因此，在我国实行的全部是机构仲裁。

2. 依法仲裁和友好仲裁

这个分类的标准是作出仲裁裁决的依据，也就是仲裁依据的是法律还是商业惯例或公平良善原则，将国际商事仲裁分为依法仲裁和友好仲裁。

(1) 依法仲裁

依法仲裁，是指仲裁庭必须依据一定的法律对争议进行仲裁。依法仲裁是现代仲裁制度的主要形态，也是各国对仲裁的一般要求。依法裁决按其内容还可以分为部分裁决和终局裁决。部分裁决是指仲裁庭对当事人提交的实体争议的某一或某些部分，因事实已查清，并认为有必要先行作出裁决的，仲裁过程中，可以在最终裁决作出之前的任何时候，对该部分的争议作出部分裁决。《美国仲裁协会国际仲裁规则》第 28 条第 8 款规定：“除了作出终局裁决外，仲裁庭亦可以作出……部分裁决。”部分裁决可以构成最终裁决的一部分。终局裁决是指仲裁庭就当事人实体争议，按适用于争议的实体法律规范对争议作出的最终裁决，对各方均有约束力。

(2) 友好仲裁

友好仲裁，也称友谊仲裁，是指仲裁庭依当事人的授权，不是根据法律，而是按照仲裁庭认为的公允及良善原则和商业惯例对争议进行仲裁。友好仲裁必须有当事人的明示授权，且不得违背仲裁地的公共秩序和强制性规定。采用友好仲裁比采用依法仲裁更为灵活简便，况且在民商事领域，有时双方当事人并不要求明确在法律上谁对谁错。而且友好仲裁对于法律盲区的争议的处理更为合理。友好仲裁是近年来仲裁立法自由化趋势的表现之一。1985 年《示范法》第 28 条明确规定了友好仲裁。西班牙、瑞士、英国、德国、美国、荷兰、比利时等国也都明确承认友好仲裁。但友好仲裁也有其缺点，比如其作出的仲裁裁决主观性较强，缺乏依法仲裁的客观性和公正性。

目前，我国尚未承认友好仲裁。依照我国《仲裁法》第 49 条和第 51 条，当事人在申请仲裁后可自行和解，仲裁庭在作出裁决前可以先行调解，但法律并没有赋予当事人可以授权仲裁庭按公平合理原则或作为友好调解人作出裁决的权力。如当事人争议事项未能以和解或调解方式解决，仲裁庭应依据有关法律作出裁决。但需要指出的是，公平原则是法律所追求的正义价值的体现，至少在实体法律不明确时，仲裁庭应按公平合理原则来确定当事人之间权利义务，而且友好仲裁已为国际仲裁界所普遍承认，因此，我国完全可以设立友好仲裁，跟上国际商事仲裁的发展步伐。

3. 私人间仲裁和非私人间仲裁

这个分类的标准是双方当事人是否为私人。

(1) 私人间仲裁

私人间仲裁是指争议双方当事人均是自然人或法人的仲裁。私人仲裁在国际商事仲裁中是最为普遍的。当事人在国际商事仲裁中所处的法律地位是平等的，具有对等的权利和义务。有些国家的法律规定，仲裁机构只受理私人间仲裁。如我国 1994 年《仲裁法》第 2 条规定，只有“平等主体的公民、法人和其他组织之间发生的合同纠纷和其他财产权益纠纷，可以仲裁”。

(2) 非私人间仲裁

非私人间仲裁是指一方当事人为私人，另一方当事人为国家的仲裁。非私人间仲裁一般是由于国家的管理行为而引发的争议。有些国家规定，此类争议不能提交仲裁，只能诉诸法院。但也有一些常设仲裁机构受理非私人间仲裁，比如国际商会仲裁院。根据 1965 年在华盛顿缔结的《关于解决国家与他国国民间投资争端公约》设立的“解决投资争端国际中心”，则是专门受理一方当事人为国家、另一方当事人为私人的投资争议的常设仲裁机构。①

四、仲裁庭及其管辖权

1. 仲裁庭

仲裁庭是具体负责对已交付仲裁的争议事项进行仲裁审理并最终就争议事项作出实

① 李双元，金彭年，张茂，欧福永. 中国国际私法通论（第 2 版）. 北京：法律出版社，2003. 603

质性裁决的组织。根据组成仲裁庭的仲裁员人数的不同，可以分为由一位仲裁员组成的独任仲裁庭和由三位仲裁员组成的仲裁庭。在国际商事仲裁实践中，也出现过由两名仲裁员或三名以上仲裁员组成的仲裁庭，但这种情况是很少的。比如 1996 年英国《仲裁法》第 22 条第 1 款对由两名仲裁员组成的仲裁庭作出了规定："在当事人同意设两名或两名以上仲裁员但无首席仲裁员或公断人的情况下，当事人可自由约定仲裁庭如何作出决定、命令和裁决。"

2. 仲裁管辖权

仲裁管辖权是指仲裁机构、仲裁庭或仲裁员，依据当事人的授权和法律的规定所享有的，对当事人之间的国际商事争议进行审理并做出具有拘束力裁决的权力。在仲裁实践中，不论是机构仲裁还是临时仲裁，案件的审理、裁决和决定的作出等都是由仲裁员来完成的，所以仲裁管辖权归根结底是仲裁员的管辖权；每一个案件程序的进行无一例外地都成立仲裁庭并以其名义进行，所以在理论和实践中又称为仲裁庭的管辖权。仲裁庭在确认对案件是否具有管辖权，一般至少需要考虑以下三个方面的问题：

（1）当事人之间是否订立有效的仲裁协议

在国际商事仲裁实践中，仲裁管辖的唯一依据就是双方当事人存在有效的仲裁协议。从某种意义上说，仲裁管辖权与仲裁协议的有效性问题是一个问题的两个方面：根据有效的仲裁协议，仲裁庭就可以获得仲裁管辖权，而如果仲裁协议无效，则仲裁庭不能获得仲裁管辖权。其中一个重要问题是：当仲裁协议项下的争议发生后，一方当事人将争议提交仲裁解决，而另一方则对仲裁庭的管辖权及仲裁协议的有效性提出异议。在这种情况下，仲裁庭能否对它自己是否具有管辖权及仲裁协议的效力作出决定？20 世纪 50 年代以后发展起来的仲裁庭自裁管辖权理论，就是指仲裁庭有权裁判自己的管辖权，并且不受法院相关诉讼程序的影响，开始或继续审理案件直至作出裁决，也有人称之为"管辖权之管辖权"。[①] 该理论已被现代国际商事仲裁立法和实践所普遍认可。如果当一方当事人采用欺诈手段订立仲裁协议或者一方当事人不具备订立仲裁协议的行为能力的情况下，仲裁协议无效。因此，根据无效的仲裁协议，仲裁庭不能取得管辖权。除此以外，上述情况既可以由法院也可以由仲裁庭自己决定是否具有管辖权。《示范法》第 16 条第 2 款规定："有关仲裁庭无权管辖的抗辩不得在提出答辩书之后提出。当事一方已指定或参与指定仲裁员的事实，不得阻止该当事一方提出这种抗辩。有关仲裁庭超越其权力范围的抗辩，应在仲裁程序过程中提出越权的事情后立即提出。在这两种情况下，仲裁庭如认为推迟提出抗辩有正当理由，均可准许待后提出抗辩。"

（2）争议事项是否具有可仲裁性

确定仲裁管辖权时，仅有仲裁协议是不够的，还必须考虑可仲裁性问题，即哪些争议可以提交仲裁，哪些争议不能提交仲裁。对不可通过仲裁方式解决的争议，即使当事人就此达成了仲裁协议，仲裁协议因违反强行法的规定而无效；仲裁机构、仲裁庭或仲裁员亦没有管辖权。可见，可仲裁性问题直接影响着仲裁管辖权的行使。

---

① 王瀚，李广辉. 试论当代国际商事仲裁的若干新发展. 国际法研究（第 1 卷）. 北京：中国人民公安大学出版社，2006. 232

由于可仲裁性问题牵涉到仲裁协议的效力，即超出可仲裁范围的事项即使当事人将其约定提交仲裁，也不能以仲裁方式解决。[①]有的国家因此将可仲裁性问题和仲裁协议的有效性问题作为一个不可分割的问题考虑。但是，把争议的可仲裁性作为仲裁协议有效性的一个要素，等于让当事人自行判断本应当由专业人士决定的争议性质问题，不适当地加重了仲裁协议的生效条件，也制造了一种保守的倾向，不利于仲裁范围的拓展。在大多数国家，确定仲裁管辖权时，可仲裁性是一个独立的问题，没有把它规定在仲裁协议的定义中。[②]

(3) 仲裁机构的受案范围

仲裁机构的受案范围是指仲裁机构依据本机构的章程或仲裁规则的规定可以受理并行使管辖权的案件范围。仲裁机构受理案件后即交由仲裁员审理，所以，仲裁机构的受案范围也就是仲裁员的权限。在临时仲裁的情况下，依据可适用的法律，只要没有特别的限制，仲裁员的权限与该国的仲裁范围是一致的。一些仲裁机构将自己权限限制在一定范围内，只受理某些类型的争议案件。因此，确定仲裁管辖权时必须考虑提交仲裁的事项是否超出了该机构或仲裁员的权限范围，否则，则可能出现管辖权异议或者作出的裁决被申请不予执行或撤销。

第二节　国际商事仲裁的法律适用

一、国际商事仲裁协议的法律适用

1. 国际商事仲裁协议的概念和种类

目前，在国际上对“仲裁协议”的概念认识并不一致，比较有影响力的是《示范法》中对“仲裁协议”的定义。截至 2007 年 12 月，已经有 57 个国家和地区接受并采纳了《示范法》，包括其对仲裁协议的定义。《示范法》第 7 条规定：“仲裁协议，是指当事各方同意将在他们之间确定的不论是契约性或非契约性的法律关系上已经发生或可能发生的一切或某些争议提交仲裁的协议。”这也就是说，将争议提交仲裁解决是双方当事人的共同意思表示。仲裁协议既是当事人将争议提交仲裁的依据，也是仲裁庭获得仲裁管辖权的依据。因此，有人将仲裁协议称为国际商事仲裁的基石。

仲裁协议的类型主要有两种：仲裁条款和仲裁协议书。仲裁条款是指双方当事人在订立合同时，在合同的某一条款中，约定将以后执行合同中可能发生的争议提交仲裁。仲裁条款成为合同的一部分，是比较普遍的形式。仲裁协议书是指双方当事人为把有关争议提交仲裁而专门单独订立的协议书。这种情况通常是在争议发生以后所采用，较为少见。除了以上两种类型外，现代随着科技和网络的发展，越来越多的交易以电子数据

① 乔欣. 比较商事仲裁. 北京：法律出版社，2004. 195

② 宋连斌. 国际商事仲裁管辖权研究. 北京：法律出版社，2000. 44

交换和电子商务等通讯方式进行，当事人除订立合同外，可能在电子邮件、在线谈判、电报、传真、信函等形式往来，如果这些文件或数据电文中包含了要将争议提交仲裁的意愿，则也能成立仲裁协议。我国《仲裁法》第16条规定："仲裁协议包括合同中订立的仲裁条款和以其他书面方式在纠纷发生前或纠纷发生后达成的请求仲裁的协议。"

2. 国际商事仲裁协议的内容和效力

各国立法和有关的国际公约对于国际商事仲裁协议应该包括哪些内容的规定并不相同。但为了能使相关仲裁程序顺利进行，并使双方当事人获得预期结果，仲裁协议一般应具备以下六项内容。

(1) 仲裁意愿

双方当事人应该在仲裁协议中明确表示将争议提交仲裁解决。如果没有明确的仲裁意愿，就失去了提请仲裁的基础。这里的仲裁意愿必须是双方当事人共同的、真实的意思表示，而非单方的、强迫的、虚假的意思表示。如果双方当事人在合同中约定发生争议时，或者仲裁或者诉讼，对于此种情况，有人认为由最先主张权利者来选择，也有人认为这种情况属于仲裁意愿不明确，只能通过诉讼来解决争议。对这一问题，目前各国还没有统一的解释。虽然各国对于仲裁协议的有效形式规定不一，但绝大多数都要求仲裁意愿的表达必须通过书面形式，有的还要求经过公证才能有效，比如西班牙、哥伦比亚等国。

(2) 仲裁事项

仲裁协议应该明确规定什么样的争议提交仲裁解决，这是对仲裁庭的管辖权作出界定的依据。也就是说，只有在仲裁协议中约定的争议才能提请仲裁。如果一方当事人提交的仲裁事项不属于仲裁协议中约定的争议事项范围，另一方当事人有权对仲裁庭的管辖权提出异议。

(3) 仲裁机构

在国际商事仲裁实践中，双方当事人可以选择临时仲裁也可以选择机构仲裁。如果选择临时仲裁，则应在仲裁协议中约定仲裁庭的组成人数、如何指定仲裁员、依据什么仲裁程序规则审理等。如果选择机构仲裁，则应在仲裁协议中约定选定哪个常设仲裁机构。

(4) 仲裁地点

仲裁地点是指进行仲裁程序和作出仲裁裁决的所在地。在仲裁实践中，仲裁地点通常跟仲裁机构所在地是同一的。

(5) 仲裁规则

仲裁规则主要是规范仲裁过程中的程序和做法，包括仲裁申请的提出、答辩的方式、仲裁员的选定、仲裁庭的组成、仲裁的审理、仲裁裁决的作出以及裁决的效力等内容。如果双方当事人在选择常设仲裁机构仲裁的情况下，只要约定将争议事项提交该特定机构仲裁，就适用该机构的仲裁规则。

(6) 仲裁裁决的效力

仲裁裁决的效力，是指仲裁裁决是否具有终局性，对当事人是否具有约束力。尽管仲裁的"一裁终局"制度已经成为主流，绝大多数国家都规定仲裁具有终局效力，对双方当事人均有约束力，任何一方不得向法院上诉或行政机关申诉。但是个别情况下，仍存在着对仲裁裁决提起上诉的情况，因此，双方当事人最好在仲裁协议中对仲裁裁决的效力作出明确规定，这样可以避免复杂的上诉和司法复审程序。

除以上六个方面外，仲裁协议还应该根据具体的情况约定其他方面的内容，比如仲裁费用的分担、仲裁庭的权限，等等。

如前所述，有效的仲裁协议才能进行仲裁，其获得的仲裁裁决才可能被承认与执行，而无效的仲裁协议会导致所有的仲裁活动都将归于无效。仲裁协议是通过对当事人、仲裁机构、法院以及裁决本身的执行力来表现其所具有的法律效力。

①对当事人的法律效力。仲裁协议一经成立，便对当事人具有约束力，即当事人丧失了将仲裁协议规定的争议事项向法院提起诉讼的权利，也就是要承担不得向法院起诉的义务。如果一方当事人违反这项义务而向法院提起诉讼，则另一方当事人有权依据仲裁协议要求法院停止司法诉讼程序。此外，当事人要履行仲裁庭作出的裁决，除非该裁决经有关内国法院认定为无效。

②对仲裁庭的法律效力。有效的仲裁协议是仲裁庭受理争议案件的依据，有效的仲裁协议也是仲裁庭获得仲裁管辖权的主要根据。仲裁协议对仲裁庭的法律效力还表现在仲裁庭的受案范围受仲裁协议规定内容的严格限制，仲裁庭只能受理当事人在仲裁协议中约定的争议事项。

③对法院的法律效力。各国普遍都承认有效的仲裁协议具有排除法院司法管辖的效力。我国《仲裁法》第 4 条规定："当事人达成仲裁协议，一方向人民法院起诉的，人民法院不予受理，但仲裁协议无效的除外。"1986 年德国《民事诉讼法典》第 1027 条规定："法院受理诉讼案件，而当事人对诉讼中的争议订有仲裁协议时，如果被告出示仲裁协议，法院应以起诉不合法而驳回之。"

④对仲裁裁决的法律效力。如果一方当事人拒绝履行仲裁裁决，另一方当事人可向有关国家法院提交有效的仲裁裁决和裁决书，申请强制其执行该裁决。

3. 国际商事仲裁协议的独立性

前面提到，有效的仲裁协议是仲裁管辖权成立的必要条件。当合同被认定为无效时，仲裁庭是否对该合同争议还具有管辖权，由此产生了仲裁协议的独立性问题，也有人称之为仲裁协议的可分割性理论。

传统观点认为，仲裁条款是合同不可分割的一部分，合同无效，仲裁条款当然无效。如果当事人对合同的有效性提出异议，则仲裁条款的有效性必须交给法院来决定。而现代观点则认为，仲裁条款与其所在的合同是可分的，构成一个独立的合同，合同其他的条款是规定实体权利和义务，可以称之为基础合同；而仲裁条款是规定通过仲裁方式解决当事人之间的争议，是附属合同。仲裁条款独立于合同而存在，合同是否成立，是否仍然存在不影响仲裁条款的效力，如果一方当事人对基础合同的有效性提出异议，仲裁条款仍然有效，争议仍应由仲裁庭解决；仲裁条款独立于合同的其他条款，合同的其他条款与仲裁条款分离，其存在与效力不影响仲裁条款的效力。20 世纪 60 年代以来，承认仲裁条款的独立性逐渐成为现代国际商事仲裁制度的主流。比如，1975 年《国际商会仲裁规则》第 8 条规定，即使合同不成立或无效，仲裁员仍应继续行使其仲裁权以确定当事人各自的权利，并对他们的请求进行仲裁。1998 年《国际商会仲裁规则》第

6条规定，除非另有约定，只要仲裁庭认定仲裁协议有效，仲裁庭不因合同被指无效或不存在而终止行使管辖权。该法第16条又规定，仲裁条款应被视为独立于合同其他条款的一项协议，仲裁庭作出的关于合同无效的决定，不应在法律上导致仲裁条款无效。我国《仲裁法》第19条规定："仲裁协议独立存在，合同的变更、解除、终止或无效，不影响仲裁协议的效力。"1999年10月1日起实施的《合同法》第57条规定："合同无效、被撤销或者终止的，不影响合同中独立存在的有关解决争议方法的条款的效力。"

4. 国际商事仲裁协议有效性的确认机构

对于仲裁协议的有效性由谁来确定的问题，在国际商事仲裁立法和实践中没有统一的答案。一般来说，在仲裁进行的不同阶段，确认仲裁协议有效性的机构是不同的。在仲裁程序开始前，一方当事人向有关法院起诉请求确认仲裁协议无效，此时只能由法院来确认仲裁协议的有效性。在仲裁程序终结后，一方当事人向法院申请执行或撤销仲裁裁决，此时也只能由法院来确认仲裁协议的有效性。这两种情况都是因为已经进入司法程序，所以理所当然地由法院来认定。而对于从仲裁程序开始到仲裁裁决作出这一阶段，对于仲裁协议的有效性应由法院还是仲裁庭认定，各国立法对此规定不一。

5. 国际商事仲裁协议的法律适用

关于国际商事仲裁协议的法律适用，主要是仲裁协议形式的有效性、仲裁协议内容的合法性、仲裁条款的独立性等应适用的法律。在仲裁实践中，仲裁庭主要是参照合同准据法的确定方法来确定国际商事仲裁协议应该适用的法律。考察合同的法律适用主要有两种：分割论和单一论。[①] 简单地说，就是仲裁协议的不同方面，比如仲裁协议形式有效性、内容合法性、当事人的行为能力等，如果分别适用不同的法律规则就是分割论，如果统一适用同一的法律规则就是单一论。单一论操作比较方便、快捷、高效，而且可以使仲裁协议有效的可能性更大，也符合尽量使其有效原则。因此，单一论在国际商事仲裁实践中被普遍采用。纵览现代国际商事仲裁实践，仲裁协议法律适用的确定方法有以下三种：

(1) 依当事人选择的法律

意思自治原则是合同法律适用问题上的首要原则，也为国际商事仲裁所采纳。双方当事人可以在仲裁协议中明确选择他们之间的仲裁协议应当适用的法律。1958年《纽约公约》规定，对如何认定仲裁协议的有效性，应当首先适用当事人明确选择的法律。1999年《瑞典仲裁法》第48条也规定，仲裁协议应当首先受当事人约定的法律支配。除此以外，德国、俄罗斯等国以及1961年《欧洲国际商事仲裁公约》和1975年《美洲国家间关于国际商事仲裁的公约》都明确规定当事人有权在选择支配合同的法律之外，再另行选择支配仲裁协议的法律。但是，在仲裁实践中，当事人特别指明仲裁协议适用的法律是很少的。因此，当当事人约定了合同适用的法律而没有约定仲裁协议应适用的法律的情况下，仲裁庭该如何选择仲裁协议应适用的法律？有人认为，当事人在合同中选择的合同所适用的法律也同样适用于仲裁协议，除非单独约定了仲裁协议应适用

① 韩德培. 国际私法新论. 武汉：武汉大学出版社，2003. 210

的法律。例如 1987 年《瑞士联邦国际私法法规》第 178 条第 2 款规定，如果仲裁协议符合当事人所选择的法律或适用于争议事项的法律，特别是主合同的准据法或瑞士法律，即为实质上有效。也有人认为，因为仲裁条款独立于基础合同，具有独立性，仲裁条款应该具有自己独立适用的法律，如果当事人没有明确选择支配仲裁协议的法律，不能就此推定适用基础合同所适用的法律。

(2) 依最密切联系原则确定的法律

最密切联系原则是现代国际私法的基本原则之一。很多国家法律都规定，在当事人没有明确选择合同适用的法律时，可依最密切联系原则确定合同应适用的法律。仲裁协议也是合同的一种，也适用该原则。适用最密切联系原则，首先，要考察与仲裁协议有密切联系的各种连结因素，这些因素一般包括当事人的住所地、国籍、惯常居所地、营业地、仲裁地、裁决执行地等客观性标志；其次，要考虑这些连结因素与仲裁协议联系的密切程度，以此确定应该适用的法律。适用该原则可能受仲裁员个人的主观因素的影响，因此，制约仲裁员的自由裁量权就成为关键，而现代国际商事仲裁实践的做法是寻求仲裁协议的特征性履行，简化以上两个步骤，就直接推定仲裁地与仲裁协议有最密切联系，在当事人没有明确选择仲裁协议适用的法律时，适用仲裁地法。其实，这也是最密切联系原则适用的结果。

(3) 依尽量使其有效原则确定的法律

为了充分尊重当事人寻求通过仲裁方式解决争议的共同意愿，各国法律都倾向于尽量使仲裁协议有效。在仲裁法律中规定了适用于认定仲裁协议有效的数种法律，目的就是为仲裁庭提供多种选择以尽量使仲裁协议有效。比如说，仲裁协议适用裁决执行地的法律为有效，而适用仲裁地、惯常居所地等的法律则无效，此时就应适用裁决执行地法律使仲裁协议有效。这符合“与其使之无效，不如使之有效”的法律格言，也是现代国际商事仲裁的发展趋势。《中华人民共和国国际私法示范法》第 151 条规定：“仲裁协议的效力，除当事人的行为能力外，适用当事人选择的法律；当事人未作出选择的，适用仲裁地法或者裁决作出地法；当事人未作出选择，且仲裁地或者裁决作出地未确定的，适用争议事项的准据法，特别是主合同的准据法或者中华人民共和国法律。”

在此需要注意的是，这里所说的仲裁协议的法律适用，一般都不包括当事人的行为能力。对于当事人是否具备行为能力，不是依据上述规则确定，而是必须依据“对当事人适用的法律”作出判定。比如 1958 年《纽约公约》第 5 条第 1 款第 1 项规定，仲裁协议的双方当事人，根据对他们适用的法律，当时是处于某种无行为能力的情况下时，该协议是无效的。1961 年《欧洲公约》第 6 条第 2 款规定，“关于双方当事人的能力，根据适用于他们的法律……”其实，这里所指的“对当事人适用的法律”，实际上主要是指当事人的属人法和缔结仲裁协议地国法。

二、国际商事仲裁争议事项可仲裁性的法律适用

1. 争议事项可仲裁性概述

各国仲裁法和国际商事仲裁的国际立法都承认国际商事仲裁只适用于一定范围内的

争议，而非所有的争议。也就是说，只有那些依照法律可以仲裁的争议才能得到仲裁。如果某一争议事项依照特定法律被认定为不可仲裁的，则仲裁庭应认定仲裁协议无效而拒绝或终止仲裁。1958 年《纽约公约》第 5 条第 2 款规定，争执的事项，依照这个国家的法律，不可以用仲裁方式解决，被请求承认和执行仲裁裁决的国家的管辖当局可以拒绝承认和执行。因此，争议事项的可仲裁性会影响到仲裁协议的有效性、仲裁庭的管辖权、裁决最终的承认与执行等问题。

一个国家有权规定哪些争议事项可以仲裁，哪些争议事项不可以仲裁，其主要的根据在于某些争议对于一国的国情、公共政策来说具有特殊性质或根据国内法的强制性规则只能由法院来处理。但随着特定国家不同时期社会经济发展和公共政策的变化，争议事项的可仲裁性范围也会发生变化。因为各国国情不同，加上公共政策在各国表现也不同，所以 1927 年《关于执行外国仲裁裁决的公约》（以下简称《日内瓦公约》）和 1958 年《纽约公约》都没有明确哪些争议事项具有可仲裁性，而是留给了各国根据本国法决定。尽管如此，对于可仲裁事项的特点往往表现出三个特点：一是可仲裁事项的双方当事人在法律地位上是平等的。二是所涉及的事项是当事人可以自由处分的事项，而非当事人无权处分的争议事项；三是所涉及的事项只涉及双方当事人的利益，而不牵扯第三方或公共利益。

近代以来，大多数国家的仲裁立法趋势是放宽对争议事项可仲裁性的限制，可仲裁事项的范围呈现出不断扩大的趋势。欧美国家的仲裁庭更是减少通过区分哪些事项具有公共政策性质的方法来作为判定是否具有可仲裁性的标准，甚至对很大程度上涉及适用公共政策的案件允许进行仲裁，从而呈现将可仲裁性问题与公共政策相脱离的趋势。

2. 依仲裁地国家的法律

在仲裁程序开始前和仲裁裁决作出后，当事人对仲裁协议中约定的争议事项是否具有可仲裁性提出异议的，应向有关法院起诉，提出仲裁协议无效或同时请求法院对争议事项的可仲裁性进行审查。在仲裁程序开始后至仲裁裁决作出前，当事人可以向仲裁庭也可以向有关法院提出争议事项具有不可仲裁性，请求终止仲裁。所以，仲裁庭和法院都可能成为认定争议事项是否具有可仲裁性的机构。

根据 1958 年《纽约公约》第 5 条第 1 款第 1 项关于仲裁协议效力问题的规定，认定争议事项可仲裁性可适用仲裁地法。考虑到仲裁裁决的可执行性，仲裁庭应当适用仲裁地国法律来决定争议事项的可仲裁性。并且，争议事项是否可以通过仲裁方式解决往往涉及仲裁地国家的公共政策和法律的强行规定。虽然适用仲裁地法得到《纽约公约》的支持，不过，选择仲裁地法通常很难让人满意，因为实践经验表明，在很多案件中仲裁地的选择完全是出于方便的考虑或者是出于非任何一方当事人所在地的“中立地”的考虑。

3. 依认定仲裁协议有效性所适用的法律

由于争议事项是仲裁协议中必不可少的内容，如果争议事项不可仲裁，则整个仲裁协议也就无效。因此，争议事项的可仲裁性问题与仲裁协议的有效性密切联系。争议事项可仲裁性属于仲裁协议有效性的范畴。因而，适用于仲裁协议的法律，同样也适用于争议事项可仲裁性问题。如瑞典《仲裁法》规定：“仲裁协议的有效性除当事人行为能力由当事人各方属人法支配外，其他方面的有效性包括可仲裁性问题首先应当适用当事人选择的法律，在当事人未明示指定法律时，如裁决尚未作出，则适用仲裁地法。”这一规定表明，争议事项的可仲裁性应当适用支配仲裁协议有效性的法律。但这样的规定存在一个缺陷：争议事项虽然是仲裁协议的必要内容，但其可仲裁性问题与仲裁协议有效性毕竟不是同一个问题，而且影响仲裁协议有效性的因素不仅仅只是争议事项的可仲裁性。因而，争议事项可仲裁性具有独立性，否则，可能为当事人规避有关国家的强行法提供理由和方便。

4. 依与当事人之间的交易有最密切联系的法律

争议产生的基础是当事人之间的交易，否则就不可能产生争议。因此，争议与交易有密切联系，认定争议事项可仲裁性也可适用与交易有最密切联系的法律。但是“最密切联系的法律”缺乏明确性，需要综合考虑与当事人之间交易有联系的各个方面，这在事实上是不可能的，往往只能依靠仲裁员的主观判断。

除此以外，还有人提出适用主合同准据法，把仲裁协议适用的法律与主合同其他部分所适用的法律相捆绑，没有考虑到仲裁协议的独立性问题，特别是仲裁协议中的争议事项可仲裁性问题。也有人提出适用裁决执行地法，但是裁决执行地可能有多个国家，而且在案件一开始就考虑裁决将在哪个国家执行将会导致去猜想案件可能的裁决结果，特别是当双方当事人的财产位于不同国家时。

从以上可以看出，冲突法方法的缺陷显而易见。在历史上，仲裁庭在处理争议事项可仲裁性问题时，都是首先讨论可仲裁性的法律适用问题，以上的法律适用方法也都是通过冲突规范指引的法律来判断争议事项可仲裁性问题。但近年来，欧洲国家在可仲裁性问题上出现的一个趋势就是对可仲裁性问题直接适用实体规范进行判定。

三、国际商事仲裁程序法的适用

1. 仲裁程序法的概念和适用范围

仲裁程序法，是指一国制定或多国通过订立国际条约所制定的支配仲裁程序的法律原则和规则的总和。仲裁程序法区别于仲裁中的实体法，也区别于一般统称的仲裁法。

需要注意的是，仲裁程序法和仲裁程序规则是不同的。仲裁程序规则是指调整仲裁内部程序的规则，通常表现为各种仲裁机构、各有关组织或团体、仲裁协议的当事人约定的或仲裁庭决定的关于如何进行仲裁所遵循的程序规则，它们本身没有法律上的拘束力。一般来说，当事人选择将争议提交特定仲裁机构仲裁，就意味着适用该仲裁机构的仲裁规则，除非当事人另有特别约定。同时，当事人选择适用的规则不得与应当适用的仲裁法的规定相抵触。比如，联合国国际贸易法委员会制订的仲裁规则第 1 条第 2 款规定：“仲裁应受本规则支配，但本规则的任何规定如与双方当事人必须遵守的适用于仲裁的法律规定相抵触时，应服从法律的规定。”

仲裁程序法的适用范围是指仲裁程序进行中所涉及的一些具体问题，如仲裁庭的组成、案件的审理、保全措施、裁决的作出等所应适用的法律。由于各国仲裁立法的差异，规定仲裁程序法适用的范围也不相同，但一般来说，包括仲裁庭的管辖权；仲裁庭的组成和对仲裁员的异议；仲裁程序进行的基本标准；法院对裁决的支持和协助；裁决的形式、效力及终局性，对裁决的异议及裁决的承认与执行等。

2. 当事人选择的仲裁程序法

按照当事人意思自治原则，当事人可以选择仲裁适用的法律，当然也应包括仲裁程序法。这一点得到了很多国家现行法律的认可，如 1981 年《法国民事诉讼法典》第 1494 条第 1 款规定："当事人可以直接或通过适用仲裁规则来确定仲裁所应遵守的程序，也可以选择特定的程序法为准据法……" 1989 年《瑞士联邦国际私法典》第 182 条规定："当事人可以直接或按照仲裁规则确定仲裁程序，他们也可以按其选择的程序法进行仲裁程序……" 1988 年《斯德哥尔摩商会仲裁院仲裁规则》第 16 条规定："仲裁庭在决定进行仲裁程序的方式时，应遵循当事人在仲裁协议中的约定以及该规则的规定，并应考虑当事人的意愿。"除此以外，1991 年《美国仲裁协会国际仲裁规则》第 1 条、1991 年《新加坡国际仲裁中心仲裁规则》第 16 条、1961 年《欧洲公约》第 7 条、1958 年《纽约公约》第 5 条、1975 年《美洲国家间国际商事仲裁公约》第 5 条、1985 年《示范法》第 19 条等等，都规定了仲裁庭应首先适用当事人协议选择的仲裁程序法，而且并没有限制当事人对仲裁程序法的选择范围。这也就是说，当事人既可以选择仲裁地国家的仲裁程序法，也可以选择其他国家的仲裁程序法。现代国际社会已经普遍接受意思自治原则作为适用仲裁程序法的首要选择，同时也反映了国际商事仲裁发展的要求和趋势。

当事人有权选择国际商事仲裁适用的程序法已得到了普遍接受，但是，对于当事人选择仲裁程序法的时间，大多数国家和公约都没有作出规定。一般来说，当事人应在仲裁庭开庭前选择仲裁程序法，因为，如果在仲裁庭开庭后仲裁员还不知案件依什么程序法进行，那么案件就无法进行审理，所以在仲裁庭开庭前选择仲裁程序法是合适的。

3. 当事人未作选择时仲裁程序法的确定

在国际商事仲裁实践中，当事人明确选择仲裁程序法的情况并不多。主要原因可能在于：①当事人通过约定仲裁地间接地约定了可适用的仲裁法为仲裁地法；②当事人认为，即使约定了仲裁法，特别是约定了仲裁地国之外的仲裁法，仲裁程序也要受仲裁地国法的强制性规则的约束，使得选择仲裁法的实际意义并不是很大，加上当事人双方对仲裁法的约定可能会有歧异，因而索性不作选择；③关于仲裁法的问题，尚未引起当事人的重视。那么，在当事人没有明确选择仲裁程序法的情况下该如何确定应适用的仲裁程序法呢？根据各国立法和有关国际公约的规定，由以下方法进行确定：

(1) 由仲裁庭确定应适用的仲裁程序法

如果当事人没有明确选择可适用的仲裁程序法，各国法律大多把仲裁程序法的问题交由仲裁庭决定。其根据在于依仲裁协议组成仲裁庭就意味着当事人通过仲裁协议授权仲裁庭确定仲裁程序法。比如《瑞士联邦国际私法典》第 182 条规定："……当事人没有确定仲裁程序的，仲裁庭应当根据需要直接地或者按照法律或仲裁规则确定仲裁程序……" 1985 年《示范法》第 19 条第 2 款规定："如未达成这种协议，仲裁庭可以在本法的规定限制下，按照它认为适当的方式进行仲裁……" 1985 年《伦敦国际仲裁院仲裁规则》第 5 条第 2 款规定："如果没有当事人达成一致的仲裁规则程序或者本规则中没有规定，仲裁庭将在确保公正、迅速、经济和最终解决争议的法律规定所允许的范围内具有最广泛的自由决定权。”

(2) 直接适用仲裁地国的仲裁程序法

从国际商事仲裁的立法和实践来看，仲裁地是确定可适用仲裁法的最为重要的连结因素。1958 年《纽约公约》规定，依仲裁地国家法律作出的仲裁裁决，才会被其他缔约国承认与执行，若在一缔约国境内进行的仲裁，依据的是其他国家的仲裁程序法，那么该裁决将有可能被其他缔约国拒绝承认与执行。可以说，适用仲裁地法是目前大多数国家司法实践的普遍做法。

4. “非国内化”理论

按照传统的观点，仲裁程序应受仲裁地法的支配，因为这如同司法诉讼程序要受法院地法支配一样，这个观点在相当长时间内被国际社会所普遍接受。现在，传统观点已经受到当事人意思自治原则的挑战。因此，有人主张仲裁程序法不必受仲裁地国家甚至任何特定国家仲裁程序法的支配，应适用当事人自行拟定的规则或选择现成的仲裁程序规则，或仲裁庭确定的仲裁规则。这种主张被称为“非国内化”仲裁，该理论源于 20 世纪六七十年代的两个著名的案件即“阿美石油公司案”和“德士古案”。其认为仲裁程序的有效和仲裁裁决的强制执行力，并不必然来自于仲裁地国家法律，而是来自于当事人共同的意思。除了仲裁被执行地国家以外，仲裁地国家的法律不应对仲裁程序进行干预和监督，即使违反仲裁地法，仲裁地法院也不能对仲裁裁决予以撤销，若仲裁地国家法院作出了撤销决定，其他任何国家也可依据本国法律认定该裁决有效并加以执行。

四、国际商事仲裁实体法的适用

1. 仲裁实体法的概念

仲裁实体法是指仲裁庭据以作出裁决、支配仲裁案件争议的实体法律，是确定争议双方当事人权利义务、判定争议是非曲直的主要法律依据。仲裁实体法的适用无疑是国际商事仲裁法律适用的核心问题。

2. 当事人选择的仲裁实体法

在国际商事仲裁中，意思自治原则已经为现代许多国家的仲裁立法、国际商事仲裁公约和国际性仲裁规则所承认，它被广泛用来指导仲裁庭确定应适用于国际商事仲裁的法律。比如 1996 年英国《仲裁法》第 46 条第 1 款第 1 项规定，仲裁庭应依照当事人所选择的解决实体问题所应适用的法律对争议作出裁决。1985 年《示范法》第 28 条第 1 款规定，仲裁庭应依照当事人各方选定的适用于争议实体的法律规则对争议作出决定。1961 年《欧洲公约》第 7 条第 1 款规定：“双方当事人应自行通过协议决定仲裁员适用于争议实质的法律。”在仲裁实践中，当事人在仲裁协议中往往都选择了仲裁所适用的实体法。但对于当事人选择实体法的时间，各国立法和国家仲裁机构的仲裁规则都没有明确规定。一般认为，当事人在仲裁开庭之前作出的法律选择都被承认为有效，也就是说，当事人在订立仲裁协议时到仲裁开庭前的任何时间都可以作出法律适用的选择。当事人选择的法律要受到仲裁地国家“公共政策”的限制，如果当事人选择的某一特定的法律，其适用的结果违反了仲裁地国家的社会公共利益、基本政策和基本的道德准则，那么仲裁庭就不能适用该法律。在仲裁实践中，凡违背仲裁地国家的公共政策的，都将被禁止适用；就算被适用，据其作出的裁决也不会被承认与执行，这一点也得到了《纽约公约》的承认。需要特别指出的是，适用当事人选择的某一国家法律不应该包括该国法律中的冲突规则，如《示范法》第28条第1款规定："除非另有说明，否则选择适用某一国家的法律或法律制度应认为是直接指该国的实体法而不是指该国的法律冲突规则。"

3. 当事人未作选择时仲裁实体法的确定

一般来说，如果当事人在合同中没有约定应适用的实体法，那么就由仲裁庭来决定应适用的法律。仲裁庭确定应适用的实体法有两种方法：一是依据有关冲突规则间接确定应适用的实体法：二是根据案件情况直接确定仲裁实体法。需要特别说明的是，并非只要当事人没有选择实体法，仲裁庭就必须选择适用某一实体法。如果双方当事人明确授权以"公平善意"原则解决争议或根据双方当事人订立的合同条款足以解决争议的，也可以直接适用来审理。

(1) 依冲突规则确定仲裁实体法

①依据仲裁地国的冲突规则。传统观点认为，在当事人未作法律选择时，仲裁庭应当适用仲裁庭所在地或仲裁举行地的国家冲突规则。这种做法的理论基础是，当事人选择了仲裁地，也就间接地选择了仲裁地的冲突规则。无论是传统的还是现代国际商事仲裁，根据仲裁地的冲突规则来确定争议实体问题的法律适用是当事人未作法律选择时的一种最普遍的方式。因为它具有统一性和预见性，并尊重当事人的意愿。但是这种主张也存在很多缺点：首先，适用仲裁地国的冲突规则不一定具有合理性，仲裁地与仲裁可能没有任何联系，当事人选择仲裁地多出于便利或中立的考虑。其次，仲裁员不是法官，没有义务适用仲裁地国的冲突规则；再次，仲裁地可能在不同国家，会出现有多个仲裁地，或者在网上进行的仲裁，则仲裁地难以确定。因此，采用依仲裁地国的冲突规则确定仲裁实体法的仲裁机构和国际公约很少，比如1985年《示范法》就未规定此种方法。

②依仲裁庭认为适当的冲突规则。由于实践中依仲裁地国的冲突规则的方式越来越少，有学者主张应赋予仲裁庭广泛的自由裁量权，由仲裁庭自己决定其认为适当的冲突规则来确定仲裁实体法，给予仲裁庭较大的自主权和灵活性。1985年《示范法》第28条第2款规定："如果当事各方没有任何规定，仲裁庭应适用它认为可以适用的法律冲突规则所确定的法律。"1961年《欧洲公约》也有相似规定，其第7条规定："当事人没有指定适用的法律时，仲裁员应适用其认为可以适用的冲突规则所规定的准据法。"这种方式赋予仲裁庭很大的自由度，适用的冲突规则是否"适当"都由仲裁庭自己来判断，只要仲裁庭认为某一冲突规则是"适当的"就可以用来确定仲裁实体法。

③依最密切联系原则确定的冲突规则。最密切联系原则是国际私法中确定实体法的一个重要方法。虽然其并不是用来确定冲突规则的方法，但这给仲裁庭提供了一个很好的方法来判断什么冲突规则是"适当的"，选择与交易有最密切联系的冲突规则来加以适用。当然，用这种方法确定冲突规则也有它的弊端，比如，与交易有最密切联系的冲

突规则指引的实体法却不一定与交易有最密切联系。

(2) 直接确定仲裁实体法

无论是当事人自己选择冲突规则还是仲裁庭选择“适当的”冲突规则来确定仲裁实体法，都会导致实体法和冲突规则的双重法律冲突，使得法律选择更为复杂和繁琐。与其允许仲裁庭自由选择冲突规则确定实体法，还不如赋予仲裁庭直接确定仲裁实体法的自由裁量权。目前，有许多国家的法律已采用仲裁庭直接选择实体法的做法，如法国《民事诉讼法典》第1496条规定：“仲裁庭应当根据当事人选定的法律规则解决争议，无此选择的，应根据其认为适当的规定解决争议。”荷兰《民事诉讼法》第1054条第2款规定：“如果当事人……没有选择法律的，仲裁庭应根据其认为适当的法律规则作出裁决。”此外英国、德国、意大利等国法律都有类似的规定。仲裁庭直接选择实体法的过程，也是仲裁庭对与交易有联系的多个国家的法律和国际立法乃至一般法律原则和国际惯例进行分析比较、综合考虑的过程，以保证选择的仲裁实体法的合理性和正当性。而采用最密切联系原则来确定“适当的”实体法是仲裁庭首要考虑的方法。《瑞士联邦国际私法典》第187条第1款规定：“仲裁庭依当事人选择的法律进行裁决；当事人未作选择的，依与争议有最密切联系的法律裁决。”

第三节 国际商事仲裁裁决的承认与执行问题

一、承认与执行外国仲裁裁决的程序和条件

应该说，在国际商事仲裁实践中，绝大多数仲裁裁决都得到了当事人的自动履行，但也存在仲裁裁决被一方当事人所拒绝承认与执行的情况。此时，由于承认与执行仲裁裁决不属于仲裁庭的职权范围，加之仲裁庭也没有强制执行权，必须通过法院强制执行，所以，在承认与执行仲裁裁决阶段，得到法院的支持和监督就成为关键。

“仲裁裁决的承认与执行”实际上包含了两层意思，一是仲裁裁决的承认，二是仲裁裁决的执行。两者含义并不相同，一项外国仲裁裁决可以被承认而不执行，但如果一项外国仲裁裁决要得到执行，就必须先得到承认。1985年《示范法》对此作出了区分，其第35条第1款规定：“仲裁裁决不论在任何国境内作成，均应承认具有约束力，而且经向有管辖权的法院提出书面申请，即应予以执行；但须服从本条和第36条的规定。”一般来说，承认的范围较广，符合条件的任何仲裁裁决都可以被承认；而执行的范围只能适用于有给付内容的仲裁裁决并且是在对方当事人不自觉履行时才适用。

对于何谓“外国仲裁裁决”，1958年《纽约公约》给出了两种标准：

1. 领域标准

仲裁裁决是在被申请承认与执行该裁决所在国领域外的国家作出的。

2. 非内国裁决标准

出于特定原因，在本国领域内作出的又在本国申请承认与执行的裁决。如何对非内

国裁决作出认定完全是被申请承认与执行裁决地国的权限。大多数国家接受第一种标准，即使在《纽约公约》中，这两种标准也是主次关系，非内国裁决标准只是领域标准的一种补充。《纽约公约》第1条第1款规定："由于自然人或法人间的争执而引起的仲裁裁决，在一个国家的领土内作成，而在另一个国家请求承认和执行时，适用本公约。在一个国家请求承认和执行这个国家不认为是本国裁决的仲裁裁决时，也适用本公约。"

一般来说，承认与执行外国仲裁裁决的条件应包括形式要件和实质要件。1958年《纽约公约》第4条中规定："为取得前条所称之承认及执行，应于申请时提具：(一）原裁决之正本或其正式副本；（二）第2条所称协定之原本或其正式副本。"公约第4条第2款还规定："倘前述裁决或协定所用文字非为援引裁决地所在国之正式文字，申请承认及执行裁决的当事人应备具该文件之此项文字译本。译本应由公设或宣誓之翻译员或外交或领事人员认证之。"也就是说，一方当事人只要提出该条所要求的书面文件证据，就可以据此向有管辖权的法院申请执行裁决。《示范法》对于申请承认与执行的裁决的条件与《纽约公约》大致相同，不同点在于《示范法》并未区分外国仲裁裁决和内国仲裁裁决，而是对所有仲裁裁决一视同仁。

二、拒绝承认与执行外国仲裁裁决的理由

拒绝承认与执行外国仲裁裁决的理由，是指法院可以据此拒绝承认与执行外国仲裁裁决的原因和根据。一般来说，拒绝承认与执行外国仲裁裁决的理由主要有：仲裁协议无效；违反正当程序；仲裁员超越权限；仲裁庭的组成或仲裁程序不当；裁决不具有约束力或已被撤销或停止执行；依法院地法，争议事项属于不可仲裁事项和执行裁决会违反法院地的公共政策。

1958年《纽约公约》第5条规定：

(1) 被请求承认或执行裁决的管辖当局只有在作为裁决执行对象的当事人提出有关下列情况的证明的时候，才可以根据该当事人的要求，拒绝承认和执行该裁决。

①第二条所述的协议双方当事人，根据对他们适用的法律，当时是处于某种无行为能力的情况之下；或者根据双方当事人选定适用的法律，或在没有这种选定的时候，根据作出裁决的国家的法律，下述协议是无效的；

②作为裁决执行对象的当事人，没有被给予指定仲裁员或者进行仲裁程序的适当通知，或者由于其他情况而不能对案件提出意见；

③裁决涉及仲裁协议所没有提到的，或者不包括仲裁协议规定之内的争执；或者裁决内含有对仲裁协议范围以外事项的决定；但是，对于仲裁协议范围以内的事项的决定，如果可以和对于仲裁协议范围以外的事项的决定分开，那么，这一部分的决定仍然可予以承认和执行；

④仲裁庭的组成或仲裁程序同当事人间的协议不符，或者当事人间没有这种协议时，同进行仲裁的国家的法律不符；

⑤裁决对当事人还没有约束力，或者裁决已经由作出裁决的国家或据其法律作出裁

决的国家的管辖当局撤销或停止执行。

(2) 被请求承认和执行仲裁裁决的国家的管辖当局如果查明有下列情况，也可以拒绝承认和执行。

①争执的事项，依照这个国家的法律，不可以用仲裁方式解决；

②承认或执行该项裁决将和这个国家的公共秩序相抵触。

以上列举的七项拒绝承认与执行外国仲裁裁决的理由中，前五项理由是必须有被诉人提供证据证明的拒绝执行裁决的理由，而后二项理由是法院可以自行依据违反法院地法的公共政策为由拒绝裁决的执行。

1. 仲裁协议无效

(1) 形式无效的仲裁协议

仲裁协议必须有书面文字证明，并且该文书必须被另一方当事人默示或明示接受后才有效。不具备书面形式的仲裁协议就是无效的仲裁协议。我国《仲裁法》第 16 条明确规定："仲裁协议包括合同中订立的仲裁条款和以其他书面形式在争议发生前或者纠纷发生后达成的请求仲裁协议。" 1958 年《纽约公约》对仲裁协议形式的唯一要求就是仲裁协议应该是书面的，并将此作为缔约国承认和执行仲裁协议的主要条件之一。这一规定具有普遍意义。对于何为"书面"形式，各国内仲裁法及国际条约普遍对书面形式作较为宽泛的规定和解释。如 1989 年《瑞士联邦国际私法典》规定仲裁协议的形式是书面的，或者以电报、电话、传真或任何其他通讯方式交换的可作为证据的书面形式的内容。《示范法》也明确了电报和电传方式形成书面协议的有效性。1958 年《纽约公约》第 2 条第 2 款把"书面形式"一词定义为"当事人所签署的或者来往书信、电报中所包含的合同中的仲裁条款和仲裁协议。"即包含两种形式：一是经双方当事人签署的订立在合同中的仲裁条款或仲裁协议书；二是在双方当事人互换或往来函件、电文中所缔结在合同里的仲裁条款或仲裁协议书。

(2) 实质无效的仲裁协议

仲裁协议除了具有书面的形式外，还需要具备实质的条件，比如当事人有订立仲裁协议的行为能力、当事人订立仲裁协议的意思表示真实、仲裁协议的内容合法等。

当事人的行为能力是否符合有关国家的法律，决定了仲裁协议的有效性。世界上大多数国家的法律都规定，仲裁协议的双方当事人在订立仲裁协议时必须具有行为能力，否则，该仲裁协议无效。一旦仲裁协议无效，仲裁庭作出的裁决也将无法得到有关国家法院的承认和执行。1958 年《纽约公约》第 5 条第 1 款和 1985 年《示范法》第 1 条第 1 款均规定，当事人在无行为能力情况下订立的仲裁协议，被请求承认和执行裁决的主管机关可根据当事人的请求，拒绝承认和执行有关裁决。但《纽约公约》没有就仲裁当事人行为能力适用的法律作出统一的规定，各国国内立法也未就此作专门规定，实践中一般适用国际私法中关于决定当事人行为能力的冲突规则。

仲裁协议应是当事人各方在平等、自愿、协商一致的基础上作出的，真实地同意将其争议提交仲裁的意思表示，而不是一方以胁迫的手段迫使对方作出的同意仲裁的意思表示。简言之，仲裁协议应当表达当事人的真实意思；否则，该仲裁协议无效，依其作出的仲裁裁决也不具有承认和执行的效力。订立仲裁协议当事人的意思表示缺乏真实性，通常情形为一方采用虚假陈述、胁迫、欺诈及非正当影响等手段订立的仲裁协议而违反一方当事人的意愿而签订仲裁协议。在承认仲裁条款独立性的国家里，若当事人的仲裁意愿不真实，往往会影响到仲裁条款的效力。主合同缺少当事人的同意并不必然导致仲裁条款中也缺少当事人的合意，只有仲裁条款本身是在受欺诈、胁迫以及其他不正常手段的影响下订立的才是无效的。另外，符合《纽约公约》第 2 条第 2 款中的仲裁协议的书面形式要求并不影响协议的形成，协议的形成除了形式要件外还须是当事人意思的真实表示。

仲裁协议的内容合法主要是指仲裁协议不得违反仲裁地国法律中的强制性规定，不得与该国公共政策相抵触。由于各国对仲裁协议内容的要求有很大不同，所以同样内容的仲裁协议，在一些国家看来是合法有效的，在另一些国家就可能被视为非法。但不管怎样，仲裁协议的内容至少不得违背仲裁地国法律的强制性规定，否则会导致仲裁协议的无效。例如，根据法国 1981 年《民事诉讼法典》的规定，如果仲裁协议没有确定争议的事项，或者没有确定仲裁员的姓名或指定仲裁员的方法，这样的仲裁协议就是无效的。而在英国，只要有提交仲裁的意思，就算有效的仲裁协议了。

2. 违反正当程序

《纽约公约》第 5 条第 1 款第 2 项中设立了正常程序的基本标准，包括当事人指定仲裁员、进行仲裁程序的适当通知和当事人有机会提出申辩。违反正当程序就是违反以上三个方面的要求，如果当事人能提出证据证明上述情形的存在，就可以要求法院拒绝执行该裁决。

3. 仲裁员超越权限

所谓仲裁员超越权限，是指仲裁员作出的裁决是仲裁协议所未提到或不包括在仲裁协议规定之内的争议，或者裁决内容含有对仲裁协议范围以外事项的决定。《纽约公约》第 5 条第 1 款第 3 项规定："裁决涉及仲裁协议所没有提到的，或者不包括仲裁协议规定之内的争执；或者裁决内含有对仲裁协议范围以外事项的决定；但是，对于仲裁协议范围以内的事项的决定，如果可以和对于仲裁协议范围以外的事项的决定分开，那么，这一部分的决定仍然可予以承认和执行。"该项涉及的是实体问题而不是程序上的，因此在仲裁实践中，以仲裁员超越权限为由提出抗辩的很少。如果真的出现仲裁庭作出了超越仲裁协议范围之外事项的决定，根据该项的后半段规定，可以对未超越权限作出的裁决予以承认与执行。

4. 仲裁程序不当

如果仲裁庭的组成或仲裁程序与当事人约定的不符，或者当事人之间根本没有订立协议，不符合仲裁地国家的法律，可以拒绝执行裁决。根据《纽约公约》，如果当事人未就有关仲裁庭组成和仲裁程序方面达成协议，或者存在这种协议但并未就所有问题作出规定，在这两种情况下，仲裁地法就有了适用的余地。比如，在某一案件中，双方当事人达成有三名仲裁员组成的仲裁庭解决争议，当争议提交仲裁后，一方当事人拒绝指定自己一方的仲裁员，但另一方当事人指定了仲裁员。此时，法院应确认适用仲裁地法采用独任仲裁员审理为有效，因为仲裁协议中并没有就一方当事人拒绝任命仲裁员这种可能发生的偶然情况作出规定，在这种情况下，采用独任仲裁员审理并无不当。

5. 裁决不具有约束力

在《纽约公约》中没有对裁决具有约束力作出解释，也未规定确定裁决有约束力的法律。但一般认为，裁决有约束力是指该裁决已经不存在被诉诸普遍追索方式的可能。根据《纽约公约》规定，有权作出撤销裁决决定的主管机关，限于作出裁决的国家的主管机关或裁决所依据的法律的国家的主管机关。因此，撤销裁决之诉的主管机关，主要是裁决作出国的主管机关。从《纽约公约》第5条第1款第5项的目的来看，裁决作出地国具有撤销裁决的管辖权。但在实践中，各国法院对该条的规定并未达成统一解释，比如《德国关于承认与执行外国仲裁裁决的1958年公约的法律》第2条规定，如一项公约范围内的裁决系根据德国程序法在另一缔约国内作出，则撤销该项裁决的诉讼可在德国进行。另外，对裁决作出地的法律和裁决所依据的法律也存在不同的理解，造成许多国家都宣称对同一案件都具有管辖权的冲突局面。因此，目前想对《纽约公约》第5条第1款第5项作出统一解释是不太可能的。

6. 争议事项不具有仲裁性

一般内国法律都会规定何种事项不能提交仲裁，传统的不可提交仲裁的争议主要涉及反垄断、知识产权、家庭法等方面，但近年来，可仲裁性范围有扩大化趋势，有关知识产权的有效性、反垄断、证券及破产引起的争议在许多国家都成为可仲裁的对象。而有关人身关系、人身地位或涉及家庭法的争议几乎在所有国家都具有不可仲裁性。此外，在实践中，对涉及海盗行为、贩毒、恐怖主义、贩奴或种族歧视和绑架、谋杀等明显严重违法行为都排除在可仲裁范围之外。这反映了对某些特殊利益，国家需要通过司法方式来解决。因此，执行地法院可以将争议事项不具有可仲裁性为一项独立的理由来拒绝承认与执行仲裁裁决。

7. 违反公共政策

公共政策，是英美法系国家的通用概念，在大陆法系国家则称为公共秩序。但两者的含义并不完全相同，在拒绝适用或承认外国法方面，两者的作用相似。公共政策本身的含义具有含糊性和不确定性，因为各国的政治、经济、法律、道德、宗教等存在较大差异，同一国家在不同的历史阶段对公共政策的解释也不同。它实际上是一种排除外国法适用的一种方式，以此来避免适用外国法而带来的消极后果，因此，公共政策被称为“安全阀”。1958年《纽约公约》第5条第2款没有对公共政策作出解释，在实践中也没有统一的标准可以遵循，仍旧依据各国国内法中对公共政策的理解来认定。但各国对承认与执行外国仲裁裁决时候适用公共政策都比较谨慎，仅限于违反了真正关乎根本性的法律秩序问题。对公共政策使用的限制也表现在往往是在当事人用尽其他抗辩理由后法院才予以考虑是否援引公共政策理由。

《纽约公约》规定的拒绝承认与执行外国仲裁裁决的理由有四个特点：①承认与执行地法院不对仲裁裁决进行实质性审查。也就是说，只有在仲裁过程和仲裁裁决具有明显的严重缺陷时才能成为抗辩理由，如果仲裁员在事实和法律问题上存在错误并不能构成拒绝执行裁决的理由。这是符合国际商事仲裁不支持国内法院对仲裁进行实质性干预原则的。②取消“双重许可”制度。所谓“双重许可”，是指在1927年《日内瓦公约》中要求申请执行裁决的当事人必须证明裁决在裁决作出国已是终局性的。也就是说当事人在另一国家请求执行裁决时，必须得到裁决作出国与裁决执行地国的执行许可。这一做法为 1958 年《纽约公约》所摈弃，请求执行裁决的当事人不必承担证明裁决在裁决作出国已是终局性的义务，而是要求反对裁决执行的当事人提出证据证明该裁决尚未形成约束力。③举证责任由作为执行对象的当事人承担。在《日内瓦公约》中，举证责任主要是由申请执行裁决的一方当事人来完成，不利于裁决的顺利执行，有时申请人往往因难以举证而导致裁决不能执行。《纽约公约》将当事人的举证责任调换，裁决执行变得容易很多，符合国际社会对国际商事仲裁裁决的承认与执行的态度变化。④明确了只有存在以上七种情况才能拒绝承认与执行。也就是说，反对裁决的当事人只有证明存在第 5 条第 1 款规定的五种理由或者法院在认定存在第 5 条第 2 款规定的两种理由才能拒绝承认与执行仲裁裁决。除此以外，当事人不能以其他任何理由要求拒绝承认与执行。此外，从《纽约公约》第 5 条第 2 款的规定可以看出是赋予了法院一定的自由裁量权。

三、外国仲裁裁决在我国的承认与执行

1. 我国法院执行外国仲裁裁决的依据

我国承认与执行外国仲裁裁决的依据是我国《民事诉讼法》中的有关规定和我国参加或缔结的双边和多边国际公约。我国已于 1987 年 1 月 22 日成为《纽约公约》的缔约国，因此，我国在执行外国仲裁裁决时，可以将裁决分为公约裁决和非公约裁决。公约裁决就是指在除我国以外的《纽约公约》缔约国境内作出的仲裁裁决，其执行条件依据公约的规定执行。而非公约裁决则按照我国《民事诉讼法》的相关规定，根据互惠原则予以承认与执行。

2. 执行外国仲裁裁决的执行机构

根据我国《民事诉讼法》第 269 条的规定，应当直接向被执行人住所地或者其财产所在地的中级人民法院申请。如果被执行人为自然人的，为其户籍所在地的中级人民法院；被执行人为法人的，为其主要办事机构所在地的中级人民法院；被执行人在我国无住所、居所或者主要办事机构，但有财产的，为其财产所在地的中级人民法院。我国有管辖权的人民法院在接到一方当事人关于请求执行外国仲裁裁决的申请后，对于公约裁决，按照《公约》第 5 条第 1 款和第 2 款规定的情形进行审查，如果不存在拒绝执行的理由，人民法院应当作出承认与执行外国仲裁裁决的效力的裁决，并按我国《民事诉讼法》规定的程序执行，如果法院认为该外国仲裁裁决存在公约第 5 条规定的情形之一的，应当驳回当事人的执行申请，拒绝承认与执行该外国仲裁裁决。

3. 执行期限与执行措施

按照我国修改前的《民事诉讼法》第 219 条规定，双方或一方当事人是公民的，申请执行的期限是 1 年，双方是法人或者其他组织的为 6 个月。自法律文书规定履行的最后 1 日起算。法律文书规定分期履行的，从规定的每次履行期间的最后 1 日起算。凡是向法院申请执行的仲裁裁决经法院审查后准许执行的，由法院作出予以执行的裁定，并向被执行人发出执行通知，责令其在指定的期限内履行，逾期不履行的，由法院强

制执行。

而新修改的《民事诉讼法》第 215 条规定："申请执行的期间为二年。申请执行时效的中止、中断，适用法律有关诉讼时效中止、中断的规定。前款规定的期间，从法律文书规定履行期间的最后一日起计算；法律文书规定分期履行的，从规定的每次履行期间的最后一日起计算；法律文书未规定履行期间的，从法律文书生效之日起计算。"

4. 拒绝执行外国仲裁裁决的报告制度

我国法院在裁定拒绝执行外国仲裁裁决时，必须严格按照我国《民事诉讼法》以及缔结或参加的有关国际公约的规定。自 1995 年 8 月 28 日起，最高人民法院规定了报告制度。据此，凡一方当事人向人民法院申请执行外国仲裁裁决，如果人民法院经审理后认为申请承认与执行的外国仲裁裁决不符合我国参加的国际公约的规定或者不符合互惠原则的，在裁定不予执行或者拒绝承认与执行之前，必须报请本辖区所属高级人民法院同意不予执行或者拒绝承认与执行，应将其审查意见报最高人民法院。待最高人民法院答复后，方可裁定不予执行或者拒绝承认与执行。

案例分析 1

【案情】一位 A 国买方与一位 B 国卖方就网上订购的商品是否存在质量问题产生了争议。根据双方往来的电子邮件，该争议被提交位于 C 国的仲裁机构进行网上仲裁。仲裁庭由 D 国、E 国及 F 国的仲裁员组成，仲裁的开庭及审理是通过电子邮件和视频会议的方式来进行的。经过若干电子邮件的往来，仲裁员们作出了终局裁决，由 D 国首席仲裁员在其位于 G 国的假日酒店用电子邮件向争议双方发出了裁决书。

【问题】网上仲裁所作出的裁决是否具有法律效力？

【解析】通过互联网进行的仲裁就是网上仲裁，新兴的跨国网上仲裁与传统的国际商事仲裁有诸多不同点，也引发了很多争论。《联合国电子商务示范法》规定，当事人相互间以电子邮件方式订立的仲裁协议，是符合书面形式要求的。"当事各方可以自由地就仲裁地点达成协议"，这也是意思自治原则的要求。但是，我们也应该看到，如果当事人在没有作出选择的情况下，如何确定网上仲裁的仲裁地、裁决作出地、仲裁适用的法律、仲裁协议的书面形式以及裁决的承认与执行等都是需要进一步研究的问题。

案例分析 2

【案情】瑞典戈塔韦肯·阿伦达尔船厂与利比亚国家海运总公司签订购买船只的合同，在合同中订立了争议依照《国际商会仲裁规则》在巴黎进行仲裁的条款，但未指明所要适用的仲裁程序法，后因发生争议而提交仲裁。仲裁庭根据《国际商会仲裁规则》

作出了有利于瑞典船厂的裁决。于是利比亚公司向巴黎上诉法院提出撤销裁决之诉。巴黎上诉法院认为，尽管巴黎是仲裁地，但仲裁程序所适用的并非法国仲裁法，而是《国际商会仲裁庭规则》，因此，它对此案无管辖权而驳回了该项申请。与此同时，瑞典船厂向瑞典法院提出执行此裁决的申请。瑞典法院将该裁决作为《纽约公约》的裁决，并要求立即执行。

【问题】国际商事仲裁是否可以排除仲裁地的适用?

【解析】“非国内化”理论认为，国际商事仲裁可以不受仲裁地法的限制，实际上是排除了仲裁地法的适用，最大限度地尊重当事人意思自治，允许当事人对程序的法律适用享有控制权。在该案中，从巴黎上诉法院的态度可以看出仲裁程序法不是非得适用仲裁地的程序法。而瑞典法院则承认了该裁决的效力，作为《纽约公约》裁决予以执行。该案的裁决与强制执行实际上是在一定范围内对“非内国仲裁”理论的一种认可。

参考文献

1. 谭世贵. 律师法学. 北京：法律出版社，2005
2. 陈卫东. 中国律师学. 北京：中国人民大学出版社，2000
3. 贾海洋. 律师法学. 北京：高等教育出版社，2007
4. 张耕. 中国律师制度研究. 北京：法律出版社，1998
5. 徐家力. 律师实务. 北京：法律出版社，2005
6. 陈光中. 公证与律师制度. 北京：北京大学出版社，2000
7. 关今华. 律师与公证. 厦门：厦门大学出版社，2007
8. 陈光中，李春霖. 公证与律师制度. 北京：北京大学出版社，2006
9. 李峰，梁静，丁娟. 律师制度改革热点问题研究. 北京：人民法院出版社，2004
10. 赵相林，李广辉. 世界贸易组织法总论. 北京：中国法制出版社，2004
11. 张善燚. 中国律师制度专题研究. 长沙：湖南人民出版社，2007
12. 王丽. 律师刑事责任比较研究. 北京：法律出版社，2002
13. 李广辉，李红. 当代国际法热点问题研究. 北京：中国法制出版社，2005
14. 肖永平. 国际私法原理. 北京：法律出版社，2003
15. 石毅. 中外律师制度综观. 北京：群众出版社，2000
16. 王国良. 中外律师制度比较研究. 南昌：江西人民出版社，2003
17. 陈光中. 刑事诉讼法. 北京：北京大学出版社，高等教育出版社，2005
18. 周国均. 律师制度理论与实务技巧. 北京：中国人民公安大学出版社，2003
19. 田文昌. 律师制度. 北京：中国政法大学出版社，2007
20. 韩德培. 国际私法新论. 武汉：武汉大学出版社，2003
21. 任继圣. 律师制度与律师事务. 北京：法律出版社，1998
22. 李双元，金彭年，张茂，欧福永. 中国国际私法通论（第 2 版）. 北京：法律出版社，2003
23. 宋连斌. 国际商事仲裁管辖权研究. 北京：法律出版社，2000
24. 李双元，谢石松. 国际民事诉讼法概述. 武汉：武汉大学出版社，2001
25. 张文显. 法学基本范畴研究. 北京：中国政法大学出版社，1993
26. 官玉琴，张禄兴. 律师法学. 福州：福建教育出版社，2006
27. 黄进，徐前权，宋连斌. 仲裁法学（修订版）. 北京：中国政法大学出版社，1999
28. 杨良宜. 国际商务与海事仲裁. 大连：大连海运学院出版社，1994
29. 范愉. 非诉讼纠纷解决机制研究. 北京：中国人民公安大学出版社，2000
30. 赵秀文. 国际商事仲裁及其适用法律研究. 北京：北京大学出版社，2002

31. 谢石松. 国际民商事纠纷的法律解决程序. 广州：广东人民出版社，1996
32. 乔欣. 比较商事仲裁. 北京：法律出版社，2004
33. 李广辉. 国际民商事诉讼程序法. 汕头：汕头大学出版社，2002
34. 刘敏，陈爱武. 现代仲裁制度. 北京：中国人民公安大学出版社，2002
35. 黄进. 仲裁法学. 北京：中国政法大学出版社，1997
36. 韩健. 现代国际商事仲裁法的理论和实践. 北京：法律出版社，1993
37. 林一飞. 国际商事仲裁法律与实务. 北京：中信出版社，2005
37. 李玉泉. 国际民事诉讼与国际商事仲裁. 武汉：武汉大学出版社，1994
39. 李井杓. 仲裁协议与裁决的法理研究. 北京：中国政法大学出版社，2000
40. 杨良宜. 国际商务仲裁. 北京：中国政法大学出版社，1997
41. 张斌生. 仲裁法新论. 厦门：厦门大学出版社，2002
42. 赵健. 国际商事仲裁的司法监督. 北京：法律出版社，2000
43. 常英. 仲裁法学. 北京：中国政法大学出版社，2004
44. 张斌生. 仲裁法新论（第 3 版）. 厦门：厦门大学出版社，2008
45. 沈德咏. 最高人民法院《仲裁法》司法解释的理解与适用. 北京：人民法院出版社，2007